행동경제학 강의 노트 3/e

인문학과 실생활에서 배우는 행동경제학

행동경제학 강의 노트 3/e

에릭 앵그너 지음 이기홍 옮김

에이콘

에이콘출판의 기틀을 마련하신 故 정완재 선생님 (1935-2004)

아이리스에게

철학의 걸작은 신이 인간에 대해 제안하는 목적을 달성하기 위해 사용하는 수단을 개발해 두 발로 걷는 이 불행한 인간에게 그가 인생의 가시밭길 안에서 걸어야 하는 길을 알려줄 수 있고, 그가 아직 그것을 이해하거나 정의하지 못한 채, 20개의 다른 이름을 붙이는 이 변덕을 방지하기 위한 몇 가지 행동 방식을 알려주는 것이다.

사드 후작, 쥐스틴

지은이 소개

에릭 앵그너 Erik Angner

스웨덴 스톡홀름대학교의 실천철학 교수이자 스톡홀름에 있는 미래연구소 연구원이다. 이전에는 철학, 경제, 공공정책을 가르쳤던 미국 조지메이슨대학교의 경제과학을 위한 학제 간 센터에 소속돼 있었다. 진지한 임무 수행의 결과로 피츠버그대학교에서 경제학 박사와 과학 역사와 철학 박사 학위를 취득했다. 행동경제학, 실험경제학, 행복경제학, 현대경제학의 역사, 철학, 방법론에 관한 학술서와 다수의 저널 기사와 관련 서적의 일부 장들을 저술했다. 아내와 세 자녀와 함께 스톡홀름에서 살고 있다.

옮긴이 소개

이기홍(keerhee@gmail.com)

카네기멜론대학교에서 석사 학위를 받았고, 피츠버그대학교의 Finance Ph.D, CFA, FRM이자 금융, 투자, 경제 분석 전문가다. 삼성생명, HSBC, 새마을금고중앙회, 한국투자공사 등과 같은 국내 유수의 금융기관, 금융 공기업에서 자산 운용 포트폴리오 매니저로 근무했으며 현재 딥러닝과 강화학습을 금융에 접목시켜 이를 전파하고 저변을 확대하는 것을 보람으로 삼고 있다. 저서로는『엑셀 VBA로 쉽게 배우는 금융공학 프로그래밍』(한빛미디어, 2009)이 있으며, 번역서로는『포트폴리오 성공 운용』(미래에셋투자교육연구소, 2010),『딥러닝 부트캠프 with 케라스』(길벗, 2017),『프로그래머를 위한 기초 해석학』(길벗, 2018)과 에이콘출판사에서 펴낸『실용 최적화 알고리즘』(2020),『초과 수익을 찾아서 2/e』(2020),『자산운용을 위한 금융 머신러닝』(2021),『존 헐의 비즈니스 금융 머신러닝 2/e』(2021),『퀀트 투자를 위한 머신러닝 • 딥러닝 알고리듬 트레이딩 2/e』(2021),『자동머신러닝』(2021),『금융 머신러닝』(2022),『퇴직 연금 전략』(2022),『A/B 테스트』(2022) 등이 있다. 누구나 자유롭게 머신러닝과 딥러닝을 자신의 연구나 업무에 적용해 활용하는 그날이 오기를 바라며 매진하고 있다.

옮긴이의 말

교실에서 배우는 경제학을 넘어 생활 속에서, 고전 문학과 신화, 역사 속에서 나타나는 행동경제학적 사례들을 흠뻑 보여준다. 다양한 개념을 보다 실감나게 설명한다. 인간을 이기적이고도 합리적이라고 가정하는 전통 경제학과는 전혀 다르게 인간의 행동을 설명해 이 책을 통해 인생을 다시 조명하는 기회가 될 것이다. 애인과의 헤어짐, 이번 추석에 고향으로 갈까, 결혼 상대는 어떻게 구할까와 같은 인생에 일어나는 많은 일과 왜 상금은 클수록 좋으며 벌금은 같은 금액이라도 작게 나누는 것이 좋은지와 같이 일상적인 문제뿐만 아니라, 신문에서 보는 많은 정책, 각종 선거와 국제 정치에서 일어나는 말도 안 되는 일들이 행동경제의 측면에서 이해되기도 하고 그에 대한 대책도 생각하게 된다.

그러면서도 고전 경제학의 탄탄한 이론적 기반으로 시작해 행동경제학으로 발전시키고 있어, 고전 경제학을 전공하는 사람들도 반드시 읽어야 할 것이다. 물론 그럼에도 고전 경제학의 틀 내에서 갇혀 있지 않고 이를 벗어나 대폭 확장시키고 있다. 합리성을 뛰어넘는 것 이외에도 정의이든지 평등이라든지 사람들의 가치관에 대해서 흥미로운 논리를 전개한다.

그리고 상당히 핵심 개념을 중심으로 사회적 현상을 행동경제학적으로 설명한다. 기회비용, 매몰 비용, 결합 효과, 분리 효과, 소유 효과, 가용성 편향, 앵커링과 조정, 대표성, 가용성 편향, 영향 휴리스틱, 치환, 역량 가설, 더닝-크루저 효과 및 휴리스틱과 편향 프로그램 등 수많은 효과와 오류들의 이해와 적용을 통해 친숙한 일상의 사건뿐만 아니라 국제 정치, 경제, 정책, 기업 경영에서 관찰되는 현상들 특히 신고전학파로 알려진 전통경제학이 설명하지 못하는 현상들을 잘 설명한다.

쉽고 탄탄한 이론적 기반부터 현실 속 문제에 적용하는 것까지 참신한 통찰력을 제공하고 있다. 연습과 예를 통해 독자들은 스스로 관련 문제를 일상 속에서 발견하고 자신만의 예를 만들면서 사회현상을 바라보는 혜안을 얻을 수 있을 것이다. 그리고 향후 더 고급 경제학, 재무이론 및 투자이론을 공부하는 데 밑받침이 될 것이다. 특히 고급 수학이 나오지 않지만, 논리적으로 많은 생각을 하게 함으로써 경제적 사고의 폭을 넓힘으로 현실에서 닥치는 많은 문제를 현명하게 해결할 수 있을 것이다.

많은 행동경제학 책이 다양한 각도에서 많은 얘기를 해왔지만, 이 책보다 더 이론적인 면이나 실용적인 면에서 완결성을 지닌 책은 없었던 것으로 기억한다. 독자들이 이 책을 통해 새로운 세계로의 여정을 즐기도록 기원한다.

차례

4부 시간 간 선택

5부 전략적 상호작용

6부 결론

들어가며

경제학 박사 과정을 밟고 있을 때 행동경제학은 지금껏 가장 흥미로운 연구 분야였다. 하지만 훌륭한 선생님들께 배웠음에도 프로젝트의 본질과 중요성, '행동'으로 묘사되는 다른 많은 개념과 이론이 어떻게 연결돼 있는지 그에 대해 적절히 이해할 수 있는 문헌이 없다고 느꼈다. 조교수로서 강의할 기회가 생겼을 때, 대학 수준의 과정을 위한 충분한 내용이 들어 있지 않은 일반 과학 설명서와 초보자의 이해를 돕는 배경 설명을 하지 않는 전형적인 과학 논문이나 고급 수준의 교과서 사이의 책이 거의 없다는 것을 발견했다.

행동경제학에 관한 이 입문서는 내가 학생으로서 갖고 싶은 책이자 선생님으로서 쓰고 싶은 책이다. 이 책이 행동경제학을 역사적 맥락에 자리 잡아 일관된 지적 전통의 결과로 받아들여졌으면 한다. 인기 있는 책보다 더 많은 내용을 전하며 기존 논문보다 더 많은 맥락을 전달한다. 그리고 이 책은 개념과 이론을 알려주며 이 개념과 이론이 어떻게 결합되는지 보여주고자 노력한다. 이 책은 학부 수준의 한 학기 과정에 적합하며 자유롭게 사용할 수 있는 교과서로 설계됐지만, 다양한 상급 과정과 프로그램의 글과 연계해서도 보기 좋다.

행동경제학을 전공하는 많은 학생이 전통경제학 외의 출신이라는 사실을 인식하고, 사회, 행동과학, 인문, 사업, 공중보건 등에 걸쳐 선진 학부생들에게도 도움되는 책을 만들고자 했다. 이 책에는 고급 수학이 포함돼 있지 않으며 표준경제 이론에 대한 지식을 전제로 하고 있지 않다. 만약 여러분이 이 책의 한 권을 집어들고 여기까지 읽었을 때 여전히 관심이 있다면, 관련 내용을 이해하는 데 필요한 지식이 있다고 할 수 있다. 몇 년 동안 미국의 두 개의 중형 주립대학에서 철저한 실전 테스트를 실시한 결과, 이 접근법은 경제학 전공자와 비전공자를 포함한 다양한 독자에게 접근성 있다는 것이 확인됐다.

진지한 경제학이 위협적일 필요는 없다. 이 책은 경제학을 증명하는 것을 목표로 한다. 추상적이고 형식적인 자료는 점차적으로 더 어려운 방식으로 도입되는데, 이는 학생들에게 자신감을 심어주는 역할을 한다. 수많은 예와 연습은 가능한 한 근본적인 직관을 명확하게 하는 데 도움이 된다(연습에 대한 해답은 부록에 수록돼 있다). 경제 분석의 광대한 적용 가능성을 보여주고자 경제, 비즈니스, 마케팅, 의학, 철학, 공중보건, 정치학, 공공 정책 및 그 밖의 다른 곳에서 도출한다. 그리고 학생들이 교실 밖에서 마주칠 수 있는 결정 문제에 관해서도 여기에 제시된 아이디어와 이론을 적용하도록 장려한다.

책은 크게 여섯 부분으로 나눠져 있다. 첫 번째 5개 항목은 (1) 확실성하의 선택 (2) 위험과 불확실성하의 판단 (3) 위험과 불확실성하의 선택 (4) 시간적 선택 (5) 전략적 상호 작용이다. 각 부는 두 개의 장을 포함한다. 짝수 1장은 표준 신고전학파 이론을 요약하고 홀수 1장은 행동경제적 대안을 논의한다. 독보적인 구조 덕분에 교사들은 짝수 장을 배경 독서로 쉽게 지정할 수 있고, 홀수 장을 자신이 선택한 고급 자료로 보완할 수 있어 고급 수준의 교육이 가능하다. 마지막 6부에서는 자유주의적 온정주의와 넛지 어젠다를 포함한 정책 적용을 살펴보고 결론을 내린다. 일반 독자, 학생 및 강사를 위한 추가 자료는 동반 웹사이트 macmillanihe.com/angner-behavioral-economics-3e 또는 https://www.bloomsburyonlineresources.com/a-course-in-behavioral-economics-3를 통해 이용할 수 있다. 이 책에서 중요한 신고전학파 이론은 설명이 필요할지도 모른다. 첫째, 행동경제학이 신고전학파 경제학에 대응해 발전됐기 때문에, 행동경제학의 많은 부분은 이러한 배경에 반해서만 이해될 수 있다. 둘째, 행동경제학자들은 표준 이론을 기술 이론으로 거부하지만 한편 그들은 종종 표준 이론으로 받아들인다. 셋째, 행동경제학의 많은 부분은 신고전학파 이론의 수정 또는 확장이며, 광범위한 조건에서 유용하게 남아 있다. 마지막으로 신고전학파와 행동경제학의 상대적 장점을 평가하려면 두 가지를 모두 이해하는 것이 필요하다. 외국어에 대한 연구가 여러분에게 모국어에 대해 많은 것을 가르쳐주는 것처럼 행동경제학에 대한 연구는 여러분에게 표준경제학에 관해 많은 것을 알려줄 것이다.

이 책은 백과사전이 아닌 교과서다. 행동경제학을 현대 이론화한 공식 기록물이 되기를 바라지는 않는다. 대신 행동경제학과 그 상호 관계에서 가장 중요한 아이디어를 탐구한다. 많은 매력적인 아이디어와 연구 방법은 의도적으로 누락됐다. 행동경제학자들 중 나의 이런 결정에 동의하지 않을 사람도 있을 것이다. 그러나 나는 대부분의 사람들이 이 책에 포함된 주제에 대해 공감할 것이라 생각한다. 이 책에 제시된 자료는 대개 논란이 없으므로, 행동경제학을 기본적으로 이해하고 싶은 사람이라면 누구나 반드시 잘 숙지해야 한다.

과학 전반에 걸친 다른 입문 교과서와 마찬가지로 이 책은 이론을 뒷받침하는 증거를 구체적으로 기술하려는 의도가 없다. 이론과 적용에 초점을 맞추기 위해 데이터, 증거 표준, 경험적(실험적) 방법론 및 통계 기법에 대한 광범위한 논의로 정리한다. 대신 이론은 기초를 이루는 직관을 이끌어내고 그것이 전적으로 믿을 수 없는 것은 아니라는 것을 증명하기 위한 "양식화된 사실"과 이야기에 의해 설명된다. 이런 점에서 한 가지 예를 들어 이 책은 미시경제학에 대한 어떤 표준 서론과도 다르지 않다.

3판에서는 이전 판을 읽은 전 세계의 학생과 강사를 포함한 독자들로부터 폭넓은 피드백을 받아 반영했다. 그 결과, 라빈의 보정 정리와 행복의 경제학에 관한 새로운 부분들을 포함한 많은 새로운 자료들로 업데이트됐다. 연습(및 정답 키)이 가장 도움되는 요소인 것을 알게 된 후로 더 넓은 범위의 난이도인 연습 문제를 추가했다.

행동경제학을 계속 공부하기 원하거나 증거적 뒷받침, 방법론, 역사, 철학에 대해 더 알고 싶은 독자들을 위해 모든 장은 인용 고전, 리뷰 기사, 고급 교과서들을 제공하는 추가 참고문헌 절로 끝난다. 이 책이 많은 독자들에게 행동경제학의 첫 번째 책일지 모르지만, 나의 희망은 이것이 마지막이 되지 않기를 바란다.

에릭 앵그너

스톡홀름, 스웨덴

01 서론

학습 목표

- 의사결정의 기술적 이론과 규범적 이론의 차이를 파악한다.
- 행동경제학이 표준경제학(신고전학파)과 어떻게 다른지 이해하고 그 이유를 파악한다.
- 행동경제학자가 사용하는 다양한 방법을 이해한다.

1.1 경제학: 신고전학파와 행동경제학

이 책은 의사결정 이론에 관한 책이다. 묘비문의 언어를 사용하면 이러한 이론들은 "인생의 가시밭길"의 협상에 관한 것이다. 즉 이들은 우리가 어떻게 결정을 내리는지, 혹은 어떻게 내려야 하는지를 말해준다. 사드 후작Marquis de Sade[1]이 18세기처럼 살아서 이런 용어로 말했을 리는 없지만, 의사결정 이론은 그가 "철학의 걸작master of philosophy"을 상상했을 때 마음에 두고 있었던 것과 정확히 같을 것이다.

수용 가능한 의사결정 이론을 개발하는 것은 큰 성과일 것이다. 대부분의 인간 활동 – 금융, 과학, 의학, 예술, 그리고 삶 – 은 사람들이 특정한 종류의 의사결정을 내리는 문제로 이해될 수 있다. 결과적으로 정확한 의사결정 이론은 많은 분야를 다룰 것이다. 아마 우리가 논의할 어떤 이론도 사드 후작이 그렇게 높이 평가할 걸작은 아닐 것이다. 각각의 이론은 다양한 근거로 도전할 수 있고, 도전받아왔으며, 아마도 미래에도 도전해야 할 것

1 '사디즘'이란 용어로 알려진 프랑스의 작가이며 사상가다. – 옮긴이

이다. 하지만 의사결정론은 최근 수십 년 동안 활발한 연구 분야였고, 실제적으로 발전했다.

현대 의사결정 이론들(또는 선택 이론 – 나는 상호 교환적으로 이 용어들을 사용할 것이다)은 사람들이 추구하거나 추구해야 할 목표에 대해서는 거의 말하지 않는다. 목표는 선이나 악, 비열하거나 관대하거나, 이타적이거나 이기적일 수도 있고, 근시안적이거나 멀리 내다보는 것일 수도 있다. 그것들은 테레사 수녀의 것일 수도 있고, 사드 후작의 것일 수도 있다. 의사결정 이론은 주어진 일련의 목표들을 취한다. 그러나 일련의 목표가 주어지면 이론들은 사람들이 어떻게 그러한 목표를 추구할 것인지 혹은 추구해야 하는지에 대해 할 말이 많다.

의사결정 이론은 기술적 또는 규범적인 것으로 다양하게 제시된다. 기술적 이론은 사람들이 실제로 어떻게 결정을 내리는지를 설명한다. **규범적** 이론은 사람들이 어떻게 결정을 내려야 하는지를 포착한다. 적어도 이론적으로는 사람들이 내려야만 하는 결정을 내리는 것이 가능하다. 만약 그렇다면, 하나의 동일한 이론이 기술적으로 적절하고 규범적으로 정확할 수 있다. 하지만 그들이 해야만 하는 방식으로 사람들이 행동하지 못할 수도 있다. 만약 그렇다면, 어떤 이론도 기술적으로 적절하고 규범적으로 정확할 수 없다.

연습 1.1 **기술적 대 규범적** 다음 중 어떤 주장이 기술적이고, 어떤 주장이 규범적인가?(이 것과 다른 연습에 대한 해답은 부록에서 찾을 수 있다)

(a) 평균적으로 사람들은 은퇴를 위해 수입의 10% 미만을 저축한다.

(b) 은퇴를 위해 해야 할 만큼 저축을 많이 하지 않는다.

(c) 사람들은 은퇴를 위해 저축을 더 많이 하지 않은 것을 후회하는 경우가 많다.

어떤 주장이 기술적인 것인지 혹은 규범적인 것인지 불분명할 수 있다. "사람들이 너무 적게 저축한다"는 것이 그 예다. 이는 사람들이 그들이 저축해야 할 만큼 저축하지 않는다는 것을 의미할까? 만약 그렇다면 그 주장은 규범적이다. 혹은 사람들이 그들이 원하는 만큼 저축하지 않는다는 것을 의미할까? 그렇다면 그 주장은 기술적이 된다.

예 1.2 **포커** 여러분이 포커를 하고 있고 이기기 위해 게임하고 있다고 가정하자. 당신은 적절한 기술적 이론, 올바른 규범적 이론 또는 둘 모두를 갖는 것에서 혜택을 받을 수 있는가?

기술적 이론은 당신에게 다른 선수들의 행동에 대한 정보를 줄 것이다. 규범적 이론은 게임의 성격에 대한 당신의 지식, 다른 선수들의 예상 행동, 당신의 이기고자 하는 야망의 관점에서 어떻게 행동해야 하는지 말할 것이다. 이 모든 정보는 포커를 할 때 분명히 유용하다. 당신은 두 종류의 이론을 모두 갖는 것이 좋을 것이다.

어떤 의사결정 이론은 **합리적 선택의 이론**으로 묘사된다. 일상 대화에서 "합리성"이라는 단어는 느슨하게 사용된다. 이는 종종 승인의 표시로 쓰인다. 우리의 목적을 위해 합리적인 의사결정 이론은 합리성의 정의, 즉 합리적이 되는 것이 무엇을 의미하는지 명시하는 것으로 가장 잘 파악된다. 합리적인 결정에 대한 모든 이론은 의사결정을 이성적인 것과 비이성적인 것의 두 종류로 나누는 역할을 한다. 합리적인 결정은 이론에 따르는 것이다. 비이성적인 결정은 그렇지 않은 것이다. 합리적 선택 이론은 기술적이거나 규범적인 것(또는 양자 모두)으로 생각될 수 있다. 합리적 결정의 이론이 기술적이라고 말하는 것은 사람들이 사실 합리적으로 행동한다는 것이다. 합리적 결정의 이론이 규범적이라고 말하는 것은 사람들이 이성적으로 행동해야 한다고 말하는 것이다. 합리적 결정의 이론이 동시에 기술적이고 규범적이라고 말하는 것은 사람들이 합리적으로 행동하고 행동해야 한다고 말하는 것이다. 일반적으로 **합리적 선택 이론**이라는 용어는 동시에 기술적으로 적절하든 그렇지 않든 간에 규범적으로 옳은 이론(또는 그렇게 생각되는 이론)을 표시하기 위한 것이다.

지금까지 몇 세대 동안 경제학은 일반적으로 **신고전학파 경제학**이라고 부르는 지적 전통에 의해 지배돼왔다. 만약 여러분이 경제학을 공부했지만 신고전학파 전통에서 배웠는지 아닌지 알지 못한다면, 신고전학파를 배운 것이 거의 확실하다. 신고전학파 경제학은 기술적으로 적절하고 동시에 규범적으로 올바른 것으로 제시되는 합리적 선택 이론을 철저히 기반으로 한다. 즉 이 접근법은 대체로 사람들이 행동해야 할 방식으로 행동한다는 것을 전제로 한다. 신고전학파 경제학자들은 모든 사람들이 항상 이성적으로 행동한다고 가정할 필요는 없지만, 그들은 완벽한 합리성에서 벗어나는 것은 무시할 수 있을 정도로 작거나 비체계적이라고 주장한다. 신고전학파의 역사적 지배력 때문에, 나는 신고전학파 경제학을 표준경제학으로, 신고전학파 경제 이론을 표준 이론으로 언급할 것이다.

다음은 행동경제학에 관한 소개다. "심리학적으로 그럴듯하다"는 최고의 이용 가능한 심리학과 일치한다는 것을 의미하는, 좀 더 심리적으로 그럴듯한 기초를 제공함으로써 경제 이론의 설명력과 예측력을 증가시키려는 시도다. 행동경제학자들은 경제학에 대한 신고전학파 경제학자들의 개념을 희소성 조건하에서의 사람들의 의사결정과 사회에 대한 그러한 의사결정의 결과에 대한 연구로 공유한다. 그러나 행동경제학자들은 대체로 사람들이 해야 할 방식으로 행동한다는 생각은 거부한다. 행동경제학자들은 어떤 사람들이 어떤 때는 합리적으로 행동한다는 것을 확실히 부인하지는 않지만, 그들은 합리성으로부터의 편차가 충분히 크고, 체계적이며, 결과적으로 의사결정의 새로운 기술적 이론의 개발을 보장할 수 있을 만큼 충분히 예측 가능하다고 믿는다. 만약 이것이 맞다면 기술적으로 적절한 이론은 동시에 규범적으로 정확할 수 없고 규범적으로 정확한 이론은 기술적으로 적절할 수 없다.

1.2 행동경제학의 기원

행동경제학은 역사가 짧지만 과거는 오래됐다고 할 수 있다. 지난 몇 십 년 동안만 그것은 경제의 독립적인 하위 분야로 부상했다. 이제는 최고의 경제학과에는 행동경제학자들이 자리 잡고 있다. 행동경제학은 주류 학술지에 실리고 있다. 전통적인 경제학자들은 행동경제학에서 얻은 통찰력을 연구에 통합하고 있다. 2002년 대니얼 카너먼Daniel Kahneman (가장 유명한 행동경제학자 중 한 명)은 심리학적 연구, 특히 불확실성하에서의 인간의 판단과 의사결정에 대한 종합적인 통찰력을 가졌기 때문에 노벨상을 수상했다. 그리고 2017년, 리처드 세일러Richard Thaler(또 다른 주요 인물)는 행동경제학에 대한 공헌으로 노벨상을 받았다. 그러나 짧은 역사에도 불구하고 그럴듯한 심리적 토대를 경제학에 제공하려는 노력은 오래전으로 거슬러 올라간다.

근대 경제학의 확립은 1776년 애덤 스미스Adam Smith의 『국부론』 출판으로 특징지어진다. 스미스와 같은 고전 경제학자들은 종종 인간 본성에 대한 특히 단순한 (그리고 잘못된) 그림을 가지고 있다는 비난을 받는다. 이에 따르면 사람들은 어디에서나 그리고 언제나 극도로 이성적인 방식으로 좁게 정의된 자기 이익을 추구한다. 그러나 이러한 비난은 근거가 없다. 놀랍게도 스미스는 사람들이 이성적이라고 생각하지 않았다.

> 얼마나 많은 사람들이 하찮은 효용성에 돈을 쏟아부어서 스스로를 망치는가? 이 장난감 애호가들을 기쁘게 하는 것은 효용성이 아니라 그것을 홍보하기 위해 장착된 기계의 적합성이다. 그들의 모든 주머니에는 작은 편의품들로 채워져 있는데, 그 모든 효용성은 확실히 짐을 짊어져야 하는 피로를 감수할 가치조차 없다.

스미스는 포켓 계산기, 카메라폰, 아이패드, 스마트워치의 시대 200년 전에 이 단어들을 썼다. 스미스는 또한 사람들이 이기적이라고 생각하지 않았다. "인간의 본성에는 분명히 어떤 원칙이 있는데, 그것은 그가 다른 사람들의 운명에 관심을 갖게 하고 그들의 행복을 그에게 필요한 것으로 만들어준다. 비록 그것으로부터 그것을 보는 즐거움 외에는 아무것도 얻어내지 못한다." 스미스를 비롯한 고전 경제학자들은 하나의 개념을 가지고 있었다.

스미스를 비롯한 고전 경제학자들은 놀랄 만큼 다면적인 인간 본성에 대한 개념을 가지고 있었다. 사실 그들은 우리가 하는 방식대로 심리학과 경제학 사이에 뚜렷한 선을 그지 않았다.

초기 신고전주의 경제학은 쾌락심리학hedonic psychology의 토대 위에 세워졌다. 즉, 이는 개인은 쾌락을 극대화하고 고통을 최소화하고자 한다고 설명한다. 스탠리 제번스W. Stanley Jevons의 말에서 "즐거움과 고통은 의심할 여지없이 경제학의 궁극적인 대상이다. 최소한의 노력으로 우리의 욕구를 최대한 만족시키는 것, 다시 말해서 즐거움을 극대화하는 것이 경제학의 핵심이다." 초기 신고전주의 경제학자들은 철학자인 제러미 벤담Jeremy Bentham에 의해 영감을 받았는데, 그는 다음과 같이 썼다. "자연은 인류를 고통과 쾌락이라는 두 주권 주인의 지배하에 두었다. 그들은 우리가 생각하는 모든 것에서, 우리가 하는 모든 일에서 우리를 지배한다." 개인들이 그들의 의식적 경험에 직접 접근할 수 있다고 가정했기 때문에, 일부 경제학자들은 쾌락 심리학의 원리를 그들의 자기성찰적 증거만으로 옹호했다.[2]

그러나 2차 세계대전 이후 많은 경제학자들은 예측력 관점에서 초기 신고전주의의 빈

2 자기 성찰을 쉽게 표현하면 관찰보다는 머릿속으로 내가 이러니 다른 사람들도 그럴 것이라고 추론하는 것이라 할 수 있다. – 옮긴이

약한 결과에 실망했고 그래서 자기성찰이 효과가 있었는지 의심하게 됐다. 비슷한 발전이 다른 분야에서도 일어났다. 심리학에서의 행동주의, 철학에서의 검증주의, 물리학에서의 운영주의 모두 같은 지적 경향의 표현으로 볼 수 있다. 전후 신고전주의 경제학자들은 반드시 경험해야 하는 것보다 공개적으로 관찰될 수 있는 것에 초점을 맞춤으로써 그들의 이론의 예측력을 향상시키는 것을 목표로 했다. 기쁨과 고통에 대한 이론을 기초로 삼는 대신, 그들은 선호 이론을 택했다. 주된 차이점은 사람들의 기쁨과 고통에 대한 감정은 관찰할 수 없는 반면, 그들의 선택은 직접적으로 관찰될 수 있다는 것이다. 선택이 개인적인 선호를 반영한다는 가정하에, 우리는 사람들이 무엇을 선호하는지 직접 관찰할 수 있는 증거를 가질 수 있다. 따라서 전후 신고전주의 경제학자들은 경제학에서 심리학과의 관계를 완전히 없애기를 희망했다.

20세기 후반의 신고전주의 경제학의 상대적 패권에도 불구하고, 많은 경제학자들은 그들의 훈련이 심리학 및 다른 인접 분야와의 더 긴밀한 관계로부터 이익을 얻을 것이라고 느꼈다. 그러나 정말로 차이를 만든 것은 인지 혁명Cognitive Revolution이었다. 1950년대와 1960년대에 심리학, 컴퓨터 과학, 언어학, 인류학 등의 연구자들은 과학이 관찰 가능한 것에 초점을 맞추고 모든 방법을 공개해야 한다는 요구를 거부했다. 대신 이 수치들은 "인지과학science of cognition 또는 cognitive science"을 지지했다. 인지과학자들은 자기 성찰에 대한 순진한 의존에 회의적이었지만 그럼에도 불구하고 과학 심리학은 믿음과 욕망, 상징, 규칙 그리고 이미지를 포함한 "머릿속의 것"을 언급해야 한다고 느꼈다. 행동경제학은 인지 혁명의 산물이다. 인지과학자들처럼 행동경제학자들은 비록 초기 신고전주의시대의 이론과 방법에 회의적이기는 하지만 믿음, 욕망, 주먹구구식 그리고 "머리에 있는" 다른 것들에 대해 말하는 것을 편안하게 한다. 아래에서는 이러한 약속이 실제로 어떻게 이행되는지 알아보겠다.

일부 사람들에게 행동경제학자들이 그렇게 다른 방식으로 그들의 일을 진행한다는 사실은 그들이 이름만 경제학자인 존재가 됐다는 것을 의미한다. 그러나 행동경제학은 여전히 사람들이 희소성의 조건하에서 선택을 하는 방식과 사회 전반에 대한 그러한 선택의 결과에 관한 것이며, 이것이 바로 경제학의 정의라는 점에 주목해야 한다. 행동과학은 행동경제학을 행동과학의 한 종류로 만드는 행동에 대한 과학적 연구를 말한다.

심리학과 경제학은 또한 더 넓은 범주로 두 학문을 통합하는 그 어떤 것도 될 수 있으며, 따라서 전혀 선택의 문제가 아니다.

1.3 방법

우리가 지난 수십 년 동안 행동경제학자들이 개발한 개념과 이론을 본격적으로 탐구하기 전에, 행동경제학자들이 그들의 이론을 시험하기 위해 사용하는 자료와 그러한 데이터를 생성하기 위해 사용하는 방법에 대해 논의하고 싶다. 나는 또한 사람들이 그 방법에 대해 가지고 있을지도 모르는 회의적인 시각을 달래고 싶다.

행동경제학에서 가장 초기의 그리고 가장 영향력 있는 논문들 중 일부는 가상의 선택에 대한 참가자들의 반응에 의존했다. 그러한 연구에서 참가자들은 주어진 선택 상황에 있다고 상상하고 그러한 조건에서 어떤 결정을 내릴 것인지를 표시하도록 요구받았다. 다음 질문 중 하나를 제공한다. "다음 중 어느 것을 더 좋아합니까? A: 1000을 상금으로 받을 확률이 50%, 아무것도 못 받을 확률이 50%, B: 확실하게 450을 상금으로 받는다." 다른 초기 논문들은 주어진 조건에서 사람들이 어떻게 행동할 수 있는지에 대한 독자들의 직관에 의존했다. 그래서 그들은 "S씨는 백화점에서 125달러짜리 캐시미어 스웨터를 동경한다. 그는 그것이 너무 사치스럽다고 느끼며 그것을 사는 것을 거부한다. 그달 말에 그는 그의 아내로부터 생일 선물로 같은 스웨터를 받는다. 그는 매우 행복하다. S씨 부부는 공동 계좌만 갖고 있다"와 같은 시나리오를 제공했다. 이러한 사고 실험들은 분명 부분적으로는 사람들이 항상 이성적이지만 때로는 그들 자신의 삶에서 비이성적으로 행동한다고 주장한 동료 경제학자들의 행동에 대한 저자의 관찰에 의해 영감을 받은 것이 분명하다.

머지않아 가상 선택 연구는 실험실 참가자들이 실제 돈과 관련된 실제 선택을 하는 실험실 실험에 의해 거의 완전히 대체됐다. 그러한 실험은 수십 년 동안 실행돼왔다. 1970년대 초 심리학자 사라 리히텐슈타인[Sarah Lichtenstein]과 폴 슬로빅[Paul Slovic]은 라스베이거스의 카지노에서 실험을 했는데, 그 카지노에서는 전문 도박사들이 참여자로, 실험자가 물주로서 상금과 손실은 실제 돈으로 지불됐다. 행동경제학자들은 대학생이나 쉽게 접근할 수 있는 다른 참가자들을 이용하는 경우가 더 많다. 행동경제학자들이 실험 연구에 참여할 때, 그들은 사람들이 어떻게 결정을 내리는지 탐구하기 위해 실험을 사용하는 신고전주의 실험경제학자, 즉 신고전주의 경제학자들과 구별하기 어려울 수 있다. 실험가들은 실험실 참여자들에 의해 수행되는 결정은 반드시 현실적이어야 하며, 실제 수익은 반드시 지불돼야 한다는 데 동의한다.

행동경제학자들은 지난 20년 동안 현장에서 수집된 데이터에 점점 더 의존해왔다. 한 유명한 **현장 연구**에서 콜린 F. 캐머러Collin F. Camerer와 동료들은 "트립 시트trip sheets" 즉, 운전자들이 승객들을 태우고 내리는 시간과 요금 액수를 기록하는 데 사용하는 양식과 자동으로 요금을 기록하는 택시 미터기에서 나온 데이터를 이용해 뉴욕시 택시 운전자들의 행동을 연구했다. 이 연구의 연구자들은 참가자들이 다른 조건에서 어떻게 행동하는지 단순히 관찰했다. **현장 실험**에서 연구자들은 실험 참가자를 무작위로 실험그룹과 대조그룹으로 할당한 다음 두 그룹의 개인들의 행동이 어떻게 다른지 (만약 조금이라도 있다면) 주목한다. 또 다른 유명한 현장 실험의 예로서 젠 샹Jen Shang과 레이첼 크로슨Rachel Croson은 공공 라디오 방송국에 기부하려는 사람들이 다른 사회적 정보를 받았을 때, 즉 다른 사람들이 얼마나 기부했는지에 대한 정보를 받았을 때, 어떻게 달라졌는지 추적했다.

어느 정도 행동경제학자들은 심리학자들이 **프로세스 척도**process measures라고 부르는 것, 즉 의사결정의 기초가 되는 인지적, 감정적 과정에 대한 힌트를 제공하는 방법을 사용한다. 일부는 사람들이 게임에서 의사결정을 내릴 때 어떤 정보를 사용하는지 평가하기 위해 **프로세스 추적** 소프트웨어에 의존한다. 다른 사람들은 뇌 스캔, 전형적으로 기능성 자기공명영상fMRI을 사용하며, 비록 조잡하긴 하지만 어떤 일이나 결정에 반응해 개인의 뇌의 어떤 부분이 활성화되는지 연구원들이 조사할 수 있게 해준다. 영상 방법은 이미 위험과 불확실성의 의사결정, 일시적 선택, 구매 및 판매 행동, 게임의 전략적 행동 등 다양한 경제 과제에 적용됐다. 훨씬 더 이색적인 신경과학 방법들이 때때로 사용된다. 예를 들어 경두개 자기 자극Transcranial Magnetic Stimulation이라고 부르는 도구는 참가자들이 결정을 내릴 때 일시적으로 뇌의 일부를 무력하게 하는 데 사용될 수 있다. 신경과학에서 차용된 방법들의 사용이 증가하고 있는 것은, 우연이 아니라 경제와 신경과학이 통합된 신경경제학의 발전과 관련이 있다.

증거를 생성하기 위해 여러 방법을 사용하는 것은 흥미로운 방법론적 문제를 제기한다. 다른 출처의 증거가 약간 다른 방향을 가리킬 때 특히 그렇다. 그러나 때로는 여러 출처의 증거가 동일한 방향을 가리키기도 한다. 이것이 사실일 때, 행동경제학자들은 그들의 결론에 더 자신감을 갖게 된다. 행동경제학이 그렇게 활기찬 분야로 변한 이유의 일부는 그것이 다양한 방법에 의해 생성된 여러 종류의 증거를 성공적으로 통합하기 때문이라고 주장할 수 있다.

최근 사회와 행동과학은 소위 "복제 위기Replication Crisis"에 처했다. 몇몇 잘 알려진 경험적 결과들이 복제하기 어려운 것으로 판명됐기 때문이다. 이 발견들이 처음부터 단지 실험적인 인공물이었다는 것이 밝혀질지도 모른다. 재현성의 부족은 그 결과에 투자한 연구원들에게는 분명 반갑지 않은 소식이며, 사회와 행동 과학의 방법 그리고 어쩌면 과학적인 방법으로 인간의 행동을 이해하려는 전체 사업에 대한 회의를 불러일으켰다. 그러나 (적어도) 일부 주장된 연구 결과가 새로운 증거에 비춰 수정된다는 사실이 사회와 행동과학에 있어 그렇게 파괴적인 것은 아니라는 것을 주목하는 것이 중요하다. 사실 과학을 다른 종류의 인간 활동과 다르게 만드는 것은 새로운 데이터에 비춰 그것이 수정에 열려 있어야 한다는 것이다. 통계적인 근거만으로, 우리는 행동경제학자들에 의해 생성된 결과들 중 일부 그리고 결과적으로 아래에서 논의된 결과 중 일부가 유지되지 않을 것으로 예상해야 한다. 그렇긴 하지만 심리학과 경제학에서의 재현성에 대한 체계적인 연구는 경제학이 비교적으로 상당히 잘 되고 있음을 시사한다. 권위 있는 「사이언스」 저널의 2016년 보고서는 경제학에서의 실험실 실험의 결과가 경제학의 다른 경험적 결과보다 적어도 강력하며, 게다가 상위 경제 저널에 발표된 실험실 실험의 복제 가능성이 상대적으로 높다고 결론짓는다. 저자들은 "과학, 특히 사회과학이 지금과 같은 비판적 자기반성의 시기 이후에 훨씬 더 발전될 것이라고 낙관할 만한 충분한 이유가 있다"고 긍정적인 결론을 내린다.

1.4 전망

서문에 기술된 바와 같이 이 책은 (1) 확실성에 따른 선택 (2) 위험과 불확실성에 따른 판단 (3) 위험과 불확실성에 따른 선택 (4) 시간적 선택 (5) 전략적 상호작용 (6) 정책 적용과 결론의 6가지 주요 부분으로 구성된다. 1.1절에서 제시한 바와 같이 행동경제학의 궁극적인 목표는 희소성 조건하에서 사람들의 결정에 대한 새로운 통찰과 사회를 위한 결정의 결과를 만들어내는 것이다. 행동주의 경제학자와 신고전주의 경제학자는 모두 추상적이고 형식적인 이론을 구축함으로써 이 목표를 달성하려고 노력한다. 이 책에서 우리는 신고전주의와 행동주의 둘 다의 좀 더 일반적인 이론을 탐구할 것이다.

행동경제학을 공부하는 것은 중요한 일이 아니다. 우선 추상화의 수준은 초기에 어려움을 제기할 수 있다. 하지만 다음에서 보게 될 것처럼 경제학이 매우 추상적이라는 사실은 경제학이 매우 유용하게 만든다는 것이다. 이론이 더 추상적일수록 그것의 잠재적인 적용 범위가 넓어진다. 어떤 독자들은 수학이 들어 있다는 것을 알아차리자마자 이런 책을 내려놓는 경향이 있을 것이다. 제발 그렇게 하지 말기를 바란다. 이 책에 고급 수학은 없지만 숫자에 대한 능력과 지식은 스스로가 실무 지향적이라고 생각하는 사람들에게도 엄청나게 중요하다.

연습 1.3 **숫자 능력** 2010년 재무적 의사결정에 대한 연구에서, 사람들의 세 가지 빠른 수학 질문에 대한 대답을 통해 그들의 부를 강하게 예측할 수 있었다. 두 배우자가 세 가지 질문에 모두 정답을 맞힌 가계는 배우자 모두 정답을 맞히지 않은 가계보다 8배 이상 부유했다. 그러니 만약 여러분이 수학과 씨름해본 적이 있다면, 그렇게 한 것에 기뻐하라. 다음 세 가지 질문에 직접 답변해보자.

(a) 병에 걸릴 확률이 10%라면 1,000명 중 몇 명이 걸릴 것으로 예상되는가?

(b) 5명이 모두 복권 당첨 번호를 갖고 있고 당첨금이 200만 달러라면 그들 각자는 얼마를 받게 될까?

(c) 저축 예금이 200달러가 있다고 한다. 그 계좌는 연 10%의 이자를 받는다. 2년 후 계좌에 얼마가 들어 있나?

정답은 책 끝의 정답 키에서 찾을 수 있다.

행동경제학자들이 연구하는 특정한 오류와 실수의 희생양이 되는 사람들은 그들 자신의 삶에서 좋지 않은 결과를 경험할 가능성이 더 높다는 증거도 있다. 널리 인용된 2007년 연구에서 연구자들은 〈펜 앤 페이퍼〉 설문지[3]에서 매몰 비용(3.3절 참조)을 준수하는 것과 같은 실수를 어느 정도까지 하는지 확인함으로써 사람들의 의사결정 능력을 평가했다. 이 연구는 의사결정 능력이 낮은 사람들이 이혼, 파산 선언, 운전면허 상실, 술집에서 쫓겨나는 등 현실 세계의 형편없는 의사결정 결과를 보고할 가능성이 더 높다는 것을 발견했다. 저자들은 의사결정 능력이 우리가 부정적인 실제 결과를 피할 수 있도록 도와주는 별도의 인지 능력으로 여겨져야 한다고 제안한다.

행동경제학의 유용성을 강조하기 위해 이 책은 다양한 응용 분야를 논의한다. 그중에서도 윙맨이나 윙우먼(바람잡이)을 선택하는 방법, 효과가 있는 마케팅 계획을 세우는 방법, 그런 마케팅 계획에 속지 않는 방법, 여러분의 애정이 다른 사람을 만나는 방법, 타이어를 파는 방법 그리고 가위바위보에서 누군가를 이기는 방법을 배우게 될 것이다. 궁극적으로 행동경제학은 사회에 살고 있는 인간들과 과거의 위대한 사상가들이 생각하는 것과는 반대로 – 그들이 실제로 있는 그대로 – 그리고 인간 조건의 본질을 조명한다. 행동경제학은 우리가 더 나은 삶을 살 수 있도록 도와주고 세상을 발전시킬 것이다.

더 읽을거리

Kahneman의 『생각에 관한 생각Thinking, Fast and Slow』(김영사, 2011)과 Thaler의 『행동경제학Misbehaving』(웅진지식하우스, 2021)은 행동경제학에 관심이 있는 모든 사람들이 반드시 읽어야 할 책이다. 이는 그들의 이론에 대한 타의 추종을 불허하는 이해와 그들의 빛나는 개인적인 뛰어남 때문이다. Angner와 Loewenstein(2012)과 Heukelom(2014)은 행동경제학의 본질, 역사적 기원 및 방법에 대해 논의한다. Angner(2015a, 2019)는 행동경제학과 신고전주의 경제학 사이의 관계를 더 자세히 탐구한다. 국부론은 스미스(1976, [1776]), 역사 절의 인용구는 Smith(2002, [1759], 211쪽)와 Smith(2002, [1759], 11쪽], Jevons(1965,

3 컴퓨터를 사용해 전자적으로 시행하지 않고 펜과 종이만을 사용하는 설문 – 옮긴이

[1871], 37쪽)) 및 Bentham(1996, [1789], 11쪽)에서 따온 것이다.

방법론 절의 샘플 질문은 Kahneman and Tversky(1979, 264쪽)와 Thalor(1985, 199쪽)에서 나왔다. 라스베이거스에 간 심리학자들은 Lichtenstein and Slovic(1973)이다. NYC 택시 운전사의 연구는 Camerer 등(1997)이며, 사회 정보에 관한 연구는 Shang and Croson(2009)이다. Camerer 등(2005)은 신경 경제에 대해 널리 인용된 개요를 제공하고 Camerer, Dreber 등(2016, 1435-6쪽)은 경제학의 재현성을 검토한다. 재무 의사결정에 대한 연구는 Smith 등(2010년)이며, 세 가지 숫자 능력 질문은 미시간대학교 보건 및 은퇴 연구에서 채택됐다.

PART 1

확실성하의 선택

02 확실성하의 합리적 선택

학습 목표

- 확실성하의 선택 이론을 숙지한다.
- 이 이론에 내장된 합리성의 개념을 이해한다.
- 공리와 정의에 근거해 이론을 증명할 수 있다.

2.1 서론

약속한 대로 우리는 합리적인 선택 이론에 대해 논의하는 것으로 시작한다. 이 이론은 사실상 모든 현대 경제의 기초를 형성하고 대학원 수준의 미시경제학 수업에서 가장 먼저 배울 것 중 하나다. 합리적인 선택의 이론으로, 이 이론은 합리적인 결정을 하는 것이 무엇을 의미하는지 간단히 말해 이성적이 되는 것이 무엇을 의미하는지 명시한다.

2장에서는 확실성하의 선택을 고려한다. "확실성하"라는 말은 단순히 주어진 행동에서 어떤 결과가 나올지에 대해 의심의 여지가 없음을 의미한다. 만약 여러분이 사는 지역의 젤라또 가게 직원들이 최소한으로 유능하다면, 그래서 여러분이 스트라치아텔라를 주문할 때마다 바닐라와 스트라치아텔라를 실제로 구입할 수 있다면, 여러분은 확실성하의 선택을 하는 것이다(3장에서 다른 종류의 선택에 대해 논의하겠다). 그러나 확실성하에서 합리적인 선택을 하는 것이 무엇을 의미하는지 논의하기 전에, 우리는 선호가 무엇인지 그리고 합리적인 선호를 갖는 것이 무엇을 의미하는지 말할 필요가 있다.

확실성하의 합리적 선택 이론은 공리[axiom]적 이론이다. 이것은 이론이 일련의 공리로 구성돼 있다는 것을 의미한다. 이론에 의해 제공되는 자원을 사용해 증명될 수 없고, 그것은 당연하게 여겨져야 할 기본 명제들이다. 이론을 공부할 때, 우리가 가장 먼저 하고 싶은 것은 공리를 검토하는 것이다. 계속 진행하면서 또한 정의[definition]를 통해 새로운 용어들을 도입할 것이다. 공리와 정의는 외워야 한다. 공리와 정의를 도입했기 때문에, 많은 흥미로운 주장을 증명할 수 있다. 따라서 다음에서는 공리와 정의에 기초한 새로운 명제를 증명하는 것이 대부분이다.

2.2 선호

선호[preference]의 개념은 현대 경제, 신고전주의, 행동주의에서 기본이다. 공식적으로 말하자면, 선호는 관계이다. 다음은 "알프[Alf]는 벳시[Betsy]보다 나이가 많다", "프랑스는 노르웨이보다 크다", "빌[Bill]은 제니퍼[Jennifer]만큼 시험을 잘 보지 못할까봐 걱정한다." 각 문장은 두 개체(사물, 개인) 사이의 관계를 표현한다. 따라서 "알프는 벳시보다 나이가 많다"는 알프와 벳시의 관계를 표현한다. 즉, 전자가 후자보다 나이가 많다는 것이다. 이러한 예는 두 개체 간의 관계를 나타내기 때문에 **이진 관계**[binary relations]라고 한다. 다음 관계는 이항 관계가 아니다. "엄마는 빌과 밥 사이에 서 있다." 이 관계는 세 개의 서로 다른 개체(즉 이 경우, 사람)를 포함하기 때문에 **삼진 관계**[ternary relations]이다.

편의를 위해 종종 개체나 개인을 나타내기 위해 작은 글자를 사용한다. a는 알프를, b는 벳시를 나타낼 때 사용할 수 있다. 이와 비슷하게, 종종 관계를 나타내기 위해 대문자를 사용한다. R을 사용해 "보다 나이가 많은" 관계를 나타낼 수 있다. 만약 그렇다면, "알프가 벳시보다 나이가 많다"라고 aRb를 쓸 수 있다. 가끔 Rab이라고 쓰기도 한다. 대상이 되는 개체의 순서가 중요하다. aRb는 bRa와 같지 않다. 첫 번째는 알프가 벳시보다 나이가 많고, 두 번째는 벳시가 알프보다 나이가 많다고 말한다. Rab은 Rba와 같지 않다.

연습 2.1 **관계** f는 프랑스를 나타내고 n은 노르웨이를 나타내며, B는 "보다 크다"를 의미한다고 가정한다.

(a) 프랑스가 노르웨이보다 더 크다고 어떻게 쓰겠는가?

(b) 노르웨이가 프랑스보다 더 크다고 어떻게 쓰겠는가?

(c) 노르웨이가 노르웨이보다 더 크다고 어떻게 쓰겠는가?

관계에 대해 명확하게 말하기 위해서 어떤 종류의 개체들이 서로 연관돼 있는지 명시할 필요가 있다. 누가 누구보다 나이가 많은지에 대해 이야기할 때, 사람에 대해 이야기하고 있을지도 모른다. 무엇이 더 큰지에 대해 말할 때 국가, 집, 사람, 개 또는 다른 많은 것들에 대해 말할지도 모른다. 때로는 어떤 개체를 염두에 두고 있는지가 중요하다. 조심하고 싶을 때, 대부분 U라는 유니버스universe를 정의한다. 유니버스는 서로 연관될 수 있는 모든 것들의 집합이다. 도널드 덕의 조카 휴이, 듀이, 루이에 대해 이야기하고 있다고 가정해보자. 만약 그렇다면 그것이 유니버스다. 이 관례는 유니버스의 모든 구성원을 쉼표로 구분해 중괄호로 묶는 것이다. {휴이, 듀이, 루이}. 여기서 순서는 중요하지 않다. 그래서 같은 유니버스가 이렇게 쓰여질 수 있다. {루이, 듀이, 휴이}. 따라서 U = {휴이, 듀이, 루이} = {루이, 듀이, 휴이}이다.

연습 2.2 **유니버스** 우리가 유엔의 모든 회원국에 대해 이야기하고 있다고 가정해보자. 어떻게 쓰여질까?

유니버스는 무한히 많은 구성원을 가질 수 있는데, 이 경우 단순한 열거는 불편하다. 예를 들어 이 내용을 읽고 있는 공간에 들어간 시간을 고려할 때 그렇다. 오전 11시 59분 59초에서 오후 12시 01초 사이에 시간이 무한히 많다. 이런 경우 유니버스를 묘사할 다른 방법을 찾을 필요가 있다.

이야기할 수 있는 한 가지 관계는 이것이다. "적어도 그 정도는 된다." 예를 들어 "커피는 적어도 차만큼 좋다"고 말하고 싶을지도 모른다. "최소한 좋은" 관계는 종종 다음과 같은 기호인 $\succcurlyeq$를 사용해 표현된다. 만약 c가 커피를 나타내고 t가 차를 의미한다면, 이 문장을 $c \succcurlyeq t$로 쓸 수 있다. 이것은 (약한) 선호도 관계이다. 사람들은 그들 자신의 선호 관계를 가지고 있을 수도 있고 종종 가질 것이다. 만약 우리가 누구를 선호하는지 명시하고 싶다면, 첨자를 사용해 개인을 나타낸다. 만약 알프에게 커피가 적어도 차만큼 좋고, 벳시에게 커피만큼 좋다고 말하고 싶다면, $c \succcurlyeq_{\text{알프}} t$와 $t \succcurlyeq_{\text{벳시}} c$ 또는 $c \succcurlyeq_A t$와 $t \succcurlyeq_B c$라고 말한다.

연습 2.3 **선호** d는 "뜨거운 날에 시원한 음료를 즐기는 것"을 의미하고 r은 "열린 불에 구워지는 것"을 의미한다고 가정하자.

(a) 이 두 가지 옵션에 대한 선호를 어떻게 설명할 것인가?

(b) 이 두 가지 옵션에 대한 피학대자의 선호를 어떻게 표현하겠는가?

경제학에서는 일반적으로 상품의 집합체인 소비 묶음보다 사람들의 선호에 관심이 있다. 여러분은 동네 햄버거 식당에서 1위, 빅 버거 음식과 2위, 베지 버거 음식 중 하나를 선택할 때 상품 번들을 선택해야 한다. 상품 번들을 나타내기 위해 그것들을 사과 세 개와 바나나 두 개, 또는 총 두 단위와 버터 다섯 단위의 개별 상품들의 모음이라고 생각한다. 선호 관계에 대해 이야기할 때, 유니버스는 대안들의 집합이라고도 할 수 있다. 번들이 두 개 이하의 상품을 포함하는 경우, 그림 2.1과 같이 평면에서 대안 집합을 나타내는 것이 편리할 수 있다. 번들 안에 두 개 이상의 상품이 들어 있을 때, 일반적으로 사과 세 개와 바나나 두 개에 대해 ⟨3, 2⟩, 사과 여섯 개, 바나나 세 개, 코코넛 아홉 개에 대해 ⟨6, 3, 9⟩라고 쓰는 것이 더 유용하다.

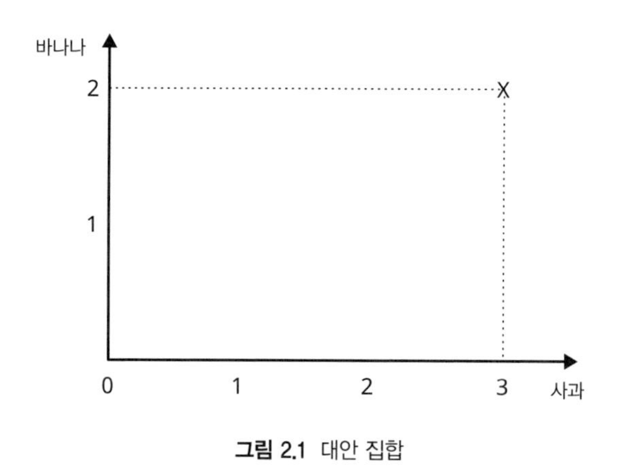

그림 2.1 대안 집합

2.3 합리적 선호

우리는 선호 관계가 합리적이 되는 것이 무엇을 의미하는지 명시함으로써 합리적인 선택 이론을 구축하기 시작한다. 합리적인 선호 관계는 **전이적**transitive이고 **완전한**complete 선호 관계다.

관계 R은 유니버스의 모든 x, y, z에 대해, x가 R과 y의 관계를 가지면, y가 R과 z의 관계를 가지면, x는 R과 z의 관계를 가져야 한다. 유니버스가 모든 마르크스 형제의 집합이라고 가정해보자. 만약 그렇다면, "보다 크다"는 것은 과도적인 관계이다. 만약 제포Zeppo가 그라우초Groucho보다 키가 크고, 그라우초가 하포Harpo보다 키가 크다면, 제포는 하포보다 키가 커야 한다(그림 2.2).

그림 2.2 마르크스 형제(코디 테일러 삽화)

예 2.4 **30 Rock** TV 쇼 〈30 Rock〉의 다음과 같은 대화를 살펴보자. 트레이시, 그리즈, 닷컴은 컴퓨터 게임을 하고 있다. 트레이시는 항상 그리즈와 닷컴을 이긴다. 케네스가 트레이시를 이겼지만 그리즈에게 졌을 때, 트레이시는 의심을 품게 된다.

트레이시: "그리즈, 케네스를 어떻게 이겼니?"

그리즈: "모르겠어요."

트레이시: "케네스가 나를 이길 수 있고 네가 케네스를 이길 수 있다면, 그 전이적 속성으로 네가 날 이겨야 해! 그런데 네가 나를 이긴 적이 있어?"

닷컴: "단지 어쩌다가 몇 번."

트레이시: "몇 번이라고? 여러 번?"

이제 당신은 〈30 Rock〉을 이해하는 첫 번째 사람이다. 여러분은 또한 그 쇼에 전직 경제학도나 철학도 스태프로 있었다는 것을 알고 있다.

만약 유니버스가 모든 사람들로 구성돼 있다면, 비전이적인 관계의 예로는 "사랑하고 있다"가 포함된다. 샘이 팻을 사랑하고 팻이 로빈을 사랑한다고 해서 샘이 로빈을 사랑하는 것은 아니다. 샘은 로빈을 사랑하고 있을지도 모른다. 하지만 샘은 로빈에 대해 특별한 감정이 없을 수도 있고, 샘은 팻의 관심을 끈 것에 대해 로빈을 원망할 수도 있다. 로빈이 샘을 사랑하고 있을 수도 있다. 이러한 종류의 비전이성은 프랑스 실존주의 철학자 장 폴 사르트르의 연극 〈출구 없음〉의 핵심이다. 옥중에서 벌어지는 이 연극에서 한 젊은 여자는 나이 든 여자의 존경을 원하는 남자의 애정을 갈망하고, 그 여자는 그 젊은 여자를 사랑하게 된다. 그래서 이 연극의 가장 유명한 대사 "지옥은 다른 사람들이다." 어떤 관계가 비전이적이라는 것을 보여주기 위해서, 첫 번째가 두 번째와 관련이 있고, 두 번째가 세 번째와 관련이 있지만, 첫 번째가 세 번째와 관련이 없다는 식으로 유니버스의 세 구성원을 식별하는 것으로 충분하다.

공식적으로 말해서 선호 관계 $\succcurlyeq$는 다음 사항이 사실일 경우에 전이적transitive이다.

공리 2.5 $\succcurlyeq$의 전이성 만약 $x \succcurlyeq y$이고 $y \succcurlyeq z$이면 $x \succcurlyeq z$이다(모든 x, y, z에 대해).

같은 것을 표현하는 다른 방법들이 있다. 다음과 같이 쓸 수 있다. $x \succcurlyeq y \succcurlyeq z$이면 $x \succcurlyeq z$(모든 x, y, z에 대해)이다. 표준 논리 기호를 사용해 x, y, z에 대해 $x \succcurlyeq y \; \& \; y \succcurlyeq z \rightarrow x \succcurlyeq z$라고 쓸 수 있다. 논리 기호 목록을 보려면 다음의 텍스트 박스를 참조하라. 어느 쪽이든 전이성은 만약 당신이 차보다 커피를, 루트 맥주보다 차를 선호한다면, 당신은 루트 맥주보다 커피를 선호해야 한다고 말한다. 즉, 당신은 루트 맥주보다 커피를 선호하지 않는 반면 루트 맥주보다 커피를 선호할 수 없다.

관계 R은 유니버스의 임의의 x와 y에 대해, x는 R과 y의 관계를 가지거나 y는 R과 x(또는 둘 다)의 관계를 가지는 경우에 대해 완전complete하다. 만약 유니버스가 과거, 현재 그리고 미래와 같은 모든 사람들로 구성돼 있다면, "적어도 그만큼 크다"는 것은 완전한 관계다. 카이사르와 브루투스의 키가 얼마나 컸는지 모르지만, 이것만큼은 알고 있다. 카이사르가 최소한 브루투스만큼 키가 크거나, 브루투스가 최소한 카이사르만큼 키가 컸거나 둘 다 키가 같았다.

모든 사람들로 구성된 유니버스를 고려할 때, 불완전한 관계의 예로는 "사랑하고 있다"가 있다. 예를 들어 무작위로 선택된 두 명의 사람들, 즉 여러분의 집주인과 현 미국 대통령의 경우, 두 사람 중 한 사람이 다른 사람과 사랑에 빠져 있을 필요는 없다. 당신의 집주인은 대통령에게 반했을 수도 있고, 그 반대로 반했을 수도 있다. 그러나 그럴 필요도 없고, 자주 그럴 필요도 없을 것이다. 어떤 관계가 불완전하다는 것을 보여주기 위해서, 그 관계는 어느 쪽도 성립하지 않는 유니버스에서의 두 개체를 식별하는 것으로 충분하다.

공식적으로 말해서, 선호 관계 $\succcurlyeq$는 다음이 성립하는 경우에만 완전하다.

공리 2.6 $\succcurlyeq$의 완전성 $x \succcurlyeq y$이거나 $y \succcurlyeq z$이다. (또는 모두) (모든 x, y, z에 대해)

완전성은 여러분이 커피보다 차를 더 좋아해야 함을 의미한다. 선호는 두 가지 모두 갈 수 있지만, 둘 중 하나를 선호하지 않을 수는 없다. 위의 공식에서 "(또는 둘 다)"라는 문구는 엄밀히 말하면 중복된다. 우리는 일상 언어에서 "및/또는[and/or]"에 해당하는 "포괄적 또는[inclusive or]"를 사용한다. 표준 논리 기호를 사용해 다음과 같이 쓸 수 있다. $x \succcurlyeq y \vee y \succcurlyeq x$ (모든 x, y에 대해) 만약 $x \succcurlyeq y$와 $y \succcurlyeq x$ 둘 다일 경우, 우리는 동일하다[tie]고 말한다(2.4절에서 무차별 개념 참조).

논리 기호

다음은 가장 일반적인 논리 기호 목록이다.

$x \,\&\, y$	x와 y
$x \vee y$	x 또는 y
$x \rightarrow y$	x인 경우 y이다. y인 경우에만 x이다.
$x \leftrightarrow y$	y인 경우 및 y인 경우에만 x이다. y인 경우에만 x이다.

$\neg p$	p가 아니다

다음 연습은 전이성 및 완전성의 개념을 설명하는 데 사용된다.

연습 2.7 유니버스가 과거, 현재, 미래 등 모든 사람의 집합이라고 가정하면 다음과 같은 관계가 전이적인가? 완성적인가?

(a) "의 어머니이다"

(b) "의 조상이다"

(c) "의 자매이다"

(d) "싫어한다"

(e) "보다 무게가 더 많이 나간다"

(f) "같은 이름을 가지고 있다"

(g) "보다 크다"

이러한 질문에 대답할 때 모호성이 문제가 될 수 있다. "자매"와 같은 단어는 모호하며, 이것은 대답이 그것이 어떻게 사용되느냐에 따라 달라질 수 있다는 것을 의미한다. 그러나 그 단어가 정의되자마자 그 질문들은 답을 결정한다.

연습 2.8 **적의 적** 사람들이 말하는 것처럼 적의 적은 친구라고 가정하자. 이것은 "적"의 전이성으로 무엇을 의미하는가? (진정한 frenemy은 없다고 가정하자. 친구이자 적인 사람)

연습 2.9 만약 유니버스가 모든 자연수의 집합이라고 가정하면, U = {1, 2, 3, 4, ...}는 다음 관계는 전이적인가? 완전적인가?

(a) "최소한 다음과 같다" (≥)

(b) "와 같다" (=)

(c) "엄격히 다음보다 크다" (>)

(d) "로 나눌 수 있다" (|)

연습 2.10 **기본 설정과 유니버스** 전이성 및 완전성에 대한 이해를 바탕으로 다음 질문에 답하라.

(a) 만약 유니버스가 {사과, 바나나, 기아}라면 선호 관계의 전이성은 무엇을 결과하는가?
(b) 만약 우주가 {사과, 바나나}라면 선호 관계의 완전성은 무엇을 결과하는가?

마지막 연습에서 알 수 있듯이, 선호 관계의 완전성은 그것이 반사적[reflexive]이라는 것을 암시한다. 즉, $x \succcurlyeq x$(모든 x에 대해)를 의미한다. 이 결과는 당신을 놀라게 할 것이다. 하지만 그 완전성이 우주에서 두 개의 요소를 선택할 때마다, 그 관계는 어떤 식으로든 성립돼야 한다고 말하는 것을 상기하라. 그 공리는 그 두 원소가 반드시 달라야 한다고 말하지 않는다. 동일한 요소를 두 번 선택하면 완전성은 사물이 자신과 관계를 맺는 것을 요구한다.

유니버스의 선택은 어떤 관계가 전이적인지 비전이적인지, 완전한지 불완전한지를 결정할 수 있다. 만약 우주가 U = {로미오, 줄리엣}이라면, 유니버스의 어느 두 구성원에게나, 하나는 다른 하나를 사랑하고 있거나, 다른 하나는 하나를 사랑하고 있기 때문에 "사랑하고 있다"는 관계는 완성될 것이다(이것은 로미오와 줄리엣이 둘 다 그들 자신을 사랑하고 있다고 가정하는데, 이것은 아마도 사실이 아닐 수도 있다). 아마도 더 놀랍게도, 그 관계는 또한 전이적일 것이다. $x \succcurlyeq y$와 $y \succcurlyeq z$일 때는 언제나 그것은 실제로 $x \succcurlyeq z$인 경우이다.

약한 선호 관계가 합리적이라는 가정(전이적이고 완전함)은 상당히 약해 보일 수 있다. 그러나 두 가지 정의와 결합되면, 이 가정은 사실상 확실성하에서 선택의 이론을 구축하는 데 필요한 모든 것이다. 이것은 과학이 어떻게 작용하는지를 보여주는 훌륭한 예시다. 소수의 가정을 바탕으로 우리는 광범위한 이론을 세울 것이다. 그러고 나서 그 예측은 실제 증거와 직면하게 될 것이다. 2장의 나머지 부분에서는 약한 선호 관계가 합리적이라는 가정의 함축적 의미를 설명한다.

2.4 무차별 선호와 강선호

이전 절에서 알 수 있듯이 (약한) 선호 관계는 동일하다는 것을 인정한다. 두 옵션이 동일할 때, 우리는 첫 번째 옵션이 두 번째 옵션만큼 좋거나 에이전트가 두 옵션 사이에 무차별[indifferent]하다고 말한다. 즉, 어떤 사람이 두 옵션 간에 무차별하다는 것은 즉 그에게 첫 번째 선택이 적어도 두 번째 옵션만큼 좋고, 두 번째 옵션이 적어도 첫 번째 옵션만큼 좋

다. 우리는 무차별을 나타내기 위해 ~라는 기호를 사용한다. 공식적으로 말하자면,

정의 2.11 무차별의 정의 $x \succcurlyeq y$이고 $y \succcurlyeq x$인 경우와 그리고 그러한 경우에만 $x \sim y$이다.

논리 기호를 사용하면, $x \sim y \Leftrightarrow x \succcurlyeq y \;\&\; y \succcurlyeq x$라고 쓸 수 있다.

최소한 "만큼 좋은" 관계가 합리적이라고 가정할 때, 무차별 관계는 반사적reflexive이고 전이적transitive이다. 또한 대칭적symmetric이다. x가 y만큼 좋으면 y는 x만큼 좋다. 이러한 결과는 직관적으로만 그럴듯할 뿐만 아니라 증명 방법을 통해 확인할 수 있다(증명에 관한 자세한 내용은 49쪽의 텍스트 박스를 참조하라). 무차별 관계의 특성은 다음 명제에 의해 확립된다.

명제 2.12 무차별성의 속성 다음 조건이 성립한다.

(i) $x \sim x$(모든 x에 대해서)

(ii) $x \sim y \rightarrow y \sim x$(모든 x, y에 대해서)

(iii) $x \sim y$ 그리고 $y \sim z \rightarrow x \sim z$(모든 x, y, z에 대해서)

증명

명제의 각 부분은 별도의 증명을 요한다.

(i)	1. $x \sim x$	명제 2.6에 의해
	2. $x \succcurlyeq x \;\&\; x \succcurlyeq x$	논리적으로 (1)로부터
	$\therefore x \sim x$	정의 2.11의 의해 (2)로부터 ■
(ii)	1. $x \sim y$	가정에 의해
	2. $x \succcurlyeq y \;\&\; y \succcurlyeq x$	정의 2.11에 의해 (1)로부터
	3. $y \succcurlyeq x \;\&\; x \succcurlyeq y$	논리적으로 (2)로부터
	4. $y \sim x$	정의 2.11에 의해 (3)으로부터
	$\therefore x \sim y \rightarrow y \sim x$	논리적으로 (1)–(4)로부터 ■

(iii)	1. $x \sim y \,\&\, y \sim x$	가정에 의해
	2. $x \succcurlyeq y \,\&\, y \succcurlyeq x$	정의 2.11에 의해 (1)로부터
	3. $y \succcurlyeq z \,\&\, z \succcurlyeq y$	정의 2.11에 의해 (1)로부터
	4. $x \succcurlyeq z$	공리 2.5에 의해 (2)와 (3)으로부터
	5. $z \succcurlyeq x$	공리 2.5에 의해 (2)와 (3)으로부터
	6. $x \sim z$	정의 2.11에 의해 (4)와 (5)로부터
	$\therefore\ x \sim y \,\&\, y \sim z \rightarrow y \sim z$	논리적으로 (1)-(6)로부터 ■

이들은 완전한 증명이다. 다음에 나오는 내용에서는 전체 내용을 제시하기보다는 일반적인 형태의 증명을 개략적으로 설명할 것이다.

무차별 관계가 완전하지 않다. 이것을 보여주려면 하나의 반례를 제시해도 충분하다. 에이전트가 모든 옵션 간에 무차별하지 않은 합리적인 선호 관계는 다음과 같다(예를 들어 그림 2.3 참조).

연습 2.13 $x \succcurlyeq y \,\&\, y \sim z \rightarrow x \succcurlyeq z$의 원리를 증명하라.

당신의 다양한 증명에서 당신이 이미 세운 명제에 의존하는 것은 언제나 받아들여질 수 있다. 다음 연습은 이것이 얼마나 유용한지 보여준다.

연습 2.14 **반복 전이성** 이 연습에서 여러분은 두 가지 다른 방법으로 다음의 원리를 증명할 것이다. $x \sim y \,\&\, y \sim z \,\&\, z \sim p \rightarrow x \sim p$

(a) 우선 무차별의 전이성을 적용해 증명하라(명제 2.12(iii)).

(b) 무차별의 전이성을 가정하지 않고 증명하라(공리이므로 약한 선호의 전이성을 사용할 수 있다).

증명을 완료하는 데 어려움이 있는 경우 49쪽의 텍스트 박스를 참조해 힌트를 얻는 것을 권장한다.

천국의 축복

$\curlyvee$

코카콜라 ~ 펩시콜라

$\curlyvee$

영원한 고통

그림 2.3 무차별한 선호 순위

첫 번째 옵션이 적어도 두 번째 옵션만큼 좋지만 두 번째 옵션이 적어도 첫 번째 옵션만큼 좋지 않을 때, 우리는 첫 번째 옵션이 두 번째 옵션보다 낫거나 에이전트가 두 번째 옵션보다 첫 번째 옵션을 엄격하게 또는 강하게 선호한다고 말한다. 엄격하거나 강한 선호를 나타낼 때 기호 $\succ$를 사용한다. 공식적으로 말하자면,

정의 2.15 강한 선호의 정의 $x \succcurlyeq y$이고, $y \succcurlyeq x$가 아닌 경우, 그러한 경우에만 $x \succ y$이다.

논리적인 표기법을 사용하면 다음과 같다. $x \succ y \Leftrightarrow x \succcurlyeq y \,\&\, \neg y \succcurlyeq x$. 명확성을 위해서 때때로 "최소한 만큼 좋다" 관계는 약한 선호라고 부를 것이다.

약한 선호 관계가 합리적이라고 가정할 때, 강한 선호 관계가 특정한 속성을 가질 것이라는 것을 논리적으로 증명할 수 있다. 다음 명제는 그들 중 일부를 확립한다.

명제 2.16 강한 선호의 속성 다음 조건이 성립한다.

(i) $x \succ y \,\&\, y \succ z \rightarrow x \succ z$(모든 x, y, z에 대해서)

(ii) $x \succ y \rightarrow \text{not } y \succ x$(모든 x, y에 대해서)

(iii) $\text{not } x \succ x$(모든 x에 대해서)

증명

(i) $x \succ y$ & $y \succ z$라고 가정한다. $x \succ z$를 확립하기 위해 정의 2.15는 $x \succcurlyeq z$이며, $z \succcurlyeq x$가 사실이 아닌 것을 증명할 필요가 있다. 첫 번째 부분은 연습 2.17이다. 두 번째 부분은 다음과 같다. 모순에 의한 증명을 위해 $z \succcurlyeq x$라 가정하자. 첫 번째 가정과 강한 선호도의 정의로부터, 그것은 $x \succcurlyeq y$를 따른다. 두 번째 가정과 공리 2.5부터는 $z \succcurlyeq y$가 성립되지만, 첫 번째 가정과 강한 선호의 정의부터는 $\neg z \succcurlyeq y$가 성립한다. 우리는 모순을 유도했으므로 두 번째 가정은 틀려야 하며, 따라서 $\neg z \succcurlyeq x$이다.

(ii) $x \succ y$라고 가정하는 것으로 시작한다. 모순에 의한 증명을 위해 $y \succ x$를 가정한다. 첫 번째 가정을 가정할 때 정의 2.15는 $x \succcurlyeq y$를 암시한다. 두 번째 가정을 가정할 때 동일한 정의는 $\neg x \succcurlyeq y$를 암시한다. 그러나 이것은 모순이므로 두 번째 가정은 틀려야 하며, 따라서 $\neg y \succ x$.

(iii) 연습 2.19를 참조하라. ■

명제 2.16(i)은 강한 선호 관계가 전이적transitive이고, 2.16(ii)는 강한 선호 관계가 반대칭적anti-symmetric이며, 2.16(iii)는 강한 선호 관계가 비반사적irreflexive인 것을 말하고 있다.

연습 2.17 지금까지 논의된 정의와 명제를 사용해 명제 2.16(i)의 증명 첫 번째 부분을 완성한다.

명제 2.16(i) 및 (ii)의 증명은 모순에 의한 증명 구축을 포함한다. 그러한 증명은 **간접증명**indirect proofs이라고도 부른다. 이러한 추론의 방식은 이상하게 보일 수도 있지만, 사실 수학, 과학 그리고 일상적인 사고에서 꽤 흔하다. 수학자들이 $\sqrt{2}$가 비이성적인 수라는 것을 증명할 때, 그들은 $\sqrt{2}$가 유리수라고 가정하고($\sqrt{2}$가 자연수 p와 q의 분수 p/q로 표현될 수 있다는 것을 의미) 모순을 유도하기 위해 이 가정을 사용할 수 있다.

연습 2.18 적의 적(계속) 42쪽의 연습 2.8에서와 같이 모순에 의한 증명을 사용해 "적"이 전이적이지 않음을 증명하라.

앞으로의 연습에서는 모순에 의한 증명이 얼마나 유용한지 알게 될 것이다.

연습 2.19 명제 2.16(iii)을 증명하라. 먼저 $x \succ x$와 같은 x가 있다고 가정해 모순으로 증명하라.

연습 2.20 다음 원리를 증명하라. $x \succ y$ & $y \succsim z \rightarrow x \succ z$(모든 x, y, z에 대해) 이 증명에는 두 부분이 있다. 첫째, $x \succsim z$, 둘째, $\neg z \succsim x$임을 증명하라.

연습 2.21 다음과 같은 중요하고 직관적인 원리를 구축하라(기록을 위해 이들 중 일부는 논리적으로 동등하다).

(a) If $x \succ y$ then $x \succsim y$

(b) If $x \succ y$ then $\neg y \succsim x$

(c) If $x \succsim y$ then $\neg y \succ x$

(d) If $x \succ y$ then $\neg x \sim y$

(e) If $x \sim y$ then $\neg x \succ y$

(f) If $\neg x \succsim y$ then $y \succsim x$

(g) If $\neg x \succsim y$ then $y \succ x$

(h) If $\neg x \succ y$ then $y \succsim x$

부분 (f)와 (g)에 문제가 있는 경우, 완전성 카드를 항상 작동시킬 수 있으며 $x \succsim y \vee y \succsim x$ 식을 언제든지 입력할 수 있다. 또한 $p \vee q$ 및 $\neg p$는 q를 의미한다. 만약 여러분이 부분 (h)가 어렵다고 생각한다면, 드 모르간의 법칙de Morgan's law이라고 알려진 원리를 자유롭게 사용해보라. 그 원리에 따르면 $\neg(p$ & $q)$는 논리적으로 $\neg p \vee \neg q$와 같다. 또한 $p \vee q$ 및 $p \rightarrow q$는 q를 의미한다.

다음 연습을 위해, 이미 확립된 명제에 의존하는 것이 허용됨을 상기하라.

연습 2.22 $x \sim y$ 및 $y \sim z$이면 $\neg x \succ z$임을 증명하라.

연습 2.23 **부정적 전이성** 다음 두 가지 원리를 증명하라. 여러분은 이미 이 두 가지를 증명하기 위해 시도했을지도 모른다. 그러나 여러분이 그것들을 확립하기 전에는 그렇게 하지 않을 수도 있다는 것을 기억하라.

(a) $\neg x \succsim y$이고, $\neg y \succsim z$이면 $\neg x \succsim z$이다.

(b) $\neg x \succ y$이고, $\neg y \succ z$이면, $\neg x \succ z$이다.

마지막 두 연습은 우리가 2장에서 연구한 이론의 잠재적으로 문제가 되는 몇 가지 함축적 의미를 보여준다. 둘 다 고전적인 문제다.

연습 2.24 휴가 여러분이 캘리포니아와 플로리다로 가는 두 가지 휴가 패키지를 제공받았고, 두 가지에 완전히 무차별하다고 가정해보자. 플로리다 패키지를 f, 캘리포니아 패키지를 c라고 부르겠다. 그래서 $f \sim c$. 이제, 누군가가 플로리다 패키지에 사과를 추가함으로써 플로리다 패키지를 더 좋게 만든다. 당신은 사과를 좋아하기 때문에 강화된 플로리다 패키지 f^+는 원래 플로리다 패키지 $f^+ \succ f$를 의미한다. 당신이 이성적이라고 가정한다면 캘리포니아 패키지 c에 비해 강화된 플로리다 패키지 f^+에 대해 어떻게 생각할까? 증명하라.

증명하는 법

명제의 증명 목적은 명제의 진리를 논리적이거나 수학적 확실성으로 확립하는 것이다(예제는 명제 2.12(i) – (iii)의 증명 참조). 증명은 페이지의 개별 행에 제시된 일련의 명제다. 증거의 마지막 행은 여러분이 세우려고 하는 명제, 즉 결론이다. 그 앞에 오는 행들은 그 진리를 확립한다. 결론은 기호 ∴ 앞에 오도록 돼 있다. 다른 모든 행은 아라비아 숫자를 사용해 번호가 매겨진다. 기본 법칙은 증명에 있는 각 명제는 (a) 그 윗줄에 있는 명제 (b) 이론의 공리 (c) 적절하게 도입된 정의 (d) 다른 증명에 의해 이미 확립된 명제로부터 논리적으로 도출돼야 한다는 것이다. 일단 증명이 결론 나면, 논리학자들은 "증명됐다"는 것을 의미하는 라틴어 QED[Quod Erat Deomstandum]를 쓰거나 작은 상자 ■를 추가하는 것을 좋아한다. ■

증명을 구성할 때 따라야 할 몇 가지 유용한 힌트 또는 경험 법칙이 있다. **힌트 1:** $x \rightarrow y$ 형식의 명제를 설정하려는 경우 일반적으로 화살표 왼쪽에 있는 것을 가정하는 것으로 시작하고자 한다. 즉, 첫 번째 행은 "1. 가정에 의해 x"라고 읽는다. 그런 다음 y를 유도해 증명을 완성하는 것이 목표다. $x \leftrightarrow y$ 형식의 명제를 만들고 싶다면, 두 가지 방법을 모두 사용해야 한다. 첫째, $x \rightarrow y$와 둘째, $y \rightarrow x$이다. **힌트 2:** 형식 $\neg p$의 명제를 확립하고 싶다면, 일반적으로 모순에 의한 증명을 위해 증명하고 싶은 것의 반대되는 것을 가정하는 것으로 시작한다. 즉, 첫 번째 행은 "1. 모순에 의한 증명을 위해 p를 가정한다"이다. 그러고 나서 당신의 목표는 모순을 유도하는 것이다. 즉, 당신이 증명을 완성할 수 있게 해주는 $q \ \& \ \neg p$ 형식의 주장을 이끌어내는 것이다.

연습 2.25 **찻잔** 여러분 앞에 1,000잔의 찻잔들이 나란히 줄지어 있다고 상상해보라. 찻잔은 한 가지 차이를 제외하고 동일하다. 즉, 맨 왼쪽의 찻잔(c_1)은 설탕 한 알, 왼쪽의 두 번째 찻잔(c_2)은 설탕 두 알, 왼쪽의 세 번째 찻잔(c_3)은 설탕 세 알이 들어 있다. 당신은 인접한 두 찻잔 사이의 차이를 구별할 수 없기 때문에 1과 999 사이의 모든 n에 대해 c_n과 c_{n+1} 사이에 무차별하다. 선호 관계가 합리적이라고 가정할 때, 맨 왼쪽 찻잔(c_1)과 맨 오른쪽 찻잔(c_{1000}) 사이에서 여러분이 선호하는 찻잔은 무엇인가?

연습 2.21의 연구 결과는 이러한 질문에 대답할 때 유용할 것 같다.

2.5 선호 순위

선호 관계를 흔히 선호 순서라고 한다. 이것은 합리적인 선호 관계를 통해 목록의 모든 대안을 최상위와 최악으로 정렬할 수 있기 때문이다. 그림 2.3은 선호 순서의 예를 보여준다.

합리적인 선호 순서는 간단하다. 완전성은 각 요소가 다른 모든 요소와 결합될 수 있다는 것을 수반하기 때문에 각 사용자가 정확히 하나의 목록을 가질 수 있도록 보장한다.

전이성은 목록이 선형적일 것을 보장한다. 전이성은 $x \succ y$, $y \succ z$, 그리고 $z \succ x$와 같이 강한 선호 관계가 순환을 하지 않기 때문이다. 여기 **순환 선호**cycling preference에 대한 두 가지 유용한 연습이 있다.

연습 2.26 **순환 선호** 지금까지 제기된 정의와 명제를 사용해 순환에 대한 합리적이고 강한 선호 관계가 불가능하다는 것을 보여준다. 그러기 위해서 (논의를 위해) $x \succ y$ & $y \succ z$ & $z \succ x$이라 가정하고, 이것이 모순이라는 것을 증명하라

연습 2.27 **순환 선호(계속)** 반대로, 약한 선호 관계가 순환일 수 있다. 즉 $x \succeq y$ & $y \succeq z$ & $z \succeq x$가 되는 x, y, z가 있을 수 있다. 만약 그렇다면, x, y, z에 대한 에이전트의 선호에 대해 무엇을 알 수 있을까? 그것을 증명해보라.

무차별한 경우 선호 순서에는 동일함을 가진다. 여러분이 이미 주목했듯이, 그림 2.3은 두 항목이 동일하게 좋은 선호 순서를 설명한다. 만약 유니버스가 {천국의 축복, 코가콜라, 펩시콜라, 영원한 고통}이라고 가정한다면, 이 선호 순서는 완벽하게 합리적이다.

경제학에서 선호 순서는 종종 **무차별 곡선**을 사용해 표현되며, **무차별 지도**라고도 불린다. 무차별 곡선의 예는 그림 2.4를 참조하라. 지형도의 등고선과 유사하다고 생각할 수 있다. 관례상 이러한 곡선 중 하나에 있는 각 번들은 동일한 곡선에 있는 다른 모든 번들만큼 좋다. 두 번들이 서로 다른 곡선에 있는 경우 두 번들 중 하나가 다른 번들보다 강하게 선호된다. 사람들이 각 상품 중 더 많은 것을 덜 선호한다면, 오른쪽 위 곡선의 번들은 왼쪽 아래 곡선의 번들보다 강하게 선호될 것이다.

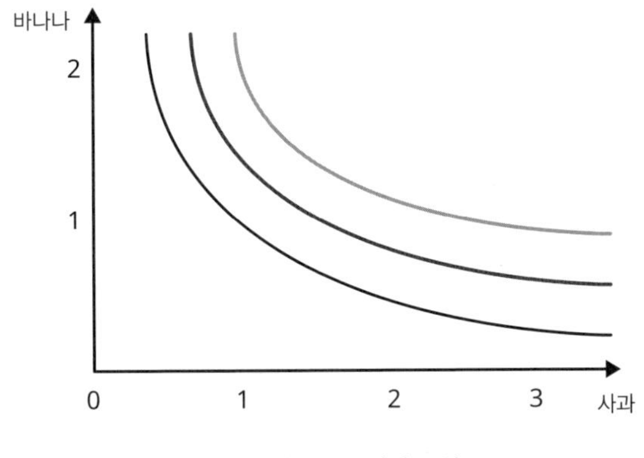

그림 2.4 무차별 곡선

연습 2.28 **무차별 곡선** 다음 경우의 무차별 곡선을 그래프로 나타내라.

(a) 당신은 사과 한 개가 항상 바나나 두 개만큼 좋다고 가정하자.

(b) 당신은 사과 한 개가 바나나 한 개만큼 항상 좋다고 가정하자.

(c) 우유 없는 차나 차 없는 우유를 좋아하지 않는다고 가정하자. 하지만 당신이 두 단위의 차와 한 단위의 우유를 가질 때는 언제나, 당신은 우유로 차 한 잔을 만들 수 있다. 여러분은 우유가 들어간 차를 좋아하고, 적어도 당신은 더 많을수록 더 좋다.

2.6 확실성하의 선택

확실성하에서 선택하는 것은 메뉴를 보는 것이다. 메뉴는 옵션 집합으로 집합에서 하나의 옵션을 선택해야 한다. 즉, 메뉴에는 두 가지 속성이 있다. 첫째, 메뉴의 항목은 **상호배타적**이다. 즉, 주어진 시간에 최대 한 항목을 선택할 수 있다. 둘째, 메뉴에 있는 항목이 모두 있다. 즉, 하나 이상의 항목을 선택해야 한다.

예 2.29 **메뉴** 식당에서 두 개의 애피타이저(수프 및 샐러드)와 두 개의 엔트리를 제공하며, 여러분은 한 개의 애피타이저와 한 개의 엔트리를 선택해야 한다면, 여러분의 대안은 무엇인가?

네 가지 조합이 가능하기 때문에 여러분의 대안은 {수프 앤 치킨, 수프 앤 비프, 샐러드 앤 치킨, 샐러드 앤 비프}이다.

연습 2.30 **메뉴(계속)** 만약 여러분이 애피타이저만 먹을 수도 있고, 엔트로만 먹을 수도 있고 아예 먹지 않을 수도 있다면 새로운 메뉴는 무엇일까?

메뉴가 작거나 심지어 유한하다는 가정은 없지만, 우리는 종종 그렇다고 생각한다.

경제학에서, 메뉴는 종종 **예산 집합**budget set으로 언급된다. 이는 예산 즉 수중의 자원이 주어질 때 감당할 수 있는 일련의 대안 중 일부다. 최대 3개의 사과(바나나를 사지 않는 경우) 또는 2개의 바나나(사과를 사지 않는 경우)를 살 수 있다고 가정한다. 예를 들어 주머니에 6달러를 가지고 있고, 바나나가 3달러, 사과가 2달러짜리인 경우다. 그렇다면 예산 집합 또는 메뉴는 그림 2.5의 음영 영역으로 표시된다. 과일을 무한히 나눌 수 있다고 가정하면, 메뉴는 무한히 크다. 예산에 있는 항목과 예산 밖의 항목을 구분하는 선을 **예산선** budget line이라고 한다.

연습 2.31 **예산 집합** 예산이 12달러라고 가정하자. 그래프를 사용해 다음 질문에 답하라.

(a) 사과가 3달러이고 바나나가 4달러일 때 예산 집합은 무엇인가?

(b) 사과가 6달러이고 바나나가 2달러일 때 예산 집합은 무엇인가?

(c) 사과가 항상 2달러이고, 첫 번째 바나나가 4달러이고, 다음 모든 바나나가 2달러일 때 예산 집합은 무엇인가?

그렇다면 **합리적** rational이라는 것은 무엇을 의미할까? 합리적이 되거나 합리적인 선택을 한다는 것은 (i) 합리적인 선호 순서를 가지고 있다는 것을 의미하며, (ii) 메뉴를 마주할 때마다 가장 선호하는 항목 또는 (무차별 경우) 가장 선호하는 항목 중 하나를 선택한다는 것을 의미한다. 두 번째 조건은 다음과 같이 표현될 수 있다.

(ii′) 메뉴의 다른 항목을 강하게 선호하지 않는 항목을 선택한다. 또는 이와 같이, (ii″) 메뉴의 다른 항목보다 엄격히 덜 선호하는 항목을 선택하지 않는다. 이것이 우리가 누군가가 확실성하의 선택의 맥락에서 합리적이라고 말할 때 의미하는 전부다. 만약 당신이 그림 2.3의 선호를 가지고 있고, 코카콜라, 펩시콜라 그리고 영원한 고통을 제공하는 메뉴를 마주하고 있다면 합리적인 선택은 코카콜라와 펩시콜라 옵션 중 하나를 선택하는 것이다. 이 경우처럼 최상의 선택권이 없을 때 이론은 여러분이 가장 좋은 옵션 중 하나를 선택해야 한다고 말한다. 어떤 옵션을 선택하는지 명시하지는 않는다.

에이전트의 무차별 곡선과 예산 집합을 알고 있다면 합리적인 결정을 내릴 수 있다. 전자(그림 2.4)를 후자(그림 2.5)에 겹쳐 그림 2.6과 같은 그림을 얻을 수 있다. 예산 집합에서 가장 선호가 높은 번들이기 때문에 소비자는 X로 표시된 번들을 선택한다. 보다시피 예산 집합에 더 이상 선호도가 높은 번들은 없다.

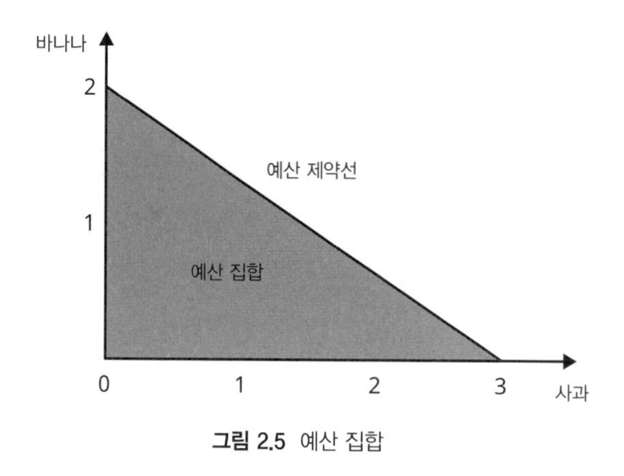

그림 2.5 예산 집합

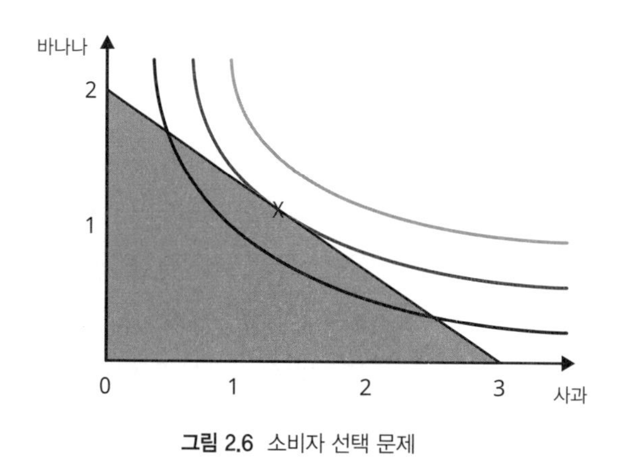

그림 2.6 소비자 선택 문제

합리성 이론이 말하지 않는 것을 주목하는 것이 중요하다. 그 이론은 왜 사람들이 다른 사람들보다 특정한 것을 선호하는지, 또는 왜 그들이 그들의 선호를 만족시키기 위해 그렇게 선택하는지 말하지 않는다. 사람들이 바나나를 받을 때보다 사과를 받을 때 더 행복하고, 기분이 좋아지거나, 또는 더 만족스러울 것이라고 생각하기 때문에 바나나보다 사과를 더 선호한다고 말하는 것은 아니다. 이 이론은 감정, 감정, 기분 또는 다른 주관적으로 경험된 상태에 대해서는 아무 말도 하지 않는다. 이 이론에 관한 한, 여러분이 뜨거운 날에 뜨거운 불에 구워지는 것보다 시원한 음료를 더 좋아한다는 사실은 단지 잔인한 사실일 뿐이다. 그것은 기분이 좋거나 나쁘거나, 즐겁거나 불쾌하거나, 보람이 있거나 혐오스러운 것에 근거할 필요가 있는 사실이 아니다. 비슷하게, 그 이론은 왜 사람들이 메뉴에서 가장 선호하는 음식을 선택하는지 말하지 않는다. 단지 이 이론에 관한 한, 그들은 그렇게 한다.

게다가 그 이론은 사람들이 이기적selfish이라고 말하지 않는다. 그들은 단지 그들 자신만을 생각한다는 의미에서, 물질적인 상품만을 생각한다는 점에서, 그들은 물질적인 것 혹은 그들이 돈만을 생각한다는 점에서, 그들은 탐욕스럽다greedy고 말한다. 합리성의 정의는 이성적인 사람이 자신의 선택이 다른 사람의 것보다 자신의 선호 순서를 반영한다는 점에서 자기 이익에 부합한다는 것을 암시한다. 하지만 이것은 이기적인 것과 같지 않다. 예를 들어 합리적인 개인은 다른 사람들을 속임으로써 부자가 되는 것보다 정당한 명분을 위해 죽는 것을 선호할 수 있다. 그 이론은 그 자체로 선호 관계의 일부 형식적인 특성만을 명시한다. 즉 그것은 사람들이 선호하는 것에 대해 어떤 것도 말하지 않는다. 그 이론은 그들이 훌륭하고 도덕적인 목적을 추구하는지 여부에 대해서는 침묵하고 있다. 이성적인 사람들은 이상하고, 사악하고, 가학적이고, 이기적이고, 도덕적으로 혐오스러울 수도 있고, 성인이고, 영감을 주고, 사려 깊고, 사심 없고, 도덕적으로 존경스러울 수도 있다. 그들은 강박감, 습관, 감정 또는 기계와 같은 계산의 결과에서 행동할 수 있다. 이 합리성의 개념은 길고도 뚜렷한 역사를 가지고 있다. 스코틀랜드의 18세기 철학자이자 경제학자 데이비드 흄David Hume은 이렇게 썼다.

> "손가락을 긁는 것보다 온 세상을 파괴하는 것을 선호하는 것은 합리성에 어긋나지 않는다. 나에게 전혀 알려지지 않은 인도인이나 사람을 만나는 최소한의 불안감을 막기 위해 내가 나의 완전한 파멸을 선택하는 것은 합리성에 어긋나지 않는다. 더 큰 선보다 작은 선의 선호를 인정하고, 후자보다 전자에 더 열렬한 애정을 갖는 것이 전혀 합리성에 어긋나는 것이 아니다."

합리적인 사람들은 비전이적이거나 불완전한 선호를 가질 수 없으며, 그들은 그러한 선호를 반영하지 못하는 선택을 할 수 없다.

2.7 효용

현대 경제의 중심인 **효용** 개념은 많은 혼란을 야기했다. 여기는 천천히 갈 가치가 있다. 어떤 사람이 어떤 것을 얼마나 선호하는지 표현하기 위해 숫자를 사용한다고 가정해보

자. 그러면 어떻게 하겠는가? 한 가지 해결책은 분명하다. 이성적인 사람의 선호는 우리가 모든 대안을 선호 순서대로 배열할 수 있게 한다는 것을 기억하라. 예를 들어 그림 2.3의 선호 순서를 고려한다. 선호 순서에는 세 가지 "단계"가 있다. 이러한 선호를 숫자로 나타내기 위해 각 단계에 하나의 숫자를 할당해 높은 단계가 높은 숫자와 연관되도록 한다. 예제는 그림 2.7을 참조한다.

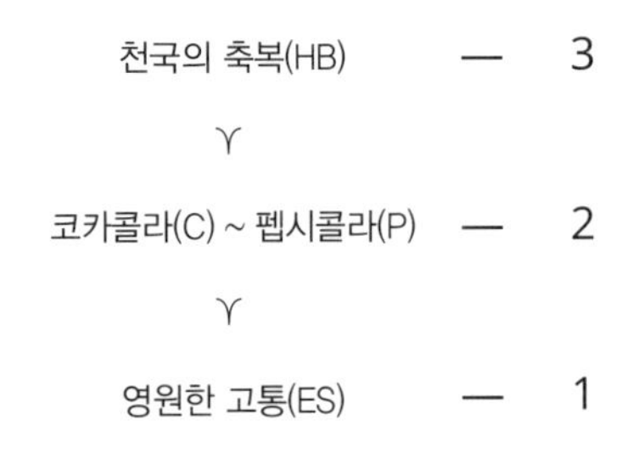

그림 2.7 효용함수를 사용한 선호 순서

효용함수는 숫자를 대안 집합의 각 원소와 연관시킨다. 이 경우에, 우리는 숫자 3을 천국의 축복(HB)과 연관지었다. 이 숫자는 HB의 효용이라고 하며 u(HB)로 표시한다. 이 경우 u(HB) = 3이다. 영원한 고통(ES)과 관련된 숫자를 ES의 효용이라고 하며 u(ES)라고 쓴다. 이 경우, u(ES) = 1. C를 사용해 코가콜라를 나타내고 P를 펩시콜라를 나타내면 u(C) = u(P) = 2. 높은 효용이 선호 항목에 대응하도록 효용함수를 설계했이기 때문에 효용함수 $u(\cdot)$가 선호 관계를 나타낸다고 할 수 있다.

예에서 알 수 있듯이 어떤 것이 효용함수가 되려면 두 조건이 유지돼야 한다. 첫째, 대안 집합에서 실수 집합으로의 함수(또는 매핑)여야 한다. 이는 모든 대안이 정확히 하나의 번호를 할당받는다는 것을 의미한다. 그림 2.7에 오른쪽 열에 빈 공간이 있거나 같은 셀에 여러 숫자가 있는 경우, 적절한 효용함수를 갖지 못한다. 효용함수는 모든 대안에 일정한 숫자를 할당해야 하지만 (예에서 알 수 있듯이) 여러 대안에 동일한 번호를 할당하는 것이 허용된다. 둘째, 어떤 것이 효용함수이려면, 더 선호되는 대안들에 더 큰 숫자를 할당해야 한다. 즉, x가 적어도 y만큼 좋다면, x에 할당된 숫자는 y에 할당된 숫자보다 크거나 같아야 한다. 좀 더 공식적으로 말하면,

정의 2.32 대안 집합에서 실수 집합으로의 함수 $u(\cdot)$의 정의는 $x \succcurlyeq y \Leftrightarrow u(x) \geq u(y)$ (모든 x와 y에 대해)인 경우에 선호 관계 $\succcurlyeq$를 나타내는 효용함수다.

이 조건을 만족시키는 함수 $u(\cdot)$는 선호 관계 $\succcurlyeq$의 지수index 또는 척도measure라고 할 수 있다. 역사적으로, "효용utility"라는 단어는 어떤 것을 받거나 소유하거나 소비하는 즐거움, 행복, 만족을 포함한 많은 다른 것들을 가리키는 데 사용돼 왔다. 비록 대부분의 사람들(경제학 교수 포함)이 이런 식으로 말하는 것을 멈추기가 힘들지만, 효용이 "당신의 머릿속에서" 떠도는 것처럼, 이러한 사용은 구식이다. 효용은 선호의 지수 또는 척도에 불과하다.

합리적인 선호 관계가 주어졌을 때 이를 나타내는 효용함수를 항상 찾을 수 있는지 여부를 물을 수 있다. 일련의 대안들이 유한할 때, 답은 '그렇다'이다. 그 문제는 소위 표현 정리representation theorem로 답변된다.

명제 2.33 표현 정리 만약 대안 집합이 유한하다면, $\succcurlyeq$는 $\succcurlyeq$를 나타내는 효용함수가 존재하는 경우에서만 합리적인 선호 관계이다.

증명

생략 ■

대안 집합이 무한하면 선호 관계를 나타내는 것이 더 복잡해진다. 효용함수가 선호도 관계를 나타내는 경우 선호도 관계가 합리적이라는 것은 사실이다. 그러나 선호 관계가 합리적이라 할지라도, 그것을 나타내는 효용함수를 찾는 것이 항상 가능한 것은 아니다.

예상할 수 있듯이 효용함수는 강하게 높은 숫자를 강하게 선호하는 대안과 연관시키고 동일한 숫자를 무차별 선호 대안과 연관시킨다. 즉, 다음과 같은 명제가 사실이다.

명제 2.34 $u(\cdot)$의 특성 선호 관계 $\succcurlyeq$를 나타내는 효용함수 $u(\cdot)$가 주어졌을 때, 다음 조건이 성립한다.

(i) $x \succ y \Leftrightarrow u(x) > u(y)$

(ii) $x \sim y \Leftrightarrow u(x) = u(y)$

증명

(i) 먼저 $x \succ y$라고 가정한다. 따라서 $x \geq y$와 $\neg y \geq x$이다. 정의 2.32를 두 번 사용하면 $u(x) \geq u(y)$이 성립하고, $u(y) \geq u(x)$이 성립하지 않는 것을 추론할 수 있다. 간단한 수학은 우리에게 $u(x) > u(y)$라고 말해준다. 둘째, $u(x) > u(y)$라고 가정한다. 이는 $u(x) \geq u(y)$를 의미하고 $u(y) \geq u(x)$가 아니라는 것을 의미한다. 정의 2.32를 두 번 사용하면 $x \succcurlyeq y$와 $\neg y \succcurlyeq x$를 추론할 수 있는데, 이는 다시 $x \succ y$를 암시한다.

(ii) 연습 2.35를 참조한다. ■

(44쪽 정의 2.11 텍스트 박스에서) A $\Leftrightarrow$ B 형태의 어떤 것을 증명하고 싶다면, 당신의 증명은 두 부분으로 돼 있어야 한다는 것을 상기하라.

연습 2.35 명제 2.34(ii)를 증명하라.

그림 2.7의 효용함수에 대한 명제가 사실인지 쉽게 확인할 수 있다.

주목해야 할 한 가지 중요한 점은 효용함수가 유일하지 않다는 것이다. 그림 2.7의 숫자 ⟨1, 2, 3⟩의 순서는 매우 다르게 선택될 수 있었다. 순서 ⟨0, 1, 323⟩도 마찬가지였을 것이고, ⟨−1000, −2, 0⟩과 ⟨$-\pi$, e, 1077⟩도 마찬가지였을 것이다. 이 모든 것은 높은 숫자와 더 선호하는 옵션을 연결한다는 점에서 효용함수다. 이러한 예에서 알 수 있듯이, 어떤 의미도 절대 숫자에 부여하지 않는 것이 중요하다. 저스틴 비버의 음악을 들으면서 얻는 유용이 2라는 것을 아는 것은 당신에게 내가 선호하는 것에 대해 전혀 말해주지 않는다. 하지만 내가 리한나를 들으면서 얻는 효용이 4라는 것을 안다면, 내가 저스틴 비버보다 리한나를 더 좋아한다는 것을 알 것이다. 효용의 비율에도 어떠한 의미를 부여하지 않는 것도 마찬가지로 중요하다. 비록 리한나의 효용이 저스틴 비버의 효용성의 두 배일지라도, 이것은 내가 리한나를 "두 배" 좋아한다는 것을 의미하지는 않는다. 동일한 선호도는 숫자 0과 42로 나타낼 수 있으며, 이 경우 비율은 잘 정의되지도 않을 것이다. 간단히 말해서 모든 주어진 선호 관계에 대해, 많은 효용이 존재한다.

증명에 관한 마지막 말

2장에서 논의된 증명은 언뜻 보기에도 위협적일 수 있지만, 기본 원칙은 상당히 간단하다는 점에 주목해야 한다. 지금까지 두 가지 공리, 즉 약한 선호 관계의 전이성(40쪽 공리 2.5)과 약한 선호 관계의 완전성(41쪽 공리 2.6), 즉 무차별성의 정의(44쪽 정의 2.11), 강한 선호의 정의(46쪽 정의) 및 효용 정의(57쪽의 정의 2.32) 및 두 가지 힌트(49쪽)를 참조하라. 증명을 완성하기 위해서 여러분이 알아야 할 것은 오직 7가지이다.

동일한 선호도는 숫자 0과 42로 나타낼 수 있으며, 이 경우 비율은 잘 정의되지도 않을 것이다. 간단히 말해서 주어진 모든 선호 관계에 대해, 그것을 나타내는 많은 효용함수가 있다. 2장에서 사용되는 효용을 서수 효용ordinal utility이라고 한다. 서수 효용은 사물의 순서를 매길 수 있게 해주기 때문이다.

효용은 무차별 곡선과 어떻게 관련이 있는가? 효용함수는 그림 2.8과 같이 각 무차별 곡선에 하나의 숫자를 할당한다. 이렇게 하면 동일한 곡선에 속하는 두 번들이 동일한 효용과 연관된다. 서로 다른 곡선에 속하는 두 번들은 다시 서로 다른 효용과 연관된다. 물론 더 높은 숫자는 더 강하게 선호하는 곡선에 해당한다. 사과와 바나나를 좋아하는 사람은 $u_1 < u_2 < u_3$이다.

효용이 행동과 어떤 관계가 있는가? 메뉴에서 가장 선호하는 항목(또는 가장 선호하는 항목 중 하나)을 선택하는 한 합리적으로 선택해야 한다. 또한 메뉴에서 가장 선호하는 항목은 효용이 가장 높은 항목이다. 따라서 가장 선호하는 항목을 선택하는 것은 효용이 가장 높은 항목을 선택하는 것이다. 이제 효용을 최대화하는 것은 효용이 가장 높은 항목을 선택하는 것이다. 따라서 효용을 최대화하는 범위 내에서 합리적으로 선택할 수 있다. 따라서 효용을 최대화하는 것은 합리적으로 선택하는 것이다. 이러한 의미에서 특정 계산을 거치지 않고도 효용을 극대화할 수 있다. 즉, 효용을 극대화하기 위해 수학적 최대화 문제를 풀 필요가 없다. 마찬가지로 여러분은 기쁨, 만족, 만족, 행복 등의 감정을 극대화하지 않고도 효용을 극대화할 수 있다. 즉 (선호와 마찬가지로) 효용은 여전히 어떤 종류의 주관적 경험 상태와도 아무 상관이 없다. 이것이 끝없는 혼란의 원인이다.

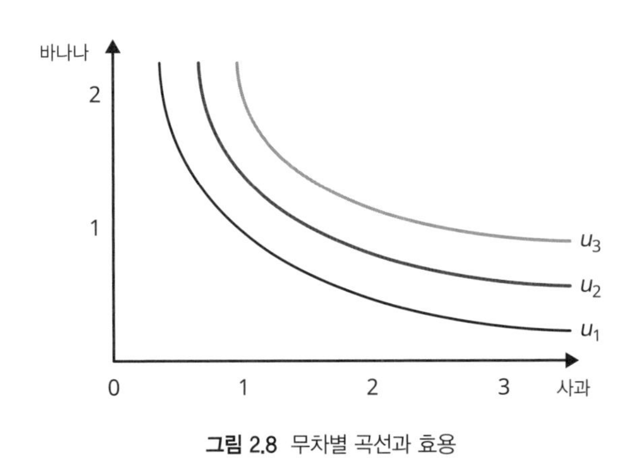

그림 2.8 무차별 곡선과 효용

소비자 선택 이론

확실성에 따른 합리적 선택의 이론은 실용적인 목적을 위해 종종 다양한 다른 보조 가정으로 보완된다. 다음의 세 가지 가정은 미시경제학 교과서의 소비자 선택 이론의 제목 아래에 나타나는 경향이 있고, 그것들은 매우 흔하기 때문에 알 가치가 있다. 그러나 이러한 보조 가정들이 엄격히 합리적 선택 이론의 일부분이 아니라 유용한 부가물이라는 것을 알아두는 것이 중요하다.

비포화성non-satiation 어떤 것을 갖고 있든 간에 항상 가까이에 갖고 있는 번들이 더 낫다고 말한다. 대안 집합에서 (그림 2.1과 같이) 임의의 번들 x를 고려하고 그 주위에 원을 그린다. 비포화성은 x 주변의 원이 아무리 작더라도 x보다 더 엄격하게 선호되는 다른 묶음이 항상 있다고 말한다. 예를 들어 비포화성을 보이는 식당 손님들은 아무리 맛있더라도 그들의 식사에 완전히 만족하지 못할 것이다. 그들은 항상 약간의 샐러드를 더 사용하거나 샴페인을 조금 더 사용할 수 있다. 비포화성은 편리한 가정이다. 소비자 선택 문제에 대한 해결책(그림 2.6)이 예산 제약선에 있음을 보장하기 때문이다. 그것을 어떻게 아는가? 모순을 증명하기 위해 예산 집합에서 가장 선호되는 번들을 x라고 부르는데, 실제로는 예산 제약선에 있지 않다고 가정해보라. 비포화성의 경우 x 주위에 그려진 모든 원에는 x보다 강하게 선호하는 번들이 포함돼 있다. 이 원이 충분히 작으면 선호하는 번들도 예산 집합 안에 있게 된다. 그러나 실제로는 x가 예산 집합에서 가장 선호하는 번들이 될 수 없다. QED

선호의 볼록성convexity 다양성 또는 조합에 대한 선호를 포착한다. 하나의 무차별 곡선에서 두 점으로 시작해 그 사이에 직선을 그린다. 볼록성을 사용하려면 끝점보다 현의 점(끝점 제외)을 선호해야 한다. 이 조건이 충족될 때마다 무차별 곡선은 그림 2.4와 2.8과 같이 원점(축이 교차하는 지점)을 향해 돌출한다. 볼록한 선호를 가진 사람은 항상 진 한 단위나 토닉 한 단위보다 진 토닉의 한 단위를 선호할 것이다. 볼록성은 뱀 모양의 무차별 곡선을 제외하며 그림 2.6의 소비자 선택 문제가 고유한 해를 가질 것임을 보장한다.

기본 설정의 연속성 연속성에 따르면 사람은 유사한 번들에 대해 유사한 선호를 가지고 있다. x가 y보다 약하게 선호되고 x와 유사한 다른 번들 x^n이 있다고 가정하자. 연속성은 x^n이 x와 더 비슷해지면 극한에서 x^n도 y보다 약하게 선호돼야 한다. 이러한 가정은 사람이 매우 유사한 번들에 비해 근본적으로 다른 선호를 갖는 "점프"가 없다는 것을 보장한다. 연속성은 소위 사전식lexcographic 선호를 제외한다. 사전식 선호에서는 항상 a가 가장 많은 번들을 선호하고, 무차별한 경우에만 b가 더 많은 번들을 선호한다. 아무리 작은 $\varepsilon > 0$이라도 $\langle a, b \rangle$보다 $\langle a + \varepsilon, b \rangle$를 강하게 선호하도록 만들기 때문에 점프를 가지게 된다. 연속성 가정은 특히 효용 이론의 맥락에서 유용하며, 대안 집합이 무한히 큰 경우에도 표현 정리(명제 2.33과 유사)가 성립되도록 보장한다.

2.8 논의

가장 먼저 알아둬야 할 것은 상대적으로 약한 소수의 가정으로부터 얼마나 많은 마일리지를 얻을 수 있는가 하는 것이다. 우리가 단지 두 가지 기본적인 가정만을 해왔다는 것을 상기하라. 선호는 합리적이고 사람들은 그들의 선호를 만족시키기 위해 그렇게 선택한다는 것이다. 이 두 가지 가정이 사실이고 대안들의 집합이 너무 크지 않다면 우리는 효용의 개념을 정의하고 효용 극대화의 개념을 이해할 수 있다. 그것이 이론의 전부다. 두 번째로 주목해야 할 것은 이론이 말하지 않는 것이다. 이 이론은 사람들이 이기적이고, 물질주의적이거나, 탐욕스럽다고 말하지 않는다. 즉 그것은 왜 사람들이 다른 것보다 한 가지를 더 선호하는지 말하지 않는다. 즉 그것은 사람들이 그들의 머릿속에서 수학적 최대화 문제를 해결한다고 가정하지 않는다. 그리고 그것은 기쁨, 만족, 행복과 같은 것들에 언급하지 않는다. 이론이 비교적 명확하지 않다는 사실은 왜 그렇게 많은 경제학자들이 그것을 사용하는 것을 편하게 하는지 설명하는 데 도움이 된다. 결국 그 이론은 많은 행동과 양립할 수 있다.

이 논의는 짧지만 일부 경제학자들이 보는 바와 같이 경제학의 본질을 조명한다. 노벨상 수상자인 게리 베커Gary Becker는 행동에 대한 경제적 접근을 세 가지 특징으로 정의한다. "행동, 시장 균형 그리고 안정적 선호에 대한 결합된 가정들이 가차없고 굴하지 않고 사용되는, 내가 보는 경제 접근법의 핵심을 형성한다." 이 부분은 개인의 선택에 초점을 맞추고 있기 때문에, 나는 여기서 시장 균형에 대해 말할 것이 거의 없다. 하지만 베커가 행동과 안정된 선호를 극대화하는 것에 대해 말할 때 염두에 두고 있는 것은 이미 말한 것들로부터 매우 분명해야 한다. 이 분석에서 선호는 시간이 지남에 따라 변경될 수 없다는 점에서 안정적이다.

연습 2.36 **잘못된 비판** 표준 경제에 관한 비판들은 상당히 잘못됐다. 다음 비평가들이 어디가 잘못됐는지 설명하시오.

(a) 「하버드 매거진」의 행동경제학에 관한 다른 조명 기사에서는 "고전주의 경제학이나 신고전주의 경제학이 수 세기는 아니더라도 수십 년 동안 토대 삼아온 인간 행위자의 표준 모델인 경제적 인간Economic Man은 지적이고 분석적이며 이기적인 생물"이라고 주장한다.

(b) 표준경제에 관한 일반적인 비판은 "경제학의 가장 근본적인 생각은 돈이 사람들을 행복하게 만든다는 것"이라는 형태의 주장에서 시작해 그 생각이 잘못된 것이라고 주장한다.

이것은 확실성 조건하에서 인간의 행동에 대한 그럴듯한 이론인가? 이 질문에 답하기 위해 우리는 기술적인descriptive 것과 규범normative적인 것을 분리할 필요가 있다. 첫 번째 질문은 이론이 기술적으로 적절한지 여부, 즉 사람들의 선택이 사실상의 문제로 합리적인 선호 순서를 반영하는지 여부다. 이것은 사람들에게 효용을 극대화하는지를 묻는 것과 같다. 비록 전이성과 완전성 둘 다 사람들의 선호에 대해 분명히 사실인 것처럼 보일지라도, 그들이 가지고 있는 것처럼 보이지 않는 많은 사례가 있다. 예를 들어 예비 배우자들에 대한 선호 관계는 완전성을 갖지 못할 것이다. 두 번째 질문은 이론이 규범적으로 옳은지 여부, 즉 사람들의 선택이 합리적인 선호 순서를 반영해야 하는지 여부다. 이것은 사람들에게 효용을 극대화해야 하는지 묻는 것과 같다. 전이성과 완전성이 합리적으로 요구될 수 있지만, 합리적으로 필요하거나 충분하지 않다고 주장할 수 있다.

다음으로 우리는 이론이 데이터에 직면했을 때 어떤 일이 일어나는지 탐구한다.

추가 연습

연습 2.37 표 2.1의 각 관계와 속성에 대해 체크 표시를 사용해 관계가 속성을 가지고 있는지 여부를 식별한다.

표 2.1 약한 선호, 무차별과 강한 선호의 속성

	속성	정의	$\succsim$	$\sim$	$\succ$
(a)	전이성	xRy & $yRz \rightarrow xRz$(모든 x, y, z에 대해서)			
(b)	완전성	$xRy \vee yRx$(모든 x, y에 대해서)			
(c)	반사성	xRx(모든 x에 대해서)			
(d)	비반사성	$\neg xRx$(모든 x에 대해서)			
(e)	대칭성	$xRy \rightarrow yRx$(모든 x, y에 대해서)			
(f)	비대칭성	$xRy \rightarrow \neg yRx$(모든 x, y에 대해서)			

연습 2.38 **선호 관계의 더 많은 속성** 여기 두 가지 관계가 있다. "와 결혼했다"와 "와 결혼하지 않았다"이다. 만약 유니버스가 모든 살아 있는 인간들의 집합이라고 가정한다면, 이 관계 중 어느 것이 다음의 속성을 갖는가?

(a) 반사적reflexive

(b) 비반사적irreflexive

(c) 대칭적symmetric

(d) 비대칭적asymmetric

(e) 반대칭적antisymmetric

연습 2.39 다음 질문에 대한 답변의 일부로 유니버스가 무엇인지 반드시 지정하라.

(a) 완전하지만 전이적이지 않은 관계의 예를 제시하라.

(b) 전이적이지만 완전하지 않은 관계의 예를 제시하라.

연습 2.40 **비합리성** 2장에서 배운 이론에 따라 다음 각 인물이 비합리한 이유를 설명하라.

(a) 영화 〈소피의 선택〉에서 주인공은 자신이 나치 강제 수용소에 있는 것을 발견하고 그녀의 아이들 중 어느 하나를 사형에 처할지 선택해야 한다. 그녀는 무차별하지 않지만 약한 선호도 형성할 수 없다(즉, 강한 선호로 확실하게 누군가를 선택해야 한다).

(b) 한 경제학 교수는 8달러짜리 와인보다 10달러짜리 와인, 10달러짜리 와인보다 12달러짜리 와인을 더 좋아한다는 것을 발견했지만, 200달러짜리 와인을 8달러짜리보다 더 좋아하지는 않는다.

(c) 뷔리당의 당나귀Buridan's ass는 목마르고, 동시에 배가 고프며, 건초 더미와 물통 사이의 정확히 중간에 있다. 어떤 것이 더 나은지 결정할 수 없어, 그 동물은 죽게 된다.

연습 2.41 **소비자 선택 이론** 다음 인용구들이 소비자 선택 이론의 가정에 동의하거나 동의하지 않는가?

(a) "다양성은 인생의 향신료Variety is the spice of life" – 윌리엄 카우퍼William Cowper

(b) "나는 만족을 얻을 수 없다I can't get no satisfaction" – 롤링 스톤스Rolling Stones

(c) "사람들은 항상 더 많은 섹스보다 더 많은 돈을 선택할 것이다."– 더글라스 쿠플랜드Douglas Coupland

(d) 탐욕은, 다른 좋은 말이 생각나지 않기에 좋은 것이다Gredd, for lack of better word, is good. – 고든 게코Gordon Gecko

연습 2.42 **소비자 선택 이론과 무차별 곡선** 그림 2.9의 각 무차별 곡선에 대해 어떤 가정이 해당 무차별 곡선을 배제하는가?

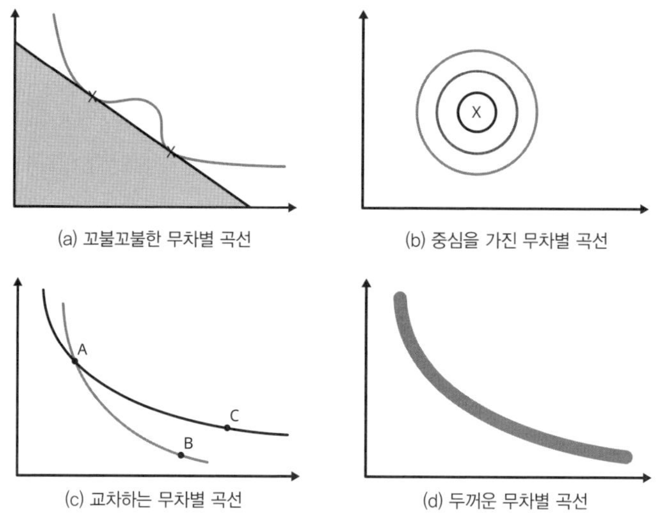

(a) 꼬불꼬불한 무차별 곡선 (b) 중심을 가진 무차별 곡선
(c) 교차하는 무차별 곡선 (d) 두꺼운 무차별 곡선

그림 2.9 불가능한 무차별 곡선

더 읽을거리

의사결정 이론의 비기술적 도입은 Alingham(2002)이다. 더 많은 기술 설명은 MasColel et al.(1995, 1–2장)에서 확인할 수 있다. 데이빗 흄David Hume의 단락은 Hume(2000 [1739–40], 267쪽)에서 인용했다. Becker의 인용문은 Becker(1976, 5쪽)에서 발췌했다. 하버드 매거진의 기사는 Lambert(2006)이고, 행복에 대해 이야기하는 비평가는 Dutt and Radcliff(2009, 8쪽)이다. 연습 2.42(a)와 (c)의 인용은 Cowper(1785)와 Coupland(2008)의 인용이다.

03 확실성하의 의사결정

학습 목표

- 확실성하의 합리적 선택 이론을 위반하는 일반적인 행동 패턴을 확인할 수 있다.
- 편향과 휴리스틱 프로그램과 전망 이론을 포함한 (기술적) 행동적 경험의 빌딩 블록을 알게 된다.
- 현실 세계에 합리성의 (규범적) 이론을 적용하되 이론이 얼마나 까다로운지도 이해한다.

3.1 서론

2장에서는 확실성하의 광범위한 선택 이론이 소수의 가정에 기초해 어떻게 구축될 수 있는지를 보여줬다. 비록 그 가정이 강하지 않더라도 그 의미는 기술적 및 규범적인 근거로부터 이의를 제기받을 수 있다. 3장에서는 이론과 데이터로 맞설 것이다. 행동경제학자들이 주장하는 몇몇 현상들이 우리가 알고 있듯이 확실한 선택 이론과 일치하지 않는다는 것을 탐구한다. 기회비용을 고려하지 못한 것부터 시작해 두 가지 다른 현상에 초점을 맞춘다. 게다가 우리는 행동경제학자들이 표준 이론과 일치하지 않는 현상을 발견했을 때 무엇을 하는지에 대해 토론하기 시작할 것이다. 특히 우리는 전망 이론prospect theory과 휴리스틱과 편향 프로그램heuristic-and-bias program을 포함한 두드러진 행동경제학적 대안의 몇 가지 빌딩 블록에 대해 논의할 것이다.

3.2 기회비용

부동산이 안전하고 수익성 있는 투자라고 생각되는 기간 동안 적은 양의 돈을 부동산에 투자한다고 상상해보자. 투자를 하고 나서 시장이 불안정해지고 가격이 오르내리는 것을 초조하게 지켜본다. 결국 자산을 팔고, 수익을 냈다는 것을 깨닫는다. "와, 대단한 투자였구나!"라고 스스로에게 말한다. 하지만 친구에게 자랑을 하면 주식시장에 투자해서 훨씬 더 많은 돈을 벌 수 있었을 것이라는 지적이 나온다. 어떤 면에서는 당신은 이것을 알고 있었다. 하지만 당신은 여전히 부동산에 투자하는 것이 좋은 선택이었다고 느낀다. 적어도 당신은 돈을 하나도 잃지 않았다. 이는 기회비용을 고려하지 않았기 때문에 비합리적으로 행동했을 수 있는 경우다.

이런 상황을 분석하기 위해서 잠시 뒤로 물러서자. 에이전트의 의사결정 문제는 에이전트가 사용할 수 있는 작업을 보여주는 그래픽 도구인 **의사결정 트리**decision tree를 사용해 나타낼 수 있다. 주식 매입과 부동산 매입이라는 두 가지 가능한 행동만 있다면 의사결정 문제는 의사결정 트리로 나타낼 수 있다(그림 3.1 참조). 3장은 확실성하의 선택에 관한 것이기 때문에, 이러한 각각의 선택에서 오는 결과에 대해 불확실성이 없는 것으로 한다(3부, '위험과 불확실성하의 선택'에 관한 논의에서 이러한 가정을 버리겠다).

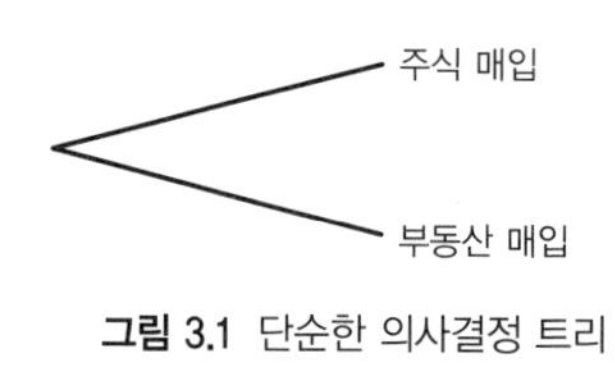

그림 3.1 단순한 의사결정 트리

만약 부동산을 사고 싶은 유혹에 빠졌다고 가정해보자. 비용은 얼마인가? 현금 부족 또는 명시적 비용이 발생할 수 있다. 부동산 매도자는 부동산을 포기하기 위해 약간의 돈을 원할 것이다. 그러나 실제 비용은 부동산을 살 때 포기해야 하는 것이다. 대안의 기회비용 또는 암묵적 비용은 여러분이 그것을 선택할 때 포기해야 할 것의 가치이다. 달러로 환산 시 주식이 내년에 1,000달러 상승하고 부동산이 900달러 상승할 것이라고 가정해보자. 그렇다면 부동산 매입 기회비용은 1000달러, 주식 매입 기회비용은 900달러다. 만약 부동산을 산다면 당신의 경제적 이익은 900달러 − 1,000달러 = −100달러가 된다.

주식을 살 경우의 경제적 이익은 1,000달러 − 900달러 = 100달러가 된다. 만약 옵션이 세 개 이상 있다면 기회비용은 가장 가치 있는 대안 옵션의 가치이다. 주식, 부동산, 채권 중 하나를 선택할 수 있고, 채권이 내년에 150달러 증가할 것이라고 가정해보자. 주식을 사는 데 드는 기회비용은 여전히 900달러가 될 것이고, 경제적 이익은 여전히 100달러가 될 것이다.

연습 3.1 **투자 문제**

(a) 의사결정 문제를 설명하는 의사결정 트리를 그린다.

(b) 부동산 매입 기회비용은 얼마인가?

(c) 채권 매입에 따른 기회비용은 얼마인가?

의사결정 트리는 다른 가지를 선택하지 않고는 다른 하나를 선택할 수 없다는 것을 분명히 한다. 즉, 트리의 한 가지branch 아래로 내려가도록 선택할 때마다 항상 아래로 내려가지 않도록 선택한 다른 가지가 있다. 당신이 하와이에서 휴가를 보낼 때, 콜로라도에서 동시에 휴가를 보낼 수 없다. 당신이 평생 저축한 돈으로 페라리를 살 때, 동시에 포르쉐를 살 수 없다. 당신이 사회학 서적을 읽느라 한 시간을 보낼 때, 동시에 인류학 서적을 읽을 수 없다. 당신이 한 사람과 일부일처 관계에 있을 때, 동시에 다른 사람과 일부일처 관계를 맺을 수 없다 등. 따라서 모든 의사결정 문제에서 사용 가능한 모든 옵션과 관련된 기회비용이 발생한다.

다른 예를 들어 영화를 보러 가는 것을 고려하고 있다고 상상해보자. 일상적인 저녁에는, 당신이 직면하고 있는 결정이 그림 3.2와 같이 보일 수 있다. 영화를 보러 가는 기회비용은 여러분이 영화를 보러 간다면 포기하게 될 가장 가치 있는 옵션의 가치라는 것을 기억하라. 즉, 영화를 보러 가는 기회비용은 의사결정 트리의 다른 가지들 중 하나를 내려감으로써 얻을 수 있는 가장 큰 효용이다. 그것은 당신의 시간 중 약 20달러와 2시간에 대한 가장 가치 있는 대안이다.

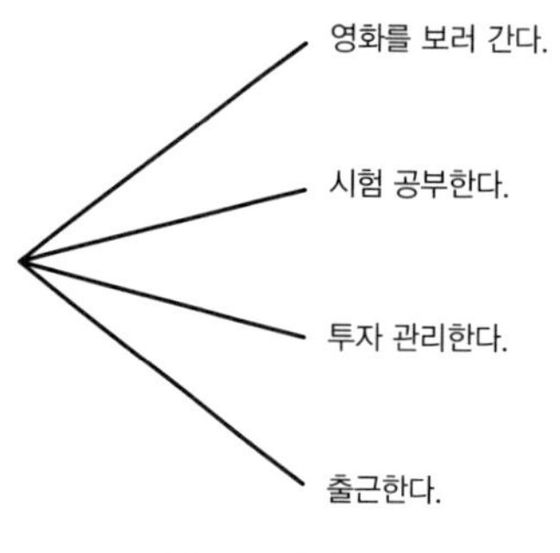

그림 3.2 일상의 의사결정 트리

표기법의 문제로서 우리는 이용 가능한 n개의 다른 행위를 나타내기 위해 a_1, a_2, ...을 사용하고, 이들 행위의 효용을 나타내기 위해 $u(a_n)$, $u(a_1)$, $u(a_2)$, ..., $u(a_n)$을 사용한다. 그리고, 이들 행위의 기회비용을 나타내기 위해 $c(a_1)$, $c(a_2)$, ..., $c(a_n)$를 쓴다. 행위 a_i의 기회비용 $c(a_i)$는 다음과 같이 정의될 수 있다.

정의 3.2 기회비용

$$c(a_i) = \max\left\{u(a_1),\ u(a_2),\ \ldots,\ u(a_{i-1}),\ u(a_{i+1}),\ \ldots,\ u(a_n)\right\}$$

이것은 단지 a_i 행위의 기회비용이 다른 행위의 최대 효용과 같다는 것을 말한다.

그림 3.3은 4개 행위의 효용과 기회비용이 확인된 의사결정 문제를 나타낸다. 왼쪽 숫자는 효용이고, 괄호 안의 숫자는 기회비용이다. 전자에서 후자를 빼서 이익(효용 단위로)을 계산할 수 있다.

연습 3.3 기회비용 이 연습은 그림 3.3을 참조한다. 5번째 행위(a_5라 하자)를 사용할 수 있다고 가정한다. a_5의 효용이 9라고 가정하자.

(a) 트리는 지금 어떻게 보이는가?

(b) 다른 대안들의 기회비용은 어떻게 되는가?

기회비용, 효용 및 합리적인 행위 간에 긴밀한 연결 관계가 있다. 따라서 기회비용을 적절히 고려할 경우에 대비해 합리적으로 즉, 효용을 극대화할 수 있다.

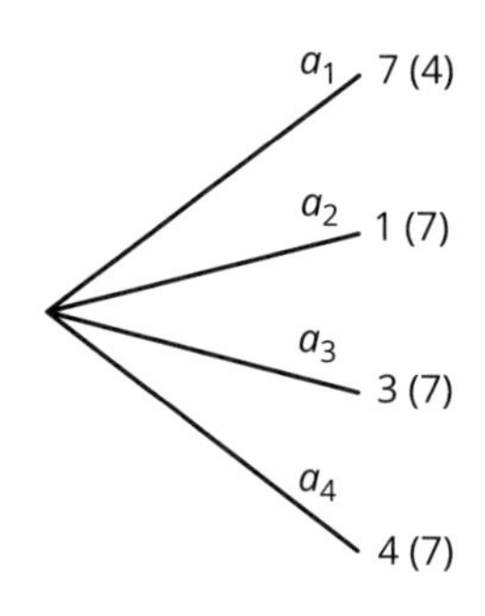

그림 3.3 효용과 기회비용(괄호)의 의사결정 트리

정의 3.4 a_i는 합리적 선택이다.

증명

우리는 그 주장을 양쪽 모두 증명할 필요가 있다. 첫 번째 부분은 다음과 같다. a_i가 합리적인 선택이라고 가정하자. 합리성에 대한 우리의 정의를 고려할 때, 이것은 모든 $j \neq i$에 대해 $u(a_i) \geq u(a_j)$를 의미한다. 그렇다면

$$u(a_i) \geq \max\{u(a_1), u(a_2), \ldots, u(a_{i-1}), u(a_{i+1}), \ldots, u(a_n)\}$$

그러나 정의 3.2에서 기회비용을 정의한 방식 때문에 이는 $u(a_i) \geq c(a_i)$를 의미한다. 두 번째 부분은 거꾸로 된 것을 제외하고 동일한 것이 반복된다. ■

이 명제는 우리가 이미 알고 있는 사실, 즉 부동산에 투자하는 것이 이익을 창출할지라도 더 가치 있는 대안이 있을 때는 언제나 부동산에 투자하는 것은 비합리적이라는 것을 공식적으로 확립한다. 최적 원소가 두 개 이상 있더라도 조건이 유지된다는 점에 유의한다. 이런 경우는 언제나 최적 대안의 효용은 기회비용과 같을 것이다.

예 3.5 **강남 스타일** 2014년 중반, 우스꽝스러운 뮤직 비디오 〈강남 스타일〉은 역대 유튜브 클립 중 가장 많이 시청된 클립이 됐다. 〈이코노미스트〉 리뷰에 따르면, 사람들이 그 동영상을 보는 데 소비한 시간 내에, 그들은 세 종류의 가장 큰 항공모함, 기자의 네

개의 거대한 피라미드, 여섯 개의 버즈 칼리파(두바이에 있는 세계 최고층 빌딩), 또는 20개의 엠파이어 스테이트 빌딩을 지을 수 있었을 것이라고 한다. 이 예에서 알 수 있듯이, 기회비용은 엄청날 수 있다.

연습 3.6 **기회비용** (a) 이루지 못하는 관계에 머무르는 것 (b) 흥미를 유발하지 않는 강의를 추구하는 것 (c) 정오까지 자는 것의 기회비용은 무엇인가?

기회비용의 개념은 상당한 설명력을 가지고 있다.

연습 3.7 **기회비용(계속)** 기회비용이라는 용어를 사용해 왜 고액 연봉자들이 가난한 사람들보다 잔디를 깎고, 집을 청소하고, 자가용을 유지하는 등의 일을 덜 하는지를 설명하라.

그러나 실제로 사람들은 기회비용을 간과하거나 과소평가하는 경우가 많다. 투자 결정의 맥락에서, 많은 사람들은 더 큰 이익을 창출할 다른 투자가 있든 없든 시간이 지남에 따라 투자가치가 증가한다면 그들의 성과에 만족한다. 기회비용을 간과하면 연습 3.6에서 알 수 있듯이 자기 파괴적이거나 차선책으로 행동할 수 있다. 예를 들어 잘못된 관계의 기회비용을 무시하는 사람은 많은 것을 놓칠 수 있다. 만약 여러분이 〈강남스타일〉 비디오를 보는 기회비용에 놀랐다면, 그것들을 과소평가했을 가능성이 있다. 여기 다른 예가 있다.

예 3.8 **기회비용의 무시** 캔자스에 계신 부모님을 몇 번 방문한 뒤에 전국 어디서나 무료로 갈 수 있는 비행기표로 교환할 수 있는 쿠폰을 얻었다고 상상해보자. 당신은 라스베이거스에 가기로 결정했고, 무표 쿠폰을 이용해 라스베이거스로 가는 비행기표를 구입할 수 있었다. 그러나 당신은 캔자스에 있는 부모님을 방문하기를 원하고, 비행기표를 사기 위해 많은 돈을 지불하고 싶지 않으므로 캔자스에 가는 비행기표를 사용하는 데 쓰려고 한다.

이 경우 당신은 라스베이거스에 가기 위해 티켓을 사용하는 기회비용을 고려하지 않았기 때문에 비합리적인 행동을 하고 있는 것일지도 모른다. 여러분이 캔자스에 계신 부모님을 방문하기 위해 그 무료 쿠폰을 사용하는 것을 선호했다면, 여러분은 무료 쿠폰을 사용할 수 있는 다른 용도를 고려하지 않은 것이다. 비록 비행기표는 현금이 아닌 무료 쿠폰을 사용해 구입됐지만, 라스베이거스에 가기 위해 티켓을 사용했다면, 큰 비용을 절감할 수 있었을 것이다. 이 예에서 알 수 있듯이, 사람들은 횡재를 소비하는 기회비용, 즉 예상하지 못하게 크거나 예상하지 못한 이익을 무시하기 쉽다. 하지만 1달러를 소비하는 가장 좋은 방법은 그것이 어떻게 여러분의 주머니에 들어가게 됐는가의 함수가 아니다.

다음은 고전적인 예다. 이 질문에는 두 가지 버전이 있는데, 하나는 원래 숫자이고 다른 하나는 대괄호의 숫자다.

예 3.9 **재킷/계산기 문제** 125달러[15달러]에 재킷을, 15달러[125달러]에 계산기를 구입하려고 한다고 가정하자. 계산기 판매원은 당신이 사고 싶은 계산기를 자동차로 20분 거리에 있는 가게의 다른 지점에서 10달러[120달러]에 판매 중이라고 알려준다. 다른 가게로 가겠는가?

원래 연구에서 응답자의 68%는 15달러 계산기에서 5달러를 절약하기 위해 기꺼이 드라이브를 하겠다고 했다. 그러나 단지 29%가 125달러 계산기에서 5달러를 절약하기 위해 기꺼이 드라이브를 하겠다고 했다.

여기서 많은 응답자는 기회비용을 제대로 고려하지 못한 것으로 보인다. 표준 이론에 따르면 20분 주행의 기회비용을 기준으로 결정을 내려야 한다. 기회비용은 5달러를 절약하는 방법에 의존하지 않는다. 따라서 사람들이 기회비용을 적절히 고려한다면, 만약 그들이 한 시나리오에서 운전할 경우, 다른 시나리오에서도 운전해야 할 것이다. 하지만 우리가 관찰하는 것은 그것이 아니다.

연습 3.10 **룸 서비스** 60달러에 객실 내 식사를 제공하는 비싼 호텔에 머물고 있다고 가정하자. 보통 식사 한 끼에 그런 돈을 지불하지는 않지만, 여러분은 속으로 이렇게 말할 것이다. "나는 이미 220달러를 지불했는데, 60달러를 더 내야 하나요?" 어떻게 해서 저녁 식사에 60달러를 지불하기로 한 당신의 결정이 기회비용을 무시하고 있는지 설명하라.

일반적으로 비율 측면에서 결과에 대해 생각하는 것은 잘못되기 위한 좋은 방법이다. "새 집에 대해 이미 10만 달러를 지불했는데 1만 달러를 더 내야 하나요?"와 같은 질문은 1만 달러 지불의 기회비용을 무시하는 것이다(7.2절에서 이 주제를 다시 살펴볼 것이다).

연습 3.11 정치인들이 필요로 하는 것은 무엇이든 가난을 제거하고 테러리즘을 물리치기 위해 "필요한 것은 무엇이든지" 하겠다고 때때로 약속한다. 기회비용 개념을 사용해 그것이 왜 가장 좋은 생각이 아닌지 설명하라.

기회비용을 무시하는 사람들에 의해 얼마나 많은 돈이 손실되는지에 대한 체계적인 자료가 있다. 여기 한 예가 있다.

예 3.12 **하루 한 번** 1.3절에서 언급한 현장 연구는 뉴욕시의 택시 운전사들이 큰 방법으로 기회비용을 무시한다는 것을 발견했다. 이 연구는 택시 운전사들이 하루 수입 목표를 가지고 운행한다는 것을 발견했는데, 이것은 그들이 그 액수를 벌 때까지 일하고 퇴근한다는 것을 의미한다. 그 결과 수익성이 높은(예: 비 오는) 날에는 더 적은 시간을 일하고 수익성이 낮은(예: 맑은) 날에는 더 많은 시간을 일하게 된다. 이것은 그들이 해야 하는 것과 정반대다. 쉬는 데 드는 기회비용이 수익성이 좋은 날에 더 높기 때문이다. 이 연구의 저자들은 전체 시간을 일정하게 유지하면 운전자들은 매일 같은 시간 일함으로써 수입을 5%까지 늘릴 수 있고, 더 수익성 있는 날에 더 많이 일함으로써 수입을 10%까지 증가시킬 수 있다고 추정한다.

사람들이 기회비용을 무시할 수 있는 다른 시나리오를 쉽게 생각할 수 있다. 무급 노동에 관해 생각해보자. 비록 여러분이 자신의 잔디를 깎음으로써 돈을 절약할 수 있다고 해도, 이것은 그렇게 하는 것이 합리적이라는 것을 의미하지 않는다. 만약 여러분의 임금이 잔디 관리 회사에 잔디를 깎도록 하는 시간당 비용을 초과하고, 여러분이 직장에서 한 시간을 더 보내는 것보다 잔디를 깎고 싶은 특별한 욕구가 없다면, 합리적인 선택은 직장에 남아 일하고, 누군가에게 돈을 주고 당신의 잔디를 깎도록 하는 것이다. 또는 공공 안전에 대한 투자에 대해 생각해보라. 비록 더 많은 경찰관을 모집한다고 해서 생명을 구할 수 있다고 해도, 이것은 반드시 그렇게 하는 것이 합리적이라는 것을 의미하지는 않는다. 예를 들어 가로등과 같은 훨씬 더 많은 생명을 구할 대체 투자가 있거나 다른 방식으로 더 많은 가치를 창출한다면, 더 많은 경찰관을 채용하는 것은 불합리할 것이다. 일반적으로 어떤 기업의 움직임, 정치 개혁 또는 다른 이니셔티브가 매우 유익한 결과를 가져올 수 있다고 해도, 이것이 자동적으로 그것을 합리적으로 만드는 것은 아니다. 모든 것은 기회비용이 얼마인지에 달려 있다.

연습 3.13 **광고 캠페인** 매출 증대를 위한 최근의 노력은 광고 캠페인으로 이어져 큰 성공을 거뒀다. 1,000달러를 투자하면 수익이 5,000달러 증가했다. 이것이 광고 캠페인에 대한 투자가 합리적이었다는 것을 의미하는가?

연습 3.14 **전쟁 또는 테러** 새로운 테러 집단이 무고한 민간인들의 생명을 위협하고 있고, 모든 것이 평등하다고 상상해보라. 그 집단이 사라진다면 그것은 좋은 일일 것이다. 따라서 이들을 파괴하기 위해 군사 행동을 시작하는 것이 좋은 아이디어인가?

왜 사람들은 기회비용을 무시하는가? 가장 먼저 주목해야 할 것은 기회비용을 적절히 고려하는 요구 사항에 부응하는 것이 얼마나 어려울 것인가 하는 것이다. 요구 사항에 따라 사용자가 사용할 수 있는 모든 다른 대안을 의식적으로 고려해야 한다고는 할 수 없다. 그러나 기회비용이 효용보다 높은 대안을 선택해서는 안 된다고 말한다. 이는 매우 힘든 조건이다. 이성적으로 결혼할 사람을 선택하기 위해 무엇이 필요할지 생각해보라. 여러분은 모든 대안보다 완전하고 전이적인 선호를 가져야 하며, 배우자를 선택하는 것이 다른 어떤 선택보다 뒤떨어지지 않도록 해야 한다. 그리고 이 경우의 대안들은 인류의 절반 혹은 그 이상을 포함할 수 있지만, 우리 중 많은 사람에게 예산 집합은 오히려 더 적을 것이다. 그러므로 사람들이 때때로 기회비용을 간과하는 것에 놀라지 말아야 한다(3.5절에서는 사람들이 기회비용을 제대로 고려하지 못하는 또 다른 이유를 논한다).

2장에서 개발한 합리성과 3장에서 사용한 것을 고려할 때 기회비용을 제대로 고려하지 않는 것은 불합리하다. 확실히 많은 경우 이것은 옳다. 앞서 말한 라스베이거스에 가기 위해 무료 티켓을 사용하는 기회비용을 고려하지 않는다면 당신을 비합리적이라고 부르는 것은 받아들일 수 있을 것이다. 그러나 모든 가능한 대안들을 고려하는 것이 매우 까다롭다는 사실은 예를 들어 결혼할 때 그러한 조건하에서 기회비용을 고려하지 않는 것이 비합리적인지 아닌지에 대한 정당한 의견 불일치가 있을 수 있다는 것을 의미한다. 그리고 기회비용을 무시하는 것이 합리적이라면, 우리가 여기서 연구한 이론은 규범적으로 부정확하다. 그러나 연습 3.6에서 알 수 있듯이 기회비용에 대한 인식은 도움이 될 수 있다. 주어진 행동의 기회비용이 얼마나 되는지 자세히 고려할 때, 다른 더 나은 기회가 열려 있다는 것을 알 수 있다.

기회비용을 제대로 고려하지 못하는 사람들의 무능을 과장하지 않는 것이 중요하다. 비록 대학에 가는 기회비용이 엄청날 수 있지만, 그것은 공부하는 대신 일함으로써 얻을 수 있는 보상을 포함하기 때문에, 사람들은 여전히 대학에 간다. 이는 그들이 비합리적이라는 것을 의미하는가? 꼭 그렇다고 할 수는 없다. 대학에 가지 않는 것에 대한 기회비용은 훨씬 더 클 수 있다. 이 경우 포기한 대안에는 대학 학위가 수여할 수 있는 더 높은 평생 수입, 더 즐거운 근무 조건 등이 포함되기 때문이다. 만약 그렇다면, 상당한 기회비용에도 불구하고 대학에 가는 것은 완벽하게 합리적일 수 있다(부동산 및 주식시장 투자의 경우와 같이 의사결정 문제는 시간에 따른 선택이 수반된다는 사실로 인해 복잡해진다. 이는 4부에서 더 자세히 논의할 것이다).

문제 3.15 경제학 교육의 기회비용 행동경제학 강좌를 수강하는 기회비용은 얼마일까? 곰곰이 생각할 때 그럴 만한 가치가 있는가?

기회비용이라는 개념은 다른 분야에도 응용된다. 심리학자 배리 슈워츠Barry Schwartz에 따르면 우리가 기회비용에 직면한다는 사실은 왜 우리가 누리는 엄청난 자유에도 불구하고 우리 중 많은 사람들이 그렇게 불행한지 설명하는 데 도움이 된다고 한다. 이 분석에서 우리를 행복하지 않게 하는 것은 우리에게 많은 선택이 있다는 점에서 우리가 자유롭다는 사실이다.

> 선택할 수 있는 대안이 많을수록 기회비용에 대한 경험도 커진다. 그리고 기회비용에 대한 경험이 많을수록 우리가 선택한 대안으로부터 얻는 만족도는 떨어질 것이다. [A] 선택의 폭이 더 넓어지면 실제로 기분이 더 나빠진다.

슈워츠는 이를 "선택의 역설the Paradox of Choice"이라고 부른다. 그러나 이는 기회비용에 너무 적은 관심이 아니라, 지나치게 많은 관심을 기울이는 경우가 될 수 있다.

기회비용에 대한 관심이 부족해서 발생하는 것 같지만 실제로 그렇지 않은 행동들이 있다. 어떤 사람이 모르는 악마보다 아는 악마를 상대하기 때문에 나쁜 관계를 유지하고 있을 때, 그 사람은 단지 기회비용뿐만 아니라 위험이나 불확실성에 직면하고 있는 것이다. 이러한 상황은 3부에서 다시 다룰 것이다.

3.3 매몰 비용

여러분이 대기업의 연구 개발 부서의 관리자이고 여러분이 실패할 것이라고 알고 있는 프로젝트를 완성하기 위해 100만 달러를 지출할지 여부를 결정해야 한다고 가정해보자. 한 시나리오에서 당신의 회사는 이미 그 프로젝트에 9백만 달러를 투자했고, 당신은 그것을 완성하는 데 필요한 100만 달러를 추가로 투자할지 여부를 결정해야 한다. 또 다른 시나리오에서는 아직 프로젝트에 투자한 것이 없으며, 프로젝트를 완성하는 데 필요한 1백만 달러를 투자할 것인지 여부를 결정해야 한다. 어떻게 할 것인가? 첫 번째 시나리오에는 투자하고 싶지만 두 번째 시나리오에는 투자하지 않을 수 있다. 두 가지 결정 문제가 다른 모든 점이 동일하다고 가정하면, 이는 비합리적 결정이다. 그리고 사람들이 말하듯이, "이미 돈을 많이 썼는데 돈을 더 쓰는 셈throwing good money after bad"이기 때문에 이것은 비합리적일 것이다. 이를 이해하는 한 가지 방법은 기회비용 측면에서 생각하는 것이다. 즉 과거 투자를 기반으로 결정을 내릴 때 사실상 기회비용을 무시하거나 과소평가하는 것이므로, 이는 비합리적이다(이전 절 참조).

대부분의 결정은 3.2절에서 본 의사결정 트리만큼 간단하지 않다. 의사결정 문제에는 여러 단계가 있다. 예를 들어 여러분이 탄산음료를 원한다고 가정한다면, 여러분은 첫 번째, 탄산음료를 어디서 사야 할지 결정해야 한다. 따라서 먼저 피글리 위글리Piggly Wiggly와 퍼블릭스Publix 중 어느 곳으로 갈 것인지를 결정해야 한다. 그리고 두 번째, 코가콜라를 살 것인지 펩시콜라를 살 것인지를 선택해야 할 것이다. 그림 3.4에서 보듯이 이 의사결정 문제가 두 단계를 가지고 있다는 사실은 문제를 다소 복잡하게 만들지만, 의사결정 트리를 통해 이러한 유형의 문제를 나타낼 수도 있다.

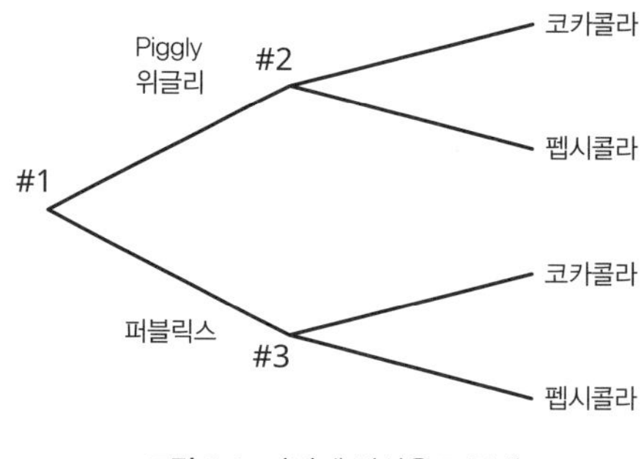

그림 3.4 다단계 탄산음료 문제

항상 그렇듯이 이 이론은 여러분이 코카콜라를 선택해야 할지 펩시콜라를 선택해야 할지 말하지 않는다. 하지만 이것은 트리의 한 부분에 있는 여러분의 선택이 나무의 다른 부분에 있는 여러분의 선택과 어떻게 연관돼야 하는지에 대해 몇 가지를 말해준다. 단순함을 위해, 여러분의 유니버스는 오직 이 두 가지 대안들로만 구성돼 있고, 여러분은 그들 사이에 무차별하지 않다고 가정해보자. 노드 #2의 펩시콜라보다 코카콜라를 택한다면 노드 #3의 펩시콜라보다 코카콜라를 택해야 하고 노드 #2의 코카콜라보다 펩시콜라를 택하면 노드 #3의 코카콜라보다 펩시콜라를 택해야 한다. 연습 2.21(b)에서 확립한 바와 같이, 만약 당신이 *y*보다 *x*를 더 선호한다면 당신은 또한 *x*보다 *y*를 더 선호해서는 안 된다. 그리고 #2에서 당신은 정말로 당신이 #3에 있는 것과 같은 옵션을 마주하고 있다 (물론 만약 당신이 코카콜라와 펩시콜라 사이에 무차별하다면, 당신은 합리적으로 둘 중 하나를 선택할 수 있다).

노드 #2와 #3에서 동일한 방식으로 동작하지 않는 사람이 있을까? 사람들이 그렇게 하는 경우는 아주 많다. 이는 매몰 비용^sunk cost^, 즉 결정이 내려진 시점에서 복구할 수 없는 비용이 발생하는 경우다. 이 절의 앞부분에 기술된 연구 개발 시나리오를 고려해보자. 그림 3.5와 같이 나타낼 수 있다. 이러한 두 가지 문제에 직면해 많은 사람들은 노드 #2에는 투자하지만 노드 #3에는 투자하지 않을 것이라고 말한다. 그러나 노드 2에서 9백만 달러는 매몰 비용이다. 복구할 수 없다. 1백만 달러의 추가 투자가 가치가 있는지 여부는 노드 #2에 있는지 또는 #3에 있는지 여부에 의존하지 않는다. 매몰 비용을 무시하지 못하는 것을 매몰 비용을 존중하는 것, 즉 매몰 비용 오류를 범하는 것이라고 한다. 프랑스와 영국 정부가 초음속 여객기가 이미 이 프로젝트에 너무 많은 돈과 명성을 투자했기 때문에 상업적으로 실행 가능하지 않을 것이라는 것이 명백해진지 오랜 후에도 자금을 대기로 합의했기 때문에 매몰 비용 오류는 콩코드 오류라고 부르기도 한다. 이러한 예에서 알 수 있듯이 매몰 비용 오류는 비용이 많이 들 수 있다.

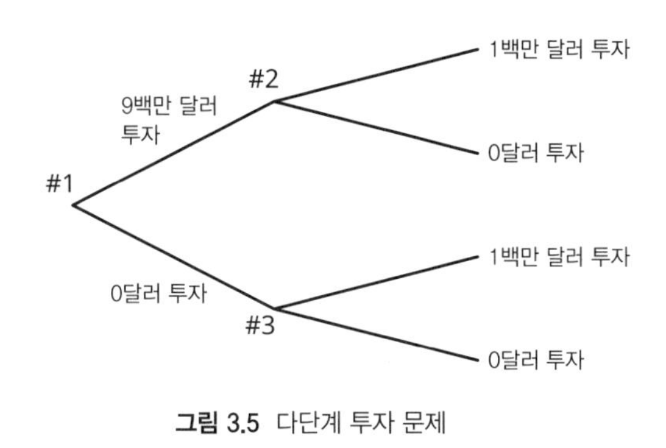

그림 3.5 다단계 투자 문제

예 3.16 **농구 경기** 한 시간 거리에 있는 대학 농구 경기 티켓을 위해 80달러를 지불했다고 상상해보자. 그 티켓은 팔 수 없다. 경기 당일 눈보라가 몰아쳐 운전이 위험해진다. 과연 경기를 보러 가겠는가?

이제 그 티켓이 여러분에게 공짜로 주어졌다고 상상해보자. 당신은 그 경기를 보러 갈 것 같은가, 아니면 안 갈 것 같은가?

많은 사람들이 실제 입장료를 지불한다면 경기를 보러 갈 가능성이 더 높을 것이다. 그러나 티켓의 비용은 결정이 내려진 시점에 매몰된 비용이다. 입장료 지불 여부는 경기 관람 여부에 영향을 미치지 않아야 한다.

매몰 비용의 오류는 광범위한 일상적 결정에서 명백하다. 우선 그것은 사람들로 하여금 실패한 투자에 집착하게 할 수 있다. 만약 당신이 그것을 위해 지불한 것과 당신이 그것을 지금 팔면 당신이 그것을 위해 받을 것의 차이를 잃을 것이라는 근거로 당신이 성과가 저조한 자산을 파는 것을 거절한다면, 당신은 원래의 투자에서의 매몰 비용을 존중하는 것이다. 즉 당신이 지금 당장 당신에게 이용할 수 있는 최고의 투자라고 생각한다면 그것을 보유하는 것이 합리적이며 그렇지 않다면 지금 팔아야 한다. 매몰 비용 오류 또한 사람들을 실패한 관계에 머물게 할 수 있다. 만약 친구가 현재의 남자친구가 완전히 인생 패배자라는 것을 깨달았음에도, 그녀가 인생에서 최고의 몇 년을 낭비했다는 것을 의미한다는 것을 근거로 그를 떠나는 것을 거부한다면, 그녀는 그에게 이미 쏟은 시간과 노력의 매몰 비용을 존중하는 것이 될 것이다. 이러한 예에서 알 수 있듯이 매몰 비용을 존중하는 것은 돈뿐만 아니라 시간, 노력, 마음의 고통 측면에서도 비용이 클 수 있다.

연습 3.17 매몰 비용 (a) 실패한 투자를 고수하고 (b) 나쁜 관계를 유지하고 있는 사람들을 위한 의사결정 트리를 그리면 이 사람들이 매몰 비용 오류를 범하고 있음이 명백해진다.

합리적인 결정은 자신이 있는 노드의 오른쪽에서만 일어나는 일에 따라 결정된다. 트리의 다른 부분, 특히 노드 왼쪽에서 일어나는 일은 전혀 관련이 없다. 이런 점에서 합리적인 선택은 완전히 미래 지향적이다. 고대 그리스 철학자 아리스토텔레스가 수백 년 전에 지적했듯이, "우리는 이미 지나간 일을 하기로 결정하지 않는다. 예를 들어 아무도 트로이를 공격했다고 결정하지 않는다." 과거에 일어났던 일들은 미래의 결과에 영향을 미치는 범위 내에서만 문제가 된다.

예 3.18 독서 습관 Goodreads.com이 실시한 설문 조사에 따르면 독자의 38.1%는 그들이 읽기 시작한 책이 싫더라도 무슨 일이 있어도 끝낼 것이라고 말한다. 이런 행동은 책을 구입하고 읽기 시작하는 것과 관련된 매몰 비용을 존중하기 위한 노력으로 이해될 수 있다.

연습 3.19 냉장고 냉장고를 청소할 때, 여러분은 뒤쪽에서 분명히 썩어가는 음식을 발견한다. 여러분은 누군가 여러분에게 준 값싼 대량 생산 치즈를 버리는 데 어려움을 겪지 않지만, 파리에서 가져온 놀라운 치즈를 던질 엄두가 나지 않는다. 그래서 다시 냉장고에 넣어두면, 냄새가 너무 심해서 어쩔 수 없이 버리게 될 때까지 두어 달 동안 놔두게 된다. 이러한 결정에서 매몰 비용은 어떻게 영향을 미치는가?

연습 3.20 강좌 선택 비싼 문과 대학의 학생들은 추가 비용 없이 인근 공립대학에서 강좌를 들을 수 있다. 교수들 중 한 명은 학생들이 비싼 대학에서 등록금을 지불한 돈을 잃게 될 것이기 때문에 그렇게 하는 것은 말이 안 된다고 말한다. 문과대 등록금은 이미 냈지만 공립대 등록금이 자신에게 더 낫다고 판단한 학생이 있다면 어디에 등록해야 할까. 설명하라.

매몰 비용 오류는 때때로 단계적 확대 또는 **고조 상황**escalation situation이라고 부르는 악순환을 시작할 수 있다. R&D 노력, 결혼, 금융 투자 또는 그 어떤 것이든 프로젝트가 내리막길을 걷기 시작하면 매몰 비용 오류는 사람들이 이 프로젝트에 비합리적으로 추가 투자를 하도록 부추긴다. 일단 추가 투자가 이뤄지면 이 사업이 번복되지 않는 한 사람들은 훨씬 더 큰 매몰 비용을 갖게 되는데, 이것은 심지어 훨씬 더 무시하기 어렵다. 따라서 심지어 더 큰 투자를 장려하게 된다.

예 3.21 F-35 F-35는 미국 차세대 전투기다. 기술적인 어려움으로 고초를 겪은 이 프로젝트는 2014년 초까지 이미 예산보다 1,600억 달러가 초과됐다. 비평가들은 그 프로젝트가 취소될 필요가 있다고 주장한다. 그러나 미 국방부는 여전히 자국 항공기를 원하고 있다. "나는 우리가 이 프로그램에서 물러나는 어떤 시나리오도 생각치 않는다. 우리는 이 비행기들을 많이 살 것이다"라고 이 프로그램의 책임자는 F-35의 토끼 굴에서 깊숙이 있었다. 왜일까? "국방부는 기술과 비용 면에서 볼 때 너무 낮아서 2,400대의 비행기에 4천억 달러나 들여 이 프로그램을 계속할 수밖에 없다"고 말했다. 이보다 매몰 비용 오류의 더 깔끔한 예를 찾을 것 같지 않다.

매몰 비용 오류와 고조 행태는 미국이 왜 베트남에서 패배한 전쟁을 치르면서 그렇게 오랜 세월을 보냈는지를 설명할 때 발생한다. 이 분석에 따르면 일단 병사들이 투입되고 죽기 시작하면 죽은 사람들이 "허무하게" 죽을까봐 철수하는 것이 불가능해졌고 그래서 더 많은 병사들이 투입됐고, 더 많은 병사들이 죽었고 철수하는 것은 더 어려워졌다. 흥미롭게도 이 시나리오는 일찌감치 1965년 당시 국무차관이었던 조지 볼George Ball에 의해 윤곽이 잡혔다. 당시 존슨 대통령에게 보낸 메모에서 볼은 다음과 같이 썼다.

> 당신이 지금 직면하고 있는 결정은 매우 중요하다. 일단 많은 수의 미군이 직접 전투에 투입되면, 그들은 완전히 적대적인 시골 지역은 아니더라도 비협조적인 지역에서 싸울 준비가 돼 있지 않은 전쟁에서 많은 사상자를 내기 시작할 것이다. 일단 큰 인명 피해를 입게 되면, 우리

는 거의 돌이킬 수 없는 과정을 시작할 것이다. 우리의 참여는 너무 커서 국가적 굴욕 없이는 우리의 완전한 목표를 달성하는 데 그칠 수 없을 것이다. 두 가지 가능성 중 굴욕은 우리가 끔찍한 비용을 지불한 후에도 우리의 목표 달성보다 더 가능성이 높을 것이라고 생각한다.

어떤 전쟁은 정당하고 어떤 전쟁은 정당하지 않다. 그러나 명분은 결코 단순히 얼마나 많은 돈과 얼마나 많은 생명을 희생시켰는지를 지적하는 형태를 취할 수 없다. 만약 전쟁이 정당화된다면, 그것은 다른 전향적인 이유 때문일 것이다. 한 가지 중요한 통찰은 이것이다. 여러분이 위험한 프로젝트를 시작하기 전에 여러분은 스스로에게 그것이 내리막길로 접어들기 시작할 때를 대비해서 그것을 취소하는 것이 가능한지 물어보고 싶을지도 모른다. 그렇지 않다면 이것은 애당초 그 프로젝트에 착수하지 말아야 할 이유다.

매몰 비용을 존중하려는 우리의 경향에 대한 인식은 선과 악을 위해 사람들에게 영향을 미치는 데 사용될 수 있다. 이 절 초반에서의 패배자 남자친구는 여자친구와의 관계를 유지하려고 할 때 매몰 비용에 호소할 수 있다. 다르게 말하자면, 당신은 당신의 제품을 마케팅하기 위해 매몰 비용 오류에 대한 지식을 사용할 수 있다. 아울렛몰 사람들이 사는 곳에서 그렇게 멀리 떨어진 곳에 위치한 이유 중 하나는 경영진이 쇼핑객들이 아울렛몰까지 긴 운전으로 인해 매몰 비용을 그들이 충분히 쇼핑하지 않으면 손실될 투자로 생각하기를 원하기 때문이다. 더 희망적인 것은, 사람들에게 합리적 선택 이론에 대해 가르침으로써 돈을 벌 수 있다는 것이다.

예 3.22 **타이어 판매 방법** 다음은 행동경제학과 학생 코리Cory와 관련된 이야기다.

나는 지역 타이어/자동차 서비스 소매점을 공동 관리하고 있다. 오늘 나의 좋은 손님 중 한 분이 내 가게에 들어왔다. 그는 별도의 온라인 타이어 판매업체로부터 타이어 세트를 구입해 타이어를 설치하러 왔다. 그의 차 수리를 시작하기 전에 그는 다른 선택지가 있느냐고 물었다. 나는 우리가 재고로 가진 새 타이어가 그가 온라인으로 구입한 타이어보다 훨씬 더 나은 견인 기능과 월등한 주행 거리 등 무수한 장점을 갖고 있다고 이야기하기 시작했다. 나는 정중히 그가 새것을 사고 원래 주문한 것들을 돌려보내고 싶은지 물었다. "아뇨, 괜찮아요. 전 이미 이걸 샀어요. 난 그냥 그걸 쓰는 게 좋아요." 나는 그에게 반품 절차가 얼마나 쉬울지, 새 타이어가 얼마나 오래 지속될지, 장기적으로 어떻게 돈을 절약할 수 있는지 등을 말했지만,

그의 대답은 그대로였다. "이미 비용을 지불했어요. 온라인으로 산 것을 고수하는 게 나을 듯해요." 마침내 나는 그가 매몰 비용을 존중하고 있다고 그에게 말했다.

그는 내가 무슨 말을 하는지 물었고, 나는 그 개념을 상세히 설명했다. 그는 "타이어 가이"라고 생각되는 사람으로부터 갑작스레 듣는 이 강의에 매료됐다. 나는 유머러스하게 "당신이 원래 구입했던 것을 고수하기로 결정한다면, 당신은 합리적인 의사결정 이론을 위반하는 것이다"라고 선언함으로써 대화를 끝냈다.

그러고 나서 그는 무거운 눈빛으로 나를 바라봤다. "있잖아요? 전 당신에게 많은 것을 배웠어요. 당신 타이어를 사고 다른 타이어를 돌려보내야겠어요. 도와주셔서 감사합니다!" 그래서 그는 내게서 타이어를 사서 설치하게 했고 나는 좋은 수수료를 받았다. 속으로 나는 생각했다. "와, 나는 행동경제학 수업을 하루 들었는데, 벌써 그 보상을 받았잖아!"

매몰 비용을 존중하는 경향에 대한 지식은 또한 우리가 다른 사람들의 조작적인 행동에 저항하는 것을 도울 수 있다. 만약 여러분이 패배자의 여자친구라면, 여러분 자신에게 과거의 낭비된 세월이 그와 함께 있을 이유가 없다는 것을 상기시켜주는 것이 도움이 될 수 있고, 만약 여러분이 아울렛몰의 쇼핑객이라면, 여러분은 여러분이 원하지 않는 물건을 살 이유가 없다는 것을 상기시켜줄 수 있다.

예 3.23 **고속철도** 2011년, 캘리포니아 주지사 제리 브라운Jerry Brown은 로스앤젤레스와 샌프란시스코 사이에 520마일에 달하는 고속 철도를 건설하기 위해 노력했다. 하지만 사람들이 사는 곳에 철도를 건설하는 것은 매우 비싸기 때문에 상대적으로 외지고 인구가 많지 않은 지역에 건설을 시작하기를 희망했다. 왜 이런 짓을 했을까? 비평가들에 따르면 당시 브라운은 "향후 의회가 주요 인구 중심지에 도달하기 전에는 이 프로젝트를 포기할 수 없을 것"이라고 계산했다고 「뉴욕타임스」가 보도했다. "그들이 바라고 있는 것은 베트남이 외교 정책에 그랬던 것처럼 이것이 고속철도에 대해서도 적용되기를 바라는 것이다. 일단 그 안에 들어가면, 더 깊이 들어가야 한다"라고 스탠퍼드대학교의 역사학 교수 리처드 화이트가 말했다. 정치인들은 초기 투자로 인한 매몰 비용이 미래 정권도 피할 수 없는 고조 상황을 시작하기를 바랐을 가능성이 크다.

표면적으로는 매몰 비용 오류처럼 보이지만 실제로는 그렇지 않은 경우가 있다. 그림 3.5와 같은 의사결정 문제에 대해 매몰 비용 오류를 범하려면 노드 #2와 #3에서 사용할 수 있는 옵션이 동일해야 한다. 그렇지 않은 경우 옵션 조합을 합리적으로 선택할 수 있다. 예를 들어 당신의 상사는 당신이 노드 #2에는 투자하지 못한 것에 대해 강등시킬지 모르겠으나, 노드 #3에서는 투자하지 않았다고 해서 강등시키지 않을 것이다. 만약 그렇다면 비록 투자가 회사에 큰 손실로 이어질지라도 당신이 #2에서는 투자하지 않고 #3에서는 투자하는 것이 합리적일 것이다. 마찬가지로 잘못된 군사적 모험을 취소하는 것이 불행한 결과, 즉 국가적 굴욕을 견디기 힘들고 군부가 약해 보이거나 다음 선거에서 패배할 것을 초래할 것이므로, 대통령은 합리적으로 전쟁을 계속할 것이다(여기서 우리는 도덕성이 아니라 합리성을 다루고 있는 것이다).

어느 쪽이든, 표준 이론에 의해 사람들의 행동이 더 잘 포착된다면 매몰 비용 오류를 범했다고 비난하지 않는 것이 중요하다.

문제 3.24 복수 부당한 대우를 받을 때, 많은 사람은 복수를 하고 싶은 강한 충동을 느낀다. 복수가 비용이 많이 든다고 가정한다면, 복수는 그들이 이미 입은 상처의 매몰 비용을 존중하는 문제가 되지 않을까? 아니면 복수를 하는 것이 합리적일 수 있는 조건들이 있는가?

3.4 메뉴 의존성과 미끼 효과

표 3.1에서 어떤 구독을 제공하는지 잠시 생각해보자. 이 세 가지 옵션에는 뭔가 이상한 점이 있다는 것을 알게 될 것이다. 온라인과 인쇄 구독을 같은 가격에 받을 수 있는데 왜 다른 사람이 인쇄 구독을 선택하겠는가? 제정신이 든 사람이 아무도 옵션 2를 선택하지 않는 상황에서, 왜 그것이 포함됐는가? 「이코노미스트」가 잠재 고객들에게 세 가지 옵션을 모두 제시하는 데는 충분한 이유가 있는 것으로 밝혀졌다.

표 3.1 「이코노미스트」 구독 제의

	Economist.com 제의	가격
옵션 1	웹 구독	$59
옵션 2	인쇄물 구독	$125
옵션 2	인쇄물 + 웹 구독	$125

연구원들이 MBA 학생들에게 옵션 1과 3만을 제시했을 때, 68%는 옵션 1을, 32%는 옵션 3을 선택했다. 저자들이 MBA 학생들에게 옵션 1, 2, 3을 제시했을 때, 0%는 옵션 2를 선택했다. 그러나 84%가 옵션 3을 선택한 반면, 16%만이 옵션 1을 선택했다. 따라서 제정신이 아닌 누구도 선택할 수 없는 옵션의 포함은 나머지 옵션보다 사람들의 선호도에 영향을 미칠 수 있는 것으로 보인다.

2.6절에서 합리적인 선택은 예산 집합, 즉 메뉴에 따라 달라진다는 것을 상기하라. 메뉴가 확장되면 더 많은 옵션을 사용할 수 있으며, 그중 하나가 작은 메뉴에서 선택한 옵션보다 더 선호될 수 있다. 그러나 2장의 이론은 메뉴가 확장될 때 발생하는 작업에 제약을 가한다. 버거 레스토랑에 가서 햄버거와 치즈버거 중 하나를 선택할 수 있다는 말을 들었다고 가정해보자. 햄버거를 엄격하게 선호한다고 상상하고 그렇게 말하라. 게다가 식당 종업원이 메뉴에 달팽이도 있다고 지적한다고 가정해보자. 이 경우 햄버거가 달팽이보다 선호 순위가 높을 경우 햄버거를 고수할 것이라고 합법적으로 말할 수 있다(그림 3.6의 (A) 및 (B)열). 또는 달팽이가 햄버거(그림의 (C) 열과 같이)보다 순위가 높은 경우 달팽이로 전환할 수 있다. 하지만 만약 여러분이 이렇게 말한다면, 이상할 것이다. "아, 그렇군요. 그렇다면 치즈버거를 먹을게요." 왜일까? 어떤 합리적인 선호 순서도 이런 식으로 마음을 바꿀 수 없다. 햄버거보다 치즈버거를 더 좋아하거나, 처음부터 치즈버거를 주문했어야 하는 경우, 그렇지 않은 경우, 메뉴에 달팽이가 있든 없든 간에 치즈버거를 선택하면 안 된다(이 일련의 추리들은 우리가 강한 선호도에 대해 이야기하고 있다고 가정하고 무차별하다면 여러분은 무엇이든 선택할 수 있다).

(A)	(B)	(C)
햄버거	햄버거	달팽이
$\succ$	$\succ$	$\succ$
치즈버거	달팽이	햄버거
$\succ$	$\succ$	$\succ$
달팽이	치즈버거	치즈버거

그림 3.6 음식에 대한 선호 순서

공식적으로 말하자면 그 이론은 우리가 확장 조건expansion condition이라고 부르는 것을 암시한다.

> **명제 3.25 확장 조건** x와 y 사이에 무차별하지 않다고 가정할 때, x가 메뉴 $\{x, y\}$에서 선택되면, 메뉴 $\{x, y, z\}$에서 y를 선택해서는 안 된다.

증명

y가 있을 때 x를 선택하는 경우 둘 사이에 무차별하지 않기 때문에 y보다 x를 더 선호해야 한다. 만약 여러분이 x를 사용할 수 있을 때 y를 선택한다면, 만약 여러분이 둘 사이에 무차별하지 않다면, 여러분은 x보다 y를 강하게 선호해야 한다. 하지만 46쪽의 명제 2.16(ii)에서 강한 선호 관계가 비대칭적이라는 것을 알고 있다. 따라서 이것은 불가능하다. ■

간단히 말해서 명제 3.25는 열등한 제품을 도입한다고 해서 여러분의 선택이 바뀌어서는 안 된다고 말한다. 확장된 메뉴에서 y를 선택하면 첫 번째와 두 번째 결정 사이에서 선호를 변경했음을 나타낸다. 그러나 이론은 확장 메뉴의 결과 또는 다른 이유로 인해 선호를 변경하는 것을 허용하지 않는다. 2.8절에서 알 수 있듯이, 이론은 선호가 안정적이고 시간이 지나도 변하지 않는다고 가정한다. 확장 조건의 타당성은 무차별 곡선과 예산 집합의 성격을 되돌아봄으로 알 수 있다. 무차별 곡선과 예산 제약선이 주어진 어떤 옵션이 최적인 경우, 이 사실은 예산 집합에 다른 (명백하게 열등한) 옵션을 추가해 변경할 수 없다. 따라서 54쪽의 그림 2.6의 음영 영역 내부에 또 다른 대안을 도입한다고 해서 X로 표시된 대안이 차선책이 되는 것은 아니다.

그러나 메뉴가 확장되면 사람들의 선호가 변한다는 증거가 있다. 이것을 **메뉴 의존**menu dependence의 경우로 이야기한다. 우리가 **목표 제품**target이라고 부르는 제품을 마케팅한다고 가정해보자. 문제는 우리가 **경쟁 제품**competitor라고 부르는 비슷한 제품을 다른 회사가 판매하고 있다는 것이다. 소비자는 이들 모든 제품을 매입할 수 있다. 즉 대상 제품과 경쟁 제품 모두 예산 제약선 위에 놓여 있다. 문제는 소비자가 경쟁 제품을 선호한다는 것이다. 따라서 소비자가 직면한 의사결정 문제는 그림 3.7(a)과 같다. 상품 번들이 사과와 바나나의 매우 많은 단위로 구성돼 있는 이전처럼 여기의 두 제품 (목표 제품과 경쟁 제품)을 이해할 수 있다. 그것들은 또한 2차원 내의 상이한 상품으로 이해될 수 있다. 예로서, 속도와 안전의 차원에 따라 다른 자동차들을 들 수 있다. 어느 쪽이든 이 그림의 소비자가 경쟁 제품을 선택한다는 것은 분명하다.

하지만 모든 면에서 목표 제품보다 열등한 제품을 도입함으로써 소비자의 선택을 조작할 수 있다는 것이 밝혀졌다. 우리는 가능한 모든 측면에서 x가 y보다 나을 경우를 대비해 한 제품 x가 다른 제품 y를 **지배한다**dominate고 말한다. 그림 3.7(a)의 관점에서, 목표 제품은 B와 C로 표시된 박스의 모든 제품을 지배한다. 경쟁 제품은 박스 A와 B의 모든 제품을 지배한다. 메뉴와 제품 x가 주어졌을 때, 우리는 y가 x에 의해 지배되고, 다른 제품에 대해서는 지배되지 않는 경우에만 y가 x에 의해 **비대칭적으로 지배된다**asymmetrically dominated고 말한다. 이제 메뉴에 **미끼**decoy라고 하는 세 번째 항목이 포함돼 있고 목표 제품에 의해 비대칭적으로 지배되고 있다고 가정해보자. 이는 미끼가 그림 3.7(a)에서 C로 표시된 박스에 위치함을 의미한다. 목표 제품보다 모든 면에서 더 나쁘기 때문에 그러한 상품을 사는 데 애쓰려는 소비자가 거의 없음에도, 그것의 도입은 사람들의 선택을 바꿀 수 있다. 미끼의 도입이 사람들의 무차별 곡선을 그림 3.7(b)에 표시된 방식으로 변화시킨다는 증거가 있다.

무차별 곡선은 경쟁 제품을 중심으로 시계 방향으로 회전한 것으로 보인다. 결과적으로, 목표 제품은 현재 경쟁 제품보다 더 높은 무차별 곡선을 그리고 있다. 따라서 합리적인 소비자가 미끼 구매를 꿈꾸지 않을 것이라는 사실에도, 그것의 도입은 여전히 사람들의 무차별 곡선과 따라서 그들의 선택을 바꾸는 데 성공한다. 지배적인 옵션의 존재는 소비자의 지배적인 대안에 대한 매력을 증가시키는 것처럼 보이기 때문에, 미끼효과는 때때로 유인 효과attraction effect라고 불린다. 이러한 변경은 확장 조건(명제 3.25)에 위배되므로 비합리적이라는 점에 유의하라.

예 3.26 **속도 대 안전** 당신이 매우 빠르지만 안전하진 않은 차를 파는 책임을 맡고 있다고 상상해보라. 그것을 "부가티Bugatti"라고 부르자 사람들이 그 차의 브레이크 디자인이 형편없다고 불평했을 때, 부가티는 이렇게 말했다고 전해진다. "제 차는 브레이크용이 아니라 운전용입니다." 문제는 여러분의 고객들이 너무 자주 덜 빠르지만 더 안전한 차를 선택한다는 것이다. 그것을 "볼보Volvo"라고 하자. 당신 차의 판매를 늘리기 위해 당신은 미끼decoy를 팔기 시작하기로 결정했다. 어떤 기능이 있어야 할까?

x축에 속도를, y축에 안전도를 대입하면 다음 장의 그림 3.7과 정확히 같은 그래프를 얻을 수 있다. 부가티는 목표 차량이고 볼보는 경쟁 차량이다. 미끼는 반드시 C라고 표시된 상자에 넣어야 한다. 미끼가 목표 차량과 경쟁 차량 모두에 미치지 못한다는 사실은 부가티와 볼보 둘 다보다 덜 안전하다는 것을 의미한다. 미끼가 목표 차량의 왼쪽이지만 경쟁 차량의 오른쪽이라는 사실은 그것이 부가티보다 덜 빨라야 하지만 볼보보다 더 빨라야 한다는 것을 의미한다. 두 측면 모두에 대해 두 차보다 열등한 차량(이를 "골프 카트golf cart"라고 부르자)은 효과가 없을 것이다.

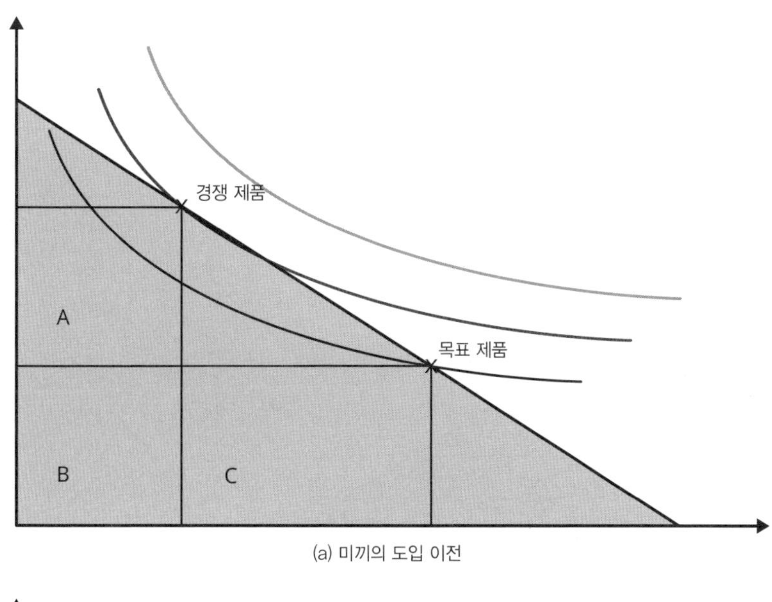

(a) 미끼의 도입 이전

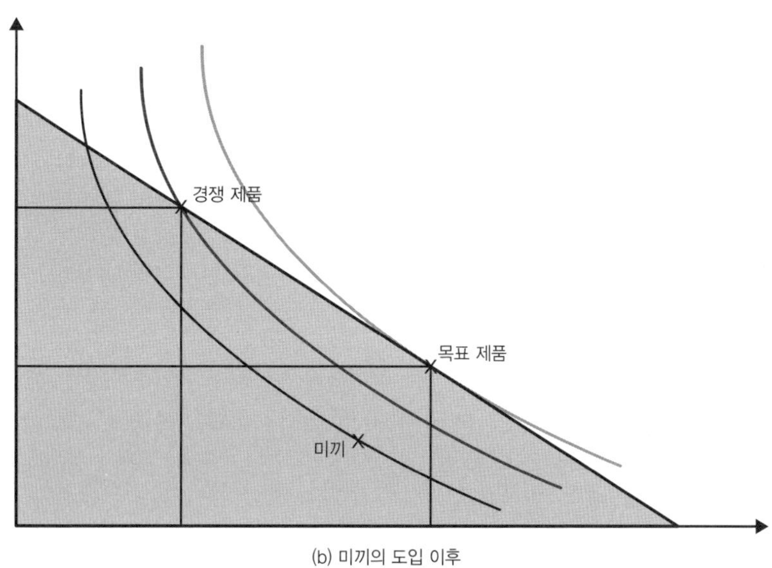

(b) 미끼의 도입 이후

그림 3.7 미끼 효과

연습 3.27 미끼 효과 이 질문에 대해서는 그림 3.8을 참조하라.

(a) 목표 제품의 마케팅을 담당하고 있다면 어떤 부분에 유인물을 넣겠는가?

(b) 미끼가 예상대로 작동한다고 가정할 때, 그림은 미끼 도입 전이나 이후에 보여야 하는 방식으로 무차별 곡선을 보여주는가?

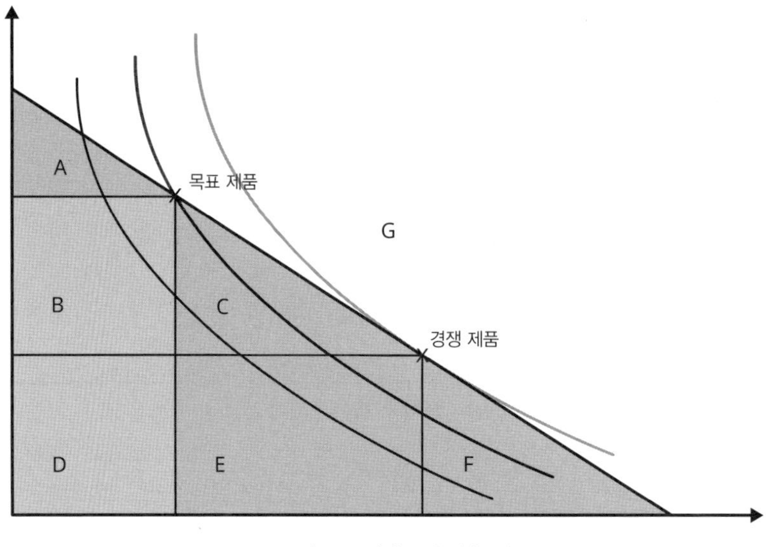

그림 3.8 미끼 효과 연습

연습 3.28 부동산 판매 잠재 고객에게 두 가지 부동산을 보여주는 부동산 중개인이라고 가정해보라. 하나는 상태가 좋지만 고객 사무실과는 거리가 멀고, 다른 하나는 단지 적당한 상태이지만 사무실에서 가깝다.

(a) 고객이 전자를 선택하도록 하려면 어떤 제3의 자산을 보여줘야 하는가?

(b) 고객이 후자를 선택하도록 하려면 어떤 제3의 자산을 보여줘야 하는가?

연습 3.29 제3의 정당 후보 정치인 A는 세금 인하와 공공 서비스 감면을 공약으로 내걸고 출마하기로 했다. 그의 반대파 정치인 B는 더 높은 세금과 공공 서비스를 위한 더 많은 자금을 약속한다. 모든 것이 평등하지만 유권자들은 낮은 세금과 관대한 공공 서비스를 선호한다. 이제, 정치인 B가 선두를 달리고 있다. 정치인 A씨는 선거 자금 일부를 제3의 C 후보에게 전달하기로 결정했는데, C 후보는 미끼 역할을 하게 된다. 제3의 정치인은 A의 미끼로 작용하기 위해 어떤 종류의 플랫폼을 지지해야 하는가?

다음의 예는 행동경제학 연구가 얼마나 유용한지 보여주기 위해 고안됐다. 큰 힘에는 큰 책임이 따른다는 것을 기억하라.

연습 3.30 **윙맨과 윙우먼(바람잡이)** 데이트 장면에서 여러분의 기회를 향상시키기 위해 윙맨 혹은 윙우먼을 모집하기로 결정했다.

(a) 일반적으로 윙맨과 윙우먼 중 어떤 것을 선택해야 할까?

(b) 당신의 매력과 지능이 모두 10점 만점 가운데 9점이라고 상상해보라. 두 명의 경쟁자가 있다. 하나는 매력 10이고, 다른 하나는 매력 8이며, 다른 하나는 지능 10이다. 당신의 윙맨이나 윙우먼의 매력과 지능이 어느 정도까지 떨어졌으면 좋겠는가?

(c) 만약 누군가가 여러분에게 윙맨이나 윙우먼이 돼 달라고 한다면 이 분석은 그나 그녀가 여러분의 매력과 지능에 대해 어떻게 생각한다는 것을 암시하는가?

표 3.1의 구독 제안을 설명하는 데 어떻게 도움이 되는가? 각 옵션은 온라인 접근, 종이 구독 및 매력적 가격 이 세 가지 상품의 번들로 표현될 수 있다. 그러므로 옵션 1은 온라인 접속을 포함하고, 종이 구독을 포함하지 않지만 매력적 가격을 가지고 있기 때문에 〈1, 0, 1〉로 나타낼 수 있다. 마찬가지로 옵션 2는 〈0, 1, 0〉, 옵션 3은 〈1, 1, 0〉으로 나타낼 수 있다. 이러한 방법으로 옵션을 나타내면 옵션 2가 옵션 3에 의해 비대칭적으로 지배된다는 것은 매우 분명하다. 이 절에서 제공하는 분석이 정확할 경우 (열등한) 옵션 2의 도입으로 고객이 여전히 옵션 3으로 몰릴 수 있으며, 이는 「이코노미스트」가 원했고 예상했던 바다.

미끼 효과는 메뉴 의존성의 한 형태일 뿐이다. 특히 마케팅 문헌에서 많은 관심을 받은 또 다른 효과는 **절충 효과**Compromise Effect다. 즉 사람들이 메뉴에서 절충안이나 중간 옵션을 나타내는 대안을 선택하는 경향이다. 이 현상은 때때로 **극단성 혐오**Extremeness Aversion, 즉 관련 차원의 극단적 선택을 피하는 경향에서 비롯되는 것으로 묘사된다. 고급 브랜드는 매우 비싼 제품을 선보임으로써 사업을 비싼 제품으로 이끌려고 할 수 있다. 비록 그 비싼 제품이 결코 팔리지 않을지라도, 그것은 그 비싼 제품을 싼 것과 비싼 것 사이의 매력적인 절충안으로 두드러지게 만들 수 있다. 저가 브랜드들도 초저가 제품을 선보임으로써 같은 효과를 얻을 수 있을 것이다. 이것이 우리가 다이아몬드가 박힌 수영복을 스펙트럼의 한쪽 끝에 제시하는 방법일 수도 있고, 다른 쪽 끝에는 햇빛, 소금, 염소에 노출되면 부패되는 물질로 만들어진 수영복을 제시하는 방법일 수도 있다. 다양한 형태의 메뉴 의존성은 때때로 상황 효과로 설명된다. 사람들의 결정이 결정되는 맥락context에 반응하는 것으로 보이기 때문이다.

연습 3.31 **속도 대 안전(계속)** 절충 효과의 힘을 활용해 부가티를 더 많이 판매하려고 한다(연습 3.26 참조). 이를 위해 어떤 종류의 차량을 도입해야 하는가?

연습 3.32 **제3의 후보(계속)** 앞의 연습 3.29의 정치인 A가 절충 효과의 힘을 이용해 대신 선거에서 승리하기를 원했다고 가정해보자. 이 제3의 정치인이 이러한 효과를 거두기 위해 지지해야 할 플랫폼은 무엇인가?

유인 효과와 메뉴 의존성의 다른 사례를 어떻게 가장 잘 설명할 수 있을까? 아마도 소비자들은 자신의 결정에 대해 더 좋게 느끼기 위해 다른 옵션보다 한 옵션을 선택하거나 한 옵션을 거부할 이유를 찾을 것이다. 미끼의 도입은 목표가 더 이상 두 차원 중 어느 한 차원에서도 최저 점수를 획득하지 않는다는 점에서 소비자는 경쟁 제품을 거부하고 목표 제품을 선택할 이유를 제공한다. 극단적인 옵션의 도입은 사람들에게 중간에 옵션을 선택할 이유를 제공한다. 이러한 고려 사항은 행동에 대한 이유 또는 합리성 기반 선택에 대한 탐색이 실제로 우리를 비합리적으로 행동하게 만드는 데 책임이 있을 수 있음을 시사한다. 행동에 대한 이유를 갖는 것이 이따금 합리성의 보증 마크로 간주되기 때문에 무척 흥미롭다.

어느 쪽이든 메뉴 의존성은 고객이 이용할 수 있는 옵션의 수가 계속 증가하는 이유를 포함해 다양한 마케팅 관행을 설명할 수 있다(3.2절의 선택의 역설에 대한 논의 참조). 그리고 그것은 분명히 물건을 팔고 싶어 하는 누구와도 관련이 있다. 미끼와 절충 효과를 감안할 때, 아무도 사지 않을 것으로 예상하는 제품을 도입하는 것이 타당할 수 있다. 이러한 이유로 단순히 제품의 매출을 분리해서 보고 기업 이익에 대한 제품의 기여도를 평가할 수 없다.

메뉴 의존성처럼 보이지만 다른 방식으로 설명될 수 있는 경우가 있다. 여러분이 잘 알지 못하는 마을의 한 식당에 들어가 생선, 송아지 혹은 아무것도 선택할 수 없다고 가정해보자. 생선을 고른다. 그런 다음 웨이터가 돌아와 메뉴에 크랙 코카인도 포함돼 있다고 말한다. 이 시점에서 합리적인 선택 이론을 위반하지 않고는 아무것도 가지지 않는 것이 더 낫다고 결정하는 것이 완벽하게 가능할 것이다. 왜일까? 웨이터가 돌아왔을 때 웨이터는 당신의 메뉴를 확장시킬 뿐만 아니라 그 가게에 대한 어떤 것을 말해주고, 또한 당신이 그 가게의 음식을 먹고 싶어 하지 않는다는 것까지 확인해준다. 이는 심지어 확실성하의 선택 사례도 아님을 주목하라. 미끼 시나리오는 다르다. 즉 현재의 분석에서는 미끼가 메뉴에 있다는 것을 알게 됨으로써 목표 제품에 대해 무언가를 배울 수 있는 경우가 아니다.

3.5 손실 회피와 소유 효과

우리가 2장에서 공부한 이론은 여러분이 결정을 내릴 때 여러분이 가지고 있는 것을 의미하는 여러분의 소유 자산endowment[1]과는 무관하게 선호를 만들었다. 커피 머그잔에 대한 여러분의 선호를 생각해보자. 분명히 이론은 당신이 머그잔을 얼마나 소중히 여겨야 하는지 말해주지 않는다. 하지만 그것은 여러분이 머그잔과 다른 것들을 주문해야 하는 방법에 대해 몇 가지를 말해준다. 더 적은 돈보다 더 많은 돈을 선호한다고 가정하면, 여러분은 0달러보다 1달러, 1달러보다 2달러, 이런 식으로 선호한다. 완전성 때문에 합리적이면 p와 머그컵 사이에 무차별하도록 하는 p달러(반드시 달러와 센트로 딱 떨어질 필요는 없다)가 있어야 한다. p가 1달러인 경우, 선호 순서는 그림 3.9와 같이 나타낼 수 있다. 만약 당신이 그 머그잔을 가지고 있고, 누군가가 당신에게 그것을 포기하는 데 무엇이 필요한지 묻는다면, 당신의 대답은 "1달러 이상"이 될 것이다. 즉, 당신의 수용 의사WTA, Willingness To Accept는 1달러와 같다는 것이다. 만약 당신이 머그잔을 가지고 있지 않고, 누군가가 당신에게 머그잔을 받기 위해 얼마를 지불하겠느냐고 묻는다면, 당신의 대답은 "1달러 이하"가 될 것이다. 즉, 당신의 지불 의사WTP, Willingness To Pay도 1달러와 같다는 것이다. 머그잔과 달러 지폐 사이에서 당신의 선호도는 당신이 머그잔을 이미 가지고 있는

---

1 소유물이라고도 할 수 있으나, 여기서의 소유 자산은 소유하고 있는 물건, 상품, 재산뿐 아니라 현재 가지고 있는 지위, 권리, 의견 등의 상태도 포함한다. – 옮긴이

지 여부에 달려 있지 않으며, 당신의 WTA는 당신의 WTP와 같다(그러나 당신의 두 번째 머그잔에 대한 선호는 당신이 이미 머그잔을 가지고 있는지에 따라 달라질 수 있다).

당신의 소유 자산으로부터 당신의 선호의 독립성은 효용함수에 대한 사실에 반영돼 있다. 머그잔에 대한 효용함수가 그림 3.10과 같다고 가정하자.

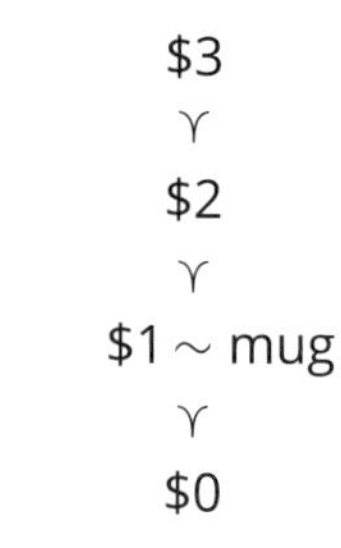

그림 3.9 머그잔에 관한 선호 순서

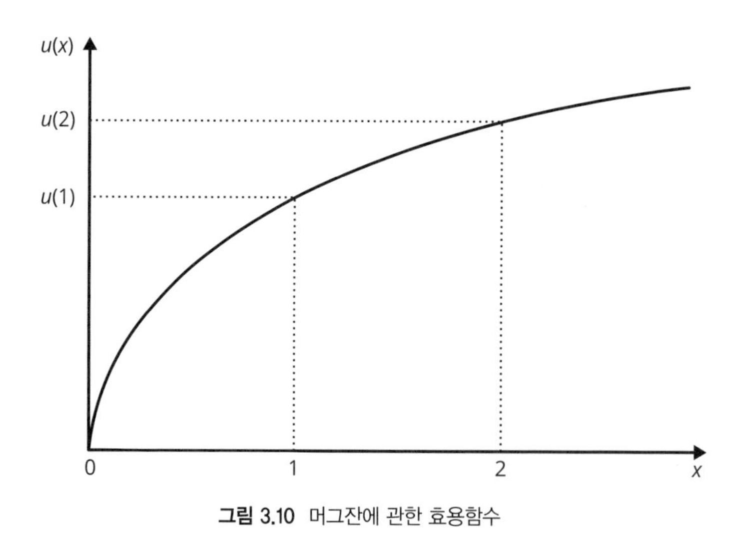

그림 3.10 머그잔에 관한 효용함수

x축의 숫자는 여러분이 가지고 있는 머그잔의 개수를 나타내고, y축의 숫자는 얼마나 많은 효용을 제공하는지 나타낸다. 따라서 머그잔 하나를 소유하면 $u(1)$ 단위의 효용을 얻을 수 있다. 0에서 1개의 머그잔(x축을 따라 오른쪽)으로 이동하면 효용이 $u(0) = 0$에서 $u(1)$로 증가한다. 마찬가지로, 1에서 0으로 머그잔(x축을 따라 왼쪽)을 이동하면 효용이

$u(1)$에서 0으로 감소한다. 머그잔 수령으로 인한 효용 증가는 머그잔 손실로 인한 효용 감소와 같기 때문에 첫 번째 머그잔의 효용은 소유 자산, 즉 머그잔 보유 여부와 독립이다. 수치상으로 보여줄 수 있다. $u(x) = 3\sqrt{x}$. 따라서 $u(1) = 3$이고, $u(0) = 0$이라고 가정해보자. 그렇다면 첫 번째 머그잔(3)을 구입해 받은 효용의 양은 머그잔(3)을 포기할 때 손실된 효용의 양과 같다. 두 번째 머그잔을 사용하면 효용이 그만큼 증가한다.

하지만 사람들은 일반적으로 이런 $u(2) - u(1) = 3\sqrt{2} - 3\sqrt{1} \approx 1.24$ 식으로 행동하지 않는다. 사람들은 자신들이 잔을 이미 가지고 있을 때 그들이 기꺼이 지불하려고 하지 않을 때보다 잔을 포기하기 위해 훨씬 더 많은 것을 요구한다. 코넬대학의 커피 머그잔을 사용한 한 연구에서 중간값 소유자는 머그잔을 팔 때 5.25달러를 요구했고, 중간값 구매자는 머그잔을 사기 위해 단지 2.25달러에서 2.75달러만 기꺼이 지불하려고 했다. 사람들의 선호는 그들의 소유물 즉 그들이 이미 소유하고 있는 것에 의존하는 것처럼 보이기 때문에 이 현상은 **소유 효과**Endowment Effect라고 부른다. 사람들이 다양한 옵션을 평가하는 방법은 기준점Reference Point(이 경우, 이들의 현재 소유 자산)에 따라 의존할 수 있기 때문에 이와 같은 현상을 **기준점 현상**Reference Point Phenomenon이라고 부르기도 한다.

소유 효과와 기준점 현상은 **프레임 효과**Frame Effect의 예로서, 사람들의 선호가 옵션이 프레임되는 방식에 의존할 때 발생한다. 프레임 효과에는 여러 종류가 있다. 2007년, AP 통신은 아일랜드인 데이비드 클라크가 100km/h(62mph) 구간에서 180km/h(112mph)를 운전하다가 적발된 후 면허를 잃을 가능성이 있다고 보도했다. 그러나 판사는 "속도(km/h)가 '매우 과도해 보인다'고 말했지만, 시속 마일로 환산했을 때 '그만큼 나쁘지는 않다'고 말했다"고 혐의를 낮췄다. 판사의 판결은 클라크의 과속이 km/h 또는 mph로 묘사됐는지 여부에 의존했던 것으로 보인다. 이와 유사하게 다른 통화를 가진 나라들을 여행하는 사람들은 때때로 **머니 환상**Money Illusion이라고 부르는 것의 희생양이 된다. 영국 1파운드 미국 달러 1.5달러와 같다는 것을 안다고 해도, 한 잔에 2파운드를 내는 것이 3달러를 내는 것보다 더 낫게 느껴질 수 있다.

소유 효과와 기준점 현상들은 일반적으로 사람들이 그에 상응하는 이익보다 손실을 더 싫어한다는 명백한 사실인 **손실 회피**Loss Aversion의 결과로 설명된다. 영화 〈머니볼〉의 주연 배우 브래드 피트가 "나는 내가 이기고 싶은 것보다 잃는 것이 더 싫다"고 말하는 것은 손실 회피다. 그것은 많은 사람들이 같은 것을 발견했을 때 기뻐하는 것보다 잃어버렸을 때 더 화가 난다는 사실에 반영된다. 만약 여러분이 10달러 지폐를 잃어버렸다는 것을 안다면, 여러분이 그것을 발견했을 때 얼마나 기뻐할 것인가에 비해 얼마나 화가 날지를 생각해보라. 경제학자 애덤 스미스는 "고통은 거의 모든 경우에 있어서 상응하는 쾌락보다 더 강렬한 감정이다"라고 썼을 때 바로 이 현상을 주목했다. 프레임 용어를 사용하면, 10달러 지폐의 가치를 얼마나 평가하는가는 첫 번째 경우와 같이 (잠재적) 손실로 프레임했는가 또는 두 번째 경우와 같이 (잠재적) 이득으로 프레임됐는가에 의존하며, 손실이 이득보다 더 크다고 말할 수 있다.

예 3.33 **WTA VS WTP** 손실에 대한 혐오감이 있는 경우, 수용 의사[WTA]는 일반적으로 지불 의사[WTP]와 같지 않다. WTA를 이끌어낼 때, 여러분은 어느 정도 좋은 것을 갖고 있다고 상상하고 그 좋은 것을 포기하기 위해 기꺼이 받아들일 수 있는 달러 액수를 명시하도록 요구받는다. 즉, 그 좋은 것이 손실 프레임에서 평가될 것이라는 것을 의미한다. 당신의 WTP를 이끌어낼 때, 당신은 당신이 어떤 좋은 것을 갖고 있지 않다고 상상하고, 그 상품을 얻기 위해 당신이 기꺼이 지불할 달러 액수를 명시하도록 요구받는다. 그것은 그 상품이 이득 프레임에서 평가될 것이라는 것을 의미한다. 득보다 실이 더 크다는 점을 감안할 때, 우리는 귀사의 WTA가 귀사의 WTP를 초과할 것으로 예상한다.

예를 들어 손실 회피는 비용-편익 분석의 실무에 근본적인 영향을 미친다(6.3절에서 다시 살펴본다). 사람들의 수용 의사 또는 지불 의사를 이끌어냄으로써 상품 가치를 평가하는 것은 매우 일반적이다. WTA와 WTP의 도출은 특히 자연보호와 같은 공공재 및 오픈마켓에서 거래되지 않는 기타 상품의 경우에 일반적이다. 이 절의 앞부분에서 봤듯이, 표준 이론은 WTA와 WTP가 다소 동일해야 한다는 것을 수반한다. 손실 회피는 사람들이 가지고 있지 않은 것보다 그들이 가지고 있는 것을 더 소중하게 여긴다는 것을 수반한다. 즉, 우리는 그들의 WTA가 그들의 WTP를 초과하고 그러한 분석이 왜곡된 결과를 낳기를 기대해야 한다는 것을 의미한다.

행동경제학자들은 에이전트가 변화를 평가하는 방법을 나타내는 가치함수[Value Function] $v(\cdot)$를 통해 손실 회피를 포착한다. 가치함수는 전망 이론의 필수적인 부분으로, 행동경제

학에서 나타나는 가장 두드러진 이론 중 하나이며, 앞으로 종종 다시 살펴볼 것이다(예: 7.2절, 7.3절 및 7.6절). 가치함수에는 두 가지 중요한 특징이 있다. 첫째, 총 소유 자산에 걸쳐 있는 효용함수와 달리 가치함수는 일부 기준점에 대한 변화에 범위가 걸친다. 둘째, 가치함수는 원점 왼쪽으로 곡선이 더 가파른 방식으로 기준점(이 경우 현재 소유 자산)에 휘어져[kink] 있다. 일반적인 가치함수의 그림은 그림 3.11을 참조하라. 이 그림에서 원점과 $v(-1)$ 사이의 수직 거리가 원점과 $v(+1)$ 사이의 수직 거리보다 훨씬 크다는 점에 유의하라. 수학적으로 $|v(-1)| > |v(+1)|$이다. 다시 말하지만 이것은 손실이 이득보다 더 크다는 사실을 포착한다. 즉, 사람들은 그에 상응하는 이득보다 손실을 더 싫어한다.

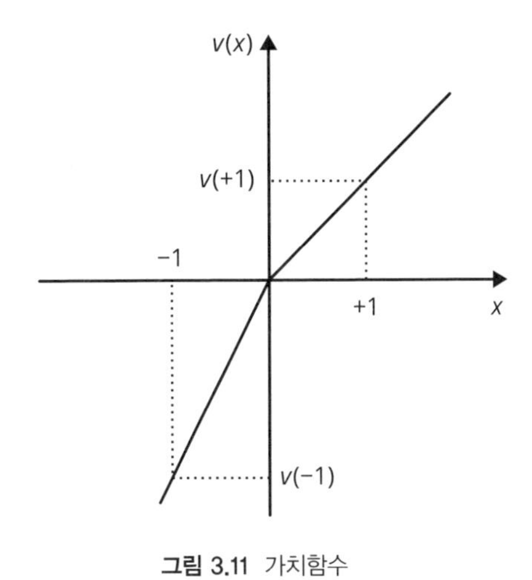

그림 3.11 가치함수

손실 회피의 또 다른 의미는 만약 여러분이 무언가를 얻었다가 잃는다면 여러분이 어디서 시작했을지라도 더 비참하게 느낄 수 있다는 것인데, 이는 전통적인 경제적 관점에서 말이 되지 않는다. 만약 여러분이 우등으로 졸업한다면 여러분의 부모님이 여러분에게 차를 사주겠다고 약속하셨지만, 졸업한 뒤에 부모님이 사실은 거짓말을 하셨다는 것을 가정해보자. 그림 3.12는 이러한 변화를 나타내는 방법을 보여준다. 그림만 보면 자동차의 이득인 $v(+1)$이 손실인 $v(-1)$보다 작다는 것이 명백하다. 그러므로 순효과는 음이다. 비록 여러분이 같은 수의 자동차를 가지고 있더라도, 여러분의 부모님이 여러분이 새 차를 얻을 것이라고 생각하도록 여러분을 속인 후가 부모님이 속이지 않았을 때보다 여러분은 (가치 면에서) 더 나쁠 것이다.

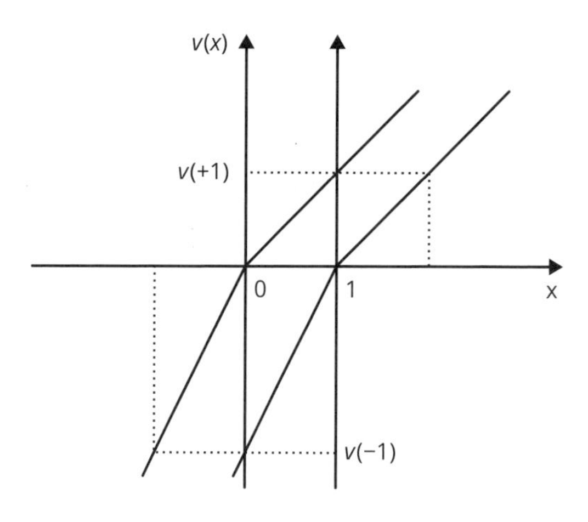

그림 3.12 가치함수와 차 문제

예 3.34 **토이 요다** 2001년 플로리다의 한 식당 종업원이 맥주 판매 대회에서 우승해 새 차를 약속받았다고 주장하며 계약 위반으로 고용주를 고소했다. 매니저는 그녀에게 "새 도요타new Toyota"를 약속했지만 그녀가 상을 탔을 때, 그녀가 스타워즈 인물을 의미하는 "새로운 장난감 요다new Toy Yoda"를 탔다는 것을 알게 됐다고 말했다. 그녀는 당연히 화가 났다. 손실 회피는 그 이유를 설명해준다. 그러한 종류의 장난을 겪는 것은 비록 그녀의 총 소유 자산은 변하지 않았더라도, 한 사람을 전보다 더 나쁘게 만든다.

이득보다 손실에 대해 더 가파른 가치함수 $v(\cdot)$를 정의함으로써 손실 회피를 공식적으로 분석할 수 있다. 이를테면 다음 직선들로 가치함수를 정의할 수 있다.

$$v(x) = \begin{cases} x/2 & \text{for gains } (x \geq 0) \\ 2x & \text{for losses } (x < 0) \end{cases}$$

그러한 설정이 그림 3.11과 같은 그래프를 생성한다는 것을 쉽게 확인할 수 있다. 다음 예와 연습은 가치함수가 실제로 어떻게 사용될 수 있는지 보여준다.

예 3.35 **손실 및 이득** 앞의 가치함수를 사용해 다음 두 가지 질문에 답하라.

(a) 10달러를 발견했을 때 경험하게 될 가치의 증가는 무엇인가?

(b) 10달러를 잃으면 경험하게 될 가치의 감소는 무엇인가?

(c) 절댓값으로 어떤 것이 더 큰 숫자인가?

다음은 정답이다.

(a) 현재 소유 자산에서 현재 소유 자산에 10달러를 더하게 될 때, 현재 소유 자산으로부터의 편차 항으로 표시하면 0에서 +10이 된다. 가치의 관점에서 이것은 $v(\pm 0) = 0$에서 $v(+10) = 10/2 = 5$가 된다. 따라서 변화는 $v(10) - v(0) = +5 - 0 = +5$이며, 이는 5의 이득을 의미한다.

(b) 현재 기부금에서 10달러를 차감한 금액으로 전환한 경우, 기존 기부금에서 벗어난 금액으로 환산하면 0달러에서 −10달러로 떨어진다. 가치의 경우, 이는 $v(0) = 0$에서 $v(0) = -20$으로 가는 것이다. 변화는 $v(10) - v(0) = -20 - 0 = -20$이며, 이는 20의 손실을 의미한다.

(c) 손실의 절댓값(20)이 이득(5)의 절댓값보다 크다.

이 계산에 대해 두 가지를 알아보자. 첫째, 가치의 변화를 계산하기 위해, 당신은 변화 후의 당신의 소유 자산의 가치를 계산하고 변화 전에 당신의 소유 자산의 가치를 빼기를 원한다. 둘째, 소유 자산의 가치를 계산하기 위해서는 우선 소유 자산을 기준점으로부터의 편차로 표현해야 한다. 절대적인 부나 그런 종류의 것이 아니다.

연습 3.36 **토이 요다(계속)** 동일한 가치함수가 예 3.34에서 자동차에 대한 식당 종업원의 가치함수를 포착한다고 가정하자. 자동차를 얻었다가 잃어버린 후에 종업원이 경험하는 가치의 총 변화는 얼마인가? 그녀가 자동차를 소유 자산에 포함하고, 따라서 자동차를 준다는 약속을 받는 즉시 그녀의 기준점을 조정한다고 가정하자.

연습 3.37 **가졌다가 잃는 것** 사실, 여러분이 달러 면에서 더 부유하다고 해도 가치 면에서 더 가난해질 수 있다. 동일한 가치함수를 사용해 6달러의 수익과 4달러의 손실이라는 가치 측면에서 순 효과를 계산하라. 6달러를 즉시 소유 자산에 포함시킨다고 가정하라.

6달러의 이득을 소유 자산에 통합하지 않은 경우, 따라서 4달러를 잃기 전에 기준점을 변경하지 않는 경우, 가치관에서의 순효과는 $v(+6 - 4) = v(+2) = 1$. 이러한 현상은 7.3절과 9.5절에서 다시 살펴볼 주제로 복잡한 결과를 묶는 방법이 중요하다는 것을 보여준다.

의식적으로 하든 안 하든, 다양한 결과를 어떻게 프레임하고, 어떤 기준점을 선택하는지는 여러분이 결과에 대해 어떻게 느끼는지에 큰 영향을 미칠 수 있다. 다음 예와 연습은 이 아이디어의 다양한 적용을 보여준다.

연습 3.38 채권 시장 정크본드 시장에 대한 당신의 불운한 투자는 1달러에서 0달러로 방금 감소했다. 가치함수는 이득의 경우 $v(x) = x/2$이고 손실의 경우 $v(x) = 2x$이다.

(a) 먼저 기준점이 0달러라고 가정한다. 가치 측면에서 방금 경험한 손실은 얼마나 되는가?

(b) 대신 기준점이 1달러라고 가정한다. 가치 측면에서 방금 경험한 손실은 얼마나 되는가?

(c) 어떤 프레임이 기분을 더 나쁘게 하는가?

연습 3.39 주식 시장 알리샤, 베니스, 찰리는 같은 회사의 주식을 소유하고 있다. 그들이 주식을 샀을 때, 그것은 10달러의 가치가 있었다. 나중에 그것은 17달러까지 올랐지만, 그들이 그것을 팔기 전에 12달러까지 떨어졌다. 셋은 모두 손실 회피자이며, 이득의 경우 $v(x) = x/2$ 및 손실의 경우 $v(x) = 2x$라는 동일한 가치함수를 가지고 있다.

(a) 알리샤는 매도 가격(12달러)을 기준점으로 사용한다. 만약 당신이 그녀에게 물어본다면, 그녀는 가격이 17달러에서 12달러로 떨어졌을 때 그녀가 가치 측면에서 얼마나 잃었다고 말할 것인가?

(b) 베니스는 최고 가격(17달러)을 기준점으로 삼고 있다. 만약 당신이 그녀에게 물어본다면, 그녀는 가격이 17달러에서 12달러로 떨어졌을 때 그녀가 가치 측면에서 얼마나 잃었다고 말할 것인가?

(c) 찰리는 매수 가격(10달러)을 기준점으로 삼는다. 만약 당신이 그녀에게 물어본다면, 그녀는 가격이 17달러에서 12달러로 떨어졌을 때 그녀가 가치 측면에서 얼마나 잃었다고 말할 것인가?

(d) 가격이 떨어졌을 때 누가 더 실망했는가?

핵심은 알리샤와 찰리가 변화를 용서받을 수 있는 이득으로 평가하는 반면, 베니스는 변화를 실제 손실로 평가한다는 것이다. 이득보다 손실이 더 크다는 점을 감안할 때 베니스는 더 큰 고통을 겪는다.

연습 3.40 **도둑질** 도둑이 피해자로부터 100달러를 훔친다. 도둑과 피해자가 돈에 대한 가치함수가 같다고 가정해보자. 이득의 경우 $v(x) = x/2$이고 손실의 경우 $v(x) = 2x$이다.

(a) 그 도둑이 강도짓을 해서 가치 측면에서 얼마를 버는가?

(b) 가치 측면으로 볼 때, 강도로 인해 피해자가 얼마나 손해를 입는가?

(c) 도둑의 이득과 피해자의 손실을 비교하는 것이 타당하다고 가정하고, 범죄의 다른 결과를 무시한다면, 가치 측면에서 강도의 총 효과는 무엇인가?

(d) 이것은 범죄가 선 또는 악 어느 것을 위한 힘이라는 것을 제시하는가?

연습 3.41 **세금 인하** 알렉스와 밥은 손실 회피자여서 가치함수가 이득의 경우 $v(x) = x/2$이고 손실의 경우 $v(x) = 2x$라고 가정하자. 다가오는 선거 때문에, 정치인 R은 각 시민들에게 매일 주머니에 2달러를 더 주는 감세를 약속한다. 정치인 D는 감세에 반대한다. 궁극적으로 D가 선거에서 승리한다. 알렉스와 밥 둘 다 하루에 2달러를 추가로 받지 못한다.

(a) 알렉스는 D가 선거에서 이길 것이라고 생각했고 추가 2달러를 소유 자산의 일부로 생각하지 않았다. 그녀는 2달러를 포기한 이득이라고 생각한다. D의 당선이 그녀에게 가치 면에서 얼마의 비용을 초래했다고 말할 수 있을까?

(b) 밥은 R이 선거에서 이길 것이라고 확신했고, 2달러를 소유 자산의 일부로 생각하기 시작했다. 그는 2달러를 실제 손실로 생각한다. D의 당선이 그에게 가치 면에서 얼마의 비용을 초래했다고 말할 수 있을까?

(c) 알렉스와 밥 중 누가 더 실망할까?

손실 회피는 광범위한 현상을 설명할 수 있다. 이를테면 많은 기업들이 30일 무조건 반품 정책을 시행하고 있는 이유를 설명할 수 있다. 다른 방식으로는 비용이 많이 들지만, 그러한 정책은 구매하지 않을 고객을 설득해 제품을 집으로 가져가 사용해 보도록 할 수 있다. 그러나 일단 제품을 집으로 가져가면 고객의 소유 자산의 일부가 되고 손실 회피가 나타나기 때문에 고객은 제품을 반품할 가능성이 거의 없다. 손실 회피는 카드사들이 가맹점의 현금 보너스 지급을 허용하면서도 카드 할증료를 부과하는 것을 막는 이유를 설명해준다. 고객들은 할증료의 손실로 고통받는 것보다 현금 보너스를 포기하는 것이 더 쉽다는 것을 알기 때문에, 그들은 후자보다 전자의 상황에서 신용카드를 사용할 가능성이 더 높다.

손실 회피는 왜 정치인들이 감세를 취소하는 것이 세금 인상에 해당하는지를 논쟁하며 이를 설명하는 데 도움이 된다. 유권자들은 세금 인상과 관련된 손실보다 취소된 세금 인하와 관련된 포기한 이득을 더 쉽게 참을 수 있다고 생각한다. 결과적으로 세금 인상에 찬성하는 정치인들은 "감세 취소"를 말하고, 세금 인상에 반대하는 정치인들은 "증세"를 말할 것이다. 손실 회피는 또한 왜 그렇게 많은 협상이 교착 상태에 빠지게 되는지, 심지어 잠재적인 상호 이익이 되는 합의들에도 설명할 수 있다. 두 파트너가 파이의 분할을 협상하고 있으며 두 파트너 모두 파이의 2/3를 빚지고 있다고 생각한다고 가정해보라. 외부 관찰자에게 공정한 분할(50 대 50 분할 포함)을 제공하는 모든 분할은 두 파트너 모두에게 손실로 느껴질 것이며, 합의는 성사되기 어려울 수 있다. 손실 회피는 또한 경기 침체에서 부동산 매매의 양이 감소하는 이유를 설명할 수 있다. 매도자들은 집을 구입한 가격에 비해 손해를 보고 집을 파는 것이 너무 힘들어서 아예 팔지 않을 수도 있다. 이런 종류의 행동은 심지어 사람들이 더 작은 것에서 더 큰 것으로 업그레이드하는 것을 막는데, 이것은 경기 침체기에 경제적으로 합리적이다.

연습 3.42 **라떼 할인** 많은 커피숍이 재사용 가능한 머그잔을 가지고 오면 약간의 할인을 해준다. 커피 전문점들은 모든 가격을 낮출 수 있고, 자신의 머그잔을 가져오지 않는 손님들의 청구서에 작은 위약금을 더할 수 있다. 그러나 후자의 솔루션을 사용하는 커피숍은 거의 없다. 왜일까?

게다가 손실 회피는 사람들이 기회비용을 적절하게 고려하지 않는다는 사실을 포함해, 3장의 앞부분에서 연구된 현상들 중 일부를 설명하는 데 도움이 된다. 만약 사람들이 현금 비용을 손실로, 기회비용을 포기한 이득으로 간주한다면 손실 회피는 현금 비용이 기회비용보다 더 크게 나타날 것이다. 손실 회피는 또한 왜 사람들이 매몰 비용을 존중하는 경향이 있는지를 설명하는 데 도움이 될 수 있다. 매몰 비용은 종종 손실로 경험되기 때문에 손실 회피는 그러한 비용이 크게 나타날 것이고, 이는 다시 사람들이 매몰 비용을 존중하게 만들 것이다.

지금까지 우리는 기준점이 개인의 현재 소유 자산에 의해 결정된다고 대체로 가정해왔다. 항상 그런 것은 아니다. 그 사람의 기준점은 무엇보다도 그의 열망과 기대에 의해 결정될 수 있다.

기준점이 포부와 기대에 의해 고정될 수 있다는 사실은 5% 인상을 받은 사람들이 10% 인상을 기대했다면 속았다는 느낌을 받을 수 있지만, 전혀 인상을 기대하지 않았다면 얼마나 기분 좋아하는지 설명해준다.

연습 3.43 **보너스** 5% 임금 인상을 전혀 예상하지 않았다면 기분이 좋을 수 있지만 10% 임금 인상을 기대했다면 속았다는 느낌을 주는 그래프를 그려보라.

연습 3.44 **시험 점수** 알리샤와 빌리는 시험 점수에 대해 다음과 같은 가치함수를 가지고 있다고 가정한다. 이득의 경우 $v(x) = x/2$이고 손실의 경우 $v(x) = 2x$이다. 두 사람 모두 예상 시험 점수를 기준점으로 사용한다.

(a) 알리샤는 이번 중간고사에서 100점 만점에 75점을 받을 것으로 예상하고 있다. 그녀는 기대 이상으로 잘한다. 그녀의 최종 점수가 93점이라면 가치 면에서 그녀가 얻는 것은 무엇인가?

(b) 빌리도 이번 중간고사에서 100점 만점에 75점을 받을 것으로 예상하고 있다. 그는 예상보다 못한다. 만약 그의 최종 점수가 67점이라면, 가치 면에서 그의 손해는 얼마인가?

(c) 기댓값을 기준점으로 삼는 한, 이론은 당신의 삶에서 가치를 극대화하는 데 있어 무엇을 시사하는가? 즉 당신의 시험에서 좋은 성적 또는 나쁜 성적을 내야 하는가? 아니면 자신에 대해 높은 기대 또는 낮은 기대를 해야 하는가?

기대가 할 수 있는 역할을 최대화한 멋진 예는 야구 선수 배리 본즈Barry Bonds이다.

> 피츠버그 파이어리츠의 외야수 배리 본즈의 연봉이 1990년 85만 달러에서 1991년 230만 달러로 인상됐다. 그러나 그것은 본즈가 요구했던 325만 달러가 아니었으며, 본즈는 매우 실망했다. "배리 본즈가 피츠버그를 만족시키기 위해 할 수 있는 일은 없다. 나는 항상 너무나 슬프다."

스토아 철학자인 세네카Seneca는 약 2,000년 전에 이 문제를 진단했다. 그는 이렇게 썼다. "지나친 번영은 정말로 인간에게 탐욕을 만들어내고, 절대로 욕망은 통제되지 않으며, 욕망이 충족돼도 사라지지 않는다." 행동경제학자들은 소유 자산 증가가 야망을 증가시키는 과정을 언급하기 위해 야망 러닝머신Aspiration Treadmill이라는 용어를 사용한다. 그 결과 배리 본즈와 같은 사람들은 그들이 그 정도의 돈을 벌기 시작하기 전에는 아마도 만족했을 것이나, 그는 이제 230만 달러의 봉급에 전혀 만족할 수 없다. 그러므로 야망 러닝머신은 종종 돈의 한계 행복이 급격히 줄어들고 있다는 사실을 설명하기 위해 이용된다. 야망 러닝머신은 또한 우리가 손실을 경험하는 방법에 대한 결과도 가지고 있다. 그림 3.10에 나타난 것과 같은 모델은 돈을 잃은 부자가 가난한 사람보다 훨씬 적은 효용 손실을 경험한다는 것을 보여준다. 그럼에도 일상적인 관찰은 많은 부유한 사람들이 예를 들어 가난한 사람들 못지 않게 세금을 내는 것을 싫어한다는 것을 암시한다. 세네카도 이에 대해 언급했다.

> 만약 여러분이 부유한 사람들이 손실을 더 즐겁게 참는다고 가정한다면, 여러분은 실수할 것이다. 가장 몸집이 큰 사람은 가장 작은 사람보다 상처의 고통을 똑같이 느낀다…. 여러분은 부유한 사람들과 가난한 사람들이 같은 위치에 있고, 그들의 고통은 다르지 않다는 것을 확신할 수 있다. 돈은 두 집단에게 빨리 달라붙고, 그들이 느끼지 않고는 떼어놓을 수 없기 때문이다.

어떤 사람들은 야망 러닝머신에서 뛰어내리는 데 성공한다. 「뉴욕타임스」의 2006년 기사는 포르쉐 박스터를 도요타 프리우스와 교환한 인터넷 사업가를 묘사했다. "박스터처럼 살고 싶지는 않다. 왜냐하면 박스터를 살 때 911이 있었으면 하기 때문이다"라고 그는 훨씬 더 비싼 포르쉐를 언급하며 말했다. 911을 가진 사람들이 갖고 싶어 하는 게 뭔지 알아? 페라리가 있었으면 좋겠다고 말했다.

한 개인의 기준점은 또한 다른 사람들의 업적이나 기부에 의해 결정될 수 있다. 그러한 사회적 비교는 한 사람이 그 혹은 그녀의 월급에 만족하는지의 여부가 부분적으로 이웃, 친구 그리고 친척들의 월급에 달려 있다는 사실을 설명하는 데 도움이 된다. 이런 점에서 소득은 속도와 비슷하다. 110km/h(70mph)는 빠른가 느린가? 고속도로에 있는 다른 모든 사람들이 시속 50마일로 달리고 있다면 70마일은 빠르게 느껴진다. 하지만 만약 다른 모든 사람들이 80마일을 운전한다면 70마일은 느리게 느껴진다. 그러므로 여러분이 얼마나 빨리 여행하고 있는지에 대한 여러분의 감각은 여러분의 절대 속도뿐만 아니라 여러분의 상대적인 속도에 달려 있다. 비슷하게 당신이 얼마나 많은 돈을 버는지에 대한 당신의 감각은 당신의 절대적인 수입뿐만 아니라 당신의 상대적인 수입에 달려 있다.

연습 3.45 **급여 비교** 당신이 다른 사람들의 급여를 기준으로 삼는 한, 그 이론은 당신의 삶의 가치를 극대화하는 것에 대해 무엇을 말하는 것처럼 보이는가?

예 3.46 **급여 비교(계속)** 한 대학 도서관에는 도서 대출 접수계에 묶여 있을 정도로 인기 있는 책이 한 권 있다. 당신은 그 책이 중요한 의학적 참고 자료이기를 바랄 것이다. 하지만 이 책은 모든 대학 직원들의 급여를 나열한 책이다. 아마도 자신의 월급을 조회하는 데 이 책을 사용하는 사람은 아무도 없을 것이다. 그 정보는 한 사람의 월 급여 명부에 더 쉽게 접근할 수 있다. 이 책은 사람들이 동료들의 봉급을 조회하는 것을 좋아해 매우 인기가 높다.

마지막 예에서 알 수 있듯이 사람들이 사회적 비교에 관여한다는 것을 부인하기는 어렵다. 사회적 비교는 또한 왜 동메달 수상자들이 은메달 수상자들보다 그들의 성과에 더 만족하는지 설명할 수 있다. 동메달 수상자가 메달을 따지 못한 선수들과 자신을 비교한다면, 동메달은 성취를 의미한다. 그러나 은메달 수상자가 자신의 성과를 금메달 수상자와 비교한다고 가정하면 은메달은 패배를 상징한다.

손실 회피에는 미시경제학과 다른, 어쩌면 더 급진적인 의미가 있다. 표준 이론은 선호가 소유 자산과는 무관하다는 것을 전제로 하기 때문에 무차별 곡선은 소유 자산과는 무관하다는 것을 의미한다. 따라서 무차별 곡선이 그림 3.13(a)의 곡선처럼 보인다면, 무차별 곡선이 번들 x 또는 y를 보유하고 있는지 여부와는 독립적인 것이다. 이 무차별 곡선은 여러분의 소유 자산과는 독립적으로 x와 y 사이의 선호(실제로 무차별성)를 나타낸다는 점에서 되돌릴 수 있다.

이와는 대조적으로 손실 혐오증은 당신의 무차별 곡선이 당신의 현재 소유 자산과는 독립이 아니라는 것을 수반한다. 예를 들어 가치함수가 이득의 경우 $v(x) = x$이고 손실의 경우 $v(x) = 2x$이며 사과와 바나나의 경우 모두 참이라고 가정한다. 만약 여러분이 번들 $y = \langle 3, 1 \rangle$로 시작해서 사과를 잃는다면, 여러분은 그 손실을 메우기 위해 두 개의 바나나를 추가로 필요로 할 것이다. 따라서 y를 통과하는 무차별 곡선은 〈2, 3〉도 통과할 것이다. 만약 여러분이 번들 y로 시작해서 바나나 하나를 잃어버린다면, 여러분은 그 손실을 만회하기 위해 두 개의 사과가 더 필요할 것이다. 따라서 동일한 무차별 곡선은 〈5, 0〉도 통과하게 된다. 번들 $x = \langle 1, 3 \rangle$으로 시작하는 경우에도 결과는 비슷하다. 만약 당신이 손실을 회피한다면, 당신의 무차별 곡선은 그림 3.13(b)의 곡선과 같이 보일 것이다. 여기에는 두 개의 무차별 곡선, 즉 두 집합의 무차별 곡선이 있다. 하나는 초기 소유 자산 x에 대한 것이고 다른 하나는 초기 소유 자산 y에 대한 것이다.

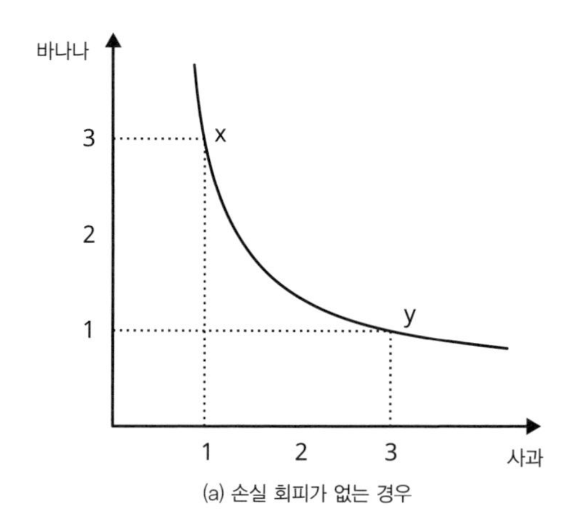

(a) 손실 회피가 없는 경우

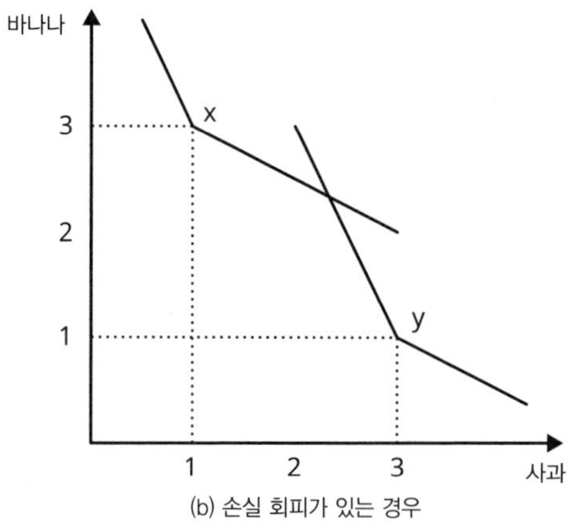

(b) 손실 회피가 있는 경우

그림 3.13 무차별 곡선과 손실 회피

연습 3.47 **가치함수** 당신이 손실 회피자이고, 당신의 가치함수가 이득의 경우 $v(x) = x$이고 손실의 경우 $v(x) = 3x$라고 가정하자.

(a) 그림 3.11과 같이 가치함수를 그래프로 나타내라.

(b) 그림 3.13(b)와 같이 무차별 곡선을 그래프로 나타내며, 초기 소유 자산이 ⟨3, 4⟩라고 가정한다.

그림 3.13(b)에서와 같이 무차별 곡선이 굴절되는 특성은 x로 시작해서 y와 교환할 것을 제안받으면, 제안을 거절한다는 것이다. 동시에 y로 시작하고 x와 교환할 것을 제안받으면 이 제안도 거절한다. 이 현상은 때때로 **현상 유지 편향**status quo bias이라고 부른다. 어떤 상황에서도 현재의 상황을 선호하는 경향을 보이기 때문이다. 코넬 커피 머그잔에 관한 연구에서 참가자들이 머그잔을 돈과 교환하도록 허용됐을 때, 22개의 머그잔 중 2개(중간값)가 팔렸다. 현상 유지 편향이 없다면, 사람들은 거래의 수가 약 11개와 같을 것으로 예상할 것이다. 이 결과는 **코즈 정리**Coase Theorem라고 알려진 것과 상충되는 것으로 보이기 때문에 더욱 더 중요하다. 대략 말하면, 코즈 정리는 거래 비용이 없을 때 협상은 효율적인 배분을 도출한다고 말한다. 그러나 사람들이 현상 유지 편향을 보이는 한 그들은 거래 비용이 0인 경우에도 효율적인 협상 솔루션에 도달하지 못할 수 있다.

연습 3.48 **헬스케어** 넓게 말하면 유럽에서 헬스케어는 정부에 의해 제공되고 세금으로 지불된다. 즉, 개인들은 정부에 의해 세금을 부과받고, 정부는 그 세금을 시민들에게 의료 서비스를 제공하기 위해 사용한다. 미국에서 의료는 대부분 개인적으로 구매된다. 즉, 개인은 더 낮은 세금을 내고 (선택할 경우) 의료 서비스를 구입하기 위해 자신의 돈을 사용한다.

(a) 현상 유지 편향의 개념을 사용해 다음의 역설에 대한 상세한 설명을 제공하라: 대부분의 미국인들은 유럽식 시스템보다 그들의 시스템을 더 선호하는 반면, 대부분의 유럽인들은 미국식 시스템보다 그들의 시스템을 더 선호한다.

(b) 전형적인 미국인과 전형적인 유럽의 무차별 곡선을 보여주는 그래프로 당신의 대답을 설명하라.

(c) 미국이 유럽 스타일의 의료 시스템을 채택한다고 가정해보자. 그렇다면 우리는 미국

인들이 그들의 새로운 건강 관리 시스템에 대해 어떻게 느낄 것으로 예상하며 야당 이 이를 다시 복구하는 것은 쉬울까?

연습 3.49 **건강보험개혁법** 2013년 7월 워싱턴에서 건강보험개혁법을 작성하면서 바이런 요크Byron York는 민주당이 건강보험개혁법Affordable Care Act(보험에 가입하지 않은 미국인들에게 의료보험을 제공하는 것을 목표로 하는 일명 '오바마 케어')을 시행하고자 하는 이유를 설명했다.

> 오바마 케어는 의료 보험료를 정부에 의존하는 미국인들의 수를 늘리기 위해 고안됐다. 전반적으로, 정부는 의료 보험을 위해 미국인들에게 수천억 달러를 지급할 것이다. 백악관은 일단 이 지급이 시작되면, 오바마 케어를 폐지하는 것은 더 이상 시행되지 않은 법안을 제거하는 추상적인 문제가 아니라는 것을 알고 있다. 대신에, 이것은 사람들로부터 돈을 빼앗는 매우 실제적인 문제가 될 것이다. 법안을 폐지해서 사람들로부터 돈을 빼앗는 것은 매우, 매우 어렵다.

이 통찰력은 어떤 원리를 구현하는가?

연습 3.50 **밀턴과 로즈 프리드먼** 노벨상 수상자 밀턴 프리드먼Milton Friedman과 로즈 프리드먼Rose Friedman은 "일시적인 정부 관리 프로그램만큼 영구적인 것은 없다"라고 설파한 것으로 유명하다.

(a) 손실 회피 개념을 사용해 일시적인 정부 프로그램이 원래 의도했던 것보다 더 오래 지속되는 경향이 있는 이유를 설명하라.

(b) 일부 정부 프로그램은 일몰 조항Sunset Provision과 함께 제공된다. 일몰 조항은 특정 날짜 이후 법이 폐지될 것이라고 명시돼 있다. 이러한 조항이 (a)에서 발견한 문제를 어떻게 해결하는지 설명하라.

좋든 나쁘든 손실 회피와 현상 유지 편향은 정부 프로그램의 확장을 보고자 하는 사람들이 불완전한 제안이라도 밀어붙이는 것을 합리적으로 만든다. 애초에 결함이 있는 프로그램이라도 제정해놓으면 나중에 고치는 것이 더 쉽기 때문이다. 손실 회피와 현상 유지 편향은 또한 일단 프로그램이 시행되면 되돌리기가 매우 어렵기 때문에, 프로그램의 확장을 반대하는 사람들이 적극적으로 저항하는 것을 합리적으로 만든다. 현상 유지 편향은 합리적인 정책뿐만 아니라 개인의 성장에도 실질적인 장애물이 될 수 있다.

예 3.51 **잡동사니** 전 세계의 많은 사람들이 근본적인 필요를 충족시키기 위해 애쓰고 있는 동안, 점점 더 많은 선진국의 사람들은 반대되는 문제를 갖고 있다. 너무 많은 물건들. 지난 50여 년 동안 미국 가계도 극적으로 성장했지만 사람들이 소유한 물건의 양은 훨씬 더 빨리 증가했다. 그 결과 셀프 스토리지self-storage 산업은 미국에서만 연간 거의 400억 달러(40조 원 이상)의 수익을 올리며 상업용 부동산에서 가장 빠르게 성장하고 있는 부문 중 하나라고 자랑한다. 단순함, 행복감, 마음의 평화를 대가로 혼란스러움을 없애라고 조언하는 자기계발 문헌이 있는데, 이것은 사람들이 그렇게 하기를 원한다는 것과 그렇게 할 수 없다는 것을 의미한다. 잡동사니를 버리는 것이 왜 이렇게 어려운가?

손실 회피는 단순함, 행복, 마음의 평화를 얻는 것이 그러한 모든 것을 잃는 것에 비해 작아 보이게 하고, 사람들이 후자를 피하기 위해 전자를 포기하도록 자극한다. 그 결과 사람들은 현상 유지가 안 좋다는 것을 인정하면서도 현상 유지를 선호하는 편향을 가진다. 좋은 소식은 의사결정을 다르게 프레임함으로써 여러분의 마음을 변화시키는 것이 가능하다는 것이다. 만약 당신이 물려받은 VHS 테이프 컬렉션을 없애는 것이 어렵다면, 스스로에게 "이것을 버려도 될까요?"라고 묻지 말라. 대신 스스로에게 물어보라. "만약 내가 이것을 가지고 있지 않다면 내가 그것을 샀을까?" 만약 아니라고 대답한다면, 당신은 무엇을 해야 할지 알고 있다. 또는 만약 CD의 절반을 없애는 것이 어렵다면, 스스로에게 "어떤 CD를 버려야 할까요?"라고 묻지 마라. 대신 당신은 모든 컬렉션을 없앨 것이라고 스스로에게 말하고 나서, "어떤 CD를 간직해야 할까?"라고 스스로에게 물어보라. 잡동사니를 버리는 결정이 손실로 규정되지 않을 때 더 쉬운 프로세스가 될 가능성이 높다.

현상 유지 편향은 왜 많은 사람들이 인간의 유전자 강화Human Genetic Enhancement를 반대하는지를 설명할 수 있다. 우리 중 많은 사람들은 지능지수IQ의 증가를 대가로 자연 그대로의 "향상되지 않은" 상태를 포기하고 싶어 하지 않을 것이다. 하지만 만약 우리가 유전자 강화의 수혜자라면, 자연 그대로의 "향상되지 않은" 상태를 대가로 기꺼이 IQ의 감소를 받아들이리라고 상상하기도 어렵다. 또한 현상 유지 편향은 많은 사람들이 자유무역이 없을 때는 자유무역을 반대하지만 자유무역을 갖게 된 후에는 찬성하는 이유를 설명해준다. 다른 나라들(이미 자유로이 무역을 하지 않는 나라들)과의 자유무역협정을 거부하는 많은 사람들은 만약 누군가가 이미 존재하는 자유무역협정, 예를 들어 인접 국가나 지역과의 자유무역협정을 없애자고 제안한다면 크게 항의할 것이다. 이 모든 경우, 사람들은 그들이 이미 가지고 있지 않은 이익을 얻을 수 있다는 전망에 동요하지 않지만, 그들이 이미 가지고 있는 어떤 이익을 잃는 것을 매우 싫어한다.

손실 회피를 한계효용 체감Diminishing Marginal Utility과 혼동하지 않아야 한다. 만약 사람들이 그들이 소유하고 있지 않은 머그잔에 대해 기꺼이 그들이 소유하고 있는 머그잔에 대한 대가로 받아들이는 것보다 더 적은 돈을 지불할 용의가 있다면, 이것은 머그잔에 대한 한계 활용의 감소를 반영할 수 있을 것이다. 그림 3.10으로 돌아가서, 두 번째 머그잔에서 파생된 효용(즉, 두 번째 머그잔의 한계효용)이 첫 번째 머그잔에서 파생된 효용보다 훨씬 낮다는 점에 주목하라. 한계효용을 감소시키는 측면에서 행동이 더 잘 설명되는 에이전트에게 손실 회피를 돌리지 않는 것이 중요하다.

3.6 앵커링과 조정

당신이 다음의 두 가지 실험을 한다고 상상해보자. 만약 연구 참가자들이 질문에 대한 답을 모른다고 항의한다면, 그들에게 최선의 추측을 하라고 말하라.

예 3.52 **아프리카와 유엔** 〈운명의 수레바퀴wheel of fortune〉를 돌려 0에서 100 사이의 숫자를 얻어내고, 참가자들을 초대해 다음 두 가지 질문에 답하도록 한다.

(a) 유엔 내 아프리카 국가들의 비율이 그 수보다 높은가 낮은가?

(b) 유엔 내 아프리카 국가들의 실제 비율은 얼마인가?

여러분은 (b)에 대한 답이 운명의 바퀴에 의해 생성된 난수를 반영할 것이라고 기대하지 않을 것이다. 그러나 증거는 여러분이 그 둘 사이의 상관관계를 찾을 수 있다는 것을 제시한다. 한 연구에서 시작점이 10일 때 (b)에 대한 중간값은 25이었다. 시작점이 65일 때 중간값은 45였다(정답은 28%).

예 3.53 **곱셈** 다음 곱셈 문제 중 하나에 대한 답을 도출할 수 있는 시간을 5초 준다.

(a) 계산: 1 * 2 * 3 * 4 * 5 * 6 * 7 * 8

(b) 계산: 8 * 7 * 6 * 5 * 4 * 3 * 2 * 1

(a)와 (b)가 수학적으로 동일하다는 점을 감안할 때, 여러분은 연구 참가자들이 어떤 질문을 받았는지에 관계없이 다소 동일한 답을 도출해낼 것으로 예상할 수 있다. 그러나 고등학생 그룹이 첫 번째 질문을 받았을 때 중간값은 512였고, 두 번째 질문을 받았을 때 중간값은 2,250이었다(정답은 40,320).

이러한 현상들은 판단을 형성할 때 사용될 수 있는 인지 과정인 **앵커링과 조정**Anchoring and Adjustment을 설명하는 것으로 자주 참조된다. 이름에서 알 수 있듯이 앵커링과 조정은 2단계 프로세스다. 첫째, 앵커anchor라는 초기 추정치를 선택하고 둘째, 초기 추정치를 위 또는 아래로 조정해 최종 답을 도출한다. 예를 들어 1만 5천 달러의 가격표가 붙은 중고차의 가치를 결정할 때, 여러분은 자신에게 1만 5천 달러의 가치가 있는지 물어본 다음 필요에 따라 추정치를 조정할 수 있다. 만약 당신이 1만 5천 달러가 너무 많다고 생각한다면, 당신은 그것의 가치에 대한 당신의 추정치를 하향 조정하고, 만약 당신이 1만 5천 달러가 너무 적다고 생각한다면, 당신은 그것을 상향 조정한다.

인간의 판단과 의사결정에 대한 뛰어난 설명인 **휴리스틱과 바이어스 프로그램**Heuristics-and-Biases Program에 따르면, 우리는 실제로 확률과 효용을 계산하는 것이 아니라 **휴리스틱**[2]을 따르는 방식으로 판단을 내린다. 휴리스틱은 판단을 할 때 사용할 수 있는 경험의 법칙 또는 정신적 지름길이다. 휴리스틱은 일상적 문제를 해결하는 데 필요한 시간과 노력을 줄이고 광범위한 조건에서 거의 정확한 답을 산출한다는 점에서 기능적이라고 가정한다. 그러나 그들은 완벽하다고 가정되지 않는다. 즉, 특정한 상황에서 그들은 예측 가능한 방식으로 실패할 수 있다. 휴리스틱을 일관되게 적용하면 체계적이고 예측 가능한 답이 틀릴 수 있기 때문에 편향될 수 있다고 말한다. 그러므로 우리가 휴리스틱을 따르는 설명은 왜 우리가 종종 빠르고 완벽하게 적절한 판단을 할 수 있는지, 왜 우리가 때때로

2 휴리스틱(heuristics)은 불충분한 시간이나 정보로 인해 합리적인 판단을 할 수 없거나, 체계적이면서 합리적인 판단이 굳이 필요하지 않은 상황에서 사람들이 빠르게 사용할 수 있게 보다 용이하게 구성된 간편 추론의 방법으로 어림법, 주먹구구법, 발견법으로 번역되기도 한다. – 옮긴이

잘못되는지를 설명하는 데 도움을 줄 수 있다.

앵커링과 조정은 휴리스틱 및 바이어스 프로그램에 의해 확인된 휴리스틱 중 하나다. 모든 휴리스틱과 마찬가지로, 고정과 조절은 기능적인 것으로 생각되지만, 동시에 특정 조건에서 편향될 수 있다. 그 조정이 때론 불충분하다는 증거가 있다. 이는 최종 판단이 어느 정도 앵커의 기능이 될 것이라는 뜻으로, 이는 완전히 자의적일 수 있다. 앵커가 실제 정답과 매우 다를 경우 앵커링과 조정이 불충분할 경우 매우 부정확한 정답이 생성될 수 있다.

예 3.52를 고려해보자. 아프리카 국가가 유엔에서 차지하는 비율에 관한 질문의 대답은 〈행운의 수레바퀴〉로부터의 난수를 앵커로 삼고 적합하다고 생각될 때 위아래로 답을 조정한다고 설명할 수 있다. 난자가 65이면 65로 시작한 다음 (이 숫자가 너무 높다고 가정하면) 아래로 조정한다. 만약 난수가 10이면 (너무 낮다고 가정하면) 위로 조정된다. 조정이 엄청나게 (충분히) 크지 않은 한 난수가 10인 경우보다 65인 경우 최종 추정값이 더 높을 것으로 예상한다.

이번에는 예 3.53을 고려하자. 시간의 압박하에 학생들은 아마도 (시간이 허용하는 한) 곱셈 문제의 몇 단계를 수행하고 누락된 단계를 보충하기 위해 상향 조정할 것이다. 조정이 크지 않은 한, 답은 매우 낮을 것으로 예상된다. 게다가 (a)에 답변하는 사람들은 (b)에 답변하는 사람들보다 몇 단계 후에 더 낮은 수치를 얻기 때문에, 여러분은 전자가 후자보다 더 낮은 추정치를 제시할 것이라고 예상할 것이다. 예상하듯이 정확히 이런 일이 일어났다.

앵커링과 조정은 광범위한 판단에 영향을 미칠 수 있다. 다음의 유명한 이야기를 떠올려보자.

연습 3.54 **체스의 발명** 전설에 따르면 체스 발명가는 황제가 그의 발명에 대한 대가로 무엇을 원하는지를 물었다고 한다. 발명가는 "체스판의 첫 번째 칸에 쌀 한 알, 두 번째 칸에 쌀 두 알, 세 번째 칸에 쌀 네 알 이런 식으로 채워주시면 됩니다"라고 응답했다. 황제는 기꺼이 은혜를 베풀었다. 체스판에는 사각형 64개만 있어 64일째 되는 날 발명가는 황제가 기대했던 것보다 훨씬 큰 액수인 $2^{64-1} \approx 10^{19} = 10,000,000,000,000,000,000$알의 쌀을 요구할 수 있었다. 앵커링과 조정의 아이디어를 이용해 황제가 어떻게 숫자를 극적으로 과소평가했는지 설명하라.

지금까지 앵커링과 조정을 믿음에 영향을 미치는 것으로 이야기했지만, 선호에도 영향을 미친다는 증거가 있다. 한 연구에서 실험자들은 MBA 학생들에게 다양한 제품을 보여줬고 첫째, 그들의 사회보장번호의 마지막 두 자리 숫자와 같은 가격에 그 제품을 구매할 의향이 있는지를 물었으며 둘째, 그들의 WTP를 명시했다. 최하위 5분위(사회보장번호에 관한 분포의 하위 20%)의 사람들이 무선 트랙볼에 대해 평균 8.64달러를 지불할 의사가 있을 때, 최상위 5분위 사람들은 26.18달러를 지불할 의사가 있었다. 가장 낮은 오분위 계층의 사람들이 와인 한 병에 11.73달러를 기꺼이 지불하려고 할 때, 가장 높은 오분위 계층의 사람들은 37.55달러를 기꺼이 지불하려고 했다. 따라서 최고 오분위 사람들은 때때로 최저 오분위 사람들보다 3배 이상 기꺼이 지불하려고 했다. 연구 참가자들이 사회보장번호의 마지막 두 자리를 앵커로 사용했다고 가정한다면, 이러한 결과는 앵커링과 (불충분한) 조정으로 쉽게 설명될 수 있다. 3.5절의 시작 부분에서 논의한 것으로부터 이러한 행동 패턴이 비합리적인 이유를 명확히 해야 한다. 행동 패턴은 **절차 불변성**procedure invariance을 위반한다고 말할 수 있다. 절차 불변성은 선언된 선호가 그것을 이끌어내기 위해 사용된 방법에 따라 달라져서는 안 된다는 명제다.

앵커링과 조정은 모든 범위의 현상을 설명할 수 있다. 예를 들어 이것은 다음과 같은 말로 고객을 유인하는 것이 왜 그렇게 흔한지를 설명할 수 있다. "현재 단 24.99달러!", "단 399달러로 500달러 가치" 또는 "제안 소매가: 14.99달러. 지금은 9.99달러." 판매자는 잠재 고객이 첫 번째 금액을 기준으로 제품의 달러 가치에 대한 판단을 내리기를 바랄 수 있다. 판매자는 고객에게 직접 질문하면 24.99달러를 지불하지 않을 것이라는 것을 알 수 있지만, 고객이 50달러의 숫자에서 시작해서 불충분하게 하향 조정을 해 최종 WTP가 24.99달러를 초과하기를 바랄 수 있다. 즉, 판매자는 사람들이 더 많은 숫자를 앵커로 사용하기를 희망한다. 앵커링과 조정은 부동산 중개업자들이 종종 그들이 부동산에 대해 받을 것으로 예상되는 가격보다 더 높은 호가를 공시하는 이유를 설명할 수도 있다. 그들은 더 높은 수치를 발표함으로써, 잠재적 구매자들이 기꺼이 지불하고자 하는 것에 영향을 미치기를 희망할 수 있다.

연습 3.55 **토스터** 여러분이 160달러에 토스터를 팔고 싶어 한다고 가정해보자. 이는 고객에게 적잖이 충격을 줄 것이다. 앵커링과 조정에 대한 연구는 당신이 어떻게 할 것을 제안하는가?

앵커링과 조정을 이용해 고객이 구매하는 수량을 늘릴 수도 있다. “2달러에 3개”, “1인당 6개 제한”, “10개 사면 2개를 덤으로” 형식의 프로모션은 이러한 방식으로 작동한다. 고객이 제안 수량을 앵커로 삼고 구매 수량을 결정할 때 불충분하게 하향 조정을 하는 범위 내에서 이런 프로모션은 매출을 획기적으로 늘릴 수 있다.

앵커링과 적응은 다른 종류의 결정에도 역할을 할 수 있다. 경험 많은 판사와 검사들을 대상으로 한 독일의 연구는 양형 결정이 연구자들에 의해 제공된 관련 없는 정보를 반영한다는 것을 발견했다. 현실적이면서도 허구적인 성폭행 사건에서 결정을 내리기 전에 법조인들에게는 한 기자가 전화를 걸어 형량이 *x*년 이하일지를 묻는 상상을 해보라고 했다. 호출이 결정에 영향을 미치지 않아야 하지만 연구자들은 호출이 결정에 영향을 미쳤다는 것을 발견했다. *x*가 1이면 권장 형량은 25개월이고, *x*가 3이면 권장 형량은 33개월이었다. 가장 놀라운 것은, 실험 참가자들이 앵커가 무작위로 생성됐다는 말을 들었을 때와 주사위를 굴려서 눈앞에서 무작위로 생성됐을 때에도 조건 간의 차이는 여전히 유의했다.

앵커링과 조정 관련 편향에 대한 사람들의 민감성을 과장하지 않는 것이 중요하다. 그것은 사람들이 제시된 높은 소매가격이 높은 품질을 표시하는 것이라 생각하기 때문에 제시된 소매 가격(및 그와 비슷한 가격)에 반응하는 것일 수 있다. 만약 그렇다면, 그들의 행동은 전혀 앵커링과 조정 때문은 아닐지도 모른다. 그들은 심지어 확실성하의 선택도 하지 않을 것이다. 그럼에도 불구하고, 이 논리로는 아무도 룰렛 휠과 사회보장번호의 숫자를 품질의 표식으로 받아들이지 않을 것이므로 룰렛 휠과 사회보장번호가 어떻게 행동에 영향을 미칠 수 있는지를 설명할 수 없다.

어느 쪽이든 휴리스틱과 바이어스 프로그램은 큰 영향을 미쳤으며, 아래에서 계속 논의될 것이다(예: 5.2절과 5.6절). 설명력이 매우 크기 때문에 앵커링과 조정을 다시 살펴볼 것이다(139쪽의 연습 4.30 참조).

3.7 논의

3장에서는 2장에서 배운 이론에 문제를 일으키는 것으로 보이는 여러 현상을 검토했다. 이러한 현상의 대부분은 합리적 선택 이론의 기술적 적절성에 대한 도전으로 제시된다. 그러므로 행동경제학자들은 사람들이 기회비용을 무시하지만 매몰 비용을 존중하고, 메뉴 의존성, 이득 대비 손실에 대한 더 큰 가중을 나타내며, 임의의 앵커들이 그들의 행동에 과도하게 영향을 미치도록 허용하는 방식을 사람들이 실제로 합리적 선택 이론에 따라 행동한다는 관점과 모순된다고 생각한다. 보편적이지는 않지만 편차는 실질적이고 체계적이며 예측 가능한 것으로 보인다. 이러한 현상들은 시간, 노력, 돈뿐만 아니라 인간의 삶의 측면에서도 실제로 비용이 많이 들 수 있다는 것을 예시해왔다. 우리가 연구한 현상 중 일부는 이론의 규범적 타당성에 대한 도전으로 해석될 수도 있다. 예를 들어 기회비용에 관한 한, 우리는 그 이론이 얼마나 엄청난 요구를 할 수 있는지 주목했다. 이것은 그 이론을 규범적 이론으로서 부적절하게 만든다고 주장돼왔다. 분명히 이 3장은 확실성하의 표준 선택 이론과 상충되는 현상의 완전한 목록을 제시한 것처럼 보이진 않는다.

행동경제학자들이 표준경제학 내에서 포착할 수 없는 현상을 설명하기 위해 제안한 이론의 기본적인 빌딩 블록도 검토했다. 또한 행동경제학에서 나온 가장 중요한 이론 중 하나인 전망 이론의 가치함수에 대해서도 연구했다. 그리고 휴리스틱이라는 개념을 접하게 됐다. 매우 영향력 있는 휴리스틱과 편향 프로그램에 필수적인 것이다. 곧 다음에서 반복적으로 전망이론과 휴리스틱과 편향 프로그램을 살펴볼 것이다. 이 이론들을 공부하는 것은 표준 이론의 트집을 잡는 것을 넘어 행동경제학자들이 무엇을 하는지에 대한 더 나은 아이디어를 줄 것이다.

(확률과 효용에 관련되지 않는) 이유 검색을 기반으로 선택이 이뤄진다는 이유 기반 선택 Reason-Based Choice의 개념을 접하게 됐다. 종종 이유를 근거로 선택하는 것이 합리성의 특징이라고 제안되지만 이유 기반 선택은 비합리적인 선택 패턴을 발생시킬 수 있다.

연습 3.56 **채택 이유 대 거부 이유** 1993년 연구에서 참가자들은 지저분한 이혼 후의 외동딸 단독 양육 사례를 판결하도록 요청을 받았다. 부모 A는 소득, 건강, 일과 삶의 균형, 자녀와의 관계, 사회적 안정 측면에서 평균으로 묘사됐다. 부모 B는 아이와의 관계가 매우 가깝지만 업무 관련 여행도 많은 등 큰 장점도 있지만 약점도 큰 것으로 묘사됐다. 참석자들에게 양육권을 누구에게 부여해야 하느냐는 질문에는 64%가 B씨를 선호했다. 그러나 누구에게 양육권을 거부해야 하느냐는 질문에는 55%가 B씨라고 답했다. 이 패턴을 설명하기 위해서는 이유 기반 선택의 아이디어를 사용하라.

그 과정에서 우리는 행동경제학에 대한 지식이 타인의 행동에 영향을 줄 수 있는 다양한 방법을 발견했다. 매몰 비용에 호소하거나 비대칭적으로 지배된 대안을 도입하거나 옵션이 제시되는 프레임을 바꾸거나 임의의 앵커를 도입함으로써 다양한 옵션에 대한 타인의 평가에 영향을 미칠 수 있다. 표준경제모델은 종종 소비자가 이용할 수 있는 옵션을 순서를 가진 가격과 제품 특성의 n-튜플로만 취급하기 때문에 마케터, 의사, 공중보건 공무원들이 관심을 가지는 많은 변수를 배제한다. 행동경제학은 프레임과 기준점과 같은 것들을 도입함으로써 사람들의 행동에 영향을 미치기 위해 사용될 수 있는 더 넓은 범위의 지렛대를 제공한다. 하지만 행동경제학에 대한 지식은 또한 여러분의 행동을 조작하려는 다른 사람들의 노력에 저항하는 것을 도울 수 있다. 매몰 비용, 열등한 대안, 프레임, 휴리스틱 등이 자신의 행동에 영향을 미치는 방식을 인식하면 다른 사람의 속임수에 덜 넘어갈 수 있다.

위험과 불확실성하에서 판단의 표준 이론을 공부한 후 이 주제들에 관해 나중에 다시 다룰 것이다.

추가 연습

연습 3.57 미국경제학회 다음 질문은 2005년 미국경제학회AEA 회의에서 200명의 전문 경제학자들이 한 것으로 유명하다. 정답 키에서 정답을 찾아보면 성과와 고객의 성과를 비교할 수 있다.

> 당신은 에릭 클랩튼 콘서트 무료 티켓을 얻었다. 밥 딜런이 같은 날 밤에 공연할 예정이다. 만약 당신이 에릭 클랩튼을 보지 않는다면 차선책으로 밥 딜런의 콘서트에 갈 것이다. 딜런을 보기 위한 티켓은 40달러다. 당신은 딜런을 보기 위해서라면 언제든 50달러까지 지불하고자 한다. 두 공연자 중 어느 공연자를 보러 가는 데 있어 다른 비용이 들지 않는다고 가정한다.

이 정보에 따르면 에릭 클랩튼을 볼 수 있는 기회비용은 얼마인가? (a) 0달러, (b) 10달러, (c) 40달러, 또는 (d) 50달러.

연습 3.58 **돈으로 행복을 살 수 있을까?** 경제학자 벳시 스티븐슨Betsy Stevenson과 저스틴 울퍼Justin Wolfers의 연구는 돈의 한계 행복이 모든 소득 수준에서 양이라는 것을 발견했다. 이것은 다른 모든 것이 같다면, (비록 그녀가 더 부자가 될 때, 덜 행복하지더라도) 돈이 많을수록 평균적인 사람은 더 행복해진다는 것을 의미한다.

〈The Atlantic〉에의 기고에서 데릭 톰슨Derek Thompson은 "돈으로 행복을 살 수 있고 당신은 결코 너무 많이 가질 수 없다"고 결론짓는다. 그러면 보통 사람이 돈을 더 많이 벌면 보통 더 행복할 것이라고 추론하는 것은 실수일 것이다. 여기서 간과하고 있는 것은 무엇인가?

연습 3.59 **핫 요가** "다시 오셨군요. 당신은 틀림없이 좋아하는군요!"라고 핫요가 스튜디오 리셉셔니스트는 당신이 일주일 이용권을 두 번째로 사용할 때 말한다. 리셉셔니스트가 인지하지 못한 오류는 무엇일까?

연습 3.60 **험프리스 씨** 다음 인용구는 2009년 "법원의 재개관을 중심으로 긴장이 고조되고 있다"라는 제목의 뉴스 기사에서 나온 것이다. 논란은 카운티가 소유한 건물에 법원 지부를 재개관할 것인지, 카운티가 임차한 건물에 재개관할 것인지 여부다. 험프리스 씨Mr. Humphrys는 어떤 오류를 범했는가?

이 카운티는 센터포인트 빌딩을 소유하고 있으며 가덴데일과 포레스트데일 빌딩을 임차하고 있다. 험프리스는 카운티가 임차하고 있는 이 건물 중 하나에 개관하는 것이 경제적으로 타당할 것이라고 믿고 있다. 험프리스는 "임대차 계약도 없고 빚도 없는데 임대차 계약한 건물을 폐쇄하는 것은 무의미하다고 생각한다"고 말했다.

연습 3.61 **페어 컴퓨터** 페어 컴퓨터 회사는 새로운 태블릿 컴퓨터 제품군을 소개하고 있다. 매크로Macro는 스토리지 용량은 크지만 가격이 저렴하진 않다. 마이크로Micro는 저장 용량이 제한적이지만 매우 저렴하다.

(a) 시장 조사에 따르면 일반적인 소비자는 마이크로와 매크로 사이에 무차별한 경향이

있다. x축에는 저장 용량을, y축에는 경제성을 나타내는 그래프를 그려라. 실선을 사용해 마이크로 및 매크로를 통과하는 일반적인 소비자의 무차별 곡선을 나타내라.

(b) 페어사는 고객을 좀 더 비싼 태블릿 컴퓨터로 유도하고 싶어 한다. 그들은 이 목표를 달성하기 위해 두드[Dud]라고 부르는 미끼를 사용하기로 결정한다. 그래프에서 두드의 위치를 표시하기 위해 "X"를 사용하라.

(c) 두드의 도입이 의도된 효과를 가질 경우 일반적인 소비자의 무차별 곡선이 어떻게 보일지 나타내기 위해 점선을 사용하라.

연습 3.62 **팀과 빌** 팀[Tim]과 빌[Bill]은 애플[Apple] 제품에 중독돼 있다. 그들은 묻지마 반품 정책을 제공하는 매장에서 신형 아이폰을 보고 있다. 그들은 새로운 기능들이 그만한 가치가 있는지 확신하지 못한다. 팀은 내일이면 언제든 돌려줄 수 있다는 생각에 집에 하나를 가져가기로 결심한다. 빌은 내일이면 언제든 다시 와서 하나를 살 수 있다고 생각하면서 집에 가져가지 않기로 결심한다. 아이폰에 대한 가치함수는 이득의 경우 $v(x) = x$, 손실의 경우 $v(x) = 3x$로 둘 다 손실 회피자다. 거래 비용을 무시한다.

(a) 팀이 전화기를 집에 가져간 후 그는 그것을 소유 자산에 포함시킨다. 가치로 따지면 그가 내일 반납하면 손실이 얼마나 날까?

(b) 전화기를 집으로 가져가지 않는 빌은 전화기를 자신의 소유 자산에 포함하지 않는다. 소유하고 있지 않은 전화기가 가치 관점에서 얼마만큼의 포기한 이익을 그에게 의미하는가?

(c) 팀과 빌 중 누가 아이폰의 소유자가 될 가능성이 더 높은가?

연습 3.63 **래리와 재닛** 래리와 재닛은 손실 회피자다. 가치함수는 이득의 경우 $v(x) = x/3$이고 손실의 경우 $v(x) = 3x$이다. 그 둘은 같은 회사의 주식을 보유하고 있다. 그들은 어제 그것을 샀는데, 그때 주가가 7달러였다. 오늘은 불행히도 4달러로 떨어졌다.

(a) 래리는 원래 가격(7달러)을 기준으로 삼는다. 그에게 물어본다면 가격이 4달러로 떨어졌을 때 그는 얼마의 가치를 잃었다고 할까?

(b) 재닛은 새로운 가격(4달러)을 기준으로 사용한다. 만약 그녀에게 물어본다면 가격이 4달러로 떨어졌을 때 그녀는 얼마의 가치를 잃었다고 할까?

(c) 래리와 재닛 중 누가 더 실망했는가?

연습 3.64 **W.E.B. 뒤 보이스** 위대한 아프리카계 미국인 학자이자 활동가인 W.E.B. 뒤 보이스W.E.B. Du Bois는 "가장 기억해야 할 것은 다음과 같다. 자신이 어떤 사람이 될지를 위해 지금의 자신을 포기할 준비를 하라"고 말했다. 왜 이것이 그렇게 어렵고, 왜 사람들에게 상기돼야 하는가?

연습 3.65 **세네카** 다음과 같은 글을 쓸 때 세네카는 어떤 현상을 염두에 두었을까? "이제 인간의 고통의 가장 큰 원인인 상속을 살펴보자. 여러분은 우리를 고통스럽게 하는 다른 모든 병폐와 돈이 우리에게 야기하는 악폐를 비교한다면, 이 부분이 쉽게 우세할 것이기 때문이다."

연습 3.66 앵커링과 조정, 절충 효과, 기회비용 고려 실패, 손실 회피 및 매몰 비용 오류 중 하나와 아래의 각 항목을 일치시켜라. 확실하지 않으면 가장 적합한 것을 선택하라.

(a) 아담이 영화관에 막 도착했을 때 그는 그가 저녁식사 직전에 산 10달러짜리 영화 티켓을 잃어버렸다는 것을 깨달았다. 극장 스태프는 그에게 티켓이 많이 남아 있다고 알려준다. "나는 다른 티켓을 사지 않을 거예요"라고 직원에게 말한다. "이 영화는 10달러의 가치가 있을지 모르지만 20달러를 지불하지는 않을 것이다." 아담은 밤새도록 스스로에게 화가 나 있었다.

(b) 브루스는 오랫동안 간직할 새 차를 사려고 한다. 자동차 대리점에는 두 대의 신차가 판매되고 있다. 색상 외에는 차이가 없다. 하나는 빨간색이고 하나는 메탈릭 블루다. 빨간색은 15,995달러였고 파란색은 16,495달러였다. 둘 다 14,995달러에 판매되고 있다. 브루스는 파란색을 특별히 선호하지 않으며, 금속 마감으로 인해 남자답지 않게 보일까봐 두려워한다. 여전히 이 차들이 과거에 얼마였는지를 생각해보면 그에게는 파란색 차들에 대해 더 많은 돈을 지불할 가치가 있는 것처럼 보여서, 그것이 더 나은 거래처럼 보이게 한다. 그는 그의 친구들이 어떻게 반응할지 궁금하지만 자동차 판매원에게 파란색 차를 가져가겠다고 말한다.

(c) 지역 유기농 식료품점의 주인은 고객이 비닐 봉지를 덜 사용하도록 권장하기로 결정한다. 그들은 만약 가게가 봉투에 돈을 청구하기 시작한다면 고객들이 화가 날 것이라고 판단한다 – 결국, 사람들은 그들의 비닐봉지가 무료가 될 것이라고 예상한다. 대신 점차적으로 고객 1인당 평균 25센트를 인상하고, 가방을 가지고 오는 사람들에

게 25센트를 할인해준다. 현재 고객들은 이 조정을 제기하지 않는다.

(d) 철학과에서 새로운 교수를 채용한다. 두 명의 후보가 있다. A 박사는 미학을 한다. E 박사는 윤리학을 한다. E 박사가 가장 뛰어난 철학자라는 것에 모두가 동의한다. 하지만 P 교수는 A 박사가 어쨌든 고용돼야 한다고 주장하는데, 철학과에는 과거에 뛰어난 재능의 미학 교수가 있었기 때문이다.

(e) 에리카는 일거리가 많은 고소득 신경외과 의사다. 매주 금요일 오후마다 그녀는 집에 가서 잔디를 깎기 위해 일찍 퇴근한다. 그녀는 잔디를 깎는 것이 즐겁지는 않지만, 그녀를 대신해 잔디를 깎아 줄 잔디 회사에 75달러를 지불하기도 싫다.

(f) 프랭크는 첫 아이를 위해 유모차를 사려고 한다. 그는 기본 SE 모델과 조금 더 업그레이드된 CE 모델 사이에서 결정을 내리지 못하고 있다. 갑자기 그는 세 번째 옵션인 초특급 XS 모델이 있다는 것을 깨달았다. 그는 CE 모델로 결정한다.

문제 3.67 자신의 경험을 생각하면서 연습 3.66과 같은 이야기를 만들어 3장에서 읽은 다양한 아이디어를 설명하라.

더 읽을거리

자켓/계산기 문제는 Tversky and Kahneman(1981, 457쪽)에서 나타난다. 선택이 불행을 초래할 수 있다는 생각은 Schwartz(2004, 122~3쪽)에서 분석된다. 매몰 비용의 고전적인 분석은 Arkes and Blumer(1985년)이지만, Hastie and Dawes(2010년, 34~42쪽)도 참조하라. 독서 습관은 Goodreads.com(2013)과 F-35(2014)에서 논의된다. Aristotle은 니코마키아 윤리(1999 [c 350 BCE], 87쪽)에서 발췌했고, 고조 행동은 George Ball 인용문(p. 216)의 출처인 Staw and Ross(1989)에서 분석됐으며, 캘리포니아 철도는 Nagourney(2011)에서 논의됐다. 미끼 효과는 Huber et al.(1982)과 Ariely(2008)에서 논의된다. 후자는 구독 제안과 관련된 사례의 출처이다(1~6쪽). 이유 기반 선택에 관한 고전적인 텍스트는 Shafir et al.(1993)이다. 손실 회피, 소유 효과 및 현상 유지 편향의 위대한 리뷰는 Kahneman et al.(1991)이며, 과속 아일랜드인의 운명은 「AP 통신」(2007)에 의해 보도됐다. 「피터스버그 타임즈」(2001)와 Barry Bonds는 Myers(1992, 57쪽)에서 인용됐다. Seneca에서 온 문구는 Seneca(2007 [c 49], 124~5쪽)에 나타나 있다. 인터넷 기업가는 Hafner(2006)에서 인용된다. Byron York(2013)는 사람들로부터 돈을 빼앗는 것에 대해 논하고, Friedman and Friedman(1984)은 임시 정부 프로그램을 비판한다. 앵커링과 조정에 대한 고전적인 논의는 Tversky and Kahneman(1974)으로, 이 절 초기에 인용된 사례와 데이터의 출처이기도 하다. 후속 실험은 Arely et al.(2003) 등에 설명돼 있다. 판검사에 대한 독일의 연구는 Englich et al.(2006)이다. 전문 경제학자들에 대한 연구는 Frank(2005)에서 논의됐고, Thompson(2013)에서는 돈의 한계 행복에 대해 논했다. Mr. Humphrys는 FOX6 WBRC(2009)와 Hampton의 Du Bois(2012, 185쪽)에 의해 인용됐다.

PART 2

위험과 불확실성하의 판단

04 확률적 판단

학습 목표

- 확률 이론을 이해한다.
- 베이즈의 정리를 포함한 확률의 중요한 원리를 확률의 기본 법칙에 기초해 증명할 수 있어야 한다.
- 확률 이론을 합리적 신념 이론으로 사용하는 방법을 이해한다.

4.1 서론

1부에서 탐구한 선택 이론은 다양한 목적에 도움이 되지만, 대부분의 실제 생활의 결정은 확실성하의 선택이 아니다. 창업할 것인지, 주식을 살 것인지, 인생의 동반자가 돼 줄 사람에게 청혼할 것인지, 의료 시술을 받을 것인지를 결정할 때, 각각의 가능한 행동이 어떤 결과를 가져올 것인지 결정 당시 일반적으로 알 수 없을 것이다. 그런 상황에서 사람들이 무엇을 하고 무엇을 해야 하는지 포착하기 위해서는 또 다른 이론이 필요하다. 2부는 사람들이 어떻게 믿음을 형성하고 변화시키는지에 대한 판단 이론을 탐구한다. 3부에서는 의사결정의 주제로 돌아가겠다.

4장에서는 확률 이론을 살펴본다. 이것이 확률론적 판단의 정확한 규범 이론, 즉 확률론적 판단을 어떻게 해야 하는지를 정확하게 포착한다는 것에는 광범위하지만 완전하지는 않다. 결과적으로 확률 이론은 통계학, 공학, 금융, 공중보건 등에서 널리 사용된다. 게다가 이 이론은 사람들이 어떻게 판단을 내리는지에 대한 기술적인 이론으로 사용될 수 있고, 그들이 어떻게 결정을 내리는지에 대한 이론의 일부로 사용될 수 있다.

확실성하에서의 합리적 선택 이론과 마찬가지로 확률론도 공리론적이다. 따라서 우리는 일련의 공리들을 배우는 것으로 시작하는데, 이것은 "법칙"이라고 부르게 될 것이고 여러분이 당연하게 받아들여야 할 것이다. 대부분의 경우 이는 어렵지 않다. 일단 여러분이 그것들을 이해하면 그 법칙들은 여러분에게 직관적으로 그럴듯하게 느껴질 수 있다. 우리는 또한 일련의 정의를 채택할 것이다. 그렇게 해야 다른 모든 것이 도출될 수 있다. 따라서 우리는 앞으로 많은 시간을 공리와 정의에 기초해 점점 더 흥미롭고 강력한 원칙을 증명하는 데 쓸 것이다.

4.2 확률 이론 기초

다음은 확률 판단의 두 가지 전형적인 예다.

예 4.1 **존스 부인의 아이들** 당신은 새로운 이웃인 존스 부인을 방문하고 있다. 존스 부인은 당신에게 두 명의 아이들이 그들의 방에서 놀고 있다고 말한다. 어떤 사람이 아이를 가질 때마다, 딸을 가질 확률은 아들을 가질 확률과 같다고 가정하자. 더욱이, 엄마가 첫 번째로 아들을 가졌는지 딸을 가졌는지는 두 번째로 관련된 확률 능력에 영향을 미치지 않는다. 존스 부인이 말하길, 아이들 중 적어도 한 명은 여자라고 한다. 다른 아이도 여자일 확률이 얼마나 될까?

예 4.2 **린다 문제** 린다는 31세이고 독신이며 거침없고 매우 총명하다. 그녀는 철학을 전공했다. 학생 시절, 그녀는 차별과 사회 정의의 문제에 깊이 관심을 가졌고 반핵 시위에 참여하기도 했다.

(a) 린다가 은행 창구인일 확률이 얼마나 되는가?

(b) 린다가 은행원이자 페미니스트일 확률은 얼마인가?

이 질문들에 대한 답은 우리가 그것들을 엄격하게 다루기 위해 필요한 도구를 개발한 후에 주어질 것이다. 지금으로서는 이 이론이 흥미로운 한 가지 이유는 사람들의 직관적인 확률 판단 – 그러므로 그들의 결정 중 많은 것들이 – 예측 가능한 방식으로 실패하는 경향이 있다는 점에 주목하겠다.

시작하기 전에 주제에 대해 더 명확하게 말할 수 있는 개념적 도구를 개발해야 한다. 예를 들어 우리는 일어날 수 있는 여러 것들에 대해 이야기하기를 원한다. 예를 들어 동전을 던지면 앞면이 나오거나 뒷면이 나오거나, 6면 주사위를 굴리면 1부터 6까지의 숫자를 얻을 수 있다.

> **정의 4.3 결과 공간의 정의** 결과 공간은 가능한 모든 개별 결과의 집합이다.

우리는 중괄호와 쉼표를 사용해 표준 관행을 따르는 결과 공간[Outcome Space]을 표현한다. 동전 던지기와 관련된 결과 공간을 나타내기 위해 우리는 다음과 같이 표기한다. {Heads, Tails} 또는 {H, T}. 6면 주사위를 굴리는 것과 관련된 결과 공간을 나타내기 위해 다음과 같이 표기한다. {1, 2, 3, 4, 5, 6}

종종 우리는 실제로 무슨 일이 일어났는지 또는 일어날지도 모르는 일에 대해 이야기하고 싶어 한다. 따라서 우리는 "동전이 뒷면[Tail]로 나왔다"와 "뱀의 눈[1]을 굴릴지도 모른다"에서와 같은 실제 결과에 대해 이야기한다.

> **정의 4.4 결과의 정의** 결과는 결과 공간의 부분집합이다.

우리는 같은 관행에 따라 결과를 표기한다. 따라서 6면 주사위의 한번 던지기와 관련된 결과 중 일부는 다음을 포함한다. 1에 대해 {1}, 6에 대해 {6}, 3보다 작거나 같은 숫자에 대해 {1, 2, 3}, 짝수에 대해 {2, 4, 6}. 한 가지 예외가 있다. 결과에 구성원이 하나만 있는 경우 중괄호를 생략하고 {6} 대신 6을 쓸 수 있다. 이 모든 경우에 결과는 결과 공간의 부분집합이다.

> **정의 4.5 확률 정의** 확률함수는 각 결과에 실수를 할당하는 함수 Pr(·)이다. 결과 A의 확률은 확률함수 Pr(·)에 의해 A에 부여된 숫자 Pr(A)이다.

1 두 개의 주사위가 모두 1이 나오는 것을 나타내는 카지노 용어로 '최악의 상황'이란 의미이다. – 옮긴이

따라서 6면 주사기를 굴릴 때 짝수를 굴릴 확률은 Pr({2, 4, 6})로 표시된다. 6을 굴릴 확률은 Pr({6})로 표시되거나 위에서 소개된 관행에 의존해 Pr(6)으로 표시된다. 동전을 뒤집을 때 앞면이 나올 확률은 Pr({H}) 또는 Pr(H)로 표시된다. 물론 결과의 확률은 (어떤 의미에서는) 그 결과가 발생할 가능성을 나타낸다. 때때로 사람들은 확률probability 대신 승산odds에 대해 이야기한다. 승산과 확률은 분명히 관련이 있지만 동일하지는 않다. 승산에 대한 자세한 내용은 136쪽의 텍스트 박스를 참조하라.

다음 명제는 이 확률함수의 속성을 설명한다. 그것들은 확률의 법칙 또는 공리로 언급될 것이다.

공리 4.6 확률의 범위 결과 A의 확률은 0과 1 사이의 수, 즉 $0 \leq \Pr(A) \leq 1$이다.

따라서 확률은 0보다 작거나 1보다 크면 안 된다. 마찬가지로 확률은 0% 이상 100% 이해야 한다. 당신은 당신의 인터넷 스타트업 회사가 첫 해에 살아남을 확률을 모를 수도 있다. 하지만 여러분은 이것을 알고 있다. 확률은 0% 이상 100% 이해야 한다.

일반적으로 확률을 계산하기 어려울 수 있다. 기술자나 공중보건 공무원과 같은 사람들은 핵재난과 세계적인 유행병과 같은 사건의 확률을 결정하려고 많은 시간을 보낸다. 그러나 계산 확률이 쉬운 경우가 있는데, 이는 개별 결과가 발생할 가능성이 같은 경우 즉 동일 확률의 경우이다.

공리 4.7 동일 확률 법칙 동일한 확률의 개별 결과 $\{A_1, A_2, \ldots, A_n\}$가 있다면, 하나의 개별 결과 A_i의 확률은 1/n이다. 즉 $\Pr(A_i) = 1/n$이다.

공정한 주사위를 굴릴 때 4가 나올 확률을 계산하도록 요청받았다고 가정하자. 모든 결과는 동일하기 때문에 (그것이 주사위가 공정하다는 것을 의미하기 때문이다) 그리고 6개의 결과가 있기 때문에 4를 얻을 확률은 1/6이다. 따라서 Pr(4) = 1/6이다. 마찬가지로, 공정한 동전을 던질 때 앞면이 나올 확률은 1/2이다. 따라서 Pr(H) = 1/2이다.

연습 4.8 **매칭 카드** 완전히 섞였지만 다른 방법으로는 정상적인 카드 한 벌에서 각각 한 장의 카드를 뽑았다고 가정하자. 두 벌의 카드에서 같은 카드를 뽑을 확률이 얼마나 될까?

카드 두 벌에서 두 개의 카드를 뽑는 것과 관련된 모든 $52^2 = 2704$의 결과를 분석해야 이 질문에 답할 수 있다. 가장 쉽게 생각할 수 있는 방법은 두 번째 카드가 첫 번째 카드와 일치하려면 무엇이 필요한지 물어보는 것이다.

연습 4.9 **강입자 충돌기** 일부 비평가들에 따르면 강입자 충돌기LHC, Large Hadron Colider가 세계를 파괴할 확률이 50%라고 한다. 2009년 4월 30일 〈데일리 쇼〉의 존 올리버와의 인터뷰에서 과학 교사 월터 와그너는 "만약 일어날 수 있는 일과 반드시 일어나지는 않을 일이 있다면, 일어나거나 일어나지 않을 것이므로 최고의 추측은 1/2이다"라고 말했다. 왜 이것이 동일 확률 법칙의 올바른 적용이 아닌가?

지금 시점에서 우리는 예 4.1을 다룰 수 있는 도구를 충분히 개발했다.

먼저, 우리는 두 명의 아이를 갖는 것과 관련된 결과 공간을 파악할 필요가 있다. "여자아이"는 G, "남자아이"는 B, "큰아이는 남자아이이고 막내아이는 여자아이"인 BG로 표기하면, 결과 공간은 {GG, GB, BG, BB}이다. 일단 당신이 아이들 중 적어도 한 명이 여자아이라는 것을 알게 되면, 당신은 두 아이가 남자아이라는 사실이 아니라는 사실을 알게 된다. 즉, 당신은 BB를 얻지 못한다는 것을 알고 있다. 즉, 결과 공간이 {GG, GB, BG}(으)로 축소됐다. 세 경우 중 한 경우(GG)만 여자아이이다. 이 세 가지 결과는 동일하기 때문에 동일 확률 법칙을 적용해 다른 아이가 여자아이일 확률이 $Pr(GG) = 1/3$임을 확인할 수 있다.

연습 4.10 **존스 부인의 자녀들(계속)** 그 아이들 중 적어도 한 명은 여자아이라고 말하는 대신, 존스 부인은 당신에게 그녀의 큰 아이가 여자아이라고 말한다. 자, 다른 아이도 여자일 확률이 얼마나 될까?

연습 4.11 **피터스 씨의 아이들** 당신의 다른 이웃 피터스 씨는 세 명의 아이들이 있다. 이웃으로 이사 온 지 얼마되지 않아 아이들이 남자아이인지 여자아이인지 알 수 없다. 피터스 씨가 아이를 가질 때마다 똑같이 아들과 딸을 가졌다고 가정하자.

(a) 관련 결과 공간은 무엇인가?

(b) 당신이 아이들 중 적어도 한 명은 소녀라는 것을 안다고 상상해보자. 새로운 결과 공간은 무엇인가?

(c) 당신이 아이들 중 적어도 한 명이 여자아이라는 것을 안다면, 피터스 씨가 딸이 세 명 있을 확률은 얼마인가?

(d) 당신이 적어도 두 명의 아이들이 소녀라는 것을 안다고 상상해보자. 새로운 결과 공간은 무엇인가?

(e) 적어도 두 명의 아이들이 여자아이라는 것을 알고 있다면, 피터스 씨가 세 명의 여자아이를 가질 확률은 얼마인가?

연습 4.12 **3장의 카드 사기** 당신의 친구 빌이 당신에게 그의 새로운 카드 한 벌을 보여주고 있다. 그 카드 한 벌은 3장의 카드로만 구성돼 있다. 첫 번째 카드는 양면이 흰색이다. 두 번째 카드는 양면이 빨간색이다. 세 번째 카드는 한쪽은 흰색이고 다른 한쪽은 빨간색이다. 이제 빌은 그 한 벌의 카드를 잘 섞고, 그 과정에서 가끔 카드를 뒤집는다. 카드들을 모두 모자에 넣고 오랫동안 모자를 흔든다. 그런 다음 맨 위 카드의 앞면만 보이도록 쌓인 한 벌의 카드를 테이블 위에 놓는다.

(a) 결과 공간은 무엇인가? 상단 카드의 보이는 쪽이 흰색이고 다른 쪽이 빨간색인 결과를 나타내려면 "W/R"을 쓴다.

(b) 섞은 후 상단 카드의 보이는 면은 흰색이다. 새로운 결과 공간은 무엇인가?

(c) 상단 카드의 보이는 쪽이 흰색일 때, 상단 카드의 다른 쪽이 빨간색일 확률은 얼마인가?

이 마지막 연습은 "쓰리 카드 사기"라고 부른다. 사람들을 속여서 그들의 돈을 잃게 할 수 있기 때문이다. 상대방이 하얀색이라는 것에 10달러를 걸면 많은 사람들이 기꺼이 내기를 수락한다는 것을 알게 될 것이다. 그들이 확률이 50%(잘못된 확률)라고 믿기 때문이다. 질 수도 있다. 하지만 당신 쪽에 확률이 있기 때문에, 당신은 평균적으로 돈을 벌게 될 것이다. 이 게임이 속임수를 쓰지 않기 때문에 "사기"라는 이름을 붙일 만한지는 확실하지 않다. 그래도 이건 당신이 사는 곳에서 불법일 수도 있기 때문에, 당신에게 말했다고 하지 마라.

연습 4.13 **카드 사기** 당신의 다른 친구 불은 다른 카드 한 벌을 가지고 있다. 이 한 벌의 카드에는 4개의 카드가 있는데, 하나는 양쪽에 흰색, 하나는 양쪽에 검은색, 하나는 양쪽에 빨간색, 다른 하나는 빨간색이다. 여러분이 카드를 자주 뒤집어 카드를 잘 섞는다고 상상해보자.

(a) 결과 공간은 무엇인가? 상단 카드의 보이는 쪽이 흰색이고 다른 쪽이 빨간색인 결과를 나타내려면 "W/R"을 쓴다.

(b) 섞은 후에 상단 카드의 보이는 면이 검은색이라고 가정하자. 새로운 결과 공간은 무엇인가?

(c) 상단 카드의 보이는 면이 검은색일 때, 카드의 다른 면도 검은색일 확률은 얼마인가?

(d) 섞은 후에 상단 카드의 보이는 면이 빨간색이라고 가정하자. 새로운 결과 공간은 무엇인가?

(e) 상단 카드의 보이는 면이 빨간색일 때, 다음 중 하나가 될 확률은 얼마인가?

연습 문제를 하나 더 제시함으로 이 절을 마친다.

연습 4.14 **몬티홀 문제** 당신은 게임쇼에 출연한 상황이다. 호스트는 당신에게 세 개의 문을 선택할 수 있게 해주는데, 모두 닫혀 있다. 한 문 뒤에는 차가 있고 다른 문 뒤에는 염소들이 있다. 다음과 같이 진행된다. 먼저 당신이 한 문을 가리킨다. 다음으로 각 문 뒤에 무엇이 있는지 알고 있고 당신이 차를 얻지 못하도록 최선을 다하고 있는 호스트는 나머지 두 문 중 하나를 열 것이다(당연히 염소가 있을 것이다). 마지막으로 닫힌 나머지 두 문 중 하나를 열도록 선택할 수 있다. 즉, 동일한 문을 계속 가리키거나 전환할 수 있다. 만약 전환하지 않으면 차를 찾을 확률이 얼마나 될까?

4.3 무조건부 확률

이론은 알려진 확률을 바탕으로 미지의 확률을 계산할 수 있도록 해야 한다. 이 절에서는 이러한 작업을 수행하는 네 가지 법칙을 살펴본다.

공리 4.15 or 법칙 두 결과 A와 B가 상호배타적인 경우(다음 참조), A 또는 B의 확률은 A의 확률과 B의 확률, 즉 $\Pr(A \vee B) = \Pr(A) + \Pr(A)$와 같다.

공정한 6면 주사위를 굴릴 때 1 또는 2가 나올 확률을 알고 싶다고 가정하자. or 법칙은 정답이 $\Pr(1) = \Pr(1) + \Pr(2) = 1/6 + 1/6 = 1/3$임을 알려준다. 또는 동전을 던질 때 앞면이나 뒷면이 뒤집힐 확률을 알고 싶다고 가정하자. 동일한 법칙으로 $\Pr(H \vee T) = \Pr(H) + \Pr(T) = 1/2 + 1/2 = 1$임을 알 수 있다.

법칙에서 두 결과는 **상호배타적**이어야 한다. 이것은 무엇을 의미할까? 두 결과 A와 B는 기껏해야 둘 중 하나가 발생할 수 있으므로, 상호배타적이다. 앞의 두 사례에서 이 조건은 유지된다. 동전을 던질 때 H와 T는 상호배타적인데, 동전을 던질 때 많아야 이들 중 하나만 발생할 수 있기 때문이다. 어떤 동전도 앞면과 뒷면을 동시에 착지할 수 없다. 마찬가지로 주사위 하나를 굴릴 때 1과 2는 상호배타적인데, 그중 하나만 발생할 수 있기 때문이다. 후자의 두 결과는 둘 다 발생하지 않더라도 상호배타적이라는 점에 유의하라.

연습 4.16 상호배타성 어떤 결과 쌍이 상호배타적인가? 두 개 이상의 답이 맞을 수 있다.

(a) 오늘은 너의 생일이다. 너는 시험이 있다.

(b) 비가 내리고, 밤이 온다.

(c) 모든 수업에서 B를 받고 4.0의 학점을 받는다.

(d) 새 컴퓨터는 Mac이다. 새 컴퓨터는 PC이다.

(e) 당신은 뛰어난 학생이다. 당신은 졸업 후에 좋은 직장을 얻는다.

연습 4.17 일반(잘 뒤섞인) 카드 한 벌에서 한 장의 카드를 뽑을 때 에이스를 뽑을 확률은 얼마인가? or 법칙을 적용하려는 경우 관련 결과가 상호배타적인지 확인하는 것을 잊지 마라.

두 결과가 상호배타적인지 확인하는 것의 중요성은 예를 들어 설명함으로써 가장 강조된다. 공정한 주사위를 굴려서 6보다 완전히 작거나 1보다 엄격하게 큰 숫자를 얻을 확률은 얼마인가? 6보다 완전히 작거나 1보다 엄격하게 큰 숫자를 굴리지 못할 수 없다는 것은 꽤 명백하므로 확률은 100%여야 한다. 6보다 완전히 작은 숫자를 굴릴 확률과 1보다 완전히 큰 숫자를 굴릴 확률을 취하려고 하면 1보다 큰 숫자가 되고 이는 공리 4.6을 위반하게 된다. 그러므로 or 법칙이 결과가 상호배타적이어야 하는 타당한 이유가 있다.

앞 단락의 질문에 대한 답은 다음과 같은 간단한 법칙을 따른다.

> **공리 4.18 모든 것의 법칙** 전체 결과 공간의 확률은 1이다.

따라서 Pr({1, 2, 3, 4, 5, 6}) = 1이다. 우리가 계산 Pr({1, 2, 3, 4, 5, 6}) = Pr(1 또는 2 또는 3 또는 4 또는 5 또는 6) = Pr(1) + Pr(2) + Pr(3) + Pr(5) + Pr(6) = 1/6 = 1. 6개의 개별 결과가 상호배타적이기 때문에 or 법칙(공리 4.15)이 적용되고 모든 결과가 동일한 가능성이 있기 때문에 등일 확률 법칙(공리 4.7)이 적용된다. 우리가 몰랐던 모든 것의 법칙이 말해주는 것은 전체 결과 공간의 확률은 결과가 동일 확률인지 아닌지 여부와 같다는 것이다. 다음 법칙도 쉽다.

> **공리 4.19 not 법칙** 일부 결과 A가 발생하지 않을 확률은 1에서 이것이 발생할 확률을 뺀 값이다. 즉, $\Pr(\neg A) = 1 - \Pr(A)$이다.

6면 주사위를 굴릴 때 6을 제외한 모든 것이 나올 확률을 알고 싶다고 가정하자. $\Pr(\neg 6) = 1 - \Pr(6) = 1 - 1/6 = 5/6$. 결과가 상호배타적이라는 것을 고려하면 우리는 or 법칙을 사용해 이것을 계산할 수도 있었다(어떻게?). 일반적으로 다른 방법으로 같은 문제를 풀 때는 같은 숫자가 나오는지 확인하는 것이 좋다. 만약 그렇지 않다면 당신의 계산에 문제가 있는 것이다.

> **공리 4.20 and 법칙** 두 결과 A와 B가 독립적이면(아래 참조), A와 B의 확률은 A의 확률에 B의 확률을 곱한 것이다. 즉 $\Pr(A \& B) = \Pr(A) * \Pr(B)$이다.

동전을 두 번 던졌다고 가정해보자. 둘 다 헤드가 나올 확률이 얼마나 되는가? 첫 번째 동전에 앞면에 H_1을 쓰면, and 법칙에 따라 $\Pr(H_1 \& H_2) = \Pr(H_1) * \Pr(H_2) = 1/2 * 1/2 = 1/4$이다. 또한 결과 공간 $\{H_1H_2, H_1T_2, T_1H_2, T_1T_2\}$와 동일 확률 법칙을 사용해 이 문제를 풀 수 있다. 마찬가지로 공정한 주사위를 두 번 굴릴 때 두 개의 6이 나올 확률을 계산하는 것은 쉽다. $\Pr(6_1 \& 6_2) = \Pr(6_1) * \Pr(6_2) = 1/6 * 1/6 = 1/36$

연습 4.21 하나의 공정한 주사위를 두 번 굴릴 때와 두 개의 공정한 주사위를 동시에 굴릴 때 언제 두 개의 6이 나올 가능성이 더 높은가?

and 법칙에서는 두 결과가 독립적일 것을 요구한다. 이것은 무엇을 의미할까? 두 결과 *A*와 *B*는 하나의 결과물이 다른 결과물이 발생할 확률에 영향을 미치지 않는 경우에 독립적이다. 이 조건은 동전이 두 번 뒤집힌 것에 대해 말할 때 충족된다. 동전은 기억이 없기 때문에 H_1과 H_2는 독립적이다. 동전이 처음 뒤집을 때 앞면이 나오든 뒷면이 나오든 상관없이 두 번째로 앞면이 나올 확률에 영향을 미치지 않는다.

연습 4.22 **독립성** 어떤 결과 쌍이 독립적인가? 두 개 이상의 답이 맞을 수 있다.

(a) 늦게 자거나 수업에 늦는다.

(b) 당신은 뛰어난 학생이다. 당신은 졸업 후에 좋은 직장을 얻는다.

(c) 제대로 된 감사 편지를 쓴다. 다시 초대받을 수 있다.

(d) 처음에 은화를 던지면 앞면이 나오고, 두 번째로 은화를 던지면 뒷면이 나온다.

(e) General Electric 주가는 상승한다. General Motors 주가는 상승한다.

연습 4.23 **사랑에 있어서 운** 잘 알려진 속담에 따르면 "카드에서는 운이 좋고, 사랑에 있어서는 운이 없다." 카드 운과 사랑 운은 독립적이라고 말하는 것인가, 독립적이지 않다고 말하는 것인가?

두 결과가 독립적인지 확인하는 것의 중요성은 예를 들어 설명함으로써 가장 잘 강조된다. 공정한 주사위를 한 번 굴렸을 때 2와 3이 동시에 나올 확률은 얼마인가? 답은 물론 $1/6 * 1/6 = 1/36$이 아니라 0이다. 결과는 독립적이지 않으므로 and 법칙을 사용할 수 없다. 이 예는 또한 두 결과가 상호배타적일 때 독립적이지 않다는 것을 알려준다(5.2절에서 독립성 주제를 다시 살펴보겠다).

연습 4.24 공정한 주사위를 두 개 굴릴 때 점의 수가 합쳐서 11개가 될 확률은 얼마인가? or 법칙을 사용하려는 경우 관련 결과가 상호배타적인지 확인하라. and 법칙을 사용하려면 관련 결과가 독립적이어야 한다.

연습 4.25 잘 뒤섞인 카드 한 벌에서 두 장의 카드를 뽑고 다시 넣는다고 가정하자. 즉, 두 번째 카드를 뽑기 전에 첫 번째 카드를 다시 카드 안에 넣고 한 번 더 섞는다.

(a) 스페이드 에이스를 두 번 뽑을 확률은 얼마인가?

(b) 두 에이스를 뽑을 확률은 얼마인가?(여기서 연습 4.17에 대한 답을 사용할 수 있다)

우리는 이제 예 4.2를 다룰 수 있는 위치에 있다. 분명히 확률론만으로는 린다가 은행원이라는 가능성을 알려주지 않을 것이다. 하지만 다른 걸 말해줄 수 있다. F는 린다가 페미니스트이고 B는 린다가 은행원이라는 것을 의미한다.

그렇다면 그녀가 페미니스트인 동시에 은행원일 확률은 $Pr(B \& F) = Pr(B) * Pr(F)$이다(여기서 and 법칙을 적용하기 위해 결과가 독립적이라고 가정하지만 그렇지 않더라도 일반적인 결과는 성립된다). 공리 4.6에 의해 $Pr(F) \leq 1$이기 때문에, $Pr(B) * Pr(F) \leq Pr(B)$라는 것을 알 수 있다. 따라서 관련된 확률이 무엇이든 $Pr(B \& F) \leq Pr(B)$이어야 한다. 즉 린다가 은행원이며 페미니스트일 확률이 린다가 은행원일 확률보다 작거나 같아야 한다. 많은 사람들이 린다가 은행원이 될 가능성보다 은행원과 페미니스트가 될 가능성이 더 높다고 말할 것이다. 이 실수는 결합 오류conjunction fallacy라고 하며 5.3절에서 더 자세히 논의할 것이다.

연습 하나 더 해보고 이 절을 마친다.

연습 4.26 두 개의 공정한 주사위를 굴린다고 가정하고, 다음 질문에 답하라.

(a) 두 개의 6을 얻을 확률은 얼마인가?

(b) 6을 얻지 못할 확률은 얼마인가?

(c) 정확히 하나의 6을 얻을 확률은 얼마인가?

(d) 적어도 하나 이상의 6을 얻을 확률은 얼마인가?

(c)에 대한 답을 계산하기 위해서는 정확히 하나의 6을 굴리는 두 가지 방법이 있다. (d)를 대답할 때, 답을 계산하는 데는 적어도 두 가지 방법이 있다. 적어도 하나의 6을 굴리는 것은 두 개의 6을 굴리는 것과 정확히 하나의 6을 굴리는 것을 합하는 것이므로, (a)와 (c)에 대한 답을 더할 수 있다. 또는 적어도 하나 이상의 6을 굴리는 것은 6을 굴리지 않는 것과 같다는 것을 인식하고 not 법칙을 사용해 답을 계산할 수도 있다.

연습 4.27 연습 4.26(d)에 대한 답을 계산할 때, 답을 얻기 위해 한 주사위로 6을 굴릴 확률(1/6)에 다른 주사위로 6을 굴릴 확률(1/6)을 더하고 싶을 수 있다. 하지만 그건 잘못이다. 왜 잘못인가?

연습 4.26에 대한 답이 아직 완전히 명확하지 않은 경우, 그림 4.1을 참조하라. 여기서 왼쪽의 숫자는 첫 번째 주사위를 굴릴 때 발생할 수 있는 사건을 나타내고, 맨 위의 숫자는 두 번째 주사위를 굴릴 때 발생할 수 있는 사건을 나타낸다.

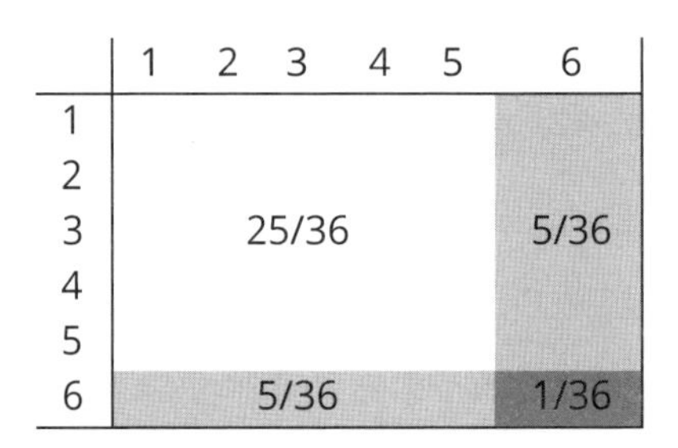

그림 4.1 두 개의 주사위

승산

때때로 확률은 확률보다는 승산odds으로 표현된다. 검정색 공 2개와 흰색 공 3개가 들어 있는 항아리가 있다고 가정하면, 검정색 공을 추출할 확률은 2/5이다. 이 수치를 얻는 한 가지 방법은 유리한 결과(관심되는 사건이 얻는 결과)의 수를 총 결과 수로 나누는 것이다. 반대로 유리한 결과를 불리한 결과의 수로 나눠 검은 공을 추출할 확률이 2 대 3 즉 2:3이 되도록 하는 것이다. 같은 가정하에서 흰 공을 추출할 확률은 3:2이다. 항아리에 검은색과 흰색 공의 수가 같으면 확률은 1 대 1 즉 1:1이 되도록 하는 것이다. 그 승산은 또한 같다고 한다. 사람들이 50 대 50 확률에 대해 말할 때, 그들은 분명히 같은 승산을 말하는 것이다. 50/50 = 1이기 때문이다. 승산은 확률과 어떤 관계인가? 확률이 p이고, 승산 o을 구하고자 하는 경우 다음 공식을 적용할 수 있다.

$$o = \frac{p}{1-p}$$

p가 2/5일 때, o는 2/5를 3/5로 나눈 2/3 또는 2:3이라는 것을 쉽게 확인할 수 있다. 확률이 1/2이면 확률은 1/2을 1/2로 나눈 것으로 1 또는 1:1이다. 승산이 o이고 확률 p를 원하는 경우 역공식inverse formula을 적용한다.

$$p = \frac{o}{o+1}$$

o가 2:3이면 p를 2/3로 나눈 값을 2/3로 빠르게 확인할 수 있다. 승산이 같으면 확률은 1을 1 + 1로 나눈 1/2이다. 확률 대신 승산을 사용하는 것은 구식으로 받아들여질 수 있다. 그러나 승산이 지속적으로 사용되는 영역(예: 우연의 게임 및 통계 영역)이 있다. 그것들을 해석하는 법을 아는 것이 좋다.

따라서 표는 두 개의 주사위를 굴렸을 때 가능한 모든 결과를 나타내는 6 * 6 = 36개의 셀을 갖고 있다. 어두운 회색 부분은 두 개의 6을 굴리는 방법이 하나뿐이기 때문에, 이 영역은 하나의 셀만 포함하고 (a)에 대한 답은 1/36이다. 흰색 영역은 두 주사위가 6이 아닐 가능성을 나타낸다. 두 개의 6이 아닌 것을 굴리는 방법은 5 * 5이기 때문에, 이 영역은 25개의 셀을 포함하고 (b)에 대한 답은 25/36이다. 밝은 회색 영역은 하나의 주사위가 6이고 다른 하나는 6이 아닐 가능성을 나타낸다. 이 결과를 얻기 위한 5 + 5 방법이 있기 때문에, 이 영역들은 10개의 세포를 포함하고 (c)에 대한 답은 10/36이다. (d)에 대한 답은 두 개의 밝은 회색 영역과 한 개의 어두운 회색 영역에 있는 5 + 5 + 1 = 11 셀을 계산해 11/36의 답을 얻을 수 있다. 하지만 회색 영역이 흰색이 아닌 모든 것을 덮는다는 사실을 깨닫는 더 현명한 방법은 1 − 25/36 = 11/36을 계산해 답을 얻을 수 있다는 것이다. 이것이 왜 더 현명한지는 5.3절에서 명확해질 것이다. 첫 번째 주사위로 6을 굴릴 확률에 두 번째 주사위로 6을 굴릴 확률을 더해 최소 6을 얻을 확률을 계산할 수 없는 이유도 이 그림에서 확인할 수 있다. 이렇게 하려면 맨 아래 행의 셀 수를 맨 오른쪽 열에 있는 셀 수에 추가해 오른쪽 아래에 있는 셀 수를 두 번 계산한다.

4.4 조건부 확률

연습 4.25에서는 두 개의 카드를 뽑을 때 다시 집어넣고 두 개의 에이스를 뽑을 확률을 계산했다. 대신 다시 집어넣지 않고 두 장의 카드를 뽑았다고 가정해보자. 즉, 첫 번째 카드를 본 후에 한쪽에 두는 것이다. 다시 집어넣지 않고 두 개의 에이스를 뽑을 확률은 얼마인가? 공리 4.20을 사용할 수 없다는 것을 알 수 있다. 두 가지 결과(첫 번째 에이스와 두 번째 에이스을 뽑는 것)는 독립적이지 않기 때문이다. 그러나 다음과 같은 방법으로 문제에 접근할 수 있다. 먼저 첫 번째 카드가 에이스일 확률이 얼마나 되는지 물어볼 수 있다. 52개의 카드가 있고 그중 4개는 에이스이기 때문에 이 확률은 4/52이다. 두 번째는 첫 번째 카드가 에이스였다는 점에서 두 번째 카드가 에이스일 확률이 얼마나 되는지 물어볼 수 있다. 카드 51장이 남아 있고 그중 3장만 에이스이기 때문에 이 확률은 51분의 3이다. 이제 이 숫자들을 곱하면 다음과 같은 결과를 얻을 수 있다.

$$\frac{4}{52} * \frac{3}{51} = \frac{12}{2652} = \frac{1}{221}$$

이 절차는 특정 유형의 복권에 당첨될 확률을 계산하는 데 사용될 수 있다. 미국 소비자 연맹에 따르면 미국인 5명 중 1명은 "그들이 수십만 달러를 모으는 가장 실용적인 방법은 복권에 당첨되는 것"이라고 믿는다. 가난하고, 교육을 덜 받은 그리고 가장 나이가 많은 사람들은 특히 복권을 부자가 되는 똑똑한 방법으로 생각할 가능성이 높다. 그래서 일반적인 복권에 당첨될 가능성이 얼마나 되는지 물어보는 것이 유용할 수 있다.

연습 4.28 **로또 6/49** 많은 주와 국가는 고객이 어떤 순서로든 m 숫자 중 n을 선택하는 로또를 운영하고 있다. 내가 로또 6/49라고 부를 이 복권의 한 버전에서는, 플레이어들이 그림 4.2의 티켓으로 49개 중 6개의 숫자를 동그라미친다. 숫자가 동그라미치는 순서는 중요하지 않다.

로또 6/49						
1	2	3	4	5	6	7
8	9	10	11	12	13	14
15	16	17	18	19	20	21
22	23	24	25	26	27	28
29	30	31	32	33	34	35
36	37	38	39	40	41	42
43	44	45	46	47	48	49

그림 4.2 로또 6/49 티켓

6개를 다 맞히면 대상을 받는다. 로또 6/49에 한 번 당첨될 확률이 얼마나 되는가? 만약 그 카드들 중 6개가 에이스라면, 이것은 49개의 카드 한 벌에서 6개의 연속 에이스를 고르는 것과 유사하다는 것을 주목하라.

복권 당첨 확률이 낮다고 해서 반드시 이 복권을 사는 것이 불합리하다는 뜻은 아니다 (3부에서 이 주제로 돌아가겠다). 그럼에도, 이 복권에 대해 몇 가지 질문을 하는 것은 재미있을지도 모른다.

문제 4.29 로또 6/49(계속) 로또 6/49에 당첨될 확률은 로또 복권을 사는 것의 합리성에 대해 말해주고 있는가? 이 티켓들을 사는 사람들에 대해 무엇을 알 수 있는가?

연습 4.30 **로또 6/49**(계속) 3.6절의 앵커링과 조정 아이디어를 사용해 사람들이 이러한 복권에 당첨될 가능성이 높다고 믿는 이유를 설명하라.

이와 같은 고려 사항은 왜 주 복권 제도가 때때로 수맹(숫자에 대한 무지)에 대한 세금으로 설명되는지 명확히 한다.

어떤 다른 일이 일어났을 때 어떤 일이 일어날 확률을 **조건부 확률**이라고 한다. 우리는 C가 주어질 때 A의 확률 또는 C의 조건부로 A의 확률을 다음과 같이 표기한다. $\Pr(A|C)$. 조건부 확률은 다양한 목적에 유용하다. 무조건적인 확률보다 조건부 확률을 계산하는 것이 더 쉬울 수 있다. 흔히 조건부 확률을 아는 것은 당면한 문제를 해결하기에 충분하다.

$\Pr(A|C)$은 $\Pr(C|A)$와 같은 것이 아니라는 것을 즉시 알아야 한다. 이 두 확률은 동일할 수 있지만, 반드시 동일할 필요는 없다. 예를 들어 S는 Joe가 흡연자이고 H는 조[Joe]가

인간이라는 것을 의미한다고 가정하자. 그렇다면, Pr(S|H)는 조가 인간이라고 할 때, 흡연자일 확률이며, 0과 1 사이의 숫자이다. 한편, Pr(H|S)는 조가 흡연자일 때, 조가 인간일 확률이며, 1(또는 적어도 1에 가깝다.)이다. 만약 그가 흡연자라면 조는 꽤 오랫동안 사람이 아니었을지도 모르지만, 그것은 다른 문제다.

연습 4.31 **조건부 확률** H는 "환자가 두통이 있다"를 의미하고 T는 "환자가 뇌종양이 있다"를 의미한다고 가정하자.

(a) Pr(H|T)와 Pr(T|H)의 두 조건부 확률을 어떻게 해석할 것인가?

(b) 두 숫자가 어느 정도 같은가?

일반적으로 두 조건부 확률이 다르고 의사와 환자 모두 이를 구분하는 것이 중요하다는 점을 분명히 해야 한다(5.4절과 5.6절에서 이 주제로 돌아가겠다).

잘 뒤섞인 카드 한 벌에서 카드 하나를 뽑고, 에이스를 뽑을 때 스페이드 에이스를 뽑을 확률에 관심이 있다고 가정하자. 방금 에이스를 뽑았을 때, 스페이드 에이스, 클럽 에이스, 하트 에이스, 다이아몬드 에이스 등 네 가지 가능성이 있다. 네 개 중 하나만 스페이드 에이스이고 네 개의 결과 모두 확률이 같기 때문에 이 확률은 1/4이다. 이때 다음을 얻을 수 있다. 스페이드 에이스를 뽑을 확률을 에이스를 뽑을 확률로 나누면 같은 답을 얻을 수 있다. 1/52를 4/52로 나눈 값, 즉 1/4. 이것은 조건부 확률의 공식적인 정의가 보여주듯이 우연이 아니다.

> **정의 4.32 조건부 확률** A와 B가 두 결과인 경우 $\Pr(A|B) = \Pr(A \,\&\, B)/\Pr(B)$이다.

조건부 확률의 또 다른 예로 두 에이스 문제를 상기하라. A는 "두 번째 카드는 에이스"를 나타내고 B는 "첫 번째 카드는 에이스"를 나타낸다고 하자. 우리는 다시 집어넣지 않고 두 개의 에이스를 뽑을 확률은 1/221로 알고 있다. 이는 $\Pr(A \& B)$이다. 우리는 첫 번째 카드가 에이스일 확률도 13분의 1로 알고 있다. 이는 $\Pr(B)$이다. 그래서 정의에 따르면 아래와 같다.

$$\Pr(A|B) = \frac{\Pr(A \,\&\, B)}{\Pr(B)} = \frac{1/221}{1/13} = \frac{3}{51}$$

하지만 우리는 이것을 알고 있었다. 3/51은 첫 번째 카드가 주어질 때 두 번째 카드가 에이스일 확률이다. $\Pr(A|B)$. 따라서 공식이 작동한다.

연습 4.33 **스페이드 에이스** 정의 4.32를 사용해 잘 섞인 카드 한벌에서 카드를 하나 뽑을 때 에이스 스페이드 에이스를 뽑을 확률을 계산하라. 무작위로 카드를 뽑아 그 카드가 에이스임을 알리는 게임쇼 진행자와 어떤 에이스인지 맞혀야 하는 참가자를 상상해보라. 당신이 그 카드에 대해 알고 있는 것을 고려할 때, 그것이 스페이드 에이스일 확률은 얼마인가?

숫자를 0으로 나눌 수 없기 때문에, 어떤 확률이 0일 때 상황은 까다로워진다. 여기서 이렇게 복잡해지는 것들은 무시하겠다.

정의의 한 가지 의미는 특히 유용하다.

명제 4.34 일반적 and 법칙 $\Pr(A \& B) = \Pr(A|B) * \Pr(B)$

증명

정의 4.32부터 시작해서 방정식의 양변에 $\Pr(B)$를 곱하라. ■

이 명제에 따르면, 두 에이스를 뽑을 확률은 처음에 에이스를 뽑을 확률에 두 번째로 에이스를 뽑을 확률을 곱한 것이다. 하지만 우린 이걸 알고 있었다. 사실, 우리는 이 절의 첫 번째 연습에 대한 답을 계산할 때 이 법칙에 암묵적으로 의존했다. 이 법칙을 사용하면 결과가 독립적일 필요 없이 A와 B의 확률을 계산할 수 있다. 이것이 그것이 일반적 and 법칙이라고 부르는 이유다.

연습 4.35 **일반적 and 법칙** 일반적 and 법칙을 사용해 다시 집어넣지 않고 카드 한 벌에서 두 장의 카드를 뽑을 때 스페이드 에이스를 두 번 뽑을 확률을 계산하라.

일반적 and 법칙은 우리가 다음과 같은 결과를 확립할 수 있도록 허용한다.

명제 4.36 $\Pr(A|B) * \Pr(B) = \Pr(B|A) * \Pr(A)$

증명

명제 4.34에 의해 $\Pr(A \,\&\, B) = \Pr(A|B) * \Pr(B)$일 뿐만 아니라 $\Pr(B \,\&\, A) = \Pr(B|A) * \Pr(A)$이다. 왜냐하면 $\Pr(A \,\&\, B) = \Pr(B \,\&\, A)$의 논리에 의해, $\Pr(A|B) * \Pr(B) = \Pr(B|A) * \Pr(A)$이어야 하기 때문이다. ■

잘 섞인 카드 한 벌에서 카드 하나를 뽑았는데 **A**는 당신이 에이스를 뽑고 ◆는 당신이 다이아몬드를 뽑은 것이라 가정하자. 그렇다면 $\Pr(\mathbf{A}|\blacklozenge) * \Pr(\blacklozenge) = \Pr(\blacklozenge|\mathbf{A}) * \Pr(\mathbf{A})$이 성립한다. 숫자를 넣어보면 다음 사실을 확인할 수 있다. $1/13 * 13/52 = 1/4 * 4/52 = 1/52$.

이 조건부 확률의 개념은 우리가 독립에 대한 정의를 명확히 할 수 있게 해준다. 우리는 A의 확률이 B의 발생 여부에 의존하지 않는다면 두 결과 A와 B는 독립적이라고 말했다. 이것을 말하는 또 다른 방법은 $\Pr(A|B) = \Pr(A)$이다. 사실, 같은 말을 하는 데는 여러 가지 방법이 있다.

명제 4.37 독립 조건 다음 세 주장은 동일하다.

(i) $\Pr(A|B) = \Pr(A)$

(ii) $\Pr(B|A) = \Pr(B)$

(iii) $\Pr(A \,\&\, B) = \Pr(A) * \Pr(B)$

증명

연습 4.38을 참조하라. ■

연습 4.38 독립성 조건 명제 4.37의 세 부분이 동등하다는 것을 증명하라. 가장 편리한 방법은 (a) (i)가 (ii)를 의히마고, (b) (ii)가 (iii)을 의미하고, (c) (iii)이 (i)을 의미한다는 것을 증명하는 것이다.

(iii) 부분은 익숙하다는 것을 주목하라. 그것은 우리가 and 법칙(공리 4.20)으로 알고 있는 원칙이다. 따라서 일반적 and 법칙과 문제의 두 결과가 독립이라는 가정으로부터 논리적으로 깔끔하게 성립한다.

4.5 총 확률과 베이즈 법칙

조건부 확률은 또한 무조건적인 확률을 계산하는 데 사용할 수 있다. 여러분이 프리스비 공장을 운영하고 있고 그 프리스비 중 하나가 불량일 확률을 알고 싶다고 가정하자. 프리스비를 생산하는 두 개의 기계가 있다. 하루에 800개의 프리스비를 생산하는 새로운 기계 (B)와 하루에 200개의 프리스비를 생산하는 오래된 기계 (¬B). 따라서 무작위로 선택된 프리스비가 기계 B에 의해 생산될 확률은 $\Pr(B) = 800/(800 + 200) = 0.8$이고 기계 ¬B에 의해 생산될 확률은 $\Pr(\neg B) = 1 - \Pr(B) = 0.2$이다. 새로운 기계로 생산된 프리스비 중 1%가 불량(D)이고, 오래된 기계에 의해 생산된 것 중 2%가 불량이다. 기계 B에 의해 무작위로 선택된 프리스비가 불량일 확률은 $\Pr(D|B) = 0.01$이고 기계 ¬B에 의해 생산된 무작위로 선택된 프리스비가 불량일 확률은 $\Pr(D|\neg B) = 0.02$이다. 네 가지 가능성을 나타내는 트리를 그리는 것이 유용할 수 있다(그림 4.3 참조).

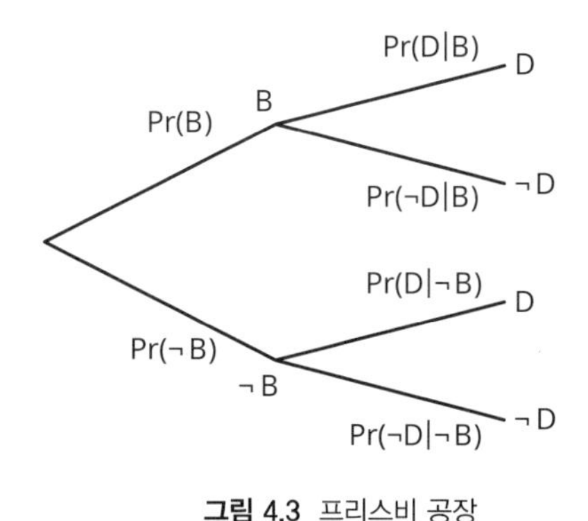

그림 4.3 프리스비 공장

당신의 공장에서 무작위로 선택된 프리스비가 불량일 확률이 얼마나 되는가? 불량 프리스비를 생산하는 데는 두 가지 방법이 있다. 기계 B와 기계 ¬B. 따라서 프리스비가 불량일 확률 Pr(D)은 다음 확률과 같다. 프리스비가 기계 B에 의해 생산되고 불량인 것으

로 판명되거나, 프리스비가 기계 ¬B에 의해 생산되고 불량인 것으로 판명될 확률 즉, Pr([D & B] ∨ [D & ¬B])이다. 이러한 결과는 분명히 상호배타적이므로, 확률은 Pr(D & B) + Pr(D & ¬B)과 같다. 일반적 and 법칙을 두 번 적용하면 이는 Pr(D|B) * Pr(B) + Pr(D|¬B) * Pr(¬B)와 같다. 우리는 이 모든 숫자들을 다 가지고 있다.

$$\Pr(\mathrm{D}) = \Pr(\mathrm{D}|\mathrm{B}) * \Pr(\mathrm{B}) + \Pr(\mathrm{D}|\neg \mathrm{B}) * \Pr(\neg \mathrm{B}) = 0.01 * 0.8 + 0.02 * 0.2 = 0.012$$

당신의 공장에서 생산된 무작위로 선택된 프리스비들이 불량일 확률은 1.2%이다. 이러한 계산은 총 확률의 법칙the Rule of Total Probability을 나타내다.

명제 4.39 총 확률의 법칙 $\Pr(D) = \Pr(D|B) * \Pr(B) + \Pr(D|\neg B) * \Pr(\neg B)$

증명

논리적으로 D는 $[D \& B] \vee [D \& \neg B]$와 같다. 따라서 $\Pr(D) = \Pr([\mathrm{D} \& \mathrm{B}] \vee [\mathrm{D} \& \neg\mathrm{B}])$이다. 두 결과는 상호배타적이기 때문에, or 법칙(공리 4.15)에 의해 이는 $\Pr(D \& B) + \Pr(D \& \neg B)$과 같다. 일반적 and 규칙(명제 4.34)을 두 번 적용하면 $\Pr(D) = \Pr(D|B) * \Pr(B) + \Pr(D|\neg B) * \Pr(\neg B)$을 얻는다. ■

연습 4.40 암 총 확률의 법칙을 사용해 다음 문제를 풀어라. 당신은 방금 암 진단을 받은 환자를 만나고 있는 의사다. 환자가 가질 수 있는 두 가지 종류의 암이 있다. A형과 B형이다. A형을 가질 확률은 1/3이고 B형을 가질 확률은 2/3이다. A형은 치명적이다. A형 암 진단을 받은 5명 중 4명의 환자가 1년 안에 사망한다(D). B형은 덜 위험해 B형 암 진단을 받은 환자 5명 중 1명만이 1년 안에 사망한다(D).

(a) 4가지 가능한 결과를 나타내는 트리를 그려라.

(b) 1년 이내에 환자가 사망할 확률을 계산하라.

연습 4.41 스쿠버다이빙 자격증 당신은 공인 스쿠버다이버가 되기 위한 시험에 참가할 예정이고 합격하기(P)를 매우 희망한다. 시험은 쉬울 수도 있고(E) 아닐 수도 있다. 시험이 쉬울 확률은 60%이다. 쉬운 경우에는 합격 확률을 90%로 추정하고, 어려운 경우에는

50%로 추정한다. 합격 확률은 얼마나 되는가(P)?

당신이 질문할 수 있는 또 다른 유형의 질문이 있다. 공장에서 생산된 프리스비 중 하나를 집어들었는데, 결함이 있다고 가정해보자. 결함이 있는 프리스비가 새 기계에 의해 생산됐을 확률은 얼마인가? 여기서 당신은 D의 조건부로 프리스비가 B일 확률, 즉 Pr(B|D)을 묻고 있는 것이다. 우리는 불량 프리스비를 생산할 수 있는 두 가지 방법이 있다는 것을 알고 있다.

새로운 기계에서 나왔거나(D & B) 또는 오래된 기계에서 나왔거나 (D & ¬B) 둘 중 하나다. 우리는 또한 이러한 상태들이 어떤 주어진 프리스비(반드시 결함이 있는 것은 아니다)에 대해 얻을 확률을 안다. 즉 Pr(D & B) = Pr(D|B) * Pr(B) = 0.01 * 0.8 = 0.008이고 Pr(D & ¬B) = Pr(D|¬B) * Pr(¬B) = 0.02 * 0.2 = 0.004이다. 우리는 프리스비가 결함이 있을 때, 새 기계에서 나올 확률 즉 Pr(B|D)을 원한다. 수치를 보면 첫 번째 확률이 두 번째 확률보다 두 배 크다는 것을 알 수 있다. 이것이 의미하는 바는 세 가지 중 두 가지 경우에서 결함이 있는 프리스비는 새로운 기계에서 나온다는 것이다. 공식적으로 Pr(D|B) = 0.008/0.012 = 2/3이다. 이것은 일반적으로 새로운 기계가 오래된 기계에 비해 결함 있는 프리스비의 비율이 낮다는 사실의 관점에서 비춰 볼 때, 놀랄 수 있다. 하지만 이는 새로운 기계가 또한 오래된 것보다 훨씬 더 많은 프리스비를 생산한다는 사실에 의해 설명된다.

방금 수행한 계산은 베이즈의 법칙이나 베이즈의 정리에 대한 설명인데, 실제보다 더 복잡해보인다.

명제 4.42 베이즈의 법칙

$$\begin{aligned}\Pr(B|D) &= \frac{\Pr(D|B) * \Pr(B)}{\Pr(D)} \\ &= \frac{\Pr(D|B) * \Pr(B)}{\Pr(D|B) * \Pr(B) + \Pr(D|\neg B) * \Pr(\neg B)}\end{aligned}$$

증명

법칙은 두 가지 형태가 있다. 첫 번째 형태는 명제 4.36에서 방정식의 양변을 $\Pr(D)$로 나누면 얻을 수 있다. 두 번째 형태는 분모에 총 확률의 법칙(명제 4.39)을 적용해 첫 번째 형태에서 얻을 수 있다. ■

연습 4.43 암(계속) 연습 4.40의 환자가 A형인지 B형인지 알기 전에 1년 이내에 사망한다고 가정해보자. 환자가 1년도 안돼 사망한 것을 감안하면 A형 암에 걸렸을 확률은 어느 정도일까?

연습 4.44 스쿠버다이빙 자격증(계속) 당신은 스쿠버다이빙 시험을 통과했다! 친구는 이렇게 말한다. "잘 나가는데 소금 뿌리려 하는 것이 아니지만 당신은 분명히 쉬운 테스트를 받았다." 당신이 합격했다고 가정했을 때, 쉬운 시험을 볼 확률이 얼마나 될까?

베이즈의 법칙은 매우 강력한 원칙이다. 이 법칙이 얼마나 유용한지 보여주기 위해 다음 문제를 고려하자. 이 문제를 공격하는 방법이 즉시 명확하지 않은 경우, 확률을 식별하는 트리를 그리는 것은 거의 항상 유용하다.

연습 4.45 데이트 게임 당신은 L에게 데이트를 신청하는 것을 고려하고 있지만, L이 이미 다른 사람과 데이트를 시작했을까 봐 약간 걱정된다. L이 다른 사람과 사귈 확률은 1/4이라고 할 수 있다. 만약 L이 다른 사람과 데이트를 한다면, 그/그녀는 데이트를 하자는 당신의 제안을 받아들일 것 같지 않다. 사실 당신은 그 확률이 1/6이라고 생각한다. 하지만 L이 다른 사람과 사귀고 있지 않다면, 당신은 확률이 2/3 정도 더 높다고 생각할 것이다.

(a) L이 다른 사람과 데이트하고 있지만 어쨌든 데이트하자는 당신의 제안을 받아들일 확률은 얼마나 될까?

(b) L이 다른 사람과 데이트하지 않고 당신의 데이트 제안을 받아들일 확률은 얼마나 될까?

(c) L이 당신의 데이트 제안을 받아들일 확률은 얼마인가?

(d) L이 데이트 제안을 받아들인다고 가정하자. L이 데이트를 하기로 했을 때, L이 다른 사람과 데이트할 확률은 얼마나 되는가?

4.6절과 5.4절에 베이즈의 법칙에 관한 더 많은 연습이 있다. 177쪽의 연습 5.34도 참조하라.

4.6 베이지안 업데이트

베이즈의 법칙은 종종 새로운 증거에 비춰 우리의 믿음을 어떻게 업데이트해야 하는지를 포착하는 것으로 여겨진다. 우리는 항상 새로운 증거에 비춰 믿음을 업데이트한다. 일상생활에서 우리는 특정 대선 후보가 얼마나 잘 하고 있는지에 대한 증거에 비춰 선거에서 승리할 것이라는 믿음을 새롭게 한다. 여기에 있는 증거에는 여론조사 결과, 대선 토론회에서의 그 또는 그녀의 성과에 대한 우리의 판단 등이 포함될 수 있다. 과학에서 우리는 실험, 현장 연구 또는 다른 출처에서 올 수 있는 증거에 비춰 가설이나 이론의 타당성에 대한 우리의 평가를 업데이트한다. 지평선이 있다는 사실, 월식 때 지구가 달에 둥근 그림자를 드리운다는 사실 그리고 세계를 여행할 수 있다는 사실에 비춰 지구가 평평하다는 사람의 순수한 믿음이 어떻게 갱신될 수 있는지 생각해보라. 과학철학자들은 과학이론의 확인에 대해 이야기하기 때문에 이것이 어떻게 이뤄지는지에 대한 이론을 확인 이론Confirmation Theory이라고 한다. 베이즈의 법칙은 확인 이론에서 중요한 역할을 한다.

이것이 어떻게 작용하는지 보기 위해, 믿음 업데이트의 문제를 다음과 같이 생각해보라. 중요한 것은 주어진 가설이 참인지 거짓인지 여부다. 가설이 참이면 증거를 얻을 확률이 어느 정도 된다. 가설이 거짓이면 증거를 얻을 수 있는 또 다른 확률이 있을 것이다. 문제는 증거가 얻는 사실에 비춰 볼 때, 당신이 어떻게 당신의 신념, 즉 가설이 참일 가능성에 부여한 확률을 바꿔야 하는가 하는 것이다. 그림 4.4는 문제의 구조를 도출하는 데 도움이 된다.

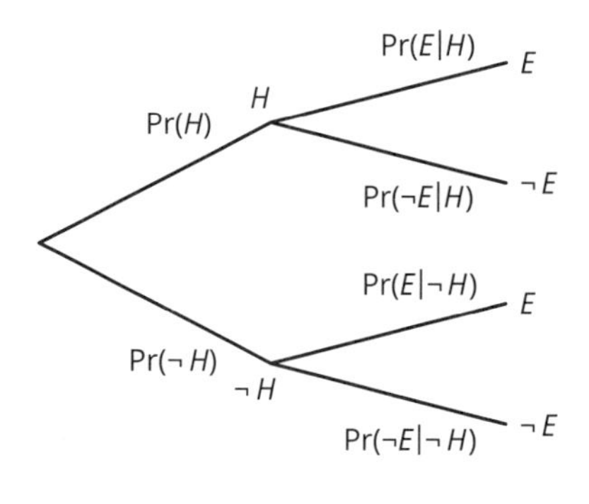

그림 4.4 베이지안 업데이트

H는 가설을 나타내고 E는 증거를 나타내자. H의 확률 $\Pr(H)$을 **사전확률**Prior Probability이라고 한다. 즉, E가 참인지 여부를 알기 전에 H가 참일 확률이다. 주어진 H의 확률 $\Pr(H|E)$은 **사후확률**Posterior Probability이라고 부른다. 즉 증거 E가 참일 때 H가 얻을 확률이다. 문제는 사후확률이 얼마여야 하느냐는 것이다. 이 질문은 베이즈의 법칙Bayes'es Rules의 간단한 적용으로 답할 수 있다. 명제 4.42에서 B는 H, D는 E로 대체하면 다음과 같이 베이즈의 법칙을 쓸 수 있다.

$$\Pr(H|E) = \frac{\Pr(E|H) * \Pr(H)}{\Pr(E|H) * \Pr(H) + \Pr(E|\neg H) * \Pr(\neg H)}$$

결과는 증거 E에 비춰 가설 H에 대한 믿음을 업데이트하는 방법을 알려준다. 특히 베이즈의 법칙은 H가 참일 때 할당할 확률이 $\Pr(H)$에서 $\Pr(H|E)$로 돼야 함을 알려준다. 베이즈의 법칙에 따라 믿음을 바꾸면 베이지안 업데이트를 한다고 한다.

존John과 웨스Wes가 학생이 교실에 가져온 동전이 두 개의 헤드를 가지고 있는지 아니면 공정한지에 대해 논쟁하고 있다고 가정해보자. 다른 가능성은 없다고 상상하는 것이다. 어떤 이유에서든 그 학생은 그들이 동전을 검사하지 못하게 할 것이지만, 그녀는 그들이 동전 던짐의 결과를 관찰하도록 할 것이다. H를 동전이 두 개의 앞면을 가지고 있다는 가설로 하자. 따라서 $\neg H$는 동전이 공정하다는 것을 의미한다. 먼저 존을 생각해보자. 존은 동전이 두 개의 앞면을 가질 가능성은 낮다고 생각한다. 즉 그의 사전확률 $\Pr(H)$는 0.01이다. 동전을 던지고, 앞면이 나온다고 가정하자. E는 "동전이 앞면이 나온다"

를 의미한다. 문제는 이것이다. E가 사실이라면 존은 H에 얼마의 확률을 할당하는가?

베이즈의 법칙을 고려할 때, 존의 사후확률 $\Pr(H|E)$을 계산하는 것은 간단하다. $\Pr(H) = 0.01$이 주어지므로 $\Pr(\neg H) = 1 - \Pr(H) = 0.99$이다. 문제에 대한 묘사를 통해 조건부 확률도 알 수 있다. 즉 $\Pr(E|H) = 1$이고, $\Pr(E|\neg H) = 0.5$이다. 남은 것은 다음과 같이 숫자를 정리에 삽입하는 것이다.

$$\Pr(H|E) = \frac{\Pr(E|H) * \Pr(H)}{\Pr(E|H) * \Pr(H) + \Pr(E|\neg H) * \Pr(\neg H)}$$
$$= \frac{1 * 0.01}{1 * 0.01 + 0.5 * 0.99} \approx 0.02$$

존의 사후확률 $\Pr(H|E)$이 그의 사전확률 $\Pr(H)$와 다르다는 사실은 그가 증거에 비춰 믿음을 업데이트했다는 것을 의미한다. 앞면을 관찰한 결과, 동전이 두 개의 앞면을 가질 확률이 높아졌다. 사후확률이 사전확률과 증거 E를 모두 반영하는 방법에 주목하라.

이제 만약 존이 동전에 대한 더 많은 증거에 접근한다면, 그가 그의 믿음을 다시 업데이트하지 말아야 할 이유가 없다. 학생이 동전을 두 번째로 던지고 다시 앞면이 나온다고 가정해보자. 우리는 존의 이전 사후확률을 새로운 사전확률로 취급하고 베이즈의 법칙을 한 번 더 적용함으로써 이 두 번째 던지기를 관찰한 후에 존의 확률이 얼마여야 하는지 알아낼 수 있다.

$$\Pr(H|E) = \frac{1 * 0.02}{1 * 0.02 + 0.5 * 0.98} \approx 0.04$$

그가 두 번째로 동전이 앞면으로 나온 것을 알고 난 후에 그의 사후확률이 훨씬 더 높아진다는 것을 주목하라.

연습 4.46 베이지안 업데이트 학생이 동전을 던지기 시작하기 전에 웨스는 두 개의 동전을 가진다는 가설에 50%의 확률을 할당한다.

(a) 첫 번째 시행 이후 웨스의 사후확률은 얼마인가?

(b) 두 번째 시행 이후에는 웨스의 사후확률이 얼마인가?

그림 4.5는 존과 웨스의 사후확률이 어떻게 전개되는지를 보여준다. 시간이 지남에 따라

둘 다 가설에 할당된 확률을 증가시킨다. 또한 각각의 확률이 점점 더 가까워진다는 것을 알아두라. 그 결과, 시간이 지남에 따라 (약 15~20번의 시도 후) 그들은 동전이 두 개의 앞면을 가질 확률이 거의 100%라는 것에 사실상 동의했다. 5장에서 합리적 업데이트에 대한 질문으로 돌아가겠다. 그때까지 마지막 연습 하나를 더 한다.

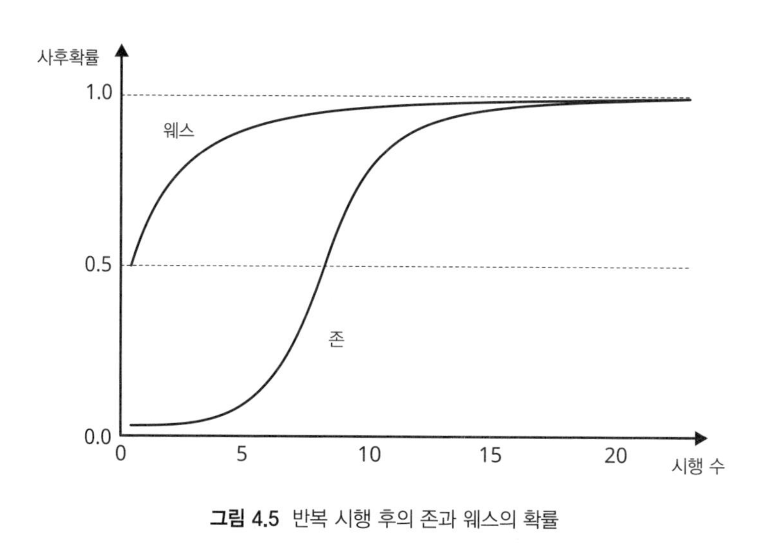

그림 4.5 반복 시행 후의 존과 웨스의 확률

연습 4.47 **베이지안 업데이트(계속)** 세 번째 시행에서 학생이 앞면을 뒤집는 대신 뒷면을 뒤집는다고 가정하자. 존과 웨스의 사후확률은 어떻게 되겠는가? 이 문제를 해결하기 위해 E는 "동전이 뒷면으로 나온다"를 의미하도록 하라.

4.7 논의

4장에서는 확률론에 관해 알아봤다. 그 이론은 일종의 마법 같은 느낌이 든다. 제대로 학습되지 않은 직관이 상충되거나 전혀 맞지 않는 어려운 문제에 직면할 때, 여러분이 해야 할 일은 올바른 방법, 올바른 순서에 따라 의식(법칙)을 적용하기만 하면 정답이 바로 나온다! 어쨌든 확률론은 통계적 추론의 기초로, 특히 광범위한 적용에 있어 중요하다. 판단 이론Theory of Judgement, 즉 증거에 비춰 믿음을 어떻게 수정해야 하는지에 대한 이론으로 해석될 수 있기 때문에 이와 관련이 있다. 베이지안 업데이트에 관한 절(4.6절)은 논의가 어떻게 진행되는지를 보여준다. 확률 미적분학의 공리와 법칙을 받아들이는 한, 베이즈의 법칙에 따라 확률을 수학적으로 업데이트한다는 것을 확인했다. 이게 얼마나 깔끔한지 보라. 이 이론은 여러분의 사전확률이 무엇이고 무엇이 돼야 하는지에 대해서는 말하지 않지만, 증거를 관찰한 후 여러분의 사후확률이 정확히 얼마가 될 것인지 또는 돼야 하는지를 알려준다.

이 이론은 또한 시간이 지남에 따라 이전은 당신이 생각하는 것보다 더 적은 차이를 만들 것이라고 시사한다(5.5절 참고).

이 이론은 얼마나 그럴듯한가? 다시 우리는 기술적 문제와 규범적 문제를 구분해야 한다. 실제로 사람들은 베이즈의 법칙에 따라 자신의 믿음을 업데이트하는가? 그런가? 이 공리들은 기술적 관점이나 규범적 관점 모두에서 약하고 논쟁의 여지가 없어 보일 수 있다. 그러나 결과 이론은 결코 약하지 않다. 확실성하의 선택 이론의 경우처럼, 우리는 상당히 약해 보이는 공리들을 바탕으로 주목할 만큼 강력한 이론을 만들었다. 이 이론은 일부 사람들이 주장하는 것만큼 까다롭지 않다는 것을 명심하는 것이 중요하다. 그것은 당신의 믿음을 업데이트할 때 당신이 겪는 실제 인지적 과정을 묘사하기 위한 것이 아니다. 이 이론은 당신이 머릿속에 베이즈의 정리를 적용해야 한다고 말하지 않는다. 그러나 다양한 조건부 및 무조건적 확률을 고려할 때 사후확률이 사전확률과 정확히 어떻게 관련되는지 명시한다.

5장에서는 이론이 증거에 직면했을 때 어떻게 진행되는지 알아보겠다.

추가 연습

연습 4.48 SAT 시험 SAT 시험을 볼 때 다양한 문제의 정답이 완전히 무작위로 나온다고 생각할 수 있다. 사실은 그렇지 않다. 테스트의 작성자들은 답이 무작위로 보이기를 원하기 때문에 모든 정답이 (d)처럼 되지 않도록 한다. 다음 세 가지 결과를 고려하라. A: 12번 문제의 정답은 (d)이다. B: 13번 문제의 정답은 (d)이다. C: 14번 문제의 정답은 (d)이다. 결과 A, B, C는 상호배타적인가, 독립적인가, 아니면 둘 다인가?

연습 4.49 **랭포드 씨** 지역 도박업소가 래리 랭포드Larry Langford 버밍엄 시장에게 수만 달러의 상금을 주기 위해 장비를 여러 차례 조작했다고 주장한다. 이미 수십 건의 부패 관련 혐의로 감옥에 수감된 랭포드 시장은 돈을 받은 사실을 부인하지 않았다.

조작되지 않은 기계에서 대박을 터뜨릴 확률이 정확히 얼마인지는 알 수 없지만 지적인 추측은 할 수 있다. 랭포드 씨가 세 차례에 걸쳐 1달러를 걸었고 2만 5천 달러를 땄다고 가정해보자. 각 잭팟마다 손익분기가 되기 위해서 도박업소는 1달러를 걸었지만 이기지 못한 24,999명의 사람들이 필요하다. 그래서 1달러를 걸었을 때 이길 확률이 1/25,000 정도라고 추론할 수 있다. 도박업소가 지금 하는 식으로 이익을 내려면, 확률은 더 낮아져야 할 텐데 이 사실은 무시하자.

랭포드 씨가 조작되지 않은 기계에서 3번 플레이했을 때 3번 연속으로 잭팟을 탈 확률은 얼마나 되는가?

기계가 조작되지 않은 상태에서 랭포드 씨가 3회 연속 이길 확률은 랭포드 씨가 3회 연속 이겼을 때 기계가 조작되지 않았을 조건부 확률과 다르다는 점에 유의하라.

연습 4.50 경제학자들은 라스베이거스에서 큰 회의를 여는 것을 환영하지 않는다. 그 이유는 일종의 태만죄Sin of Omission[2]이다. 대부분의 보통 사람들과 달리 경제학자들이 라스베이거스에 있을 때 하지 않는 것으로 알려진 것은 무엇인가?

연습 4.51 **성차별** 20명의 편집위원이 모두 남성이라고 상상해보자.

(a) 이사회가 1/2명의 남성과 1/2명의 여성으로 구성된 풀에서 뽑힌다고 가정할 때, 우연만으로 이러한 일이 발생할 확률은 얼마인가?

(b) 아마도 자격을 갖춘 개인들의 풀이 성별 면에서 완전히 균형을 이루지 못할 것이다. 수영장이 남자 2/3와 여자 1/3로 구성돼 있다면 정답은 무엇인가?

(c) 만약 남자 4/5와 여자 1/5라면?

연습 4.52 **소프트볼** 소프트볼 선수의 타율은 타석에 대한 안타의 비율로 정의된다. 한 선수가 0.250의 타율을 가지고 있고 매우 일관성이 있어 타석에 설 때마다 안타 확률이 같다고 가정해보자. 오늘 경기에서는 이 선수가 정확히 세 번 타석에 서게 된다.

2 성경에서 나오는 구절로 알고도 돕지 않는 죄를 말한다. – 옮긴이

(a) 그녀가 3안타를 칠 확률은 얼마인가?

(b) 그녀가 무안타로 끝날 확률은 얼마인가?

(c) 정확히 한 번의 안타로 끝날 확률은 얼마인가?

(d) 그녀가 적어도 한 번의 안타를 칠 확률은 얼마인가?

연습 4.53 **슈워제너거 주지사** 2009년 캘리포니아 주 의회로부터 거부권을 행사한 후, 캘리포니아 주지사인 아놀드 슈워제너거Arnold Schwarzenegger는 편지를 발표했다(그림 4.6). 사람들은 각 행의 첫 글자에 합치면 저속한 말이 된다는 점을 즉시 눈치챘다. 이때 한 대변인은 "이는 단지 이상한 우연이었다"고 변호했다.

(a) 편지가 8개의 라인을 가지고 있고 알파벳에 있는 26개의 각 문자가 각 줄의 시작 부분에 동일하게 나타날 가능성이 있다고 가정할 때, 이 정확한 메시지가 우연히 나타날 확률은 얼마인가?

(b) 주지사가 매년 많은 편지를 쓰고, 어떤 편지도 이러한 저속함을 표기할 확률이 (a)에 대한 답변보다 높다는 것이 사실이다. 주지사가 매년 8행 편지를 100통 쓴다고 가정하자. 그들 중 적어도 하나가 지속함이 나타날 확률이 얼마인가?

```
To the Members of the California State Assembly:

I am returning Assembly Bill 1176 without …

For some time now I have lamented the fact tha …
unnecessary bills come to me for consideration …
care are major issues my Administration has br …
kicks the can down the alley.

Yet another legislative year has come and gone …
overwhelmingly deserve. In light of this, and …
unnecessary to sign this measure at this time.

Sincerely,
Arnold Schwarzenegger
```

그림 4.6 주지사 슈워제네거의 편지

연습 4.54 **맥스의 안 좋은 날** 맥스Max는 객관식 시험을 앞두고 있다. 이 시험은 10개의 문항으로 구성돼 있으며 각각 "참"과 "거짓" 두 개의 가능한 답이 있다. 맥스는 질문에 대한 정답이 무엇인지 전혀 알지 못한다. 그는 무작위로 답을 고르기로 결심한다.

(a) 맥스가 10개의 문제를 모두 맞출 확률은 얼마인가?

(b) 맥스가 첫 번째 문제를 틀리고 다른 문제를 맞출 확률은 얼마인가?

(c) 맥스가 두 번째 문제를 틀리고 다른 문제를 맞출 확률은 얼마인가?

(d) 맥스가 정확히 9개의 문제를 맞출 확률은 얼마인가?

(e) 맥스는 이번 시험에서 꼭 A를 받아야 한다. 그가 A를 받기 위해서는 9문제 이상을 맞혀야 한다. 맥스가 A를 받을 확률이 얼마나 되는가?

연습 4.55 **임신 테스트** 새로운 임신 테스트 라인을 마케팅하고 있다. 테스트는 간단하다. 공정한 동전을 던진다. 만약 동전이 앞면으로 나오면 당신은 고객이 임신했다고 알린다. 동전이 뒷면으로 나오면 고객이 임신한 것이 아니라고 보고한다.

(a) 첫 번째 고객은 남자다. 검사 결과, 임신 상태가 정확히 예측될 확률이 얼마인가?

(b) 두 번째 고객은 여성이다. 검사 결과, 임신 상태가 정확히 예측될 확률이 얼마인가?

(c) 검사를 10회 실시한 후 고객의 임신 상태를 정확하게 예측하지 못했을 확률은 얼마인가?

(d) 검사를 10회 실시한 후 고객 중 한 명 이상의 임신 상태를 정확하게 예측할 확률은 얼마인가?

적어도 한 명의 고객에 대해서 정답을 맞힐 확률이 얼마나 높은지 주목하라. 이는 부자가 되기 위한 다음과 같은 방법을 제안한다. 주식 고르는 방법에 대한 조언이 담긴 뉴스레터를 10개, 100개, 무엇이든 마음대로 발행하라. 아무리 뉴스레터 하나하나가 좋은 조언을 해줄 가능성이 낮다고 해도 충분히 발행한다면 적어도 한 장은 좋은 조언을 해줄 가능성이 매우 높다. 그런 다음 성공적인 뉴스레터를 증거로 제시하면서 당신의 훌륭한 실적을 바탕으로 서비스를 판매하라. 이미 많은 사람들이 이렇게 하고 있을 것이다. 5.3절에서 이 문제를 다시 살펴본다.

문제 4.56 임신 테스트(계속) 연습 4.55의 임신 테스트는 불필요하게 복잡하다. 더 간단한 또 다른 테스트가 있다. 고객이 임신하지 않았다고 보고하기만 하면 된다. 간이 검사를 사용할 때 무작위로 선택한 대학생의 임신 상태를 제대로 알 확률은 대략 얼마인가?

더 읽을거리

확률론에는 수많은 입문서가 있다. Earman and Salmon(1992)은 확률론의 맥락에서 확률론을 다루며 프리스비와 동전에 대한 이야기의 출처다(70~4쪽). 또한 확률의 의미에 대한 토론을 포함한다. 미국 소비자 연맹(2006)은 부자가 되기 위한 가장 실용적인 방법에 대한 사람들의 견해를 논의한다. 버밍엄 시장 Larry Langford의 운명은 Tomberlin(2009)에, 캘리포니아 주지사 Arnold Schwarzenegger의 운명은 McKinley(2009)에 기록돼 있다.

05 위험과 불확실성하의 판단

학습 목표

- 확률론에 위배되는 공통 믿음 패턴을 식별할 수 있다.
- 편향 및 휴리스틱 프로그램의 모든 빌딩 블록을 숙지한다.
- 현실 세계에 확률론을 적용하되 모든 상황에 적용되지는 않을 수 있다는 점을 인정한다.

5.1 소개

4장에서는 비교적 논란의 여지가 없는 제한된 수의 공리를 기반으로 강력한 확률적 판단 이론을 구축할 수 있는 방법을 보여줬다. 비록 그 공리들이 약해 보일지라도, 그 결과 이론은 결코 아니다. 그 이론은 특히 기술적인descriptive 근거에서 비판의 여지가 있다. 이 절에서는 이론이 확률적 판단을 기술하는 데 적절한 이론으로 작용할 수 있는지 즉, 사람들이 실제로 확률적 판단을 내리는 방법을 포착하는지 여부를 검토한다. 그리고 제대로 기술하지 못한다는 것을 시사하는 일련의 현상을 탐구한다. 그 불일치는 확률적 판단을 적절하게 기술하는 이론이 우리가 방금 배운 이론과 달라야 함을 암시한다. 또한 행동 이론의 빌딩 블록에 대한 연구를 계속할 것이다. 특히 더 많은 휴리스틱을 검토하고 이러한 휴리스틱이 초래할 수 있는 편향에 대해 논의함으로써 3장에서 휴리스틱과 편향 프로그램에 대한 논의를 이어 갈 예정이다. 그러므로 5장은 행동경제학자들이 관찰된 행동과 표준 이론 사이의 불일치에 어떻게 반응하는지에 관한 더욱 자세한 설명을 제공한다.

5.2 도박사의 오류

4.3절에서 접한 독립성 개념은 경제와 금융에서 절대적으로 중요하다. 예를 들어 투자를 운용하고 있다면 분산을 해야 한다. 당신의 모든 돈을 구글 주식과 같은 단일 자산에 투자하면서, 당신의 모든 달걀을 한 바구니에 넣는 것은 현명하지 못할 것이다. 다만 제대로 된 분산을 위해서는 둘 이상의 자산에 투자하는 것만으로는 충분하지 않은데, 함께 등락할 종목에 투자한다면 사실상 분산 포트폴리오를 갖고 있지 않다는 것이다. 당신이 해야 할 일은 충분히 독립적인 자산에 당신의 돈을 투자하는 것이다. 실제 투자 운용에서는 자산이 독립적이라고 가정할 수 있는지 여부를 탐색하는 데 많은 노력을 기울인다.

공학과 같은 분야에서도 독립의 개념은 매우 중요하다. 새 원전을 설계하는 단계라면 원자로 융해Nuclear Meltdown를 막을 수 있는 여러 안전 시스템을 포함해야 한다. 그러나 한 시스템 고장이 다른 시스템 고장과 충분히 독립적일 때에만 한 시스템 대신 다섯 개의 안전 시스템을 갖추면 추가적인 안전성을 얻을 수 있다. 이를테면 모든 안전 시스템이 하나의 볼트로 함께 고정되거나 동일한 콘센트에 꽂혀 있는 경우 한 시스템의 고장이 다른 시스템의 고장과 독립적이지 않으며, 공장은 그렇게 안전하지 않을 것이다. 원자력 발전소 설계 및 그 밖의 경우, 서로 다른 시스템(기계의 작동에 모두 중요한 경우)이 서로 충분히 독립적일 수 있도록 보장하기 위해 많은 노력을 기울인다.

연습 5.1 달걀과 바구니 독립의 개념을 사용해 왜 모든 달걀을 한 바구니에 담으면 안 되는지 설명하라.

연습 5.2 알람 알람 시계가 때때로 꺼지지 않는다는 것을 알고, 어떤 사람들은 아침에 일어나도록 여러 개의 알람을 설정한다.

(a) 의도한 대로 작동하기 위해 서로 다른 알람이 종속적이어야 하는가 혹은 독립적이어야 하는가?

(b) 스마트폰에 알람을 여러 개 설정하는 경우 알람은 종속적인가 혹은 독립적인가?

원칙적으로 독립성에 대해 두 가지 종류의 실수를 한다. 두 가지 결과가 실제로 독립적이지 않을 때 두 가지 결과가 독립적이라고 생각할 수도 있고 실제로 독립적일 때 두 가지 결과가 독립적이지 않다고 생각할 수 있다. 사람들은 두 가지 종류의 실수를 모두 저지른다. 순서대로 고려해보자.

일례로 사람들이 완전히 독립이라고 가정해 주식과 채권에 투자할 때, 두 가지 결과가 실제로 일어나지 않을 때 독립이라고 생각하는 것이다. 실제로 그들은 독립이 아니다. 글로벌 금융 위기의 중요한 교훈 중 하나는 현대 금융의 국제적 성격이 매우 크고 모기지 등이 패키지되고 판매되는 복잡한 방법 때문에 미국 주식, 노르웨이 부동산 등 광범위한 자산이 확률적으로 의존적이라는 것이다. 공통적인 부분을 갖고 있거나 한 명의 매니저의 맑은 정신 또는 한 가지 전력원의 신뢰도에 의존하는 원자력 발전소 안전 시스템을 구축할 때 두 가지 결과가 실제로 독립이지 않은데, 독립이라고 생각하는 것이다. 예를 들어 사람들이 이전의 결과를 바탕으로 룰렛 휠의 결과를 예측할 수 있다고 생각할 때, 사람들은 독립이 아닐 때, 독립적이라고 생각하는 것이다. 물론 사람들은 예측할 수 없다. 카지노의 룰렛 휠은 결과들이 완전히 독립으로 만들도록 설치된다. 그리고 카지노가 고객들이 결과를 예측할 수 없도록 하는 것이 카지노에게 좋은 방법이기 때문에 그들은 그렇게 설치됐다. 그럼에도 많은 사람들은 룰렛 게임의 결과를 예측할 수 있다고 믿는다. 예를 들어 인터넷은 룰렛을 할 때 카지노를 이기는 방법에 관한 많은 조언을 한다. "룰렛 테이블을 모니터링하라", "시스템을 개발하라", "돈을 걸고 게임을 하기 전에 무료 테이블에 시스템을 사용해보라". 인터넷 검색에서 "룰렛 팁"을 검색하면 다양한 결과가 확률적으로 종속된 것으로 생각하도록 권장하는 긴 웹 페이지 목록을 찾을 수 있다.

연습 5.3 당첨자 복권 공급업자는 그림 5.1과 같은 표지판을 붙이는 것을 좋아한다. 우리가 이 절에서 발견한 두 가지 실수 중에서, 그들이 당신이 오늘 저지르기를 바라는 것은 무엇인가?

$	당첨	$
$	$1,000,000	$
$	복권	$
$	티켓	$
$	여기서 팔았다	$

그림 5.1 당첨 티켓을 여기서 팔았다.

연습 5.4 **세 가지** "나쁜 일은 항상 세 개 일어난다"고 사람들은 종종 말하며 1970년 말과 1971년 초에 재니스 조플린, 지미 헨드릭스, 짐 모리슨 모두가 서로 몇 달 간격으로 죽었다는 사실을 증거로 제시한다. 이 사람들은 어떤 잘못을 저지르는 것인가?

두 가지 결과가 실제로 그렇지 않을 때 좌우된다고 생각하는 한 가지 구체적인 경우는 도박사의 오류Gambler's Fallacy이다. 어떤 시스템의 평균적인 행태로부터의 이탈이 단기적으로 수정될 것이라고 생각하는 것이다. 몇 년 동안 허리케인이나 교통사고 같은 것을 경험하지 못했기 때문에 자신이 "사고를 당할" 것이라고 생각하는 사람들은 도박사의 오류를 범하는 것이다. 여기서는 허리케인과 자동차 사고는 매년 관계가 없다고 가정해야 할 것이다. 당신이 교통사고를 당할 것이라고 생각하는 것이 오히려 당신이 교통사고를 당할 가능성을 더 높인다고 할 수 있다. 만약 그렇다면, 사고가 없을수록 당신이 사고를 당할 가능성이 더 커질 것이다.

다음 연습은 얼마나 쉽게 잘못을 저지를 수 있는지를 보여준다.

연습 5.5 **도박사의 오류** 다음 두 질문 사이의 차이를 주의 깊게 주목하라.

(a) 동전을 8번 던지려고 한다. 앞면이 8번 나올 확률이 얼마나 되는가?
(b) 방금 동전을 7번 던져서 앞면이 7번 나왔다. 동전을 마지막으로 한 번 더 던졌을 때 또 앞면이 나올 확률은 얼마인가? 즉, 8번 앞면이 연속으로 나오는 것을 의미한다.

도박꾼의 오류는 때때로 대표성representativeness으로 설명된다. 우리는 앵커링과 조정에 관한 3.6절의 휴리스틱을 배웠다. 휴리스틱과 편향 프로그램에 따르면 사람들은 대체로 합리적이지만 때때로 비합리적인 휴리스틱, 즉 경험 법칙을 따름으로써 판단을 내린다. 대표성 휴리스틱은 그런 휴리스틱이다. 대표성 휴리스틱을 사용하는 경우, 결과가 해당 프로세스를 대표하는 정도를 참조해 일부 결과가 주어진 프로세스의 결과일 확률을 추정한다. 만약 결과가 프로세스를 매우 잘 대표하는 경우, 결과가 프로세스의 결과일 확률이 높을 것으로 추정하고, 결과가 잘 대표하지 않는 경우 그 확률이 낮을 것으로 추정한다.

HHHHHHHH와 같은 시퀀스가 HHHHHHHT와 같은 시퀀스보다 공정한 동전을 8번 던지는 과정을 잘 대표하지 못하고, 또한 HHHHHHHT는 HTTTHHTH와 같은 시퀀스보다 잘 대표하지 못한다고 가정하면, 대표성 휴리스틱이 도박사의 오류를 설명할 수 있다. 대표성 휴리스틱을 사용하면 첫 번째 시퀀스는 두 번째 시퀀스보다 확률이 낮고 두 번째 시퀀스는 세 번째 시퀀스보다 확률이 낮다는 결론을 내릴 수 있다. 물론 현실에서는 선험적으로 그 셋은 일어날 확률이 똑같다.

연습 5.6 **대표성** 다음 두 가지 결과 중 어떤 것이 대표성 휴리스틱을 사용할 가능성이 더 높은 사람들에게 영향을 미치는가? 주사위를 다섯 개 굴릴 때 4–3–6–2–1 또는 6–6–6–6–6을 얻는다.

대표성 휴리스틱은 다양한 맥락에서 완벽하게 합리적일 수 있다. 예를 들어 친절한 사람들이 친절한 행동을 더 많이 하고, 비열한 사람들이 더 비열한 행동을 더 많이 한다고 추론하기 위해 사용된다면, 대표성 휴리스틱은 불리한 사건으로부터 우리를 보호할 수 있다. 하지만 예측 가능하고 체계적인 실수 패턴을 만들어낼 수 있기 때문에, 앵커링과 조정에서와 같이 편향을 초래할 수 있다. 또 다른 예로 다음과 같은 경우를 들 수 있다.

연습 5.7 **쌍둥이** 한 사람이 임신할 때마다 쌍둥이를 가질 확률은 100분의 1이고, 한 번 쌍둥이를 임신한 것이 나중에 쌍둥이를 임신할 확률에 영향을 미치지 않을 것이라고 가정하자.

(a) 아직 임신하지 않았지만, 두 번 임신할 것이다. 쌍둥이를 두 번 임신할 확률이 얼마나 되는가?

(b) 방금 쌍둥이를 낳았는데, 한 번 더 임신하게 될 것이다. 다시 쌍둥이를 임신하게 될 확률이 얼마인가? 즉 쌍둥이를 두 번 임신하게 될 가능성이 있는가?

다시 말하지만 두 쌍의 쌍둥이를 갖는 것이 아이를 낳는 과정을 유별나게 대표하지 않는다는 인상을 줄 수 있다. 따라서 대표성 휴리스틱에 의존하는 사람들은 이미 한 쌍둥이를 가졌으므로, 두 번째 쌍둥이를 가질 확률이 첫 번째 쌍둥이를 가질 확률보다 작다고 생각할 것이다. 하지만 가정에 따르면 물론, 이 확률들은 같다.

연습 5.8 **랭포드 씨(계속)** 연습 4.49(152쪽)의 랭포드 씨가 두 개의 잭팟을 연속으로 이겼고 세 번째 게임을 하려고 한다고 가정해보자. 그가 세 번 연속으로 잭팟을 세 번 이길 확률이 얼마나 되는가?

도박사의 오류의 보편성을 설명하는 한 가지 방법은 사람들이 소수의 법칙Law of Small Numbers을 믿는다고 말하는 것이다. 즉, 사람들은 작은 샘플이 그들이 추출한 모집단과 비슷한 정도를 과장한다. 동전의 경우 "모집단"은 앞면 반, 뒷면 반으로 구성된다. 소수의 법칙을 믿는 사람은 작은 샘플(예: 8번 동전 던지기 시퀀스)이 모집단과 비슷해 앞면 반과 뒷면 반이 나올 것이라고 과장할 수 있다.

그러나 중요한 것은 결과가 상관관계가 있는 확률 게임이 있다는 것이다. 블랙잭의 경우 카드를 교체하지 않고 데크에서 뽑는데, 이는 주어진 카드를 뽑을 확률이 뽑을 때마다 다름을 의미한다. 그러면 원칙적으로 카드를 세어 게임에서 이길 수 있기 때문에 당신이 카드를 세는 식으로 게임을 하면 카지노가 당신을 퇴출할 수 있는 권리를 갖는 것이다.

5.3 결합 오류와 분리 오류

우리는 이미 (4.3절에서) 결합 오류Conjunction Fallacy를 배웠다. "*A*와 *B*(*A* and *B*)"는 결합이다. 결합의 확률을 과대평가할 때 결합의 오류를 범하게 된다. 로또 6/49에 당첨될 확률을 고려해보자(138쪽의 연습 4.28 참조). 사람들이 답을 처음 알게 될 때 그들은 그것이 얼마나 낮은지 충격을 받는다. 그들은 사실상 첫 번째 숫자가 맞고 두 번째 숫자가 맞는 식으로 진행되는 확률을 과대평가하고 있다. 그들은 결합 확률을 과대평가하고 있기 때문에 결합의 오류를 범하고 있다.

예 5.9 **보잉기** 보잉 747-400은 약 600만 개의 부품을 가지고 있다. 각 부품이 매우 신뢰할 수 있고 확률이 0.000001일 때만 고장 난다고 가정한다. 고장이 독립적인 사건이라고 가정하면, 모든 부품이 고장 없이 잘 작동할 확률은 얼마인가?

한 부품이 작동할 확률은 0.999,999이므로 모든 부품이 잘 작동할 확률은 $(0.999{,}999)^{6{,}000{,}000} \approx 0.0025 = 0.25\%$이다.

이 숫자들을 고려할 때, 747기의 모든 부품이 고장 없이 잘 작동할 확률은 겨우 0.25%이다! 만약 이 수치가 당신이 예상했던 것보다 낮았다면, 당신은 결합 오류를 범한 것이다. 하지만 비행기 추락은 드문데, 비행기들은 많은 중복된 부품으로 만들어지기 때문에 어떤 한 부품의 고장이 반드시 추락으로 이어지지 않기 때문이다. 그러나 모든 기계가 이런 방식으로 제작될 수 있는 것은 아니다. 일부 헬리콥터는 회전 날개rotor를 유지하는 너트 하나에 의존해 너트가 고장 나면 기계 전체가 부서지는 것으로 유명하다. "예수 너트Jesus nut"라는 용어는 전체 시스템의 고장으로 이어지는 부분을 나타내기 위해 사용된다. 아마도 예수님의 개입이 너트의 고장과는 충분히 독립적이라고 가정하지만 그 이름은 너트가 실패했을 때 당신을 구할 수 있는 유일한 것 때문일 것이다.

결합 오류는 계획의 맥락에서 특히 중요하다. 복잡한 프로젝트는 많은 조각을 가진 퍼즐이며, 일반적으로 프로젝트가 성공하기 위해서는 각 조각들이 제자리에 있어야 한다. 한 조각이 제자리에 있을 확률이 높더라도 퍼즐의 모든 조각이 제자리에 있을 확률은 낮을 수 있다. 기획자가 결합 오류를 범하면, 결합의 확률(첫 번째 조각이 제자리에 있고 두 번째 조각이 제자리에 있고 세 번째 조각이 제자리에 있으리라는 명제)을 과대평가하게 된다.

계획 오류Planning Fallacy는 최상의 시나리오와 불합리할 정도로 매우 유사한 예측을 기반으로 계획을 세우는 실수다. 학위 논문, 박사학위 논문, 댐, 교량, 터널, 철도, 고속도로, 전쟁 등 많은 프로젝트가 계획보다 더 오래 걸리고 비용이 많이 든다. 여기 두 가지 유명한 예가 있다.

예 5.10 **시드니 오페라 하우스** 많은 사람들은 시드니 오페라 하우스가 모든 계획 재난의 챔피언이라고 생각한다. 1957년 원래 추정치에 따르면, 이 오페라 하우스는 1963년 초 7백만 달러에 완공될 것이다. 축소된 버전의 오페라 하우스는 1억 2백만 달러를 들여 1973년에 마침내 문을 열었다.

예 5.11 **철도 프로젝트** 1969년과 1998년 사이에 전 세계적으로 수행된 철도 프로젝트의 90% 이상에서 기획자들은 시스템을 사용할 승객 수를 106% 과대평가했다. 비용 초과는 평균 45%였다. 더욱 흥미로운 것은 이 기간 동안 추정치가 개선되지 않았다는 점이다. 즉, 다른 사람들의 실패한 예측에 대해 아는 것이 기획자들이 그들의 예측을 더 현실적으로 만들도록 자극하지 않았다는 것이다.

분리 오류Disjunction Fallacy라는 관련 오류가 있다. "A 또는 B(A or B)"는 분리다. 분리 확률을 과소평가할 때 분리 오류를 범하게 된다. 예를 들어 135쪽의 연습 4.26(d)를 기반으로, 두 개의 주사위를 굴릴 때 적어도 한 개의 6이 나올 확률을 계산해보자.

예 5.12 다음 갯수의 주사위를 굴릴 시 최소 하나 이상의 6을 얻을 확률 계산하라. (a) 주사위 1개 (b) 주사위 2개 (c) 주사위 3개 (d) 주사위 10개

(a) 주사위 1개를 굴릴 때 적어도 하나 이상의 6이 나올 확률은 1에서 6이 아닌 숫자가 나올 확률을 뺀 값으로 이는 $1 - 5/6 \approx 16.6\%$이다.

(b) 주사위 2개를 굴릴 때 적어도 하나 이상의 6가 나올 확률은 1에서 두 번의 시행에서 6이 안 나올 확률을 뺀 값으로 이는 $1 - (5/6)^2 \approx 30.6\%$이다.

(c) 주사위 3개를 굴릴 때 적어도 하나 이상의 6가 나올 확률은 1에서 3번의 시행에서 6이 안 나올 확률을 뺀 값으로 이는 $1 - (5/6)^3 \approx 42.1\%$이다.

(d) 마지막으로, 주사위 10개를 굴릴 때 하나 이상의 6가 나올 확률은 1에서 10번 시행에서 6이 안 나올 확률을 뺀 값으로 이는 $1 - (5/6)^{10} \approx 83.8\%$이다.

시행 횟수가 증가함에 따라 적어도 하나 이상의 6이 나올 확률이 얼마나 빨리 상승하는지 확인하라. 확률이 100%에 도달하는 일은 절대 없겠지만 점근적으로 접근해 시행 횟수가 늘어날수록 점점 가까워질 것이다. 여기서 나온 결과가 예상보다 크다면 분리 오류를 범한 것일 수 있다. 여러 번의 시행에서 적어도 하나 이상의 여섯을 굴릴 확률은 첫 번째 시행에서 6이 나올 확률 또는 두 번째 시행에서 6이 나올 확률 등등과 같으며, 위의 정의를 고려할 때 분리 확률을 과소평가한다면 분리 오류를 범하는 것이다.

연습 5.13 하이킹 토네이도주의보가 발효 중임에도 하이킹을 계획하고 있다. 국립 기상청은 당신이 사는 지역의 매 시간마다 토네이도가 강타할 확률이 30%라고 말한다. 즉 토네이도가 오전 10시에서 11시 사이에 여러분의 지역을 강타할 확률이 30%이고 오전 11시에서 정오 사이에 토네이도가 여러분의 지역을 강타할 확률이 30%다.

(a) 2시간 동안 하이킹하는 동안 토네이도가 적어도 한 번은 당신의 지역을 강타할 확률은 얼마인가?

(b) 3시간 동안 하이킹을 하는 동안 토네이도가 적어도 한 번은 당신의 지역을 강타할 확률은 얼마인가?

(c) 10시간의 하이킹 동안 토네이도가 적어도 한 번은 당신의 지역을 강타할 확률은 얼마인가?

연습 5.14 홍수 평균적으로 10년마다 홍수가 발생하는 지역에 살고 있다고 상상해보자. 당신이 사는 지역에 홍수가 날 확률은 해마다 일정하다. 당신은 몇 년 더 당신의 집에서 살면서 돈을 벌어 저축해야 할지, 아니면 다음 홍수로 당신이 소유한 모든 것을 잃기 전에 이사해야 할지 고민하고 있다.

(a) 향후 2년 동안 당신의 지역에 홍수가 발생하지 않을 확률은 얼마인가?

(b) 향후 2년 동안 당신의 지역에 정확히 한 번의 홍수가 발생할 확률은 얼마인가?

(c) 향후 2년 동안 적어도 한 번의 홍수가 발생할 확률은 얼마인가?

(d) 향후 10년 동안 적어도 한 번의 홍수가 발생할 확률은 얼마인가?

연습 5.15 테러 어떤 날이라도 하루에 테러 공격을 당할 확률이 0.0001이라면, 평균 1년이 365.25일임을 감안할 때, 향후 10년 동안 적어도 한 번의 대규모 테러 공격이 발생할 확률을 계산하라.

이 마지막 연습 문제는 영국과 연합 아일랜드로부터 북아일랜드의 독립을 위해 수십 년 동안 게릴라 전쟁을 벌였던 아일랜드 공화국군IRA, Ireland Republican Army의 악명 높은 성명을 예시한다. 1984년 마가렛 대처 영국 총리의 호텔에 폭탄을 설치해 살해하려다 실패하자 IRA는 성명을 내고 "당신은 항상 운이 좋아야 할 것이다. 우리는 운이 딱 한 번만 좋으면 된다"고 말했다.

분리 오류는 위험 평가의 맥락에서 특히 중요하다. 어떤 복잡한 시스템이 고장 날 위험을 평가할 때, 자동차든 유기체든 시스템 전체가 이러한 요소들 중 하나의 고장으로 이어질 수 있는 방식으로 여러 요소에 결정적으로 의존하는 경우가 종종 있다. 한 원소가 고장 날 확률이 낮더라도 하나 이상의 원소가 고장 날 확률은 높을 수 있다. 분리 오류를 범하는 평가자는 분리 확률을 과소평가할 것이다. 즉, 첫 번째 요소가 실패하거나 두 번째 요소가 실패하거나 세 번째 요소가 실패한다는 명제는 시스템 고장 확률을 과소평가한다는 것을 의미한다.

이 절에서 논의된 두 오류 사이에는 분명한 대칭이 있다. 드 모건의 법칙에 따르면 A & B는 논리적으로 $\neg[\neg A \vee \neg B]$와 동등하다(2.4절 참조). 따라서 확률 $\Pr(A \,\&\, B)$를 과대평가하는 경우 $\Pr(\neg[\neg A \vee \neg B])$를 과대평가하는 것과 같다. 그러나 not 법칙에 의해, 이것은 $1 - \Pr(\neg A \lor \neg B)$를 과대평가한다. 즉 이는 $\Pr(\neg A \lor \neg B)$을 과소평가한다고 하는 것과 같다. 린다 사례의 맥락에서, 그녀가 페미니스트 은행원일 가능성을 과대평가하는 것은 (드 모건의 법칙에 따라) 자신이 비페미니스트 또는 비은행원일 확률을 과소평가하는 것과 같다. 요약하자면, 드 모건의 법칙을 고수한다면 분리 오류를 범할 경우에만 결합 오류를 범하는 것이다.

결합 오류과 분리 오류 모두 앵커링과 조정 측면에서 설명될 수 있다(3.6절 참조). 사람들은 결합을 앵커로 사용하고 불충분하게 하향 조정한다면 결합의 확률을 과대평가하고, 따라서 결합 오류를 범하게 된다. 사람들이 분리를 앵커로 사용하고, 불충분하게 상향 조정을 한다면, 이들은 분리 확률을 과소평가하고 따라서 분리 오류를 범하게 된다. 다음에 더 많은 연습 문제가 있다.

연습 5.16 일반적인 데크에서 카드를 뽑고 다시 집어넣은 후에 카드를 뽑을 때 (a) 1, (b) 2, (c) 10, (d) 52의 카드를 뽑을 확률은 얼마인가?

연습 5.17 **생일 문제** 당신의 행동경제학 수업에 30명의 학생이 있다고 가정하자. 어떤 학생도 생일이 같지 않을 확률이 얼마나 되는가? 문제를 쉽게 하기 위해, 모든 학생들이 같은 윤년이 아닌 해에 태어났으며 출생아들이 여러 해에 걸쳐 랜덤하게 분포돼 있다고 가정하자.

연습 5.18 **서문의 역설** 당신의 새 책의 서문에서 당신은 책의 모든 문장이 진실이라고 확신한다고 쓴다. 그러나 당신은 각 문장이 거짓일 확률이 1%라는 것을 안다. (a) 당신의 책이 100문장이라면 적어도 한 문장이 거짓일 확률은 얼마인가? (b) 당신의 책에 1000문장이 있다면 어떻게 되는가?

마지막으로 항공 안전에 관한 연습이다.

연습 5.19 **전용기 쇼핑** 여러분이 전용기를 쇼핑할 정도로 충분히 운이 좋다고 가정해보자. 엔진이 하나 또는 두 개인 제트기를 사야 할지 결정해야 한다. p는 한 번의 비행 중에 엔진이 고장 날 확률을 나타낸다. "대형 엔진 고장"은 비행기를 비행할 수 없게 만드는 엔진 고장이다.

(a) 구매하려는 제트기 중 하나의 엔진이 단지 하나만 있다. 이 비행기에서 한 번의 비행 동안 치명적인 엔진 고장이 발생할 확률은 얼마인가?

(b) 구매하고자 하는 또 다른 제트기는 엔진이 두 개 있지만 하나의 엔진만으로 비행할 수 없다. 엔진 고장이 독립적인 사건이라고 가정하자. 이 비행기에서 한 번의 비행 동안 치명적인 엔진 고장이 발생할 확률은 얼마인가?

(c) 어느 제트기가 더 안전한가?

(d) 트윈 엔진 제트기가 하나의 엔진만으로도 비행할 수 있다면 어떻게 되는가?

연습 5.19(b)에 대한 답은 명확하지 않다. 힌트를 주자면 136쪽의 그림 4.1과 같이 표를 구성하는 것을 고려하라.

5.4 기저율의 무시

확률에 대한 불완전한 추론 중 하나는 조건부 확률 $\Pr(A|B)$와 $\Pr(B|A)$ 사이의 혼동이다. 이 두 가지가 구별되는 것은 분명해 보일 수 있다. 4.4절에서 알 수 있듯이 무작위로 선택된 인간이 흡연자일 확률은 무작위로 선택된 흡연자가 인간일 확률과 분명히 다르다. 다만 이 둘을 혼동하기 쉬운 맥락이 있다. 이 절에서는 이러한 맥락 중 일부를 살펴보겠다.

예 5.20 **유방 조영술** 의사들은 때때로 특정 연령 이상의 여성에게 유방암 대비 정기 유방 조영 검사에 참여하도록 권장한다. 일부 모집단에 대한 과거의 통계로부터 다음과 같은 정보가 알려져 있다고 가정하자. 여성의 1%가 유방암에 걸리기도 한다. 실시된 검사는 사례의 90%가 정확하다. 즉, 만약 여성이 암에 걸렸다면, 검사에서 양성 반응이 나올 확률은 90%, 음성 반응이 나올 확률은 10%이다. 여성이 암에 걸리지 않을 경우 검사에서 양성 반응이 나올 확률은 10%, 음성 반응이 나올 확률은 90%이다. 정기적인 유방 조영 검사에서 양성 반응이 나왔다고 가정해보자. 다른 증상을 알지 못할 때, 유방암에 걸릴 확률이 얼마인가?

이 질문에 직면했을 때, 대부분의 사람들은 거의 90%에 가깝다고 대답을 할 것이다. 결국 그것은 테스트의 정확도다. 다행히도 막연한 직관에 의존할 필요가 없다. 우리는 정확한 확률을 계산할 수 있다. 어떻게 하는지 확인하기 위해, C는 암에 걸린 환자를 나타내고 P는 양성 반응을 나타내는 그림 5.2를 고려해보자. 베이즈 법칙(명제 4.42)에 숫자를 대입하면 다음과 같은 결과를 얻을 수 있다.

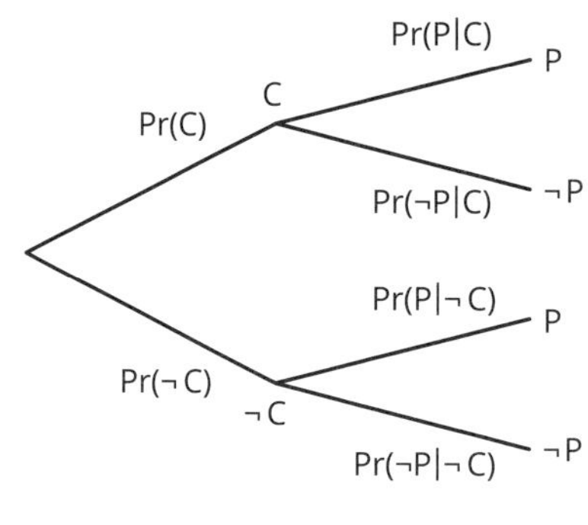

그림 5.2 유방암 검사

$$\Pr(C|P) = \frac{\Pr(P|C) * \Pr(C)}{\Pr(P|C) * \Pr(C) + \Pr(P|\neg C) * \Pr(\neg C)}$$
$$= \frac{0.9 * 0.01}{0.9 * 0.01 + 0.1 * 0.99} \approx 0.08$$

실제로 암에 걸린 것으로 확인된 사람이 암에 걸릴 확률은 검사의 정확도(이 경우 90%임)와 전혀 비슷하지 않다. 이 여성이 암에 걸릴 확률은 사람들이 생각하는 것보다 훨씬 낮은 약 8%에 불과하다. 우리는 테스트가 상당히 좋다는 것을 알고 있기 때문에 역설적이다. 90%의 경우로 정확한 결과를 얻을 수 있다. 우리가 잊고 있는 것은 상대적으로 적은 수의 사람들이 실제로 암에 걸린다는 것이다. 1,000명 중 10명 정도만이 암에 걸릴 것으로 예상된다. 그중 9개는 양성 반응이 나올 것이다. 암에 걸리지 않은 990명의 여성들 중, 오직 10%만이 양성 반응을 보일 것이지만, 그것은 여전히 99명의 사람들이다. 그래서 양성 반응을 보인 108명 중 9명만이 실제로 암을 앓고 있으며, 이는 약 8%에 해당한다. 이 경우는 프리스비 사례와 유사하다는 것을 주목하라. 새로운 기계가 오래된 것보다 실패율이 낮지만, 공장에서 생산된 평균적인 프리스비는 단지 더 많은 프리스비를 생산하기 때문에 새로운 기계에서 생산되지 않을 가능성이 더 높다.

모집단에서 암(또는 관심 있는 다른 특성)이 있는 모든 개인의 비율을 **기저율**Basis Rate이라고 한다. 암의 경우 기준율은 1%에 불과하다. 사람들이 저지르는 실수를 진단하는 한 가지 방법은 기저율을 제대로 고려하지 못했다고 말하는 것이다. 따라서 이 실수는 때때로 **기저율 무시**Base-Rate Neglect 또는 **기저율 오류**Base-Rate Fallacy라고 부른다. 이러한 상황에서 내리는 판단은 세 가지 요소를 반영해야 한다. 첫째, 기저율, 둘째, 증거, 셋째, 가설이 참이고 거짓일 때 증거를 볼 조건부 확률. 우리는 이 세 가지 요인 중 첫 번째 요소를 제대로 고려하지 못할 때 기저율 오류를 범하게 된다.

부수적으로 이 예는 왜 젊은 여성들이 정기적으로 유방암 검사를 받지 않는지를 명확히 한다. 젊은 여성들에게 기저율은 훨씬 더 낮을 것이다. 그래서 모든 양성에 대한 참양성의 비율은 훨씬 더 낮을 것이다. 앞의 예에서 관련 모집단의 여성이 양성 결과를 얻었을 때, 암에 걸릴 확률은 1%에서 약 8%로 증가하는데, 이는 그리 큰 증가가 아니라는 점에 유의하라. 기저율이 더 낮다면 증가 폭은 심지어 더 작을 것이고 조건부 확률 $Pr(C|P)$은 기저율 $Pr(C)$와 크게 다르지 않을 것이다. 이것이 사실일 때, 검사는 진단서를 작성할 때 의사에게 관련 정보를 추가로 주지 않기 때문에 검사가 **비진단적**non-diagnostic이라고 한다. 기저율이 매우 높으면 검사가 여전히 진단적이 되지 않을 것이다. 검사가 진단적이 되기 위해서 기저율이 중간쯤 되면 도움이 될 것이다.

연습 5.21 **유방 조영 조영술(계속)** 남성들도 유방암에 걸릴 수 있지만, 이는 매우 드문 일이다. '기저율'과 '진단성'의 언어를 사용해 남성들이 유방암 검사를 일상적으로 받지 않는 이유를 설명하라.

다음의 고전적인 예와 같이 증언은 비진단적일 수 있다.

연습 5.22 **증언** 택시 회사가 밤에 뺑소니 사고를 당했다. 그린과 블루라는 두 개의 택시 회사가 이 도시에서 운영된다. 다음과 같은 데이터가 주어진다. 시내 택시의 85%는 그린 택시이고 15%는 블루 택시다. 목격자는 사고가 난 택시가 블루라고 확인했다. 재판부는 사고 당일 밤 존재했던 같은 상황에서 증인의 신빙성을 시험한 결과 증인이 두 색깔 중 각각을 정확하게 식별한 경우가 80%에 달하고 실패율이 20%에 달한다고 결론 내렸다. 사고가 난 택시가 그린이 아니라 블루일 확률이 얼마인가?

연습 5.23 **아이언 볼** 오번-앨라배마 경기에서, 참석자의 80%가 앨라배마 티를 입었고 20%가 오번 티를 입었다. 경기 도중 참석자 중 한 명이 경기장 밖에 있는 맥주 가판대를 털었던 것으로 보인다. 앨라배마 주민도 오번 팬도 아니었던 목격자는 나중에 강도가 오번 티를 입었다고 경찰에 진술했다. 그러나 목격자는 맥주 가판대의 가장 좋은 고객이었고, 그는 티를 75% 정도만 정확하게 식별할 수 있을 것으로 추정됐다. 목격자가 오번 티를 입었다고 진술했을 때, 강도가 오번 티를 입었을 가능성은 얼마나 되는가?

여기 약간 다른 종류의 문제가 있다.

연습 5.24 **다운증후군** 산모의 나이에 따라 다운증후군을 가진 아기가 태어날 확률이 증가한다. 다음과 같은 경우를 가정해보자. 34세 이하 여성의 경우 1,000명 중 1명의 아기가 다운증후군의 영향을 받는다. 35세 이상의 여성의 경우 100명 중 1명의 아기가 영향을 받는다. 34세 이하의 여성들이 모든 아기들의 90%를 낳는다. 다운증후군을 가진 아기가 34세 이하의 엄마를 가질 확률은 얼마나 되는가?

기준율 무시는 계획 오류를 설명하는 데 도움이 된다. 계획과 예측이 종종 비합리적으로 최상의 시나리오와 유사하다는 사실이다(5.3절 참조). 계획 오류의 대상이 되는 사람들은 유사한 프로젝트의 대부분이 늦게 실행됐다는 것을 알면서도 자신의 프로젝트가 제시간에 끝날 것이라고 확신한다는 점에 유의하라.

4장에서 살펴본 이론의 관점에서 보면 계획 오류가 놀랍다. 만약 사람들이 베이지안 방식으로 그들의 믿음을 업데이트한다면, 그들은 이전의 비용 초과를 고려하고 점차적으로 미래의 프로젝트에 대한 더 나은 추정치를 생각해낼 것이다. 그러나 우리는 기준율 무시의 결과로 낙관적인 추정치를 이해할 수 있다. 비용 초과와 관련된 과거 프로젝트의 일부만 기준율로 생각하고, 평가 시 기준율을 무시하는 경향이 있다고 가정할 수 있다.

이 절의 마지막 문제는 모두 테러와의 전쟁에 관한 것이다.

연습 5.25 **장 샤를 드 메네제스** 2005년 7월 21일 런던에서 발생한 테러 공격의 여파로 영국 경찰은 테러 용의자들을 즉시 사살할 수 있는 권한을 받았다. 7월 22일, 사복 경찰관들이 런던 지하철에서 테러 용의자를 사살했다. 경찰이 테러범으로 지목한 무작위로 선정된 런던 시민이 사실 테러범일 확률을 계산하기 위해 베이즈 법칙을 사용한다. 런던

이 인구 1천만 명의 도시이고 그중 10명이 테러리스트라고 가정해보자. 또한 경찰관들은 매우 엄격해서 주어진 사람이 테러리스트인지 아닌지에 대한 그들의 평가가 99.9% 정확하다고 가정하자.

용의자인 장 샤를 드 메네제스Jean Charles de Menezes(27)는 머리에 7발, 어깨에 1발을 맞았다. 그는 나중에 무죄로 결정됐다. 다시 한 번 주목하라. 테러리스트로 확인된 사람이 실제로 테러리스트일 확률은 경찰관들의 평가의 정확성과 전혀 비슷하지 않다. 또한 시간의 경과를 보면 마치 경찰이 가능한 한 빨리 사람들을 처형할 권한을 그들에게 위임할 수 없다는 것을 증명하기 위해 최선을 다한 것처럼 보인다.

연습 5.26 **행동 감지** 다음 내용은 「USA Today」에서 발췌한 것이다.

> 더그 킨지Doug Kinsey가 댈러스 국제 공항의 보안 라인 근처에 서서 지나가는 군중을 조용히 지켜보고 있었다. 갑자기 그의 눈은 청바지와 야구 모자를 쓴 승객에게 고정된다.
>
> 20대 남성이 무언가를 찾듯 터미널을 둘러본다. 그는 걱정스러운 듯 손톱을 물어뜯고 탑승권을 입에 댄다.
>
> TSA(Transportation Security Administration) 심사원인 킨지는 그의 상사인 웨이벌리 커즌스와 얘기했고 둘은 이에 그 남자가 문제가 될 수도 있다는 것에 동의했다. 킨지가 얘기하러 그에게로 다가갔다.
>
> 이번 달 에피소드는 빠르게 성장하고 있지만 논란이 되고 있는 '행동 탐지(behavior detection)'라는 보안 기술을 통해 승객들이 매일 자기도 모르게 겪는 수십 번의 만남 중 하나다. 이스라엘 공항 보안에 의해 개척된 이 관행은 군중 속에서 의심스러운 사람들을 골라 여행 계획이나 일에 대해 질문하는 것을 포함한다. 그러는 동안 그들의 얼굴, 몸짓 그리고 말솜씨가 연구되고 있다.
>
> TSA는 2천여 명의 직원을 훈련시켜 불법 체포와 인종 프로파일링을 두려워하는 시민자유주의자들과 소수민족 사이에 경종을 울리고 있다. 국토안보부(Homeland Security)의 연구자들을 포함한 연구진들은 검증되지도 않았고, 잠재적으로 효과적이지도 않다고 말한다.

정부는 이 프로그램의 효과에 대한 자료를 발표하지 않았지만, 우리는 몇 가지 합리적인 가정을 할 수 있다. 매달 약 6천만 명의 사람들이 미국 항공사를 이용한다. 그들 중 6명이 테러리스트라고 상상해보자. 또한 TSA 요원들이 매우 유능하며 98/100의 사례에서 테러리스트 또는 비테러리스트로 정확하게 식별될 것이라고 상상해보자. 질문은 다음과 같다.

(a) 무작위로 선정된 승객이 테러범이며 TSA 요원에 의해 정확하게 식별될 확률은 얼마인가?

(b) 무작위로 선정된 승객이 테러리스트가 아니지만 TSA 요원에 의해 테러리스트로 (잘못) 식별될 확률은 얼마인가?

(c) 승객이 TSA 요원에 의해 테러리스트로 식별됐을 때, 실제로 테러범일 조건부 확률은?

(d) 이 테스트는 진단인가?

위의 이야기에서 남자는 명백히 거짓 양성이었고, 이 이야기가 테스트의 진단성 부족을 보여줄 수 있다는 것을 의미한다.

연습 5.27 **진단성** 연습 5.26에서 나온 행동 탐지 테스트가 진단이 아니라는 것을 인정하자. 테스트는 다른 설정 즉 아프가니스탄 카불에 있는 미국 대사관의 검문소에서 여전히 진단적일 수 있다. 어떻게 이것이 가능한지 설명하라.

최근의 증거에 따르면 행동 탐지 요원들은 사실 바디 랭귀지를 잘 읽지 못하며, 이런 경우 이 프로그램은 카불에서도 작동하지 않을 것이다. 예술적인 가치가 있는 실제 연극에 대한 모욕이지만 비평가들은 이를 '안보 극장security theater'이라고 부른다.

이와 관련해 2004년부터 미국 국토안보부의 미국 비자 발급 프로그램(현재 생체인증관리국Biometric Identity Management)은 미국 비자 발급 창구와 입국항에서 국제 여행객으로부터 디지털 지문과 사진을 수집한다. 데이터베이스에는 현재 수억 개의 지문이 포함돼 있다. 테러범의 지문이 데이터베이스에서 발견된 지문과 일치한다면, 실제 테러리스트일 가능성은 어느 정도라고 생각하는가? 만약 당신이 이런 종류의 수사망에 휘말린다면 당신과 전기 의자 사이에서 바랄 수 있는 것은 배심원들이 베이즈 법칙을 잘 이해하기를 바랄 뿐일 것이다. 그들에게 운 좋게 잘 설명할 수 있기를 바란다.

5.5 확증 편향

4.6절의 베이지안 업데이트의 두드러진 특징 중 하나는 존과 웨스가 동전의 특성에 대해 매우 빨리 동의하게 됐다는 것이다. 기억하겠지만 동전을 15번 정도만 뒤집은 후, 둘 다 동전이 두 개의 앞면을 가질 가능성에 거의 100%의 확률을 할당했다. 사람들은 때때로 이 현상을 **사전확률의 희석**Washing Out of The Priors으로 언급한다. 즉, 많이 뒤집은 후에 존과 웨스는 그들이 가지고 있었던 사전확률과 무관하게 거의 같은 확률을 가설에 할당할 것이다. 이것은 인간 본성에 대한 희망적인 그림을 보여준다. 합리적인 사람들이 같은 증거에 노출됐을 때, 그들은 그들의 출발점과 상관없이 동의하게 된다(흔히 그렇듯이 확률이 0이면 해석하기 어려워진다. 나는 그러한 복잡함은 계속 무시한다).

안타깝게도 현실에서 사람들은 시간이 지나도 대체로 동의하게 되지 않는다. 때때로 그것은 그들이 매우 다른 증거에 노출되기 때문이다. 보수주의자들은 그것이 보수적인 관점을 지지하기 때문에 선택된 정보를 제시하는 보수적인 신문과 블로그를 읽는 경향이 있다. 그러나 때때로 사람들은 (웨스와 존이 그랬던 것처럼) 매우 같은 방법으로 제시된 매우 동일한 증거에 접근할 수 있지만 그럼에도 시간이 흐르면서 동의하지 못한다. 왜 이러한가?

이야기의 일부는 심리학자들이 **확증 편향**Confirmation Bias이라고 부르는 현상이다. 증거를 전쟁에 의한 것보다 더 큰 범위로 이전 신념을 뒷받침하는 것으로 해석하는 경향이다. 한 고전적인 연구에서, 사형제도를 찬성하거나 반대하는 참가자들은 사형제도의 장점과 단점에 대한 모호한 정보가 담긴 기사를 읽었다. 같은 정보에 노출된 결과로 동의하게 되기보다는, 두 그룹의 사람들은 그 정보를 그들의 믿음을 지지하는 것으로 해석했다. 기사를 읽고 나서 이전에 사형제도에 반대했던 사람들은 더욱 강하게 반발했고 찬성했던 사람들은 훨씬 더 찬성했다는 것이다. 그렇다면 확증 편향이 존재하는 경우, 증거에 노출되면서 사람들의 신념이 어떻게 변하는지 보여주는 그림은 150쪽의 그림 4.5와 덜 비슷하고 그림 5.3과 더 비슷해 보일 수 있다.

이야기의 일부는 심리학자들이 확증 편향이라고 부르는 현상이다. 증거를 필요한 것보다 더 큰 정도로 사전적 믿음을 지지하는 경향이다. 한 고전적인 연구에서, 사형제도를 찬성하거나 반대하는 참가자들은 사형제도의 장점과 단점에 대한 모호한 정보가 담긴 기사를 읽었다. 같은 정보에 노출된 결과로 동의하게 되기보다는, 두 그룹의 사람들은 그 정보를 그들의 믿음을 지지하는 것으로 해석했다. 기사를 읽고 나서 이전에 사형제도에 반대했던 사람들은 더욱 강하게 반발했고 찬성했던 사람들은 훨씬 더 찬성했다는 것이다. 그렇다면 확증 편향이 존재하는 경우, 증거에 노출되면서 사람들의 신념이 어떻게 변하는지 보여주는 그림은 150쪽의 그림 4.5보다는 그림 5.3과 더 비슷해 보일 수 있다.

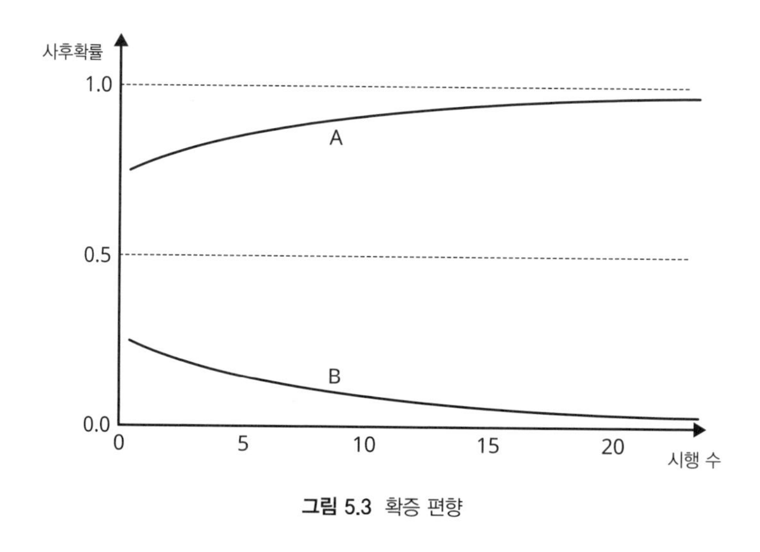

그림 5.3 확증 편향

연습 5.28 **확증 편향** 존이 확증 편향을 겪고 있다고 상상해보자. 그림 5.4에서 A, B, C로 명칭된 곡선 중 어떤 것이 시간이 지남에 따라 확률이 변하는 방식을 가장 잘 나타내는가?

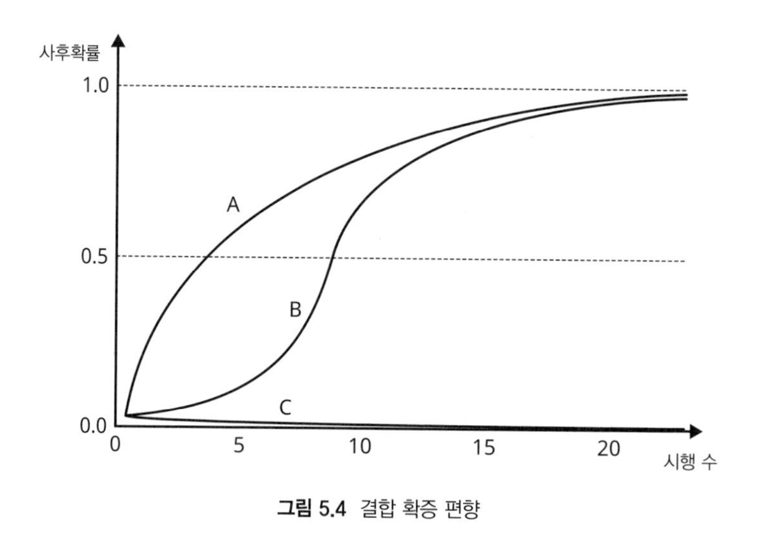

그림 5.4 결합 확증 편향

예 5.29 **질투하는 연인** 문학이나 삶에서, 당신은 자신의 애정이 보답한다는 어떤 증거도 받아들이지 않고 어디에서나 의혹을 증폭시키는 증거를 찾는 질투하는 연인의 성격에 익숙할 것이다. 『잃어버린 시간을 찾아서』의 저자 마르셀 프루스트Marcel Proust는 이렇게 썼다. "그렇게 하찮지만 잘못된 추측들을 발명하는 데 시간을 보내는 질투가 진실을 발견하는 것에 있어서는 얼마나 상상력이 부족한지 놀랍다." 좀 더 평범한 용어로 질투하는 연인은 확증 편향을 보인다.

확증 편향은 모든 범위의 현상을 설명할 수 있다. 인종차별과 성차별적 고정관념이 시간이 흐르면서 지속되는 이유를 설명할 수 있다. 성차별주의자는 소녀들이 수학을 잘하고, 남성들은 아이들을 돌볼 수 있다는 증거는 무시하거나, 받아들이지 않고, 소녀들은 수학을 못하고 남성들은 아이들을 잘 못 돌본다는 증거는 매우 빨리 받아들인다. 인종차별주의자는 열심히 일하고, 가족을 먹여 살리고, 세금을 내고, 선행을 하는 다른 인종의 모든 사람들을 알아채지 못할 수 있지만, 다른 인종 중 그렇지 않은 사람들에게 많은 관심을 기울인다. 확증 편향은 또한 사람들이 도박을 하는 이유를 설명할 수 있다. 많은 도박사들은 그들이 다음 게임의 결과를 예측할 수 없다는 압도적인 증거(예를 들어 과거에 결과를 잘못 예측함으로 많은 돈을 잃었다)에도, 다음 게임의 결과를 예측할 수 있다고 믿는다. 이것은 도박사가 결과를 예측했을 때 모든 경우를 알아 맞추고 (그리고 결과가 정말로 무작위라면, 우연히 그러한 경우가 있을 것이다), 예측하지 않을 때, 한 경우도 알아 맞추지 못하면 이러한 경우가 발생할 수 있다. (내부 정보가 없을 때) 무작위로 주식을 고르는 것이 낫다는 증거에도 불구하고, 왜 그렇게 많은 사람들이 주식 시장을 이길 수 있다고 생각하는지는 같은 라인의 생각으로 설명할 수 있다. 마지막으로 확증 편향은 어떤 음모론이 압도적으로 모순되는 증거에도 불구하고 어떻게 살아남는지 설명할 수 있다. 음모론자는 그 이론을 뒷받침하는 약간의 증거에 많은 비중을 두고, 그 이론을 훼손하는 모든 증거를 기각한다.

연습 5.30 **평판** 사람들이 확증 편향을 보인다는 사실은 당신의 평판을 관리하는 것을 매우 중요하게 만든다. 당신이 학생이든, 교수이든, 의사든, 변호사든, 혹은 브랜드이든. 왜 그럴까?

그런데 과학자들도 확증 편향으로부터 자유롭지 않다. 과학철학자 칼 포퍼Karl Popper는 어떻게 일부 과학자들이 그들의 이론을 뒷받침하는 자료를 어디에서나 발견하는지 주목했다. 그는 선구적인 정신분석학자 알프레드 애들러alfred Adler와의 만남을 묘사하고 있다. 포퍼의 말에 따르면 다음과 같다.

> 1919년에 나는 그에게 특별히 애들러 요법이 적용될 것 같지 않은 사례를 보고했다. 그러나 그는 비록 그는 아이를 보지도 못했지만 열등감 이론의 관점에서 쉽게 분석했다. 살짝 충격을 받은 나는 그에게 어떻게 그렇게 확신할 수 있는지 물었다. "나의 수천 번의 경험 때문에"라고 그가 대답했다. 나는 이렇게 말하지 않을 수 없었다. "그리고 이 새로운 사례로 인해, 너의 경험은 천 배나 많아졌다."

포퍼의 묘사는 애들러가 확증 편향을 크게 겪고 있는 것처럼 들린다. 슬프게도 비슷한 예를 경제학에서 쉽게 찾을 수 있다. 어떤 이론이든 "확증"하는 것이 얼마나 쉬운지, 포퍼는 결국 과학 이론의 특징은 그것이 확증될 수 있다는 사실이 아니라 적어도 원칙적으로는 잘못될 수 있다는 것이라고 주장했다. 자신과 다른 사람들에게 물어보는 좋은 질문은 "어떤 종류의 증거가 당신의 마음을 바꾸게 할 것인가?"이다. 신의 개입이 아니면 아무것도 당신의 마음을 바꿀 수 없다면, 당신은 거의 틀림없이 확증 편향을 겪고 있는 것이다.

문제 5.31 경제학자들 사이의 확증 편향 (a) 확증 편향을 겪고 있는 두 명의 유명한 경제학자들의 이름을 말해보라. (b) 방금 언급한 사람들을 되돌아보자. 만약 두 사람 모두 당신이 동의하지 않는 경제학자인 경우, (a)에 대한 당신의 반응은 그 자체가 확증 편향을 표현한 것일 수 있다.

심리학적 연구는 확증 편향이 여러 가지 다른 요인들에 기인한다는 것을 시사한다. 첫째로, 사람들은 때때로 그들의 신념에 반하는 증거를 알아차리지 못하는 반면, 그들을 뒷받침하는 증거를 빠르게 포착한다. 둘째, 증거가 모호하거나 모호해 다중 해석을 인정할 때 사람들은 자신의 신념을 뒷받침하는 방식으로 해석하는 경향이 있다. 셋째, 사람들은 자신의 신념에 반하는 증거에 대해 뒷받침하는 증거보다 훨씬 더 높은 기준을 적용하는 경향이 있다.

연습 5.32 **미국을 파괴하다** 어떻게 이 악마와 같은 책 제목이 지어졌는지 설명하라. 자유주의 폭도들이 미국과 미국 파시스트들을 어떻게 위험에 빠뜨리는가. 기독교 우파와 미국 전쟁은 정치적 양극화에 기여한다.

문제 5.33 확증 편향의 방지 정치, 철학, 종교 등의 문제에서 당신은 "당신 편your side"의 사상에 노출되는 것만큼 "반대편other side"의 사상에 노출되는 것인가? 당신은 그들이 하는 말에 그만큼 주의를 기울이고 있는가? 당신은 같은 기준의 증거를 적용하고 있는가? 만약 당신이 이 모든 질문에 정직하게 "예"라고 대답할 수 있다면, 당신은 작지만 존경할 만한 일부 인구에 속하는 것이다. 만약 그렇지 않다면, 당신은 이렇게 되도록 시도해볼 만할 것이다. 이는 흥미로운 연습이다.

5.6 가용성 편향

의사들이 두통이 있는 아이들을 검사할 때 찾는 것 중 하나는 뇌종양이다. 기저율은 매우 낮다. 뇌종양이 있는 아이들은 사실상 두통을 겪을 것이 확실하지만 두통에는 다른 많은 원인이 있다. 통상적으로는 간단한 검사를 통해 종양을 가진 아이들을 성공적으로 확인할 수 있다. 즉, 적절한 검사를 받고 종양이 없다고 판단된 모든 어린이들 중에서 실제로 종양이 있는 아이는 매우 적다.

연습 5.34 **CT 스캔** 몇몇 집단에서 어린이들의 뇌종양은 드물다. 기저율은 겨우 약 1만 분의 1에 불과하다. 종양이 있는 아이는 가끔 두통을 겪을 가능성이 매우 높다. 100명 중 99명은 두통을 겪는다. 그러나 아이가 두통을 겪을 수 있는 다른 이유들이 많이 있는데, 종양이 없는 아이들 중 10명 중 1명은 가끔 두통을 겪는다.

(a) 아이가 가끔 두통(H)이 있을 때 뇌종양(T)에 걸릴 확률은 어느 정도인가?

(b) 두통을 앓고 있는 어린이의 경우 궁극적으로 1000분의 999가 괜찮다고 하자(F). 의사가 간단한 검사를 사용해 두통을 앓고 있는 어린이의 100분의 95로 어린이의 건강 여부를 정확하게 판단할 수 있다고 가정하자. 검사를 한 뒤 의사가 환자에게 청신호(G)를 주었다고 할 때, 아이가 정말 아무 이상 없을 확률은 얼마일까?

이러한 연습들이 가리키듯이 만약 환자가 적절한 검사를 받았다면 사실 뇌종양이 있을 가능성은 매우 낮다. CT 스캔은 환자가 종양이 있는지 여부를 거의 결정적으로 결정할 수 있지만 그것들은 엄청나게 비싸다. 의사의 검진을 받은 환자에게는 종양이 있을 가능성이 낮다는 것을 알기에, 이러한 조건에서의 CT 스캔은 정당하지 않다는 것이 중론이다. 하지만 검진에서 종양을 발견하지 못했음에도 종양으로 판명된 환자를 우연히 가지게 되면, 의사의 행동은 종종 극적으로 변한다. 그때부터 그녀는 이전에 했던 것보다 훨씬 더 많은 CT 스캔을 주문하기를 원할 것이다. 의사의 마지막 아이에 대한 경험이 그녀의 가치관을 바꾸지 않았다고 가정하자. 행동의 급격한 변화가 가치관의 변화나 신념의 변화 때문임이 틀림없다고 가정하면 그녀의 신념이 바뀌었을 것이라는 분석이 뒤따른다. 우리가 알고 있는 것에 기초해, 의사는 그녀의 믿음을 합리적으로 업데이트했는가?

이야기는 물론 여기 보이는 것보다 훨씬 더 복잡하다. 하지만 실제 수치가 의사들 사이에서 널리 알려져 있다는 것은 주목할 가치가 있다. 이 지식은 한 명의 의사가 그녀의 경력 동안 보게 될 것보다 훨씬 더 많은 사례의 축적된 경험을 반영한다. 결과적으로, 하나의 사례에 근거한 합리적인 업데이트가 의사의 행동에 그렇게 급진적인 영향을 미칠 것 같지는 않다. 그래서 지금 무엇을 얘기하고 있는 것인가? 행동경제학자들은 이러한 종류의 행동을 **가용성**availability 즉, 판단을 내릴 때 정보를 쉽게 가용할 수 있는 정도의 관점에서 설명한다. 의사가 그녀의 다음 환자를 마주했을 때, 그녀는 여전히 CT 스캔이 부적절하다는 것을 암시하는 수치를 알고 있지만, 그녀가 종양을 발견하지 못한 마지막 사례가 떠오를 가능성이 있다. 그것은 특히 두드러지는데, 부분적으로는 최근에 일어난 일이기도 하지만 감정적으로도 매우 영향이 크기 때문이다.

가용성 휴리스틱 Availability Heuristics은 휴리스틱과 편향 프로그램의 또 다른 중요한 휴리스틱이다. 이 휴리스틱에 의존할 때, 우리는 사건이 떠오르기 쉬운 방법으로 일부 사건의 발생 확률을 평가한다. 즉, 가용성 휴리스틱에 따르면 *X*가 *Y*보다 쉽게 떠오른다면 *X*를 *Y*보다 더 높은 확률로 처리할 수 있다. 3.6절에서 지적된 바와 같이 휴리스틱은 종종 완벽하게 기능한다. 예를 들어 여러분이 일하러 걸어가다가 우연히 악어를 만났다고 가정해보라. 악어가 귀엽고 껴안고 행동하는 이미지보다 악어가 다른 동물(인간 포함)을 공격하는 이미지가 더 쉽게 떠오를 가능성이 높다. 그렇다면 가용성 휴리스틱은 악어가 위험할 가능성이 높다고 가정하도록 지시하며, 이는 분명히 상황에서 유용한 가정이다. 그러나 두통이 있는 어린이의 경우처럼 가용성 휴리스틱(단순한 경험적 규칙)으로 인해 때때로 잘못된 방향으로 이끌 수 있다. 따라서 앵커링과 조정과 마찬가지로 가용성은 편향으로 이어질 수 있다.

연습 5.35 콘택트 렌즈 여러분의 검안사는 여러분의 새로운 콘택트 렌즈가 너무 좋아서 밤낮으로 30일 동안 계속 착용할 수 있다고 말한다. 그녀는 당신에게 심각한 문제가 생길 가능성이 있다고 경고하지만 그녀는 많은 고객을 봐 왔고 그 확률은 낮다고 말한다. 일주일이 지나면 문제가 생기고 안과 진료를 받게 된다. 안과의사는 부적절한 콘택트 렌즈 사용으로 인해 사람들이 다쳤을 때 눈을 제거하는 의사라고 말한다. 그는 심각한 문제가 발생할 확률이 높다고 말한다.

가용성 편향의 개념을 사용해 검안사와 안과 의사가 콘택트 착용의 결과로 심각한 문제가 발생할 가능성에 대해 어떻게 서로 다른 견해를 보고할 수 있는지 설명하라.

가용성 휴리스틱은 사람들이 왜 폭력 범죄가 다른 종류의 범죄보다 더 흔하다고 생각하는지 포함한 다양한 현상을 설명할 수 있다. 폭력 범죄는 부분적으로 폭력의 이미지가 특히 생생할 수 있기 때문이기도 하지만 언론에서 너무 광범위하게 보도되기 때문에 헤드라인을 끔찍하게 장식할 수 있다. 가용성은 또한 그러한 사건이 일어난 직후 비행기 추락, 핵 용융 및 테러 공격에 대한 두려움이 극적으로 증가하는 경향이 있는 이유를 설명할 수 있다. 이러한 고려 사항들은 백신이 안전하고 효과적이라는 압도적인 증거에도 불구하고 백신 접종에 반대하는 정서가 왜 그렇게 강한지 알 수 있도록 도와줄 수 있다. 아이가 있거나 백신 접종 직후 자폐증 증상이 나타난 아이에 대해 듣기만 해도 극적인 일련의 사건들이 매우 두드러져 실제보다 더 큰 충격을 줄 수 있다. 가용성은 또한 다양한 마케팅 관행을 설명할 수 있다. 패션 제품, 담배, 알코올 및 기타 모든 종류의 제품에 대한 광고 캠페인은 제품의 사용자들이 특히 매력적이고 인기 있는 것으로 묘사한다. 잠재적 구매자가 제품 사용의 결과를 반영할 때 이러한 점이 떠오른다면, 가용성은 특히 가능성 있는 결과로 보일 수 있다. 가용성은 또한 왜 사람들이 위험한 행동을 반복하는지 설명할 수 있다. 만약 그들이 어떤 이유에서든 위험하거나 무모한 행동을 한다면, 음주 운전, 마약, 보호받지 못하는 성관계, 또는 무엇이든지 간에 나쁜 일이 일어나지 않는다면, 그들이 그 위험들이 과장됐다고 생각하게 될 것이고, 이것은 그들이 그 일에 다시 참여할 가능성이 더 높아지게 할 것이다. 이러한 종류의 자기강화 사이클은 특히 신념과 행동이 서로 강화되는 여러 개인들이 서로 연관될 때 **가용성 폭포**Availability Cascades라고 부른다.[1]

가용성 휴리스틱은 스토리텔링의 힘을 조명한다. 모든 작가가 알고 있듯이 이야기는 종종 과학적 자료보다 훨씬 더 설득력이 있다. 의심스러우면 늑대한테 물어보라. 늑대는 인간에게 사소한 위험을 가한다. 늑대가 인간에게 가하는 검증 가능하고 치명적인 공격의 수는 매우 적다. 하지만 늑대에 대한 두려움은 깊다. 그 설명 중 일부는 분명 크고 나쁜 늑대에 대한 이야기들, 예를 들어 어린 소녀의 할머니를 잡아먹는 이야기들이 너무 많다는 것이다. 이 모든 이야기들의 결과로, 늑대가 인간을 공격한다는 생각은 매우 두드러지는데salient 데이터가 그렇지 않다고 입증해도 사람들이 그러리라고 생각한다는 것을 의미한다. 미국에서만 매년 약 400명의 목숨을 앗아가는 살모넬라균과 같은 훨씬 더 위험한 생물들은 대중의 상상 속에 같은 방식으로 나타나지 않으며, 결과적으로 그들을 두려워해야 할 만큼 두려워하지 않는다. 스토리텔링의 힘을 활용해 위험 정보를 매우 효과적으로 전달할 수 있지만, 막대한 해를 끼칠 수도 있다. 불법 이민자가 극악무도한 범죄를 저질렀다는 단 하나의 이야기는 이민이 주는 엄청난 혜택의 종합 복지 효과의 증거에도 불구하고 강한 반이민 감정을 불러일으킬 수 있다.

---

1 가짜 뉴스의 예를 들면 사람들은 어떤 허위 정보가 폭포처럼 지속적으로 제공되면 연쇄 반응을 일으켜 결국 사실 정보처럼 믿게 된다.

문제 5.36 사망의 원인 세계보건기구에 따르면 세계의 주요 사망 원인은 허혈성[2] 심장병, 뇌졸중, 하부 기도 감염[3] 그리고 만성 폐쇄성 폐 질환이다. 이것은 주요 사망 원인을 주요 공포 원인과 상당히 다르게 만든다. 그 효과는 사람들이 거의 할 수 없는 위협(예를 들어 전 세계의 테러리스트 집단)에 대해 생각하는 데 상대적으로 많은 시간을 할애하고, 그들이 할 수 있는 것(예를 들어 운동과 식이요법으로 개선할 수 있는 심혈관 건강)에 대해 생각하는 데 상대적으로 적은 시간을 소비하게 하는 것이다. 가용성은 왜 사람들이 전자에 의해 그들에게 가해지는 위험을 과대평가하고 후자에 의해 가해지는 위험을 과소평가하는지를 설명할 수 있다. 하지만 그에 못지 않게 흥미로운 질문은 이것이다. 가용성과 다른 휴리스틱의 힘을 이용해 사람들이 심혈관 건강과 같은 것들에 대해 더 많이 생각하도록 격려할 수 있을까?

가용성 편향은 또한 기저율 오류를 설명하는 데 도움이 된다. 암의 경우를 생각해보라. 비록 여러분이 잘못된 양성이 있다는 것을 안다고 해도, 그래서 양성검사가 반드시 여러분이 병에 걸렸다는 것을 의미하지는 않지만, 여러분은 거짓 양성의 경우(암 진단을 잘못 받은 사람들)보다 참 양성의 경우(암 진단을 정확하게 받은 사람들)가 더 많은 가능성이 있다. 가용성 휴리스틱을 따르는 한, 참 양성true positive은 거짓 양성false positive보다 더 가능성이 높다고 생각할 것이다. 양성 테스트가 주어졌을 때 질병을 가질 실제 확률은 모든 양성에 대한 참 양성의 비율이기 때문에 참 양성의 확률을 과대평가하면 질병을 가질 확률이 부풀려진다.

5.7 과신

알다시피 베이지안 업데이트는 가용할 수 있는 증거가 주어졌을 때 사건에 할당해야 할 확률을 정확하게 알려준다. 이들 확률은 분명히 자신감에 대한 진술과 관련이 있다. 다양한 일들이 일어날 것이라는 것을 얼마나 확신하는지에 대한 진술이다. 믿음에 대한 자신

2 신체의 조직이나 장기에 혈액 공급이 절대적 또는 상대적으로 부족한 상태

3 폐렴과 동의어로 생각하라.

감을 표현하는 방법은 많다. 주장을 한 후에 다음과 같이 덧붙일 수 있다. "그리고 나는 그것을 90% 확신한다." 또는 여러분은 "50 대 50"이라고 말할 수 있는데, 이것은 여러분이 다른 일이 일어날 것이라는 자신보다 한 가지 일이 일어날 것이라는 확신이 없다는 것을 의미한다. 전문적인 예측을 제공하는 업무를 하는 경우 95% 신뢰 구간을 제공하는 데 익숙할 수 있으며, 이는 결과가 95% 신뢰 구간 내에서 95%의 확실성으로 나타날 것으로 예상하는 것이다. 따라서 재무 분석가들은 특정 주식이 내년에 150달러에 이를 것으로 예측하고, 그 가치가 125달러에서 175달러 사이가 될 것을 95% 확신한다고 덧붙일 수 있다. 분석가들이 예측 능력에 대해 더 많은 확신을 가질수록 신뢰 구간은 더 좁아질 것이다.

자신감 있는 진술을 평가할 때 행동경제학자들은 보정calibration에 대해 이야기한다. 공식적으로 말하면 장기적으로 볼 때 동일한 확률이 할당된 모든 명제에 대해 참인 명제의 비율이 사용자가 할당한 확률과 같으면 완벽하게 보정된 것이다. 만약 당신이 보정이 되고, 어떤 것은 90% 확실하다고 판단한다면 9/10은 당신이 그것에 대해 옳을 것이다. 대부분의 예측이 틀려도 보정이 가능하다는 것을 주목하라. 만약 여러분이 보정돼 33%의 예측이 확실하다면, 여러분은 여전히 세 번 중 두 번 틀리게 될 것이다. 또한 랜덤이기 때문에 결과를 정확하게 예측할 수 없더라도 보정이 가능하다는 점에 유의하라. 편향되지 않은 동전이 뒤집을 때 앞면이 나올지 뒷면이 나올지는 알 수 없지만, 앞면이 나올 것이라고 50%의 확신을 가지고 예측한다면 완벽하게 보정된 것이다.

모든 것이 같다면 보정은 좋은 일인 것 같다. 우리는 확실히 유능한 사람들이 보정되기를 기대한다. 만약 구조 엔지니어가 당신에게 특정한 종류의 집이 살기에 안전하다고 100% 확신한다고 말한다면, 당신은 그러한 종류의 집의 절반이 무너졌을 때 그 혹은 그녀에게 실망할 것이다.

그러나 문헌에서 가장 지속적인 발견 중 하나는 사람들이 과신overconfidence을 보이는 경향이 있다는 것이다. 즉, 이전 문장의 구조 엔지니어처럼 사람(전문가 포함)이 판단에 표현하는 확실성은 그러한 판단이 맞는 빈도를 초과하는 경향이 있다. 초기 연구에서 연구자들은 학부생들에게 "압생트[4]는 리큐어인가 아니면. (b) 보석인가?"라고 질문하고, 학

4 현대에 들어서 유럽에서 유행했던 알콜도수 45~74도(90-148 US proof)의 증류주다.

생들의 대답이 옳다고 얼마나 확신하는지 판단하라고 했다. 자신의 답이 100% 확실하다고 응답한 참가자들은 평균적으로 70~80%로 정답을 맞혔다. 증가된 동기가 과신 정도를 감소시키는지 실험하기 위해, 연구원들은 참가자들에게 확률에 대한 자신감을 표현하도록 요청했고(136쪽의 텍스트 박스 참조) 참가자들에게 그 확률을 바탕으로 도박을 해보라고 제안했다. 사람들이 자신이 옳을 승산이 100:1이라고 했을 때, 잘 보정되기 위해서는 4:1이라고 말했었야 했다. 100,000:1이라고 했을 때는 9:1이라고 말했어야 한다. 과신은 실험실에서 처음 연구됐지만, 시간이 지남에 따라 물리학자, 의사, 심리학자, CIA 분석가 등 전문가 사이에서도 체계적인 과신 현상이 발견됐다. 따라서 지식이 풍부한 판사들이 전문 분야 내에서 주장을 할 때와 정확한 평가를 할 동기부여가 될 때, 실험실 밖에서도 과신이 나타난다.

연습 5.37 **기상학적 증거** 기상학자들이 잘 보정돼 있으므로 규칙에서 예외가 있음을 시사한다. 많은 사람들이 이를 글자 그대로 믿을 수 없다고 할 것이다. 어떤 휴리스틱이 사람들이 보정된 예측을 제공하는 기상학자들의 능력을 과소평가하게 만들었을지 얘기하라.

과신은 자신감이 있을수록 증가하므로 자신감이 높을 때 가장 극단적이라는 연구 결과가 있다. 과신은 보통 신뢰도가 낮을 때 없어지고, 매우 낮을 때 사람들은 심지어 자신감이 부족할 수도 있다. 과신도 판단 과제의 난이도가 클수록 커진다. 어려운 임무일수록, 판사는 과신하기 쉽다. 매우 쉬운 판단에 있어서는 사람들은 심지어 자신감이 부족할 수도 있다. 흥미롭게도 사람들이 더 많이 알게 될 때 과신감은 일반적으로 줄어들지 않는 것처럼 보인다. 한 유명한 연구에서 그 연구원은 연구 참가자들에게 실제 환자의 행동, 태도, 관심사에 대해 질문했다. 참가자들이 환자의 삶에 대한 정보를 점점 더 많이 받을수록, 그들은 그들의 대답에 점점 더 많은 자신감을 부여했다. 하지만 그들의 정확성은 거의 증가하지 않았다. 참고로 연구에 참여한 임상심리학자들은 대부분 박사 학위를 소지하고 있었는데, 이는 심리학 대학원생과 고등 학부생들 못지않게 정확하지도 않았고 자신감도 없었다. 교육을 많이 받은 사람들이 교육을 덜 받은 사람들보다 실제로 더 자신감이 넘쳤다. 알렉산더 포프Alexander Pope가 말했듯이, "작은 배움은 위험한 것"이지만, 많은 배움도 마찬가지다.

예 5.38 **아폴로 11** 달 착륙 35주년 기념일에 CNN은 아폴로 11호의 승무원에게 그 당시 가장 큰 우려가 무엇이었는지 물었다. 우주비행사 닐 암스트롱Neil Amstrong은 "자신이 과신하면 무언가가 갑자기 나타나 당신을 물기 때문에 우리는 과신하지 않으려고 노력했다. 우리는 발생할지도 모르는 작은 어려움에도 항상 경각심을 갖고 대처했다"고 말했다.

덜 자만하고 더 교정하기 위해 당신이 할 수 있는 일이 있는가? 연구는 사람들에게 과신의 만연에 대해 알리는 것은 그들의 보정에 거의 차이가 없다는 것을 시사한다. 그러나 매우 반복적인 판단을 하고 규칙적이고 신속하며 모호하지 않은 피드백을 받는 것이 도움이 될 것으로 보인다(이것이 기상학자들이 잘 보정된 이유다). 게다가 과신하는 것은 여러분이 틀릴 수 있는 이유를 고려함으로써 줄일 수 있다.

어떻게 그렇게 과신이 만연할 수 있는가? 우선 우리의 판단 중 많은 부분이 반복적이지 않고, 규칙적이고 신속하며 모호하지 않은 피드백을 받지 못한다. 더욱이 결과 피드백이 있더라도 경험으로부터 배우는 것은 생각보다 어렵다. 확증 편향(5.5절)은 예측을 입증하는 증거에 더 많은 가중치를 주고 예측에 확증을 주지 않는 증거에 낮은 가중치를 준다. 이러한 방식으로 확증 편향은 실패를 눈감게 한다. 가용성 편향(5.6절)도 도움이 되지 않는다. 남들이 보기 좋게 틀렸을 때 자신이 옳았던 상황의 이미지가 쉽게, 자주 떠오른다면 결국 그런 일이 다시 일어날 확률을 과대평가하게 될 수도 있다. 그리고 **사후 판단 편향**Hindsight Bias이라고 부르는 현상, 즉 어떤 사건이 실제로 일어났다는 것을 아는 사람들에 의해 일어날 확률을 과장하는 경향은 우리의 마음에 대해 다른 속임수를 부린다. 사후 판단 편향의 피해자들은 과거의 예측이 좋지 않았다는 것을 결코 배우지 못할 수도 있다. 그들은 실제로 그들이 예측한 것을 잘못 기억하고 미래에 대해 과신하지 않아야 될 필요가 없다고 보기 때문이다. 마지막으로 사람들은 그들이 거의 대부분 맞다고 주장하거나 어떤 실패도 본질적으로 예측할 수 없는 요인 때문이라고 주장함으로써 잘못된 예측이 아니라고 설명하는 데 매우 능숙하다.

휴리스틱과 편향 프로그램

휴리스틱과 편향 프로그램에 따르면 우리는 기능적이지만 불완전한 경험 규칙 즉, 의견을 형성하고 신속하게 결정을 내리는 데 도움이 되는 정신적 지름길인 휴리스틱을 사용해 판단을 형성한다. 다음은 네 가지 주요 휴리스틱이다.

- **앵커링과 조정 휴리스틱**Anchoring and Adjustment Heuristic에서는 최종 답변을 도출하기 위해 초기 추정치(앵커)를 선택하고 초기 추정치를 위 또는 아래로 조정하도록 지도한다. 불충분한 조정은 관련이 없거나 정보가 없는 경우에도 앵커를 추적하는 답변으로 이어질 것이다.
- **대표성 휴리스틱**Resprentativeness Heuristic은 결과가 어떤 주어진 과정을 대표하는 정도를 참조해 어떤 결과가 주어진 과정의 결과일 확률을 추정한다. 결과가 더 대표적일수록 확률이 더 높아진다.
- **가용성 휴리스틱**Availability Heuristic은 사건이 얼마나 쉽게 생각나는지 그 용이성을 기반으로 사건 발생 확률을 평가하도록 한다.
- **영향 휴리스틱**Affect Heuristic은 결과에 대한 자신의 느낌을 바탕으로 결과에 확률을 할당하도록 한다. 즉, 결과에 대해 더 좋게 느낄수록 결과가 좋을 확률이 더 높고 결과가 나쁠 확률은 더 낮다.

휴리스틱과 편향 프로그램은 사람들이 멍청하다고 말하지 않는다. 반대로 휴리스틱을 따르는 것은 중요할 때 빠른 결정을 내릴 수 있도록 하는 대체로 기능적인 방법이라고 말한다. 그러나 휴리스틱은 불완전하기 때문에 **편향**Bias, 즉 체계적이고 예측 가능한 오류로 이어질 수 있다.

카네만은 휴리스틱의 연산이 치환Substitution의 관점에서 이해될 수 있다고 제안했다. 직접적으로 다룰 수 없는 질문에 직면했을 때, 그것을 더 쉬운 질문과 대답으로 대체한다. "이 비행기가 추락할 확률이 얼마나 됩니까?"라는 질문을 다루기보다는 "이 비행기가 추락하는 것을 얼마나 쉽게 상상할 수 있습니까?"라는 질문을 대신한다. 대체는 우리가 빠른 답을 생각해낼 수 있게 해준다. 하지만 우리가 실제로 답하고 있는 질문이 원래 질문과는 다르기 때문에, 그 대답도 다를 수 있다. 비행기 추락은 가능성이 적지만, 비행기 추락에 대한 정신적인 표현은 쉽게 떠올릴 수 있다. 따라서 우리는 가용성 편향을 보이고 충돌의 확률을 과장하게 된다(다른 휴리스틱에 대해서도 비슷한 이야기를 할 수 있다). 까다로운 점은 대체를 의식하지 못하는 경우가 많기 때문에 우리가 찾는 답변과 우리가 생성한 답변의 차이를 잘 모른다는 것이다.

과신 현상Overconfidence Phenomenon은 역량Competence에 대한 연구로부터 간접적인 지지를 받고 있다. 예를 들어 많은 연구들은 사람들이 다양한 실제 업무에서 자신의 역량을 과대평가한다고 제안한다. 일부 연구에서 90%가 넘는 대다수의 운전자들은 자신들이 중간의median 운전자보다 낫다고 말하는데, 이것은 통계적으로 불가능하다. 한 흥미로운 연구에서 문법과 논리학의 시험 점수를 받은 학부생들은 평균적으로 그들이 평균보다 훨씬 위에 있다고 추정했다. 더 놀라운 것은 참가자들이 시험에서 상대적인 성과에 대한 정보를 더 많이 받았을 때 (다른 참가자들의 성적을 매기도록 요청함으로써) 가장 성적이 좋은 학생들은 더 보정됐고, 반면에 가장 성적이 안 좋은 학생들은 오히려 보정이 덜 됐다. 그 결과는 그들의 무능함이 나쁜 성과를 유발할 뿐만 아니라, 그들의 나쁜 성과를 인식할 수 없게 한다는 점에서 무능한 사람들을 이중으로 불리하게 만든다는 것을 시사한다. 이 더닝-크루저 효과Dunning-Kruger Effect[5]는 코미디언 리키 저베스Ricky Gervais가 "죽었을 때, 당신은 당신이 죽었다는 것을 알지 못한다. 그것은 다른 사람들에게만 고통스러울 뿐이다. 당신이 멍청할 때도 마찬가지다"라는 말에서 비롯됐다.

5 더닝 크루거 효과(Dunning - Kruger effect)는 인지 편향의 하나로, 능력이 없는 사람이 잘못된 판단을 내려 잘못된 결론에 도달하지만 능력이 없기 때문에 자신의 실수를 알아차리지 못하는 현상을 가리킨다. - 옮긴이

연습 5.39 **불가피성** 사람들은 많은 것들이 불가피하다고 생각한다. 구글 뉴스에서 "그것은 불가피했다"는 표현을 검색하면 수십 개의 히트작이 나올 수 있다. 어떤 편향이 그 표현 사용에 반영됐다고 생각하는가?

연습 5.40 **애덤 스미스(다시 한 번)** 애덤 스미스Adam Smith가 "남성의 대부분이 그들 자신의 능력에 대해 가지고 있는 과도한 자만심"에 대해 이야기할 때 어떤 종류의 현상을 염두에 뒀을까?

5.8 논의

5장에서는 4장에서 학습한 확률적 판단 이론과 일치하지 않는 것으로 보이는 현상을 살펴봤다. 확률론은 사람들이 판단을 형성할 때 사용하는 정확한 인지 과정을 포착하기 위해 설계되지 않았지만, 사람들의 직관적인 확률 판단이 확률론이 예측하는 것과 상당히 체계적으로 그리고 예측 가능하게 다른 상황들이 많이 있는 것으로 보인다. 예에서 보듯이, 이러한 차이는 비용이 많이 들 수 있다. 그 현상들은 전형적으로 기술 이론Descriptive Theory으로서의 확률론의 적정성을 과소평가하는 것으로 해석된다. 그러나 이러한 현상들 중 일부는 확률론의 규범적 표준Normative Standard으로서의 정확성에 도전할 때도 발생할 수 있다. 이론에 부합하는 것이 매우 힘들다는 사실 – 확실히 왜 사람들이 실제로 그것을 따르지 못하는지에 대한 설명의 일부는 – 때때로 그것의 규범적 정확성을 약화시킨다고 여겨진다.

우리는 또한 행동경제학자들이 사람들이 실제로 판단을 내리는 방식을 포착하기 위해 사용하는 몇 가지 이론적인 도구들에 대해서도 논의했다. 따라서 우리는 기술적으로 적절한 확률적 판단 이론을 개발하기 위한 중요한 노력 중 하나인 휴리스틱과 편향 프로그램의 추가 측면을 탐구했다. 휴리스틱은 대체로 기능적이기 때문에 (즉 편리하기 때문에) 그것들에 대한 의존을 완전히 없애려고 하는 것은 실수일 것이다. 하지만 휴리스틱은 우리를 잘못된 길로 이끌 수 있고, 이것이 일어날 수 있는 상태에 대한 인식은 그들이 그럴 가능성을 줄일 수 있다. 마케팅에의 응용이 특히 명확하게 나타내듯이, 일반적으로 행동경제학, 특히 휴리스틱과 편향에 대한 지식은 우리가 선과 악에 대한 다른 사람들의 판단에 영향을 미칠 수 있도록 한다. 그러나 행동경제학에 대한 지식은 또한 우리의 판단에 영향을 미치려는 다른 사람들의 노력을 예상하고 저항할 수 있게 해준다.

연습 5.41 **잘못된 비판** 휴리스틱과 편향에 대한 일부 비평가들은 인간이 구제할 수 없을 정도로 어리석다고 공격한다. 따라서 인간의 비합리성에 대한 휴리스틱과 편향 관점은 심지어 단순한 실험에서도 고전적 합리성의 규범에 따라 추론할 수 없다고 가정할 때, 인간이 현실 세계의 복잡성에 직면해 절망적으로 갈피를 못 잡는다고 믿게 할 것이다. 이 비평가들이 어디가 잘못됐는지 설명하라.

말할 필요도 없이 5장은 표준 이론이나 그것들을 설명하기 위해 고안된 이론적 구조에 모순되는 현상의 완전한 목록을 제공하지 않는다. 아직 나오지 않은 중요한 휴리스틱 중 하나는 영향 휴리스틱이다. 이 휴리스틱에서는 결과에 대한 느낌을 바탕으로 결과에 확률을 할당한다. 즉, 결과에 대해 기분이 좋을수록 좋은 결과에 할당할 확률이 높아지고 나쁜 결과에 할당할 확률이 낮아진다. 결과적으로 총을 좋아하는 사람들은 총을 싫어하는 사람들보다 총이 이득이 되는 시나리오, 총이 해로운 시나리오를 상대적으로 덜 해로운 시나리오로 생각할 것이다. 다른 휴리스틱처럼, 영향 휴리스틱은 종종 기능적이다. 여러분이 냉장고 뒤쪽에서 정말로 좋아하지 않는 것을 봤을 때, 여러분은 그것을 먹음으로써 병에 걸릴 확률이 상대적으로 높다고 생각할 것이다 – 이는 적절한 반응일 것이다. 그러나 그 영향 휴리스틱은 유익성과 위해성에 대한 믿음이 그 반대보다는 감정을 반영하도록 함으로써 여러분을 잘못된 길로 이끌 수 있다.

책의 다음 부분에서는 확률론이 어떻게 합리적 결정론에 편입될 수 있는지 설명하고, 그 장점과 단점을 탐구할 예정이다.

추가 연습

연습 5.42 **확률 매칭** 친구 앤Ann이 앞면이 나올 확률(H)이 2/3이고 뒷면이 나올 확률(T)이 1/3인 동전을 가지고 있다고 가정하자. 앤은 동전을 세 번 뒤집어서 어떻게 나올지 정확하게 예측할 때마다 1달러를 줄 작정이다. 만약 당신이 동전이 HHH 또는 HHT로 나올 것이라고 예측한다면 어느 쪽이 이길 가능성이 더 높은가?

예측이 HHT(또는 HTH 또는 THH)였다면 관련 사건의 확률을 매칭시키기 위해 빈도를 선택하는 **확률 매칭**Probability Matching을 했을 수 있다. HHT(또는 HTH 또는 THH)와 같은 결과가 HHH 또는 TTT보다 무작위 프로세스에 대해 훨씬 더 대표적으로 보일 수 있기 때문에 확률 매칭은 대표성 휴리스틱으로부터 발생할 수 있다. 연습에서 알 수 있듯이, 확률 매칭은 편향을 초래하는 차선의 전략Suboptimal Strategy이다.

연습 5.43 성차별(계속) 152쪽의 연습 4.51에서, 우리는 20명의 편집위원이 우연히 모두 남성일 확률을 계산했다. 만약 답이 낮다는 생각이 든다면, 그 혹은 그녀는 어떤 오류를 범했을까?

연습 5.44 체외수정 체외수정IVF, In Vitro Fertilization은 자궁 외의 정자에 의해 난자가 수정되는 과정이다. 시술이 수행될 때마다 성공 확률(생산을 의미)이 약 20%라고 가정하자. 또한 이것이 사실일 가능성은 낮지만, 별도의 시험에서 성공할 확률은 독립적이라고 가정하자. 첫 번째로, 한 여성이 두 번 수술을 받는다고 상상해보자.

(a) 그녀가 정확히 두 번의 정상 출산을 할 확률은 얼마인가?
(b) 그녀가 전혀 정상 출산을 하지 못할 확률은 얼마인가?
(c) 그녀가 적어도 한 번의 정상 출산을 할 확률은 얼마인가?
(d) 다음에는 다른 여성이 5번 시술을 받는다고 상상해보자.
(e) 그녀가 적어도 한 번의 정상 출산을 할 확률은 얼마인가?

연습 5.45 의무 약물 테스트 2011년 7월, 플로리다 주는 불법 약물 사용에 대한 모든 복지 수혜자를 테스트하기 시작했다. 통계에 따르면 성인 플로리다인의 약 8%가 불법 약물을 사용한다고 한다. 이것이 복지 수혜자들에게도 해당된다고 가정하자. 약물 검사가 90% 정확하다고 상상해보자, 즉 10번 중 9번의 경우 정확한 반응을 보인다는 뜻이다.

(a) 무작위로 선정된 플로리다 복지 수혜자가 불법 약물을 사용하고 양성 테스트를 받을 확률은 얼마인가?
(b) 무작위로 선정된 플로리다 복지 수혜자가 불법 약물을 사용하지 않지만 양성 반응이 나올 확률은 얼마인가?

(c) 무작위로 선정된 플로리다 복지 수혜자가 양성 테스트를 받을 확률은 얼마인가?

(d) 무작위로 선정된 플로리다 복지 수혜자가 양성 반응을 보였다고 가정할 때, 불법 마약을 사용할 확률은 얼마나 되는가?

(e) 플로리다 유권자가 (d)에 대한 답이 약 90% 정도라고 생각하기 때문에 법을 선호한다면 어떤 오류를 범하고 있는가?

연습 5.46 **CIA** 미국 중앙정보국[CIA]는 사람들이 올바르게 생각할 때와 잘못 생각할 때 모두 어떻게 생각하느냐에 깊은 관심을 가지고 있다. 다음 연습은 CIA가 발간한 책 『지능 분석의 심리학』에서 차용한 것이다.

베트남전 당시 전투기가 황혼 무렵 미 공중 정찰 임무를 수행하던 중 치명적이지 않은 기총 공격을 했다. 캄보디아와 베트남 제트기가 모두 이 지역에서 운항하고 있다. 당신은 다음과 같은 사실을 알고 있다. (a) 구체적인 사례 정보: 미군 조종사는 전투기가 캄보디아 전투기라고 식별했다. 조종사의 항공기 인식 능력은 적절한 가시성과 비행 조건에서 테스트됐다. 전투기 샘플(반이 베트남 표식, 나머지 반이 캄포디아 표식이 있는 전투기 샘플)을 제시했을 때, 조종사는 샘플의 80%를 정확하게 식별했으며 20%에 대해서 잘못 식별했다. (b) 기저율 데이터: 그 지역의 85%의 제트기가 베트남 전투기이고, 15%가 캄보디아 전투기다.

질문: 그 전투기가 베트남 전투기가 아니고, 실제로 캄보디아 전투기였을 가능성은 얼마나 되는가?

연습 5.47 **후안 윌리엄스** 2010년 10월, 내셔널 퍼블릭 라디오[NPR]는 해설가 후안 윌리엄스[Juan Williams]가 폭스 뉴스에서 다음과 같은 발언을 한 후 그를 해고했다. “내가 비행기에 탑승했을 때 만약 이슬람교 옷을 입을 사람을 보면 당신이 알다시피 나는 무엇보다도 그들이 자신들이 이슬람교도라고 나타내는 것이라고 생각하므로 긴장돼요.” 여기서 나는 그런 감정을 표현했다는 이유로 누군가를 해고하는 것이나 애초에 그런 감정을 표현하는 일이 현명한 일인지는 평가하지 않겠다. 하지만 우리는 감성의 합리성[Rationality of The Sentiment]에 대해 논의할 수 있다.

(a) 미국에는 약 3억 명의 사람들이 있으며, 그중 약 2백만 명이 이슬람교도다. 언제라도

여객기를 공격할 수 있는 10명의 테러리스트가 있고, 10명 중 9명이 이슬람교도라고 가정하자. 이러한 가정하에서 무작위로 선택된 이슬람교도가 항공기를 공격할 수 있는 테러리스트일 확률은 얼마나 될까?

(b) 가용성 편향의 개념을 사용해 후안 윌리엄스가 무작위로 선택된 이슬람교도가 여객기를 공격할 수 있는 테러범일 확률을 과대평가하는 방법을 설명하라.

연습 5.48 **이론들, 이론들** 이 문장을 완성하라. "만약 당신의 모든 관찰이 당신의 과학적 이론이나 정치적 견해를 뒷받침한다면 당신은 (아마도) 고통받고 있는 것이다…."

연습 5.49 **마태복음** 마태복음 7장 17~18절의 이 구절에서 어떤 휴리스틱이 구체화돼 있는가. "그러므로 모든 좋은 나무는 좋은 열매를 맺지만 나쁜 나무는 나쁜 열매를 맺는다. 좋은 나무가 나쁜 열매를 맺을 수도 없고, 나쁜 나무가 좋은 열매를 맺을 수도 없다."

연습 5.50 **유전자 변형 유기체** 유전자 변형 유기체GMO에 반대하는 사람은 그러한 유기체의 이점에 대한 설득력 있는 글을 읽고 그들과 같은 생각을 하게 된다. GMO의 위험에 대한 질문을 받았을 때, 그는 생각을 바꿔서 비록 위험에 대한 새로운 정보를 얻지 못했지만, 유익성은 클 뿐만 아니라 위험성은 작다고 판단했다고 말한다. 어떤 휴리스틱이 작용했을까?

연습 5.51 **슘페터** 오스트리아 경제학자 조지프 슘페터Joseph Schumpeter는 자신이 인생에 있어 세 가지 목표를 세웠다고 주장한다. 위대한 경제학자, 전 오스트리아 최고의 승마자 그리고 비엔나에서 가장 위대한 연인. 그는 세 가지 목표 중 두 가지만 달성했다고 인정했다. 그가 틀렸고 사실 그중 어느 것도 달성하지 못했다고 해보자. 그가 어떻게 그렇게 틀릴 수 있는지를 설명하기 위해 다음 아이디어를 사용하라. (a) 확증 편향 (b) 가용성 편향 (c) 과신 (d) 결합 오류

연습 5.52 다음의 각 항목을 가용성 편향, 기준율 무시, 확증 편향, 결합 오류, 분리 오류, 사후 판단 편향 및 과신 중 한 가지 현상과 매치시켜라. 확신이 안 서면 가장 적절하다고 생각하는 것을 선택하라.

(a) 알은 항상 로마 혈통의 사람들이 도둑질하기 쉽다고 확신해왔다. 사실 그의 동료들

중 몇 명은 로마 출신이다. 하지만 그는 그의 동료들이 도둑이 아니라는 것을 알고 있고, 그는 그것에 대해 두 번 생각하지 않는다. 그러던 어느 날 해피아워에 인종차별주의자인 지인이 식료품점에서 물건을 훔치는 "그 사람들처럼 생긴" 두 사람에 대한 이야기를 나눈다. "그럴 줄 알았어!" 알은 혼잣말을 한다.

(b) 베스Beth의 차가 고장 나고 있다. 이를 알고 있는 그녀의 친구들은 그녀에게 자동차가 매 마일마다 고장 날 확률이 10%라고 말한다. 베스는 10마일 정도 떨어진 곳에 사는 친구를 보러 가고 싶어 한다. 그녀는 1마일마다 고장 날 확률이 10%인 자동차를 운전하는 것의 중요성을 곰곰이 생각하지만 여행 중 차가 고장 날 확률은 15%보다 훨씬 높을 수 없다고 생각한다. 그녀는 차가 중간에 고장 났을 때 충격을 받는다.

(c) 세실Cecil은 범죄의 공포에 사로잡혀 안전한 동네에 살고 있음에도 좀처럼 집을 떠나지 않는다. 그녀는 몸이 좋지 않고, 고혈압을 앓고 있으며, 자주 산책을 나간다면 훨씬 더 행복할 것이다. 하지만 그녀가 산책하는 것을 고려하는 순간, 조용히 인도를 거닐고 있는 무고한 사람들에게 일어날 수 있는 일들에 대한 이미지가 떠오르고, 그녀는 그녀에게도 끔찍한 일이 일어날 것이라고 확신한다. 그 결과 그녀는 집에 머물러서 TV 드라마 〈로 앤 오더Law and Order〉의 재방송을 다시 본다.

(d) 출국한 적이 없는 데이비드David는 어떻게든 말라리아 검사를 받는다. 검사 결과가 양성으로 나왔다. 데이비드는 이렇게 우울해본 적이 없다. 그는 자신이 치명적인 병에 걸렸다고 확신하고 유언장 초안을 작성하기 시작한다.

(e) 엘리자베스Elizabeth는 아침에 일어나는 데 어려움을 겪기 때문에 종종 학교에 가는 길에 너무 빨리 운전한다. 지난주 월요일에 속도 위반 딱지를 떼인 후, 일주일 내내 철저히 법을 지켰다. 겨우 이번주에 그녀는 다시 운전을 더 빨리 하기 시작했다.

(f) 피지Fizzy는 미국이 테러와의 전쟁에서 또 다른 전선을 시작하고 싶어 하지 않을 것이라고 생각하기 때문에 미국이 이란 핵 시설을 폭격할 가능성은 매우 낮다고 본다. 그러나 피지는 미국이 아프가니스탄에서 모든 군대를 철수시킬 가능성이 높다고 생각한다. 아울러 미국이 이란 핵 시설을 폭격하고 아프가니스탄에서 모든 병력을 철수시킬 가능성에 대해 어떻게 생각하느냐는 질문에 미국이 이란 핵 시설을 폭격할 확률보다는 가능성이 높다고 한다.

(g) 조지나Georgina는 아이폰과 아이패드 없는 삶을 상상하는 데 어려움을 겪는다. 따라서 스티브 잡스Steve Jobs와 같은 발명가가 나타나 그러한 것들을 디자인하는 것이 불가피했다고 생각한다.

(h) 해리Harry가 지난번에 짐을 화물편으로 맡겼을 때 모두 잃어버렸다. 그는 비록 그것이 항공 승무원과 불쾌한 언쟁을 하는 것을 의미할지라도 다시는 짐을 맡기지 않고 직접 휴대할 것이다.

문제 5.53 자신의 경험을 바탕으로 연습 5.52의 이야기와 같은 이야기를 만들어 5장에서 읽은 다양한 아이디어들을 설명하라.

더 읽을거리

판단에서 휴리스틱과 편견에 대한 포괄적인 소개는 Hastie and Dawes(2010)이다. 도박사의 오류와 관련된 실수는 Tversky and Kahneman(1971)에서 논의된다. 결합 및 분리 오류는 Tversky and Kahneman(1983)과 Tversky and Shafir(1992)에서 탐구된다. 계획 오류와 시드니 오페라 하우스는 Buehler et al.(1994, 366쪽)에서 논의된다. Kahneman(2011)은 철도 프로젝트에 관한 데이터를 보고한다. 기준율 무시는 Bar-Hillel(1980)에서 검토됐다. 「USA Today」 이야기는 Frank(2007)이다. 확증 편향에 대한 광범위한 검토는 Nickerson(1998)이며, 『잃어버린 시간을 찾아서』의 인용문은 Proust(2002[1925]), 402쪽) 그리고 사형제도 맥락에서 확증 편향에 관한 연구는 Lord et al.(1979)이다. Popper(2002 [1963], 46쪽)는 Adler와의 만남을 설명한다. Tversky와 Kahneman(1974)의 앵커링과 조정, 대표성과 함께 가용성에 대해 논의한다. 과신에 대한 절은 공공정책 분야에서 전문가 역할을 하는 경제학자들이 그들의 전문 영역 내에서조차 상당한 과신을 보인다고 주장하는 Anner(2006)에 초점을 맞추고 있다. Neil Armstrong은 O'Brien(2004)에서 인용된다. Fischhoff와 동료들의 연구는 Fischhoff et al.(1977), 실제 환자를 대상으로 한 연구는 Oskamp(1982), 역량에 관한 연구는 Kruger와 Dunning(1999년)이다. Kahneman(2011, 9장)은 대체에 대해서 Smith(1976 [1776], 120쪽)는 "자신 있는 자만감over-weening conceit"에 대해 논의한다. 휴리스틱과 편향 프로그램의 비평가들은 Gigerenzer와 Goldstein(1996)이다. 그 영향은 Finucane et al.(2000)에서 나타난다. CIA의 정보 분석 예시는 Heuer(1999년, 157~8쪽)에서 나왔고 Juan Williams 사건은 Farhi(2010)에 설명돼 있다.

PART 3
위험과 불확실성하의 선택

06 위험과 불확실성하의 합리적 선택

학습 목표

- 최대화 원리를 포함해 불확실성하에서 합리적 선택의 다중 원칙을 숙달한다.
- 기대 효용 이론을 이해한다.
- 위험하에서 합리적 의사결정이 효용함수의 형태에 따라 어떻게 달라지는지 이해한다.

6.1 서론

2부에서는 의사결정 이론을 잠시 접어두고 판단에 대해서 이야기했다. 이제 의사결정의 문제, 구체적으로는 합리적인 의사결정을 다시 살펴보고자 한다. 6장에서는 위험과 불확실성하에서의 합리적 선택 이론을 탐구한다. 전통적인 관점에 따라 관련 결과의 확률을 완전히 알 수 없거나 심지어 의미가 없는 불확실성하의 선택에 직면하거나 관련 결과의 확률이 모두 의미 있고 알려진 위험하의 선택에 직면한다. 결국 우리는 어떤 주어진 결정 문제에서 어떤 선택을 할 것인가에 대한 질문에 원칙 있는 답을 주는 이론을 원한다. 이 이론을 발전시키려면 시간이 걸릴 것이다. 불확실성에 대해 논의한 다음 기댓값을 다루고, 그다음 기대 효용에 도달한다. 궁극적으로 기대 효용 이론은 2장의 효용 개념과 4장의 확률 개념을 위험하에서 우아하고 강력한 선택 이론으로 결합한다.

6.2 불확실성

당신이 곧 집을 나서 우산을 가져갈지 집에 두고 갈지 결정해야 한다고 상상해보자. 당신은 비가 올까봐 걱정하고 있다. 우산을 가져가지 않고 비가 오지 않으면 젖지 않고 행복한 하루를 보내고, 우산을 가져가지 않고 비가 오면 흠뻑 젖어 비참해진다. 우산을 가져가면 아무리 젖지 않아도 거추장스러운 우산을 들고 다녀서 행복이 침해된다. 의사결정 문제는 표 6.1(a)와 같이 나타낼 수 있다.

표 6.1 우산 문제

	비가 온다.	비가 오지 않는다.
우산을 가져간다.	안 젖는다, 행복하지 않다.	안 젖는다, 행복하지 않다.
우산을 집에 둔다.	젖는다, 비참하다.	안 젖는다, 행복하다.

(a) 보상

	비가 온다.	비가 오지 않는다.
우산을 가져간다.	3	3
우산을 집에 둔다.	0	5

(b) 효용 보상

	비가 온다.	비가 오지 않는다.
우산을 가져간다.	0	2
우산을 집에 둔다.	3	0

(c) 위험 보상

이와 같은 표에서 맨 왼쪽 열은 메뉴, 즉 가능한 개별 행동을 나타낸다. 그에 추가해, 일어날 수 있는 일마다 하나의 열이 할당된다. 이들을 세계의 상태States of The World 또는 단순히 상태States라고 하며, 맨 위 행에 나열돼 있다. 결과적인 행렬은 결과 공간을 정의한다(전체적으로, 나는 세계의 상태가 에이전트가 선택한 행동과 무관하다고 가정할 것이다). 이 경우, 분명히 비가 오는 상태(rain)와 비가 오지 않는 상태(no rain) 바로 이 두 개의 상태만이 있다. 2.7절의 효용함수를 사용해 네 가지 결과에 대한 여러분의 선호도를 표현할 수 있다. 효용 보상은 표 6.1(b)와 같이 나타낼 수 있다. 이런 상황에서 합리적인 행동은 무엇일까? 당신이 이것을 불확실성하에서의 선택으로 간주한다고 가정해보자. 적용될 수 있는 여러 가지 기준이 있다.

최댓값 기준에 따라 최소 효용 보상이 가장 큰 대안을 선택해야 한다. 우산을 가져가면 최소 수익은 3이고, 우산을 집에 두고 오면 최소 보상은 0이다. 결과적으로 최소최대화maximin 논리는 우산을 가져가는 것을 선호할 것이다. 최대최대화maximax 기준에 따르면 보상이 가장 큰 대안을 선택해야 한다. 우산을 가져가면 최대 3이고 우산을 집에 두고 오면 최대 5이다. 그러므로 최대최대 논리는 우산을 집에 두고 오는 것을 선호할 것이다. 최대최소 논리자는 최대최대 논리자가 무모한 만큼 신중하다. 전자는 각 행위와 관련된 최악의 결과만을 보고, 후자는 각 행위와 관련된 최상의 결과만을 본다. 내 학생들 중 일부는 최대최대 기준을 YOLO 기준으로 언급하기 시작했다—밀레니얼 세대에 익숙하지 않은 독자들을 위해 설명하면 YOLO는 "당신은 단 한 번의 삶을 갖는다[You Only Live Once]"이다.

연습 6.1 **시계** 방금 새 시계를 샀을 때 당신은 평생 보증서[life-time warranty]도 원하는지 질문을 받는다.

(a) 최대최대화 논리자는 평생 보증서를 구입할까?

(b) 최소최대화 논리자는 어떻게 할까?

다른 기준도 있다. **최대위험 최소화**[minimax-risk] 기준에 따라 최대위험 또는 **후회**[regret]가 가장 낮은 대안을 선택한다. 우산을 가져갔다가 비가 오거나, 우산을 집에 두고 와도 비가 오지 않는다면 후회는 없다. 우산을 가져가고, 비가 오지 않는다면, 후회는 다르게 행동했을 때의 최고 보상(5)에서 실제 보상(3)을 뺀 보상 즉 2와 같다. 마찬가지로 우산을 집에 두고 왔는데 비가 온다면 후회는 3이 된다. 이러한 "위험 보상"은 표 6.1(c)와 같이 표 형태로 포착할 수 있다. 우산을 가져가는 것은 가장 낮은 최대후회(3이 아닌 2)와 관련이 있기 때문에 최대위험 최소화 논리는 우산을 가져가는 것을 선호한다. 후회 회피라는 용어는 사람들이 예상되는 후회를 최소화하기 위해 행동하는 경향을 논할 때 가끔 사용된다. 후회는 에이전트가 다르게 행동했을 경우 발생할 수 있는 보상의 손실에 기인하기 때문에 후회 회피는 손실 회피에 의해 유발될 수 있다(7.4절에서 후회의 주제를 다시 살펴본다).

연습 6.2 **불확실성하에서 합리적인 선택** 이 연습은 표 6.2의 효용 행렬을 참조한다. (a) 최소최대화 기준 (b) 최대최대화 기준 (c) 최대위험 최대화 기준에서 어떤 행동이 선호될 것인가? (c)에 대한 답변의 일부로 위험 보상 행렬을 작성해야 한다.

표 6.2 불확실성하에서의 결정

	S_1	S_2
A	1	10
B	2	9
C	3	6

후회를 최소화할 수 있는 방법에 대해 꽤 많은 작가들이 조언을 했다. 오스카 와일드Oscar Wilde는『도리안 그레이의 초상The Picture of Doran Gray』에서 "요즘 많은 사람들이 일종의 상식 둔화로 죽어가고, 너무 늦어서야 비로소 절대 후회하지 않는 것은 실수밖에 없음을 깨닫는다"고 썼다. 그리고『죽음의 다섯 가지 후회The Top Five Regrets of the Dying』와 같은 제목을 가진 책들은 우리에게 언젠가 후회하게 될 것을 말해주기를 원한다. 너무 많이 일하고, 다른 사람들을 기쁘게 하려고 노력하고, 우리 자신이 행복해지도록 허락하지 않는 등의 것들. 한편 때로는 "실존주의의 아버지"라고 부르기도 하는 쇠렌 키에르케고르Søren Kierkegaard는 결국 후회를 피하는 것은 절망적이라고 했다. "저의 솔직한 의견과 친절한 조언은 다음과 같다. 그것을 하거나 하지 마라 — 여러분은 둘 다 후회할 것이다"라고 그는『둘 중 하나 또는 둘 다Either/Or』라는 책에서 썼다.

문제 6.3 불확실성하의 데이트 게임 당신이 누군가에게 데이트를 신청할지 말지 고민하고 있다고 상상해보자. (a) 당신의 효용함수를 고려할 때 (ii) 최소최대화 기준 (ii) 최대최대화 기준 (iii) 최대위험 최대화 기준에 의해 어떤 행동을 취할 것인가? (b) 앨프리드 테니슨Alfred Tennyson 경의 말에 따르면, "사랑을 하고 잃는 것이 더 낫다. / 전혀 사랑해본 적이 없는 것보다 더할 나위 없이." 이 시 구절이 지지하는 의사결정 기준은 무엇인가?

불확실성하에서 선택할 수 있는 모든 기준 중에서 최소최대화 기준이 가장 두드러진다. 그것은 무엇보다도 철학자 존 롤스John Rawls의 정의 이론의 중요한 부분이다. 롤스의 이론에서 정의의 원칙은 이성적인 사람들이 그들 자신이 그들이 그들 자신과 그들이 살고 있는 사회 그리고 그들의 지위에 대한 도덕적으로 관련된 모든 정보를 박탈당했다는 것을 의미하는 "무지의 베일Veil of Ignorance" 뒤에 있다는 것을 알게 되면, 서로 간의 상호작용에서 따르기로 동의할 협력의 조건이다. 예를 들어 당신이 주인인지 노예인지 모르는 상태에서 주인이나 노예가 있는 사회에서 살 것인지 아니면 더 평등한 사회에서 살 것인지를 선택해야 한다고 가정하자. 롤스에 따르면 합리적인 절차는 각 사회에서 가능한 최악의 결과에 따르는 사회의 순위를 매기는 것, 즉 최소최대화 기준을 적용하는 것이며, 그리고 나서 더욱 평등한 선택을 하는 것이다. 롤스는 평등주의 사회가 주인과 노예의 사회보다 더 정의롭다고 생각하는 이유를 확립하기 위해 이를 취했다.

비평가들은 이러한 시나리오에서 최소최대화 논리를 사용하는 것에 반대해왔다. 한 가지 반대는 최소최대화 논리는 각각의 행위에 대해 최악의 경우를 제외한 모든 보상을 무시하기 때문에 관련 효용 정보를 고려하지 못한다는 것이다. 표 6.3의 두 가지 의사결정 문제를 고려하자. 최소최대화 논리는 두 시나리오 모두에서 A를 선호할 것이다. 그러나 B와 비교할 때, B*는 100억 효용의 전망을 지지하기 때문에, B보다 A를 선호할 수는 있지만, A보다는 B*를 선호하는 것이 완전히 비합리적으로 보이지는 않는다.

표 6.3 불확실성하에서 또 다른 의사결정

	S_1	S_2
A	1	1
B	0	10

(a)

	S_1	S_2
A	1	1
B*	0	10^{10}

(b)

또 다른 반대는 최소최대화 논리가 다양한 상태들이 얻을 가능성을 고려하지 못한다는 것이다. 롤스의 주장에 대한 유명한 비평에서, 노벨 경제학상 수상자 하사니Harshanyi는 다음과 같은 예를 제시했다.

예 6.4 **하사니의 도전** 뉴욕에 살면서 동시에 다른 지역에서 두 개의 직업을 갖고 있다고 가정하자. 하나는 뉴욕시 자체에서 지루하고 보수가 나쁜 직업이고, 다른 하나는 시카고에서 매우 흥미롭고 보수가 좋은 직업이다. 그러나 중요한 것은 만약 당신이 시카고 일자리를 원한다면, 당신은 뉴욕에서 시카고로 가는 비행기를 타야 한다는 것이다(예를 들어 이 직업은 바로 다음날 수락해야 하기 때문이다). 따라서 비행기 사고로 사망할 가능성은 매우 작지만 없지는 않을 것이다.

비행기 사고로 죽는 것이 뉴욕 거리에서 일어날 수 있는 것보다 더 나쁘다고 가정하면, 아무리 시카고 직업을 선호하고 비행기 사고가 일어날 가능성이 낮다고 생각하더라도, 최소최대화의 논리는 지루한 뉴욕시의 직업을 선호할 것이다. 이건 매우 옳지 않은 것 같다.

아마도 관련된 결과의 확률이 완전히 알 수 없거나 심지어 의미도 없는 시나리오가 있으며, 그러한 시나리오에서는 최소최대화 논리 또는 이 절에서 앞에서 논의한 다른 기준 중 하나가 적절할 수 있다. 그러나 요지는 가능할 때는 언제나, 가능한 모든 보상과 다양한 상태가 가질 수 있는 확률에 주의를 기울이는 것이 완벽하게 합리적이라는 것이다. 예를 들어 표 6.1의 우산 문제에 직면할 때, 비가 올 확률뿐만 아니라 보상 행렬의 4개 셀 모두를 고려하는 것이 합리적인 것으로 보인다.

6.3 기댓값

지금부터는 결과에 확률을 할당하는 것이 의미 있고 가능하다고 가정할 것이다. 즉, 불확실성하에서의 선택 영역을 떠나는 위험하에 선택 왕국으로 진입하게 될 것이다. 이 절에서는 전체 보상 행렬과 확률을 고려하는 한 가지 특히 간단한 접근법(기댓값)에 대해 살펴본다.

도박의 기댓값은 도박을 할 때 장기적으로 평균적으로 이길 것으로 기대할 수 있는 값이다. 내가 당신에게 다음과 같은 제안을 한다고 가정해보자. 공정한 동전을 던져서 동전이 앞면(H)으로 나오면 10달러, 뒷면(T)으로 나오면 아무것도 주지 않는다. 이는 꽤 괜찮은 거래다. 50%의 확률로 여러분은 10달러를 가지게 될 것이다. 이 도박은 그림 6.1과 같이 트리와 표 형태로 쉽게 나타낼 수 있다. 장기적으로 이 도박을 할 때 평균적으로 5달러를 받는 것은 명백하다. 즉, 그 도박의 기댓값은 5달러다. 당첨 확률(1/2)에 우승 확률(10달러)을 곱하면 얻게 되는 수치와 같다.

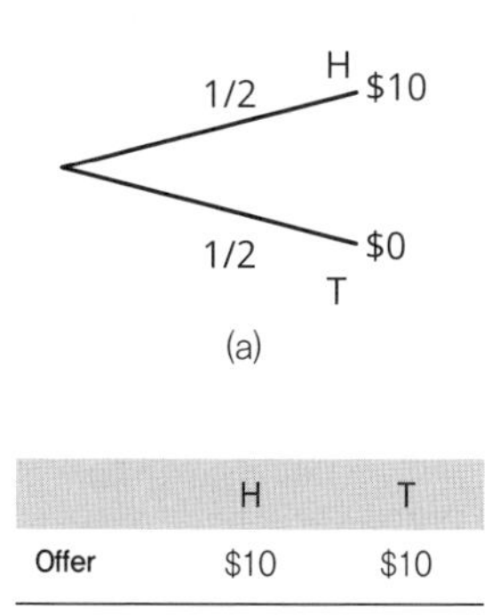

	H	T
Offer	$10	$10

(b)

그림 6.1 단순한 게임

연습 6.5 로또 6/49 그림 6.1(a) 및 (b)와 같이 로또 6/49(138쪽의 연습 4.28부터)를 하는 사람이 받아들인 도박을 나타낸다. 1등 당첨금이 100만 달러라고 가정하자.

예 6.6 로또 6/49(계속) 1등 당첨금이 100만 달러라면, 로또 6/49 복권의 예상 가치는 얼마인가?

우리는 연습 4.28을 통해 그 티켓이 13,983,816 중 1번 당첨된다는 것을 알고 있다. 이는 복권 소유자가 장기적으로 평균 1/13,983,816 * 100,000달러를 받는다는 것을 의미한다. 당첨 확률에 당첨 금액을 곱하면 같은 답이 나온다. 0.000,07 * 100,000달러 = 0.07달러. 7센트이다.

문제 6.7 이 도박을 하기 위해 얼마를 지불하겠는가? 만약 당신이 이 게임을 하기 위해 기꺼이 돈을 지불한다면, 얼마를 얻기를 원하는 것일까?

때로는 두 개 이상의 행동을 할 수 있는데, 이 경우 당신은 선택을 할 수 있다. 그림 6.1의 도박과 확실한 4달러 중에서 선택할 수 있다고 상상해보자. 만약 그렇다면, 우리는 그림 6.2(a)와 같이 트리 형태로 당신의 의사결정 문제를 나타낼 수 있다. 우리는 또한 도박을 거절했을 때의 결과는 동전이 앞면이 나오든 뒷면이 나오든 상관없이 4달러라고 생각할 수 있다. 따라서 우리는 도박을 그림 6.2(b)와 동일하다고 생각할 수 있다. 후자의 의사결정 트리는 이 도박을 표 형태로 표현하는 방법을 명확히 한다(그림 6.2(c) 참조). "거절

Reject"이라고 표시된 숫자는 도박을 거절하면 승자로 판명되든 아니든 4달러를 보유한다는 사실을 나타낸다.

연습 6.8 기댓값 다음 질문에 대해서는 그림 6.2(c)를 참조하라.

(a) 이 도박을 받아들이는 것의 기댓값은 얼마인가?

(b) 거절 시 기댓값은 얼마인가?

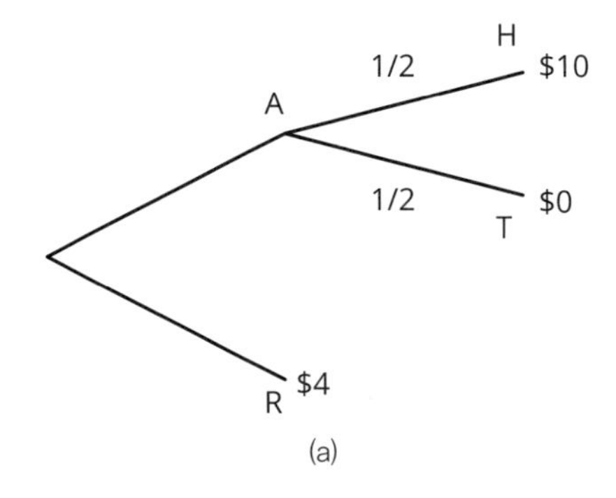

(a)

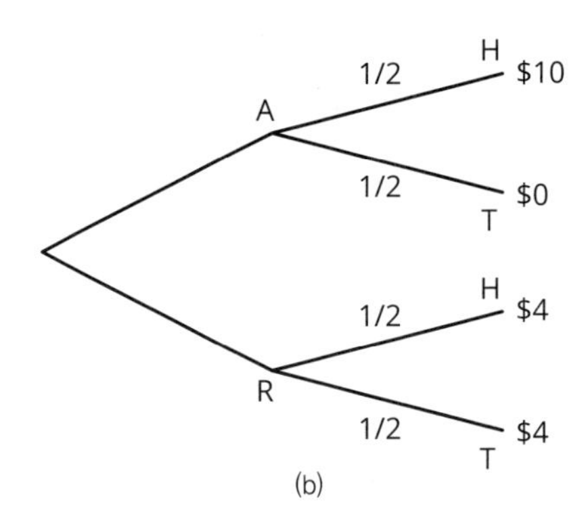

(b)

	H	T
승락	$10	$0
거절	$4	$4

(c)

그림 6.2 도박 간의 선택

당신은 모든 도박이 표 형태로 표현될 수 있는지 궁금해할 것이다. 그들은 표 형태로 표현될 수 있다. 예를 들어 만약 당신이 동전을 던져서 앞면이 나온다면, 당신이 그림 6.1에서 도박을 할 수 있는 권리를 딸 수 있을 때, 어떤 일이 일어날지 생각해보라. 만약 그렇다면, 당신이 하고 있는 복잡한 도박은 그림 6.3(a)처럼 보일 것이다. 이와 같이 더 복잡한 다단계 도박을 분석하는 핵심은 and 법칙 중 하나를 사용해 더 간단한 도박을 구성하는 것이다. 이 경우 도박은 10달러를 얻는 경우에 1/4의 확률을 주고, 아무것도 얻지 못할 경우 3/4의 확률을 준다. 따라서 도박은 그림 6.3(b)와 같이 나타낼 수 있다. 이는 복잡한 도박을 그림 6.3(c)에서와 같이 표 형태로 명확하게 보일 수 있다. 두 개 이상의 행위 또는 두 개 이상의 상태가 있을 수 있다. 따라서 일반적으로 표 6.4와 같은 행렬이 된다. 이제 기댓값을 어떻게 정의해야 할지 자명하다.

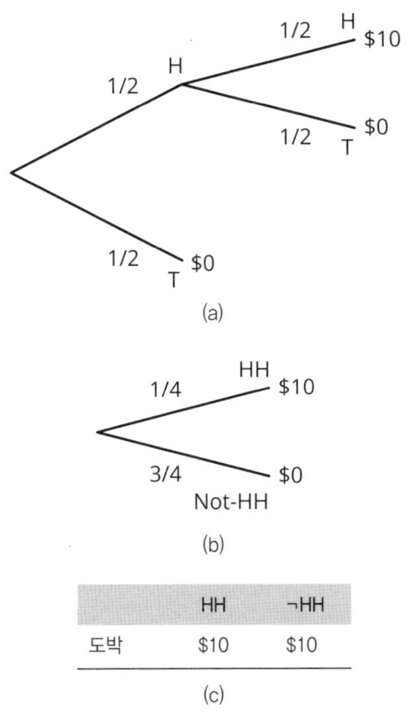

	HH	¬HH
도박	$10	$10

(c)

그림 6.3 다단계 도박

정의 6.9 기댓값 표 6.4와 같은 의사결정 문제가 주어졌을 때, 행동 A_i의 기댓값 $EV(A_i)$는 다음과 같이 주어진다.

$$EV(A_i) = \Pr(S_1) * C_{i1} + \Pr(S_2) * C_{i2} + \ldots + \Pr(S_n) * C_{in}$$
$$= \sum_{j=1}^{n} \Pr(S_j) C_{ij}$$

표 6.4 일반적인 의사결정 문제

	S_1	S_1	...	S_n
A_1	C_{11}	C_{12}	...	C_{1n}
⋮	⋮	⋮		⋮
A_m	C_{m1}	C_{m2}	...	C_{mn}

이 방정식이 복잡해 보이지만, 실제 계산은 쉽다는 것을 알 수 있다. 각 상태, 즉 표의 각 열에 대해 해당 상태가 발생할 확률과 발생할 경우 얻을 수 있는 값을 곱한 다음 모든 숫자를 더한다. 두 개 이상의 행동을 비교하려면 각 행동에 대한 절차를 완료하고 수치를 비교하면 된다. 당신이 알 수 있듯이, 이 공식은 보상 행렬의 각 셀에 어떤 가중치 즉 다양한 상태을 얻을 확률을 부여한다.

정의 6.9의 공식을 적용하는 방법을 명확하게 하기 때문에 표 형태는 기댓값을 계산할 때 편리한 경우가 많다. 더 복잡한 도박을 표 형태로 나타낼 수 있다는 사실은 더 복잡한 도박의 경우에도 공식이 적용된다는 것을 의미한다. 따라서 적어도 결과물이 달러, 인명 손실 또는 이와 유사한 측면에서 설명될 수 있는 한, 개념은 잘 정의된다. 이러한 지식이 얼마나 유용한지 설명하기 위해 카지노와 기타 실제 환경에서 발생할 수 있는 의사결정 문제를 살펴보겠다.

연습 6.10 룰렛 룰렛 휠은 빨간색과 검은색으로 번호가 매겨진 0, 00, 1, 2, 3, ..., 36개의 색상으로 구분된 슬롯이 있다(그림 6.4 참조). 선수들은 내기를 하고, 진행자는 바퀴를 돌리며, 결과에 따라 지급이 이뤄질 수도, 안 이뤄질 수도 있다. 선수들은 다양한 내기를 할 수 있다. 표 6.5는 1달러 베팅 후 승리하는 선수에 관련된 보상과 함께할 수 있는 베팅

목록을 보여준다. 표를 채워라.

연습 6.11 **주차** 당신은 합법적으로 주차할지 불법적으로 주차할지 고민하고 그것에 대해 합리적으로 결정할 것이다. 기댓값 계산에서 비용을 나타내기 위해 음수를 사용하라.

표 6.5 룰렛 베팅

베팅	설명	배당금	승리 확률	기댓값
스트레이트 업	한 숫자	$36		
스플릿	두 숫자	$18		
스트릿	세 숫자	$12		
코너	네 숫자	$9		
퍼스트 파이브	0, 00, 1, 2, 3	$7		
식스라인	여섯 숫자	$6		
퍼스트 12	1 – 12	$3		
세컨드 12	13 – 24	$3		
서드 12	25 – 36	$3		
레드		$2		
블랙		$2		
짝수		$2		
홀수		$2		
로우	1 – 18	$2		
하이	19 – 36	$2		

(a) 주차 위반 티켓이 30달러이고, 불법 주차 시 티켓을 받을 확률이 1/5이라고 가정하자. 불법 주차의 기댓값은 얼마인가?

(b) 기댓값 계산을 인생의 지침으로 삼는다면, 합법적으로 주차하기 위해 5달러를 지불하는 것이 가치가 있을까?

보상이 0이 아닌 상태가 둘 이상일 때 기댓값을 완벽하게 계산할 수 있다.

예 6.12 여러분은 다음과 같은 도박을 할 수 있다. (공정한) 동전이 앞면이 나오면 10달러를 받고, 뒷면이 나오면 10달러를 내야 한다. 이 도박의 기댓값은 얼마인가?

이 도박의 기댓값은 $1/2 * 10 + 1/2 * (-10) = 0$이다.

연습 6.13 누군가가 공정한 주사위를 굴려서 당신에게 1달러, 2달러 등등을 상금으로 주려고 한다고 가정하자. 이 도박의 기댓값은 얼마인가?

연습 6.14 **'Deal or No Deal'** 당신은 〈Deal or No Deal〉 쇼에 출연 중이며, 그 안에 (알 수 없는) 금액이 들어 있는 많은 상자를 마주하고 있다(그림 6.5 참조).

그림 6.5 〈Deal or No Deal〉

지금 단계에서 여러분은 세 개의 상자를 마주하게 된다. 그중 하나는 90만 달러, 하나는 30만 달러, 또 하나는 60달러가 들어가 있는데 어느 상자에 얼마가 들었는지 알 수 없다. 다음은 규칙이다. 상자를 열도록 선택한 경우 원하는 순서로 열 수 있지만 마지막 상자에 포함된 금액만 가질 수 있다.

(a) 세 개의 상자를 여는 것의 기댓값은 얼마인가?

(b) 호스트는 40만 달러의 확실한 금액과 세 개의 상자를 열 수 있는 권리 중 하나를 선택할 수 있다. 기댓값을 최대화하려면 어떤 것을 선택해야 하는가?

(c) 40만 달러를 거절하고 상자를 연다. 아쉽게도 그것은 90만 달러가 들어 있다. 나머지 두 상자를 열었을 때의 기댓값은 얼마인가?

(d) 호스트는 15만 5천 달러의 확실한 금액과 나머지 두 개의 상자를 열 수 있는 권한 중 하나를 선택할 수 있다. 기댓값을 최대화하려면 어떤 것을 선택해야 하는가?

기댓값 계산은 비용 편익 분석의 핵심을 이루며, 모든 종류의 프로젝트가 수행할 가치가 있는지 여부를 결정하는 데 사용된다. 기업은 새로운 공장에 투자할지, 새로운 마케팅 캠페인을 시작할지 등을 결정하기 위해 비용 편익 분석을 수행한다. 정부는 다리, 철도, 공항을 건설할 것인지 결정하기 위해 비용 편익 분석을 수행하며, 외국 기업들이 그곳으로 이전하도록 장려할 것인지 여부, 세금 체계를 정비할 것인지 여부 그리고 다른 많은 것들을 결정한다. 기본 아이디어는 단순히 기대 혜택과 기대 원가를 비교하는 것이다.

지금까지 우리는 확률에 대한 지식을 기댓값을 계산하는 데 사용했다. 또한 기댓값에 대해 충분히 알고 있다면 정의 6.9를 사용해 확률을 계산할 수도 있다. 그래서 우리는 다음과 같은 질문을 할 수 있다.

예 6.15 **주차(계속)** 만약 주차 위반 티켓이 30달러이고 합법적으로 주차하는 데 5달러가 든다면, 불법 주차의 기댓값과 합법적 주차의 기댓값을 같도록 하기 위해서는 주차 티켓을 받을 확률이 얼마가 돼야 하는가?

우리는 방정식을 설정해 이 문제를 해결한다. 우선, 당신이 불법 주차를 했을 때 주차 위반 티켓을 받을 확률이 p라고 가정하자. 또한 불법 주차의 기댓값이 합법적 주차의 기댓값인 $p * (-30) = -5$라고 가정하자. p를 풀면 $p = -5/-30 = 1/6$이 된다. 주차 위반 티켓을 얻을 확률이 1/6이면 기댓값이 같다는 뜻이다. p가 1/6보다 크면 불법 주차 기댓값보다 크고, p가 1/6보다 작으면 불법 주차 기댓값보다 작다.

연습 6.16 **주차(계속)** 합법적으로 주차하는 비용이 여전히 5달러라고 가정하자.

(a) 주차권이 100달러인 경우, 불법 주차의 기댓값과 합법적 주차의 기댓값을 같도록 하기 위해서는 주차 위반 티켓을 얻을 확률이 얼마가 돼야 하는가?

(b) 주차 위반 티켓 가격이 10달러이면 어떻게 되는가?

문제 6.17 주차(계속) 주차 요금과 거주 지역 주차 벌금이 주어질 때, 불법 주차의 기댓값과 합법적 주차의 기댓값이 같아지려면 주차 위반 티켓을 받을 확률이 얼마가 돼야 하는가?

이런 질문을 다루는 분야로 **법경제학**Law and Economics이 있다. 합리적인 사람들이 어떤 조건에서 법을 어기는지, 최적의 범죄 수준을 만들어내기 위해 법을 어떻게 설계해야 하는지 등을 탐구한다.

연습 6.18 **로또 6/49(계속)** 로또 6/49 티켓의 가격이 1달러이고 당첨자가 백만 달러를 받는다고 가정해보자. 복권이 통계적으로 공정하기 위해서는 즉, 가격이 기댓값과 같으려면 당첨 확률이 얼마나 돼야 하는가?

연습 6.19 **보증** 태블릿 컴퓨터는 325달러이며, 선택 사항인 고장이 날 경우 무료로 태블릿 컴퓨터를 교체할 수 있는 1년 보증은 79달러이다. 선택 사항인 보증을 구입할 때의 기댓값이 이를 구입하지 않을 때의 기댓값과 같으려면, 태블릿 컴퓨터가 고장 날 확률 p는 얼마가 돼야 하는가 ?

이 연습이 시사하는 바와 같이, 보증의 가격은 제품이 고장 날 확률에 비례해 (어쨌든 일반인에 대해) 증가한다.

안타깝게도 삶의 지침으로 삼을 때 기댓값 계산에는 단점이 있다. 분명히 우리는 결과를 달러, 인명 손실, 또는 그와 유사한 것으로 설명할 수 있을 때에만 기댓값을 계산할 수 있다. 기댓값의 정의는 결과 Cij가 숫자로 표현되지 않는다면 의미가 없다. 더욱이, 많은 조건에서 기댓값 고려는 명백히 비뚤어진 조언을 제공하므로, 실제 생활에서의 의사결정에 대한 일반적인 지침으로 작용할 수 없다. 예를 들어 마피아들이 당신의 빚을 갚기 위해 당신을 쫓아오기 전에 카지노에서 30분 동안 시간을 가진다면 무엇을 해야 할지 생각해보라. 그들이 나타나기 전에 당신이 1만 달러 정도의 돈을 만들어 내지 않는다면, 당신이 심각한 곤경에 처할 것이라고 가정한다면, 도박은 비록 기댓값이 낮더라도 매우 합리적인 일일 수 있다. 마지막으로 다음의 유명한 예를 고려해보자.

예 6.20 **상트페테르부르크의 역설** 도박은 편향이 없는 동전을 원하는 만큼 많이 던져서 앞면[Head]가 나오면 끝난다. 한 번만 던지면 보상은 2달러, 2번 던지면 4달러, 3번 던지면 8달러, 기타 등등(표 6.6 참조) 그 도박의 기댓값은 얼마인가?

첫 번째 던지기에서 앞면이 나올 확률(H)은 1/2, 첫 번째 던지기에서 뒷면 그리고 두 번째에서 앞면이 나올 확률(TH)은 1/4, 첫 번째와 두 번째 던지기에서 뒷면 그리고 세 번째에서 앞면이 나올 확률(TTH)은 1/8이다. 따라서 도박의 기댓값은 다음과 같다.

$$1/2 * \$2 + 1/4 * \$4 + 1/8 * \$8 + \ldots =$$
$$\$1 + \$1 + \$1 + \ldots = \$\infty$$

표 6.6 상트페테르부르크 도박

	H	TH	TTH	···
상트페테르부르크 도박	$2	$4	$8	···

요컨대 도박의 기댓값은 무한대다. 이는 만약 당신이 기댓값을 최대화하려는 경우, 이 게임에 대해 (유한한) 대가를 지불할 용의가 있을 것이다. 그것은 옳지 않아 보인다. 그래서 그 결과는 상트페테르부르크의 역설St Petersburg paradox이라고 부른다. 그리고 당신이 어떤 일이 있어도 약속한 보상을 받을 수 있다고 믿는다고 하더라도 옳지 않아 보인다.

6.4 기대 효용

4.4절의 우리의 계산은 로또 6/49와 같은 게임은 단순히 할 가치가 없다는 것을 시사했다(138쪽의 연습 4.28 참조). 하지만 이야기는 거기서 끝나지 않는다. 한 가지 예로, 6장에서 우리가 숙고한 바와 같이 상금의 크기가 중요하다(예: 6.6 참조). 마찬가지로 중요한 것은 1달러는 다른 모든 달러만큼 가치가 있지 않다는 것이다. 1달러 지폐가 10달러 지폐보다 주머니에서 나온 첫 번째 지폐라면 더 신경 쓸 수 있다. 아니면 마피아들이 1만 달러의 빚을 갚으려고 쫓아온다면, 처음 9,999달러 지폐는 당신에게 전혀 쓸모가 없을지도 모른다. 당신은 어느 쪽으로든 죽을 것이고 그 반면 10,000번째 지폐는 당신의 생명을 구할 수 있기 때문이다.

이러한 현상을 포착하고 상트페테르부르크의 역설을 해결하기 위해 2.7절의 효용 개념을 다시 도입한다. 돈의 효용은 종종 x축에 돈(또는 재산 또는 소득)으로, y축에 효용을 가진 그래프로 나타낸다. 예를 들어 그림 6.6에서 파선은 $u(x) = x$일 경우 돈의 기댓값을 나타낸다. 실선은 마피아가 쫓아오는 경우 돈의 효용을 나타내며 점선은 달러를 많이 얻을수록 가치가 점점 낮아지는 경우, 즉 돈의 한계효용이 감소하는 경우를 나타낸다. 점선처럼 오른쪽으로 꺾였을 때 곡선이 아래로 꺾이면 오목concave하다고 한다.

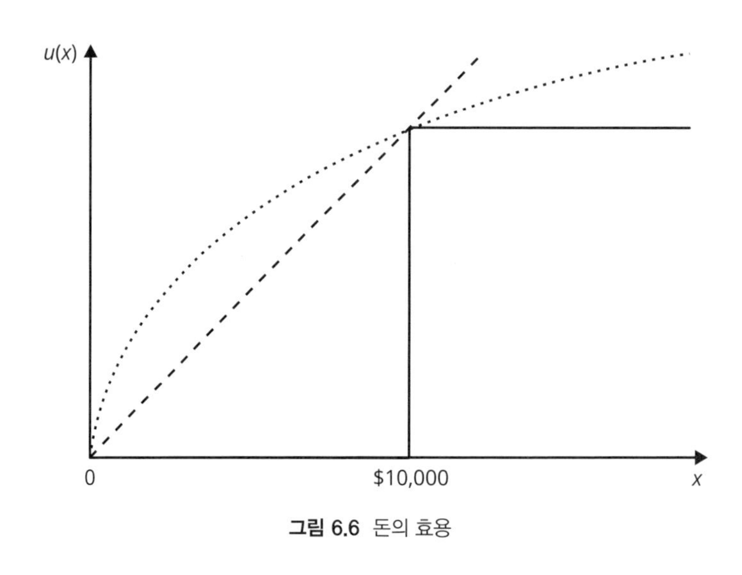

그림 6.6 돈의 효용

대부분의 상품의 한계효용은 아마도 감소하고 있을 것이다. 부모님이 젊었을 때, 신문 매대에서 신문을 사는 것은 흔한 일이었다. 당신은 단지 구멍에 동전 몇 개를 넣고 문을 열고, 그 더미에서 신문을 집어들기만 하면 된다. 그 무엇도 당신이 두 권 이상의 복사본을 가지는 것을 막지 못했지만, 대부분의 사람들은 그렇지 않았다. 왜? 신문 매대는 신문의 한계효용이 급격히 떨어지고 있기 때문에 작동한다. 「월스트리트 저널」 첫 번째 신문지는 시장에서 무슨 일이 일어나고 있는지 알 수 있게 해주는 반면, 뒤의 신문지는 우스꽝스러운 모자를 만들거나 생선을 싸는 데 가장 잘 사용된다. 그러나 이 규칙에는 예외가 있다. 맥주는 신문처럼 팔리지 않으며, 그 효용은 줄어들지 않고 심지어 증가할 수도 있기 때문이다. 책에 따르면, 이는 사람들이 맥주를 마실 때 두 번째 맥주가 첫 번째 맥주보다 기분을 더 좋게 하기 때문이라고 한다. 이것이 "맥주를 마시자"의 맥주가 마치 신화 속의 동물인 유니콘과 같이 신비로운 이유이다.

이게 어떻게 도움이 될까? 6.3절의 상트페테르부르크 도박을 생각해보라. 돈에 대한 한계효용이 줄어들고 있다고 가정해보자, 그럴듯해 보인다. 수학적으로 주어진 금액 x의 효용은 x의 로그와 같을 수 있으므로 $u(x) = \log(x)$가 된다. 만약 그렇다면 우리는 표 6.6을 달러가 아닌 효용으로 결과를 표현하는 표로 변환할 수 있다(표 6.7 참조).

표 6.7 효용을 사용한 상트페테르부르크 도박

	H	TH	TTH	...
상트페테르부르크 도박	log(2)	log(4)	log(8)	...

이제 우리는 그 도박의 기대 효용을 계산할 수 있다. 도박의 기대 효용은 장기적으로 도박을 할 때 평균적으로 얻을 수 있는 효용의 양이다. 상트페테르부르크 도박의 경우 기대 효용은 다음과 같다.

$$1/2 * \log(2) + 1/4 * \log(4) + 1/8 * \log(8) + \ldots = 2\log(2) \approx 0.602 < \infty$$

이런 식으로 상트페테르부르크 도박의 기대 효용은 잘 정의돼 있고 유한하다(예 6.37에서는 도박의 가치를 달러와 센트로 계산할 것이다). 공식적으로 기대 효용을 정의하는 방법은 다음과 같다.

> **정의 6.21 기대 효용** 표 6.4와 같은 의사결정 문제를 고려할 때, 행동의 기대 효용 EU(Ai)는 다음과 같이 주어진다.
>
> $$EU(A_i) = \Pr(S_1) * u(C_{i1}) + \Pr(S_2) * u(C_{i2}) + \ldots + \mathrm{r}(S_n) * u(C_{in}) \\ = \sum_{j=1}^{n} \Pr(S_j) u(C_{ij})$$

기대 효용이 가장 큰 옵션을 선택하는 사람은 기대 효용 극대화Expected Utility Maximizaiton에 수행한다고 한다. 상트페테르부르크 역설과 같은 예는 기대 효용 극대화가 기댓값 최대화보다 행동에 대한 더 나은 지침이자 실제 행동에 대한 더 나은 설명임을 시사한다. 즉, 기대 효용 이론은 기댓값 이론보다 더 나은 규범 이론이자 더 나은 기술 이론이다. 기대 효용을 계산하는 것은 각 확률에 각 결과의 효용을 곱해야 한다는 점을 제외하고는 기댓값을 계산하는 것보다 어렵지 않다.

예 6.22 기대 효용 그림 6.2(c)의 도박을 다시 고려하자. 당신의 효용함수가 $u(x) = \sqrt{x}$라고 가정하자. 도박을 받아들이겠는가, 아니면 거절하겠는가?

도박을 거절할 때의 효용은 $EU(\mathrm{R}) = u(4) = \sqrt{4} = 2$이다. 도박을 받아들일 때의 효용은 $EU(A) = 1/2 * u(10) + 1/2 * u(0) = 1/2 * \sqrt{10} \approx 1.58$이다. 도박을 거절하는 것이 합리적이다.

연습 6.23 기대 효용(계속) 대신 당신의 효용함수가 $u(x) = x^2$이라고 가정하자.

(a) 도박을 거절할 때의 기대 효용은 얼마인가?

(b) 도박을 받아들일 때의 기대 효용은 얼마인가?

(c) 당신은 어떤 것을 선택할 것인가?

연습 6.24 로또 6/49(계속) 당신의 효용함수가 $u(x) = \sqrt{x}$이고, 로또 6/49에 당첨될 확률이 1/13,983,816이며, 상금은 100만 달러라고 가정하자.

(a) 로또 티켓을 보유하는 기대 효용은 얼마인가?

(b) 로또 티켓을 보유하기 위해 포기해야 하는 달러의 기대 효용은 얼마인가?

(c) 당신은 어떤 것을 선호하는가?

연습 6.25 기대 효용(계속) 다시 세 가지 도박에 직면했다고 가정하자. A는 당신에게 9달러를 얻을 확률을 1/3로 준다. B는 당신에게 16달러를 얻을 확률을 1/3로 준다. C는 당신에게 25달러를 얻을 확률을 1/5로 준다.

(a) 효용함수가 $u(x) = \sqrt{x}$인 경우 각 도박에서의 기대 효용은 얼마인가? 그리고 어떤 것을 선택할 것인가?

(b) 효용함수가 $u(x) = x^2$인 경우 이러한 각 도박의 기대 효용은 얼마인가? 어느 것을 선택할 것인가?

연습 6.26 기댓값 및 기대 효용 다시 효용함수가 $u(x) = \sqrt{x}$라고 가정하자. (i) 기댓값과 (ii) 다음 도박의 기대 효용을 계산하라.

(a) G: 25달러 당첨 확률은 1/4이고 1달러 당첨 확률은 3/4이다.

(b) G^*: 7달러 당첨 확률이 2/3이고 4달러 당첨 확률은 1/3이다.

기대 효용 프레임워크의 또 다른 주요 장점은 달러, 인명 손실 등으로 표현된 결과를 수반하지 않는 결정에 적용할 수 있다는 것이다. 모든 결과에 효용을 할당할 수 있는 한 기대 효용 공식은 상당히 일반적으로 사용될 수 있다. 즉, 결과에 대한 선호가 있을 때는 언제나 기대 효용을 계산할 수 있다(당신이 합리적이라면 이렇게 계산한다). 따라서 기대 효용 이론은 최소한 잠재적으로 모든 결정에 적용된다. 다음의 연습은 결과를 명백하게 계량화할 수 없는 경우에도 기대 효용 논리를 어떻게 적용할 수 있는지 보여준다.

연습 6.27 난청 난청 환자가 수술 여부를 고려 중이다. 만약 환자가 수술을 받지 않는다면, 청력은 더 나아지지 않을 것이고 더 나빠지지도 않을 것이다. 만약 수술을 받는다면 청력이 좋아질 확률은 85%이고, 악화될 확률은 5%이다. 수술을 받지 않으면 효용은 0일 것이다. 만약 수술을 받고 청력이 좋아진다면 효용성은 10이 될 것이다. 수술을 받았지만 청력이 전혀 좋아지지 않고 나빠지지 않는다면 효용성은 −2가 될 것이다. 만약 수술을 받고 청력이 나빠진다면 효용성은 −10이 될 것이다.

(a) 의사결정 문제를 나타내는 트리를 그려라.

(b) 문제를 표현하는 표를 작성하라.

(c) 수술을 하지 않을 경우 기대 효용은 얼마인가?

(d) 수술을 하는 경우 기대 효용은 얼마인가?

(e) 환자는 어떻게 해야 하는가?

연습 6.28 추수감사절 도시에 사는 우유부단한 여러분이 추수감사절에 고향에 갈지 말지 고민하고 있다고 가정해보자. 당신은 가족을 보고 싶지만 고모가 거기 있을까봐 걱정하고 고모를 진심으로 미워한다. 만약 당신이 고향에 가지 않고 도시에 머무른다면 당신은 룸메이트와 함께 지내기를 희망한다. 하지만 룸메이트가 추수감사절에 고향으로 갈 가능성이 있다. 당신의 고모가 나타날 확률은 1/4이고, 당신의 룸메이트가 고향으로 갈 확률은 1/3이다. 고모 없이 가족들과 추수감사절을 보내는 효용은 12이고 고모와 함께 보내는 효용은 2이다. 룸메이트 없이 기숙사에 머무르는 것의 효용은 3이고 룸메이트와 함께 있는 것은 9이다.

(a) 의사결정 트리를 작성하라.

(b) 고향에 가는 것과 도시에 머무르는 기대 효용을 각각 계산하라.

(c) 어떻게 해야 할까?

연습 6.29 **파스칼의 도박** 17세기 프랑스 수학자이자 철학자인 블레즈 파스칼Blaise Pascal은 신에 대한 믿음에 대해 다음과 같은 주장을 제안했다. 이 논쟁은 **파스칼의 도박**Pascal's wager으로 자주 언급된다. 신은 존재하거나(G) 존재하지 않는다(¬G). 우리는 믿는 것(B)과 믿지 않는 것(¬B) 중 하나를 선택할 수 있다. 만약 신이 존재하지 않는다면, 우리가 믿든 안 믿든 중요하지 않다. 효용이 같을 것이다. 그러나 신이 존재한다면 우리가 믿으면 영원한 행복을 누리고, 믿지 않으면 지옥에서 불이 탈 것이다.

(a) 의사결정 문제를 표 형식으로 표현하고, 진행하면서 적절한 효용을 구성하라.

(b) p를 G가 얻을 확률이라 하자. B와 ¬B의 기대 효용은 얼마인가?

(c) 어떻게 해야 하는가?

p가 무엇인지는 중요하지 않다. B는 어떤 경우에도 더 높은 기대 효용과 연관돼 있다는 점에서 ¬B를 지배한다.

물론 우리가 기대 효용에 대해 충분히 알고 있다는 전제하에 정의 6.21은 확률을 계산하는 데도 사용될 수 있다. 다음과 같은 질문을 할 수 있다.

예 6.30 **우산 문제(계속)** 이 질문은 표 6.1(b), 즉 6.2절의 우산 문제를 참조한다. 비가 올 확률이 p인 경우, 우산을 집에 두고 오는 기대 효용과 우산을 가져갈 때의 기대 효용이 같도록 하는 p는 무엇인가?

이 문제에 답하려면 EU(우산 가져가기) = EU(우산 놓고 가기) 방정식을 설정한다. 표 6.1(b)의 효용이 주어졌을 때, 이것은 $3 = p * 0 + (1 - p) * 5$이며, 이는 $p = 2/5$임을 의미한다.

공리적 기대 효용 이론

확실성하에서의 합리적 선택 이론과 같이, 기대 효용 이론은 자명하다. 2장에서 소개한 공리 외에 두 가지 공리가 더 필요하다.

연속성Continuity 첫 번째 추가 공리는 사람들이 유사한 복권에 대해 비슷한 선호도를 갖고 있다는 점에서 소비자 선택 이론의 연속성 공리(60쪽 박스 참조)와 유사하다. 좀 더 구체적으로, 기대 효용 이론의 연속성 공리는 선호가 관련된 확률의 작은 변화에 민감하지 않다고 말한다. 만약 당신이 로빈과 데이트하는 것보다 샘과 데이트하는 것을 더 좋아한다면, 샘이 정신이상자일 확률이 충분히 작을지라도 계속 데이트할 것을 보장해준다. 따라서 기대 효용 이론의 연속성 공리는 사람들이 매우 유사한 확률을 가진 복권에 대해 매우 다른 선호를 갖는 "점프"를 배제한다.

독립성Independence 세 개의 복권 L, L' 및 L''가 있다고 가정하자. 당신이 복권 L'보다 복권 L을 약하게 선호한다고 가정해보자. 독립성 공리에서는 복권 L과 L'가 각각 제3의 복권 L''와 '혼합mixed'돼도 선호가 유지된다는 것이다. 복권 두 개가 혼합돼 있다는 것은 어느 확률 α의 복권 한 개와 확률 $(1-\alpha)$의 다른 복권이 나온다는 것을 의미한다. 그러면 공식적으로 독립 공리는 다음과 같이 말한다.

$$\mathrm{L} \succcurlyeq \mathrm{L'} \Leftrightarrow \alpha L + (1-\alpha) L'' \succcurlyeq \alpha L' + (1-\alpha) L''$$

로빈과 데이트하는 것보다 샘과 데이트하는 것을 더 좋아한다면, 독립성은 당신이 결국 아무도 사귀지 않을 가능성이 있을 때에도 계속 그렇게 할 것을 보장한다. 즉, 동전이 앞면이 나오면 샘과 사귀고 뒷면이 나오면 아무도 사귀지 않는 것을 동전이 앞면이 나오면 로빈과 사귀고, 뒷면이 나오면 아무도 사귀지 않는 것보다 선호할 것이다. 따라서 독립성 공리는 선호가 특정한 세 번째 복권에 좌우되는 상황을 배제하는데, 이 경우에는 이 상황은 아무도 사귀지 않을 가능성이다.

다른 공리들을 고려할 때 독립성 공리는 7.4절에 나오는 확실성 원리와 동일하다.

6.5 위험에 대한 태도

이미 눈치챘겠지만, 기대 효용 이론은 위험에 대한 태도에 영향을 미친다. 도박을 기각할지(예 6.22 참조) 수락할지(연습 6.23 참조) 여부는 적어도 어느 정도는 효용함수의 모양에 따라 달라진다. 이것은 우리가 위험에 대한 사람들의 태도를 그들의 효용함수의 특성 측면에서 설명할 수 있다는 것을 의미한다.

기대 효용 이론은 왜 사람들이 종종 그것의 기댓값과 같은 확실한 달러 금액을 위해 도박을 기각하는지를 설명할 수 있다. 우리는 돈의 한계효용 체감Diminishing Marginal Utility of Money의 보조 가정을 기대 효용 이론에 추가하기만 하면 된다.

예 6.32 **위험 회피** 당신이 2달러를 소유하고 있고 당신에게 1달러 당첨 확률 50%와 1달러 손실 확률 50%를 주는 도박을 제안받았다고 가정해보자. 이 결정 문제는 그림 6.7과 같이 나타낼 수 있다. 효용함수는 $u(x) = \sqrt{x}$이므로 한계효용이 체감한다. 도박을 수락할 것인가?

문제는 표 6.8과 같이 나타낼 수 있다. 기대 효용 계산에서는 $EU(\text{수락}) = 1/2 * \sqrt{3} + 1/2 * \sqrt{1} \approx 1.37$ 및 $EU(\text{거부}) = \sqrt{2} \approx 1.41$이므로 도박을 기각해야 한다.

표 6.8 또 다른 도박 문제

	당첨(1/2)	손실(1/2)
수락(A)	$\sqrt{3}$	$\sqrt{1}$
기각(R)	$\sqrt{2}$	$\sqrt{2}$

기댓값을 최대화하는 사람은 두 가지 기댓값이 모두 2달러이기 때문에 이 도박을 받아들이는 것과 기각하는 것 사이에 무차별했을 것이다. 따라서 효용함수가 $u(x) = x$이면 두 옵션 사이에 무차별하게 된다. 비교를 위해 다음 문제를 고려하라.

연습 6.33 **위험 선호** 다시 한 번 그림 6.7의 도박을 고려하자. 이제 효용함수가 $u(x) = x^2$라고 가정한다. 양이 증가하면 평평해지는 기존 효용함수와는 달리 이 효용함수는 더욱 기울기가 가팔라진다. 도박을 수락하는 기대 효용과 기각하는 기대 효용을 계산하라. 어떤 것을 선택할 것인가?

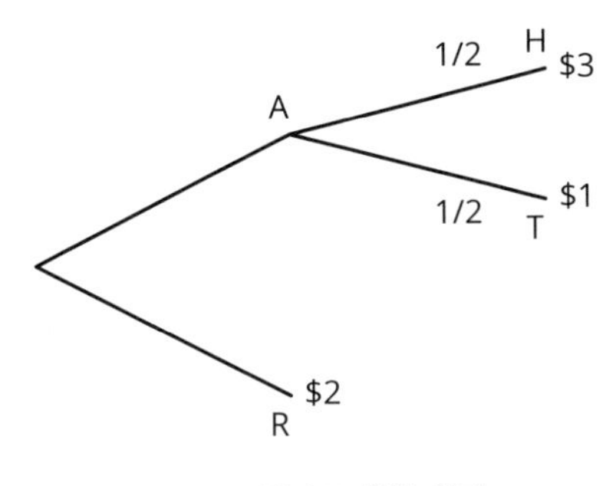

그림 6.7 위험 회피

이 모든 예에서 알 수 있듯이, 여러분의 효용함수의 모양은 다음과 같은 방식으로 위험에 대한 여러분의 태도 또는 위험 선호도와 관련이 있다. 도박을 기각할지 아니면 수락할지 여부는 효용함수가 더 평평해지거나 더 가파르거나(아래로 구부러짐 또는 위로 구부러짐)에 따라 달라진다. 일반적으로 기댓값과 같은 확실한 달러 금액으로 도박을 기각할 경우 위험 회피자risk averse이고, 수락할 경우 위험 애호자risk prone이며, 무차별할 경우 위험 중립자risk neutral라고 한다. 따라서 효용함수가 왼쪽에서 오른쪽으로 갈 때 아래쪽으로 구부러지면 위험 회피이고, 효용함수가 위로 구부러지면 위험 애호이며, 효용함수가 직선인 경우 위험 중립이다.

이론 자체가 효용함수의 모양이 어떻게 돼야 한다는 것을 명시하지 않는다는 점에 유의하라. 대부분의 경우 경제학자들은 돈에 대한 효용이 증가하고 있기 때문에 더 많은 돈이 더 낫다고 가정할 것이다. 그러나 그것은 이론의 일부가 아닌 보조적인 가정이다. 그 이론은 위험에 대한 당신의 태도를 구속하지 않는다. 그것은 심지어 당신이 돈을 더 많이 혹은 덜 받았을 때 위험에 대한 당신의 태도가 같아야 한다고 말하지 않는다. 이를테면 그림 6.8의 실선과 같은 효용함수가 있을 수 있다. 여기서 당신은 x^* 미만의 범위에서 위험 애호자이고 x^* 이상의 범위에서 위험 회피자일 수 있다. 또는 파선과 같은 효용함수도 있을 수 있다. 여기서는 x^* 미만의 범위에서 위험을 회피하고 x^* 이상의 범위에서 위험 애호 성향을 보인다. 다음 연습은 위험에 대한 태도가 다양한 실제 행동으로 표현되는 방식을 보여준다.

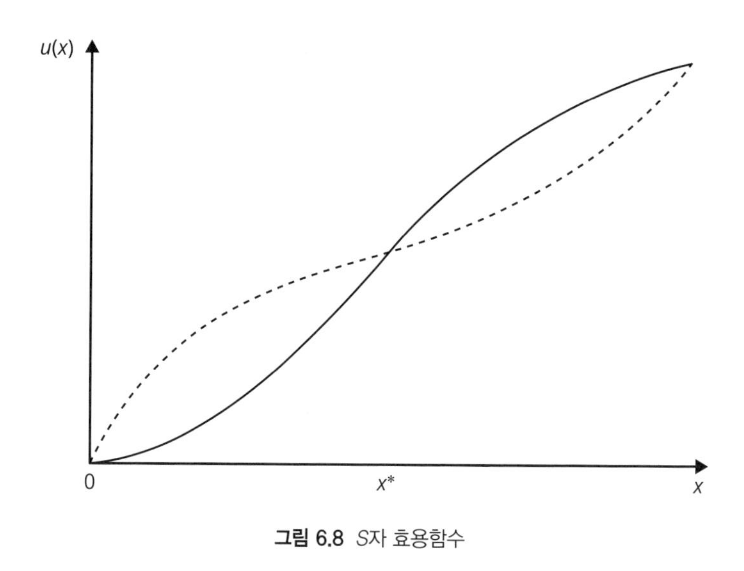

그림 6.8 *S*자 효용함수

연습 6.34 **위험에 대한 태도** 다음의 사람들은 위험에 노출되기 쉽거나, 위험을 회피하거나, 중립적인가를 생각해보라?

(a) 저축 계좌보다는 주식 시장에 투자하는 사람

(b) 주식보다는 채권에 투자하는 사람

(c) 현금을 쥐고 있지 않고 복권을 사는 사람

(d) 주택 보험에 가입하는 사람

(e) 룰렛을 하는 사람

(f) 기댓값을 지속적으로 최대화하는 사람

(g) 안전하지 않은 성관계를 가지는 사람

때때로 도박과 확실성 등가Certainty Equivalent를 계산하는 것이 유용하다. 도박의 확실성 등가는 도박을 하는 것과 확실한 돈을 받는 것 사이를 무차별하게 하는 금액의 돈이다.

정의 6.35 확실성 등가 도박 G의 확실성 등가는 이 방정식을 만족시키는 숫자 CE이다. $u(CE) = EU(G)$

확실성 등가는 도박이 당신에게 어떤 가치가 있는지를 나타낸다. 확실성 등가에 따라 지불 의지[WTP]와 수용 의지[WTA]가 결정된다. 그래프 측면에서 그림 6.9와 같은 효용함수가 주어질 때, 확실성 등가를 찾아야 한다고 가정하자. 도박이 당신에게 *A*를 얻을 확률과 B를 얻을 확률이 각각 50%라고 가정한다.

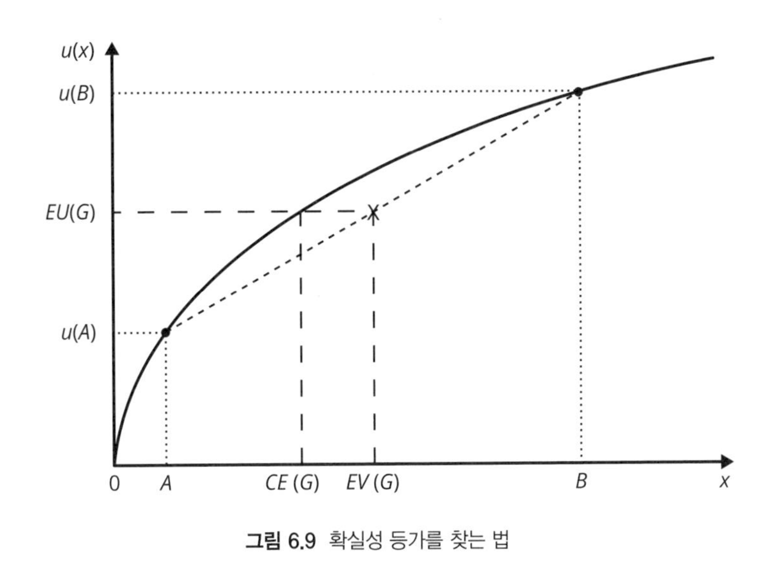

그림 6.9 확실성 등가를 찾는 법

1. *A* 바로 위의 효용 곡선에 점을 찍는다. 이 점은 *Y*축에 있는 *A*의 효용을 나타낸다.
2. *B* 바로 위의 효용 곡선에 점을 하나 더 찍는다. 이 점은 *Y*축에서 *B*의 효용을 나타낸다.
3. 두 점 사이에 직선을 그린다.
4. 직선의 중간 지점에 X자를 찍는다. X는 도박의 기대 효용(*y*축)과 도박의 기댓값(*x*축)을 나타낸다.
5. 효용 곡선에 도달할 때까지 X에서 옆으로 이동한다.
6. 바로 아래 *x*축으로 이동하면 확실성 등가를 얻을 수 있다(X축).

이 절차는 그림 6.9에 예시되고 있다. 확률이 50 대 50이 아닌 도박에서도 동일한 절차를 사용할 수 있다. 그림 6.9에서 X를 직선에 배치하는 것만이 변경된다. 만약 3/7 확률의 *A*와 4/7 확률의 *B*를 가진다면, 왼쪽부터 시작해 X를 *A*에서 *B*까지의 사이의 4/7 지점에 놓으면 된다. *B*를 얻을 확률이 증가함에 따라 X는 *B*를 향해 오른쪽으로 이동하고 도박의 기대 효용은 B의 효용에 가까워질 것이다. A를 얻을 확률이 증가함에 따라 X는 A를 향해 왼쪽으로 이동하고, 도박의 기대 효용은 A의 효용에 접근한다. 예상과 어긋나지 않는다.

연습 6.36 **확실성 등가** 효용함수가 위로 구부러지는 경우 동일한 도박에 해당하는 확실성 등가를 찾는 방법을 시연한다. 확실성 등가가 기댓값보다 큰지 확인하라.

효용함수가 아래로 구부러지면 위험 회피가 되고 파선은 효용함수 아래로 떨어지며 확실성 등가는 기댓값보다 작다. 효용함수가 위로 구부러지면 위험 애호가 되고 파선이 효용함수 위로 있게 되며 확실성 등가가 기댓값보다 크다. 무슨 일이 일어나고 있는지 확실히 하기 위해 이 단락을 한 번 더 읽기를 권장한다.

대수적 측면에서, 도박의 기대 효용 x를 계산한 다음 $u(CE) = x$에 대해 풀면 도박과 확실성 등가를 얻을 수 있다. 따라서 $CE = u^{-1}(x)$를 계산하면 답이 나온다. 돈이 늘면 $u(\cdot)$가 강하게 증가하는 한, 역함수는 잘 정의된다. 표 6.8의 도박을 고려하라. 우리는 이 도박의 기대 효용이 약 1.37이라는 것을 알고 있다. $u(CE) = 1.37$에 대해 풀면 확실성 등가를 얻을 수 있다. 효용함수 $u(x) = \sqrt{x}$에 대해 이것은 $CE = 1.37^2 \approx 1.88$임을 의미한다. 위험 회피적이기 때문에 도박의 확실성 등가는 기댓값 2보다 낮다.

예 6.37 **상트페테르부르크의 역설(계속)** 6.4절에서 효용함수가 $u(x) = \log(x)$인 에이전트의 경우, 상트페테르부르크 도박의 기대 효용은 약 0.602라는 것을 배웠다. 이 도박의 확실성 등가는 얼마인가?

우리는 다음 방정식을 풀어서 확실성 등가를 계산한다. $\log(CE) = 0.602$. 따라서 확실성 등가 $CE = 10^{0.602} \approx 4.00$이다. 즉, 상트페테르부르크 도박의 가치는 4달러다.

연습 6.38 효용함수 $u(x) = x^2$를 사용해 그림 6.7의 도박에 해당하는 확실성 등가를 계산하라.

우리는 일련의 연습으로 이 절을 마치겠다.

연습 6.39 다음 도박 G: 1/4의 9달러 당첨 확률과 3/4의 1달러 당첨 확률 중 하나를 선택하도록 제안받았다고 가정하자.

(a) 효용함수가 $u(x) = \sqrt{x}$라고 가정하자. 4달러의 효용은 얼마인가? G의 효용은 얼마인

가? 확실성 등가는 얼마인가? 당신은 어떤 것을 선택할 것인가?

(b) 대신 효용함수가 $u(x) = x^2$라고 가정하자. 4달러의 효용은 얼마인가? G의 효용은 얼마인가? 확실성 등가는 얼마인가? 당신은 어떤 것을 선택할 것인가?

연습 6.40 여러분의 효용함수가 $u(x) = \sqrt{x}$이고 운이 좋으면 4달러, 그렇지 않으면 1달러를 받을 수 있는 도박을 제안받았다고 가정하자.

(a) 4달러 당첨 확률은 1/4이고, 1달러 당첨 확률은 3/4이다. 이 도박의 기댓값은 얼마인가?

(b) 4달러의 당첨 확률이 여전히 1/4이고 1달러의 당첨 확률이 3/4이라고 가정하자. 이 도박의 기대 효용은 얼마인가?

(c) 4달러의 당첨 확률이 여전히 1/4이고 1달러의 당첨 확률이 3/4이라고 가정하자. 도박의 확실성 등가는 얼마인가? 즉, 당신이 확실히 X달러를 받는 것과 도박을 하는 것 사이에 무차별하게 하는 X의 금액은 얼마인가?

(d) 이제 4달러의 당첨 확률이 p이고 1달러의 당첨 확률이 $(1 - p)$라고 상상해보자. 도박의 효용이 3/2라면 p는 얼마인가?

연습 6.41 당신의 효용함수가 $u(x) = \sqrt{x}$이고 운이 좋으면 16달러를, 그렇지 않으면 4달러를 받을 수 있는 도박을 제안받았다고 가정하자.

(a) 16달러의 당첨 확률을 1/4이고, 4달러의 당첨 확률은 3/4이라고 가정하자. 이 도박의 기대 효용은 얼마인가?

(b) 16달러의 당첨 확률이 여전히 1/4이고 4달러의 당첨 확률이 3/4이라고 가정하자. 이 도박의 확실성 등가는 얼마인가?

(c) 이제 16달러 당첨 확률이 p이고 4달러 당첨 확률이 $(1 - p)$라고 가정하자. 도박의 기대 효용이 9/4이라면 p는 얼마인가?

(d) 위의 효용함수를 고려할 때 당신은 위험 회피자인가, 위험 애호자인가?

연습 6.42 로또 6/49(계속) $u(x) = \sqrt{x}$인 경우 연습 6.5에서 로또 6/49 티켓의 확실성 등가를 계산하라.

6.6 논의

6장에서는 위험과 불확실성하에서 합리적인 선택의 원칙을 탐구했다. 6장의 서론에서 지적했듯이 전통적인 관점에 따르면 확률을 알 수 없거나 심지어 의미도 없을 때 당신은 불확실성하에서의 선택에 직면한다. 6.2절에서는 그러한 조건에서 적용될 수 있는 몇 가지 합리적 선택 원칙을 탐구했다. 관련 상태에 확률을 할당하는 것이 의미 있고 가능할 때 기댓값을 계산하는 것이 가능해지며 이를 통해 기댓값과 기대 효용 이론을 대신 적용할 수 있다.

위험과 불확실성의 구분이 뚜렷하지 않다. 현실에서 의사결정을 어떤 것으로 취급해야 할지 아니면 다른 것으로 취급해야 할지 명확하지 않을 수 있다. 새로운 화학 물질과 연구되지 않은 화학 물질에 대한 규제를 고려해보자. 비록 그러한 물질에 대한 확실한 데이터는 거의 없지만, 그것들이 독성으로 밝혀질 가능성은 항상 있다. 어떤 사람들은 이것은 정책 입안자들이 불확실성하에서의 선택에 직면하고 있다는 것을 의미하고, 최소최대화 기준이 적용돼서 그들의 안전이 확립될 수 있을 때까지 새로운 화학 물질을 금지하거나 엄격하게 규제해야 한다고 주장한다. 다른 사람들은 우리가 모든 결과에 확률을 할당할 수 있으므로 (따라서 반드시 확률을 부여해야 하며), 새로운 물질이 실제로 위험한 것으로 판명될 확률은 낮으면, 기대 효용 계산에 따라 새로운 화학 물질의 (독성이 확립되지 않는 한 또는 확립될 때까지) 사용을 허용해야 한다고 주장한다. 그러므로 우리가 의사결정을 불확실성하에서 또는 위험하에서의 선택으로 취급하는 것은 실질적인 결과를 가져올 수 있다. 그리고 그러한 문제들을 어떻게 임의적이지 않은 방법으로 해결할지는 명확하지 않다(7.5절 '모호한 확률'이라는 제목 아래 이 주제를 다시 살펴보겠다).

한 가지 유의할 점은 어떤 결정이 합리적이었는지 여부만 따져서는 판단할 수 없다는 점이다. 합리적인 결정은 알다시피 여러분이 결정을 내릴 때 여러분의 신념과 선호를 고려해, 기대 효용을 최대화하는 결정이다. 그러한 결정은 불리한 결과를 초래할 수 있다. 만약 당신의 결정의 결과로 나쁜 일이 일어난다고 해서, 그것이 반드시 당신이 비합리적으로 행동했다는 것을 의미하지 않는다. 단지 운이 나빴을지도 모른다. 때때로 의사결정 이론가들은 최선의 결과를 이끌어내는 의사결정을 나타내기 위해 "옳은right"이라는 용어를 사용한다. 좋은 의사결정이 나쁜 결과를 가져올 수 있다는 사실은 의사결정이 합리적일 수 있지만 틀릴 수 있다는 것을 의미한다. 여러분이 완전히 무모한 일을 하지만 어쨌든 좋은 결과를 볼 때처럼 의사결정이 비합리적이지만 옳을 수 있다. 부자가 되기 위한 수단으로 복권을 사고 트럭에 당첨되는 것은 이 범주에 속할 수 있다. 우리가 항상 옳은 결정을 하고 싶어 하는 것은 말할 나위도 없다. 문제는 물론 어떤 결정이 옳은 결정인지 미리 알 수 없다는 점이다. 이것이 우리가 합리적인 의사결정 즉 미래 효용이 가장 큰 의사결정을 목표로 하는 이유다.

예 6.43 **아이를 갖는 것의 합리성** 어떤 결정은 합리적으로 내려질 수 없다는 주장이 간혹 제기되기도 한다. 예를 들어, 철학자 L. A. 폴[L. A. Paul]은 아이를 갖는다는 것이 어떤 것일지 미리 알 수 없기 때문에 아이를 갖는 것에 대해 합리적인 결정을 내리는 것은 불가능하다고 주장해왔다. 그러나 그러한 주장은 합리성과 권리를 혼동할 수 있다. 올바른 결정이 무엇인지 알 수 없다는 것은 사실이다. 아이와 함께 있으면 매우 행복할 수도 있고, 비참할 수도 있다. 하지만 당신은 올바른 결정이 무엇인지 미리 알지 못한다.

다행히도 "합리성"은 여기서 이해되기 때문에 무지가 이성적인 결정을 내리는 데 장애가 되지 않는다. 합리성은 여러분이 어떤 것이 무엇인지를 아는 것을 요구하지 않는다. 단지 여러분이 결정을 내릴 때 여러분의 신념과 선호가 주어진다면, 어떤 선택이든 기대효용을 극대화하는 것을 선택할 뿐이다.

7.7절에서 옳음과 합리성에 관한 주제를 다시 살펴보겠다.

위험하에서의 선택 이론에 대한 연구는 게리 베커[Gary Becker]가 이해한 행동에 대한 경제적 접근법, 특히 행동 극대화[maximizing behavior]에 대해 이야기할 때 그가 염두에 둔 것에 대해 더 자세히 조명한다(2.8절 참조). 표준 접근법은 사람들이 의식적이건 무의식적이건 머릿속에서 계산을 수행한다고 가정하지 않는다는 것을 상기하라. 즉 최대화(또는 최적화)에 대한 모든 이야기는 선호의 만족을 함축적으로 요약한 것이다. 또한 이 접근법은 사람들이 세계의 어떤 상태를 얻을지 안다는 점에서 전지전능하다고 가정하지 않는다. 이 접근법이 실제로 가정하는 것은 사람들이 확률을 세계의 상태에 할당하고, 이러한 확률이 확률 미적분학의 공리를 만족시키고, 사람들이 결과에 효용을 할당하고, 확률과 효용이 주어질 때 기대 효용이 가장 큰 대안을 선택한다고 가정하는 것이다.

7장에서는 이러한 가정이 나타나는 몇 가지 조건을 고려하겠다.

추가 연습

연습 6.44 예방 원칙 예방 원칙은 어떤 행동 과정이 최악의 결과를 초래하든 피하도록 지시한다. 6장에서 소개된 합리적 선택의 원칙은 무엇처럼 보이는가?

연습 6.45 Deal or No Deal(계속) 당신은 또 〈Deal or No Deal〉을 하고 있고, 세 개의 상자를 마주하고 있다. 세 개 중 하나는 100만 달러가 들어 있고 하나는 1,000달러를, 다른 하나는 10달러가 있다. 만약 당신이 상자를 열 권리를 포기한다면 딜러는 당신에게 25만 달러를 줄 것이다.

(a) 기댓값을 인생의 지침으로 사용한다고 가정할 때, 확실한 금액을 선택할 것인가, 아니면 상자를 열 권리를 선택할 것인가?

(b) 효용함수가 $u(x) = \sqrt{x}$이고 기대 효용을 인생의 지침으로 사용한다고 가정할 때, 확실한 금액을 선택할 것인가, 아니면 상자를 열 권리를 선택할 것인가?

(c) 효용함수가 주어질 때, 상자를 열 권리를 포기하는 대가로 받고 싶은 가장 낮은 금액은 얼마인가?

연습 6.46 굴욕 쇼 당신은 사람들이 새 차를 얻고자 하는 희망으로 그들 자신을 창피하게 하는 게임 쇼에 출연한다. 파란색 버튼을 누르거나 빨간색 버튼을 누르는 것을 선택할 수 있다.

(a) 파란색 버튼을 누르면 두 가지 중 한 가지 일이 일어난다. 즉 2/3의 확률로 장난감 개구리가 당첨되거나(효용 −1), 1/3의 확률로 자전거가 당첨된다(효용 11). 파란색 버튼을 누를 때의 기대 효용을 계산하라.

(b) 빨간색 버튼을 누르면 세 가지 중 하나가 일어난다. 즉 1/9의 확률로 자동차가 당첨되거나(효용 283), 3/9의 확률로 석양에 우는 발레리나의 장식 그림이 당첨되거나(효용 1), 5/9의 확률로 당신은 녹색 슬라임을 뒤집어쓰게 된다(효용 −50). 빨간색 버튼을 누를 때의 기대 효용을 계산하라.

(c) 당신은 어떤 것을 선택할 것인가?

연습 6.47 **잘못된 비판** 일부 비평가들은 인간이 아무리 복잡해도 머릿속으로 그리고 즉각적으로 모든 최대화 문제에 대한 해를 계산할 수 있는 능력을 가지고 있다는 견해를 신고전주의 경제학자들 탓으로 돌린다. 예를 들어 "인지 과학, 경제학, 동물 행동에서 무한한 합리성과 최적화의 전통적인 모델은 의사결정자들을 초자연적인 이성, 무한한 지식 그리고 끝없는 시간을 소유하는 것으로 보는 경향이 있다." 이 비판이 왜 핵심을 벗어나는지 설명하라.

261쪽의 연습 7.34도 참조하라.

더 읽을거리

불확실성하에서의 선택에 대한 고전적인 정의와 논의는 luce and Raiffa(1957, 13장)이다. Rawls(1971)는 Rawls' Theory of Justice를 옹호하고 Harsanyi(1975)는 그것을 비판한다. 기대 효용 이론에 대한 유용한 소개에는 Allingham(2002)과 Peterson(2009)이 포함된다. 자신의 실수를 후회하지 않는 것에 대해 비꼬는 Wilde(1998, 34쪽), 5대 후회는 Ware(2012) 그리고 Kierkegaard(2000, [1843], 72쪽)에 등장한다. 아이를 가질지 여부를 합리적으로 결정할 수 없다는 견해는 Paul(2014)에 나타난다. 비평가들은 Todd and Gigerenzer(2000, 727쪽)이다.

07 위험과 불확실성하의 의사결정

학습 목표

- 기대 효용 이론에 위배되는 일반적인 선택 패턴을 식별할 수 있다.
- 전망 이론의 모든 빌딩 블록을 숙지한다.
- 현실 세계에 기대 효용 이론을 적용하되, 부적절하게 적용되는 방식도 이해한다.

7.1 서론

기대 효용 이론은 2장의 효용 개념과 4장의 확률 개념을 위험하에서 우아하고 강력한 선택 이론으로 결합한다. 6장에서 살펴본 결과 이론은 널리 사용된다. 하지만 사람들이 이론의 예측에 부합되지 않는 상황들이 있다. 게다가 그것을 위반하는 것이 합리적으로 보이는 상황들도 있다. 7장에서는 이러한 몇 가지 상황에 대해 살펴본다. 우리는 또한 표준 이론으로부터의 체계적인 편차에 당면할 때, 행동경제학자들이 무엇을 하는지 계속 탐구할 것이다. 사람들이 실제로 위험하에서 의사결정하는 방식을 포착하기 위해 3.5절에서 처음 접한 가치함수에 대해 더 많은 가정을 하고 확률가중함수를 도입할 것이다. 이 두 가지 함수는 모두 위험하에서 선택 행동 이론 중 가장 뛰어난 이론인 전망 이론Prospect Theory의 필수적인 부분이다.

7.2 위험하에서 의사결정의 프레임 효과

다음 일련의 문제에 대해, 당신이 보건 공무원이라고 가정해보자.

예 7.1 **대유행 문제 1** 미국이 600명의 목숨을 앗아갈 것으로 예상되는 특이한 전염병의 발생에 대비하고 있다고 상상해보라. 그 질병과 싸우기 위한 두 가지 대안 프로그램이 제안됐다. 프로그램 A가 채택되면 200명이 구조되고, 프로그램 B가 채택되면 600명이 구조될 확률이 1/3이며, 아무도 구조되지 않을 확률이 2/3이라고 가정하자. 당신은 두 프로그램 중 어떤 것을 선호하는가?

이 문제가 처음 참가자들에게 제시됐을 때 72%가 A를, 28%가 B를 선택했다.

예 7.2 **대유행 문제 2** 미국이 600명의 목숨을 앗아갈 것으로 예상되는 특이한 전염병의 발생을 준비하고 있다고 상상해보라. 그 질병과 싸우기 위한 두 가지 대안 프로그램이 제안됐다. 프로그램 C가 채택되면 400명이 사망하고, 프로그램 D가 채택되면 1/3 확률로 아무도 사망하지 않을 것이며, 2/3 확률로 600명이 사망할 것이라고 가정하자. 당신은 두 프로그램 중 어떤 것을 선호하는가?

이 문제가 처음 참가자들에게 제시됐을 때, 22%만이 C를 선택했고 78%만이 D를 선택했다.

관찰된 반응 패턴은 혼란스럽다. 표면적인 차이는 차치하더라도 옵션 A는 옵션 C와 같고, 옵션 B는 옵션 D와 동일하다.

무슨 일이 일어나고 있는지 논의하기 전에, 이 반응 패턴이 기대 효용 이론과 조화되기 어려운 이유를 간략히 살펴보자. 6장에서 배웠듯이, 기대 효용 이론은 안전 또는 위험 옵션을 선택해야 하는지 그 자체로는 말하지 않는다. 이 이론은 위험 선호가 어떻게 돼야만 하는지는 명시하지 않는다. 하지만 이론은 당신의 선택이 당신의 효용함수를 반영해야 한다고 말한다. 중요한 것은 그림 7.1에서 X로 표시된 지점이 효용함수 자체의 위 또는 아래에 있는지 여부다. X가 곡선 아래로 떨어지면 안전한 옵션을 선택할 것이다. 이는 1로 표시된 곡선처럼 효용함수가 오목하고, 당신이 위험 회피자인 경우 발생한다. 만약 X가 곡선 위로 올라가면, 당신은 도박을 선택할 것이다. 이는 2로 표시된 곡선처럼 효용함수가 볼록하고, 당신이 위험 애호가인 경우에 발생한다. X가 곡선상에 있으면 두 옵션 사이에 무차별하다. 이는 효용함수가 그림의 파선과 같은 직선인 경우에 발생한다. 요점은 기대 효용 이론에 따라 행동하는 한, 어떤 식으로 묘사하든 안전한 옵션을 선호하거나, 어떤 식으로 묘사하든 위험한 옵션를 선호하거나, 또는 둘 사이에 무차별하게 될 것이라는 것이다. 당신의 선호는 옵션이 어떻게 묘사되느냐에 따라 달라져서는 안 된다.

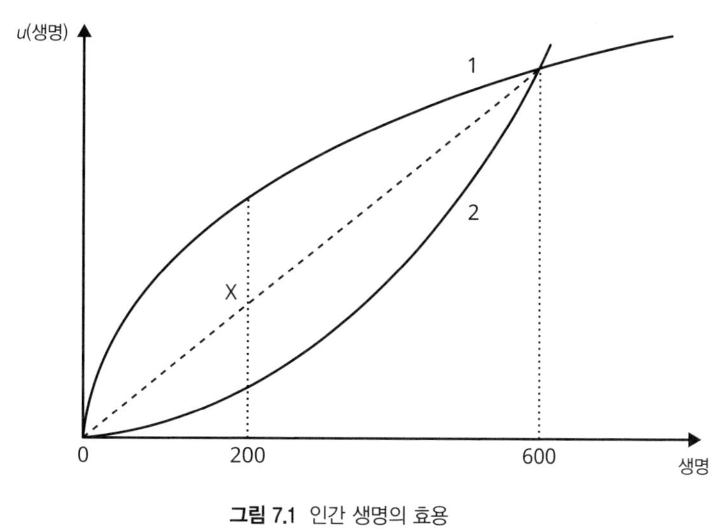

그림 7.1 인간 생명의 효용

그렇다면 위의 연구에서 나타난 행동은 어떻게 설명해야 할까? 그 행동이 프레임의 측면에서 해석될 수 있다는 것을 알아차리는 것이 관건이다. 3.5절에서 기억하겠지만 프레임 효과는 선호와 행동이 옵션이 묘사되는 방식에 반응할 때 특히 옵션이 이득 또는 손실의 용어로 묘사되는지 여부에 반응할 때 발생한다. 옵션 A와 B는 모두 살릴 수 있는 생명의 관점에서 긍정적인 방식으로 표현된다. 즉, 이득 프레임[Gain Frame]으로 표현된다. 옵션 C와 D는 모두 손실될 수 있는 생명의 관점에서 부정적인 방식으로 표현된다.

이득과 손실에 대한 이야기는 우리가 3.5절의 프레임 효과를 모델링하기 위해 사용했던 전망 이론의 가치함수를 상기시켜줄지도 모른다. 그곳에서 우리는 총 소유 자산에 걸쳐 있는 효용함수와 달리 가치함수는 일부 기준점에 상대적인 변화에 걸쳐 있다는 것을 배웠다. 우리는 이득보다 손실에 대해 더 가파른 가치함수를 가정해 많은 행동 현상을 모델링할 수 있다는 것을 이미 알고 있다. 이제 우리는 가치함수가 손실과 이득에 대해 서로 다른 곡선을 가지고 있다는 가정을 추가한다. 손실의 영역에서는 곡선이 위쪽으로 휘어지기 때문에 사람들이 위험 애호자가 되기 쉽다고 가정하고, 이득의 영역에서는 곡선이 아래로 휘어지기 때문에 사람들이 위험 회피자가 된다고 가정한다. 즉, 가치함수는 손실의 영역에서는 볼록하고 이득의 영역에서는 오목하다. 이것은 그림 7.2와 같이 S자형 값 함수를 생성한다.

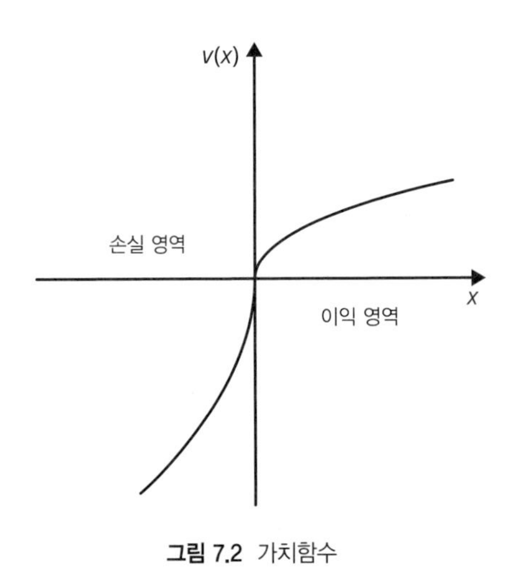

그림 7.2 가치함수

가치함수의 곡률에는 흥미로운 의미가 있다. 우선 $v(\pm 0)$와 $v(+10)$의 절대적 차이가 $v(+1000)$와 $v(+1010)$의 절대적 차이보다 크며, 이는 이득뿐만 아니라 손실에도 해당된다. 다음 예에서 알 수 있듯이 결과를 대수적으로 정의할 수 있다.

예 7.3 **곡률** S자형 가치함수 $v(\cdot)$는 두 가지 구성 요소를 갖는 식으로 정의할 수 있다. 하나는 이득의 영역에 상응하고 다른 하나는 손실의 영역에 상응한다. 예를 들어 다음과 같다.

$$v(x) = \begin{cases} \sqrt{x/2} & \text{이득의 경우}(x \geq 0) \\ -2\sqrt{|x|} & \text{손실의 경우}(x < 0) \end{cases}$$

이 방정식을 사용해 ± 0의 값은 $v(\pm 0) = 0$이고, 반면 $+10$의 값은 $v(+10) = \sqrt{10/2} = \sqrt{5} \approx 2.24$이다. 차이는 $v(+10) - v(\pm 0) \approx 2.24 - 0 = 2.24$이다. $+1000$의 값은

$v(+1000) = \sqrt{+1000/2} \approx 22.36$이고 +1010의 값은 $v(+1010) = \sqrt{+1010/2} \approx 22.47$이다. 차이는 $v(+1010) - v(1000) \approx 22.47 - 22.36 = 0.11$이다. $v(\pm 0)$와 $v(+10)$의 차이는 실제로 $v(+1000)$와 $v(+1010)$의 차이보다 크다.

우리는 줄곧 양수를 다루고 있기 때문에, 우리는 이득의 영역에 있고, 이는 우리가 방정식의 상반부를 사용하고 있다는 것을 의미한다. 다음 연습에서는 음수와 손실 영역을 다루게 되므로 방정식의 하위 절반을 사용하게 된다. 참고로 $|x|$는 x의 절댓값이다. 즉, 음의 부호가 제거된 x(음의 부호가 있는 경우)이다.

연습 7.4 **곡률(계속)** 동일한 가치함수가 주어졌을 때 $v(\pm 0)$와 $v(-0)$의 절대 차이와 $v(-1000)$와 $v(-1010)$의 절대 차이 중 어느 것이 더 큰가?

연습 7.5 **재킷/계산기 문제(반복)** 3.2절의 고전적인 재킷/계산기 예를 다시 고려하자. 많은 사람들이 15달러 계산기에서 5달러를 절약할 수 있을 때는 드라이브를 할 의향이 있었지만, 125달러의 계산기에서 5달러를 절약할 수 있을 때는 그렇지 않았다는 점을 상기하라. 동일한 가치함수를 사용해 $v(-10)$와 $v(-15)$의 차이가 $v(-120)$와 $v(-125)$의 차이보다 훨씬 크다는 것을 보여준다.

이 연습은 S자형 값 함수가 실제로 재킷/계산기 사례에서 관찰된 행태를 설명할 수 있음을 보여준다.

우리는 지금 대유행pandemic 문제로 돌아가야 할 위치에 있다. 가치함수가 손실의 영역에서는 볼록하고 이득의 영역에서는 오목하다는 가정은 이 문제에 직면한 사람들의 행동을 설명하는 데 도움이 된다. 본질적인 통찰력은 이득 프레임(예 7.1)을 제시한 참가자들이 그들의 기준점을 생명을 구하지 않는 경우(예 7.2)로 정하고, 손실 프레임(예 7.2)을 제시한 참가자들은 그들의 기준점을 생명을 잃지 않는 경우(예 7.1)로 간주한다는 것이다. 두 개의 가치함수를 사용해 두 참가자의 그룹이 서로 다른 결과를 기준점으로 사용한다는 사실을 나타내면 이를 하나의 그래프에 포착할 수 있다. 그림 7.3에서 왼쪽 상단의 오목한 가치함수는 이득 프레임에 속한 사람들의 것이고, 오른쪽 하단의 볼록한 가치함수는 손실 프레임에 속한 사람들의 것이다. 수치에서 알 수 있듯이, 이득 프레임에 있는 사람들은 B보다 A를 선호하겠지만, 손실 프레임에 있는 사람들은 C보다 D를 선호할 것이다.

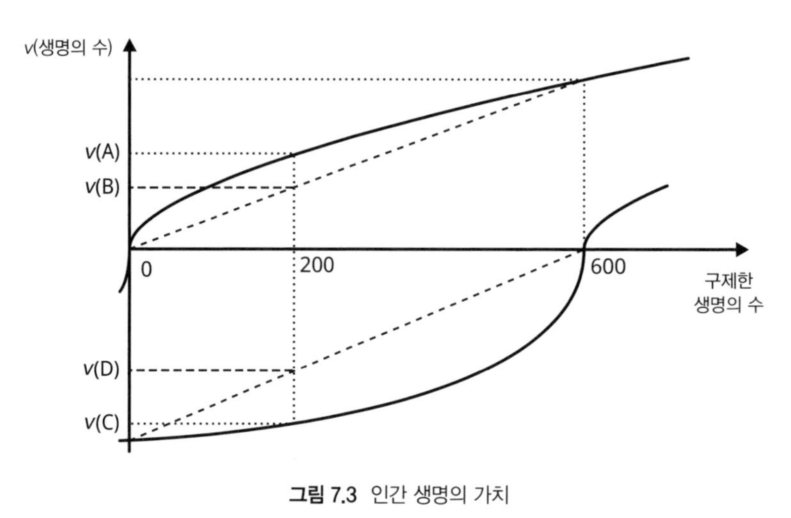

그림 7.3 인간 생명의 가치

연습 7.6 **타조 농장** 젠Jen과 조Joe는 타조 농장을 갖고 있다. 그들은 농장이 특이한 바이러스에 의해 공격당했다는 것을 막 알게 됐다. 수의사에 따르면 그들이 아무것도 하지 않는다면 600마리 중 200마리만 살게 될 것이라고 한다. 하지만 수의사는 실험용 약을 제공한다. 이 약을 사용하면 모든 동물이 죽을 확률은 2/3이지만 모든 동물이 살 확률은 1/3이라고 수의사는 말한다. 젠은 주장했다. "그 약은 가치가 없어. 200마리의 동물을 확실히 구하는 것이 아무도 구하지 않는 위험을 감수하지 않는 것보다 나아." 조는 반론했다. "나는 우리가 약을 사용해야 한다고 생각해. 위험하더라도 그것이 동물을 전혀 잃지 않는 유일한 방법이야. 위험을 감수하는 것이 확실히 400마리의 동물을 잃는 것보다 낫다구." 두 사람이 같은 모양의 가치함수를 가지고 있음에도 어떻게 그렇게 다른 생각을 할 수 있는지를 설명하는 그래프를 그려라.

다음 예는 그 현상에 대한 또 다른 멋진 예시다.

예 7.7 **전망 평가** 다음의 두 가지 문제를 고려하자.

(a) 당신이 소유하고 있는 모든 것에 추가해 당신은 1,000달러를 받았다. 이제 (A) 50% 확률의 1,000달러 상금과 (B) 확실한 500달러 상금 중 하나를 선택해야 한다.

(b) 당신이 소유하고 있는 모든 것에 추가해 2,000달러를 받았다. 이제 (C) 50% 확률의 1,000달러 손실과 (D) 확실한 500달러 중 하나를 선택해야 한다.

최종 결과의 관점에서, (A)는 분명히 (C)와 동동하고, (B)와 (D)가 동등하다. 그러나 첫 번째 문제에서는 84%의 참가자가 B를 선택했고 두 번째 문제에서는 69%가 C를 선택했다.

예 7.7(1)과 (2)의 차이는 전자에서는 결과가 이득 프레임으로 묘사되는 반면 후자에서는 손실 프레임으로 묘사된다는 것이다. 결과적으로 (a)에서는 도박이 큰 상을 탈 수 있는 기회를 나타내는 반면, (b)에서는 도박이 손실을 막을 수 있는 기회를 나타낸다. 관찰된 응답 패턴이 어떻게 나타날 수 있는지를 보여주기 위해 문제를 대수적으로 분석할 수 있다.

연습 7.8 **전망 평가**(계속) 이 연습은 위의 예 7.7을 참조한다. 가치함수 $v(x)$가 이득($x > 0$)에 대해서는 $v(x) = \sqrt{x/2}$로 정의되고, 손실($x < 0$)에 대해서는 $v(x) = -2\sqrt{|x|}$로 정의된다고 가정하자.

(a) 24와 14 사이의 값에 대한 곡선을 그려라. 그것이 이득의 영역에서는 오목하고 손실의 영역에서는 볼록하다는 것을 확인하라.

(b) 1,000달러를 소유 자산에 통합했다고 가정할 때 (A)의 가치는 얼마인가?

(c) 1,000달러를 소유 자산에 통합했다고 가정할 때 (B)의 가치는 얼마인가?

(d) 2,000달러를 소유 자산에 통합했다고 가정할 때 (C)의 가치는 얼마인가?

(e) 2,000달러를 소유 자산에 통합했다고 가정할 때 (D)의 가치는 얼마인가?

(B)가 (A)보다 낫지만 (C)가 (D)보다 낫다는 것을 주목하라.

사람들이 이득의 영역에서는 위험 회피자이지만 손실의 영역에서는 위험 애호자가 되는 생각은 다양한 현상을 설명하는 데 도움이 된다. 일부 사람들이 도박을 멈출 수 없는 이유를 설명할 수 있다. 흔히 룰렛과 같은 게임을 할 때 일어나듯이 곧 그들은 적자를 보게 되면 이전보다 더욱 위험을 선호하는 손실 영역으로 들어가게 된다. 말 등에 베팅하는 사람들이 베팅 일이 끝날 때쯤 승산이 없는 베팅을 더 많이 건다는 증거도 있다. 이러한 현상은 이미 손해를 본 사람들이 위험을 추구하는 행동을 더 잘 한다고 말하는 것으로 설명된다. 이와 유사하게, 이 생각은 왜 정치인들이 실패한 프로젝트를 계속 추구하며 장군들은 전쟁에서 패배하는 싸움을 계속하는지를 설명할 수 있다. 초기의 노력이 실패함에 따라 책임 있는 정당들은 손실의 영역으로 들어가며, 그들은 점점 더 승산이 없는 일에 기꺼이 베팅하고 따라서 점점 더 절박한 조치를 취한다. 그렇다면 다소 역설적이게도 이 분석은 사람들, 국가 그리고 기업들이 생각처럼 가장 강할 때가 아니라 그들이 가장 약할 때 가장 공격적일 것으로 예상될 수 있다는 것을 시사한다.

여기 몇 가지 더 많은 연습이 있다.

연습 7.9 어떤 사람의 가치함수는 이득의 경우 $v(x) = \sqrt{x/2}$이고 손실의 경우 $v(x) = -2\sqrt{|x|}$이다. 이 사람은 확실한 2달러와 이기면 4달러, 지면 0달러를 지불하는 50 대 50 도박 중 하나를 선택해야 하는 상황에 처해 있다.

(a) 그가 4달러를 받았을 때 얻는 이익보다 4달러를 잃었을 때 더 고통받는다는 점에서, 이 사람이 손실 회피자라는 것을 대수적으로 보여라.

(b) 최악의 결과(0달러)를 기준으로 삼을 경우, 확실한 금액과 도박의 가치는 얼마인가? 그는 어떤 것을 선호할까?

(c) 최상의 결과(4달러)를 기준으로 삼을 경우, 확실한 금액과 도박의 가치는 얼마인가? 그는 어떤 것을 선호할까?

연습 7.10 동일한 가치함수를 가진 다른 사람이 확실한 2달러와 이기면 5달러, 지면 1달러를 지불하는 50 대 50 도박 중 하나를 선택해야 한다.

(a) 최악의 결과를 기준으로 삼을 경우, 확실한 금액과 도박의 가치는 얼마인가? 그는 어떤 것을 선호할까?

(b) 최상의 결과를 기준으로 삼는다면, 확실한 금액과 도박의 가치는 얼마인가? 그는 어떤 것을 선호할까?

연습 7.11 상대적 소득 복권을 할 여유가 가장 적은 가난한 사람들이 그렇게 할 가능성이 높다는 것은 잘 알려진 사실이다. 2008년 연구에서 연구자들은 사람들의 소득에 대한 인식을 조작하는 것이 복권에 대한 수요에 영향을 미칠 수 있는지 알고 싶어 했다. 참가자의 절반은 "<1만 달러", "1만 달러 – 2만 달러" 등등 해서 ">6만 달러"까지의 스케일의 연간 소득에 대한 질문에 답함으로써 부자가 됐다고 느끼게 됐다. 나머지 절반은 '<10만 달러', '10만 달러 – 20만 달러', '>100만 달러' 등의 스케일을 사용한 같은 질문에 답해 가난함을 느끼게 했다. 연구가 끝날 무렵에는 상대적으로 가난하다고 느끼게 된 참가자들이 참여에 대한 보상으로 현금보다는 복권을 선택할 가능성이 높았다. 이러한 결과가 이 절의 분석과 일치하는가, 그렇지 않은가?

프레임 효과Framing Effects를 가난한 사람이 부자가 될 때 (아니면 반대로 될 때) 사람들의 위험 회피 성향이 변화해서 발생하며 단일 효용함수로 표현할 수 있는 부의 효과와 혼동하면 안 된다. 예를 들어 당신의 재산이 늘어남에 따라 당신의 곡선이 점점 더 평평해지고, 따라서 당신의 위험을 덜 싫어하게 된다면, 그것은 정상적인 것이다. 그러나 모든 데이터가 이 프레임워크에서 쉽게 수용될 수 있는 것은 아니다. 대부분의 데이터는 손실 영역에서는 볼록하고 이득 영역에서는 오목한 가치함수로 더 잘 설명된다. 다음 절에서는 이러한 아이디어의 다른 적용에 대해 논의한다.

7.3 번들링과 멘탈 어카운팅

가치함수가 이득의 영역에서는 오목하고 손실의 영역에서는 볼록하다는 사실은 다른 흥미로운 시사점을 가지고 있는데, 하나는 결과가 번들링되는 방법이 중요하다는 것이다 (3.5절 참조). 자선 행사에서 복권 두 장을 사서 첫 번째에 25달러, 두 번째에 50달러가 당첨된다고 가정해보자. 이벤트에서 발생한 일을 생각하는 다양한 방법이 있다(그림 7.4 참조). 결과를 통합하면 가치 측면에서 $v(+75)$가 되는 75달러를 획득했다고 스스로 말할 수 있다. 또는 결과를 분리해 처음에 25달러를 따낸 다음 50달러를 따냈다고 할 수 있다. 가치 측면에서 $v(+25) + v(+50)$가 된다. 번들링은 프레임의 예로 볼 수 있다. 중요한 것은 변경을 하나의 큰 이득으로 할지 또는 두 개의 작은 이득으로 할지 여부다.

표준적인 견해에 따르면, 번들링은 중요하지 않다. 효용함수는 총 소유 자산에 대한 것이며, 다양한 결과를 어떻게 묘사하든 결국 75달러를 추가로 벌게 된다. 실용적으로 말하자면, 만약 당신이 $u(w)$에서 시작할 때, 당신은 어느 쪽으로 먼저 벌든 $u(w + 25 + 50) = u(w + 75)$가 될 것이다.

그림 7.4 이득의 결합 대 분리(코디 테일러 삽화)

그러나 전망 이론에 따르면, 번들링은 중요하다. 당신의 초기 부는 w이며, 현재 상태를 기준점으로 삼는다고 가정하자. 두 이득이 통합됐을 때, 75달러의 당첨 가치는 그림 7.5(a)에 나타나 있다. 그러나 두 이득을 분리해보면 상황이 달라 보인다. 두 번째 이득의 값을 평가하기 전에 기준점을 조정할 시간을 가지기 때문이다. 두 가지 이득을 분리하는 경우, 두 가지 분리된 이익은 그림 7.5(b)에 나타나 있다. 이 두 수치만 봐도 25달러 이득에 50달러 이득의 값이 75달러 이득의 값보다 크다는 것을 알 수 있다. 즉, $v(+25) + v(+50) > v(+75)$. 이 결과는 가치함수가 이득의 영역에 오목한 것에서 비롯된다. 결론적으로 사람들은 이 두 이득이 통합됐을 때보다 두 이득이 분리됐을 때 두 이득을 더 중요하게 여긴다.

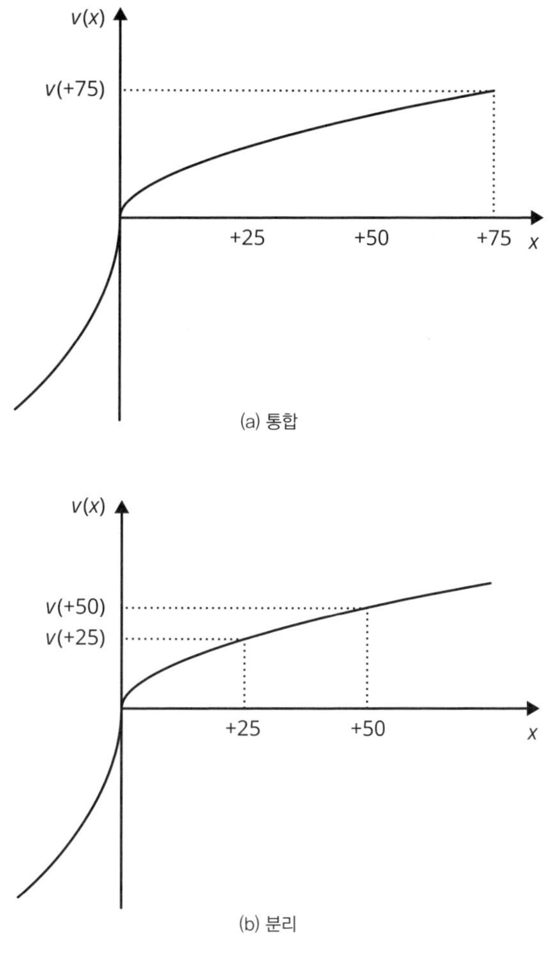

그림 7.5 두 게임의 평가

비유가 도움이 될 것이다. 만약 여러분이 완전히 어두운 방에 있고 전구를 켠다면, 큰 차이가 있을 것이다. 여러분이 볼 수 있으며, 이는 여러분이 어둠 속에 있는 것을 원하지 않는다면 멋진 일일 것이다. 같은 와트의 두 번째 전구를 추가하면 밝기에 작은 변화가 생기지만 그 차이는 그리 크지 않을 것이다. 그것은 분명히 0개의 전구에서 1개로 가는 것만큼 크지는 않을 것이다. 1개에서 2개로 가는 것은 0에서 1개로 가는 것보다 훨씬 작은 차이를 만든다. 돈에서도 비슷한 일이 일어난다. 적은 금액으로 당첨되는 것은 좋다.

그 금액의 10배를 우승하는 것은 분명히 훨씬 낫지만, 10배나 기분이 좋지는 않다. 결과적으로 10배 큰 하나의 이득보다 10개의 작은 이득이 더 인상적이다.

분리했을 때 이득이 더 중시된다는 사실은 다양한 현상을 설명하는 데 도움이 된다. 그것은 왜 사람들이 크리스마스 선물을 모두 하나의 큰 상자에 담지 않는지 설명해준다. 포장하는 데 시간과 비용이 절약될지라도 말이다. 각각의 선물을 따로 포장하는 관행은 받는 사람이 이익을 분리하도록 장려한다. 크리스마스에 모든 선물을 배달하기보다는 하누카처럼 별도의 밤에 선물을 주는 것이 더 낫다는 분석도 나온다. 1년에 한 번 큰 선물을 하는 것보다 한 해 동안 여러 차례 작은 선물을 주는 게 낫다는 분석이다. 당신의 결혼기념일에 배우자에게 선물을 주는 것이 좋은 취향이긴 하지만 당신은 그 돈의 일부를 저축하고 남은 기간 동안 더 작은 선물을 사길 원할지도 모른다. 이와 비슷하게, 분리는 왜 고급스러운 식사가 한꺼번에 나오는 것이 아니라 한 접시씩 차려지는지를 설명한다. 먹는 사람이 그것을 더 즐길 가능성이 있다. 또한 소득 분리의 효과는 근로자들이 연말 보너스를 받는 이유를 설명한다. 5만 달러의 급여에 5천 달러의 보너스를 더하는 것은 5만 5천 달러의 급여가 제공하지 못하는 방식으로 소득 분리를 장려한다. 마지막으로 분리 이득의 가치는 낮 시간대 텔레비전에 나오는 사람들이 단순히 이 상품들로 구성된 바구니를 제공하는 대신 뚜껑, 칼, 도마 등을 덤으로 제공함으로써 냄비와 팬을 팔려고 하는 이유를 설명한다. 이 관행 또한 이득의 분리를 장려한다.

연습 7.12 **이득의 평가** 어제 당신은 좋은 하루를 보냈다. 먼저 48달러의 세금 환급금을 받았고 잊고 옛 친구가 있던 27달러의 대출을 상환했다. 당신의 가치함수는 이득($x \geq 0$)에 대해서 $v(x) = \sqrt{x/3}$이고, 손실($x < 0$)에 대해서는 $v(x) = -3\sqrt{|x|}$로 정의된다고 가정하자.

(a) 두 이득을 통합하면 총 가치는 얼마인가?

(b) 두 이득을 분리하면 총 가치는 얼마인가?

(c) 가치의 관점에서 통합이 나은가, 아니면 분리하는 것이 나은가?

한편, 사람들은 여러 손실이 통합될 때 분리될 때보다 덜 불만족스러워한다. 그림 7.5와 같은 그래프를 구성하면 가치 관점에서 25달러의 손실과 50달러의 추가 손실이 75달러의 손실보다 나쁘다는 것을 확인할 수 있다. 즉, $v(-25) + v(-50) < v(-75)$이다. 이 결과

는 가치함수가 손실 영역에서 볼록하다는 사실에서 비롯된다. 주간 TV에서 냄비와 팬을 구매하고 다른 모든 물건을 할인된 가격에 구입할 경우, 신용카드가 한 번만 청구될 가능성이 높기 때문에 비용이 합산된다. 이는 우연의 일치가 아니다. 즉, 고객이 손실을 통합하도록 장려하는 동시에 이익을 분리함으로써 마케터는 이러한 효과를 최대한 활용한다.

예 7.13 **스탈린** 이오시프 스탈린Joseph Stalin은 "한 사람의 죽음은 비극이며, 수백만 명의 죽음은 통계다"라는 유명한 말을 남겼다. 이 말에는 통합에 대한 중요한 통찰이 담겨 있다. 주관적인 관점에서 봤을 때 100만 명의 사망자는 100만 곱하기 1명의 사망만큼 나쁘지 않다.

손실이 통합될 때 사람들이 불만을 덜 경험한다는 사실은 다양한 현상을 설명하는 데 도움이 된다. 그것은 왜 자동차, 집 그리고 다른 비싼 상품들의 판매자들이 종종 비싼 부속품을 팔려고 하는지 설명해준다. 비록 자동차 라디오에 1천 달러를 지불하지 않을 수도 있지만, 25,999달러짜리 자동차와 함께 묶이면 그렇게 많은 것처럼 들리지 않을 수 있다. 이전 절에서 살펴본 이유로 26,999달러의 손실은 25,999달러의 손실보다 훨씬 더 심각해 보이지 않을 수 있다. 대조적으로 그것들은 완전히 다른 양이기 때문에 여러분은 라디오에서 자동차를 분리하는 것이 쉽다는 것을 알게 될 것이고, 이것은 여러분이 그 제안을 받아들이도록 할 것이다. 비슷하게, 웨딩 산업은 호스트들이 이미 지출하고 있는 것에 비해 개별적으로 매우 비싸 보이지 않지만, 합치면 심각한 재정적 고통을 줄 수 있는 옵션을 추가함으로써 통합을 잘 활용한다. "원피스 하나에 3천 달러를 지출하는 경우 초대장마다 10달러를 추가로 지출하는 것이 문제가 됩니까?" 손실 통합의 효과는 또한 왜 그렇게 많은 사람들이 현금을 지불하는 것보다 신용카드를 사용하는 것을 선호하는지 설명할 수 있다. 신용카드를 사용할 때 비록 월 청구서가 심상치 않을 수 있지만 그것은 한 달에 한 번만 도착하므로 손실을 통합하도록 장려한다. 이에 반해 구매한 물건을 받는 만족도는 한 달 내내 배분돼 이득 분리를 유도한다.

연습 7.14 **반대 약정** 반대가 사실이라고 가정해보자. 물건을 구입할 때마다 즉석에서 현금으로 지불해야 하지만 지난 4주 동안 산 모든 것이 담긴 거대한 상자에 담겨 월말이 돼서야 구매품이 배달된다.

(a) 이러한 방식으로 구매를 더 많이 하겠는가, 아니면 더 적게 하겠는가?

(b) 통합과 분리의 용어를 사용해 이유를 설명하라.

연습 7.15 항공 요금 당신이 충분히 나이가 들었다면, 당신은 항공권 가격에 모든 종류의 편리함이 포함됐던 그 옛날 좋았던 시절을 기억할 것이다. 항공사들은 항공권 스티커 가격을 낮추라는 압력에 따라 항공권 자체를 적게 청구하기 시작했지만 수하물부터 식음료, 조기 탑승까지 모든 비용을 부과해 손실을 만회하는 습관을 들이고 있다. 아마도 이런 식으로 표를 더 많이 팔겠지만, 그 노력은 고객 만족도를 급격히 떨어뜨릴 것 같다. 왜 그럴까?

이 분석은 사람들이 택시를 타는 것이 장기적으로 덜 비쌀 수 있음에도 왜 자동차를 소유하는지도 설명할 수 있다. 자동차를 한 달 동안 소유하는 실제 비용(유지관리비, 자동차 대금, 보험금, 가솔린, 세차비 등)이 너무 높아서 많은 사람들에게 차를 팔고 택시를 타는 것은 경제적으로 타당할 것이다. 사람들이 (대도시 외곽에서) 이렇게 주저하는 이유는 택시비가 매번 승차할 때마다 결제되는 데 반해 자동차 요금은 매달 또는 매주 결제된다는 사실과 관련이 있을 것이다. 결과적으로 택시 회사들은 사람들이 한 달에 한 번 외상값을 지불하도록 허용함으로써 더 많은 사업을 장려할 수 있다. 이 분석은 또한 왜 사람들이 휴대폰 서비스, 인터넷 연결 그리고 체육관 회원권을 매달 균일하게 지불하는 것을 선호하는지 설명할 수 있다. 러닝머신에서 달리기를 했을 때 요금이 부과되는 체육관에 가입하는 것은 꿈도 꾸지 않을 가능성이 높다. 부분적으로 이것은 **인센티브-일치성**incentive-compatibility 때문이다. 여러분은 운동에 대한 의욕을 꺾는 체육관에 가입하고 싶지 않다. 그러나 부분적으로 이는 아마도 당신이 체육관 회원권과 관련된 손실을 통합하기를 원하기 때문일 것이다.

연습 7.16 손실의 평가 어제 당신은 끔찍한 하루를 보냈다. 오페라를 보러 가는 길에 속도 위반 딱지를 떼고, 무료라고 생각했던 티켓을 위해 25달러를 지불해야 했다. 가치함수는 연습 7.12의 함수로 계속 유지하자.

(a) 두 손실을 통합하면 총 가치는 얼마인가?

(b) 두 손실을 분리하면 총 가치는 얼마인가?

(c) 가치의 관점에서, 통합이 나은가 아니면 분리하는 것이 나은가?

예 7.17 **온라인 서점** 대형 온라인 소매점에서 이 책을 찾아보면 다음과 같은 작은 광고를 볼 수 있다. "이 책은 카네만의 『생각에 관한 생각Thinking, Fast and Slow』과 함께 많이 팔린다. 두 가지 모두를 이 책의 두 배 가격으로 구입하라!" 아마도 그 메시지는 새로운 정보를 담고 있지 않을 것이다. 당신은 더 많은 돈을 내고 더 많은 책을 얻을 수 있다는 것을 이미 알고 있다. 이 메시지는 어떻게 작동하는가?

이와 관련된 현상은 이득이 큰 경우 작은 손실을 경험하거나 손실이 큰 경우 작은 이득을 경험하는 경우에 발생한다. 사람들은 작은 손실과 큰 이익을 통합할 때 더 많은 가치를 얻는다. 그래야 손실이 덜 강하게 느껴진다. 이러한 현상을 '취소cancellation'라고 한다. 100만 달러를 땄지만 당첨금에 대해 10%의 세금을 내야 한다고 가정해보자. 그 이론은 당신이 100만 달러를 땄다가 10만 달러를 잃었다고 스스로에게 말하는 것보다 90만 달러를 땄다고 스스로에게 말하는 것에서 더 많은 가치를 얻을 것이라고 암시한다.

연습 7.18 **세금을 내는 고통** 앞 문단은 그 비용을 자신이 번 돈과 통합하느냐 안 하느냐에 따라 세금을 내는 기분이 달라질 것임을 시사한다.

(a) 높은 세금을 선호하는 것으로 알려진 정치인이라면 유권자들에게 통합 또는 분리하도록 권장해야 하는가? 당신의 메시지를 어떻게 만들어야 할까?

(b) 낮은 세금을 선호하는 것으로 알려진 정치인이라면 유권자들에게 통합 또는 분리하도록 권장해야 하는가? 당신의 메시지를 어떻게 만들어야 할까?

한편 사람들은 큰 손실과 작은 손실을 분리할 때 더 많은 가치를 얻는다. 작은 이득은 종종 실버 라이닝silver lining으로 묘사된다. 이러한 분석은 일부 자동차, 아파트 그리고 다른 비싼 물건들이 때때로 캐시백 오퍼와 함께 나오는 이유를 설명한다. 고객은 2만 6천 달러 가격표가 붙은 동일한 차를 사는 것보다 2만 7천 달러 가격표에 1천 달러 캐시백을 제시하는 차를 구입할 가능성이 더 높다. 1천 달러의 이득은 2만 7천 달러의 손실과 관련된 고통을 상쇄하는 데 도움이 된다. 카드사들이 카드에 돈을 쓴 것에 대해 보상 포인트를 자주 제공하는 이유도 이 분석에 의해 설명된다. 보상 포인트의 가치는 월별 수수료 및 요금에 비해 적지만, 회사는 당신이 분리를 통해 보상 포인트가 더 큰 손실을 상쇄하는 역할을 하기를 바란다. 마지막으로 실버 라이닝 현상은 왜 불합격 편지에 위원회가 당신의 제출물이나 입사 지원서에 얼마나 깊은 인상을 받았는지에 대한 대사가 포함된지를 설명할 수 있다. 솔직하지 않더라도 듣기 좋은 소리가 별도로 표현될 때, 출판이나 직업에 대한 인지적 손실을 어느 정도 상쇄할 것을 희망한다.

연습 7.19 **실버 라이닝(희망의 조짐)** 이 질문에 대해 가치함수가 다음과 같다고 가정하자. 이득의 경우 $v(x) = \sqrt{x/2}$이고 손실의 경우 $v(x) = -2\sqrt{|x|}$이다. 어젯밤 당신은 베팅에서 9달러를 잃었다. 하지만 희망의 조짐이 있다. 집에 오는 길에 인도에 2달러가 떨어져 있는 걸 발견했다.

(a) 손실과 이득을 합하면 총 가치는 얼마인가?

(b) 손실과 이득을 분리하면 총 가치는 얼마인가?

(c) 가치의 관점에서 통합이 나은가, 분리하는 것이 나은가?

사람들은 언제 통합되고 언제 분리되는가? 생각나는 한 가지 가능성은 사람들이 그들이 경험하는 가치의 양을 극대화하기 위해 결과를 번들링한다는 것이다. 이를 **쾌락 편집 가설**Hedonic-Editing Hypothesis이라고 부른다. 이 가설에 따르면 사람들은 (1) 이득을 분리하고 (2) 손실을 통합하며 (3) 큰 이익에 대해 작은 손실을 취소하고 (4) 큰 손실에서 작은 이익을 분리한다. 아쉽게도 데이터는 그 가설이 일반적으로 참이 아니라는 것을 시사한다. 특히 사람들은 종종 뒤에 따르는 손실을 통합하지 못하는 것처럼 보인다. 생각해보면 쾌락 편집 가설의 실패는 우리가 불필요하게 불행해지지 않기 위해 사물을 어떻게 생각해야 하는지 상기시켜줄 부모, 치료사, 남자친구, 여자친구가 필요하다는 사실에 비춰보면 놀라운 일이 아니다.

번들링은 부분적으로 **심리적 계좌**Mental Accounting에 의해 주도될 수 있다. 사람들의 마음속에 있는, 돈을 분리된 범주로 나누는 경향 즉 심리적 계좌는 과소비를 막을 수 있다는 점에서 도움이 될 수 있다. 만약 심리적 '의류' 계좌가 고갈된 것으로 보인다면, 사람들은 일부 다른 심리적 계좌에 자금이 남아 있더라도 옷에 돈을 쓰는 것을 멈출 수도 있다. 그러나 심리적 계좌는 그 자체로 사람들이 특정 종류의 상품을 과다하게 소비하거나 과소 소비하게 할 수 있다. '유흥 계좌'는 돈이 남았는데 '의류 계좌'는 과다 인출이 됐다면,

옷을 사서 효용을 극대화할 텐데도 유흥에 더 많은 돈을 쓸 수 있다. 이러한 종류의 행동은 돈에 딱지표label이 없다는 생각, 즉 대체 가능성fungibility에 위배된다. 심리적 계좌는 재화를 번들링하는 방식에도 영향을 미칠 수 있다. 예를 들어 상품을 동일한 범주에 속하도록 코드화하는 것은 통합을 장려하는 반면, 상품을 별도의 범주에 속하도록 코드화하는 것은 분리를 장려할 수 있다.

7.4 알레 문제와 확실성 공리

다음의 결정 문제는 알레Alais 문제라고 부른다.

예 7.20 **알레 문제** 다음과 같은 옵션이 있다. 첫 번째는 (1a)와 (1b) 사이에서 선택하고 두 번째 옵션은 (2a)와 (2b) 사이에서 선택해야 한다고 가정한다. 무엇을 선택하겠는가?

(1a) 확실한 100만 달러

(1b) 89% 확률의 100만 달러와 10% 확률의 500만 달러

(2a) 11% 확률의 100만 달러

(2b) 10% 확률의 500만 달러

여기서 일반적인 반응 패턴은 (1a)와 (2b)이다. 첫 번째 쌍은 "물론 500만 달러가 100만 달러보다 낫지만, 만약 내가 (1b)를 선택한다면 나는 100만 달러를 선택하지 않은 것을 분명히 후회할 것이다. 그러니 (1a)로 하겠다." 즉, (1b)보다 (1a)의 선택은 후회 회피에 의해 이뤄질 수 있다(6.2절 참조). 두 번째 쌍은 "물론 11%의 우승 확률이 10%의 우승 확률보다 낫지만 그 차이는 상당히 작은 반면 500만 달러는 100만 달러보다 훨씬 좋으니 (2b)로 하겠다"는 식으로 추론할 수 있다. 두 번째 쌍의 경우, 후회에 대한 잠재력은 훨씬 덜 두드러진다.

아쉽게도 이 반응 패턴은 기대 효용 이론과 일치하지 않는다. 이를 보려면 (1a)를 (1b)보다 선호하는 의미를 고려하라. 즉, 전자의 기대 효용이 후자의 기대 효용보다 커야 한다. 따라서,

$$u(1M) > .89 * u(1M) + .10 * u(5M) \quad (7.1)$$

(2b)를 (2a)보다 선호한다는 것은 전자의 기대 효용이 후자의 기대 효용을 초과해야 한다는 것을 의미한다. 따라서,

$$.10 * u(5M) > .11 * u(1M) \tag{7.2}$$

그러나 $.11 * u(1M) = (1 - .89) * u(1M) = u(1M) - .89 * u(1M)$는 다음과 같기 때문에 (7.2)는 다음과 같다.

$$.10 * u(5M) > u(1M) - .89 * u(1M) \tag{7.3}$$

(7.3)의 항을 재정렬하면 다음과 같은 결과를 얻을 수 있다.

$$.89 * u(1M) + .10 * u(5M) > u(1M) \tag{7.4}$$

그러나 (7.4)는 (7.1)과 모순된다. 그래서 우리가 분석하고 있는 선택 패턴은 사실 기대 효용 이론과 일치하지 않는다.

선택 패턴이 기대 효용 이론과 일치하지 않는 이유를 알 수 있는 또 다른 방법이 있다. 검은색 89개, 빨간색 10개, 흰색 1개로 구성된 100개의 슬롯이 있는 룰렛 휠을 회전한다고 가정하자. 이를 통해 표 7.1과 같이 네 가지 옵션을 표 형식으로 나타낼 수 있다.

표 7.1 알레 문제

	검은색(89%)	빨간색(10%)	흰색(1%)
(1a)	$1M	$1M	$1M
(1b)	$1M	$5M	$0
(2a)	$0	$1M	$1M
(2b)	$0	$5M	$0

첫 번째 결정 문제, 즉 (1a)와 (1b) 사이의 문제를 고려하는 것으로 시작하자. 이 표는 검은색이 나오는 경우, 무엇을 선택하든 상관없다는 것을 보여준다. 당신은 어느 쪽으로든 100만 달러를 얻게 될 것이다. 그런 의미에서 검은색이면 100만 달러는 확실하다. 표현식 $.89 * u(1M)$는 물론 (1a)의 기대 효용의 계산에 나타나지만, (1b)의 기대 효용의 계산에도 나타나기 때문에 결정에 영향을 미치지 않아야 한다. 이제 두 번째 결정 문제를 고려해보자. 다시 말해 검은색이 나오는 경우, 무엇을 선택하든 아무것도 받지 못한다는 것을 이 표는 보여준다. 따라서 0달러는 확실한 것이며 (2a)와 (2b)의 상대적인 만족도에

영향을 미치지 않아야 한다. 따라서 "검은색"으로 표시된 열에서 발생하는 것은 당신의 선택에 전혀 영향을 미치지 않을 것이다. 대신 나머지 두 열에서 발생하는 결과에 따라 선택이 결정된다. 그러나 "검은색"으로 표시된 열을 무시하면 (1a)는 (2a)와 동일하고 (1b)는 (2b)와 동일하다. 표 7.1의 두 음영 영역을 비교하라. 따라서 (1a)를 강하게 선호하는 경우 (2a)를 합리적으로 선택해야 하며, (1b)을 강하게 선호하는 경우 (2b)를 합리적으로 선택해야 한다.

확실성 원칙은 당신의 결정이 확실한 것에 의해 영향을 받아서는 안 된다고 말한다. 이 원리는(216쪽의 박스에서 본 것처럼) 기대 효용 이론에서 나온다. 다음 연습은 확실성 원칙을 더 명확하게 하는 데 도움이 될 수 있다.

연습 7.21 **확실성 원칙**

(a) 표 7.2(a)의 옵션을 가진다고 가정하자. 확실성 원칙이 당신에게 무시하라고 말하는 세계의 상태는 무엇인가?

(b) 표 7.2(b)의 옵션을 가진다고 가정한다. 확실성 원칙은 이 결정 문제에 대해 당신에게 무엇을 말해주는가?

표 7.2 확실성 원칙

	A	B	C
(1)	2	1	4
(2)	3	1	3

(a)

	P	Q	R	S
(1)	3	2	4	1
(2)	3	1	4	2

(b)

	X	Y	Z
(1a)	80	100	40
(1b)	40	100	80
(2a)	40	0	80
(2b)	80	0	40

(c)

연습 7.22 **확실성 원칙(계속)** 표 7.2(c)의 옵션이 있고 (1a)와 (1b) 사이에서 첫 번째를 선택하고 (2a)와 (2b) 사이에서 두 번째를 선택해야 한다고 가정하자. 어떤 선택 패턴이 확실성 원칙에 의해 배제되는가?

규범적 원칙으로서 확실성 원칙은 매력이 있지만 논란의 여지가 없는 것이 아니다. 어떤 사람들은 확실성 원칙의 위반은 완벽하게 합리적일 수 있으며, 결과적으로 규범적 기준인 기대 효용 이론에는 뭔가 잘못된 것이 있다고 주장한다. 다른 사람들은 확실성 원칙이 규범적으로 올바른 원칙이라고 주장한다. 그러나 꽤 분명한 것은 실제 행동에 대한 설명으로, 그것이 틀렸다는 것이다. 사람들은 규칙적이고 예측 가능하게 이를 위반하는 듯하다(다음 절에서 이 주제에 대해 다시 다룰 것이다).

알레 역설을 설명하는 한 가지 방법은 결과가 100% 확률로 일어난다는 의미에서 확실한 결과를 가중한다고 말하는 것이다. 이러한 경향은 확실성 효과Certainty Effect라고 부른다. 위에서 제시된 바와 같이, 확실성 효과는 후회 회피Regret Aversion에서 비롯될 수 있다. 위험한 것을 위해 확실한 옵션을 포기할 때마다, 여러분은 후회를 경험할 가능성이 있다. 따라서 예상되는 후회를 축소하려는 욕구는 확실하지 않은 옵션의 거부로 이어질 것이다.

확실성 효과는 다음 예시와 같이 약간 다른 종류의 문맥에서도 분명하게 나타난다.

예 7.23 **확실성 효과** 다음 중 어떤 옵션을 선호하는가? (A) 확실한 30달러의 당첨 (B) 80% 확률로 45달러의 당첨? 또 다음 중 어떤 옵션을 선호하는가? (C) 25% 확률로 30달러 당첨 (D) 20% 확률로 45달러 당첨?

본 연구에서는 응답자의 78%가 B보다 A를 선호했지만 58%가 C보다 D를 선호했다.

관찰된 행동 패턴은 확실성 효과의 한 예다. 100%에서 25%로 감소가 80%에서 20%로 감소시키는 것보다 사람들에게 더 큰 차이를 만들기 때문이다.

연습 7.24 **확실성 효과(계속)** 예 7.23에서 (A)보다 (B)를 선택하고 (D)보다 (C)를 선택하는 것은 기대 효용 이론의 위반임을 보여준다. 주의할 점은 (C)와 (D)는 (A)와 (B)로부터 확률을 4로 나눠 얻을 수 있다.

현실에서 확실성 효과가 나타나는가? 그럴 수도 있다. 캘리포니아의학협회 회의에 참석한 72명의 의사들을 대상으로 한 연구에서, 의사들은 사망이 임박할 수 있는 광범위 수술과 같은 급진적인 치료(옵션 A와 C)와 방사성 치료와 같은 적당한 치료(옵션 B 및 D) 중 하나를 선택할 때, 종양이 있는 환자에게 어떤 치료를 선호할 것인지를 물었다. 그들은 다음과 같은 옵션을 제공받았다.

A 장수할 확률 80%
(임박 사망 확률 20%)

B 단명할 확률 100%
(임박 사망 확률 0%)

C 장수할 확률 20%
(임박 사망 확률 80%)

D 단명할 확률 25%
(임박 사망 확률 75%)

확실성 효과를 명백하게 볼 수 있다. 기대 효용 이론을 위반해 65%가 A보다 B를 선호했지만 68%는 D보다 C를 선호했다. 의사들이 다른 사람들과 같은 행동 패턴을 보인다는 사실이 우리를 놀라게 해서는 안 된다. 당신이 의사이건 아니건 간에 이것을 아는 것이 도움이 될 수 있다.

7.5 엘스버그 문제와 모호성 회피

다음의 결정 문제는 엘스버그 문제Elsberg Problem로 언급된다. 이는 소위 펜타곤 페이퍼스Pentagon Papers를 폭로한 것으로 유명한 미군 분석가 대니얼 엘스버그Daniel Ellsberg 덕분이다. 〈미국에서 가장 위험한 남자〉에서 주역으로 다루고 있는 인물이다.

연습 7.25 **엘스버그 문제** 댄이 총 90개의 공이 들어 있는 항아리를 보여준다고 가정한다. 공에는 세 가지 종류가 있다. 빨간색, 검은색, 노란색. (신뢰할 수 있는 기관의) 당신은 30개는 빨간색이지만 나머지 60개 중 얼마나 많은 수가 검은색이고 얼마나 많은 수가 노란색인지 알 수 없다. 즉 0개의 검은색과 60개의 노란색에서 60개의 검은색과 0개의 노란색까지 있을 수 있다. 항아리의 구성은 표 7.3에 보여주고 있다.

표 7.3 댄의 항아리

	빨간색	검은색	노란색
항아리 안의 공 수	30	60	

댄이 당신을 초대해 항아리에서 무작위로 공을 뽑으라고 한다. 그는 두 가지 다른 도박 중 하나를 선택할 수 있다. 공이 빨간색이면 100달러 그리고 공이 검은색이면 100달러. 당신은 어떤 것을 선택할 것인가? 댄은 다음과 같은 두 가지 도박 중에서 하나를 선택할 수 있다. (III) 공이 빨간색이나 노란색이면 100달러 그리고 (IV) 공이 검은색이나 노란색이면 100달러. 당신은 어떤 것을 선택할 것인가?

엘스버그 문제에 직면했을 때, 많은 사람들이 (II)보다는 (I)를 선택할 것이다. 그들은 분명히 이길 확률이 1/3이라는 것을 알기 때문이다. 한편 많은 사람들은 (III)가 아닌 (IV)를 선택할 것이다. 그들은 분명히 이길 확률이 2/3임을 알기 때문이다.

그러나 첫 번째 옵션 쌍에서 (I)을 선택하고 두 번째 쌍에서 (IV)를 선택하는 것은 이전 절에서 소개된 확실성 원칙을 위반한다. 네 가지 도박에 대한 보상과 세 가지 다른 결과를 보여주는 표 7.4와 같이 문제를 나타낸다면 위반은 더 명확해질 수 있다.

표 7.4 엘스버그 문제

	빨간색(R)	검은색(B)	노란색(Y)
(I)	100	0	0
(II)	0	100	0
(III)	100	0	100
(IV)	0	100	100

표에서 알 수 있듯이 노란 공이 뽑혀졌을 때 일어나는 일은 당신의 선택에 달려 있지 않다. 노란색 공이 뽑혀지면 첫 번째 쌍에서 (I)를 선택하든 (II)를 선택하든, 어느 쪽이든 아무것도 얻지 못한다. 노란색 공을 뽑았을 때 0달러는 확실하다. 노란색 공이 뽑혀지면 두 번째 쌍에서 (III)를 선택하든 (IV)를 선택하든 어느 쪽이든 100달러를 받게 된다. 다시 말하지만 100달러는 확실하다. 따라서 확실성 원칙은 여러분이 노란색 공을 뽑을 때 어떤 일이 일어나는지에 따라 여러분의 선택이 달라져서는 안 된다고 말한다. 즉, 당신의 선택은 표 7.4의 마지막 열에서 무슨 일이 일어나는지에 의존해서는 안 된다. 왼쪽에 있

는 두 열에서 일어나고 있는 내용만에 대한 평가를 반영해야 한다. 그러나 "노란색"으로 표시된 열을 무시하면 (I)과 (III)이 동일하고, (II)와 (IV)가 동일한 것을 알 수 있다. 따라서 표의 두 음영 영역을 비교하기만 하면 된다. 따라서 무차별하지 않으면 (I)와 (III) 또는 (II)와 (IV)를 선택해야 한다.

선택 패턴 (I)과 (IV)가 기대 효용 이론과 어떻게 일치하지 않는지를 보여주는 또 다른 방법이 있다. (II)보다 (I)를 강하게 선호하는 것은 $EU(\text{I}) > EU(\text{II})$를 수반하며, 이는 다음을 의미한다.

$$\Pr(R) * u(100) + \Pr(B) * u(0) + \Pr(Y) * u(0) >$$
$$\Pr(R) * u(0) + \Pr(B) * u(100) + \Pr(Y) * u(0)$$

반면 (III)보다 (IV)를 강하게 선호하는 것은 $EU(\text{IV}) > EU(\text{III})$을 수반하며, 이는 다음을 의미한다.

$$\Pr(R) * u(0) + \Pr(B) * u(100) + \Pr(Y) * u(100) >$$
$$\Pr(R) * u(100) + \Pr(B) * u(0) + \Pr(Y) * u(100)$$

$u(0) = 0$이고 $u(100) = 1$이고 가정하자. 이는 단지 0보다 100달러를 더 선호한다는 것을 말한다. 만약 그렇다면 이 두 표현은 다음 두 조건이 동시에 만족함을 의미한다.

$$\Pr(R) > \Pr(B)$$
$$\Pr(B) > \Pr(R)$$

그러나 이는 분명 불가능하다. 따라서 다시 한 번 여기서 우리가 얘기한 선택 패턴은 기대 효용 이론과 일치하지 않는다.

사람들이 이러한 모순을 보인다는 사실을 어떻게 설명해야 할까? (II)와 (III)라는 두 가지 기각된 선택은 정확한 당첨 확률이 불분명하다는 공통점이 있다. 우리는 이 확률들이 **모호**ambiguous하다고 말한다. 대조적으로 선호되는 옵션인 (I)과 (IV)는 모호한 확률과 연관되지 않는다. 관찰된 선택은 모호한 확률로 도박을 하고 싶지 않은 것을 반영하는 것처럼 보인다. 우리는 이 현상을 **모호성 회피**Ambiguity Aversion라고 부른다. 어떤 사람들은 다른 사람들보다 모호성에 더 큰 관용을 갖고 있지만, 모호성에 대한 어떠한 회피도 기대 효용 이론 위반이다. 사람들이 실제로 모호성을 싫어하는 한(실제로 사람들은 그렇게 보인다), 기대 효용 이론은 그들의 행동을 포착하지 못한다. 그리고 결정을 내릴 때 모호성을 고려하는 것이 합리적으로 허용되는 한, 기대 효용 이론은 사람들이 결정을 내리는 방식을 포착하지 못한다.

연습 7.26 **동전** 동전 던지기의 결과에 베팅할 기회가 있다고 가정하자. 동전의 앞면이 나오면 이기고 뒷면이 나오면 진다. 또한 당신이 모호성을 싫어한다고 가정해보라. 공정한 동전(앞면과 뒷면이 나올 확률이 같은)과 앞면과 뒷면이 나올 확률이 알려진 편향된 동전 중 어느 쪽에 베팅을 할 것인가?

연습 7.27 **테니스** 당신은 세 개의 테니스 게임 중 하나에 베팅하도록 초대됐다. 게임 1에서는 남다른 실력을 가진 테니스 선수 둘이 맞붙는다. 게임 2에서는 유난히 서툰 두 테니스 선수가 맞붙는다. 게임 3은 아주 잘하는 선수와 아주 못하는 선수가 맞붙는데 어느 쪽이 좋고 어떤 쪽이 나쁜지 알 수 없다. 결과적으로 당신이 생각하는 한 어떤 선수가 승리할 확률은 50%이다. 당신이 모호성을 싫어한다고 가정해보라. 당신은 세 게임 중 어떤 게임에 가장 돈을 걸 것인가? 그 이유는?

꼭 모호성 회피인 것이 아니라, 원칙적으로 모호성 애호가 되지 않을 원칙적인 이유는 없다. 사실 모호한 확률에 직면했을 때 사람들의 행동은 맥락에 따라 달라진다는 증거가 있다. 예를 들어 **역량 가설**Competence Hypothesis에 따르면 사람들은 그들 자신이 특별히 박식하다고 생각하는 맥락에서 모호성을 덜 회피한다. 따라서 축구 팬은 (결과가 완전히 무작위인) 엘스버그의 경우에서는 모호성을 회피하지만 (자신이 전문가라고 생각하는) 축구 경기의 결과를 예측할 때는 모호성을 애호할 수 있다.

연습 7.28 **네바다의 호황과 불황** 라스베이거스 기업가 앤드류 도너Andrew Donner는 카지노에서 도박하지 않는다. 대신 도시 시내에 있는 부동산에 투자한다. 마켓플레이스에서 가진 인터뷰에서 도너는 "당신은 카지노를 알고 있고, 어느 정도 승산을 알고 있다. 그러나 나는 세상의 사업에서는 승산을 모르는 것이 아름다운 것이라고 생각한다"고 말했다. "당신은 계속 일해서, 당신이 도박에서 잃는 것보다 더 많은 돈을 벌기를 바란다."

(a) 도너는 모호성 회피인가, 모호성 애호인가?

(b) 그의 태도는 역량 가설과 일치하는가, 아닌가?

그럼에도 엘스버그의 역설과 모호성 회피는 잠재적으로 방대한 의미를 갖고 있다. 그들이 제안하는 것은 일반적으로 확률 미적분학의 공리를 만족시키는 확률을 모호한 확률의 사건들에 할당하지 않는다는 것이다. 그리고 현실 세계에서는 모호한 확률이 흔하다. 파산, 전염병 그리고 핵융합의 확률은 추정될 수 있지만 확률 게임 밖에서는 거의 항상 모호성이 남아 있다. 따라서 사람들의 선택은 사람들이 모호성을 회피하거나 경우에 따라서는 그러하기 쉽다는 사실을 반영할 가능성이 매우 높다. 그리고 아마도 선택들은 확률의 모호성도 반영해야 할 것이다.

연습 7.28 **잘 알려진 확실한 일** 2002년 미 국방부 장관 도널드 H. 럼즈펠드Donald H. Rumsfeld는 다음과 같이 말했다. "잘 알려진 확실한 일known known들이 존재한다. 즉 우리가 그것을 알고 있다는 것을 아는 일들이 있다. 또 우리는 잘 알려진 불확실한 일known unknown들이 존재한다는 것도 알고 있다. 즉 우리는 우리가 모르는 어떤 일들이 있다는 걸 알고 있다. 하지만 알려지지 않은 불확실한 일unknown unknown도 있다. 즉 우리가 그것을 모른다는 사실조차 알지 못하는 일이 있다는 것이다." 럼즈펠드 장관은 브리핑 후 풍자적인 발언을 했지만 그가 추구한 구별법은 매우 중요할 수 있다.

7.6 확률가중법

가치함수가 이득의 영역에서는 오목하고 손실의 영역에서는 볼록하다는 생각은 7.2절과 7.3절에서 봤듯이 광범위한 행동을 분석하는 데 도움이 된다. 그러나 이 프레임워크 내에서 수용할 수 없는 널리 관찰되는 행동 패턴이 있다. 일부 사람들이 도박과 보험 가입을 동시에 한다는 사실을 고려해보자. 이것은 기대 효용 이론의 관점에서 역설적이다. 만약 사람들이 위험을 싫어한다면, 그들은 보험에 가입해야 하지만 도박을 해서는 안 된다. 만약 그들이 위험 애호자이면, 그들은 도박을 하지만 보험에 가입하지 말아야 한다. 그리고 만약 그들이 위험 중립적이라면, 그들은 둘 다 하지 말아야 한다. 이론적으로 사람들은 220쪽의 그림 6.8의 파선과 같은 S자 모양의 효용함수를 가지고 있고, 변곡점(그림에서 x^*로 표시된)이 그들의 현재 소유 자산과 일치한다. 하지만 그렇게 많은 사람들에게 이것이 사실이어야 한다는 것은 너무 우연의 일치처럼 보인다.

도박과 보험 구매를 동시에 하는 것은 우리가 지금까지 7장에서 공부한 이론의 관점에서 볼 때 똑같이 역설적이다. 사람들이 많은 돈을 받을 수 있는 도박을 기꺼이 받아들인다는 사실은 그들이 이득의 영역에서 위험을 애호한다는 것을 암시하는 반면, 그들이 집을 잃을 수 있는 도박을 기꺼이 거부한다는 사실은 그들이 손실의 영역에서 위험을 회피한다는 것을 암시한다. 이것은 그들의 가치함수가 이득의 영역에서는 볼록하고 손실의 영역에서는 오목하다는 것을 수반하는데, 이것은 우리가 지금까지 가정한 것과는 정반대이다. 위의 프레임워크 안에서 이런 행동 패턴을 수용할 수 있는 유일한 방법은 일등 상금을 받을 때의 상태를 도박의 기준점으로, 가진 것을 모두 잃는 상태를 보험 구매의 기준점으로 삼는다고 가정하는 것이다. 그러나 사람들이 종종 그들의 소유 자산을 기준점으로 삼는다는 다른 증거들에 비춰 볼 때 인위적으로 보인다.

관찰된 행동 패턴을 이해하는 또 다른 방법은 보험에 가입한 사람들뿐만 아니라 도박을 하는 사람들을 예상하지 못한 사건들에 너무 많은 관심을 기울이는 경향이 있다고 생각하는 것이다. 복권 당첨 확률에 가중치가 더 많이 부여될수록 도박을 할 확률이 높아진다. 그리고 집, 자동차, 생명, 팔다리를 잃을 확률에 가중치가 더 많이 부여될수록 보험에 가입할 확률이 높아진다. 이러한 통찰력은 사람들이 복권과 보험을 동시에 구매할 수 있는 방법을 설명하는 좀 더 체계적인 접근을 시사한다.

전망 이론은 **확률가중**Probability Weighting 개념을 도입함으로써 이러한 종류의 행동을 통합한다. 우리는 213쪽의 정의 6.21에서의 기대 효용 이론에 따르면, 에이전트는 다음 형식의 표현을 최대화한다.

$$EU(A_i) = \Pr(S_1) * u(C_{i1}) + \Pr(S_2) * u(C_{i2}) + \ldots + \Pr(S_n) * u(C_{in})$$

대조적으로 전망 이론에 따르면 에이전트는 가치함수 $v(\cdot)$가 효용함수 $u(\cdot)$를 대체하고 확률은 확률가중함수 $\pi(\cdot)$에 의해 가중되는 표현식을 최대화한다.

정의 7.30 가치 206쪽의 표 6.4와 같은 의사결정 문제가 주어졌을 때, 행동 A_i의 가치(또는 가중된 가치) $V(A_i)$는 다음과 같이 주어진다.

$$V(A_i) = \pi[\Pr(S_1)] * v(C_{i1}) + \pi[\Pr(S_2)] * v(C_{i2}) + \ldots + \pi[\Pr(S_n)] * v(C_{in})$$
$$= \sum_{j=1}^{n} \pi[\Pr(S_j)] v(C_{ij})$$

확률가중함수 $\pi(\cdot)$는 확률에 0에서 1까지의 가중치를 할당한다. 그림 7.6에서 볼 수 있듯이 0과 1 사이의 값은 곡선이 45도 선과 일치하지 않는다고 가정한다. 낮은 확률의 경우, $\pi(x) > x$, 중간 및 높은 확률의 경우 $\pi(x) < x$라고 가정한다.

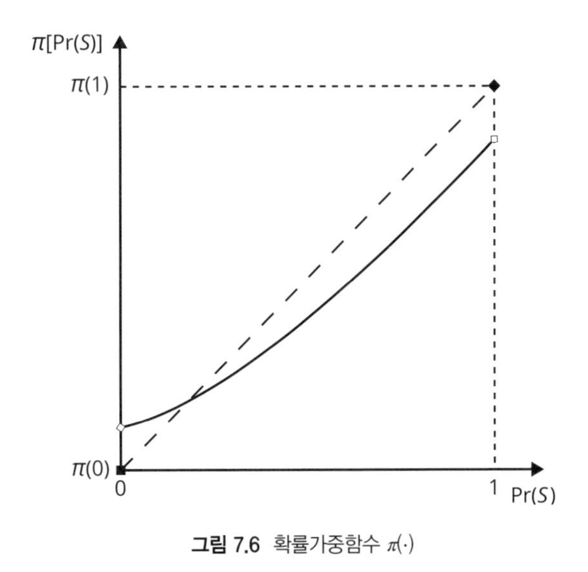

그림 7.6 확률가중함수 $\pi(\cdot)$

확률가중함수는 어떤 사람들이 복권과 보험을 동시에 구매하는 역설을 해소하는 데 도움이 될 수 있다. 충분한 정보를 가지고 기대 효용을 극대화하는 사람은 일등 상금 당첨 확률로 일등상금 당첨의 효용에 가중치를 부여하며, 이 가중치는 4.4절에서 알고 있는 바와 같이 실제로 낮다. 따라서 기대 효용 이론은 이와 같은 결과가 우리의 의사결정에 매우 크게 나타나서는 안 된다고 말한다. 전망 이론은 완전히 다른 예측을 한다. 복권에 당첨되고 집, 차, 삶, 팔다리를 잃는 것은 양의 그러나 작은 확률적 사건이기 때문에 확률가중함수에 따르면 이들이 발생할 확률은 상대적으로 크다. 그리고 이들 사건이 크게 발생하면 사람들은 기꺼이 복권을 사고, 보험에 가입한다. 이것은 왜 사람들이 비행기 추락, 테러 공격 그리고 다른 많은 발생 가능성이 낮은 것들을 그렇게 크게 두려워하는지 설명하는 데 도움을 준다. 또한 단순한 기댓값 계산이 대부분의 사람들에게 보증 연장 서비스가 그다지 좋은 거래가 아니라는 것을 시사한다는 사실에도 확률가중은 사람들이 컴퓨터와 같은 장비에 대한 보증 연장 서비스를 구매하는 이유를 설명한다(210쪽의 연습 6.19 참조).

전망 이론

전망 이론은 결정을 내리는 과정을 두 단계로 나눈다. 편집 단계editing phase에서 의사결정자는 평가를 용이하게 하기 위해 옵션을 편집한다. 편집에는 다음과 같은 다양한 작업이 포함될 수 있다.

- 코딩coding: 결과를 현재 소유 자산, 다른 사람의 현재 소유 자산, 미래 소유 자산의 기대 등이 될 수 있는 어떤 기준점과 비교해 이득 또는 손실로 기술한다.
- 조합combination: 동일한 결과를 더 간단한 결과로 조합한다. 예를 들어 25%의 확률로 1달러를 획득하는 것과 25%의 확률로 1달러를 획득하는 것은 50%의 확률로 1달러를 획득하는 것으로 표현된다.
- 단순화simplification: 예를 들어 확률과 결과를 반올림해 옵션을 단순화한다. 특히 극히 작은 확률은 0으로 절삭해 고려 대상에서 제거할 수 있다.

다음의 평가 단계evaluation phase에서 의사결정자는 편집된 옵션을 평가한다. 평가는 두 가지 요소, 즉 3.5절과 7.2절의 가치함수와 7.6절의 확률가중함수를 기반으로 한다. 가치함수 $v(\cdot)$는 손실 영역에서는 볼록하고 이득 영역에서는 오목한 S형 함수이다(232쪽의 그림 7.2 참조). 확률가중함수 $\pi(\cdot)$는 일반적으로 $\pi(0) = 0$와 $\pi(1) = 1$의 조건을 만족한다. 그렇지 않으면 낮은 확률에 대해서 $\pi(x) > x$와 중간 및 높은 확률에 대해서 $\pi(x) < x$(255쪽의 그림 7.6 참조)이다. 행동 A_i의 가치(또는 가중된 가치) $V(A_i)$는 다음 공식에 따라 평가된다.

$$V(A_i) = \pi[\Pr(S_1)] * v(C_{i1}) + \pi[\Pr(S_2)] * v(C_{i2}) + \ldots + \pi[\Pr(S_n)] * v(C_{in})$$
$$= \sum_{j=1}^{n} \pi[\Pr(S_j)] v(C_{ij})$$

$\pi(x) = x$이고 $v(x) = u(x)$의 특수한 경우에 옵션의 가치는 그 기대 효용과 같다(213쪽의 정의 6.21 참조).

예 7.31 **프리코노믹스** 프리코노믹스Freakonomics[1]는 크랙-코카인crack-cocaine(마약)의 경제학에 대해 논하고 있다. 많은 사람들이 생각하는 것과는 달리, 대다수의 마약 밀매상들은 돈을 거의 벌지 못한다. 심지어 연방에서 정한 최저임금보다 적은 경우가 많다. 『프리코노믹스』 저자들에 따르면, 그들이 이 일을 계속하는 것은 독점적인 '이사회board of directors'가 상당한 돈을 버는 조직의 상위 계층에 들어갈 가능성이 작기 때문이라고 한다.

그렇다 하더라도 이는 설명의 일부일 뿐이다. 이사들이 천문학적인 돈을 버는 것도 아니고 상위 계층에 들어갈 확률도 작고 총에 맞거나 감옥에 들어갈 확률도 높다. 이사 지망생들이 직급 상승과 이사회 합류의 낮은 확률에 높은 가중치를 둔다고 설명을 보강할 수 있다. 이것은 전망 이론이 예측하는 것이다.

저자들의 제안처럼 모델 지망생, 배우, 콘서트 피아니스트, CEO에게도 같은 분석이 적용될 수 있다. 이러한 노력들 중 하나에서 성공할 확률은 낮지만, 사람들은 계속해서 그들이 성공할 것이라고 장담한다. 그들의 열망은 부분적으로 그들이 성공 확률을 과대평가한다는 사실에 의해 추진될 수 있다(학계도 같은 방식이 적용된다고 주장할 수 있다).

확률가중함수는 확실성 효과, 즉 확실한 결과에 큰 가중치를 부여하는 경향도 설명할 수 있다(7.4절 참조). 그림 7.6에서 볼 수 있듯이 1에 접근하는 확률에는 불연속성이 존재하며, 따라서 $x \to 1$에 따라 $\lim \pi(x) < \pi(1)$이다. 따라서 확실하지 않은 사건(확률이 매우 높은 경우에도)은 확실한 사건에 비해 낮은 가중치가 부여된다.

결론적으로 위험에 직면한 사람들의 행동은 결과가 어떤 기준점에 상대적인 이득 또는

1 일상을 들여다보는 괴짜 경제학 – 옮긴이

손실로 해석되는지 여부뿐만 아니라 관련 확률이 낮은지 여부에도 달려 있다. 손실의 영역에서, 사람들은 위험 애호적이다. 유의한 (음의) 가치의 낮은 확률의 사건과 관련된 도박을 제외한다(이 경우 사람들은 위험 회피적일 수 있다). 이득의 영역에서 위험을 회피하는 경향이 있다. 사람들은 유의한 (양의) 가치의 낮은 확률의 사건과 관련된 도박을 제외한다(이 경우 사람들은 위험 애호적일 수 있다). 이러한 의미에 대한 요약은 표 7.5를 참조하라.

표 7.5 전망 이론에 따른 위험에 대한 태도

확률	영역	
	손실	이득
저	위험 회피적	위험 애호적
중	위험 애호적	위험 회피적
고	위험 애호적	위험 회피적

예 7.32 **러시안 룰렛** 강제로 러시안 룰렛을 플레이해야 하지만 방아쇠를 당기기 전에 돈을 지불해 장전된 총에서 총알 하나를 제거할 수 있는 옵션이 있다고 가정하자. 실린더에 있는 총알의 수를 4개에서 3개로 줄이기 위해 더 많은 돈을 지불하겠는가 아니면 1개에서 0개로 줄이기 위해 더 많은 돈을 지불하겠는가? 카네만과 트버스키에 따르면 만약 당신이 대부분의 사람들과 같다면, 당신은 그 숫자를 4에서 3으로 줄이는 것보다 1에서 0으로 줄이기 위해 더 많은 돈을 지불할 것이다. 왜 그럴까?

총알의 수를 4개에서 3개로 줄이면 사망 확률이 4/6에서 3/6으로 줄어들 것이다. 이 범위에서 확률가중함수는 상대적으로 평평하며, 이는 기본 확률의 변화에 상당히 반응하지 않음을 의미한다. 총알의 수를 1개에서 0개로 줄이는 것은 사망 확률을 1/6에서 0으로 줄일 것이다. 여기서 $\pi(1/6) > 1/6$에서 $\pi(0) = 0$으로 점프가 있으므로 총알의 수를 1에서 0으로 줄이는 가치가 4에서 3으로 줄이는 가치를 초과한다.

연습 7.33 **복권** 행동경제학자들은 복권을 사용하는 것이 행동 변화를 유인하는 효과적인 방법이 될 수 있다는 것을 발견했다. 따라서 1달러의 현금 지불을 제공하는 것보다 1/1,000의 확률로 1,000달러를 당첨할 복권을 제공받은 사람이 설문 조사에 참여하거나 약을 먹을 가능성이 더 높다. 사람들이 종종 위험 회피적인 것을 고려할 때, 이것은 직관에 반하는 것처럼 보일 수 있다. 확률가중함수를 사용해 복권이 왜 그렇게 매력적일 수 있는지 설명하라.

7.7 라빈의 보정 정리

우리가 7장에서 탐구할 기대 효용 이론에 대한 마지막 도전 과제는 좀 더 수학적 풍미를 가지고 있다. 이론에 따르면 6.5절에서 알 수 있듯이 위험 태도는 부의 변화(또는 무엇이든)가 아니라 부(또는 에이전트가 아끼는 무엇이든)의 절대적인 수준에 대한 효용함수의 모양에 의해 결정된다. 이 아이디어는 이론의 기술적 해석과 규범적 해석 모두에 당혹스러운 의미를 가지고 있는 것으로 밝혀졌다. 그 의미는 라빈의 보정 정리Rabin's Calibration Theorem라고 부르는 결과에 의해 깔끔하게 드러난다.

이 정리는 작은 판돈에 대해 적당히 위험을 회피하는 사람들은 (수학적 필요 조건으로) 큰 판돈에 대해 터무니없이 크게 위험 회피적이라는 것을 보여준다. 예를 들어 50 대 50 확률의 11달러 당첨 또는 10달러 손실을 거절하는 사람은 50 대 50 확률의 100달러 손실과 1,000달러, 100만 달러 또는 다른 금액의 당첨을 거절해야 한다. 즉 이 사람이 50%의 확률로 100달러를 잃는 것과 50%의 확률로 어떤 금액을 당첨하는 것을 받아들일 정도로 큰 금액의 돈은 없다. 이건 정말 터무니없다. 100달러를 투자할 수 있을 정도로 운이 좋은 대부분의 사람들은 즉시 엄청난 돈을 벌 수 있는 50%의 확률이 제공된다면 매우 기뻐할 것이다. 현실에서는 훨씬 낮은 기대 ROI(투자 수익률)를 가져도, 당신은 스타트업이나 자산에 투자한다.

정리 자체는 복잡하지만 함축적 의미는 쉽게 파악할 수 있다. 표 7.6은 이 정리의 다른 의미들을 보여준다. 이 표의 모든 행에 대해 왼쪽으로의 베팅을 거절하는 기대 효용을 최대화하는 사람은 오른쪽으로의 베팅을 거절할 수밖에 없다. 정리 자체는 복잡하지만 함축적 의미는 쉽게 파악할 수 있다. 표 7.6은 이 정리의 다른 의미들을 보여준다. 이 표의 모든 행에 대해 왼쪽 베팅을 거절하는 기대 효용을 최대화하는 사람은 오른쪽 베팅을 거절할 수밖에 없다. 즉, 만약 당신이 왼쪽 베팅을 거절한다면 아무리 큰 금액이라도 당신을 오른쪽 베팅을 하도록 유인할 수 없다. 즉 당신을 50 대 50 확률로 그 금액을 당첨하거나 테이블의 돈을 잃는 베팅으로 유인할 수 없다.

표 7.6 보정 문제

만약 기대 효용을 극대화하는 사람이 이 50 대 50 베팅을 거절한다면,	그러면 이 50 대 50 베팅도 거절해야만 한다.
10달러 손실 / 10.10달러 당첨	1000달러 손실 / ∞ 달러 당첨
10달러 손실 / 10.10달러 당첨	1000달러 손실 / ∞ 달러 당첨
10달러 손실 / 10.10달러 당첨	1000달러 손실 / ∞ 달러 당첨
10달러 손실 / 10.10달러 당첨	1000달러 손실 / ∞ 달러 당첨
10달러 손실 / 10.10달러 당첨	1000달러 손실 / ∞ 달러 당첨

이러한 결과가 어디에서 발생하는지 이해하는 한 가지 방법은 문제를 그래프로 생각하는 것이다. 221쪽의 그림 6.9를 다시 고려하자. 여기서 기대 효용을 최대화하는 사람은 그녀에게 어느 정도의 확률로 *A*를 남기고, 그렇지 않으면 *B*를 남기는 도박에 당면한다. 우리는 그녀의 위험 선호가 효용함수의 정의에 의해 전적으로 결정된다는 것을 알고 있다. 그뿐만 아니라 중요한 것은 *A*와 *B* 사이의 곡률curvature이다. 즉 *A*의 왼쪽의 곡률과 *B*의 오른쪽의 곡률은 맥락상 무관하다. 이제 그림 7.7에서 부 w를 가진 에이전트(그래프에 회색 선으로 표시)가 예를 들어 50 대 50의 확률로 11달러를 얻거나 10달러를 잃는 소액이 걸려있는 복권에 당면하는 경우를 고려해보자. 즉, 관련 결과는 (A) 에이전트가 $w - 10$으로 끝나는 상황 (B) 에이전트가 $w + 11$로 끝나는 상황이다. 선진국의 많은 사람들에게 w는 10달러 – 11달러보다 크며, 이는 *A*에서 *B*까지의 범위가 w 주변의 매우 좁은 영역이라는 것을 의미한다. 이를테면 어떤 사람의 부가 10,000달러라면, *A*와 *B* 사이의 거리는 0과 w 간의 거리는 단지 $21/10,000 = 0.21\%$에 불과할 것이다.

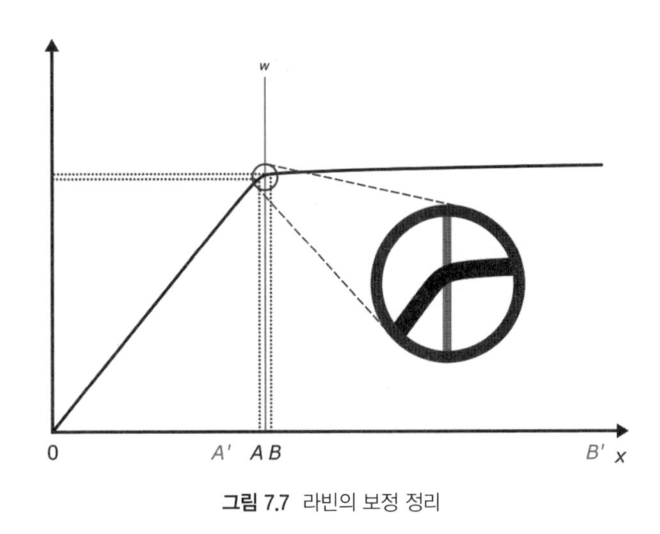

그림 7.7 라빈의 보정 정리

기대 효용 이론에서는 A와 B 사이의 좁은 범위에서 작은 판돈의 도박을 거절하기 위해 필요한 곡률의 효용함수를 가질 수 있다. 그러나 에이전트가 작은 판돈의 도박을 거부할 수 있을 만큼 충분히 위험 회피적이 되기 위해서는 곡선의 확대된 영역에서와 같이 이 좁은 범위에서 함수가 극도로 큰 곡률을 가져야 한다. A~B 범위 내의 극단적으로 큰 곡률은 A~B 범위 밖의 곡률에 영향을 미친다. A의 왼쪽은 곡선이 상대적으로 직선이어야 하고 가파르게 돼야 하며, B의 오른쪽은 곡선이 비교적 직선적이고 평평해야 한다. 이는 결국 큰 판돈의 도박(A부터 B까지의 범위를 벗어난 결과를 갖는 도박)에 대해 허용되는 위험 회피의 수준에 영향을 미친다. 이 큰 도박에 대한 동일한 에이전트의 태도를 생각해보자. 즉 50 대 50의 확률로 A'(A의 바로 왼쪽)와 B'(B의 오른쪽)를 얻을 도박을 고려하자. 곡선이 A의 왼쪽에서 상대적으로 가파르기 때문에 $u(A')$는 $u(A)$보다 상당히 낮지만, 곡선이 B의 오른쪽에서 상대적으로 평평하기 때문에 $u(B')$는 $u(B)$보다 약간 더 높을 뿐이다. A'나 B'의 당첨 확률이 50 대 50이면 현재의 $u(w)$보다 기대 효용이 더 낮을 수 있다.

연습 7.34 고액의 판돈이 걸려 있는 도박의 기댓값이 그림 7.7의 현재의 효용보다 낮다는 것을 그래프로 보여준다.

이 정리는 매우 일반적이다. 예를 들어 특정한 함수 형태를 가정하지 않는다.

보정 정리Calibration Theorem는 기술적 이론으로서 기대 효용 이론의 문제다. 많은 사람들

(아마도 대부분?)이 크고 작은 모든 판돈에 대해 적당한 수준의 위험 회피 성향을 보이는 것이 사실이기 때문이다. 주변에 물어본다면 많은 사람들이 작은 도박은 거절할 가능성이 높지만 큰 도박은 받아들일 가능성이 높으며, 이는 여러분이 아는 사람들이 모든 범위의 도박에 대해 적당히 위험 회피적일 수 있다는 것을 의미한다. 하지만 이 패턴은 이론과 모순된다. 따라서 사람들의 위험 태도는 단일 효용함수의 곡률로 일관되게 포착될 수 없다. 사람들의 실제 위험 태도를 설명하기 위해, 우리는 다른 원칙들을 발동할 필요가 있다. 예를 들어 손실 회피는 기댓값이 매우 큰 양임에도, 사람들이 어떤 종류의 손실이 관련된 소액의 도박을 거절하는 이유를 설명할 수 있다.

보정 정리는 규범적 이론으로서 기대 효용 이론에 관한 문제다. 그것은 작은 도박과 큰 판돈의 도박 모두에 대해 적당히 위험을 회피하는 것이 적어도 합리적으로 허용된다는 일반적인 (그리고 깊이 있는) 확신과 충돌하기 때문이다. 확신이 맞다면 이론이 규범적으로 받아들여질 수 없고, 이론이 받아들여질 수 있다면 그 확신은 부정확해야만 한다. 큰 판돈에 대해서 터무니없는 수준의 위험 회피는 피하면서 기대 효용 이론은 그대로 유지하려면 작은 판돈에 대해서는 실제적으로 위험 중립성을 지녀야 한다. 보정 정리는 그 자체로 기대 효용 이론을 규범 이론으로 부정하지 않는다는 것을 유념해야 한다. 하지만 최소한 작은 판돈에 대해서는 중립을 지켜야 한다는 점을 제시한다.

7.8 논의

7장에서는 사람들이 6장에 요약된 기대 효용 이론에서 암묵적인 표준을 위반하는 것으로 보이는 상황에 대해 논의했다. 문제는 사람들이 머릿속에서 어떤 수학적 효용함수를 최대화하지 못한다는 것이 아니다. 오히려 사람들의 관찰된 선택이 이론의 예측과 다르다는 것이 문제다. 비록 이러한 차이가 보편적이지는 않지만 실질적이고, 체계적이며, 예측 가능하고, 사람들의 의사결정에 실제적이고 때로는 불리한 영향을 미칠 수 있다. 행동경제학자들은 기대 효용 이론의 기술적 타당성을 약화시키기 위해 차이의 존재를 이용한다. 분명히 7장은 기대 효용 이론의 위반에 대한 완전한 목록을 제공하려는 취지는 아니다. 우리는 또한 모호한 확률의 존재에서와 같이 합리적인 행동 경로에 대한 사람들의 확고한 직관이 기대 효용 이론의 권장 사항과 다른 상황에 대해서도 논의했다. 이것은 합리성의 본질에 대해 깊은 문제를 제기한다.

게다가 우리는 사람들이 실제로 결정을 내리는 방식을 포착하기 위해 행동경제학자들이 개발한 더 많은 이론적 도구들을 탐구했다. 그중에서도 S자 값 함수와 확률가중함수를 포함한 전망이론의 다른 구성 요소들을 공부했다. 이것으로 전망 이론에 대한 검토를 마친다(256쪽의 텍스트 박스 참조). 이러한 도구는 단순히 다른 사람들의 평가를 설명하고 예측하는 것뿐만 아니라 이들의 평가에 영향을 주기 위해서도 사용될 수 있다. 특정 조건에서 개인의 위험 선호는 단순히 관련 옵션의 프레임을 변경함으로써 역전될 수 있는 것으로 보인다. 이것은 행동경제학자들에게 더 많은 수단을 제공하는데 치료사, 마케터, 공중보건 관계자 그리고 사람들의 행동에 영향을 미치기를 원하는 다른 사람들에게 분명히 중요하다. 하지만 다시 말하지만 도구에 대한 지식은 또한 다른 사람들이 그 도구를 사용하는 것을 예상하고 방지할 수 있게 해준다.

6.6절에서는 합리적인 것과 올바른 것의 구분 그리고 결과만을 검토하는 것으로 의사결정의 합리성을 판단할 수 없다는 점에 대해 논의했다. 사실 사람들이 종종 사람들의 의사결정의 합리성을 결과에 의해 판단한다는 것을 듣는 것은 놀라운 일이 아닐 것이다. 이것은 **결과 편향**outcome bias이라고 부르며 그 현상은 만연해 보인다. 스포츠 해설은 많은 예를 제공한다. 예를 들어 코치의 결정은 애초에 그들의 결정이 합리적이었는지 여부와 무관하게 의도된 결과를 얻었을 때 칭찬받는 경향이 있다. 결과 편향을 이해한 한 사람은 6세기 초 로마 철학자 보에티우스Boethius로, 그는 "세상은 그들의 공적에 따라 행동을 판단하는 것이 아니라, 그들의 우연한 결과에 따라 판단하며, 그들은 행복한 결과로 축복받은 것들만이 건전한 조언으로 수행됐다고 생각한다"라고 언급했다. 보에티우스는 판단에 대해 알고 있었다. 한때 강력한 공직자였던 그는 주술을 포함한 여러 혐의로 유죄 판결을 받은 후 사형수 감옥에서 이런 글을 썼다. 그는 그 직후 둔기로 맞아 죽었지만, 『철학의 위로The Consolations of Philosophy』라는 작품은 중세시대에 가장 널리 읽힌 교과서 중 하나가 됐다.

4부에서는 시간의 주제를 소개함으로 분석의 또 다른 층의 복잡도를 추가할 것이다.

추가 연습

연습 7.35 **저축 결정** 당신은 은행에 100만 달러를 가지고 있을 정도로 충분히 운이 좋다. 당신은 그것을 매트리스에 넣어 두는 것, 주식에 투자하는 것 그리고 채권에 투자하는 것, 이렇게 세 가지의 진지한 투자 옵션을 고려한다. 당신의 총 부의 효용함수는 $u(x) = \sqrt{x}$이다. 인플레이션은 없다.

(a) 매트리스(완전히 안전하다고 가정할 수 있는 곳)에 돈을 넣으면, 연말에 얼마나 많은 효용을 갖게 될까?

(b) 채권은 일반적으로 매우 신뢰할 수 있지만, 최근 들어 시장은 불안한 상태다. 당신은 4% 수익률을 얻을 확률이 90%라고 추정하지만 아무것도 얻지 못할 (0% 수익률의) 확률은 10%이다. 100만 달러를 채권에 투자할 때 기대 효용은 얼마인가?

(c) 주식은 최근 매우 변동이 심하다. 주식에 투자하면 21% 수익률을 얻을 확률이 40%, 아무것도 얻지 못할 (0% 수익률의) 확률이 40%, 10% 하락할 확률이 20%다. 100만 달러를 주식에 투자할 때의 기대 효용은 얼마인가?

(d) 당신이 기대 효용을 최대화하는 사람이라고 가정했을 때, 당신의 돈으로 무엇을 하는 것이 합리적인가?

(e) 당신이 기대 효용을 최대화하는 사람이 아니고, 엄청나게 손실을 회피하는 사람이라면 어떻게 하겠는가?

연습 7.36 **영(0)의 기댓값** 전망 이론은 사람들이 기댓값이 영(0)인 도박을 자주 거부한다는 결과와 일관성을 가진다. 10달러 당첨 확률과 10달러 손실 확률의 1/2인 도박 G에 당면해 있다고 가정하자. 전망 이론에 따르면, 당신은 도박과 현상 유지 중 어느 것을 선호할까? 가치함수는 이득의 경우 $v(x) = \sqrt{x/2}$이고 손실의 경우 $v(x) = -2\sqrt{|x|}$라고 가정한다.

연습 7.37 **라이프 코치** 라이프 코치Life Coach는 개인적이고 전문적인 삶의 도전에 대처하는 것을 돕는 일을 하는 사람들이다.

(a) 만약 독자 여러분이 너무 많은 돈을 쓴다면, 라이프 코치는 독자의 신용카드를 잘라내고 모든 것을 현금으로 지불하라고 제안할 것이다. 통합과 분리의 언어를 사용해 이것이 어떻게 지출을 억제하는 데 도움이 되는지 설명하라.

(b) 라이프 코치는 여러분이 돈을 더 현명하게 쓸 수 있도록 돕기 위해 때때로 "음식", "음료", "교통수단" 등으로 표시된 여러 봉투 사이에 돈을 배분할 것을 제안한다. 이런 행동을 전문적으로 무엇이라고 칭하는가?

(c) 봉투 기법이 실질적인 이점을 가질 수 있지만, 문제를 일으킬 수도 있다. 이 기법이 초래할 수 있는 부정적인 결과를 식별하라.

연습 7.38 모호성 회피, 취소, 확실성 효과, 역량 가설, 실버 라이닝 그리고 심리적 계좌 중 하나를 다음의 각 현상과 매치시켜라. 확신이 안 든다면 가장 적합한 것을 선택하라.

(a) 아브라함Abraham은 몇 년 동안 사귄 여자친구가 가장 친한 친구에게로 가자 심각한 우울증을 앓고 있다. 그의 심리치료사는 문이 닫힐 때마다 다른 문이 열린다고 말한다. 아브라함은 세상의 모든 잠재적인 여자친구들을 생각하고 마침내 조금씩 나아졌다.

(b) 베릿Berit은 외식비를 제한함으로써 돈을 아끼려고 노력하고 있다. 그녀는 식당에서 매주 100달러 이상을 소비해서는 안 된다고 스스로에게 말한다. 일요일 밤, 베릿은 그녀가 지난 한 주 동안 외식을 하는 데 60달러 이상을 쓰지 않았다는 것을 깨달았다. 그녀는 외출하고 싶지 않지만, 40달러짜리 식사를 할 기회를 놓쳐서는 안 된다고 스스로에게 말한다.

(c) 찰스Charles는 도박꾼이 아니어서 내기를 거의 받아들이지 않는다. 예외는 정치다. 그는 스스로를 진정한 정책광이라고 생각하며 지방 선거와 전국 선거 결과에 대해서는 내기를 기꺼이 받아들인다. 그의 친구들은 그가 여전히 내기에서 절반 이상 이기지 못한다는 것을 주목한다.

(d) 속담에 따르면 "네가 모르는 악마보다 네가 아는 악마가 낫다."

(e) 엘리사Ellisa는 의대에 가고 싶어 하지만 엄격한 교육 과정을 통과할 수 있을지 모른다는 생각을 견딜 수 없다. 대신 그녀는 잘 통과할 자신이 있는 덜 까다로운 물리치료 교육 과정에 등록하기로 결정한다.

문제 7.39 자신의 경험을 바탕으로 연습 7.38과 같은 이야기를 만들어 7장에서 읽은 다양한 아이디어를 설명하라.

더 읽을거리

전망 이론의 일부인 프레임 효과와 확률가중치는 Kahneman and Tversky(1979)에서 논의된다. 또한 대유행 문제의 근원인 Kahneman and Tversky(1981)를 참조한다(453쪽). 최초의 전망 이론 논문의 예는 Kahneman and Tversky(1979, 273쪽)에 그리고 Tversky and Kahneman(1986, S266~9쪽)의 확실성 효과의 두 가지 예에 나타난다. 사람들의 소득에 대한 인지를 조작하는 연구는 Haisley et al.(2008)이다. 번들과 심리적 계좌는 Thaler(1980, 1985)에서 탐구되고, Thaler and Johnson(1990)에서 쾌락적 편집이 탐구된다. 알레 문제는 Allais(1953)에 기인한다. 엘스버그 문제는 Ellsberg(1961)에 기인하고, 역량 가설은 Heath and Tversky(1991)에 기인한다. 도너는 Gardner(2012), Rumsfeld는 미 국방부US Department of Defense(2002)에서 인용됐다. 확률가중은 Kahneman and Tversky(1979)에 설명돼 있다. (283쪽의) 룰렛 예시는 Zeckhauser에 기인한다. 프리코노믹스는 Levitt and Dubner(2005)이다. 라빈의 보정 정리는 표 7.6가 각색된 Rabin and Thaler(2001)에서 논의된다. 결과 편향은 Baron and Hershey(1988)의 주제다. 〈철학의 위안〉으로부터의 대사는 Boethius(1999[c 524], 14쪽)에 나온다.

PART 4

시간 간 선택

08 효용 할인 모델

학습 목표

- 이자율의 작동 방식을 상기한다.
- 시간 간 선택의 효용 할인 모델의 모델을 이해한다.
- 시간 할인의 합리성에 대한 다양한 관점을 이해한다.

8.1 서론

지금까지 우리는 행동의 가능한 모든 결과가 순간적인 것처럼 의사결정 문제를 다뤘다. 즉, 우리는 모든 관련 결과가 다소 즉시 또는 적어도 한 번에 동시에 발생한다고 가정했다. 이것이 완벽하게 합리적인 가정인 경우가 있다. 일례로 당신이 룰렛을 한 번 하고 돈에 대한 선호를 갖는다면 무슨 일이 일어나든 어느 정도 동시에 일어날 것이다. 그러나 아주 흔히 시간이 하나의 중요한 용인이다. 새 태블릿 컴퓨터의 1년 보증 구입 여부(210쪽의 연습 6.19 참조)를 결정할 때 확실한 옵션(보증 투자)과 위험한 옵션(보증 포기) 중 하나를 선택해야 할 뿐만 아니라 현재 특정 손실(보증 비용을 지불해야 하므로)과 나중에 손실을 입을 가능성(앞으로 언젠가 고장 난 태블릿을 교체하기 위해 비용을 지불해야 할 가능성) 중 하나를 선택해야 한다. 대부분의 결정의 결과는 상이한 시점에 발생한다. 미루는 행동은 나중에 얻는 이익보다 즉각적인 이익을 선호하는 문제다. 다른 결정으로는 즉각적인 비용과 지연된 혜택이 있다. 저축 행동은 즉각적인 이익(새로운 비디오 게임 플랫폼)보다 이후의 이익

(편안한 은퇴)을 선호하는 문제다. 8장과 9장에서는 시간이 요인일 때 의사결정을 모델링하는 방법에 대해 설명한다.

8.2 이자율

이론을 시작하기 전에 이자에 대해 이야기해보자. 이 가운데 상당 부분은 익숙해야 하지만 이자에 대해 어떻게 생각하는지 아는 것은 매우 유용해서 리뷰를 할 만한다. 30쪽의 연습 1.3(c)와 같은 연구의 증거는 많은 사람들이 이자가 어떻게 작용하는지 제한적으로 이해하고 있다는 것을 나타낸다.

예 8.1 **이자** 연간 이자율 9%로 100달러를 1년 동안 빌린다고 가정하자. 그 기간이 끝나면, 당신은 대출자에게 얼마의 이자를 갚을 것인가?

정답은 100달러 * 0.09 = 9달러다.

좀 더 공식적으로 말하면, r은 이자율, P는 원금(즉, 빌린 금액)이고 I는 이자다. 그러면,

$$I = Pr \tag{8.1}$$

이 공식은 신용카드 제안을 평가하는 데 사용될 수 있다. 표 8.1은 신용 불량자에게 신용카드를 제공하는 웹사이트에서 따온 것이다. 이러한 정보를 바탕으로, 우리는 카드에 충전해 주어진 금액을 빌리는 데 드는 비용을 계산할 수 있다.

표 8.1 신용 불량 고객을 위한 신용카드 제공

신용카드 제안	APR(연 복리 이자율)	수수료
실버 액세스 비자카드	19.92%	48달러
파이낸스 골드 마스터 카드	13.75	250
컨티넨탈 플래티넘 마스터 카드	19.92	49
골드 이미지 비자카드	17.75	36
아처 골드 아메리칸 익스프레스	19.75	99
토탈 트리뷰트 아메리칸 익스프레스	18.25	150
스플렌디드 크레딧 유로카드	22.25	72

예 8.2 **신용 비용** 1년 동안 새 차에 1,000달러를 투자해야 한다고 가정해보자. 실버 액세스 비자카드로 청구할 경우, 이자와 연회비가 모두 청구되는 것을 고려하면 총 크레딧 비용은 얼마인가?

연 복리 이자율APR, Annual Percentage Rate (APR)$r = 19.92\% = 0.1992$라고 가정하면 $I = \text{Pr} = 1000$달러 $* \ 0.1992 = 199.20$달러를 계산할 수 있다. 연회비는 48달러다. 총 비용은 이자(I)와 연회비 199.20달러 + 48달러 = 247.20달러다.

원금의 비율로 표현하면, 이는 거의 25%이다. 그리고 다음 연습에서 분명히 알 수 있듯이 최악의 제안이 아니다.

연습 8.3 **신용 비용(계속)** 표 8.1의 다른 신용카드 중 하나를 사용해 1년 동안 1,000달러를 빌리려면 비용이 얼마나 드는가? 만약 당신이 100달러나 10,000달러가 필요하다면?

수수료와 APR은 변동적이다. 최근의 수치를 보지 않고서 신용카드에 대한 결정을 내리지 말라.

연말에 대출자는 원금을 돌려받기를 원할 것이다. 위의 사례 8.1에서, 대출자는 총 9달러의 이자뿐만 아니라 100달러의 원금을 예상할 것이다.

109달러, 즉 당신이 연말에 대출자에게 빚진 총액을 L이라 하자.

그러면,

$$L = P + I \tag{8.2}$$

(8.1)에서 (8.2)의 I를 대체하면 다음과 같은 결과를 얻을 수 있다.

$$L = P + I = P + (Pr) = P(1 + r) \tag{8.3}$$

R을 1 더하기 r로 정의하는 것이 편리할 때도 있다.

$$R = 1 + r \tag{8.4}$$

(8.3)과 (8.4)는 다음을 의미한다.

$$L = PR \tag{8.5}$$

예 8.1로 돌아가 이 공식을 사용해 부채 $L = 100$달러 $* (1 + 0.09) = 109$달러(예상대로)를 계산할 수 있다. 이 공식은 부채와 원금이 주어질 때, 이자율을 계산하는 데도 사용될 수 있다.

예 8.4 **암묵적 이자** 당신이 그들에게 1년 후에 115달러를 갚는 조건으로 누군가가 당신에게 105달러를 빌려주겠다고 제안한다고 가정하자. 이 제안에 포함된 이자율(r)은 얼마인가?

$P = 105$달러이고, $L = 115$달러이라는 것을 알고 있다. (8.5)는 $R = L/P = 115$달러/105달러 $= 1.095$임을 의미한다. (8.4)에 의해, $r = R - 1 = 1.095 - 1 = 0.095$다. 따라서 잠재적 대출자는 암묵적으로 당신에게 연 9.5%의 이자율로 대출을 제공하고 있다.

연습 8.5 **월급날 대출** 월급날 대부업체Payday Loan Establishment는 차입자의 다음 월급날에 상환할 단기 대출을 제공한다. 수수료는 변동하지만 2주 후에 480달러를 상환한다면, 그 대부 기관은 매달 15일에 400달러를 제안할 것이다. 2주 동안 이 제안에 암묵적인 이자율(r)은 얼마인가?

미국의 일부 주에서는 월급날 대부업체 수가 스타벅스와 맥도날드 지점을 합친 수를 초과하고 있다. 연습 8.5에 대한 답은 그 이유를 제시한다(연습 8.9 참조).

우리는 더 긴 기간에 대해서 이 분석을 확대할 수 있다. 대략 말하면 우리가 주목할 만한 두 종류의 시나리오가 있다. 첫 번째는 다음과 같다.

예 8.6 **단리 이자** 신용카드를 사용해 100달러를 빌리고 매달 신용카드 회사가 원금의 18%의 이자율을 부과한다고 가정해보자. 매달 이자만 내지만, 만기에 원금을 다 갚아야 한다. 즉 연말에 100달러 원금도 상환해야 한다. 1년 동안의 총 이자는 금액으로는 얼마이고, 원금의 비율로는 얼마인가?

매월 (8.1)에 의해 신용카드 회사에 $I = \mathrm{Pr} = 100$달러 $* 0.18 = 18$달러의 이자를 지불해야 한다. 당신은 이것을 12번 해야 하기 때문에, 총 이자는 18달러 $* 12 = 216$달러가 될 것이다. 100달러 원금의 비율로 환산하면 216달러/100달러 $= 2.16 = 216\%$다.

이것은 단리 이자의 경우이다. 18%에 12를 곱하면 같은 수치를 얻을 수 있다. 다음은 다른 종류의 경우다.

예 8.7 **복리 이자** 다시 한 번 신용카드를 사용해 100달러를 빌리고 월 이자율이 18%라고 상상해보라. 그러나 이전의 예와 달리 당신은 매달 이자를 지급하지 않는다. 대신 매달 원금에 이자가 가산된다. 1년 동안의 총 이자는 금액으로는 얼마이고, 원금의 비율로는 얼마인가?

첫 번째 월말에 (8.3)에 의해 $r = 0.18$이 주어지면 $L = P(1 + \mathrm{r}) =$ 100달러 * 1.18 = 118달러를 빚지게 된다. 두 번째 월말에 당신의 부채는 $L =$ 118달러 * 1.18 = 125.24달러가 될 것이다. $L =$ 100달러 * 1.18 * 1.18 = 100달러 * 1.17을 계산하면 동일한 답을 얻을 수 있다. 세 번째 달이 끝나면 당신의 부채는 $L =$ 100달러 * 1.18 * 1.18 * 1.18 = 100달러 * 1.183 ≈ 164.30달러이다. 12개월 말 현재 당신의 부채는 $L =$ 100달러 * 1.1812 ≈ 728.76달러다. 연말 부채에는 원금 100달러가 포함되므로 (8.2)에 의해, 이자 지급액은 $I = L - P \approx$ 728.76달러 − 100달러 = 628.76달러만 추가된다. 원금의 비율로 환산하면 628.76달러/100달러 = 6.2876 = 628.76%다.

예 8.7에 대한 답변은 복리 이자로 계산하므로 예 8.6에 대한 답변보다 훨씬 더 높다. 단리 이자의 경우와 달리 첫 번째 기간 동안 쌓인 이자가 원금에 가산돼 이전 기간 동안 쌓인 이자에 대한 이자를 지급하게 된다. 복리 이자의 경우 단리 이자의 경우처럼 첫 번째 기간에 누적된 이자에 기간 수를 간단히 곱할 수 없다는 점에 유의하라. 대신 복리 이자를 적용해 t기간 후의 부채는 다음과 같이 계산된다.

$$L = PR \tag{8.6}$$

이 공식은 200달러 * $(1 + 0.10)^2 =$ 242달러로 연습 1.3(c)에 대한 답을 제공한다.

알버트 아인슈타인은 때때로 복리가 우주에서 가장 강력한 힘 중 하나라고 말한 것으로 인용된다. 만약 그가 실제로 말했다면, 이것은 훌륭한 인용문이었을 것인데, 그가 말했다는 증거는 없다. 그렇더라도 돈을 저축하고 이자가 쌓이게 함으로써 자신에게 유리하게 작용할 수 있는 복리의 힘을 얻을 수 있다.

연습 8.8 **저축** 오늘 100달러를 저축 통장에 넣고 은행이 연 5%의 금리를 약속한다고 가정해보자.

(a) 1년 후 당신의 은행 부채는 어떻게 될 것인가?

(b) 10년 후에는?

(c) 50년 후에는?

마지막으로 월급날 대부업체로 돌아가겠다.

연습 8.9 **월급날 대출(계속)** 당신이 월급날 대부업체에서 61달러를 빌렸다고 상상해보자. 1주일 후, 원금과 10%의 이자를 돌려받기를 원한다. 하지만 당신은 돈을 받지 못한다. 그래서 대신 다른 업체에 가서 첫 번째 업체에 빌린 돈을 빌린다. 1년 동안 이런 식으로 한다. 금리는 한 업체에서 다른 업체로 간다고, 또는 한 주에서 다른 주로 시간이 지나더라도 바뀌지 않는다.

(a) 연말에 얼마의 빚을 지게 될 것인가?

(b) 연말에 갚아야 할 총 이자는 달러로 하면 얼마인가?

(c) 연말에 갚아야 할 이자 총액은 원금의 비율로 표시하면 얼마인가?

(d) 이것이 월급날 대출을 받는 지혜에 대해 무엇을 말해주는가?

월급날 대부업체는 일부 주 의회가 그들이 부과할 수 있는 이자율을 제한하면서 논란을 일으켰다. 이런 논란은 어제 오늘의 일이 아니다. 대부분의 기독교 전통에서는 대출에 이자를 부과하는 것, 즉 고리대금업을 하는 것은 자연에 반하는 범죄로 여겨졌다. 단테Dante의 『신곡Divina Commedia』에 따르면, 고리대금업자들은 지옥의 일곱 번째 원에서 신성 모독자와 소돔교도들과 함께 영원한 고통에 처하게 된다. 반면 월급날 대부업체는 (합리적이고 박식한) 사람들이 요구할 만한 서비스를 제공한다. 예를 들어 부모들은 크리스마스 선물을 위해 1월이 아닌 크리스마스에 기꺼이 프리미엄을 지불할 것이다.

이러한 연습이 보여주듯이 어느 쪽이든 금리에 대한 기본을 아는 것은 매우 유용할 수 있다. 이제 의사결정 이론을 돌아가서 살펴보자.

8.3 지수 할인

오늘 100달러와 내일 100달러 중 어느 것이 더 나은가? 오늘 1,000달러 또는 내년 1,000달러인가? 아마도 당신은 오늘 당신의 돈을 선호할 것이다. 예외 사항이 있으며 9장에서 이 가운데 일부를 논의하겠지만 일반적으로 사람들은 빨리 받는 돈을 나중에 받는 돈보다 선호한다. 그렇다고 내일 당신이 오늘보다 1달러를 덜 즐길 수 있다는 뜻은 아니다. 하지만 오늘의 관점에서 볼 때, 오늘의 1달러 효용은 내일의 1달러 효용보다 더 크다고 할 수 있다.

이렇게 느끼는 데는 여러 가지 이유가 있다. 일부 옵션은 제한된 기간 동안만 사용할 수 있으며 언제든지 돈을 절약하고 나중에 사용할 수 있다. 게다가 당신이 돈을 빨리 받을수록, 당신은 더 오래 저축할 수 있고, 더 많은 이자를 얻을 수 있다. 이유가 무엇이든 간에 미래에 일어나는 일들이 오늘 일어나는 일만큼 효용을 주지 못할 때 오늘의 관점에서 미래를 **할인**discount한다고 우리는 말한다. 일반적인 용어는 **시간 할인**time discounting이다. 당신이 미래를 할인하는 정도는 개인의 취향의 문제로 취급될 것이다. 우리는 그것을 **시간 선호**time preference라고 부를 것이다.

사람들이 나중보다는 빠르게 갖는 돈을 선호한다는 기본적인 생각을 담아낸 깔끔한 모델이 있는데, 바로 **지수 할인 모델**exponential discounting model이다. $u > 0$이 오늘 달러를 받는 것으로부터 파생되는 효용이라고 가정하자. 당신의 현재의 관점에서 볼 때, 우리가 확립한 대로 내일 1달러를 받는 효용은 u보다 작다. 우리는 지금 달러를 받는 효용에 약간의 비율을 곱해서 이것을 포착한다. 우리는 **할인계수**discount factor[1]라고 부르는 이 비율을 나타내기 위해 그리스 문자 델타(δ)를 사용할 것이다. 따라서 당신의 현재 관점에서 내일 1달러는 $\delta * u = \delta u$의 가치가 있다. 일반적으로 가정하는 바와 같이 $0 < \delta < 1$인 이상, 이것은 $\delta u < u$임을 의미한다. 따라서 예상대로 오늘 1달러를 내일 1달러보다 선호할 것이다. 오늘의 관점에서 보면 모레 1달러는 $\delta * \delta * u = \delta^2 u$의 가치가 있을 것이다. $\delta^2 u < \delta u$이므로 다시 한 번 예상대로 오늘 당신은 모레 1달러보다 내일 1달러를 더 선호한다.

일반적으로 효용의 전체 시퀀스, 즉 **효용 스트림**utility stream을 평가할 수 있기를 원한다. t가 시간을 나타낸다고 하자. $t = 0$을 사용해 오늘을 나타내고 $t = 1$을 사용해 내일을 나타내는 방식이다. u_t는 시간 t에 받는 효용을 나타내므로 u_0은 오늘 받는 효용을 나타내고

1 할인계수는 흔히 얘기하는 할인율과 역의 관계를 가지고 있다고 생각할 수 있다. – 옮긴이

u_1은 내일 받는 효용을 나타낸다. 우리는 시간 t부터 스트림 u의 효용을 나타내기 위해 $U^t(\mathbf{u})$라고 표기한다. 우리가 찾는 숫자는 전체 효용 스트림 $\mathbf{u} = \langle u_0, u_1, u_2, \ldots \rangle$의 효용 $U^0(\mathbf{u})$이다.

> **정의 8.10 델타함수** 델타함수delta function에 따르면 $t = 0$의 관점에서 효용 스트림 $\mathbf{u} = \langle u_0, u_1, u_2, \ldots \rangle$의 효용 $U^0(\mathbf{u})$는 다음과 같다.
>
> $$\begin{aligned} U^0(\mathbf{u}) &= u_0 + \delta u_1 + \delta^2 u_2 + \delta^3 u_3 + \ldots \\ &= u_0 + \sum_{i=1}^{\infty} \delta^i u_i \end{aligned}$$

따라서 지금 받을 효용에 다음 라운드에서 받을 효용에 δ을 곱한 것, 그다음 라운드에서 받을 효용에 δ^2을 곱한 것 등을 더함으로써 상이한 효용 스트림을 평가한다. 결과 모델을 델타 모델delta model이라고 한다.

효용 스트림은 표 8.2와 같이 표 형태로 나타낼 수 있다. 비어 있는 셀은 해당 시점에 받은 효용이 0임을 의미한다. 시점 0 또는 다른 시점의 관점에서 효용을 계산하려면 할인계수 δ만 알면 된다. 할인계수를 제공받는 즉시 정의 8.10을 사용해 어떤 옵션을 선택할지를 결정할 수 있다.

표 8.2 간단한 시간 할인 문제

	$t = 0$	$t = 1$	$t = 2$
a	1		
b		3	
c			4
d	1	3	4

예 8.11 **지수 할인** $\delta = 0.9$이고 각 효용 스트림이 $t = 0$에서 평가된다고 가정하자. 그렇다면 $U^0(\mathbf{a}) = u_0 = 1$, $U^0(\mathbf{b}) = \delta u_1 = 0.9 * 3 = 2.7$, $U^0(\mathbf{c}) = \delta^2 u_2 = 0.9^2 * 4 = 3.24$이고, $U^0(\mathbf{d}) = u_0 + \delta u_1 + \delta^2 u_2 = 1 + 2.7 + 3.24 = 6.94$다. 따라서 만약 네 가지 대안 중 하나를 선택한다면, **d**를 선택한다. **a**, **b**, **c** 중 하나를 선택한다면 **c**를 선택할 것이다.

연습 8.12 **지수 할인(계속)** 대신 $\delta = 0.1$이라고 가정하자.

(a) $t=0$의 관점에서 4개의 효용 스트림을 각각 계산하라.

(b) 4가지 중 하나를 선택할 수 있다면 무엇을 선택하시겠는가?

(c) 만약 당신이 **a**, **b**, **c** 중 하나를 선택해야 한다면?

이러한 계산에서 알 수 있듯이, 당신의 할인율은 당신의 선택에 극적인 영향을 미칠 수 있다. 할인계수가 높은 경우(즉, 1에 가까울 경우) 미래 기간에 발생하는 일이 매우 중요하다. 즉, 당신은 인내심을 보인다는 것이다. 당신은 당신의 미래를 크게 할인하지 않는다. 할인계수가 낮으면(즉, 0에 가까울 경우) 미래에 발생하는 일은 중요하지 않다. 즉, 당신은 인내하지 못한다는 것이다. 다시 말해 당신은 당신의 미래를 크게 할인한다. 이제 δ 값이 시간 선호를 어떻게 포착하는지 명확할 것이다.

연습 8.13 **개미와 베짱이** 우화에 따르면 베짱이는 개미가 음식을 모으는 동안 여름 내내 지저귀고 놀았다. 겨울이 왔을 때 개미는 충분한 먹이를 얻었지만 메뚜기는 배고픔으로 죽었다. 그들의 델타에 대해 당신은 무엇을 추측할 수 있는가?

경제학자들은 할인계수가 높는 행동을 설명하는 데 사용될 수 있다고 믿는다(그림 8.1). 할인계수가 낮으면 돈을 쓰고, 꾸물거리고, 마약을 하고, 안전하지 않은 성관계를 가질 가능성이 높다. 할인계수가 높으면 돈을 아끼고, 미래를 계획하며, 약물을 해서는 안 된다고 말하고, 보호대를 사용할 가능성이 높다. 이 일련의 생각이 적어도 잠재적으로 이 모든 행동을 합리적으로 만든다는 것을 주목하라. 미래를 충분히 할인하는 사람에게 크랙코카인 습관을 키우는 것은 불합리하지 않다. 사실 (2.8절에서 나왔던) 게리 베커Gary Becker는 무엇보다도 합리적 중독rational addiction 이론을 옹호하는 것으로 유명하다.

그림 8.1 시간 선호(코디 테일러 삽화)

연습 8.14 할인계수 다음 각각에 대해 개인의 δ가 높을 것(1에 가까울 것) 또는 낮을 것(0에 가까울 것)을 식별하라.

(a) 컨버터블을 구입하기 위해 신탁 자금을 급히 해지하는 사람

(b) MD/PhD 프로그램에 등록하는 사람

(c) 외출 전에 항상 자외선 차단제를 바르는 사람

(d) 암벽등반을 하기 위해 오전 수업을 빼먹는 사람

(e) 애기를 낳을 때 7대에 미치는 영향을 고려해야 하는 이로쿼이 아메리칸 원주민

연습 8.15 중립적 관망자 애덤 스미스의 도덕 감정 이론Theory of Moral Sentiments은 "중립적 관망자"와 우리의 실제 자아 사이의 차이를 크게 만들었다. 스미스는 "중립적 관망자는 우리의 존재하는 욕구의 권유를 느끼지 못한다"고 썼다. 중립적 관망자에게는 일주일 뒤, 혹은 1년 뒤 우리가 누려야 할 즐거움이 지금 이 순간을 누리는 것만큼 흥미롭다. 이와는 대조적으로, 우리의 실제 자아에 관해서 말하면, "우리가 10년 동안 누려야 할 즐거움은

오늘날 우리가 누리게 될 즐거움과 비교해볼 때, 우리에게 거의 흥미가 없다." 우리가 델타 관점에서 이 차이를 해석한다면, 다음의 델타에 대해 무엇을 얘기할 수 있는가? (a) 중립적 관망자 그리고 (b) 우리의 실제 자아?

할인은 그래프로 유용하게 표현될 수 있다. 우리는 x축에 시간을 두고 y축에 효용을 둔다. 시간 t의 높이 u의 막대는 시간 t에 당신이 그것을 얻었을 때 당신이 u 효용 가치의 보상을 나타낸다. 곡선은 t 이전의 시간적 관점에서 t에서 보상을 받는 것이 얼마나 당신에게 가치가 있는지를 나타낸다. 정의 8.10에서 알 수 있듯이, $t-1$에서는 δu이고, $t-2$에서는 $\delta^2 u$이다. 결과적으로 우리는 그림 8.2와 같은 그림을 얻게 된다. t에서 왼쪽으로 이동할수록 보상은 점점 더 멀어지고, 따라서 효용 측면에서 점점 더 가치가 떨어진다.

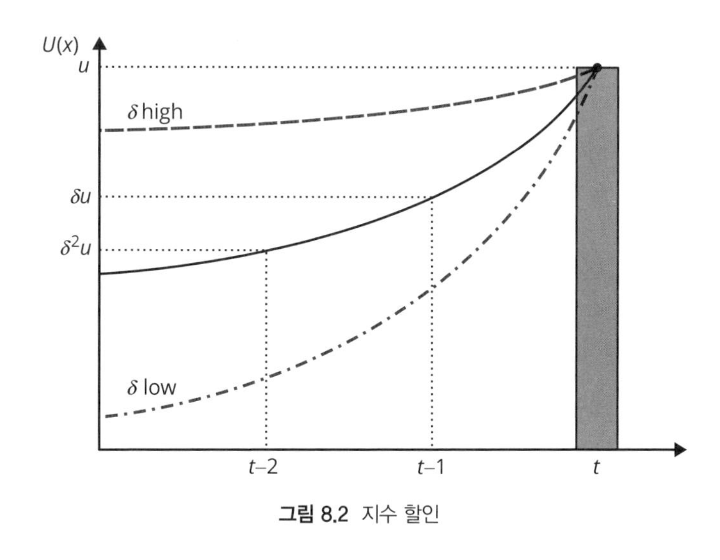

그림 8.2 지수 할인

예 8.16 무차별 시간 0에서 알렉산드라가 효용 스트림 **a**($t=0$에서 2 효용)와 **b**($t=1$에서 6 효용) 사이에 무차별하다고 가정하자. 그녀의 할인계수 요인 δ는 무엇인가?

알렉산드라가 시간 0에서 **a**와 **b** 사이에 무차별하다는 것을 고려하면, 우리는 $U^0(\mathbf{a})=U^0(\mathbf{b})$이며 이것이 $\delta=2/6=1/3$임을 의미하는 것을 안다.

실험 경제학자들이 실험실에서 시간 할인을 연구할 때, 그들은 이런 종류의 계산에 크게 의존한다. 실험 대상자가 즉각적인 보상과 지연된 보상 사이에 무차별해지자마자, 그 또는 그녀의 할인계수를 쉽게 추정할 수 있다.

연습 8.17 **한 번의 한 바늘 꿰매기** "처음 바늘을 잘못 꿰매면 나중에 아홉 바늘을 다시 꿰매야 한다(첫 단추를 잘 꿰야 한다)." 사람들은 나중에가 아니라 지금이라도 무언가를 하고 싶을 때 말한다. 하지만 모든 사람이 그런 걱정에 흔들리지는 않을 것이다. 0 시점에 한 번 꿰매는 것과 1 시점에 9번 꿰매는 것 중 하나를 선택할 수 있고, 한 번 꿰맬 때마다 −1의 효용을 갖는다고 가정하자. 지금 한 바늘 꿰매는 걸 더 좋아하려면 어떻게 해야 하는가?

무차별은 그래프로 표현될 수 있다. 예 8.16에서 옵션 **a**와 **b** 사이의 무차별은 그림이 그림 8.3과 같이 보인다는 것을 의미한다. **a**보다 **b**에 대한 강한 선호는 $\delta < 1/3$을 의미하고, **a**보다 **b**에 대한 강한 선호는 $\delta > 1/3$을 의미한다는 것을 쉽게 확인할 수 있다.

연습 8.18 그림 8.3을 사용해 다음 질문에 답하라.

(a) $\delta < 1/3$이면 곡선은 어떻게 보일까?

(b) $\delta > 1/3$이면 어떻게 보일까?

연습 8.19 이 연습은 표 8.2의 효용 스트림을 참조한다. 다음의 각 사람에 대해 δ를 계산하라.

(a) $t = 0$에서 아메드는 효용 스트림 **a**와 **b** 사이에 무차별하다.

(b) $t = 0$에서 벨라는 효용 스트림 **b**와 **c** 사이에 무차별하다.

(c) $t = 0$에서 캐시는 효용 스트림 **a**와 **c** 사이에 무차별하다.

(d) $t = 1$에서 다렌스는 효용 스트림 **b**와 **c** 사이에 무차별하다.

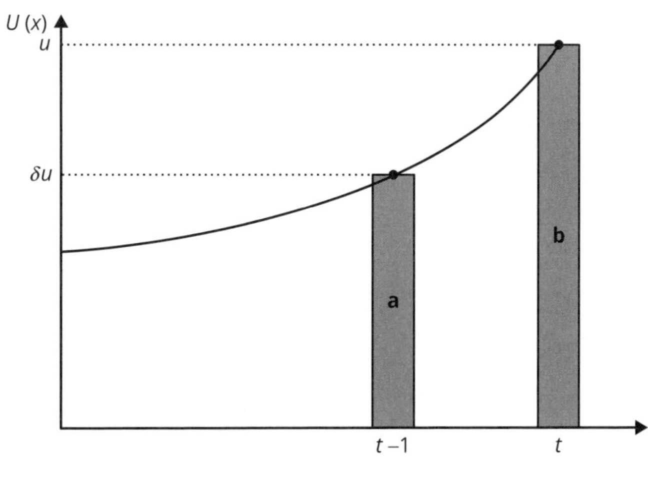

그림 8.3 무차별한 지수 할인

연습 8.20 표 8.3의 세 가지 의사결정 문제에 대해 시점 0에서 **a**와 **b** 사이에 무차별하다는 가정하에 δ를 계산하라.

표 8.3 시간 할인 문제

	$t=0$	$t=1$
a	3	4
b	5	1

(a)

	$t=0$	$t=1$	$t=2$
a		6	1
b		3	4

(b)

	$t=0$	$t=1$	$t=2$
a	1		1
b			5

(c)

연습 8.21 재무 어드바이저는 고객에게 올해 1 효용($t=0$), 내년 0 효용($t=1$) 및 그다음 해 1 효용($t=2$)의 효용 스트림을 생성하는 자산에 투자할 수 있는 가능성을 제공한다. 다음의 각 고객에 대해 δ를 결정하라.

(a) 고객 P는 내년 투자와 2의 효용 사이에 무차별하다.

(b) 고객 Q는 올해 투자와 1의 효용 사이에 무차별하다.

(c) 고객 R은 올해 투자와 1.25의 효용 사이에 무차별하다.

8장에서 지금까지 마주친 모든 의사결정 문제는 효용 행렬에 의해 정의됐다. 그러나 종종 관련 결과는 달러 금액, 구조된 생명 또는 그와 비슷한 것으로 주어진다. 그러나 적절한 효용함수가 주어진다면, 우리는 그러한 문제를 다루는 방법도 알고 있다.

예 8.22 표 8.4(a)의 달러 스트림 **a**와 **b** 사이에 무차별하다고 가정하자. 당신의 효용함수는 $u(x) = \sqrt{x}$이다. 당신의 δ는 얼마인가?

효용함수가 주어지면 표 8.4(a)는 표 8.4(b)와 같이 효용 행렬로 변환할 수 있다. 다음 방정식을 설정해 δ를 계산할 수 있다. $3 + \delta 2 = 1 + \delta 5$. 또는 다음같은 방정식을 간단히 설정할 수 있다. $\sqrt{9} + \delta\sqrt{4} = \sqrt{1} + \delta\sqrt{25}$. 어느 쪽이든 답은 $\delta = 2/3$이다.

연습 8.23 대신 효용함수가 $u(x) = x^2$라고 가정하자. 표 8.4(b)는 어떻게 되고, δ는 얼마일까?

표 8.4 시간 할인 문제(달러와 효용 단위)

	$t=0$	$t=1$
a	\$9	\$4
b	\$1	\$25

(a) 달러 단위

	$t=0$	$t=1$
a	3	2
b	1	5

(b) 효용 단위

할인율

때때로 할인은 할인계수 δ가 아닌 할인율Discount Rate r로 표현된다. 변환은 쉽다.

$$r = \frac{1-\delta}{\delta}$$

$\delta = 1$, $r = 0$일 때 그리고 δ가 0에 가까워질수록 r이 증가함을 확인할 수 있다. r을 알면 다음과 같이 δ를 계산할 수 있다.

$$\delta = \frac{1}{1+r}$$

이 책에서 나는 할인율보다 할인계수를 선호한다. 하지만 둘 다 무엇인지 아는 것은 유용하다.

8.4 합리적인 델타는 무엇인가?

앞서 소개한 내용에서 나는 일반적인 관행을 따르고 할인계수 δ(와 할인율 r)의 값을 단순한 선호로 취급했다. 이 접근법에서 어떤 사람의 할인계수는 당신이 라즈베리 아이스크림보다 블루베리 아이스크림을 더 좋아하거나 LSD보다 아이스크림을 더 좋아하는 것처럼 개인적인 문제다. 다시 말해 합리성을 위해서 특정 델타를 가질 필요는 없다. 앞서 살펴본 바와 같이 이 분석의 한 가지 의미는 과도한 약물 사용과 같은 파괴적인 행동이 합리성과 완벽하게 일치한다는 것이다. 즉, 당신의 할인계수가 매우 낮다면 즉각적인 만족을 목표로 하는 것이 이 분석에서 완벽하게 합리적이다. 합리성을 위해서는 하나의 할인계수를 일관되게 적용해야 한다. 지금 합리적으로 미래를 계획하고 나중에 충동적으로 행동할 수는 없다. 지금은 델타 수준이 높고 나중에는 델타 수준이 낮은 것처럼 행동하는 것은 합리적이 아니다. 일관성이 없는 마약 사용자는 정말로 비합리적인 경우다.

역사적으로 많은 사상가들은 동의는 하지 않았지만, 대신 논쟁을 한 것으로 시간 할인은 일부 지적 또는 도덕적 결핍에서 발생한다는 것이 있다. 흔히 복지 경제학의 아버지 피구A. C. Pigou는 "현재의 쾌락에 대한 이러한 선호는 단지 우리의 멀리 보는 능력에 결함이 있다는 것을 의미하며, 따라서 우리는 축소된 규모로 미래의 쾌락을 본다는 것을 의미한다"고 썼다. 26세의 나이로 요절하기 전까지 철학, 통계학, 경제학에 획기적인 기여를 한 박식가 프랭크 램지Frank P. Ramsey는 시간 할인을 "윤리적으로 변명이 불가능하고 단지 상상력의 약함에서 비롯되는 관행"이라고 불렀다. 어떤 사람들은 시간 할인을 현재의 당신이 미래의 당신에게 저지르는 범죄의 일종으로 묘사한다. 덧붙이기를 누가 현재의 당신에게 가장 중요한 사람인가를 생각하라. 만약 이 사상가들이 옳다면, 우리의 지적이고 도덕적인 결함을 고치면, 우리는 우리의 할인계수는 1이 될 것이고, 중립적 관망자로 행동하도록 할 것이다.

다른 사람들은 미래를 할인하는 것을 지지해왔다. 고대 시인 호라티우스Horatius와 영화 〈죽은 시인 사회〉의 배우 로빈 윌리엄스가 말한 "현재를 즐겨라Seize the day, Carpe Diem"은 우리가 현재를 살도록 격려했다. 세네카는 3.5절에서 야망 러닝머신에 대한 논의에서 다음과 같이 말했다.

> 미리 생각한 것을 자랑하는 사람들의 판단보다 더 경솔한 것이 있을까? 그들은 먼 미래를 염두에 두고 생각을 정리한다. 그러나 인생의 가장 큰 낭비는 미루는 것이다. 즉 그것은 오는 대로 매일을 빼앗아 가는 것이고, 그것은 현재를 빼앗아 가는 것이며, 미래의 무언가를 약속하는 것이다. 삶의 가장 큰 장애물은 기대인데, 이는 내일에 의존하고, 오늘을 낭비한다.

이 구절은 세네카가 인생은 충분히 길다고 주장하는 '삶의 짧음에 관한'이라는 제목의 논문에서 나타난다. 같은 정신으로 매 순간을 마지막 순간인 것처럼 살아야 한다는 조언을 사람들이 자발적으로 하는 것은 드문 일이 아니다. 지금은 고인이 된 스티브 잡스 애플 창업자는 "매일 아침 거울을 보며 '오늘이 내 인생의 마지막 날이라면 내가 지금 하려는 일을 하고 싶을까'라고 자문했다"고 말했다(이러한 인물들 중 일부는 불확실성에 대해 이야기했을지도 모른다. 미래는 시간이 지나면 제거되기도 하지만 아직 실현되지 않은 것이기 때문이다).

선구적인 행동경제학자 (그리고 1978년 노벨상 수상자) 허버트 사이먼Herbert Simon은 미래를 할인한다는 또 다른 주장을 내놓았다. 사이먼의 견해에 따르면 할인의 미덕은 우리가 먼 사건에 대해 숙고해야 하는 부담에서 벗어나게 해준다는 것이다. 우리가 미래를 할인할 때, 머나먼 사건은 현재의 결정에 중요하지 않게 되고 우리의 고려에서 안전하게 무시될 수 있다. 그리고 사이먼에 따르면, 이것은 우리의 인지 능력의 피할 수 없는 한계에 비춰 볼 때 좋은 것이라고 한다. 덧붙여 말하길 "만약 우리의 결정이 먼 결과와 가까운 결과에 동등하게 의존한다면 우리는 결코 행동하지 못하고 영원히 생각에 잠기게 될 것이다."

높은 할인계수가 장기적으로 사람에게 좋다는 몇 가지 실증적 증거가 있다. 2014년 책 『마시멜로 테스트Marshmallow Test』는 4살 정도의 아이들을 대상으로 수행된 일련의 연구를 검토하는데, 이 아이들은 지금의 마시멜로 한 개(또는 비슷한 간식)와 15분 정도 기다린다면 받는 두 개 중 하나를 선택할 수 있다. 시리즈의 첫 번째 실험이 1960년대에 수행됐기 때문에, 실험자들은 다양한 삶의 영역에 있는 원래 참가자들의 성과를 추적했다. 분명히 유치원에서 만족을 미룰 수 있었던 아이들은 청소년기에 더 나은 집중력, 지능, 자립심, 자신감을 보였고, 장기적인 목표를 더 잘 추구하고 달성할 수 있었고, 더 높은 교육적 성취를 누렸으며, 성인기에 더 낮은 신체 질량 지수를 가지고 있었다(복제 실험들은 이것이 더 작지만, 여전히 유의한 효과를 발견했다). 이 연구 결과는 델타가 높아야 한다는 주장으로 간주할 수 있다. 다시 말하면 현재 당신의 델타가 낮다면 시간 할인이나 그 밖의 다른 장기적인 부작용에 대해 신경 쓸 것 같지는 않다고 할 수 있다.

8.5 논의

8장에서는 단리와 복리 이자 문제와 함께 지수 할인 문제에 대해 알아봤다. 지수 할인 모델은 시간 일관성time consistency을 수반하는 유일한 할인 모델이라는 점에서 주목할 만한 특징이 있다. 일관성은 시간 간의 의사결정에서 중요한 주제이며 9.2절에서 다시 다룰 것이다. 지수 할인은 비교적 간단하지만 매우 강력한 모델을 제공한다. 이러한 이유로 비용-편익 분석을 포함한 다양한 분야에서 이연된 결과의 비용과 편익을 평가하는 것이 중요하고, 재무에서는 대안 투자의 현재 가치를 결정하는 것이 중요하다. 이 모델은 기술적이고 규범적인 관점 모두에서 직관적으로 매력적이고 논쟁의 여지가 없는 것처럼 보일 수 있지만, 결코 그렇지 않다.

8.4절에서 우리는 개인의 할인계수 델타가 일반적으로 단순한 선호로 취급된다는 것을 봤다. 즉, 미래에 대한 당신의 태도가 일관적인 한, 합리성은 어떤 델타와도 일치한다. 그러나 어떤 맥락에서는 우리는 그 문제를 회피할 사치를 누리지 못한다. 일례로 장기 투자의 비용과 편익을 계산할 때 어떤 델타가 단지 가정만 되면 되지만, 특정값이 크게 중요할 수 있다. (철도와 같은) 투자는 무한한 미래까지 확대되는 큰 초기 비용과 편익을 가지고 있다. 비용과 편익이 낮은 델타값으로 계산되면 비용이 지배하고 프로젝트가 진행되지 않으며, 높은 델타값으로 계산되면 편익이 지배해서 프로젝트가 진행된다. 그리고 할인계수값을 선택하는 분명하고 논란의 여지가 없는 방법은 없다. 아마도 기후 변화에 대한 논의에서 가장 두드러지게 이 주제가 나올 것이다. 기후 변화의 부정적 결과를 방지하거나 완화하기 위한 조치를 취하는 것이 단기적으로는 비용이 많이 들지만 장기적으로

는 (적어도 잠재적으로) 유익하다는 가정하에, 충분히 높은 δ의 비용 편익 분석은 조치를 취하는 것을 선호하지만 충분히 낮은 δ의 비용 편익 분석은 조치를 취하지 않는 것을 선호한다. 따라서 기후 변화의 영향을 방지하거나 완화하기 위한 조치를 취하는 것의 합리성은 δ의 값에 달려 있으며, 다시 말하지만 파라미터의 적절한 값에 대한 합의는 전혀 없다.

9장에서는 시간 할인의 지수적 모델이 사람들이 결정을 내리는 방식을 포착하는 정도와 그것이 규범적 표준으로 적합한지에 대해 논의한다.

추가 연습

연습 8.24 청소년 스포츠 2014년 인터뷰에서 농구 스타 코비 브라이언트Kobe Bryant는 젊은이들에게 스포츠를 재미있게 만드는 것의 중요성을 역설했다. 그는 "앞으로 30~40년 후 당뇨병에 걸릴 확률이 줄어들기 때문에 아이들에게 나가서 시합을 해야 한다고 말하는 것은 어렵다"고 말했다. 시간 할인의 언어로, 왜 젊은 사람들은 30~40년 후에 건강해질 것이라는 전망에 의해 동기부여가 되지 않는가?

연습 8.25 신용 점수 보스턴에 있는 연방 준비 은행의 두 경제학자에 의한 심리학 저널의 한 연구는 사람들의 할인계수 δ와 그들의 신용점수 사이의 연관성을 발견했다. 신용점수는 개인의 신용도를 나타내는 숫자로 점수가 높을수록 좋다. 할인 행위에 대한 이해도를 바탕으로 다음 질문에 답하라.

(a) 어떤 연관성이 있는가? 즉, 할인계수가 높은 사람들은 신용점수가 높은 경향이 있는가, 아니면 그 반대인가?

(b) 왜 그런지 설명하라.

연습 8.26 천국은 기다릴 수 있다 연구자들은 종교적 양육이 할인율을 형성하는 데 도움이 될 가능성을 탐구했다. 2013년의 한 연구는 다음과 같은 양식화된 사실로 시작한다. (1) 칼뱅주의는 즉각적인 소비를 억제하지만 장기적인 저축을 장려하는 반면, 가톨릭교는 두 가지 모두에 똑같이 눈살을 찌푸린다. (2) 칼뱅주의자들에게 단 하나의 죄악 행위라도 죄인은 구원에 운명지어지지 않았다는 것을 나타내는 반면, 죄-고백-속죄의 가톨릭 순환은 용서의 가능성을 강조한다. 저자들은 네덜란드 칼뱅파, 이탈리아 가톨릭, 양국의 무신론자의 할인율이 큰 차이를 보일 것으로 예측했고, 이 예측은 자료에서 지지를 얻었다. 연구원들이 무엇을 예측했을까?

연습 8.27 **사후세계** 일부 사람들은 잘못된 것이 바로잡히고 선한 행동이 보상되는 사후세계를 믿는다. 우리는 그러한 신자들이 그들의 행동에서 어떤 종류의 시간 선호를 드러내기를 기대해야 하는가?

연습 8.28 **시간 할인과 이자율** 당신이 돈을 써야 할지 저축해야 할지는 단지 당신의 시간 선호에 의해서만이 아니라, 당신의 돈을 저축 통장에 넣을 때 받을 수 있는 이자에 따라 달라진다. 당신이 지금 w달러를 쓰거나 내년까지 저축할 수 있다고 가정해보자. 당신이 저축하면 은행에서 이자율 i를 지급할 것이다.

(a) 효용함수가 $u(x) = x$라고 가정하자. 지금 쓰는 것과 저축하는 것 사이에 무차별하게 하기 위해 필요한 할인계수 δ는 무엇인가? 당신의 할인율은 얼마인가?(282쪽의 텍스트 박스 참조)

(b) 효용함수가 $u(x) = \sqrt{x}$라고 가정하자. 지금 쓰는 것과 저축하는 것 사이에 무차별하게 하기 위해 필요한 할인계수 δ는 무엇인가? 당신의 할인율은 얼마인가?

더 읽을거리

Mas-Colell et al.(1995, 20장)은 시간 간 효용에 대한 더욱 발전된 논의를 제공한다. 월급날 대출에 대한 논쟁은 「Wall Street Journal」(Anand, 2008)에서 다루고 있다. Smith(2002[1759], 221~2쪽)는 우리의 실제 모습을 중립적 관망자와 비교한다. Pigou(1952[1920], 25쪽)는 결함이 있는 망원 능력을 논하고, Ramsey(1928, 543쪽)는 상상력의 결핍을 논한다. Seneca(2007[c 49], 148쪽), Jobs(2005년)는 현재에 사는 것을 옹호하는 반면 Gilbert(2006, 13쪽)는 빈정댄다. Marshmallow Test는 Mischel(2014)이며, 복제 실험은 Watts et al.(2018)에 의한 것이다. Kobe Bryant는 Shelburne(2014)에서 인용됐다. 보스턴 연준의 연구는 Meier and Sprenger이다. 종교와 할인에 관한 논문은 Paglieri et al.(2013)이다.

09 시간 간 선택

학습 목표

- 효용 할인 모델을 위반하는 일반적인 행동 패턴을 식별할 수 있다.
- 시간 간 선택의 여러 행동 모델과 적용 시기를 파악한다.
- 시간 간 선택의 효용 할인 모델을 현실에 적용하되 합리성 모델로서의 한계도 이해한다.

9.1 서론

8장의 예에서 알 수 있듯이 지수 할인 모델은 다양한 행동 패턴을 수용하는 데 사용될 수 있다. 이러한 이유로 그리고 수학적으로 다루기 쉽기 때문에 모델은 다양한 분야에 크게 의존한다. 그러나 그것은 사람들이 하는 것 중 일부를 포착하는 데 실패한다. 9장에서는 표준 모델에 의해 쉽게 포착되지 않는 몇 가지 현상에 초점을 맞춘다. 하나는 사람들이 시간 일관성을 갖지 않는다는 것이다. 즉, 아침에 일어나 자신의 행동을 완전히 정리하기로 결심한 마약 중독자가 정오에 포기하고, 더 많은 마약을 복용한다는 것이다. 사람들은 때때로 시간 일관적이지 않으므로, 선택을 하지 않는 것을 선택한다. 즉, 의도적으로 스스로 행동을 취하지 않는 행동을 취한다. 또 다른 현상은 사람들이 효용 프로파일utility profile에 대한 선호를 가지고 있는 것 같다는 사실이다. 즉, 개별 효용뿐만 아니라 효용 스트림utility stream의 형태에도 관심을 갖는다는 것이다. 행동경제학자들이 어떻게 이런 현상을 포착해 나가는지도 연구할 예정이다. 시간 불일치는 매우 유연한 모델인 쌍곡선 할인 모델Hyperbolic Discounting Model을 통해 포착된다. 우리는 쌍곡선 할인 모델이 시간 불일치(즉 시간 불일관성)를 포착하는 데 유용하지만 프로파일에 대한 선호를 설명하는 데는 부적절하다는 것을 알게 될 것이다.

9.2 쌍곡선 할인

8장에서 살펴본 것처럼 지수 할인 모델은 중독의 형태를 포함한 많은 행동을 포착할 수 있다. 그러나 합리적인 중독자의 이미지는 많은 중독자들의 관찰된 행동과 자가 보고와 잘 맞지 않는다. 비트족 시인 윌리엄 S. 버로즈William S. Burroughs는 자서전 소설『정키Junky』의 프롤로그에서 이렇게 썼다.

> 자주 묻는 질문: 왜 남자는 마약 중독자가 되는가? 답은 그가 평소에는 중독자가 될 생각이 없다는 것이다. 어느 날 아침 일어나 마약 중독자가 되기로 결심하는 게 아니다… 어느 날 아침에 아프면서 일어나면, 중독이 돼 있는 것이다.

9장의 뒷부분에서는 지수 할인 모델로 설명하기 힘든 다른 행동에 대해 논의한다.

지수 할인은 에이전트의 행동이 시간 일관적이라는 것을 의미하며, 이는 단순히 시간이 흐른다는 이유만으로 두 옵션에 대한 선호도가 변경되지 않는다는 것을 의미한다. 만약 여러분이 시간 일관성이 있고 (오늘) A가 B보다 낫다고 느낀다면, 여러분은 어제 A와 B에 대해 같은 감정을 느꼈고, 내일 그들에 대해 같은 감정을 느낄 것이다.

지수적으로 미래를 할인하는 사람이라면 누구나 시간 일관적일 것이라는 것을 증명하기는 비교적 쉽다. 하지만 먼저 표기법을 검토할 필요가 있다. 우리는 $U^t(\mathbf{a})$가 일부 효용 스트림 **a**를 받는 시간 t의 관점에서 효용을 계속 나타낸다고 한다. u_t를 시간 t에서 받는 효용을 가리킨다고 한다. 그러면 $U^t(u_{t'})$는 t의 관점에서, 시간 t'에 $u_{t'}$를 수신하는 효용을 의미한다. 예를 들어 $u_{\text{내일}}$은 내일 아이스크림을 먹음으로써 받을 효용을 말한다면, 오늘의 관점에서 $u_{\text{내일}}$는 내일 아이스크림을 먹는 효용이다. 이 수치는 보통 높겠지만 $U_{\text{내일}}(u_{\text{내일}})$에 비하면 높지 않은데, 이는 내일 아이스크림을 먹을 때 받게 될 효용이다.

281쪽의 그림 8.3과 같이, 당신이 두 개의 보상 **a**와 **b**에 직면하고 있다고 가정하자. **a**는 t 시간에 u_t을 주고, **b**는 $t+1$ 시간에 u_{t+1}을 준다고 하자. 시간 t의 관점에서, 당신이 **b**보다 **a**를 강하게 선호한다고 상상해보자. 즉 $U^t(\mathbf{a}) > U^t(\mathbf{b})$이다. 만약 당신이 지수 할인자라면, $U^t(\mathbf{a}) > U^t(\mathbf{b})$는 $u_t > \delta u_{t+1}$를 의미한다. 이제 t 이전의 시간, $t-1$에 어떤 일이 일어나는지를 살펴보자. 당신은 **a**보다 **b**를 약하게 선호할 수 있을까? 만약 그렇다면 $U^{t-1}(\mathbf{b}) \geq U^{t-1}(\mathbf{a})$이고 따라서 $\delta^2 u_{t+1} \geq \delta u_t$이 된다. $\delta > 0$이기 때문에, 우리는 양변을 δ로 나눠서 $\delta u_{t+1} \geq u_t$을 얻을 수 있는데 앞의 가정과 모순이다. 따라서 $t-1$에서는 **b**보다 **a**를 강하게 선호해야 한다. $t-2$는 어떤가? 같은 결론이 같은 이유로 얻어진다. $t-3$과 그 이전도 마찬가지다.

간단히 말해서 미래를 지수적으로 할인할 경우 시간을 일관되게 유지해야 한다. 그래픽적으로, 이것은 여러분이 항상 **a**보다 **b**를 선호하거나(그림 9.1의 점선처럼), 또는 항상 **a**보다 **b**를 선호하거나(그림 9.1의 파선처럼), 또는 두 옵션 사이에 무차별하다는 것을 의미한다(281쪽의 그림 8.3 참조). 그 두 선은 결코 교차하지 않을 것이다. 단순히 시간이 흐른다는 이유만으로 **a**와 **b**에 대한 당신의 선호는 변하지 않을 것이다.

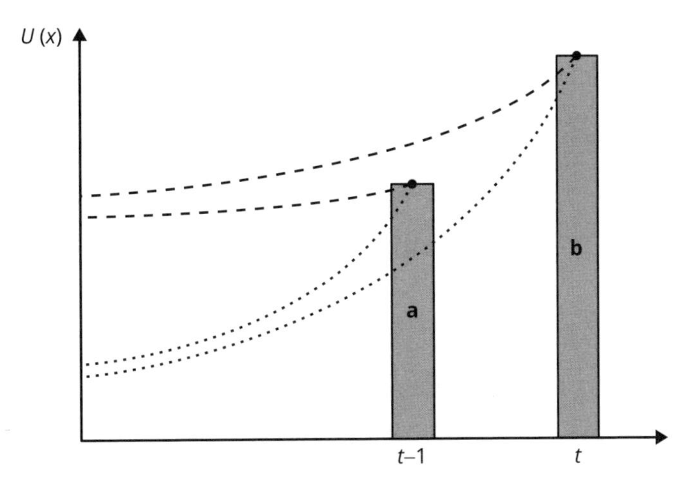

그림 9.1 시간 일관적 선호

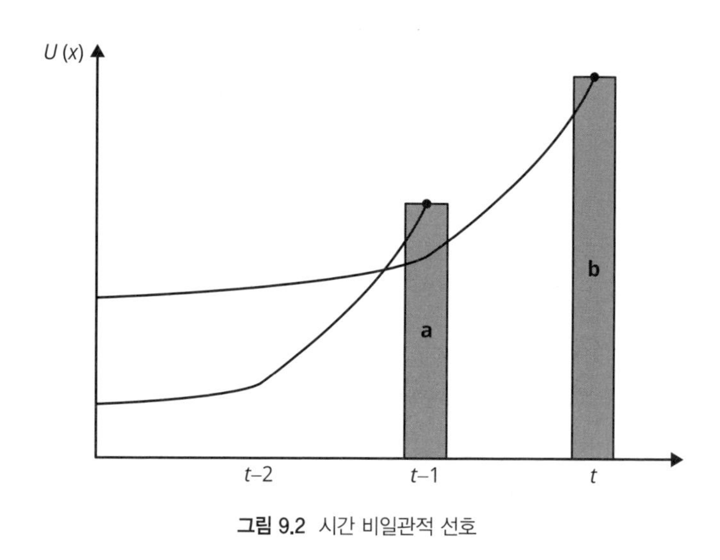

그림 9.2 시간 비일관적 선호

이 모델의 관점에서 나쁜 소식은 사람들이 놀랍게 규칙적으로 시간 일관성을 위반한다는 것이다. 아침에는 다시는 술을 만지지 않겠다고 맹세하지만 해피 아워가 찾아올 때쯤이면 흔쾌히 마티니를 하나 더 주문한다. 1월 1일, 파트너들에게 담배를 끊고 운동을 시작하겠다고 약속하지만 기회가 왔을 때 우리는 약속을 완전히 무시한다. 시간 비일관성은 모든 문학 작품 중에서 가장 두드러지게 게으른 사람인 일리아 일리치 오블로모프Ilya Ilyich Oblomov라는 인물에 잘 구현돼 있다. 다음은 그가 동명의 책의 첫 페이지에 어떻게 나타나는가를 표현한다.

> 그의 짙은 회색 눈에는 뚜렷한 생각이 없었고, 그의 다른 눈에는 완전한 집중력이 결여돼 있었다. 문득 어떤 생각이 새와 같이 자유롭게 그의 얼굴 위를 떠돌고, 그의 눈에서 잠시 펄럭이며, 반쯤 벌린 입술에 자리를 잡고, 순간적으로 그의 이마선에 도사리고 있을 것이다. 그러고 나서 그것은 사라지고, 그의 얼굴은 다시 한 번 그의 태도와 그의 잠옷의 주름까지 확대된 빛나는 무의미함으로 빛나곤 했다.

이게 익숙하지 않다면, 당신에게 좋은 것이다! 그렇지 않으면 당신은 아마도 시간의 비일관성이 흔하다는 것에 동의할 것이다. 그래프로 보면 우리는 그림 9.2에 따라 미래를 할인하는 것처럼 보인다. 즉, 시간 $t-1$(아마도 그 바로 직전)에 우리는 더 작고 더 즉각적인 보상을 원한다. 그 이전에서 더 크고 더 먼 보상을 원한다.

이러한 종류의 행동은 276쪽의 정의 8.10을 약간 변경함으로써 유용하게 모델링할 수 있다.

> **정의 9.1 베타-델타함수** 베타-델타함수Beta-Delta Function에 따라 $t = 0$의 관점에서 효용 스트림 $\mathbf{u} = \langle u_0, u_1, u_2, \ldots \rangle$의 효용 $U^0(\mathbf{u})$는 다음과 같다.
>
> $$\begin{aligned} U^0(\mathbf{u}) &= u_0 + \beta\delta u_1 + \beta\delta^2 u_2 + \beta\delta^3 u_3 + \ldots \\ &= u_0 + \sum_{i=1}^{\infty} \beta\delta^i u_i \end{aligned}$$

이 공식에 따라 행동하는 경우 지금 받을 효용, 다음 라운드에서 받을 효용을 $\beta\delta$배, 그 다음 라운드에서 받을 효용의 $\beta\delta^2$배 등해서 더함으로써 효용 스트림을 평가한다. 지수 할인 함수와 관련된 유일한 차이점은 u_0을 제외한 모든 효용에 추가로 β를 곱한다는 것이다. 이는 $0 < \beta \leq 1$과 같은 숫자로 가정된다. δ는 이후 보상을 위해 더 높은 거듭제곱(δ, δ^2, δ^3 등)으로 상승하지만 β는 그렇지 않다는 점에 유의한다. 이러한 형태의 할인은 준쌍곡선 할인Quasi-Hyperbolic Discounting이라고 부른다. 여기서 나는 그것을 쌍곡선 할인Hyperbolic Discounting이라고 느슨하게 언급한다. 그 결과 나온 모델은 베타-델타 모델Beta-Delta Model이라고 부른다.

파라미터 β의 도입은 흥미로운 차이를 만든다. $\beta = 1$일 때, 미래를 쌍곡선적으로 할인하는 에이전트는 미래를 지수적으로 할인하는 에이전트처럼 행동한다. $\beta = 1$이라면, 쌍곡선 할인자는 다음 식을 최대화한다.

$$U^0(\mathbf{u}) = u_0 + \beta\delta u_1 + \beta\delta^2 u_2 + \ldots = u_0 + \delta u_1 + \delta^2 u_2 + \ldots$$

이는 델타함수(정의 8.10)와 동일하다. 그러나 $\beta < 1$일 때는 상황이 다르다. 이 경우, 현재 시간 이후의 모든 결과는 그림 9.3과 같이 지수 할인보다 더 많이 할인된다. 이 수치를 279쪽의 그림 8.2와 비교하라. 쌍곡선 곡선은 t와 $t-1$ 사이에 비교적 가파르고 $t-1$ 이전에는 비교적 평평하다.

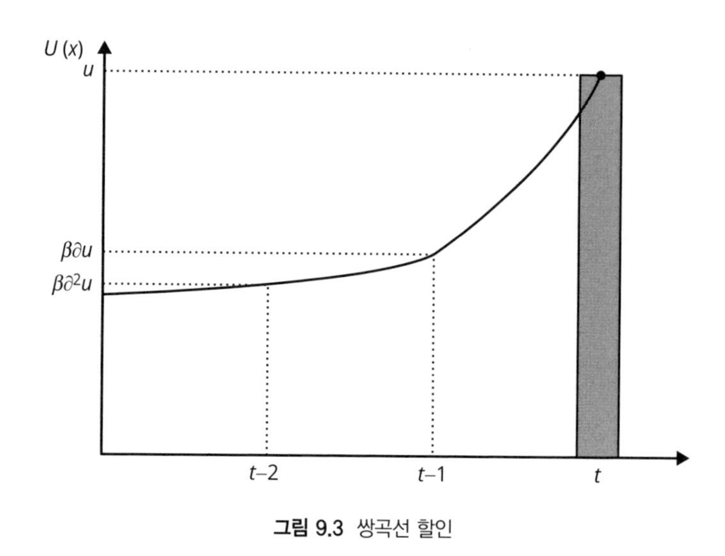

그림 9.3 쌍곡선 할인

연습 9.2 **베타-델타함수** $t=0$에서 1 효용, $t=1$에서 3 효용, $t=2$에서 9 효용의 효용 스트림이 있다고 가정하자. 다음의 각 파라미터 값에 대해 베타-델타함수를 적용해 스트림의 할인된 효용을 결정하라.

(a) $\beta=1/3$과 $\delta=1$

(b) $\beta=1$과 $\delta=2/3$

(c) $\beta=1/3$과 $\delta=2/3$

에이전트가 미래를 쌍곡선적으로 할인할 때 더 작은, 더 이른 보상과 더 큰, 더 늦은 보상 중 하나를 선택할 수 있다면, 그림은 그림 9.2처럼 보일 수 있다. 그 결과는 러시아인들이 소설에서 "오블로모프 병Oblomovitis"이라고 부르는 것이고, 때로는 실제 삶에서도 치명적인 질병이다. 쌍곡선 할인이 시간 비일관적인 행동을 초래할 수 있다는 사실은 대수적으로도 보여질 수 있다.

예 9.3 **오늘 다이어트할까 내일 다이어트할까** 당신은 현재 다이어트를 하고 있다. 하지만 어떤 토요일 파티에서 레드 벨벳 케이크 한 조각을 먹을지 결정해야 한다고 가정하자. 케이크를 먹으면 4의 효용이 생긴다. 하지만 토요일날 케이크를 먹으면 당신은 일요일에 몇 시간 동안 운동을 해야 할 것이고, 이는 당신에게 0의 효용성을 줄 것이다. 다른 선택은 케이크를 먹지 않는 것인데, 이는 1의 효용성을 줄 것이고, 일요일을 텔레비전 앞에서 쉬면서 보내게 돼 6의 효용을 얻을 것이다. 따라서 당신은 표 9.1에 묘사된 선택에 직면하게 된다. $\beta = 1/2$, $\delta = 2/3$로 미래를 할인한다. 질문은 다음과 같다.

(a) 금요일의 관점에서, 케이크를 먹는 것(c)과 먹지 않는 것(d)의 효용은 무엇인가? 당신은 어떤 것이 좋은가?

(b) 토요일의 관점에서 케이크를 먹는 것과 먹지 않는 것의 효용은 무엇인가? 당신은 어떤 것이 좋은가?

표 9.1 레드 벨벳 문제

	토요일	일요일
c	4	0
d	1	6

(c) 금요일의 관점에서 금요일은 $t=0$, 토요일은 $t=1$, 일요일은 $t=2$이다. 금요일 관점에서 케이크를 먹는 것은 효용 스트림 $\mathbf{c} = \langle 0, 4, 0 \rangle$과 관련이 있고 케이크를 먹지 않는 것은 효용 스트림 $\mathbf{d} = \langle 0, 1, 6 \rangle$와 관련이 있다. 결과적으로 금요일의 관점에서 케이크를 먹는 것의 효용은

$$U^0(\mathbf{c}) = 0 + 1/2 * 2/3 * 4 + 1/2 * (2/3)^2 * 0 = 4/3$$

이고, 한편, 금요일의 관점에서, 케이크를 먹지 않는 것의 효용은

$$U^0(\mathbf{d}) = 0 + 1/2 * 2/3 * 1 + 1/2 * (2/3)^2 * 6 = 5/3$$

이다.

그러므로 금요일의 관점에서, 당신은 케이크를 먹지 않고 다이어트를 고수하는 것을 선호할 것이다.

(d) 토요일의 관점에서 토요일은 $t=0$이고 일요일은 $t=1$이다. 토요일 관점에서 케이크를 먹는 것은 효용 스트림 $\mathbf{c} = \langle 4, 0 \rangle$과 관련이 있고 케이크를 먹지 않는 것은 효용 스트림 $\mathbf{d} = \langle 1, 6 \rangle$과 관련이 있다. 결과적으로 토요일의 관점에서 케이크를 먹는 것의 효용은,

$$U^0(\mathbf{c}) = 4 + 1/2 * 2/3 * 0 = 4$$

이고, 한편, 토요일의 관점에서 케이크를 건너뛰는 것의 효용성은

$$U^0(\mathbf{d}) = 1 + 1/2 * 2/3 * 6 = 3$$

이다.

그러므로 토요일의 관점에서, 당신은 케이크를 먹는 것을 선호할 것이다.

이 예는 시간 비일관성이 작동하는 것을 보여준다. 미리, 여러분은 다이어트를 고수하고 케이크를 먹는 것을 자제하기로 결심한다. 그럼에도 불구하고 기회가 왔을 때, 당신은 다이어트를 무시하고 케이크를 먹는 것을 선호한다. 이것은 당신이 **충동성**impulsivity을 보이고 있다는 것을 의미한다. 만약 충동성이 익숙하지 않다면, 당신은 인류의 작고 운이 좋은 부류에 속할 것이다. 위의 예에서 알 수 있듯이, 여러분은 충동적이면서 동시에 참을성이 없을 수 있다. 다음 연습에서는 둘 사이의 상호 작용을 설명한다.

연습 9.4 **충동성과 조급증** 여러분에게 옵션 **a**(목요일 8 효용)와 **b**(금요일 12 효용) 중 하나를 선택하도록 제안된다고 가정해보자.

(a) $\beta = 1$, $\delta = 5/6$이라고 가정한다. 목요일의 관점에서 당신은 어떤 것을 선택하겠는가? 수요일의 관점에서 당신은 어떤 것을 선택하겠는가?

(b) $\beta = 1$, $\delta = 1/6$이라고 가정한다. 목요일의 관점에서 당신은 어떤 것을 선택하겠는가? 수요일의 관점에서 당신은 어떤 것을 선택하겠는가?

(c) $\beta = 1/2$, $\delta = 1$. 목요일의 관점에서 당신은 어떤 것을 선택하겠는가? 수요일의 관점에서 당신은 어떤 것을 선택하겠는가?

(d) $\beta = 1/2$, $\delta = 2/3$이라고 가정한다.목요일의 관점에서 당신은 어떤 것을 선택하겠는가? 수요일의 관점에서 당신은 어떤 것을 선택하겠는가?

쌍곡선 할인은 사람들이 미래의 행복보다 현재를 더 강조할 뿐만 아니라 현재와 미래의 균형을 어떻게 맞출지에 대한 생각을 바꾼다는 점을 설명할 수 있다. 그러므로 사람들이 다이어트를 하고, 담배를 끊고, 숙제를 하고, 마약을 끊으려 하지만 완전히 실패한다는 사실을 설명할 수 있다. 여기 또 다른 예가 있다.

연습 9.5 **암 검진** 대부분의 대장암은 용종에서 발생한다. 용종 조기 검진은 암과 대장암이 되기 전 조기에 발견할 수 있기 때문에 일정 연령 이상 환자에게 대장 내시경 검사를 받을 것을 권하는 의사가 많다. 안타깝게도 대장 내시경 검사는 당황스럽고 고통스럽다. 일반적인 사람은 어릴 때 나이가 들면 대장 내시경 검사를 받기로 결심하지만 시술이 다가올수록 생각이 바뀐다. 두 환자, 아벨리타Abelita와 베니Benny 중 (a) 시간 1에 대장 내시경 검사를 받고(효용 = 0), 시간 2에 건강한 것(효용 = 18)과 (b) 시간 1에 대장 내시경 검사를 피하고(효용 = 6), 시간 2에 건강하지 않은 것(효용 = 0) 중 하나를 선택할 수 있다고 가정하자.

아벨리타는 미래를 지수적으로 할인한다. 그녀의 $\delta = 2/3$이다.

(a) At $t = 0$: 그녀의 **a**의 효용은 얼마인가? 그녀의 **b**의 효용은 얼마인가?

(b) At $t = 1$: 그녀의 **a**의 효용은 얼마인가? 그녀의 **b**의 효용은 얼마인가?

베니는 미래를 쌍곡선적으로 할인한다. 그의 $\beta = 1/6$이고 $\delta = 1$이다.

(c) At $t = 0$: 그의 **a**의 효용은 얼마인가? 그의 **b**의 효용은 얼마인가?

(d) At $t = 1$: 그의 **a**의 효용은 얼마인가? 그의 **b**의 효용은 얼마인가?

(e) 누가 일반적인 환자와 더 비슷하게 행동하는가?

(f) 누가 결국 건강 문제로 끝날 가능성이 더 높은가?

베타-델타함수는 당신이 다른 길로 갈 수 있도록 해준다. 이 함수는 개인의 선호를 알 때, 베타 또는 델타를 계산할 수 있다. 다음의 연습을 고려해보자.

연습 9.6 즉, 베타-델타함수에 따라 미래를 쌍곡선적으로 할인하고 목요일의 관점에서 옵션 **a**(목요일 1 효용)와 **b**(금요일 3 효용) 사이에 무차별하다고 가정하자.

(a) $\beta = 1/2$이면, δ는 얼마인가?

(b) $\delta = 4/9$일 때, β는 얼마인가?

연습 9.7 미래를 쌍곡선적으로 할인한다고 가정하자. β와 δ 모두 0보다 크지만 1보다 작다고 가정한다. $t = 0$에서 세 가지 옵션 중 하나를 선택할 수 있다. **a**($t = 0$에서 1 효용), **b**($t = 1$에서 2 효용) 및 **c**($t = 2$에서 3 효용). 당신은 $t = 0$에서 **a**와 **b** 사이, **b**와 **c** 사이에 무차별하다.

(a) β와 δ를 계산하라.

(b) 추가로 $t=0$에서 **c**와 **d** 사이에 무차별하다고 가정하자($t=3$에서 x 효용). x는 얼마인가?

연습 9.8 미래를 쌍곡선적으로 할인한다고 가정하자. β와 δ 모두 0보다 크지만 1보다 작다고 가정한다. $t=0$에서 세 가지 옵션 중 하나를 선택할 수 있다. **a**($t=0$에서 2 효용), **b**($t=1$에서 5 효용) 및 **c**($t=2$에서 10 효용). 당신은 $t=0$에서 **a**와 **b** 사이, **b**와 **c** 사이에 무차별하다. β와 δ를 계산하라.

연습 9.9 윅스티드의 담요 신학자이자 경제학자인 필립 윅스티드Philip Wicksteed는 다음과 같은 관찰을 한다. "심지어 침대에서 일어나지 않아도 우리는 남은 밤 동안 편안한 수면을 취할 수 있는 담요나 양탄자에 도달할 수 있는 데도 우리는 밤새 깬 상태로 (다음날 아침까지 깬 상태로) 의식적으로 추위에 시달리며 누워 있다." 냉동 침대에 머무르는 것이 윅스티드에게 지금($t=0$) 1 효용, 한밤중에 ($t=1$) 1 효용 및 이른 아침에 ($t=2$) 1 효용을 얻게 된다. 만약 이불에 손을 뻗으면 지금 0 효용을 겪지만, 한밤중과 새벽에 5 효용을 누리게 된다. 인내심이 강한 남자 윅스티드는 델타 1을 가지고 있었을지도 모른다. 그가 담요에 손을 뻗지 않는 것을 감안하면 그의 베타는 얼마일까?

다음 단계로 넘어가기 전에 한 가지만 고려하자. 미루는 행동이 전부 나쁜 것만은 아니다. 철학자 존 페리John Perry가 지적했듯이, 미루는 사람들은 일을 미루지만 한가한 것은 아니다. 문제는 그들이 완료해야 할 중요한 일 대신에 식물에 물을 주고 연필을 깎는 것과 같은 약간 더 유용한 일에 초점을 맞춘다는 것이다. 그가 말하는 페리의 "발견"은 할 일 목록에 있는 일들을 적절하게 구성함으로써 당신은 이러한 경향을 잘 작동하게 할 수 있다는 것이다. 과제 X를 완성하는 핵심은 항상 목록의 맨 위에 더 중요한 또 하나의 Y를 두는 것이다. 그러고 나서 여러분은 Y를 하는 것을 피하기 위한 수단으로 X를 사용할 수 있다 – 그렇게 함으로써 미루는 동안에도 많은 것을 할 수 있다. 사람들은 종종 일을 적게 맡으면 더 많은 일을 할 수 있고 마감 일을 덜 놓칠 수 있다고 생각하지만 페리의 분석에 따르면, 이것은 상황을 정확히 거꾸로 한다. 중요한 일을 제대로 하기 위해서는 더 많은 중요한 일을 맡아야 한다. 구조적인 지연Structural Proscrastination을 발견한 공로로 페리는

2011년 이그 노벨 문학상[1]을 수상했다.

다음 두 절에는 쌍곡선 할인에 관한 더 많은 연습이 포함돼 있다.

9.3 비선택의 선택

인간 행동의 또 다른 특징은 우리가 때때로 선택을 하지 않기로 선택한다는 것이다. 즉, 우리가 행동을 취하지 않도록 행동을 취한다는 것이다. 호머가 언급했듯이, 율리시스Ulysses는 어리석은 짓을 하지 않고 감미롭지만 유혹적인 사이렌의 노래를 들을 수 있도록 그의 배의 돛대에 스스로 묶인 것으로 유명하다(그림 9.4를 보라). 우리들은 작은 포장으로 된 간식, 비싼 자판기에서 나오는 청량 음료, 소량의 맥주를 사기 위해 기꺼이 프리미엄을 지불한다. 비록 우리가 대량으로 구매함으로써 돈을 절약할 수 있다는 것을 알지만, 그렇게 하는 것은 과다한 탐닉을 초래해 우리를 과식하게 만들고, 술에 취하게 하고, 경제적으로 더 나은 것이 없게 할 것을 두려워한다. 미루기procrastination와 사전 확약precommitment에 관한 잘 알려진 연구에서, 행정 교육 학생들은 세 개의 필수 논문을 위한 마감일을 스스로 정할 수 있었다. 학기 초에 거의 3/4인 73%가 마감 기한을 지키지 않으면 성적이 낮아질 것을 알고 있음에도 불구하고, 수업 마지막 주 이전의 마감 기한을 정했다. 분명히 학생들은 마감 기한과 외적인 벌칙 없이는 일을 끝내지 못할까봐 두려워서 기꺼이 위험을 감수했다.

1 Ig Nobel Prize는 노벨상을 패러디해 만들어진 상이다. 보통은 실제 논문으로 발표된 과학적인 업적 가운데 재밌거나 엉뚱한 점이 있는 것에 상을 준다. – 옮긴이

그림 9.4 율리시스와 사이렌. 튀니지 더가의 모자이크에서(데니스 자비스의 사진. 허가받고 사용)

이런 종류의 행동은 이론적으로 혼란스럽다. 지수 할인의 관점에서 선택하지 않는 것을 선택하는 것은 합리적이지 않다. 이 모델에 따르면 당신이 지금 탐닉하고 싶지 않다면, 당신도 나중에 탐닉하고 싶지 않을 것이다. 그러나 그러한 행동은 쌍곡선 할인 모델에 의해서도 명백히 나타나지 않는다. 만약 당신이 미래를 쌍곡선적으로 할인한다면, 당신은 어쨌든 과탐닉하지 않을 계획을 세울 것이나, 미래에 도달하면 어쨌든 과탐닉할 것이다. 따라서 지금까지 살펴본 모델 중 어느 것도 위와 같은 일반적인 행동을 포착하는 데 적합하지 않다.

행동경제학자들은 단순한 쌍곡선 할인자와 정교한 쌍곡선 할인자를 구별함으로써 이 문제에 접근한다. 사람들이 시간 일관적이지 않을 때 – 즉, 그들은 미리 y보다 x를 선호하지만 시간이 지나면 y가 x보다 더 좋다는 것을 의미한다 – 그들은 자기 통제 문제self-control problem를 가지고 있다고 말한다. 단순한 시간 비일관적인 개인들, 또는 줄여서 나이프naif들은 그들의 자기 통제 문제를 알지 못한다. 나이프는 미래의 선호가 현재 선호와 동일할 것이라는 부정확한 가정에 기초해 선택을 한다. 정교한 시간 비일관적인 개인, 또는 간단히 말해서 정교한 사람들은 자기 통제 문제를 알고 있다. 정교한 사람들은 미래의 행동에 대한 정확한 예측에 기초해 선택을 한다. 한 예가 도움이 될 수 있다.

지금은 10월이고 당신은 다가오는 휴가철을 위해 선물을 위해 저축하고 싶어 한다. 여러분은 10월과 11월에 저축하면 12월에 사랑하는 사람들을 위해 정말 멋진 선물을 줄 수 있다는 것을 알고 있다. 저축하고 다시 저축하는 것은 즐거운 일이 아니지만, 친구와 가족이 선물을 열어 당신을 다시 사랑할 때 효용 스트림 3–3–27은 좋은 분위기로 끝난다. 10월에 저축하고, 11월에 돈을 쓰고, 12월에 괜찮은 선물을 받는 3–9–15의 효용 스트림을 받을 수도 있다. 단지 지출하고 또 지출하면, 당연히 효용 스트림은 6–6–9가 된다. 표 9.2(a)를 참조하되, 마지막 줄은 무시하라.

표 9.2 적립 지출 수익 행렬

	10월	11월	12월
저축-저축	3	3	27
저축-지출	3	9	15
지출-지출	6	6	9
적립 지출	2	3	27

(a) 10월

	11월	12월
저축	3	27
지출	9	15

(b) 11월

먼저 $\delta = 1$인 지수 할인자라고 가정하자. 10월에 Save-Save를 선택할 수 있다.

$$U^{10월}(저축\text{-}저축) = 3 + 3 + 27 = 33$$

$$U^{10월}(저축\text{-}지출) = 3 + 9 + 15 = 27$$

$$U^{10월}(지출\text{-}지출) = 6 + 6 + 9 = 21$$

이제 당신이 $\delta = 1$, $\beta = 1/3$인 쌍곡선 할인자일 가능성을 고려해보자. 그렇다면 역시 Save-Save를 선택할 수도 있다.

$$U^{10월}(저축\text{-}저축) = 3 + 1/3(3 + 27) = 13$$

$$U^{10월}(저축\text{-}지출) = 3 + 1/3(9 + 15) = 11$$

$$U^{10월}(지출\text{-}지출) = 6 + 1/3(6 + 9) = 11$$

지금까지는 좋다. 문제는 10월에 저축한 후 11월에 돈을 쓰고 싶은 유혹이 생길 수 있다는 것이다. 11월에도 저축을 계속할 수 있으며 예상되는 3–27 효용 스트림을 즐길 수 있다. 아니면 돈을 쓸 수 있으며 이 경우 9–15를 얻을 것이다. 11월에 사용 가능한 옵션은

표 9.2(b)를 참조하라. 물론 지수 할인자는 시간 일관적이므로, 물론 계속 저축할 것이다.

$$U^{11월}(저축) = 3 + 27 = 30$$

$$U^{11월}(지출) = 9 + 15 = 24$$

그러나 쌍곡선 할인자는 다음을 사용한다.

$$U^{11월}(저축) = 3 + 1/3 * 27 = 12$$

$$U^{11월}(지출) = 9 + 1/3 * 15 = 14$$

즉, 11월이 되면 쌍곡선 할인자가 10월에 도표화된 저축-저축 경로에 머무를 리는 없다. 세련되지 않거나 단순한 쌍곡선 할인자는 그의 미래 행동을 예측할 수 없다. 따라서 그는 10월에 마차에 올라타 저축-저축을 선택하지만 11월에 마차에서 떨어져 돈을 펑펑 쓸 것이다. 정교한 쌍곡선 할인자는 그녀의 행동을 예측할 수 있고 10월에 저축-저축이 일어나지 않을 것이라는 것을 안다. 메뉴에서 저축-저축을 없앴으니, 나머지 두 옵션 사이에 무차별하기 때문에, 정교한 사람은 지출-지출을 선택할 것이다.

이것은 쌍곡선 할인자뿐만 아니라 비싼 물건을 공급하는 사람들에게도 나쁜 소식이다. 만약 고객들이 비싼 물건을 살 돈을 모을 수 없다면, 아무도 그것을 팔 수 없을 것이다. 따라서 백화점과 다른 판매자들은 **적립식 구매**^layaway^ 플랜을 제공할 모든 인센티브를 가지고 있는데, 상점들은 10월에 적은 관리비만 납부하면 11월에 고객들이 저축한 돈을 그대로 유지해 그때 소비하는 것을 불가능하게 만들 것이다. 백화점이 적립식 구매 플랜을 제공한다고 해서 10월에 이용할 수 있는 다른 옵션이 없어지는 것은 아니다. 적립식 구매 플랜은 표 9.2(a)의 마지막 줄로 표시된 2−3−27 효용 스트림을 가진 옵션을 추가하는 것일 뿐이다.

$U^{10월}$(적립식 구매) = 2 + 3 + 27 = 32이고 이는 저축-저축보다 낮으므로 지수 할인자는 적립식 구매를 선택하지 않는다. 쌍곡선 할인자의 경우, 할인된 효용은 $U^{10월}$(적립식 구매) = 2 + 1/3(3 + 27) = 12가 될 것이다. 11월에 계획을 고수할 수 있는지에 대한 고려 없이 10월에 이용 가능한 옵션을 평가하는 이 단순한 쌍곡선 할인자는 10월에 저축-저축이 더 좋아 보인다는 것을 주목하고 10월에 저축-저축을 선택하고 11월에 저축을 중단해 결국 저축-지출로 끝난다. 그녀가 그것을 고수할 수 없을 것이라는 것을 알고 메뉴에서 저축-저축을 제거하는 정교한 쌍곡선 할인자는 적립식 구매 방식이 저축-지출

과 지출-지출 모두보다 낫다는 것을 알게 된다. 그녀는 적립식 구매에 가입하고, 11월에 돈을 쓰는 것을 방지하며, 12월에 좋은 선물을 받는다. 적립식 구매[layaway]의 도입은 비록 효용 측면에서 저축–저축에는 미치지 못하지만 실제로 정교한 쌍곡선 할인자가 그외의 다른 경우보다 더 잘할 수 있도록 도와준다.

여기 지수 할인자, 단순한 쌍곡선 할인자 그리고 정교한 쌍곡선 할인자의 행동에 대한 또 다른 예가 있다.

예 9.10 **조니 뎁 1** 당신의 지역 영화관은 이번 주에 평범한 영화($u_0 = 3$)를, 다음 주에 좋은 영화($u_1 = 5$), 2주 후에 훌륭한 영화($u_2 = 8$) 그리고 3주 후에 환상적인 조니 뎁[Johnny Depp] 출연 영화($u_3 = 13$)를 제공한다. 안타깝지만 당신은 네 가지 중 하나를 건너뛰어야 한다. 다음의 모든 질문에 대해 $\delta = 1$과 $\beta = 1/2$라고 가정하자. 당신은 **a**(평범한 영화), **b**(좋은 영화), **c**(훌륭한 영화), 또는 **d**(환상적인 영화) 중 어느 것을 건너뛸 것인가?

지수 할인자라면 최악의 영화를 건너뛰게 된다. $t = 0$에서 $U^0(\mathbf{a}) = 5 + 8 + 13 = 26$이 $U^0(\mathbf{b}) = 3 + 8 + 13 = 24$보다 좋으며 $U^1(\mathbf{b})$는 $U^0(\mathbf{c})$보다 나은 등의 결과를 얻을 수 있다. 당신은 지수적인 할인점이므로, 따라서 시간 일관적이고 계획을 고수할 것이다.

만약 단순한 쌍곡선 디스카운터라면, 당신은 마지막 순간까지 미루다가 환상적인 영화를 놓칠 것이다. $t = 0$에서 $U^0(\mathbf{a}) = 1/2(5 + 8 + 13) = 13$, $U^0(\mathbf{b}) = 3 + 1/2(8 + 13) = 13.5$, $U^0(\mathbf{c}) = 3 + 1/2(5 + 13) = 12$ 및 $U^0(\mathbf{d}) = 3 + 1/2(5 + 8) = 9.5$. 당신은 좋은 영화를 건너뛸 생각으로 평범한 영화를 본다. 그러나 $t = 1$에서는 모든 것이 다르게 보인다. 거기서부터 당신은 더 이상 평범한 영화를 건너뛸 수 있는 옵션이 없다. $U^1(\mathbf{b}) = 1/2(8 + 13) = 10.5$, $U^1(\mathbf{c}) = 5 + 1/2 * 13 = 11.5$ 및 $U^1(\mathbf{d}) = 5 + 1/2 * 8 = 9$ 중에서 선택한다. 좋은 영화를 건너뛸 생각으로 평범한 영화를 본다. 그러나 $t = 2$에서 $U^2(\mathbf{c}) = 1/2 * 13 = 6.5$와 $U^2(\mathbf{d}) = 8$ 사이에서 선택한다. 따라서 훌륭한 영화를 보고, $t = 3$의 환상적인 영화를 건너뛸 수밖에 없다.

반대로 당신이 정교한 쌍곡선 할인자라면 좋은 영화는 건너뛸 것이다. $t = 2$의 자기 통제 문제로 환상적인 영화를 보지 못할 것이라는 것을 예측할 수 정도로 정교하다. 따라서 $t = 1$에서 $U^1(\mathbf{b}) = 10.5$ 효용의 좋은 영화를 건너뛰거나, 또는 다르게 할 때 $U^1(\mathbf{d}) = 9$가 되는 선택을 하게 된다. 따라서 당신은 $t = 1$에서 당신이 **b**를 선택할 것이라는 것을 $t = 0$

에서 안다. 따라서 $t=0$에서 $U^0(\mathbf{a})=13$과 $U^0(\mathbf{b})=13.5$ 사이에서 선택한다. 따라서 당신은 평범한 영화를 보고, 좋은 영화는 건너뛰고, 훌륭한 영화와 환상적인 영화를 보게 될 것이다.

이 예는 정교함이 어떻게 사람들이 시간 비일관적인 행동에 의해 제기되는 문제들을 예상하는 데 도움을 주는지 보여준다. 이런 종류의 행동은 아마도 흔할 것이다. 많은 사람들은 내일 아침 늦게 자고 싶을 것이라고 예상하면서도, 밤에 일찍 일어나기로 결심한다. 그러므로 아침잠이 늦는 것을 막기 위해, 그들은 알람을 맞춰 선인장 뒤에 있는 방 건너편 창문 선반에 설치했다. 알람이 울리면 침대 옆 탁자에서 굴러 침대 밑이나 방을 가로질러 아침의 당신이 일어나 그들을 쫓아 내려가도록 하는 알람들이 있는데, 그때쯤이면 당신은 너무 깨어 다시 잠자리에 들 수 없을 것이다. 일어나서 즉시 끄지 않으면 돈을 파쇄하기 시작할 것이라는 알람이 있다. 만약 이러한 기법들 중 익숙하거나 최소한 매력적으로 들리는 것이 있다면, 당신은 정교한 쌍곡선 할인자일 것이다. 적립식 구매 플랜 및 롤링 알람 시계와 같은 장치에 대한 요구는 사람들이 시간 비일관성을 보일 뿐만 아니라 그들이 자신의 일관성 없는 행동을 예측하고 전복하는 데 있어 꽤 정교하다는 것을 보여준다.

하지만 이상하게도 정교함은 또한 자기 통제 문제를 악화시킬 수 있다. 우리는 이미 그러한 경우를 접했다. 즉, 저축-저축을 제거한 정교한 쌍곡선 할인자는 그가 지출-지출하는 편이 낫다고 결정한다. 따라서 그는 지출-지출을 시도하고, 저축-지출로 끝나는 단순한 쌍곡선 할인자보다 훨씬 근시안적으로 행동할 것이다. 이어지는 것은 이 현상의 또 다른 훨씬 더 놀라운 예다.

연습 9.11 조니 뎁 2 이 연습은 예시 9.10을 언급하고 있다. 대신 네 편의 영화 중 한 편만 볼 수 있다고 가정해보자. 당신은 평범한 영화, 좋은 영화, 훌륭한 영화, 아니면 환상적인 영화를 볼 건가?

(a) 지수적 할인자가 환상적인 영화 **d**를 본다는 것을 보여라.

(b) 단순한 쌍곡선 할인자가 훌륭한 영화 **c**를 본다는 것을 보여라.

(c) 정교한 쌍곡선 할인자가 평범한 영화 **a**를 본다는 것을 보여라.

문제는 정교한 쌍곡선 할인자들이 미리 준비하는 경향preproperate이 있다는 점, 즉 기다리는 것이 좋을 때 지금 무언가를 하는 경향이 있다는 점이다. 어떤 의미에서는 **사전 준비**preproperation는 순진한 쌍곡선 할인자가 가지고 있는 문제인 미루는 것의 정반대다. 그렇다면 역설적으로, 나이프(단순한 사람)가 정교한 사람들보다 더 나은 상황 – 사람들이 자신의 행동을 예측하려고 시도하지 않을 때 더 잘 하는 상황 – 이 있다. 물론 세네카나 사이몬과 같은 사람들이 여러분이 미래에 대해 너무 많이 생각하지 말라고 권장할 때(8.4절 참조) 이미 그렇다고 얘기한 것이다.

9.4 프로파일에 대한 선호

쌍곡선 할인 모델은 특히 나이프와 정교한 사람에 대한 이야기로 증강될 때 지수 할인 모델과 일치하지 않는 많은 현상을 포착할 수 있다. 그러나 지수 및 쌍곡선 할인이 모두 사람들의 실제 행동을 정확하게 포착하지 못하는 많은 조건이 있다. 다음 연습은 이를 명확히 한다.

연습 9.12 집 청소 일요일 아침($t=0$)이며, 여러분은 오늘 아파트 청소와 영화 보러 가기 두 가지를 해내기로 결심했다. 오전에는 청소($t=0$)하고 오후에는 영화를 보거나($t=1$) 오전에는 영화를 보고($t=0$), 오후에는 청소($t=1$)할 수 있다. 당신은 청소를 싫어한다. 단지 2의 효용만을 얻을 뿐이다. 당신은 영화를 좋아한다. 그것은 당신에게 12의 효용을 준다.

처음 두 질문에 대해 미래를 $\delta = 1/2$로 지수적으로 할인한다고 가정해보자. $t=0$의 관점에서,

(a) 청소를 먼저 하고 영화를 보러 가는 것의 효용은 얼마인가?

(b) 영화를 먼저 보러 가고 청소를 나중에 하는 것의 효용은 얼마인가?

마지막 두 가지 질문에 대해, $\beta = 1/3$, $\delta = 1/2$로 미래를 쌍곡선적으로 할인한다고 가정하자. $t=0$의 관점에서,

(c) 청소를 먼저 하고 영화를 보러 가는 것의 효용은 얼마인가?

(d) 영화를 먼저 보러 가고 청소를 나중에 하는 것의 효용은 얼마인가?

이 연습이 시사하는 바는 미래를 지수적으로든 쌍곡선적이든 항상 즐거운 경험을 먼저 하고 불쾌한 경험을 나중으로 계획한다는 것이다.

이러한 암시는 사람들의 관찰된 행동과 극명하게 대조된다. 개인적인 경험에 따르면, 일련의 사건들 중에서 선택할 때, 사람들은 먼저 불쾌한 경험을 하고 나중에 즐거운 경험을 계획하는 것을 선호한다. 고대 그리스 철학자 에피쿠로스가 말했듯이, "우리가 가는 길에 있는 한, 우리는 첫 번째 여행의 후반부를 전반부보다 더 좋게 만들기 위해 노력해야 한다." 이 경우 개인적인 경험과 고대의 지혜가 증거에 의해 뒷받침된다. 한 연구에서, 연구자들은 사람들에게 급여 프로파일의 증가와 감소에 대한 구두 설명과 그래프 표현을 제시했고, 프로파일에 대한 선호를 추출해냈다. 저자들은 대체로 모든 것이 동등하고 대다수의 노동자가 평탄하거나 감소하는 것보다 임금 프로파일을 올리는 것을 선호한다고 결론짓는다.

효용 프로파일 증가에 관한 그러한 선호는 원칙적으로 δ가 1보다 작다는 가정(8장에서 잠정적으로 만든)을 완화함으로써 포착할 수 있다. δ가 1을 초과할 경우 합리적인 할인자는 즐거운 이벤트를 최대한 연기한다. $\delta > 1$일 때 $r < 0$이 성립하며, 이것이 결과적인 선호가 음의 시간 선호Negative Time Preference라고 부르는 이유이다. 다만 오전에 청소를 하고 오후에 영화를 보러 가는 바로 그 사람들이 다른 맥락에서 미래를 $\delta < 1$과 $r > 0$(양의 시간 선호를 나타냄)으로 동시에 할인하기 때문에 이 해결책은 어색하다.

게다가 사람들이 분산spread에 대해 선호를 보인다는 증거도 있다. 즉, 사람들은 때때로 시간에 따라 바람직한 여러 사건들을 분산하는 것을 좋아한다. 어떤 어린이들은 할로윈 사탕을 한 번에 다 먹는 반면, 다른 어린이들은 며칠 또는 몇 주에 걸쳐 골고루 나눠 먹는 것을 선호한다. 이러한 종류의 선호는 적어도 그 자체로 양 또는 음의 시간 선호로 설명될 수 없다. 마지막으로, 사람들은 종종 시간에 따른 변화variation를 선호하는데, 그들은 같은 상품을 계속 반복해서 소비하는 것을 피하기 때문이다. 고대 그리스 시인 에우리피데스는 "모든 것의 다양성은 달콤하다"고 썼다. 결과적으로, 사람들은 시간에 걸쳐 다양화diversify한다(9.6절에서 다양화 주제를 다시 살펴본다).

이 모든 것은 사람들이 프로파일을 선호한다는 것을 암시한다. 즉, 효용 스트림의 모양과 (할인된) 개별 효용에 대해 신경을 쓴다. 사람들은 종종 가장 좋은 것을 마지막으로 저축한다. 아마도 사람들은 좋은 분위기로 끝내고 싶거나, 불쾌한 경험을 극복하거나, 또는 불쾌한 경험을 끝내기 위해 그들 스스로에게 동기를 부여할 즐거운 경험에 대한 전망에 의존하기 때문일 것이다. 사람들은 또한 유쾌하고 불쾌한 사건들을 시간에 걸쳐 분산하기를 원하고, 그들은 다양화를 가치 있게 생각한다. 프로파일에 대한 그러한 선호는 지금까지 논의한 할인 모델 중에서는 어느 맥락에서도 포착할 수 없다. 그러나 프로파일에 대한 선호는 중요한 현상인 것 같다.

예 9.13 **경제학과 교수들** 심지어 경제학과 교수들도 연봉을 9개월로 분할하면 할인된 효용을 극대화할 텐데도 연봉을 9개월 분할이 아닌 12개월 분할로 받기로 선택하는 경우가 많다는 후문이다. 분명히 그들은 소비를 평활화smooth시키기 위해 그들의 돈의 일부를 저축할 수 있는 옵션을 가지고 있다. 평활한 소득 프로파일을 선호하는 것이 이러한 현상을 설명할 수 있을 것이다.

에피소드의 형태가 중요하다는 생각은 문학과 철학에서 친숙하다. 미국 작가 커트 보네거트Kurt Vonnegut는 전쟁 포로로서 드레스덴의 연합군 화재 폭탄 테러에서 살아 남는 이야기를 다룬 재미있는 소설 『제5도살장Slaughterhouse-Five』으로 가장 유명하다. 하지만 그는 얼마나 좋은 이야기들 그리고 사람들이 읽고 싶어 하는 이야기들이 적은 수의 모양 중 하나를 가지는 경향이 있는지에 대해 인상 깊게 썼다. 다음과 같다.

> "당신은 이 이야기를 계속해서 보게 될 것이다. 사람들은 그것을 좋아하고 그것은 저작권이 없다. 이야기는 "구멍 안의 남자(Man in Hole)"이지만, 그 이야기는 남자나 구멍에 관한 것일 필요는 없다. 누군가 곤경에 빠지고, 다시 빠져나온다. 사람의 행복이 시작했던 곳보다 더 높게 끝나는 것은 우연이 아니다. 이것은 독자들에게 용기를 준다."

현대의 철학자 데이비드 벨레만David Velleman은 한 사람의 일정 기간 동안의 행복은 그 기간 동안 일어나는 개별 사건들 사이의 서술적 관계나 극적인 관계에 달려 있다고 주장한다. 벨레만은 몇 가지 "좋은 삶의 이야기"를 제공한다. 그들 중 하나는 불행을 겪고 그것을 극복해 그 과정에서 중요한 교훈을 얻는 캐릭터를 포함한다. 이게 보네거트의 "맨 인 홀"이라는 걸 바로 알아차릴 수 있을 것이다. 벨레만에 따르면 이것을 좋은 삶의 이야기로 만드는 것은 불행과 그 앞에 오는 것 그리고 그 뒤에 오는 것 사이의 이야기 또는 극적인 관계다.

이러한 생각들의 합성은 우리가 이야기주의narrativism라고 부를 수 있는 것을 제안할 것이다. 사람들이 좋은 이야기인 삶을 영위하고 싶어 하며, 그런 삶이 그렇지 않은 삶보다 더 낫다는 생각. 우리는 도전과 개인의 성장, 장애와 과오, 죄와 구원, 고난과 전환, 고난과 치유가 포함된 삶을 살고 싶다. 그리고 비록 그러한 삶이 더 나은 이야기(예: 장례식에서와 같이)를 만들어 내는 것뿐만 아니라, 더 나은 삶을 사는 사람들을 위한 이야기이기도 하다. 좋은 이야기를 살고자 하는 욕망은 왜 모든 것을 무모하게 버리는지를 설명할 수 있다. 모든 것을 가진 사람의 안정적이고 높은 효용 스트림은 단지 좋은 이야기를 만들어 내지 못한다. 그러나 이러한 것들을 뒤흔드는 대가는 높을 수 있으며, 사람들에게 재산, 결혼, 심지어 때때로 그들의 삶까지도 희생시킬 수 있다. 다 그런 것이다.[2]

예 9.14 **헌터 톰슨** 다음 구절은 미국 작가 헌터 톰슨Hunter S. Thompson으로부터 기인하는 것으로, 이야기의 힘을 설명한다.

> 인생은 예쁘고 잘 보존된 시신으로 안전하게 도착하기 위한 여행이 아니라, 연기 구름 속에서 완전히 닳고, 완전히 닳고, 큰소리로 "와! 정말 대단한 인생군요!"라고 소리지르면서 옆으로 미끄러지는 여행이 돼야 한다.

경제학자들은 최근 이야기의 중요성에 대한 전혀 새로운 차원의 평가를 발전시켰다. 노벨 경제학상 수상자인 로버트 J. 실러의 저서 『이야기 경제학Narrative Economics』은 이야기가 인간의 행동과 경제적 사건의 주요 원동력이라고 주장한다. 그는 "이야기는 사실, 감정, 인간의 흥미 그리고 인간의 마음에 인상을 형성하는 다른 외부적인 세부 사항들이 혼합된 인간의 구성물"이라고 썼다. 이와 같이 이야기는 사실보다 훨씬 더 직접적으로 인간의 행동에 영향을 미친다. 게다가 이야기는 전염성이 있다. 그것들은 바이러스처럼 한 사람에게서 다른 사람에게로, 때로는 빠르고 멀리 퍼진다. 이야기가 '바이럴' 성향을 가진다는 사실과 결합해 행동에 영향을 미칠 수 있다는 것은 그만큼 광범위한 경제적 결과를 가져올 수 있다는 것을 의미한다. 이야기 경제학은 전염병학epidesmiology의 도구로 경제적

---

2 'So it goes'로서, 이는 『제5도살장』에서 나온 구절이다. - 옮긴이

행동과 사건을 연구할 수 있다는 제안과 함께 경제학, 의학 그리고 인문학의 협력에 대한 흥미로운 새로운 전망을 열어준다.

효용 프로파일의 모양은 효용 스트림 또는 "에피소드"의 만족도를 평가하는 데 사용되는 **피크 엔드 법칙**Peak-End Rule에 대한 문헌에서 많은 관심을 받아왔다. 사람들은 이 규칙을 따를 때 의식적으로나 무의식적으로 정점(피크 즉, 에피소드 중 최대 효용)과 끝(엔드 즉, 에피소드 끝 근처의 효용)의 평균을 기준으로 효용 스트림의 순위를 매기고 그에 따라 선택한다. 사람들이 피크-엔드 법칙에 따라 행동하는 한, 효용의 (할인된) 합계뿐만 아니라 효용 프로파일의 형태가 매우 중요할 것이다.

피크 엔드 법칙은 몇 가지 흥미로운 의미를 가지고 있다. 그림 9.5를 고려하자. 피크 엔드 법칙을 적용하는 사람은 에피소드 (a)를 에피소드 (b)보다 우월한 것으로 평가한다. 만약 이것이 즉시 명백하지 않다면, 두 에피소드의 최대 효용(피크)이 동일하고 그 에피소드 (a)가 에피소드 (b)보다 더 높은 끝(엔드)의 효용을 가지고 있다는 것을 주목하라. 따라서 피크 엔드 법칙을 적용해 (a)와 (b) 중에서 선택할 경우 (a)를 선택할 수 있다. 그러나 이 순위에는 이상한 점이 있다. 에피소드 b는 에피소드 a의 모든 효용뿐 아니라 추가로 더 가지고 있다. 피크 엔드 규칙은 **지속 시간 무시**Duration Neglect를 수반하는데, 이는 지수 및 쌍곡선 할인 모델에 반해 에피소드의 길이가 상대적으로 중요하지 않음을 의미한다.

피크 엔드 법칙을 적용하는 사람이 실제로 있을까? 연습 9.5와 같이 대장 내시경 검사를 받는 환자에 대한 유명한 연구에서 연구자들은 소급 평가가 피크 및 엔드 효용을 반영하고 에피소드의 길이가 상대적으로 중요하지 않다는 것을 확인했다. 기이하게도 가뜩이나 고통스러운 에피소드에 고통스러운 꼬리를 붙이는 것은 사람들로 하여금 이 에피소드를 전체적으로 덜 고통스럽고 따라서 더 바람직하다고 생각하게 만들었다.

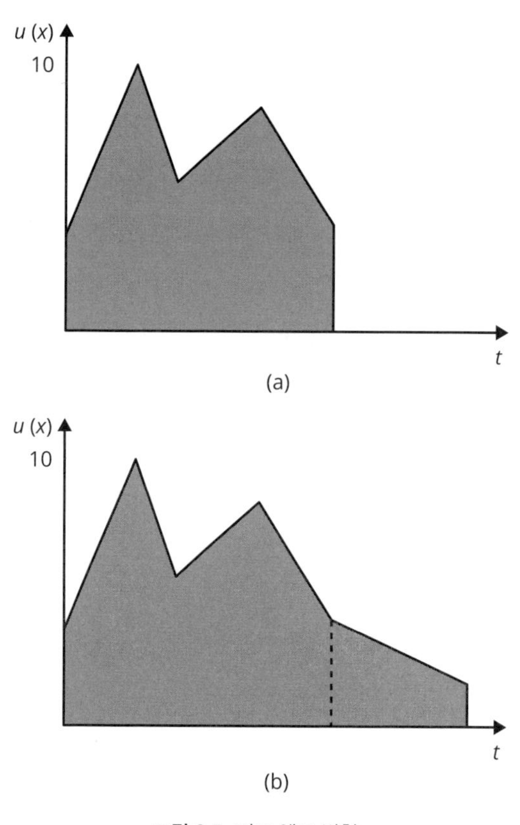

그림 9.5 피크 엔드 법칙

연습 9.15 피크 엔드 법칙 당신이 이미 즐거운 에피소드에 즐거운 꼬리를 더한다고 가정해보자. 만약 사람들이 피크 엔드 법칙에 따라 에피소드를 전체적으로 평가한다면, 이것은 사람들로 하여금 그 에피소드를 전체적으로 다소 유쾌하게 생각하게 만들 것인가?

연습 9.16 피크 엔드 법칙(계속) 이 연습은 그림 9.6을 참조한다. 피크 엔드 법칙을 따르는 사람이 실선으로 표시되는 에피소드와 점선으로 표시되는 에피소드 중 어느 것을 선택할 것인가?

피크 엔드 법칙은 체계적인 데이터에 따르면 부모가 아닌 사람들보다 평균적으로 덜 행복하며 평균적으로 부모가 많은 다른 활동에 종사할 때보다 자녀를 돌볼 때 덜 행복하지만 사람들이 아이를 계속 갖는 이유를 설명할 수 있다. 아이들에게서 발생하는 가장 강렬한 기쁨이 다른 근원으로부터 오는 가장 강렬한 기쁨을 능가하고, 그러한 끝 경험을 일정하게 유지하는 한, 사람들은 아이를 갖는 것을 다른 경험보다 우선순위를 매길 것이다. 지속 시간 무시는 긴 잠 못 이루는 밤과 같은 것들이 최종 분석에서 상대적으로 중요하지 않을 것이라는 것을 수반한다.

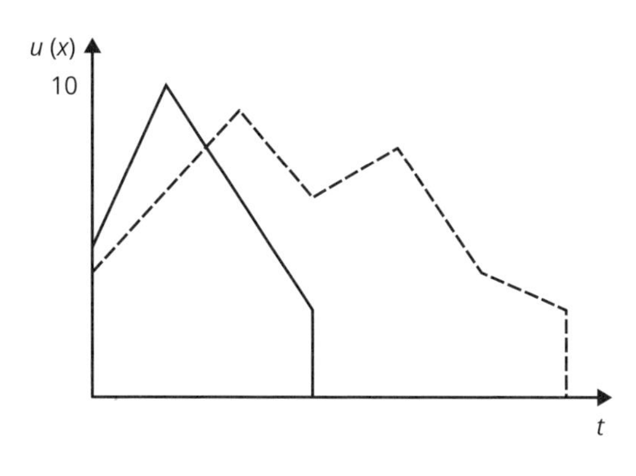

그림 9.6 피크 엔드 법칙(계속)

연습 9.17 대학 많은 어른들은 대학 시절이 인생에서 최고의 해였다고 말할 것이다. 이는 곤혹스러운 일이다. 실제 대학생들은 평균적으로 환상적으로 행복하지 않기 때문이다. 피크 엔드 법칙의 개념을 사용해 왜 사람들이 대학 시절을 그토록 애틋하게 기억하는지 설명하라.

겉으로 보기에 프로파일에 대한 선호의 결과인 것처럼 보이지만 실제로는 그렇지 않은 선택들이 있다. 우선 즐거운 이벤트에 대한 기대 그 자체가 즐거운 한, 여러분은 합리적으로 즐거운 이벤트를 연기할 수 있다. 오늘이 토요일이고, 오늘이나 내일 사탕을 먹을지 선택한다고 가정해보자. 오늘 먹으면 오늘 6 효용, 내일 먹으면 0 효용을 얻는다. 만약 내일로 미루면 오늘 2 효용, 내일 6 효용을 얻는다. 이런 시나리오를 고려할 때 합리적인 할인자가 미래를 다소 할인하더라도 사탕 먹는 것을 일요일로 미룰 수 있다. 그리고 이런 종류의 이야기는 표준 이론과 일치한다.

9.5 예측 오류와 희망 오류

9장 전반과 마지막에 걸쳐 내재돼 있는 아이디어는 많은 결정이 미래 선호의 예측에 의존한다는 것이다. 우리가 식료품 가게에서 쇼핑을 할 때, 쇼핑을 할 때의 선호뿐만 아니라 음식을 준비하고, 먹을 때 우리가 갖게 될 선호에 대해서도 유념할 필요가 있다. 우리가 수업을 선택할 때, 우리는 학위를 추구하면서 가질 욕망뿐만 아니라 졸업 후 경력으로 가질 직업에 가질 욕망도 고려해야 한다. 우리가 가족을 형성하고 아이를 가질 것인가를 숙고할 때 20년, 40년, 또는 60년 후의 선호들을 무시할 수 없다. 또한 시간에 따라 일관성이 없고 복잡할 경우, 시간에 따라 선호가 어떻게 변화할지 예상해야 한다. 그렇지 않으면 9.3절에 설명된 대로 선택하지 않을 수 없다. 사람들은 그들의 미래 선호를 예측하는 데 그리 능숙하지 않다.

이는 당연한 일이다. 우리가 이 책에서 논의한 많은 행동 패턴들은 사회과학자들과 일반인들 모두에게 놀랍다. 결과적으로 무작위한 의사결정자가 그것들을 알고 있을 것이라고 생각할 이유는 거의 없다. 행동경제학자들은 여러 가지 상이한 방식으로 사람들의 선호에 대한 예측이 체계적으로 틀리다는 사실을 찾아냈다.

적응의 과소 예측 Underprediction of Adaptation 많은 연구에서 사람들이 새로운 부존 자산과 같은 새로운 조건에 적응하는 정도를 인식하지 못한다고 제안한다. 따라서 사람들은 어떤 대상이 그들의 부존 효과나 손실 회피에 통합된 후에 그 대상에 얼마나 애착을 가질지 미리 예측할 수 없다. 한 연구에 따르면 현재 브랜드 커피잔을 가지고 있지 않은 참가자들은 커피잔을 가지고 있다면 3달러에서 4달러 사이에 팔 용의가 있다고 보고했다. 일단 커피잔을 받게 되면, 커피잔을 포기하기 위해서는 4달러에서 6달러 사이가 필요할 것이라고 말했다.

적응의 과소 예측은 3.5절의 무조건 반품 정책과 같은 마케팅 관행을 설명하는 데 도움이 된다. 만약 사람들이 그들의 부존 자산에 어떤 좋은 것이 포함됐을 때 그들의 선호가 변할 정도를 과소평가한다면, 사람들은 일단 제품을 집에 가지고 왔을 때 그것을 반품할 때 생기는 어려움을 과소평가하게 될 것이고, 결과적으로 이러한 무조건 반품 정책은 판매자들에게 효과적인 도구가 될 것이다.

다양화 편향 Diversification Bias 한편 사람들은 종종 시간이 지남에 따라 그들의 미래 자신이 다양성을 누리게 될 정도를 과대평가한다. 한 유명한 연구에서, 학부생들은 몇 주 동안 이어지는 세 번의 학급 회의에서 수업이 끝날 때 배달될 간식을 선택하도록 제안받았다. 참가자들이 세 가지 경우에 각각 끝날 때마다 별도로 선택을 했을 때, 오직 9%만이 세 가지 다른 간식을 선택했다. 대조적으로, 참가자들이 첫 번째 수업에서 세 가지 선택을 모두 해야 했을 때, 64%가 세 가지 다른 간식을 선택했다. 이러한 결과는 사람들이 미래의 자신이 다양성을 선호하는 정도를 과장하고, 결과적으로 너무 다양화했다는 것을 암시한다. 어쩌면 모든 것의 다양성이 정말로 달콤할 수도 있지만 우리가 생각하는 것만큼 달콤하지는 않은 것 같다.

투영 편향 Projection Bias 여러분은 아마도 투영에 익숙할 것이다. 대략적으로 현재의 자기가 미래의 자기와 특성을 공유한다고 생각하는 무의식적인 과정이다. 투영 편향은 사람들이 현재의 선호를 미래의 자신들에게 투영한다는 생각에 기초한다. 결과적으로, 그들은 미래의 선호도가 실제보다 현재의 선호도에 더 가까운 것처럼 행동할 것이다. 극도로 배고프거나 극도로 배부른 상태일 때 절대 식료품 쇼핑을 해서는 안 된다는 진부한 표현은 통찰력을 반영한다. 극도로 배고플 때 우리는 더 정상적인 상황에서 얼마나 먹기를 원할지를 과대평가하고, 극도로 배부른 상태일 때 우리는 그것을 과소평가한다.

또 다른 유명한 연구는 직장인들에게 (오후 늦게) 배가 고플 때 또는 (점심 직후) 포만감을 기대할 수 있는 시간에 배달될 건강에 좋은 간식들과 건강에 좋지 않은 간식들 중 하나를 선택하라고 요구했다. 몇몇은 점심식사 직후에, 몇몇은 늦은 오후에 선택을 했다. 배가 고플 것 같은 시기에 간식을 받기로 예정돼 있던 사람들은 건강에 좋지 않은 간식을 선택할 가능성이 더 높았다. 이는 아마도 배고플 때 건강에 좋지 않은 간식에 대한 맛이 증가한 것을 반영한 것일 것이다. 하지만 결정을 내렸을 때 배가 고팠던 사람들은 배부른 사람들보다 건강에 좋지 않은 간식을 선택할 가능성이 더 높았다. 투영 편향과 일관되게, 그들이 결정을 내렸을 때 배고팠던 사람들은 마치 그들이 실제로 일주일 후에 간식을 받았을 때 더 배고플 것으로 예상하는 것처럼 행동했다. – 마치 그들이 현재의 배고픔을 미래의 자신으로 투영한다면 그렇게 했을 것처럼 말이다.

예 9.18 단식 일부 종교적 전통은 불우한 동료 인간들과 동일시하는 방법으로 단식을 장려한다. 근본적인 통찰력은 투영 편향과 일치한다. 즉 우리 자신이 배고플 때만 우리는 실제로 굶는 것이 어떤 것인지 인식하기 시작할 수 있다.

투영 편향은 적응력의 과소예측을 설명할 수 있다. 우리는 우리의 부존 자산 효과와 손실 회피에 어떤 대상을 통합한 후에 우리의 선호가 변할 정도를 과소평가한다.

흥분과 냉정 사이의 감정적 간극 "흥분과 냉정 사이의 감정적 간극"이라는 용어는 "흥분" 감정 상태에 있을 때 "냉정" 상태의 사람(우리 자신 또는 다른 사람들)과 공감하지 못하는 것을 가리킨다. 그 결과 우리가 배고픔, 갈증, 분노, 당혹감, 성적 흥분 등의 상태에 있을 때 선호가 얼마나 다른지를 과소평가하는 경향이 있다. 반대의 경우는 반대가 성립한다. 흥분과 냉정 사이의 감정적 간극은 전향적으로 그리고 소급적으로 모든 방향으로 발생하며 개인들 사이에서도 발생한다. 감정적 간극은 투영 편향의 직접적인 결과이다. 한 선구적인 연구는 성적 흥분은 대학생 남성들이 비도덕적이고 위험한 성적 행동에 참여하려는 의지를 극적으로 증가시켰다는 것을 발견했다. 연구진은 정상적 (아마도 흥분되지 않은) 상태와 성적으로 흥분된 상태(자위 중)일 때 "데이트 상대자가 거부했는 데도 섹스를 하고자 하는가?"와 "데이트 상대자의 성적 이력을 모를 때 콘돔을 사용하겠느냐?"는 질문에 학생들의 답변을 비교했다. 그 결과는 젊은 남성들이 냉정 상태에 있을 때, 그들이 흥분 상태에 있을 때 얼마나 비도덕적이고 위험한 성적 행동에 기꺼이 참여하는지를 과소평가하고 있다는 것을 암시한다. 저자들의 표현처럼, "사람들은 성적 자극이 그들 자신의 판단과 행동에 미치는 영향에 대한 제한된 통찰만 가지고 있는 것 같다." — 이것은 예방의 관점에서 가장 중요한 것이다.

희망 오류 Miswanting 우리의 많은 선호가 정서적인 예측에 바탕을 두고 있다. 다양한 상황에서 우리가 어떻게 느낄지에 대한 예측. 예를 들어 우리가 직업, 배우자, 자동차 또는 무엇이든 이들을 가지고 있거나 이들을 가지고 있었다면 얼마나 행복할지에 대한 예측에 기초해 이들에 대한 선호를 형성하는 것은 드문 일이 아니다. 아쉽게도 우리가 가지면 좋을 것이라고 생각하고 원하는 것과 우리가 가지게 됐을 때 실제로 좋아하는 것 사이에 즉 희망하는 것과 좋아하는 것 사이에는 가끔 불일치가 있다. 이것이 발생할 때, 우리는 희망 오류의 희생자가 된다. 희망 오류의 주요 원인은 **영향 편향**Impact Bias이다. 영향 편향은 미래의 사건이 우리의 감정 생활에 미치는 지속적인 영향을 과대평가하는 경향이다. 우리 중 많은 사람들이 백만 달러에 당첨된 것이 우리를 영원히 행복하게 하고, 장애인이 되는 것은 영원히 불행하게 한다고 상상하지만 한 고전적인 연구는 복권 당첨과 갑작스런 장애의 효과가 시간이 지나면서 약해진다고 주장했다. 비슷하게 결혼, 이혼, 명성 그리고 행운은 사람들이 상상하는 것보다 우리의 행복을 포함한 감정적인 삶에 훨씬 더 작은 영향을 미친다.

많은 후속 연구들은 사람들이 질병과 장애에 놀랄 정도로 적응한다는 것을 발견했다. 이 발견은 종종 현대 독자들에게 놀랍다. 그러나 애덤 스미스에게는 놀라운 일이 아닐 것이다.

> 인간 본성의 체질상 고통은 결코 영원할 수 없다. 그리고 만약 장애인들이 발작에서 살아난다면, 그는 곧 아무 노력 없이 평온을 만끽하게 된다. 나무 다리를 가진 사람은 의심할 여지없이 고통을 겪으며, 그가 여생 동안 계속해서 커다란 불편을 겪어야 할 것이라고 예측한다. 그러나 그는 곧 그것을 모든 중립적 관망자들이 보는 것처럼, 고독과 사회의 모든 평범한 즐거움을 즐길 수 있는 불편함으로 보게 된다.

영향 편향은 부분적으로 적응의 과소 예측에 의해 유발될 수 있다. 확실히 이야기의 일부는 복권 당첨자, 갑작스러운 사고로 장애를 얻게 된 장애인 그리고 다른 모든 사람들이 그들이 예상하는 것보다 훨씬 더 빨리, 변화하는 상황에 적응한다는 것이다. 희망 오류의 또 다른 원천은 **초점 착시**Focusing Illusion이다. 초점 착시는 여러분이 집중하고 있는 모든 것이 실제보다 더 중요하게 보이는 경향이다. 돈, 새 차, 또는 더 큰 집에 대해 생각하는 사람은 더 많은 돈, 새 차, 또는 더 큰 집을 얻는 것의 감정적인 영향을 과대평가할 가능성이 있다. 하지만 카네만이 말했듯이, "인생에서 당신이 생각하는 것만큼 중요한 것은 없다."

연습 9.19 **시즈윅** 19세기 도덕 철학자 헨리 시즈윅Henry Sidgwick[3]이 다음 구절에서 설명한 예측 오류의 종류는 무엇인가?

---

3 헨리 시즈윅(Henry Sidgwick, 1838년 5월 31일~1900년 8월 28일)은 영국의 공리주의 철학자이자 경제학자였다. 시즈윅은 윤리학적 방법의 가능한 모든 시도는 이기주의, 공리주의 및 직관주의 이 세 가지 접근법으로 요약될 수 있다고 했다. – 옮긴이

> 실용적인 목적을 위해 우리에게 열려 있는 다양한 즐거움의 가치를 추정함에 있어, 우리는 일반적으로 우리의 미래 상상을 가장 신뢰한다. 우리는 우리 자신을 미래로 투영하고, 가상 상황에서 특정한 즐거움이 어떤 것이 될지를 상상한다. 이러한 상상력은 주로 과거의 쾌락에 대한 우리의 경험에 의해 결정되는 것처럼 보이지만, 부분적으로는 그 당시 우리의 마음 상태나 신경에 의해서도 결정되는 듯하다.

연습 9.20 **뷔페 줄** 아마도 뷔페에서 저녁을 먹을 때 정확히 어떤 종류의 음식을 먹을 수 있는지 다음과 같은 경험을 할 수 있을 것이다. 식사가 끝날 때, 사람들은 먹는 데 관심이 없는 음식이 접시에 남아 있다는 것을 알게 된다. 만약 사람들이 자신의 선호를 정확하게 예측할 수 있다면, 모든 음식을 남기지 않고 먹었을 것이다. (a) 다양화 편향 (b) 투영 편향 (c) 흥분-냉정의 감적적 간극의 개념을 사용해 사람이 나중에 먹는 것에 관심이 없는 음식을 어떻게 선택할 수 있는지를 설명하라.

체계적인 예측 오류와 희망 오류는 많은 부정적인 결과를 초래한다. 이 절에서 논의된 현상들은 우리를 우리 자신에게 낯선 사람으로 만드는데, 이들 오류는 우리가 가장 잘 안다고 생각하는 사람, 즉 우리 자신의 기이한 취향에 우리가 충격받고 놀라게 하기 때문이다. 올바른 결정이 정확한 예측에 달려 있는 한, 게다가 예측 오류와 희망 오류는 심지어 우리의 관점에서도 잘못된 결정을 초래할 수 있다. 예를 들어 영향 편향과 초점 착시 현상은 우리에게 부에 의해 우리의 선호가 만족될 수 있는 정도를 과대평가하게 만들 수 있다. 그 결과로 우리는 너무 많이 일하고 가족과 친구들과 너무 적은 시간을 보내는 위험을 감수해야 한다.

한편 애덤 스미스는 정확히 이런 실수가 경제 발전의 원동력이라고 믿었다. 스미스는 "야망을 품고 찾아온 하늘이 노여워 하는 가난한 사람의 아들"이 큰 부가 큰 행복으로 이어질 것이라고 상상한다고 묘사한다. 스미스는 "삶의 마지막 찌꺼기"에서만 추구는 모두 헛수고이고 부와 위대함은 "하찮은 효용의 잔재"에 불과하다는 것을 알게 된다고 계속한다. 하지만 여기서 중요한 것은 다음이다.

> 그리고 자연이 이런 방식으로 우리에게 강요하는 것은 당연하다. 바로 이 속임수가 인류의 산업을 계속 자극하고 계속 움직이게 하는 것이다. 이것이 그들이 땅을 경작하고, 집을 짓고,

도시와 커먼웰스(연방)를 건설하고, 인간의 삶을 고귀하고 윤색하는 모든 과학과 예술을 발명하고 발전시키도록 처음으로 자극한 것이다.

스미스는 마치 "보이지 않는 손으로" 부와 위대함을 추구하는 이 가난한 사람의 추구는 비록 잘못됐더라도 결국 더 큰 선을 촉진하는 결과를 낳게 된다고 결론짓는다.

만약 여러분이 예측 오류와 희망 오류를 피하고 싶다면, 시즈윅은 여러분과 다른 사람들의 감정적인 반응을 면밀히 관찰할 것을 제안했다. 그는 그가 경험적-반사적 방법 Empirical-Reflective Method이라고 부르는 것을 주장했다.

[우리는] 직관적인 암묵적인 추론을 더 과학적인 프로세스의 추론 즉 우리 자신과 다른 사람들의 경험에 대한 충분한 수의 세심한 관찰에 기반을 둔 귀납적 일반화로부터 어떤 상황에서도 미래의 기쁨이나 고통의 가능한 정도를 추론하는 것으로 대체해야 한다.

시즈윅의 경험적-반사적 방법은 비록 그들이 그것을 그렇게 부르지는 않지만, 최근 일류 심리학자들에 의해 지지됐다. 예를 들어 소냐 류보머스키Sonja Lyubomirsky는 우리에게 우리의 직감적인 반응을 "보류"하고 대신 우리 자신과 다른 사람들의 경험을 기반을 두고 체계적으로 생각하라고 말한다. 길버트는 심지어 우리가 무언가를 하기 전에 어떤 것을 하는 것이 우리에게 어떤 것인지 상상하는 것을 자제하라고 제안했다. 그는 우리가 현재 그 일을 하고 있는 다른 사람에게 현재 어떤 느낌인지 보고하도록 요청함으로써 훨씬 더 정확한 예측을 할 수 있다고 믿는다. 자녀를 갖는 것이 어떤 것인지 알고 싶은 경우(225쪽의 연습 6.43 참고), 그는 당신이 아이를 갖는 것이 어떨지 상상하려고 해서는 안 된다고 믿는다. 당신은 아이를 가진 사람들에게 그들이 지금 어떤지 물어봐야 한다. 이를테면 여러분은 부모님에게 그들이 아직 살아 있는지 물어볼지도 모른다. 그것은 아마도 많은 사람들이 듣고 싶어 하는 마지막 조언일 것이다. 하지만 길버트는 그에 대해 맹세한다.

연습 9.21 **가장 행복한 직업** 표 9.3은 다양한 직업에 종사하는 사람들의 행복에 대한 설문 조사의 결과를 보여준다. 가운데 칸은 가장 행복한 직업 5개를 나열하고 오른쪽 칸은 가장 불행한 직업 5개를 나열한다. 당신은 당신이 변호사나 의사나 그런 직업이면 가장 행복할 거라고 생각할지도 모른다. 비록 길버트가 여러분을 알지 못하지만 그는 여러분이 틀렸다고 생각한다. 어떤 직업이 당신을 가장 행복하게 해줄 거라고 그가 생각하는지? 왜 그가 당신보다 각 직업에서 얼마나 행복할지에 대해 더 많이 알고 있다고 그가 믿는지 설명하라.

표 9.3 2015년의 가장 행복한 직업과 가장 불행한 직업

	가장 행복한 직업	가장 불행한 직업
1	학교 교장	경비원
2	수석 요리사	상품 기획자
3	대부업자	영업 사원
4	자동화 엔지니어	운항 관리사
5	연구 조교	점원

9.6 논의

9장에서는 시간이 요소일 때 사람들이 선택하는 방법에 대해 논의했다. 우리는 8장에서 탐구한 지수 할인 모델과 조화되기 어려운 몇 가지 현상을 발견했다. 이러한 현상들 중 많은 경우, 그 차이는 유의하고 체계적이며 따라서 예측 가능한 것으로 보인다. 다시 한번, 이러한 현상에 대한 지식은 우리가 다른 사람들의 행동을 설명하고 예측할 수 있을 뿐만 아니라, 그것에 영향을 미치고 우리의 행동에 영향을 미치려는 다른 사람들의 노력에 저항할 수 있게 해준다.

8.3절에서 배운 지수 할인 모델과 상충되는 다른 많은 현상들이 있다. **부호 효과**Sign Effect는 이득이 손실보다 더 높은 비율로 할인된다고 말한다. **크기 효과**Magnitude Effect는 큰 결과가 작은 결과보다 낮은 비율로 계산된다는 것을 나타낸다. 또한 졸음, 배고픔, 목마름, 흥분 또는 노년기의 결과로 선호가 바뀔 가능성을 고려하라. 그러한 변화는 단지 사람들의 행동이 예측 가능한 방식으로 시간이 지남에 따라 변할 것으로 예상될 수 있다는 것을 의미할 뿐만 아니라, 사람들이 그들의 선호가 어떻게 변할지에 대한 그들 자신의 예측에 반응할 것으로 예상될 수 있기 때문에 중요하다. 예를 들어 많은 사람들은 공복에 쇼핑을 할 때 너무 많은 음식을 사게 될 것이라는 것을 알고 있고, 이에 따라 행동을 조절하려고 한다. 경제학자들은 선호 변화가 내생적인 모델을 만들어왔지만, 시간이 지남에

따라 진화하는 선호 관계의 존재를 가정하는 것이 더 간결하면서도 설명력이 좋을 수 있다.

행동경제학자들은 지수 할인 모델과 안정적인 선호도의 가정이 기술적으로 부적절하다는 증거를 제공하기 위해 이러한 현상을 이용한다. 이러한 현상들 중 일부는 또한 모델의 규범적 정확성에 의문을 제기한다. 심각한 지연, 극단적인 충동성 또는 이와 유사한 것과 같은 지수 할인의 위반이 개인을 해칠 수 있는 것은 사실이다. 연습 9.11에서 알 수 있듯이, 어느 정도의 정교함은 쌍곡 할인 효과를 완화시키는 데 도움이 될 수 있지만, 그것은 또한 해로울 수 있다. 그러나 시간 할인의 합리성에 대해서는 실질적인 의견 차이가 있다(8.4절 참조). 이전 절의 효용 프로필에 대한 설명은 이러한 문제를 강조하는 데 도움이 된다. 증가하는 효용, 흥망성쇠, 또는 다른 형태나 이야기의 삶을 원하는 것이 완벽하게 합리적이라고 주장할 수 있다. 그렇다면 지수 및 쌍곡선 할인 모델은 둘 다 규범적 표준으로 실패한다. 그리고 지수 할인이 지연된 결과를 평가하는 유일한 합리적인 방법이 아니라면, 이는 비용-편익 분석 및 금융과 같은 분야에서의 광범위한 사용에 의문을 제기할 것이다.

5부에서 우리는 분석에 또 다른 복잡성의 층을 추가하는 전략적 상호작용을 고려할 것이다.

추가 연습

연습 9.22 **은퇴 저축** 젊었을 때, 많은 사람들은 은퇴를 위해 저축하려고 한다. 하지만 그들이 대학 졸업 후 돈을 벌기 시작하면 그들은 종종 즉시 돈을 쓰고 싶어진다. 시메나와 이브는 다음 두 가지 옵션 중 하나를 선택할 수 있다. (a) 시간 1에 은퇴를 위한 저축($u_1 = 0$)을 해서 시간 2에 멋있게 은퇴하는 것과 (b) 시간 1에 소득을 더 많이 사용하고($u_1 = 6$) 시간 2에 가난하게 은퇴하는($u_2 = 0$) 것 중 하나다.

시메나는 지수 할인자다. 그녀의 $\delta = 2/3$이다.

(a) $t = 0$에서 a의 효용은 얼마인가? 그녀의 b의 효용은 얼마인가?

(b) $t = 1$에서 a의 효용은 얼마인가? 그녀의 b의 효용은 얼마인가?

이브는 단순한 쌍곡선 할인자다. 그의 $\beta = 1/3$, $\delta = 1$이다.

(c) $t = 0$에서 a의 효용은 얼마인가? 그의 b의 효용은 얼마인가?

(d) $t = 1$에서 a의 효용은 얼마인가? 그의 b의 효용은 얼마인가?

(e) 누가 더 후회하기 쉬운가?

(f) 누가 더 멋있게 은퇴할 가능성이 더 높은가?

연습 9.23 **중독** 인생은 젊음, 중년, 노년기의 세 가지 시기가 있다고 가정하자. 모든 기간 동안 당신은 약을 할지("복용") 또는 약을 하지 말지("절제")를 결정한다. 복용의 효용은 여러분이 중독("후크")됐는지 여부에 달려 있다. 후크되지 않은 경우 복용의 효용은 10이고 절제의 효용은 0이다. 후크 상태일 경우 복용의 효용은 −8이고 절제하는 효용은 −25이다. 젊었을 때, 여러분은 중독되지 않는다. 이후 여러분은 여러분이 이전 시기에 복용을 한 경우, 중독된다. $\delta = 1$, $\beta = 1/2$이라고 가정한다. 만약 당신이 (a) 시간 일관적인 경우, (b) 시간 일관적이 않고, 단순한 할인자인 경우, (c) 시간 일관적이지 않고 정교한 경우 어떻게 하겠는가?

연습 9.24 **오르페우스와 에우리디케** 수퍼스타 가수이자 작곡가 오르페우스^Orpheus^가 망했다. 긴 이야기지만, 그는 지하 세계에서 그의 주요 사랑인 에우리디케^Eurydice^를 저승으로부터 되찾으러 가야만 했다. 처음에는 일이 잘 풀렸지만, 저승의 왕 하데스^Hades^는 오르페우스에게 절대 뒤돌아보지 말라고 말했지만, 그는 무엇을 했을까? 그가 뒤를 돌아보자 에우리디케는 사라졌다. 오르페우스가 어떤 살인자였다고 생각하는가?

연습 9.25 지하 생활로부터 러시아 소설가 도스토예프스키^Dostoyevsky^가 쓴 『지하생활자의 수기^Note from the Underground^』는 종종 최초의 실존주의 소설로 묘사된다. 여기 그 예가 있다.

> 이제 여러분에게 묻겠다. 인간은 이상한 특성을 타고난다. 인간에게 무엇을 기대할 수 있겠는가? 지상의 모든 복을 그에게 쏟아줘, 그를 행복의 바다에 빠뜨려서, 행복의 거품밖에 보이지 않도록 하라. 인간에게 경제적 번영을 줘서 잠자고, 케이크를 먹고, 자기 종족 번식으로 바쁘게 하라. 그렇게 해줘도, 순전히 배은망덕과 앙심을 품고, 인간은 당신에게 나쁜 수법을 부릴 것이다. 그는 심지어 위험을 감수하고, 단순히 그의 치명적으로 환상적 요소를 이 모든 긍정적인 감각에 더하기 위해 고의적으로 가장 치명적인 쓰레기, 가장 비경제적인 부조리를 열망할 것이다.

도스토예프스키가 설명하는 이상한 행동을 (a) 쌍곡선 할인, (b) 피크 엔드 법칙 또는 (c) 이야기 주의로 설명할 수 있는가?

연습 9.26 **체중과 족쇄** 세네카는 다음과 같은 조언을 했다.

> 죄수들은 처음에는 다리에 달린 무게와 족쇄를 견디기 힘들어 하지만 일단 그들에 대한 불평보다는 참기로 결심하면, 필요성은 그들을 용감하게 견디도록 가르치고,' 쉽게 참는 습관을 가르친다는 것을 생각하라. 여러분이 어떤 삶을 선택하든지 간에, 만약 여러분이 악을 증오의 대상으로 삼기보다는 가볍게 여기려고 한다면, 여러분은 기쁨과 편안함과 즐거움이 있다는 것을 알게 될 것이다. 자연이 우리에게 더 큰 도움을 준 것은 전혀 없다. 자연은 우리가 어떤 고난을 겪었는지 알고 있었듯이, 재난을 완화하기 위한 수단으로 습관을 들였고, 우리가 최악의 고통에 빠르게 익숙해지도록 만들었다.

이 구절은 세네카가 9.5절에서 논의된 적어도 하나의 현상을 잘 알고 있었다는 것을 암시한다. 어느 것인가?

연습 9.27 현대 세계의 대부분에서 사람들은 누구와 결혼할지 스스로 결정해야 한다. 그 결정은 종종 젊을 때, 사랑에 빠졌을 때, 또는 성적으로 흥분했을 때 내려진다. (a) 상황에서 사람들의 행복 예측이 빗나갔다고 생각할 수 있는 최소한 두 가지 이유를 대라. (b) 사람들은 어떻게 그들의 예측의 질을 향상시킬 수 있을까?

연습 9.28 다음의 각각의 일화를 다음 현실 중 하나와 매치하라. 쌍곡선 할인, 프로파일 선호, 비선택의 선택 및 예측 오류/희망 오류. 확신이 안 들면 가장 잘 맞는 것을 선택하라.

(a) 앨리는 오전 5시에 일어나 정오 전에 열심히 공부하려고 밤에 잠자리에 든다. 알람이 울리면 그녀는 세게 내리치고 바로 다시 잠을 잔다.

(b) 버트는 저축을 더 하고 싶지만, 월말에 돈이 충분히 남아 있다고 생각하지 않는다. 그는 저축을 장려하기 위해 매달 1일 당좌예금에서 돈을 인출하기 힘든 저축예금 계좌로 자동이체를 설정한다.

(c) 체리는 한 학기에 한 번만 식당에서 정말 맛있는 식사를 할 수 있다. 그녀는 라면을 먹을 때 기대할 수 있는 것이 있도록 학기 말에 반드시 맛있는 식사를 계획한다.

(d) 다리우스는 만약 그가 집안 청소에 더 많은 시간을 보낸다면, 그의 아내가 훨씬 더

행복해질 것이고, 그의 결혼도 훨씬 더 건강해질 것이라는 것을 알고 있다. 그는 집을 청소하는 것이 좋을 것이라고 계속 생각한다. 하지만 결론적으로 말하면, TV에는 항상 그의 역할을 하지 못하게 하는 무언가가 있다.

(e) 에피쿠로스 또는 그의 추종자 중 한 명은 이렇게 썼다. "인생은 미루는 일로 인해 망하고, 우리 모두는 일에 파묻혀 죽는다."

(f) 그녀가 아는 몇몇 사람들과는 달리, 필리포는 아이스크림 한 통을 한 번에 다 먹지 못할 것이다. 오히려 그녀는 매일 정확히 한 스푼씩 먹을 것이다.

(g) 웹사이트는 신용카드 번호와 당신이 가장 혐오하는 비영리 단체의 이름을 요청해 목표를 달성하도록 도와준다. 만약 여러분이 스스로 설정한 목표를 달성하지 못한다면 웹사이트는 여러분의 카드를 청구할 것이고 여러분이 경멸하는 비영리 단체에 돈을 보낼 것이다.

(h) 헨리 시즈윅이 쓴 바와 같이 "사실 도덕주의자들이 이것 즉 "사람의 쾌락에 대한 예측은 계속해서 틀린다"라는 것보다 더 강조해온 것은 거의 없다."

문제 9.29 당신 자신의 경험을 기반으로 연습 9.28의 예와 같은 스토리를 만들어서 9장에서 읽은 다양한 아이디어를 예시하라.

더 읽을거리

9.2절의 시작 부분에 있는 Junky의 인용문은 Burroughs(1977[1953], xv쪽)에서 인용한 것이다. 지수 할인 모델의 위반에 대한 유용한 검토는 Frederick et al.(2002)로 Loewenstein et al.(2003)의 1장으로 재인쇄된 것이다. 쌍곡선 할인 모델은 Ainslie(1975)에 기인한다. Oblomov는 Goncharov(1915[1859], 7쪽)와 Wicksteed(2003[1933], 29~30쪽)는 그의 담요 관련 딜레마에 대해 설명한다. 단순한 쌍곡선 대 정교한 쌍곡선 할인법은 Johnny Depp 관련 예와 연습이 채택된 O'Donoghue and Rabin(2000년)에서 논의된다(237~8쪽). 미루기와 사전 확약에 대한 연구는 Ariely and Wertenbroch(2002)이고, 적립식 구매 예는 Tabarrok(2013)에서 영감을 받았다. 여행의 전반부보다 후반부를 좋게 하라는

조언은 Epicurus(2012[c 300 BCE], 182쪽)에 나오며, 노동자들의 선호에 대한 연구는 Loewenstein and Sicherman(1991)이다. Eurypides의 대사는 Aristotle(1999년[c 350 BCE], 119쪽)에 인용돼 있다. Vonnegut(2006, 25쪽)은 "구멍 안의 남자Main in Hole"를 묘사하고 Velleman(1991)은 시간이 지남에 따라 변하는 복지에 대해 논한다. 이야기 경제학Narrative Economics은 Shiller(2019)이며, 인용은 65쪽부터다. 피크 엔드 규칙은 Kahneman et al.(1997), 대장 내시경 연구는 Redelmeier and Kahneman(1996)에서 논의된다. Loewenstein and Angner(2003)는 기술적이고 규범적인 관점에서 선호 변화를 조사한다. 9.5절의 데이터는 적응의 과소예측에 관한 Loewenstein과 Adler(1995), 다양화 편향에 관한 Simonson(1990), 투영 편향에 대한 Read and van Leeuwen(1998) 그리고 흥분-냉정 감정적 간극에 관한 Ariely와 Loewen(2006)에서 나왔다. Gilbert et al.(2002)은 영향 편향, Smith(2002[1759], 172쪽)는 인간 본성의 구성, Kahneman(2011, 402~6쪽)는 초점 착시 현상을 설명한다. Sidgwick(2012 [1874])은 투영 편향(121쪽)을 발견한 것으로 보이며, 경험적-반사적 방법(111쪽, 122쪽)을 명명하고 설명한다.

Lyubomirsky(2013, 11쪽)와 Gilbert(2006, 11장)는 유사한 것을 지지한다. Smith (2002[1759], 214~5쪽)는 "자연은 이런 방식으로 우리에게 부과하는 것은 당연하다"고 말한다. 가장 행복하고 가장 불행한 직업에 대한 데이터는 Adams(2015)에 나타난다. 중독 사례는 O'Donoghue와 Rabin(2000, 240~1쪽)에 의한 것이다. Dostoyevsky(2009[1864], 23쪽)는 "인간의 이상한 특성"을 설명하고, Seneca(2007[c 49], 127~8쪽)는 조언을 제공하며, Epicurus(2012[c 300 BCE], 181쪽)는 인생은 미루기 때문에 망했다고 주장하고, Sidgewick(2012[1874], 121쪽)은 "인간의 쾌락 예측"을 논한다.

PART 5

전략적 상호작용

10 분석적 게임 이론

학습 목표

- 모수적과 전략적 의사결정의 차이점을 파악한다.
- 다양한 게임에서 내쉬 균형(및 일부 개선)을 발견한다.
- 분석 게임 이론이 어떻게 기술적이고 규범적인 목적으로 사용될 수 있는지 그리고 그것의 한계가 무엇인지에 대해 이해한다.

10.1 서론

지금까지 우리는 여러분이 즐기거나 고통받는 결과가 여러분의 선택과 세계의 상태에 의해 공동으로 결정된다고 가정해왔는데, 결정 당시 여러분이 알 수 없는 것일 수도 있다. 그러한 상황은 모수적 의사결정Parametric Decision-Making을 필요로 한다. 하지만 많은 현실 세계의 결정들에 있어서 이것은 완전한 설명이 되지 못한다. 대신 여러분이 실생활에서 직면하는 많은 결정 문제들은 상호작용적이거나 전략적인 성격을 가지고 있다. 이것은 무슨 일이 일어나든 여러분이 무엇을 하느냐에 의존하는 것이 아니라 다른 사람들이 무엇을 하느냐에 의존한다는 것을 의미한다. 만약 당신이 체스를 둔다면, 당신이 이길지 질지는 당신의 움직임뿐만 아니라 당신의 상대의 움직임에도 의존한다. 당신이 주식에 투자한다면, 당신이 돈을 벌지 말지는 당신이 주식을 선택하는 것뿐만 아니라 주가가 오르는지 내리는지에 의존한다. 그리고 그것은 공급과 수요의 함수이다. 그것은 다른 사람들이 주식을 사느냐 파느냐의 함수다. 그러한 상황은 전략적 의사결정을 요구한다.

전략적 상호작용의 존재는 분석에 완전히 새로운 복잡성을 더해준다. 만약 당신이 피고 측 변호사라면, 당신의 사건의 결과는 당신의 행동뿐만 아니라 검사의 행동에도 달려 있다. 여러분이 이것을 잘 알고 있기 때문에, 여러분은 검사의 결정을 예상하기 위해 최선을 다한다. 따라서 여러분의 결정은 검사의 결정이 어떻게 될지에 따라 달라질 것이다. 검사의 결정은 부분적으로 검사가 당신이 무엇을 할 것이라고 생각하는지 반영할 것이다. 그래서 여러분의 결정은 검사가 여러분이 무엇을 할 것이라고 생각하느냐에 의존할 것이다. 하지만 검사가 당신이 무엇을 할 것이라고 생각하느냐는 부분적으로 검사가 생각하길 당신이 검사가 무엇을 할 것이라고 생각하느냐에 의존한다…등등. 전략적 상호작용에 대한 정확한 분석이 전혀 명확하지 않다는 것은 명백하다.

전략적 상호작용의 분석은 게임 이론의 영역이다. 12장에서는 때때로 분석적 게임 이론 Analytical Game Theory이라고 부르는 표준 이론의 간략한 개요를 제공한다.

10.2 순수 전략의 내쉬 균형

다음의 이야기는 진정한 인터넷 전설이다.

예 10.1 **보충 시험** 어느 해 화학 수업을 듣는 두 학생이 있었다. 그들 둘 다 퀴즈, 중간고사 그리고 시험지를 너무 잘 봐서 그들은 마을을 떠나 시험 전에 주말에 파티를 하기로 결정했다. 학생들은 대단히 즐거워했다. 그러나 〈행오버 4 Hangover: Part IV〉 영화의 한 장면처럼, 그들은 늦잠을 잤고 시험 시간에 맞춰 캠퍼스로 돌아오지 못했다.

그래서 그들은 시험보러 가는 길에 타이어에 펑크가 났고 예비 타이어가 없어서 오랫동안 기다려야 했다고 교수에게 전화했다. 그 교수는 잠시 생각해보더니, 다음날 학생들에게 보충 시험을 보게 돼 기쁘다고 말했다. 둘은 밤새도록 공부했다.

정해진 시간에 교수님은 그들을 다른 방에 배치하고, 시험지를 건네고, 그들에게 시작하라고 했다. 두 친구는 첫 번째 문제를 살펴봤는데, 그것은 몰 농도 molarity[1]와 용액 solutions에 관한 간단한 문제였고 5점의 가치가 있었다. "쉬워!"라고 그들은 속으로 생각

1 용액 1리터 속에 녹아 있는 용질의 양을 몰로 나타낸 것을 말한다. – 옮긴이

했다. 이어 페이지를 넘기고 두 번째 질문(95점)을 봤다. "어느 타이어였나?"

이 예는 많은 의사결정 문제의 상호작용 또는 전략적 특성을 설명한다. 여기서 두 친구의 최종 점수는 질문에 대한 그의 대답뿐만 아니라 다른 친구의 대답에도 달려 있다. 두 사람이 같은 답을 내면 A 학점을 받고 그렇지 않을 때는 F 학점을 받는다.

좀 더 공식적으로 말하자면 최종 결과가 여러분의 행동과 어떤 (세계의) 상태를 얻느냐뿐만 아니라 적어도 또 한 명의 다른 에이전트의 행동에도 달려 있는 의사결정 문제에 직면할 때는 언제나 게임을 하고 있는 것이다. 이 정의에 따르면, 두 친구는 사실 서로에 대해 게임을 하고 있는 것이다. 그리고 이것은 그들이 그것을 게임으로 생각하든 말든 사실이다. 이런 의미에서 여러분은 서로 경쟁하지 않고 게임을 할 수 있다. 여기서 이 게임의 이름은 협동cooperation과 협조coordination이다. 게임에 관련된 에이전트들은 플레이어라고 부른다. 전략은 플레이어가 가능한 모든 상황에서 무엇을 할 것인지 기술하는 완전한 행동 계획이다. 보충 시험의 경우, 각각의 친구는"왼쪽 앞바퀴FL, Front Left", "오른쪽 앞바퀴FR, Front Right", "왼쪽 뒷바퀴RL, Rear Left", 또는 "오른쪽 뒷바퀴RR, Rear Right" 중에서 선택할 수 있다.

여러 플레이어가 있을 때 각 플레이어가 사용할 수 있는 전략 집합 및 가능한 각 전략 조합에 해당하는 보상(보상 또는 벌금) 집합이 주어진 경우, 게임은 보상 행렬payoff matrix을 사용해 표현될 수 있다. 보상 행렬은 가능한 각 전략 조합에 대한 참가자들의 보상을 나타내는 표다. 두 친구가 하는 게임의 보상 행렬은 표 10.1과 같이 나타낼 수 있다. 전략 프로파일은 각 플레이어마다 하나씩 전략의 벡터다. 〈FL, RR〉은 하나의 전략 프로파일이며, 〈RL, RL〉도 하나의 전략 프로파일이다. 그러므로 보상 행렬은 각 전략 프로파일에서 비롯되는 보상을 보여준다. 물론 각 열이 세계의 상태가 아닌 다른 플레이어의 선택을 나타낸다는 사실을 제외하고, 보상 행렬은 비전략적 의사결정 문제를 나타내는 표와 매우 유사하다.

표 10.1 보충 시험

	FL	FR	RL	RR
FL	A	F	F	F
FR	F	A	F	F
RL	F	F	A	F
RR	F	F	F	A

분석 게임 이론은 균형Equilibrium이라는 개념을 중심으로 구축된다. 가장 두드러진 균형 개념은 내쉬 균형Nash Equilibrium이다.

> **정의 10.2 내쉬 균형** 내쉬 균형Nash Equilibrium은 프로파일 내의 각 전략이 다른 전략에 대한 최선의 반응response이 되도록 하는 전략 프로파일이다.

자신이 "최상의 반응"을 하고 있다고 말하는 것은 다른 플레이어가 무엇을 하고 있다고 주어졌을 때, 다른 행동으로 전환해 더 잘할 수 없다는 것을 의미한다. 다시 말해 다른 사람들이 무엇인가를 하는 것이 주어질 때, 여러분에게 더 높은 보상을 줄 수 있는 대안적인 전략이 없다는 것을 의미한다. 그러므로 내쉬 균형 상태에서, 다른 사람들이 무엇인가를 하는 것이 주어질 때, 모든 사람들은 그들이 할 수 있는 최선을 하고 있다. 이것은 결과가 최대한 좋을 것이라고 말하는 것과는 다르다. 우리가 보게 될 것처럼, 내쉬 균형이 있다는 것이 그 결과가 누구에게나 특별히 좋다는 것을 의미하지는 않는다.

예 10.1의 보충 시험 게임에서 ⟨FL, FL⟩은 내쉬 균형이다. 플레이어 I이 FL을 플레이하는 경우 FL은 플레이어 II에 가장 좋은 반응이고 플레이어 II가 FL을 플레이하는 경우 FL은 플레이어 I에 가장 좋은 반응이다. 균형 상태에서 다른 플레이어의 전략을 고려할 때 어떤 플레이어도 일방적으로 다른 전략으로 변경함으로써 그나 그녀의 이익을 향상시킬 수 없다. 반대로 ⟨FL, RR⟩은 내쉬 균형이 아니다. 플레이어 I이 FL을 플레이하는 경우 플레이어 II는 RR를 플레이하는 경우보다 더 잘할 수 있고 플레이어 II가 RR을 플레이하는 경우 플레이어 I은 FL을 플레이하는 경우보다 더 잘할 수 있다. 이 절에서는 순수 전략에서 분석을 내쉬 균형으로 제한하겠다. 각 플레이어가 그나 그녀가 이용할 수 있는 개별 전략 중 하나를 단순히 플레이하는 내쉬 균형(10.3절과 비교하라)으로 제한한다. 순수 전략에 타이어당 하나씩 총 4개의 내쉬 균형이 있다.

예 10.3 **커피숍** 여러분과 스터디 파트너는 정오에 두 커피숍 중 하나인 루시 커피Lucy와 크레스트우드 커피Crestwood에서 만날 예정이다. 아쉽게도 당신은 어느 것을 명시하지 못했고, 정오 전에 서로 연락할 방법이 없다. 만약 당신이 가까스로 만난다면, 당신은 1의 효용을 얻을 것이고 그렇지 않다면 당신은 0의 효용을 얻을 것이다. 보상 행렬을 그리고 순수 전략의 내쉬 균형을 찾으라.

보상 행렬은 표 10.2이다. 규칙은 각 셀의 첫 번째 숫자가 플레이어 I의 보상을 나타내며, 각 셀의 두 번째 숫자는 맨 왼쪽 열에 전략이 나열된 플레이어 II의 보상을 나타낸다. 순수 전략에서 내쉬 균형은 〈루시, 루시〉와 〈크레스트우드, 크레스트우드〉이다.

표 10.2 순수 협조적 게임

	루시	크레스트우드
루시	1,1	0,0
크레스트우드	0,0	1,1

커피숍 게임은 순수 협조적 게임coordination game의 한 예로서, 플레이어의 이해 관계가 완벽하게 일치하는 게임이다. 보충 시험 게임도 역시 순수 조정 게임이다. 그러나 일부 조정 게임에서는 이해관계가 완벽하게 일치하지 않는다. 요점은 일반적으로 정치적으로 잘못 명명된 이성 간의 싸움battle of the sexes에 의해 제시된다.

예 10.4 **이성 간의 싸움** 남편과 아내는 스테이크 하우스에서 저녁을 먹을지 아니면 크랩 하우스에서 먹을지 결정해야 한다. 모든 것이 똑같아, 둘 다 혼자 식사하는 것보다 함께 식사하는 것을 선호하지만 남자(플레이어 I)는 스테이크 하우스를, 여자(플레이어 II)는 크랩 하우스를 선호한다. 남자는 함께 스테이크 하우스에서 식사할 경우 2 효용, 크랩 하우스에서 식사할 경우 1 효용, 따로 식사할 경우 0 효용을 얻는다. 여자는 함께 크랩 하우스에서 식사할 경우 2 효용, 스테이크 하우스에서 식사할 경우 1 효용, 따로 식사할 경우 0 효용을 얻는다. 보상 행렬을 그리고 순수 전략의 내쉬 균형을 찾아라.

보상 행렬은 표 10.3이다. 순수 전략에는 두 개의 내쉬 균형이 있다. 〈스테이크 하우스, 스테이크 하우스〉가 그중 하나다. 이것이 플레이어 1의 가장 좋은 결과이기 때문에,

그는 전략을 바꾼다고 해서 수익을 올릴 수 없다. 비록 두 플레이어 모두 크랩 하우스로 바꾸면 더 좋겠지만, 그녀는 일방적으로 현재의 전략을 바꿔서 그녀의 보상을 향상시킬 수 없다. 만약 그녀가 스테이크 하우스에서 크랩 하우스로 바꾼다면, 그녀는 1이 아닌 0의 보상으로 끝날 것이다. 물론 〈크랩하우스, 크랩 하우스〉는 순수 전략의 또 다른 내쉬 균형이다.

표 10.3 비순수 협조적 게임

	스테이크 하우스	크랩 하우스
스테이크 하우스	2,1	0,0
크랩 하우스	0,0	1,2

플레이어 I이 어떤 균형을 선호하고 플레이어 II는 그와 다른 균형을 선호하기 때문에, 때때로 완곡하게 "바흐 또는 스트라빈스키"라고 부르는 이성 간의 싸움은 비순수 협조적 게임Impure Coordination Game의 한 예다. 여기 몇 가지 연습이 있다.

연습 10.5 **순수 전략 내쉬 균형** 표 10.4의 게임에서 모든 내쉬 균형을 찾아라. 여기에서 플레이어 I는 위(U), 가운데(M) 및 아래(D) 중에서 하나를 선택하고, 플레이어 II는 왼쪽(L), 가운데(M) 및 오른쪽(R) 중에서 하나를 선택한다.

표 10.4 내쉬 균형 연습

	L	R
U	2,2	0,0
D	0,0	1,1

(a)

	L	R
U	5,1	2,0
D	5,1	1,2

(b)

	L	M	R
U	6,2	5,1	4,3
M	3,6	8,4	2,1
D	2,8	9,6	3,0

(c)

연습 10.5(a)에서는 두 플레이어의 관점에서 한 쪽이 다른 쪽보다 분명히 열등하지만 순수 전략에는 두 개의 내쉬 균형이 있다는 점에 주목한다. 연습 10.5(b)에서 〈U, L〉와 〈D, L〉는 이들이 동일한 보상으로 이어진다는 점에서 "똑같이 좋다"는 의미에서 내쉬 균형이 아니다. 연습 10.5(c)에서는 내쉬 균형보다 두 플레이어에게 더 좋은 결과가 있다.

이 게임들이 보여주듯이, 내쉬 균형과 플레이어들을 위한 "최상의" 결과 사이에는 직접적인 연관성이 없다. 결과적으로 후자를 찾아 전자를 확인하려는 것은 실수일 것이다. 일반적인 현상의 훨씬 더 놀라운 예는 죄수들의 딜레마다(그림 10.1).

그림 10.1 용의자들(코디 테일러 삽화)

표 10.5 죄수의 딜레마

	C	D
C	2년, 2년	20년, 0년
D	0년, 20년	10년, 10년

(a)

	C	D
C	3,3	0,5
D	5,0	1,1

(b)

예 10.6 죄수의 딜레마 두 명의 범죄자는 두 개의 다른 범죄 혐의로 체포된다. 검찰은 두 사람을 경미한 혐의로는 유죄를 선고할 충분한 증거를 갖고 있지만 주요 혐의로는 그렇지 않다. 만약 두 범죄자가 서로 협력하고 (C) 침묵을 지키면, 그들은 경미한 혐의에 대해 유죄를 선고 받고 2년간 복역할 것이다. 검찰은 죄수들을 분리한 뒤 이들이 다른 죄수를 배신하는 경우 (D) 즉 다른 죄수들에게 불리한 증언을 하는 경우 감형을 제공한다. 한 죄수가 배신하지만 다른 죄수가 협력하는 경우, 배신한 죄수는 풀려나는 반면 협력한 죄수는 징역 20년을 복역한다. 둘 다 배신하는 경우, 두 사람 모두 중죄로 유죄 판결을 받지만 (증언에 대한 보상으로) 10년만 복역하게 된다. 각 죄수가 감옥에서 보내는 년수에만 신경 쓴다고 가정해보자. 보상 행렬은 어떻게 되는가? 내쉬 균형은 무엇인가?

징역 형량 기준의 보상 행렬은 표 10.5(a)이며, 효용 기준의 보상 행렬은 표 10.5(b)로 나타낼 수 있다. 플레이어 I을 먼저 고려해보자. 플레이어 II가 협력할 경우 플레이어 I은 협력과 배신 중 하나를 선택할 수 있다. 배신을 통해 2년 징역 대신 자유를 얻을 수 있다. 플레이어 II가 배신하는 경우 플레이어 I은 여전히 협력과 배신 중 하나를 선택할 수 있다. 배신을 통해 20년 징역 대신 10년을 복역할 수 있다. 간단히 말해 플레이어 I은 플레이어 II가 무엇을 하든 배신하는 것이 낫다. 하지만 플레이어 II도 마찬가지다. 따라서 내쉬 균형은 하나뿐이다. 둘 다 배신해서 10년 복역한다.

죄수들의 딜레마에서 유일한 내쉬 균형을 찾는 한 가지 방법은 모든 강하게 지배되는 전략Strictly Dominated Strategies을 제거하는 것이다. 전략 *X*는 상대방이 무엇을 하든 *Y*를 선택하는 것보다 *X*를 선택하는 것이 더 낫다면 다른 전략 *Y*를 강하게 지배한다strictly dominate고 한다. 어떤 합리적 에이전트도 강하게 지배되는 전략을 구사하지 않기 때문에, 내쉬 균형을 찾을 때 그러한 전략은 고려 대상에서 제외될 수 있다. 죄수들의 딜레마에서 탈당은 배신은 협력을 지배하기 때문에 협력이 제거될 수 있다. 어떤 합리적인 플레이어도 협력하지 않을 것이고 둘 다 배신할 것이다.

비록 두 죄수 모두 협력했더라면 더 좋았을 것이라는 데 동의할지라도 배신의 결과가 성립한다는 것을 주목하라. 모든 플레이어가 *Y*보다 *X*를 약하게 선호하고 적어도 한 선수가 *X*를 강하게 선호한다면 결과 *X*는 또 다른 *Y*를 파레토 지배Pareto Dominate한다고 한다. 어떤 결과가 다른 결과에 의해 파레토 지배되지 않는다면, 그 결과는 **파레토 최적**Pareto Optimal이다. 죄수들의 딜레마에서 협력적 결과인 〈C, C〉는 내쉬 균형인 〈D, D〉를 파레토 지배하고 있다. 하지만 여전히 합리적인 플레이어들은 파레토 최적 결과가 아닌 결과(여기서 내쉬 균형 〈D, D〉)를 공동으로 선택할 것이다. 이러한 이유로 죄수들의 딜레마는 때때로 게임 이론 발명가이자 노벨상 수상자인 존 내쉬에 관한 영화 〈뷰티풀 마인드〉에서 개인의 이기심을 합리적으로 추구하는 것이 사회적으로 바람직한 결과로 이어진다는 애덤 스미스의 통찰력을 반박하는 것으로 제시된다.

많은 실제 세계의 상호작용은 죄수들의 딜레마를 연상시키는 특징들을 가지고 있다. 군비 경쟁은 전형적인 예다. 인도와 파키스탄의 핵 증강을 생각해보자. 인도가 핵무기를 보유하고 있든 없든 파키스탄은 핵무기를 원하고 있다. 만약 인도가 그것을 가지고 있다면, 파키스탄은 힘의 균형을 유지하기 위해 핵무기가 필요하다. 만약 인도가 그것들을 가지고 있지 않다면, 파키스탄은 그들이 우위를 점하기를 원한다. 같은 이유로 인도는 파키스탄이 핵무기를 보유하고 있든 없든 핵무기를 원한다. 따라서 두 나라 모두 핵무기를 획득하고, 어느 나라도 우위를 점하지 못하고 있으며, 두 나라 모두 핵무기를 보유하지 않았을 때보다 형편이 좋지 않다. 어류 남획, 삼림 벌채, 대기 오염, 그리고 많은 다른 현상들이 다른 고전적인 예들이다. 그 생각은 다른 플레이어가 무엇을 하든 각 플레이어는 낚시를 하고, 숲을 벌채하고, 오염시키는 동기를 부여받지만, 만약 그렇다면 모든 사람들은 아무도 행동하지 않았을 때보다 더 나빠진다는 것이다.

여러 다른 해결책이 생각날 수 있다. 만약 두 죄수가 범죄를 저지르기 전에 함께 모여서 그들이 잡힐 경우에 협력하겠다고 약속한다면 어떻게 될까? 물론 여러분은 비공식적인 합의와 악수가 효과가 있을 것이라고 생각할지도 모른다. 그러나 죄수들이 붙잡히기 전에 어떤 구두 합의를 했더라도 구속력이 없기 때문에 해결책은 실패한다. 결국 각자 고립돼 선택을 해야 하고, 배신은 엄연히 협력을 지배하며, 합리적인 에이전트는 배반을 할 수밖에 없다. “대화는 싸다”라는 속담이 있다. 이것이 게임 이론가들이 구속력이 없는 구두 협정을 **싸구려 대화**cheap talk라고 부르는 이유다.

만약 그 게임이 반복될 수 있다면 어떻게 될까? 여러분은 반복을 통해 죄수가 배반을 통해 배반을 처벌할 기회를 가질 수 있다고 생각할지 모른다. 하지만 두 죄수가 서로 10번의 죄수들의 딜레마 게임을 한다고 가정해보자. 반복된 게임에서 균형을 찾기 위해, 우리는 끝에서 시작하고 **역진귀납법**Backward Induction이라고 부르는 절차를 사용한다. 마지막 라운드에는 상대방의 배반에 보복할 수 없으므로 합리적 죄수가 협력하지 않는다. 따라서 10라운드에서 두 죄수 모두 배반할 것이다. 마지막에서 두 번째 라운드에서 합리적인 죄수는 이미 상대방이 10라운드에 배반할 것이라는 것을 알고 있는데, 이것은 그가 협력하든 배반하든 상관이 없다는 것을 의미한다. 따라서 9라운드에서 두 죄수 모두 배반할 것이다. 8라운드, 7라운드 등에서도 마찬가지다. 이런 식으로 반복된 죄수들의 딜레마 게임에 대한 합리적인 협력의 전망은 마지막부터 풀리지 않는다. 반복한다고 해서 문제가 해결되는 것은 아니다.

만약 마지막 라운드가 없다면, 즉 경기가 무한정 반복된다면 협력은 지속될 수 있다. 무한히 반복되는 죄수들의 딜레마에는, 두 죄수들이 내내 협력하지만 언제든지 배반을 통해 배반을 처벌할 준비가 돼 있는 내쉬 균형이 존재한다. 협력적인 해결책은 참가자들이 미래를 너무 많이 할인하지 않는다는 것을 전제로 한다. 만약 그렇게 한다면 아무리 반복해도 죄수들을 구할 수 없을 것이다. 그리고 합리적인 사람들이 특정 균형을 유지한다는 보장도 없다. 사실 무한히 반복되는 죄수들의 딜레마에는 무한히 많은 균형이 있다. 그리고 그 균형 중 한곳에서는 죄수들이 항상 배반한다. 간단히 말해서 무한 반복은 죄수들의 딜레마에 대한 합리적인 협력의 가능성을 지지하지만 그것을 보장하지는 않는다.

합리적인 에이전트들이 배반을 피할 수 있는 확실한 방법은 하나뿐이며, 그것은 그들이 죄수들의 딜레마를 전혀 하고 있지 않다는 것을 확실히 하는 것이다. 두 범죄자가 범죄를 저지르기 전에 지역 계약 살인범에게 가서 그가 잡힐 경우 배반하는 사람은 모두 죽이라고 지시한다고 가정해보자. 계약 살인자의 손에 의한 죽음이 $-\infty$의 효용과 관련이 있다면, 두 죄수의 보상 행렬은 이제 표 10.6과 같이 보일 것이다. 여기서 협력은 두 플레이어의 배반을 강하게 지배하며 ⟨C, C⟩가 유일한 내쉬 균형이다. 당신은 어떤 조건에서도 계약 살인범에 의해 죽임을 요청하는 것이 결코 사람에게 이익이 되지 않을 것이라고 생각할지도 모른다. 하지만 이런 식으로 진행함으로써, 죄수들은 그들이 하지 않았던 것보다 훨씬 더 나은 보상을 자신들에게 보장할 수 있다. 하지만 이 게임에서는 협력이 독특하게 합리적인 전략이라는 것을 주목해야 한다. 그건 죄수의 딜레마가 전혀 아니기 때문이다.

표 10.6 수정된 죄수의 딜레마

	C	D
C	3,3	0,$-\infty$
D	$-\infty$,0	$-\infty$,$-\infty$

예 10.7 리바이어던[2] 17세기 정치 철학자 토마스 홉스Thomas Hobbs는 정치 권력이 없는 삶이 어떠할지를 상상함으로써 정치적 권위에 대한 정당성을 제공했다. 서양 철학사에서 가장 유명한 구절 중 하나에서, 홉스는 이 "자연 상태state of nature"를 다음과 같이 묘사했다.

> 인간은 그들 모두를 경외할 수 있는 공통의 힘 없이 사는 동안, 전쟁이라고 부르는 상태에 있고, 모든 사람에 대한 모든 사람의 전쟁과 같은 상태에 있다. 그러한 상태에서는… 폭력적인 죽음의 끊임없는 두려움과 위험 그리고 고독하고, 가난하고, 고약하고, 잔인하고, 짧은 인간의 삶이 있다.

홉스에 따르면 해결책은 사람들이 죽임을 당하고, 불구가 되지 않을 권리의 대가로 다른 사람들을 죽이고 불구로 만들 권리를 포기하는 계약이며, 동시에 사람들이 계약의 조건을 준수하도록 보장하는 압도적인 힘인 리바이어던을 확립하는 계약이다(그림 10.2 참조). 게임 이론은 이 "만인과의 전쟁"의 본질을 해석하는 새로운 방법을 제공한다. 요즘 많은 사람들은 홉스의 이야기를 사람들이 서로에 대해 죄수들의 딜레마를 하도록 강요를 당하고, 따라서 합리적인 이기심을 추구하는 것이 관련된 모든 사람들에게 최악의 결과를 초래하는 시나리오의 생생한 묘사라고 생각한다. 홉스의 이야기에서 리바이어던은 위의 시나리오에서 계약 살인자와 같은 기능을 한다. 사람들을 그들의 약속을 지키게 함으로써, 그는 합리적인 자기 이익이 사회적 바람직함과 확실히 일치하도록 상호작용의 본질을 바꾼다.

2 리바이어던(Leviathan)은 구약성서 욥기 41장에 나오는 바다의 괴물 이름으로, 인간의 힘을 넘는 매우 강한 동물을 뜻한다. 홉스는 국가라는 거대한 창조물을 이 동물에 비유했다. – 옮긴이

그림 10.2 리바이어던(1651년판의 전면부 묘사)

10.3 혼합 전략의 내쉬 균형

어떤 게임들은 순수 전략의 내쉬 균형이 없다. 그러나 그것이 내쉬 균형을 갖고 있지 않다는 것을 의미하지는 않는다.

예 10.8 커피숍(계속) 여러분이 여전히 예 10.3의 두 커피숍 중 한곳에 가야 하는데, 전남편도 가야 한다고 가정해보자. 전남편과 마주치고 싶지 않지만 전남편은 당신을 마주치고 싶어 한다. 서로 어떤 게임을 하게 될까?

플레이어가 목표를 달성할 때마다 1의 효용을 얻고 그렇지 않을 경우 보상 행렬은 표 10.7이다.

표 10.7 순수 협조적 게임

	루시	크레스트우드
루시	1,0	0,1
크레스트우드	0,1	1,0

이 게임은 순수 전략으로 내쉬 균형은 없다. 만약 당신이 〈루시 커피〉에 간다면, 당신의 전남편도 그곳에 가고 싶어 할 것이다. 그러나 그러면 당신은 〈크레스트우드〉에 가고 싶어 할 것이고, 그 경우는 당신의 전남편도 그렇게 하고 싶어 할 것이다. 그나저나 이 커피숍 게임은 '페니 맞추기matching penny'라는 게임과 같은 보상 구조를 갖고 있다. 두 사람이 페니 맞추기를 할 때, 각각 페니를 던진다. 두 동전이 모두 앞면이 나오거나 동전이 모두 뒷면이 나오면 플레이어 I이 이기고, 그렇지 않으면 플레이어 II가 이긴다. 이것은 또한 한 플레이어가 이길 때마다 다른 선수가 지는 제로섬 게임의 한 예다.

그러나 이 게임은 혼합 전략으로 내쉬 균형을 가진다. 동전을 던져서 어디로 갈지 알아내고 전 남편도 그렇게 한다고 가정해보자. 당신이 루시 커피에 갈 확률이 50%이고 크레스트우드에 갈 확률이 50%일 때, 당신의 전남편은 루시와 크레스트우드 사이에서 무차별하고 동전을 던지는 것 이상으로 더 나을 수 없다. 그리고 당신의 전남편이 루시에 가게 될 확률이 50%이고 크레스트우드에 가게 될 확률이 50%일 때, 당신은 루시와 크레스트우드 사이에서 무차별하고 동전을 던지는 것보다 더 나을 수 없다. 이 경우 둘은 순수 전략이 아니라 혼합 전략을 구사하고 있지만, 내쉬 균형에 있다.

이런 게임에서는 혼합 전략 균형을 쉽게 찾을 수 있다. 다른 게임에서는 더 까다로울 수 있다. 이성 간의 싸움을 생각해보라(예: 10.4절). 이런 게임에서 혼합 전략 균형을 찾기 위해서는 한 가지 중요한 통찰이 있다. 선수들이 합리적으로 혼합 전략을 구사하기 위해서는, 그들이 혼합하는 순수 전략들 사이에 무차별해야 한다는 것이다. 왜일까? 만약 한 플레이어가 한 전략을 다른 전략보다 강하게 더 선호한다면, 유일한 합리적 방법은 선호하는 전략을 확률 1로 플레이하는 것이다. 따라서 방정식을 설정하고 플레이어가 다른 전략을 구사할 확률을 풀면 게임에서 혼합 전략 균형을 찾을 수 있다.

예 10.9 **이성 간의 싸움(계속)** 이성 간의 싸움에서 혼합 전략 균형을 찾기 위해(표 10.8), 플레이어 I은 확률 p로 U, 확률 $(1-p)$로 D를, 플레이어 II는 확률 q로 L 그리고 확률 $(1-q)$

로 R을 각각 플레이한다고 가정하자.

표 10.8 비순수 협조적 게임

	L	R
U	2,1	0,0
D	0,0	1,2

플레이어 I을 먼저 고려하라. 혼합 전략을 구사하기 위해서는 U와 D 사이에 무차별해야 하는데, 이는 $u(\mathrm{U}) = u(\mathrm{D})$라는 뜻이다. U를 플레이하는 효용은 플레이어 II가 수행하는 행동, 즉 q가 무엇인지에 따라 달라진다. U를 플레이할 때 플레이어 I은 2 효용을 얻을 확률 q와 0을 얻을 확률 $(1 - q)$을 가진다. 따라서 $u(\mathrm{U}) = q * 2 + (1 - q) * 0 = 2q$다. D를 플레이할 때 플레이어 I은 0 효용을 얻을 확률 q와 1을 얻을 확률 $(1 - q)$을 갖는다. 따라서 $u(\mathrm{D}) = q * 0 + (1 - q) * 1 = 1 - q$다. 따라서 $u(\mathrm{U}) = u(\mathrm{D})$는 $2q = 1 - q$이며, 이는 $q = 1/3$임을 의미한다.

다음으로 플레이어 II를 고려하자. 혼합 전략을 구사하기 위해서는 L과 R 사이에 무차별해야 하는데, 이것은 $u(\mathrm{L}) = u(\mathrm{R})$라는 뜻이다. 이제 $u(\mathrm{L}) = p * 1 + (1 - p) * 0 = p$ 및 $u(\mathrm{R}) = p * 0 + (1 - p) * 2 = 2 - 2p$다. 따라서 $u(\mathrm{L}) = u(\mathrm{R})$는 $p = 2 - 2p$이며, 이는 $p = 2/3$임을 의미한다.

따라서 혼합 전략에서는 플레이어 I이 확률 2/3로 U를 플레이하고 플레이어 II가 확률 1/3로 L을 플레이하는 내쉬 균형이 존재한다. 혼합 전략 균형에서 플레이어 I은 보상 $u(\mathrm{U}) = u(\mathrm{D}) = 2q = 2/3$을 얻고 플레이어 II는 보상 $u(\mathrm{L}) = u(\mathrm{R}) = p = 2/3$을 얻는다.

이 예에서 알 수 있듯이, 순수 전략 균형을 가진 게임도 혼합 균형을 가질 수 있다.

연습 10.10 **혼합 전략 균형** 표 10.4(a) 및 (b)에서 혼합 전략 내쉬 균형을 찾는다.

(a)의 혼합 전략 균형에서 플레이어 I은 U보다 D를 플레이할 가능성이 더 높고 플레이어 II는 L보다 R을 플레이할 가능성이 더 높다. 이는 이상하게 보일 수 있다. 플레이어들이 더 바람직한 균형 ⟨U, L⟩과 관련된 전략을 할 것이라고 예상할 수 있기 때문이다. 그러나 모순에 의한 증명(귀류법)을 위해 플레이어 I과 플레이어 II가 어느 정도 높은 확률로 L을 플레이하는 혼합 전략 균형에 두 플레이어가 있다고 가정해보라. 만약 그렇다면 플레이

어 I은 D보다 U를, 플레이어 II는 R보다 L을 강하게 선호할 것이다. 따라서 두 플레이어는 초기 가정과는 반대로 전혀 균형을 이루지 못할 것이다. 두 선수가 혼합 전략을 구사하려면 두 개의 순수 전략 사이에 무차별해야 하며, 이는 플레이어 I이 U보다 D를 플레이할 가능성이 높고 플레이어 II가 L보다 R을 플레이할 가능성이 높을 때에만 가능하다.

또한 플레이어 I이 U를 플레이할 확률 p는 플레이어 I의 보상이 아니라 플레이어 II의 보상에 따른 함수라는 점에 유의하라. 이것은 똑같이 직관에 어긋나는 것처럼 보일 수도 있다. 그러나 그것은 그의 순수 전략들 사이에서 플레이어 II를 무차별하게 만드는 방식으로 p를 선택해야 한다는 사실에서 비롯된다. 마찬가지로, 플레이어 II가 L을 플레이할 확률 q는 그의 보상이 아니라 그의 상대 플레이어 I의 보상에 의해 결정된다. 이것은 혼합 전략에서 내쉬 균형의 매력적인 특징이다.

연습 10.11 **순수 균형 VS 혼합 균형** 표 10.9에 묘사된 게임에서 (순수 및 혼합 전략에서) 모든 내쉬 균형을 찾아라.

비록 혼합 전략 균형은 언뜻 보기에 주로 학문적 관심사의 인위적인 구조처럼 보일지 모르지만, 혼합 전략은 매우 다양한 전략적 상호작용에서 중요하고 흔하다. 비록 여러분이 끝내주는 환상의 크로스 코트 샷cross court shot을 구사할 수 있는 테니스 선수일지라도 매번 크로스 코트 샷을 치는 것은 현명하지 못한 일일 것이다. 그러면 여러분의 상대는 그것을 예상하게 될 것이다. 아주 자주 공을 라인을 따라서down the line 쳐야 한다. 이런 게임에서는 상대방이 계속 추측할 수 있도록 약간 전략을 섞어야 한다. 이 분석은 종종 당신의 약한 숏을 때리는 것은 잘못된 것이 아니라 필요하다는 것을 보여준다. 게임에서 사람이 때때로 열등한 선택을 한다는 사실이 그나 그녀가 균형 전략을 하고 있지 않다는 것을 의미하지는 않는다.[3]

3 크로스 코트 샷과 다운 더 라인 샷의 비교 – 옮긴이

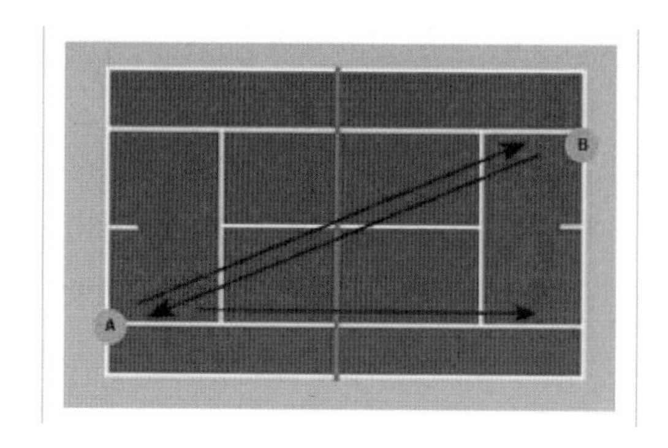

위 그림에서 A에서 B로 치는 것이 크로스 코트cross court이고 A에서 오른쪽 라인을 따라 치는 것이 다운 더 라인down the line이다.

표 10.9 혼합 내쉬 균형 연습

	L	R
U	5,2	1,1
D	1,1	2,5

(a)

	L	R
U	4,1	2,0
D	5,1	1,2

(b)

	L	R
U	1,1	0,0
D	0,0	0,0

(c)

예 10.12 배우자 경제학 『배우자 경제학Spousonomics』의 저자들에 따르면 "경제학은 결혼의 행복을 향한 가장 확실한 길이다." 그 까닭은 "가시밭길의 비논리적이고, 감정적인 가정 분쟁에 대해 냉정하고 논리적인 해결책을 제공하기 때문이다." 여러분의 배우자가 뒤로 물러나 휴식을 취하는 동안 여러분이 설거지를 하고, 침대를 정돈하고, 고양이 배설물을 비우는 균형에 갇혀 있다고 가정해보자. 『배우자 경제학』은 분명히 여러분이 혼합 전략을 구사함으로써 즉 때로는 빨래를 하고, 때로는 하지 않고, 때로는 침대를 정돈하고, 때로는 하지 않음으로써 여러분의 배우자를 받아들일 수 있는 (이상적이지는 않을지라도) 파트너로 바꿀 수 있다고 가르친다.

연습 10.13 가위바위보

(a) 가위바위보를 위한 보상 행렬을 그린다. 이기면 1 효용, 동점이면 0, 지면 −1 효용이 된다고 가정하자.

(b) 이 게임에서 유일한 내쉬 균형은 무엇인가?

우리는 이미 모든 게임이 순수 전략에서 내쉬 균형을 가지고 있는 것은 아니라는 것을 알고 있다. 하지만 이제 우리는 혼합 전략에서의 내쉬 균형이라는 개념을 알게 됐으므로, 존 내쉬John Nash에 의해 원래 유명한 정리를 증명할 수 있게 됐다. 말로 간결하게 표현하면 다음과 같다.

정리 10.14 내쉬의 정리 모든 유한 게임, 즉 모든 플레이어가 유한한 수의 순수 전략을 갖는 모든 게임은 내쉬 균형을 갖는다.

증명

생략 ■

이 정리를 고려할 때, 내쉬 균형을 찾는 것은 헛된 것이 아니다. 각 플레이어가 사용할 수 있는 순수 전략의 수가 유한하고 이 조건이 만족되는지 여부를 판단하기가 충분히 쉬운 한, 우리는 게임이 순수 전략 또는 혼합 전략에서 적어도 하나의 내쉬 균형을 가지고 있다는 것을 알게 됐다.

예 10.15 체스 체스는 유한한 게임이다. 우리는 이를 알고 있다. 모든 플레이어는 게임의 어느 시점에서든 선택할 수 있는 움직임의 수가 한정돼 있고, 모든 게임은 유한한 움직임 후에 끝나기 때문이다. 그것은 유한한 게임이기 때문에, 내쉬의 정리는 그것이 균형을 가지고 있다는 것을 확립한다.

이것은 적어도 경험이 많은 선수들이 체스를 할 때는 체스가 재미없어야 한다는 것을 암시한다. 플레이어 I이 균형 전략을 플레이한다고 가정하면 플레이어 II는 균형 전략을 플레이하는 것과 다를 바 없으며 그 반대도 마찬가지다. 따라서 우리는 경험 많은 참가자들이 매번 균형 전략을 구현하고 그 결과가 친숙하고 예측 가능할 것으로 기대해야 한다.

그러나 내쉬의 정리는 균형의 존재를 확립할 뿐이다. 그것은 균형 전략이 무엇인지 밝히지 않는다. 아직까지는 어떤 컴퓨터도 그것들이 무엇인지 알아낼 만큼 강력하지 않다. 그리고 우리가 전략이 무엇인지 안다고 해도, 너무 복잡해서 인간이 실행할 수 없을지도 모른다. 그러므로 체스는 오랫동안 흥미롭게 남을 것 같다.

다음으로 넘어가기 전에 두 가지 연습을 더 해보자.

연습 10.16 **치킨** 치킨 게임은 제임스 딘James Dean이 주연한 1955년 영화 〈이유 없는 반항〉에서 대중화됐다. 이 게임은 일반적으로 서로 고속으로 똑바로 차를 운전하는 두 사람에 의해 행해진다. 먼저 방향을 바꾸는 사람은 "치킨"이라고 불리고 경멸의 대상이 된다. 이 게임에서 영국의 철학자 버트런드 러셀Bertrand Russell은 냉전 정책과 비슷한 점을 봤다.

> 핵 교착 상태가 명백해진 이후 동서양 정부는 덜레스 미 국무장관이 "벼랑 끝 전술(brinkmanship)"이라고 부르는 정책을 채택했다. 이것은 스포츠에서 채택된 정책으로 내가 듣기로는 몇몇 젊은 불량아들이 한다고 한다. 이 스포츠는 "치킨!"이라고도 부른다. 비록 플레이어 본인들의 목숨만 걸려 있지만, 무책임한 소년들이 하므로, 이 게임은 퇴폐적이고 부도덕한 것으로 여겨진다. 자신의 목숨뿐만 아니라 수억 명의 인명을 위험에 건 저명한 정치인들이 이 게임을 치룰 때, 양측 모두에서 자기 쪽에 있는 정치인들은 고도의 지혜와 용기를 보이고 있으며, 다른 쪽에 있는 정치인들만이 비난받을 만하다고 생각한다. 물론 이것은 불합리하다.

각 플레이어가 방향 바꾸기(S)과 똑바로 가기(¬S) 중 하나를 선택할 수 있으며, 그 보상 구조가 표 10.10의 것이라고 가정해보자. 이 게임에서 모든 내쉬 균형을 찾아라.

표 10.10 치킨 게임

	S	¬S
S	3,3	2,5
¬S	5,2	1,1

진화 게임 이론Evolutionary Game Theory이라고 부르는 게임 이론의 한 분야에서, 이 게임은 매파와 비둘기파Hawk & Dove라는 표제 아래 두드러지게 나타난다. 비둘기파는 쉽게 포기하는 반면, 매파는 죽을 때까지 싸우려고 한다. 여러분에게 가장 좋은 결과는 여러분이 매이고 여러분의 상대가 비둘기일 때이며, 두 번째로 좋은 결과는 둘 다가 비둘기일 때이고, 세 번째로 좋은 결과는 여러분이 비둘기이고 여러분의 상대가 매일 때이며, 최악의

결과는 둘 다 매일 때다. 비둘기가 방향을 틀고 매가 방향을 틀지 않는다면 매와 비둘기의 수익 구조는 닭과 같다. 진화 게임 이론에서, 혼합 전략 균형은 매와 비둘기가 현실 세계에서 그러하듯이 주어진 비율로 공존하는 인구를 설명하는 것으로 해석된다.

연습 10.17 **사슴 사냥** 이 게임은 18세기 프랑스 철학자 장 자크 루소Jean-Jacques Rousseau 덕분이다. 루소는 두 사람이 사냥을 가는 시나리오를 묘사한다. 이 둘은 토끼나 사슴을 사냥할 수 있지만 둘 다 사냥할 수는 없다. 누구든지 혼자서 토끼를 잡을 수 있지만, 사슴을 잡는 유일한 방법은 두 사냥꾼 모두 사슴을 쫓는 것이다. 사슴은 토끼보다 훨씬 더 귀중하다. 사회적 협력을 위한 중요한 우화를 제공하는 것으로 생각되는 사슴 사냥은 보통 표 10.11과 같다. 이 게임의 내쉬 균형(순수 전략과 혼합 전략)은 무엇인가?

표 10.11 사슴 사냥

	D	H
D	3,3	0,1
H	1,0	1,1

죄수의 딜레마(표 10.5(b)), 치킨 게임(표 10.10), 사슴 사냥(표 10.11) 간의 보상 구조에서 표면적으로 미묘한 차이가 근본적으로 다른 분석 결과를 어떻게 초래하는지를 주목한다.

10.4 균형의 개선

내쉬 평형의 개념은 논란의 여지가 있는 많은 결과와 관련이 있다. 이 절에서는 문제가 있는 것으로 추정되는 경우를 처리하기 위해 설계된 두 가지 대체 균형 개념을 고려한다.

예 10.18 **떨리는 손 완전성** 표 10.9(c)로 돌아가보자. 알다시피 ⟨U, L⟩은 내쉬 균형이다. 플레이어 I은 D대신 U로 플레이하면 보상을 향상시킬 수 있으므로 ⟨D, L⟩은 균형이 아니다. ⟨U, R⟩도 마찬가지로 균형이 아니다. 그러나 ⟨D, R⟩을 고려해보자. 플레이어 II가 R을 플레이하면, 플레이어 I이 D를 플레이하는 것보다 더 잘 할 수 없다. 만약 플레이어 I이 D를 플레이하면, 플레이어 II는 R을 플레이하는 것보다 더 잘할 수 없다. 따라서 ⟨D, R⟩은 내쉬 균형이다. 혼합 균형은 없다. 플레이어 II가 무엇을 하든 플레이어 I은 U와 D

사이에서 결코 무차별하지 않을 것이고, 플레이어 II는 L과 R 사이에서 결코 무차별하지 않을 것이다.

여기서 분석에는 아무런 문제가 없지만, 두 번째 균형 ⟨D, R⟩에는 이상한 점이 있다. 만약 *X*를 선택하는 것이 다른 플레이어가 무엇을 하든 *Y*를 선택하는 것보다 나쁘지 않고, 다른 플레이어가 사용할 수 있는 적어도 하나의 전략에 대해서 *X*를 선택하는 것이 *Y*를 선택하는 것보다 낫다면 전략 *X*는 다른 전략 *Y*를 약하게 지배한다weakly dominate고 한다. 예 10.18에서 U는 D를 약하게 지배하고 L은 R을 약하게 지배한다. 따라서 합리적인 개인이 두 번째 균형인 ⟨D, R⟩을 플레이할 이유가 없어 보인다. 그리고 문제는 (1, 1)이 (0, 0)을 파레토 지배한다는 것이 아니다(10.2절 참조).

떨리는 손 완전 균형Trembling-Hand-Perfect Equilibrium이라는 개념은 이런 종류의 상황을 다루기 위해 고안됐다.

> **정의 10.19 떨리는 손 완전 균형** 떨리는 손 완전 균형은 다른 사람들이 아주 조금 떨릴 확률을 가지고 있을 때, 즉 우연히 균형을 벗어난 전략을 구사할 때조차도 각 참가자들에게 최상의 반응을 유지하는 내쉬 균형이다.

표 10.9(c)에서 ⟨U, L⟩은 '떨리는 손 완전 균형'이다. 플레이어 II가 R을 플레이할 매우 작은 확률 $\varepsilon > 0$이 존재할지라도, 플레이어 II는 여전히 L을 확률 $(1 - \varepsilon)$로 플레이하고, U는 플레이어 I에 대한 가장 좋은 반응으로 유지된다(그리고 플레이어 I도 유사한 논리가 적용된다). 대조적으로, ⟨D, R⟩은 '떨리는 손 완전 균형'이 아니다. 플레이어 II가 L을 플레이할 매우 작은 확률 $\varepsilon > 0$이 존재한다면, 이 확률이 아무리 작아도, (D가 아니라) U가 플레이어 I에게 강하게 선호되는 전략이다.

연습 10.20 **이성의 싸움(계속)** 이성의 싸움에서 두 가지 순수 전략 균형은 완전한가? (표 10.8)

떨리는 손 완전 균형은 내쉬 균형을 개량한 것이다. 이것은 모든 떨리는 손 완전 평형이 내쉬 균형이라는 것을 의미하지만 모든 내쉬 균형이 떨리는 손 완전 균형은 아니라는 것을 의미한다.

연습 10.21 **떨리는 손 완전성** (a) 표 10.12의 순수 전략에서 모든 내쉬 균형을 찾는다. (b) 이들 중 어떤 것이 떨리는 손 완전 균형인가?

표 10.12 떨리는 손 완전 균형(계속)

	L	M	R
U	1,4	0,0	0,0
M	0,0	4,1	0,0
D	0,0	0,0	0,0

떨리는 손 완전 균형 개념을 내쉬 균형 개념으로 대체하면 내쉬 균형 개념의 몇 가지 문제가 있는 경우를 제거할 수 있다. 그러나 떨리는 손의 균형이라는 개념은 모든 문제가 있는 경우를 다루기에 충분하지 않다.

예 10.22 **신뢰할 수 있는 위협 VS 신뢰할 수 없는 위협** 두 단계가 있는 게임을 생각해보자. 첫 번째 단계에서 플레이어 I은 U 또는 D를 플레이한다. 만약 플레이어 I이 D를 플레이하면 두 플레이어 모두 2의 보상을 받는다. 플레이어 I이 U를 플레이하면 다음은 플레이어 II가 플레이할 차례다. 두 번째 단계에서 플레이어 II는 L 또는 R을 플레이한다. 플레이어 II가 L을 플레이하면 플레이어 I은 5를 얻고, 플레이어 II는 1을 얻는다. 플레이어 II가 R을 플레이하면 둘 다 0을 얻는다. 이 게임의 내쉬 균형은 무엇인까?

이 게임은 표 10.13과 같이 나타낼 수 있다. 다음의 두 개의 내쉬 균형이 존재한다. ⟨U, L⟩과 ⟨D, R⟩이 그것이다.

표 10.13 부분 게임 완전 균형

	L	R
U	5,1	0,0
D	2,2	2,2

그러나 두 균형 중 두 번째 균형에는 뭔가 이상한 점이 있다. 플레이어 I이 U를 플레이하는 것을 방해하는 유일한 요소는 플레이어 II가 R을 플레이할 위협이다. 플레이어 I이 U로 플레이했다고 가정하면 플레이어 II는 L(1의 보상을 위해)과 R(0의 보상을 위해)을 플레이

할 수 있다. 두 번째 단계에서는 R을 플레이하는 것이 플레이어 II의 관심사가 아니다. 따라서 플레이어 I이 U를 플레이하면 플레이어 II가 R을 플레이하겠다고 위협하는 것은 완벽하게 가능하지만 그는 이 위협을 수행하는 데는 관심이 없을 것이다. 이것을 아는 한 플레이어 I은 그냥 U를 플레이하는 것을 진행한다. 게임 이론가들에 의하면 문제는 플레이어 II의 위협이 신뢰할 수 없다는 것이다. 많은 사람들은 내쉬 균형이 신뢰할 수 없는 위협을 수반하는 것은 문제가 있다고 생각한다. 그리고 문제는 내쉬 균형이 떨리는 손 완전 균형이 아니라는 것이 아니다.

여러 단계가 있는 게임을 순차적 게임Sequential Game이라고 한다. 이러한 게임을 분석하기 위해 확장 형태Extensive Form라고 하는 트리 형태의 표현을 사용하는 것이 유용하다. 예 10.22에서의 게임은 그림 10.3과 같이 나타낼 수 있다. 이 표현은 문제를 설명하는 또 다른 방법을 제공한다. 플레이어 II가 플레이를 하는 노드에서 시작되는 게임의 부분을 고려한다(그림의 음영 영역 참조). 우리는 그것을 원래 게임의 부분 게임subgame이라고 부른다. 부분 게임에서 플레이어 II는 두 가지 전략(L과 R)을 가지고 있으며, 내쉬 균형은 하나뿐이다. 즉, R(보상 0을 위한)이 아닌 L(보상 1을 위한)을 플레이하는 것이다. 그러나 전체 게임에서 내쉬 균형은 플레이어 II가 부분 게임에서 R을 플레이할 것을 요구한다. 그렇다면 문제를 명확하게 기술하는 한 가지 방법은 게임의 내쉬 균형은 플레이어 II가 부분 게임에서 내쉬 균형이 아닌 전략을 수행하도록 요구한다고 말하는 것이다.

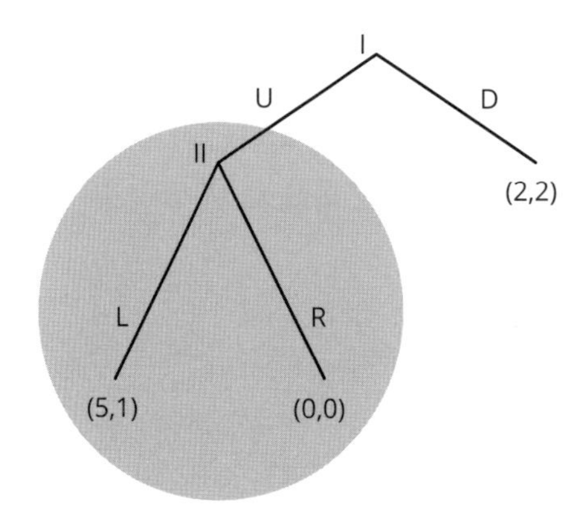

그림 10.3 부분 게임 완전 균형

이 분석과 일관되게 게임 이론가들은 **부분 게임 완전 균형**Subgame-Perfect Equilibrium이라는 또 다른 균형 개념을 제안했다. 이전 문장에서 제시한 바와 같이 게임의 부분 게임은 그 자체로 게임을 구성하는 게임의 어떤 부분이다. 어떤 게임은 항상 그 자신의 부분 게임이지만 이 경우 플레이어 II가 플레이하는 노드에서 시작하는 적절한 부분 게임이 있다.

정의 10.23 부분 게임 완전 균형 부분 게임 완전 균형은 각 부분 게임에서 내쉬 균형을 구성하는 전략 프로파일이다.

떨리는 손 완전 균형처럼 부분 게임 완전 균형은 내쉬 균형의 개선이다. 모든 부분 게임 완전 균형은 내쉬 균형이지만, 모든 내쉬 균형이 부분 게임 완전 균형은 아니다.

부분 게임 완전 균형을 찾는 한 가지 방법은 마지막에서부터 시작하고 역진귀납법Backward Induction을 사용하는 것이다. 역진귀납법은 마지막 부분 게임, 즉 플레이어 II가 움직이는 노드(그림의 음영 영역)부터 시작하라는 것을 의미한다. L은 1의 보상으로, R은 0의 보상으로 이어지기 때문에, L은 유일한 내쉬 균형 전략이다. 따라서 부분 게임 완전 균형 상태에서 플레이어 II는 L을 플레이한다. 플레이어 II가 L을 플레이하는 경우 첫 번째 노드에서 플레이어 I은 무엇을 할 것이라고 생각하는가? 플레이어 I은 3의 보상을 위해 U를 플레이하는 것과 2의 보상을 위해 D를 플레이하는 것 중 하나를 선택할 수 있다. 간단히 말해서 이 게임에는 단 하나의 서브게임 완전 균형이 있으며, 그것은 ⟨U, L⟩이다.

예 10.24 **상호확증파괴** 상호확증파괴 즉, MAD는 두 강대국(예: 미국과 소련)이 적의 공격 시 인류를 전멸시키겠다고 위협함으로써 평화를 유지할 수 있는 군사 교리이다. 그림 10.3과 같은 게임에서 미국이 먼저 움직인다고 가정해보자. 미국은 공격을 개시할 수도 있고(U), 공격을 개시하지 않을 수도 있다(D). 소련은 공격을 감행할 경우 보복을 자제하거나(L) 인류를 전멸시킬 수 있다(R). 그림에서 게임의 보상 구조를 고려할 때, ⟨D, R⟩은 내쉬 균형이다. 그러나 이 교리는 위협을 신뢰할 수 없다는 점에서 결함이 있다. MAD 내쉬 균형은 소련군이 미국의 공격 시 인류를 전멸시킬 용의가 있다고 전제하고 있는데, 이는 명백히 그들에게 이익이 되지 않을 것이다. 그러므로 MAD 내쉬의 균형은 부분 게임 완전 균형이 아니다.

스탠리 큐브릭Stanley Kubrick 감독의 1963년 영화 〈스트레인지 러브Strange Love〉에서 소련은 최후의 날 기계를 만들어 문제를 피하려 한다. 적의 공격이 있을 때 자동적으로 인류를 전멸시킬 만큼 강력한 공격을 개시하는 기계다. 그러한 기계는 적의 공격에 대한 보복을 보장하고, 따라서 위협을 신뢰할 수 있게 만들기 때문에 전략적인 문제를 해결할 수 있을 것이다. 그러나 이 영화가 보여주듯이 그러한 기계들은 다른 문제와 관련이 있다. 우선 여러분은 적에게 여러분이 그것을 만들었다고 말하는 것을 잊지 말아야 한다.

연습 10.25 **부분 게임 완전성** 역진귀납법을 사용해 그림 10.4의 게임에서 유일한 부분 게임 완전 균형을 찾아라. 전략은 완전한 실행 계획임을 상기하라. 즉, 플레이어 II에 대한 전략은 "첫 번째 노드에서 L 및 두 번째에서 L(LL)", "첫 번째 노드에서 R 및 두 번째에서 L(RL)" 등의 형태를 갖는다. 그렇다면 이 게임에서는 플레이어 I은 두 개의 전략을 선택할 수 있는 반면, 플레이어 II는 네 개의 전략을 선택할 수 있다.

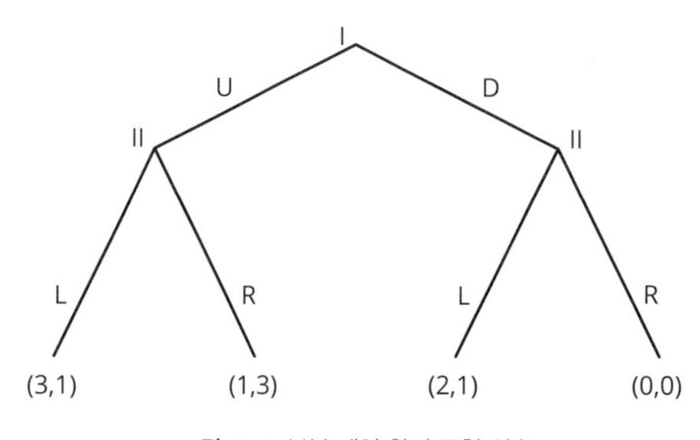

그림 10.4 부분 게임 완전 균형 연습

마지막으로 한 가지 더 연습하자.

연습 10.26 **지네 게임** 지네 게임centipede에는 4개의 단계가 있다(그림 10.5 참조). 각 단계에서 플레이어가 Take를 택해 게임을 종료하거나 Pass를 택하면 총 보상이 증가하고 다른 플레이어가 플레이할 수 있게 된다.

(a) 역진귀납법을 사용해 유일한 부분 게임 완전 균형을 찾아라.

(b) 4단계가 아닌 1000단계가 있으면 게임의 결과가 달라질까?

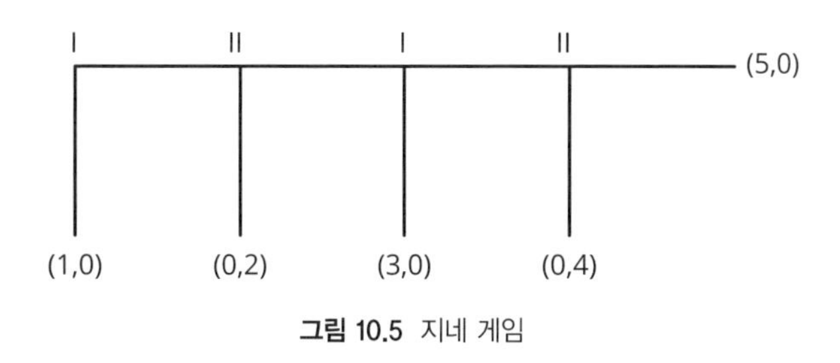

그림 10.5 지네 게임

10.5 논의

우리가 이 책의 앞부분에서 접한 이론들처럼, 분석적 게임 이론은 기술적이고 규범적인 해석을 허용한다. 기술적인 해석에 따르면 게임 이론은 사람들이 전략적 상호작용을 할 때 어떻게 행동하는지 포착한다. 이러한 관점에서 게임 이론은 사람들이 균형 전략 프로파일을 공동으로 선택할 것이라고 예측한다. 물론 구체적인 예측은 플레이하는 게임뿐만 아니라 채택된 균형 개념에 따라 달라질 것이다. 규범적 해석에 따르면 게임 이론은 합리적인 행위자들이 전략적 상호작용을 할 때 어떻게 행동해야 하는지를 설명한다. 이러한 관점에서, 게임 이론은 플레이어들이 균형 전략 프로파일을 공동으로 선택해야 한다고 말한다. 여기서도 이론에 의해 제공되는 구체적인 조언은 플레이하는 게임과 채택된 균형 개념에 따라 달라질 것이다.

어느 쪽이든 게임 이론의 요구에 부응하는 것은 매우 어렵다. 역진귀납법을 사용하기 위해 한 가지 중요한 것은 경기가 끝날 때까지 즉, 마지막 라운드에서 플레이하는 자신을 발견할 수 있을 때까지 계속 생각하고, 그러고 나서 현재 순간까지 시간을 거슬러 올라가야 한다는 것이다. 정치와 군사 지도자들은 합리적이 되기 위해 게임의 전체 구조를 구상하고 각 노드에서 무엇을 할 것인지 생각해볼 필요가 있다. 게임에서의 합리성은 매우 까다롭기 때문에, 우리는 많은 실제 사람들이 그것을 시도할 때조차도 실패하는 것은 당연하다. 아쉽게도, 게임에서 합리적으로 행동하지 못하는 사람들은 그들의 나라를 전쟁 직전으로 내몰고 있는 실제 정치와 군사 지도자들을 포함한다. 그리고 전쟁의 결과를 겪지 않아도 된 사람들은 책임자들이 그 결과를 충분히 생각해냈다는 것에 만족할 수 있다.

한 가지 주목해야 할 점은 게임의 성격이 행렬 내 효용의 분포에 의해 정의된다는 것이다. 한 게임을 죄수들의 딜레마로 만들고 또 다른 게임을 사슴 사냥으로 만드는 것은 효용이 분포되는 방식이다. 이겼을 경우의 상금 등으로 정의되는 전략적 상호작용은 엄밀히 말하면 게임이 아니다. 따라서 각 플레이어가 각 결과에서 얼마나 많은 효용을 얻을 수 있는지 모를 경우 플레이어가 어떤 게임을 하고 있는지 알 수 없다. 이것은 개념적인 관점이지만, 실제적인 문제로 이어질 수 있다. 사람들이 어떤 게임을 하고 있는지 모르는 한, 게임 이론의 도구인 내쉬 균형 등을 사용해 상호작용을 분석할 수 없다.

또 다른 주목해야 할 것은 게임이 반드시 유일한 균형을 가지는 것은 아니라는 것이다. 그리고 분석적 게임 이론 그 자체는 어떤 균형을 사람들이 게임을 할 것인지 혹은 해야 할 것인지를 식별하는 데 필요한 자원을 포함하지 않는다. 이 사실은 또 다른 현실적인 문제를 야기한다. 이 이론은 전략적 상호작용의 결과가 내쉬 균형이 될 것인지 아니면 돼야 하는지를 예측하는 것으로 해석될 수 있지만, 이것은 단지 어떤 내쉬 균형이 얻어지거나 얻어져야 한다는 것을 말한다. 이런 의미에서, 분석적 게임 이론은 비결정론적이다. 그리고 어떤 게임들은 무한히 반복되는 죄수들의 딜레마와 같은 무한한 수의 균형을 가지고 있기 때문에, 그 이론은 더욱 더 비결정론적이다.

만약 우리가 확실한 예측을 원한다면, 우리는 그 이론을 추가적인 자원으로 증강시켜야 한다. 그러한 노력 중 가장 유명한 것이 2005년 노벨상 수상자인 토마스 C. 셸링Thomas C. Schelling에 의한 초점 이론Theory of Focal Points이다. 이 이론에 따르면 어떤 균형은 플레이어들의 마음속에서 두드러지는 경향을 가진다. 셸링은 많은 경우 사람들이 그러한 균형을 선택한다고 예측한다. 플레이어들의 마음속에 그것을 두드러지게 만드는 균형의 정확한 특성은 명확하지 않다.

> 해를 찾는 것이 논리보다는 상상에 의존할 수 있다. 그것은 유추, 전례, 우연한 배열, 대칭, 미적 또는 기하학적인 구성 그리고 당사자들이 누구인지 그리고 서로에 대해 무엇을 알고 있는지에 달려 있을 수 있다.

이 이론은 표 10.9(c)에서 사람들이 〈D, R〉보다 〈U, L〉을 선호하는 이유를 설명할 수 있다. 내쉬 균형이 되는 유일한 파레토 최적 결과가 있을 때, 사람들이 파레토 최적성을 초점으로 삼을 것이라고 가정하는 것은 그럴듯해 보인다. 만약 그렇다면 우리는 떨리는 손 완전 균형으로 전환하지 않고도 관찰된 행동을 설명할 수 있을 것이다.

11장에서는 분석 게임 이론에 대한 행동경제학자들의 도전을 탐구할 것이다.

문제 10.27 점심 식사 날짜 내일 정오에 여러분이 사는 동네 어딘가에서 친구를 만나야 하는데, 정확한 위치를 지정하는 것을 잊었다고 가정해보자. 당신은 어디로 갈 것인가? 친구들에게 어디로 갈 것인지 물어보라. 조정하는 데 성공할까?

추가 연습

연습 10.28 표 10.14의 각 게임에 대해 순수 전략(있는 경우)으로 내쉬 균형을 식별하라.

표 10.14 추가적인 내쉬 균형 연습

	L	R
U	2,2	0,0
D	0,0	3,3

(a)

	L	R
U	2,2	7,6
D	6,7	2,2

(b)

	L	R
U	3,0	2,1
D	7,5	1,6

(c)

	L	R
U	1,1	1,1
D	0,0	1,1

(d)

	L	R
U	1,1	2,0
D	0,2	2,2

(e)

연습 10.29 순수 전략에서 내쉬 균형 중 어느 것이 떨리는 손 완전 균형인가? (만약 있다면)

연습 10.30 순수 전략에서 내쉬 균형 중 관련 게임에서 어느 것이 파레토 최적 결과인가?

연습 10.31 표 10.14의 각 게임에 대해, 혼합 전략(있는 경우)에서 내쉬 균형을 식별하라. 플레이어 I이 확률 p로 U를 플레이하고 플레이어 II가 확률 q로 L을 플레이한다고 가정한다.

연습 10.32 그림 10.6의 게임에서 모든 부분 게임 완전 균형을 찾아라. 이 게임에는 두 명의 플레이어와 세 개의 단계가 있다. 플레이어 I은 첫 번째와 세 번째 단계에서 플레이하며, 플레이어 II는 두 번째 단계에서 플레이한다.

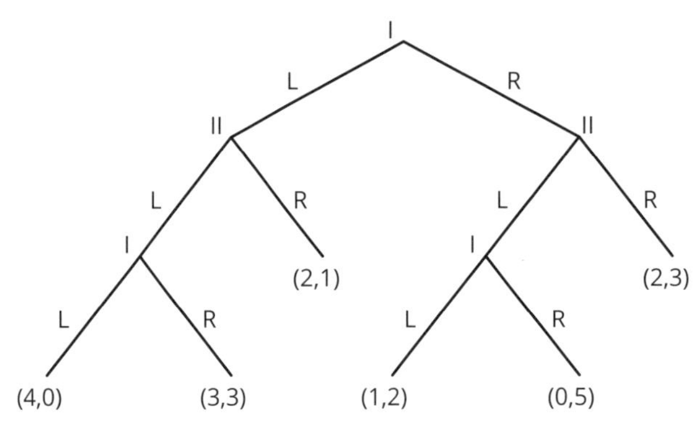

그림 10.6 3단계 게임

연습 10.33 합리성의 역설 실험경제학자들은 서로 다른 전공의 학생들을 초대해 죄수들의 딜레마 게임을 하도록 했다. 경제학 전공자는 경제학 전공자를, 비전공자는 비전공자를 상대로 게임을 하는 실험에서, 여러분은 누가 더 잘할 것으로 예상하는가?

11장에서는 더 많은 게임 이론 연습이 포함돼 있다.

더 읽을거리

Binmore(2007), Dixit et al.(2009), Osborne and Rubinstein(1994)을 포함한 게임 이론에 관한 많은 훌륭한 입문서가 있다. 배우자 경제학은 Szuchman and Anderson(2011, xii–xv, 294~8쪽). 자연 상태에서의 삶은 Hobbes(1994[1651], 139, 8~9, 76쪽)에 설명돼 있다. Skyrms(1996)는 상호 확증 파괴의 원칙Doctrine of Mutually Assured Destruction(22~5쪽)과 치킨 게임과 매와 비둘기 게임(65~67쪽)을 논의한다. Russell(1959, 30쪽)은 치킨 게임을 검토한다. 초점 이론은 Schelling(1960, 57쪽)에 기인한다. 죄수들의 딜레마 게임에서 경제학 전공자의 성과에 대한 증거는 Frank et al.(1993)에서 찾을 수 있다.

11 행동 게임 이론

학습 목표

- 게임 이론에 사회적 선호를 통합하는 방법을 알아본다.
- 공정성, 정의, 호혜성, 신뢰, 제한된 전략적 사고를 고려하는 것이 게임에서의 성과에 어떤 영향을 미치는지를 이해한다.
- 실제 세계에서 게임 이론을 적용하되, 그렇게 하는 것이 현명하지 못한 때를 이해한다.

11.1 서론

분석적 게임 이론은 많은 면에서 큰 성공 사례다. 그것은 점점 더 경제학의 다른 하위 분야들의 기초가 되고 있고, 철학, 생물학, 정치학, 정부, 공공정책 그리고 다른 곳들로 옮겨갔다. 그러나 11장에서 보겠지만 기술적 적절성과 규범적 정확성은 논란의 여지가 있다. 행동 게임 이론은 분석적 게임 이론이 전략적 상호작용에 관여하는 실제 사람들의 행동을 포착하는 데 성공하는 정도를 조사하고, 그 행동을 포착하기 위해 분석 게임 이론의 확장을 제안한다. 분석적 게임 이론에 대해 제안된 확장들 중 일부는 사실 신고전학파 정통에서 벗어나지 않는다. 그러므로 "행동 게임 이론Behavioral Game Theory"이라는 제목 아래 논의된 모델들 중 일부는 뚜렷하게 행동적이지 않다. 그러나 어떤 모델들은 신고전학파 정통주의와 실질적인 차이를 보이고 있으며, 따라서 행동적behavioral이라고 부를 만하다.

11.2 사회적 선호: 박애주의, 시기, 공정성과 정의

사회적 선호도에 관한 문헌의 대부분은 최후통첩 게임Ultimatum Game과 독재자 게임Dictator Game이라는 두 게임의 데이터에 의해 주도된다. 둘 다 제안자(플레이어 I)와 응답자(플레이어 II)의 두 에이전트가 플레이한다. 여기서 이러한 게임은 실험실 실험 참가자들에게 제시될 때 간략하게 설명되며, 여기서 결과를 참가자들이 그것으로부터 얻는 효용보다는 달러와 센트 단위로 설명한다. 상호작용을 분석하기 위해서, 우리는 달러와 센트를 효용으로 바꿀 필요가 있다. 엄밀히 말하면 10장에서 알 수 있듯이 효용 단위로 보상을 식별하기 전까지는 플레이어가 어떤 게임을 하고 있는지조차 알 수 없다.

최후통첩 게임에는 두 가지 단계가 있다. 처음에 제안자는 고정된 액수의 돈을 받는다. 이 논의의 목적상 10달러라고 가정하자. 첫 번째 단계에서 플레이어 I은 달러 금액의 분할을 제안한다. 즉, 제안자는 10달러의 일부를 다른 플레이어에게 제공한다. 제안자는 모든 것을 내놓거나(자신을 위해 아무것도 남기지 않음), 모든 것을 내놓지 않거나(자신을 위해 모든 것을 남기지 않음), 10달러 중 일부를 다른 참가자에게 제공할 것을 제안할 수 있다(자신을 위해 일부를 남긴다). 예를 들어 제안자는 자신에게 6달러를 남기고 4달러를 제안할 수 있다. 두 번째 단계에서 응답자는 제안된 분할을 수용하거나 거부한다. 만약 그가 수락한다면, 두 플레이어는 그들이 제안한 몫을 받게 되고, 만약 그가 거절한다면 두 선수 모두 아무것도 받지 못한다. 최후통첩 게임은 그림 11.1과 같이 나타낼 수 있다. 이 그림에서 나는 부분 금액에 해당하는 모든 분기를 생략했고, 두 번째 단계에서 플레이어 II의 결정을 나타내는 한 세트의 분기를 제외한 모든 분기를 잘랐다.

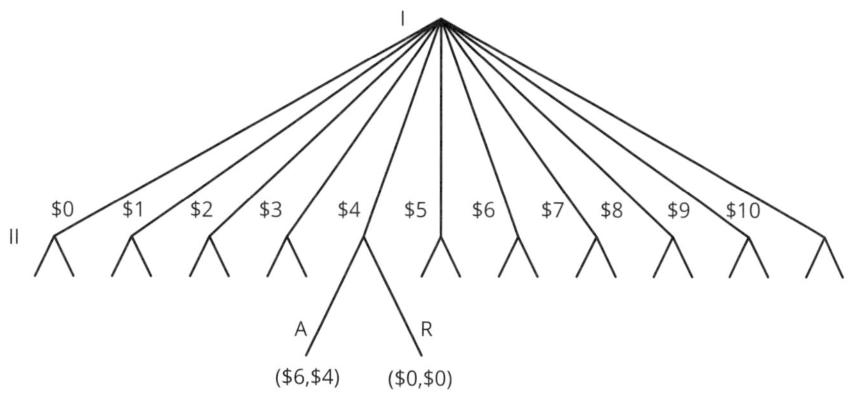

그림 11.1 최후통첩 게임(단위: 달러)

예 11.1 **케이크 나누기** 두 아이가 케이크를 나눠야 할 때, 그들은 때때로 첫째 아이가 케이크를 둘로 나누고 둘째 아이가 먼저 선택하는 절차를 따른다. 아이 II가 가장 큰 조각을 선택할 것이기 때문에, 아이 I은 케이크를 가능한 한 균등하게 나누어 50 대 50의 분할을 보장하고 싶다. 우리는 쉽게 아이 I이 케이크 분할을 제안하고 아이 II가 승인하거나 동의하지 않는 이 절차의 변형을 상상할 수 있다. 그 새로운 절차는 최후통첩 게임의 한 예가 될 것이다.

최후통첩 게임은 실험경제학자들에 의해 광범위하게 연구돼왔다. 결과에 대한 한 설문조사에 따르면,

> 결과는 매우 규칙적으로 나타난다. 최빈값과 중위값의 최후통첩 제안은 대개 40~50%, 평균은 30~40%이다. 벗어나는 범주 0, 1-10과 초공평 범주인 51~100%의 제안은 거의 없다. 40~50%의 제안은 좀처럼 거절되지 않는다. 20% 아래의 제안은 약 절반 정도 거절된다.

이러한 결과를 바탕으로 우리는 응답자들이 그림 11.1의 (일회성, 익명) 게임을 할 때 2달러 미만의 제안을 거부할 것으로 예상해야 한다. 하지만 그렇게 낮은 제의는 드물 것이다. 대체로 3달러에서 5달러 사이의 가격대가 제시될 것으로 예상한다. 많은 사람들은 이 결과들이 분석적 게임 이론과 모순된다는 결론을 이끌어냈다.

그러나 관찰된 결과는 플레이어가 자신의 달러 보상에만 관심이 있을 때에도 내쉬 균형 예측과 상당히 일치한다. 각 개인이 단순히 달러 보상의 극대화를 위해 노력하고 있으며, $u(x) = x$이다. 플레이어 I은 다른 플레이어에게 제공할 금액을 선택해야 한다. 플레이어가 4달러를 제공한다고 가정해보라. 플레이어 II의 전략은 가능한 모든 상황에서 플레이어가 무엇을 할 것인지를 명시해야 하기 때문에 조금 더 복잡하다(10.2절 참조). 따라서 플레이어 II의 전략은 자신이 있는 각 노드에서 수행할 작업을 명시해야 한다. 플레이어 II는 플레이어 I이 4달러 미만으로 제안하는 모든 제안된 분할을 거부하고 다른 분할을 모두 수락한다고 가정하자. 만약 그렇다면, 두 선수는 균형 상태에 있다. 플레이어 I이 제안을 줄이면 거절당해 둘 다 아무것도 받지 못하고, 제안을 늘리면 수락은 되지만 받는 것이 적어진다. 플레이어 I이 4달러를 제공한다는 점을 감안할 때 플레이어 II는 수락하는 것이 가장 좋은 행동이다. 간단히 말해서, 최후통첩 게임에 대한 데이터는 우리가 10.2절에서 배운 이론의 관점에서 문제를 야기하지 않는다. 관찰된 결과는 내쉬 균형 예측과 일치하기 때문이다(그러나 이 게임의 많은 균형을 고려할 때, 이것은 많은 것을 의미하지 않는다).

그럼에도 많은 사람들은 내쉬 균형 예측에 문제가 있다고 생각한다. 플레이어들이 균형에서 벗어나 긍정적인 제안을 거부하도록 요구하기 때문이다. 문제를 명확히 하는 한 방법은 게임에서 내쉬 균형은 플레이어 II가 플레이하는 노드에서 시작되는 부분 게임에서 사실상 지배적인 전략(명칭, 수용)을 거부하도록 요구한다고 하는 것이다. 문제를 명확히 하는 또 다른 방법은 균형이 부분 게임 완전 균형이 아니며, 낮은 제안을 거부하려는 플레이어 II의 위협은 신뢰할 수 없다고 하는 것이다(10.4절 참조). 따라서 우리는 분석을 부분 게임 완전 균형으로 제한할 것이다. 이 게임에는 오직 하나의 부분 게임 완전 균형이 있다. 이 균형에서 플레이어 I은 아무것도 제공하지 않으며 플레이어 II는 모든 제안을 받아들인다. 이것은 직관에 어긋날 수 있다. 그러나 이것은 내쉬 균형이다. 플레이어 I의 제안을 고려할 때 플레이어 II가 이를 거절해도 더 나을 것이 없고 플레이어 II가 모든 제안을 받아들인다면 플레이어 I은 모든 돈을 자신이 다 갖는 것보다 더 나을 것이 없기 때문이다. 플레이어 II의 전략은 또한 모든 부분 게임에서 내쉬 균형 전략이기 때문에 부분 게임 완전 균형이다. 그가 어떤 제안을 받았든 제안을 거절함으로써 이익을 향상시킬 수 없다. 주어진 두 플레이어의 효용함수에 대한 가정하에서 부분 게임 완전 균형 아이디어에 기초한 예측은 사실 실험 결과와 일치하지 않는다.

독재자 게임은 2단계가 없어졌다는 사실만 제외하면 최후통첩 게임과 유사하다. 달러 단위로 볼 때 제안자가 10달러부터 시작한다고 가정할 때, 독재자 게임은 그림 11.2와 같이 나타낼 수 있다. 다시 말하지만 나는 부분 금액을 나타내는 모든 분기를 제거했다. 플레이어의 효용함수가 $u(x) = x$로 유지된다고 가정할 때, 내쉬 균형은 하나이며 따라서 부분 게임 완전 균형은 하나뿐이다. 즉 플레이어 I이 응답자에게 아무것도 제공하지 않고 모든 돈을 자신을 위해 보유하는 경우다.

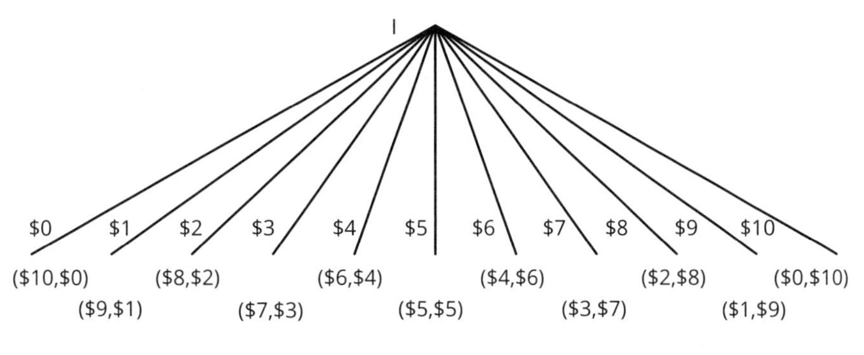

그림 11.2 독재자 게임(단위: 달러)

예 11.2 **자선 기부** 현실 세계에서 행해지는 독재자 게임의 한 예는 자선단체에 돈을 기부할 것인가에 대한 한 사람의 결정을 포함한다. 여러분이 거지 곁을 지나갈 때마다, 여러분은 사실상 주머니에 있는 돈의 일부를 거지에게 할당해야 하는 독재자 게임을 하고 있는 것이다. 만약 여러분이 계속 그냥 걸어간다면, 사실상 가장 이기적인 내쉬 균형 배분을 선택한 것이다.

실험적인 증거는 (일회성, 익명) 독재자 게임의 제안자가 (일회성, 익명) 최후통첩 게임의 제안자보다 적게 제공한다는 것을 암시한다. 그럼에도 많은 제안자들은 최초 배분의 상당한 금액(10~30%)을 기꺼이 공유하려고 한다. 그림 11.2의 게임 버전에서 이는 응답자가 아무것도 제공하지 않는 제안자에게 불이익을 줄 방법이 없음에도 제안자가 기꺼이 1~3달러를 응답자와 공유한다는 것을 의미한다.

사회적 선호에 관한 문헌은 이러한 현상들과 씨름하고 있다. 이 문헌은 사람들이 때때로 자신의 성취뿐만 아니라 다른 사람들의 성취에도 관심을 갖는다는 가정에 바탕을 두고 있다. 우리는 개인 P의 효용함수 $u_P(\cdot)$가 둘 이상의 인수를 가지고 있다고 가정해 이를 모델링할 수 있다. 따라서 P의 효용함수는 $u_P(x, y)$에 의해 주어질 수 있다. 여기서 x는 P의 성취이고 y는 다른 사람 Q의 성취이다.

$u_P(x, y)$가 y의 증가함수이기 때문에 P는 Q의 성취으로부터 양의 효용을 도출할 수 있다. 예를 들어 P의 효용함수는 $u_P(x, y) = 3/5\sqrt{x} + 2/5\sqrt{y}$일 수 있다. 만약 그렇다면 P는 **이타적**altruistic이고, **이타적인 선호**altruistic preference를 갖고 있다고 한다. 일부 부모, 친척, 친구 그리고 숭배자들은 다른 사람의 상황을 개선하기 위해 기꺼이 진정한 희생을 한다. 이것은 만약 우리가 그들의 효용이 (부분적으로) 다른 사람의 성취의 함수라고 가정한다면 쉽게 설명될 수 있다. 이런 의미에서 이타주의는 애덤 스미스가 "[인간의] 본성에는 분명히 다른 사람의 운명에 관심을 갖고 그들의 행복을 그에게 필요한 몇 가지 원칙이 있다"라고 말했을 때 염두에 둔 것일 수 있다.

P가 Q의 성취에서 긍정적인 효용을 도출해야 하는 필요 요건은 없다. 실제로 $u_P(x, y)$는 y의 감소 함수일 수 있다. 예를 들어 P의 효용함수는 $u_P(x, y) = \sqrt{x} - \sqrt{y}$일 수 있다. 이 설정은 Q의 성취도가 내려갈 때 P의 효용도가 상승한다는 것을 수반하고, 반대의 경우에는 반대가 성립한다. 이런 경우는 P가 **부러워한다**envious고 한다. 일부 가솔린-전기 하이브리드 자동차 소유자들은 가솔린 가격 상승으로부터 깊은 만족감을 얻는다. 이는 가솔린 가격이 하이브리드 차량 소유자에게 미치는 재정적 영향에 대한 언급으로 설명될 수 없다. 가솔린 가격 상승은 하이브리드 차량 소유자들에게도 타격을 줄 것이다. 그러나 만약 우리가 그들의 달러당 가솔린을 적게 얻는 것에서 파생되는 비효용이 하이브리드 소유자들이 SUV 소유주들이 훨씬 더 많이 고통을 받는다는 것을 아는 것에서 얻을 수 있는 효용보다 더 작다고 가정한다면 그것은 설명될 수 있다.

이러한 함수 형태에만 우리의 분석을 제한할 이유는 없다. 존 롤스John Rawls의 정의론Theory of Justice의 일반적인 해석에 따르면 사회는 각 사회에서 가장 운이 없는 사람들의 복지에 바탕을 둔 정의와 관련해 질서정연해야 한다. 따라서 **롤스주의**Rawlsian 선호도를 가진 사람은 배분과 관련된 최소효용을 최대화하려고 할 수 있다. 각 개인이 개인 소비 x에서 효용을 도출하는 경우 롤스주의자 P는 $u_P(x, y) = \min(\sqrt{x}, \sqrt{y})$을 최대화할 것이다. 롤스는 자신의 이론을 설명하기 위해 "공정성으로서의 정의Justice as Fairness"라는 용어를 사용하므로 롤스의 선호는 공정성fairness에 대한 선호로도 묘사될 수 있다.

또 다른 에이전트는 관련된 에이전트 간의 불평등 정도에 대해 신경을 써서 최선과 최악 사이의 절대적 차이를 기반으로 배분의 순위를 매길 수 있다. 그런 에이전트는 불평등을 싫어하므로 불평등 회피 선호Inequality Averse Preference를 가지고 있다고 한다. 각 개인이 개인 소비 x에서 효용을 도출하는 경우, 불평등 회피자 P는 각 개인의 효용 사이의 절대적인 차이를 최소화하고자 할 것이다. 이것은 $u_P(x, y) = -|\sqrt{x} - \sqrt{y}|$의 최대화에 해당한다. 이런 에이전트들은 (위의 정의를 고려할 때) 평등이 가장 못사는 사람들에게 혜택을 주는 경우에 한해서만 평등을 고려하는 롤스주의자들과 달리 그 평등 그 자체에 대해 신경을 쓴다. 불평등 회피 에이전트는 최후통첩과 독재자 게임의 결과를 롤스주의 에이전트와 매우 유사하게 평가하게 되기 때문에 나는 이 사례는 더 이상 논의하지 않겠다.

1.2절에서 만난 벤담과 같은 실용주의자들은 우리가 가장 많은 사람을 위해 가장 큰 선을 추구해야 한다고 믿는다. 따라서 공리주의 에이전트는 개인 소비에서 파생되는 총 효용량을 최대화하려고 할 수 있다.

각 개인이 개인 소비 x에서 효용을 도출한다면, 공리주의자 P는 $u_P(x, y) = \sqrt{x} + \sqrt{y}$를 최대화할 수 있다. 따라서 공리주의적 선호는 이타적 선호의 특별한 경우를 구성한다. 분명히 이 리스트는 완전하지 않다. 하지만 다른 에이전트의 개인 소비에서 효용을 얻는 모든 에이전트는 사회적 선호도를 갖는 것으로 간주된다.

제안자의 효용함수의 형태가 최후통첩 및 독재자 게임의 다양한 결과에 대한 평가에 어떤 영향을 미치는지 보려면 표 11.1을 참조한다. 보상이 (0달러, 0달러)일 때, 모든 종류의 에이전트는 0 효용을 받는다.

표 11.1 독재자 게임 효용 보상(최댓값은 굵은 글씨체로)

보상	플레이어 P의 효용함수 $u_P(x, y)$				
(x, y)	$\sqrt{x}$	$\sqrt{x}+\sqrt{y}$	$\sqrt{x}-\sqrt{y}$	min (x, y)	$3/5\sqrt{x}+2/5\sqrt{y}$
($10, $0)	**3.16**	3.16	3.16	0.00	1.90
($9, $1)	3.00	4.00	2.00	1.00	2.20
($8, $2)	2.83	4.24	1.41	1.41	2.26
($7, $3)	2.65	4.38	0.91	1.73	**2.28**
($6, $4)	2.45	4.45	0.45	2.00	2.27
($5, $5)	2.24	**4.47**	0.00	**2.24**	2.24
($4, $6)	2.00	4.45	−0.45	2.00	2.18
($3, $7)	1.73	4.38	−0.91	1.73	2.10
($2, $8)	1.41	4.24	−1.41	1.41	1.98
($1, $9)	1.00	4.00	−2.00	1.00	1.80
($0, $10)	0.00	3.16	−3.16	0.00	1.26

이기주의자들과 부러워하는 자들은 그들이 모든 돈을 얻는 결과를 선호한다. 공리주의자들과 롤스주의자들은 달러 금액이 균등하게 분배되는 결과를 선호한다. 마지막으로, 공리주의자가 하는 것보다 자신의 사적 효용에 조금 더 무게를 두는 이타주의자는 다른 모든 것들보다 (7달러, 3달러)의 결과를 선호할 수 있다.

어떤 종류의 사회적 선호가 최후통첩과 독재자 게임에서 제안자들의 행동을 설명하는 데 큰 도움이 될 것은 말할 필요도 없다. 이타주의자들, 롤스주의자들 그리고 공리주의자들은 실제로 더 평등한 결과를 선호한다. 이들 에이전트에게 있어서, 그들이 자발적으로 응답자들에게 0이 아닌 금액을 제공한다는 사실에 대해 신비로울 것은 없다.

연습 11.3 **이타주의와 최후통첩 게임** $u(x, y) = \sqrt{x} + \sqrt{y}$의 효용을 가진 두 명의 공리주의자가 참여하는 그림 11.1의 최후통첩 게임을 상상해보자. 이 게임에서 유일한 부분 게임 완전 균형을 찾아라.

사회적 선호에 대한 문헌은 10장의 한 포인트를 강조하고 있는데, 즉 사람들이 하고 있는 게임은 그들의 효용함수에 달려 있다는 것이다. 다음 연습은 서로 다른 효용함수를 가진 에이전트가 표면적으로 동일한 것처럼 보일지라도 어떻게 매우 다른 게임을 하게 되는지를 보여준다.

연습 11.4 **사회적 선호와 죄수의 딜레마** 표 11.2의 순수 전략에서의 내쉬 균형을 찾아라.

(a) $u(x, y) = \sqrt{x}$인 두 이기주의자

(b) $u(x, y) = \sqrt{x} + \sqrt{y}$인 두 공리주의자

(c) $u(x, y) = \sqrt{x} - \sqrt{y}$인 두 부러워하는 자

(d) $u(x, y) = \min(\sqrt{x}, \sqrt{y})$인 두 롤스주의자

이 게임은 피상적으로 (달러 단위로) 죄수들의 딜레마에 대한 보상 구조를 가지고 있다(333쪽의 표 10.5).

표 11.2 죄수들의 딜레마(달러 단위)

	C	D
C	\$16,\$16	\$0,\$25
D	\$25,\$0	\$9,\$9

사회적 선호는 매력적이고 중요하다. 사회적 선호의 가능성을 허용하지 않는 경제학자들은 행동을 설명하거나 예측하거나 또는 최적의 인센티브를 설계하려는 것이든 간에 끔찍한 실수를 저지를 위험이 있다. 만약 우리가 플레이어의 효용함수에 대해 잘못 알고 있다면, 우리는 그들이 어떤 게임을 하고 있는지조차 알 수 없을 것이다. 결과적으로 이들의 상호작용에 대한 우리의 분석은 실패할 가능성이 있다. 표 11.2의 게임을 생각해보자. 달러 단위로 피상적으로 표현했을 때, 이는 죄수들의 딜레마처럼 보인다. 그러나 연습 11.4가 보여줬듯이 선수들은 실제로 매우 다른 게임을 하고 있는 것이다.

그러나 이 절의 전체 분석은 신고전학파의 정설에서 벗어나지 않고 완료할 수 있다. 1.1절과 2.6절에서 알 수 있듯이, 표준 접근법은 사람들의 선호의 본질에 대한 어떠한 가정도 하지 않는다. 결과적으로 그것은 사람들의 효용함수에 무엇이 인수로 들어갈 수 있는지에 대해 어떠한 가정도 하지 않는다. 독재자와 최후통첩 게임의 결과는 신고전학파 경제학의 "이기주의 공리"를 반박한다는 주장도 있다. 하지만 이 주장은 잘못 이해된 것이다. 미적분학에는 그런 공리가 없을 뿐만 아니라 이기주의는 이론에 의해 유도되지 않는다. 사회적 선호 모델에는 특별히 행동적인 것이 없다. 만약 있더라도, 그 분석은 신고전학파 프레임워크의 강력함과 힘을 보여준다.

연습 11.5 **스토라 뢰르 수영 협회** 스토라 뢰르 수영 협회Stora Rör Swimming Association는 발트해의 어린이들에게 야외 수영 기술과 물의 안전을 가르치는 비영리 단체다. 협회는 대부분 회원들이 집에서 만든 물건 등을 다른 회원들에게 경매에 부치기 위해 기부하는 연례 경매의 방법으로 자금을 조달한다. 공개 입찰 경매를 하는데 이는 즉, 모든 입찰이 공개적으로 알려진다는 것을 의미한다. 이 행사는 회원들이 가장 터무니없는 금액으로 입찰 경쟁하기 때문에 수입이 매우 많다. 이를테면 집에서 만든 케이크라도 쉽게 100달러 또는 그 이상 받을 수 있다. 이런 종류의 행동이 표준적인 합리성과 일치하는가? 어째서 그런가?

11.3 의도, 상호주의 및 신뢰

그러나 이전 절에서 제공된 설명에는 다소 어색한 점이 있다. 독재자 게임에서 제안자의 행동을 수용하기 위해 우리는 제안자들이 대체로 이타적이라고 가정한다. 그러나 최후통첩 게임에서 응답자들의 행동을 수용하기 위해 이 접근법은 부적절하다. 표 11.1의 세 번째 열에서 알 수 있듯이, 효용함수 $u(x, y) = \sqrt{x} + \sqrt{y}$를 가진 이타주의자는 (0달러, 0달러)보다 어떤 결과도 선호할 것이다. 따라서 부분 게임 완전 균형 상태에서 이타적 응답자는 모든 제안을 받아들인다(연습 11.3 참조). 그러나 이는 낮은 제안이 자주 거부된다는 관측과는 일치하지 않는다. 표에 기술된 모든 에이전트들 중에서, 오직 부러워하는 자들만이 (8달러, 2달러)와 같은 급격히 불리한 배분보다 (0달러, 0달러)를 선호한다.

그리고 사람들이 이타적이고 (독재자 게임에서 그들의 행동을 설명하기 위해서) 동시에 부러워한다(최후통첩 게임에서 그들의 행동을 설명하기 위해서)고 가정하는 것은 일관성이 없을 것이다.

다른 난처한 결과도 있다. 최후통첩 게임의 변형에서, 제안자가 (8달러, 2달러)와 균등한 (5달러, 5달러) 중 하나를 선택한다면, 응답자들은 불균등 분할을 거부하지만 제안자가 (8달러, 2달러)와 매우 불균등한 (10달러, 0달러) 중 하나를 선택한다면, 받아들이는 것으로 나타났다. 이는 이전 절의 사회적 선호 함수 중 하나에 따라 최종 결과를 평가하는 응답자의 관점에서는 이치에 맞지 않는다. 각각의 모델에 따르면, (8달러, 2달러)가

(0달러, 0달러)보다 더 낫거나 또는 그렇지 않다. 제안자에게 주어진 선택은 전혀 중요하지 않다.

일부 분석가들에게 이러한 결과는 응답자들이 게임의 최종 결과만을 기준으로 결정을 내리는 것이 아니라 제안자의 의도라고 보는 것에 (적어도 부분적으로) 반응한다는 것을 암시한다. 이런 관점에서, 사람들은 좋은 의도를 가진 것으로 인식되는 사람들에게 기꺼이 보상을 하고 나쁜 의도를 가진 것으로 인식되는 사람들을 처벌하려고 한다. 0달러가 아닌 2달러를 제시한 제안자는 배분이 고르지 않더라도 좋은 의도를 가진 것으로 해석되는 반면 5달러가 아닌 2달러를 제시한 제안자는 나쁜 의도를 가진 것으로 해석된다. 때때로 이러한 결과는 상호주의^Reciprocity^ 또는 상호 이타주의^Reciprocal Altruism^ 측면에서 논의된다. 응답자들은 좋은 의도를 가진 참가자들에게 보상을 할 때 긍정적인 상호주의^Positive Reciprocity^를 보이고 나쁜 의도를 가진 제안자들을 처벌할 때 부정적인 상호주의^Negative Reciprocity^를 보인다고 한다. 따라서 최후통첩 게임에서 제안자의 작은 긍정적인 제안을 거절하는 응답자는 부정적인 상호주의를 보인다고 한다.

상호주의는 종종 신뢰 게임^Trust Game^의 논의에서 거론된다. 이 게임은 송신자(플레이어 I)와 수신자(플레이어 II)의 두 플레이어가 수행한다. 처음에는 둘 다 10달러 정도로 가정하는 초기 금액을 받는다. 첫 번째 단계에서 송신자는 자신의 10달러 중 일부 x달러를 수신자에게 보낸다. 그 액수는 때로 "투자"라고 부른다. 투자금을 수신인이 받기 전에 어떤 계수, 예를 들어 3을 곱한다. 따라서 수신자는 3달러를 받는다. 두 번째 단계에서는 수신자가 총 할당 금액 10달러 + 3달러 중 일부를 송신자에게 반환한다. 그러면 최종 배분은 ($(10 - x + y)$달러, $(10 + 3x - y)$달러)이다. 이 게임은 송신자가 수신자가 자신의 이득 중 일부를 그에게 돌려줄 것이라고 믿는다는 명백한 이유로 신뢰 게임이라고 불린다. 두 에이전트가 모두 $u(x) = x$를 최대화하면 이 게임에는 하나의 부분 게임 완전 균형만 있게 된다. 수신자가 모든 돈을 보유함으로써 최대화되기 때문에 y는 0이 될 것이다. 수신자가 사실상 송신자를 수혜자로 하는 독재자 게임을 하고 있다는 것을 주목하라. 송신자가 보낸 x달러 중 어느 것도 그에게 돌려주지 않을 것을 감안하면, 송신자는 그의 돈을 모두 가지고 있을 것이고 x는 0이 될 것이다. 결과 배분(10달러, 10달러)은 달성 가능한 다른 배분보다 파레토 열등하다. 예를 들어 $x = 10$ 및 $y = 20$인 경우 최종 결과는 (20달러, 20달러)이다.

예 11.6 **투자 결정** 유망한 비즈니스 벤처에 투자할 기회가 있지만 비즈니스 파트너가 신뢰할 수 없는 것으로 판명될 경우 비용을 회수할 방법이 없다고 가정해보자. 거래에서 이익을 얻기 위해서 당신은 단지 그 일을 할 파트너를 믿어야 한다. 그렇다면 여러분과 여러분의 비즈니스 파트너는 서로 신뢰 게임을 하고 있는 것이다. 만약 당신이 서브게임 완전 균형 전략을 구사한다면, 당신은 결코 투자를 하지 않을 것이다. 하지만 투자하지 않는다면, 이익을 전혀 얻지 못할 것이다.

실험경제학자들은 평균적으로 (일회성, 익명) 신뢰 게임의 송신자들은 초기 할당의 약 절반을 보내고 수신자들은 투자한 것보다 조금 적은 수익을 받는다는 것을 발견했다. 이전 문단의 수치가 주어질 때, 우리는 송신자가 약 5달러를 송금하고 수신자가 4~5달러을 이익으로 반환할 것으로 예상한다. 따라서 플레이어 II는 사용 가능한 이익의 일부를 획득하는 데 성공하지만 전부는 아니다(그러나 연구에 따라 변동성은 매우 크다).

왜 응답자는 아무것도 반환하지 않는 수신자에게 불이익을 줄 방법이 없는데 송신자의 투자금 중 일부를 반환하려고 신경을 쓰는가? 빈번한 답변에 따르면, 수신자는 발신자의 투자에 답례해야 한다고 느낀다. 따라서 송신자의 투자금 중 일부를 반환하는 수신자는 긍정적인 상호주의를 나타낸다고 한다. 수신자의 행동은 이타주의와 불평등 회피와도 일치한다. 한편 송신자의 행동은 그의 투자가 어느 정도의 이타주의와 함께 보상받을 것이라는 기대를 반영하는 것으로 생각된다.

죄수들의 딜레마와 공공재 게임의 경우에도 비슷한 분석이 나온다. 우리는 10.2절에 나오는 죄수들의 딜레마를 알고 있다. 전형적인 공공재 게임에는 n명의 플레이어가 있다. 이 논의의 목적상, 3명의 플레이어가 있다고 가정해보자. 각각은 10달러와 같은 초기 할당금이 주어진다. 이 게임에는 모든 플레이어가 동시에 플레이하는 단 하나의 단계만 있다. 각 플레이어는 초기 할당량의 몫을 공공 계좌로 이전할 수 있는 옵션이 있다. 공공 계좌의 돈은 1과 3 사이의 어떤 계수, 즉 2를 곱해 플레이어들 사이에 균등하게 분배된다.

주어진 게임의 성격하에, 파레토 최적 결과는 모든 플레이어가 모든 돈을 공공 계좌로 송금할 때 나타난다. 이 경우 보상은 (20달러, 20달러)이다.

그러나 파레토 최적 결과는 내쉬 균형이 아니다. 각 플레이어는 이전을 줄임으로써 결과를 개선할 수 있기 때문이다. 사실 이 게임에는 오직 하나의 내쉬 균형만이 있고, 아무도 공공 계좌로 돈을 이전하지 않을 때이며 그 결과는 (10달러, 10달러, 10달러)이다. 그러므로 공공재 게임은 죄수들의 딜레마와 구조적인 유사성을 갖고 있다.

이 상호작용의 본질은 친숙해야 한다. 아마도 룸메이트 모두 아무도 설거지를 하지 않는 상태보다 모두 설거지를 돕는 상태를 선호할 수도 있지만, 다른 룸메이트들이 무엇을 하든, 각자는 설거지를 하지 않는 것을 선호한다. 그러므로 아무도 설거지를 하지 않으며, 모두 파레토 열등한 결과를 겪는다. 또는, 한 동네 협회의 모든 회원들은 1년에 하루씩 이웃 청소에 시간을 보내는 상태보다 아무도 이웃 청소에 시간을 보내지 않는 상태를 선호하지만 다른 사람들이 무엇을 하든 각 회원들은 이웃 청소에 시간을 보내는 것을 선호하지 않는다. 그러므로 아무도 이웃을 청소하지 않고 모두 파레토 열등한 결과를 겪는다.

그러나 실험 연구에서 협력은 눈에 띄게 완고한 현상으로 남아 있다. 죄수들의 딜레마에서 협력 전략을 구사하는 소수의 사람들은 100%가 아니다. 하지만 사람들이 익명으로 일회성 게임을 하고 있을 때에도 제로도 아니다. 익명의 일회성 공공재 게임에서 로빈 M. 도즈Robin M. Dawes와 세일러Thaler는 다음과 같이 보고한다.

> 모든 사람이 기여하는 것은 아니지만, 상당한 수의 기여자가 있으며 공공재는 일반적으로 최적 수량의 40~60%로 제공된다. 즉, 평균적으로 피실험자들은 그들 지분의 40~60%를 공공재에 기여한다. [한 연구에서] 이러한 결과는 많은 조건에서 성립했다. 처음 게임을 하는 피실험자 또는 이미 경험을 한 피실험자의 경우에도, 4명 또는 80명씩 그룹을 이루어 게임을 한다고 믿는 피실험자의 경우에도 그리고 다양한 금전적 이해 관계를 위해 게임을 하는 피실험자의 경우에도 성립했다.

왜 사람들은 일회성 죄수들의 딜레마와 공공재 게임에서 협력하는가? 실험 결과는 다른 플레이어들에 대한 높은 수준의 신뢰와 그들이 다른 플레이어들로부터 후한 공헌을 기대하는 것에 보답하려는 열망과 일치한다. 값싼 대화에 대한 논의의 예측과는 달리(10.2절 참조), 사전 플레이 커뮤니케이션pre-play communication은 실제로 죄수들의 딜레마의 협력과 공공재 게임의 기여를 증가시킨다. 그것은 협력으로 이끄는 집단 정체성, 즉 소속감을 촉진할 수 있다. 이런 점에서 대화는 비록 게임의 결과에 직접적인 영향이 없더라도 상호주의를 증진시키는 데 도움이 될 수 있다. 다른 설명들도 실험 데이터와 일치한다. 예를 들어 선수들은 이타적일 수도 있다. 게임이 반복되면 기여도가 떨어지는 경향이 있다는 점에 유의해야 한다. 따라서 게임의 반복은 플레이어들을 부분 게임 완전 균형 예측에 더 가까운 행동을 하도록 만들 것이다.

게임 이론의 균형 개념과 결합된 이기주의적 효용함수에 기반을 둔 예측은 사람들이 그렇게 하는 것이 그들에게 이익이 될 때조차도 그들의 행동을 조정할 수 없을 것이라는 것을 암시한다. 하지만 이것은 불필요하게 비관적인 인간 본성에 대한 비전이다. 경제학자 엘러너 오스트롬Elinor Ostrom은 신뢰와 공공재 스타일의 게임에서 유익한 결과에 도달할 수 있는 정교한 메커니즘을 개발한 공로로 2009년 노벨상을 수상했다. 그 분야와 연구실에서 나온 많은 증거들이 있는데, 이것은 사람들이 다양한 조건에서 그들의 행동을 조정하는 데 성공한다는 것을 암시한다. 몇몇 룸메이트들은 설거지를 확실히 하기 위해 상호 수용할 수 있도록 하는 데 성공하고, 몇몇 이웃 연합회는 그들의 회원들이 이웃 청소 작업에 참여하도록 하는 데 성공한다. 나쁜 사회 및 정치 철학 그리고 나쁜 사회 및 정치 제도들은 협력이 자발적으로 나타날 수 없다는 잘못된 가정으로부터 비롯될 수 있다.

놀랄 것도 없이 전략적 맥락에서도 프레임 효과가 있는 것으로 보인다. 예를 들어 한 가지 잘 연구된 현상은 게임이 묘사되는 방식을 바꿈으로써 죄수들의 딜레마 게임에서 협력률에 영향을 미칠 수 있다는 것이다. 그러한 사회적 프레임 효과에 대한 한 연구는 비록 게임들이 그렇게 묘사되지는 않았지만, 플레이어들이 서로에 대해 표준 죄수들의 딜레마 게임을 하도록 했다. 이 조사에 따르면 이 게임이 "주식시장 게임"으로 묘사될 때 26%의 참가자들만이 기꺼이 협력하는 반면, "커뮤니티 게임"으로 묘사될 때 거의 45%의 참가자들만이 기꺼이 협력하는 것으로 나타났다. 마찬가지로 사람들은 "기업-거래 연구"보다는 "사회-교류 연구"에, "월 스트리트 게임"보다는 "공동체 게임"에 협력할 가능성이 더 높았다.

그러한 행동을 어떻게 설명할 수 있을까? 한 유명한 가설에 따르면, 레이블label은 사회적 규범을 촉발함으로써 작동한다. "공동체"와 같은 레이블은 협력의 규범을 유발해 협력하고자 하는 욕구를 유발하는 반면, "주식 시장"과 같은 레이블은 경쟁의 규범을 유발해 경쟁하고자 하는 욕구를 유발한다.

인간 행동에서 사회적 규범의 역할은 최근 철학자와 사회과학자들로부터 많은 관심을 끌고 있다. 이러한 사상가들은 인간이 이성적인 동물일뿐만 아니라 규범을 따르는 동물이라는 것을 다양한 방식으로 강조한다. 여러분이 세계의 낯선 지역에서 혼자 식사를 하고 있다고 가정해보자. 여러분이 그 맥락에서 적절한 행동에 대한 단서를 찾고 있고, 여러분이 낯선 사람들 사이에 있더라도 그것에 적응하기 위해 최선을 다할 가능성이 있다. 요점은 여러분이 관련된 사회적 규범을 따르기를 원한다는 것이다. 그렇긴 하지만 규범 추종은 당신이 다른 사람들도 규범을 따를 것이라고 믿는 경우에만 당신이 주어진 규범을 따르기를 원한다는 점에서 조건부다. 만약 다른 모든 사람들이 음료를 살 차례를 공손히 기다리며 깔끔하게 줄을 서 있다면, 여러분도 깔끔하게 줄을 서고 싶을 것이다. 하지만 만약 다른 사람들이 바텐더의 관심을 끌려고 술집에서 몰려가서 아우성을 친다면, 여러분은 공손하게 차례를 기다리느니 차라리 그 무리와 같이 몰려가는 편이 나을 것이다. 그렇다면 문제의 게임이 두 가지 균형을 가지고 있다는 것은 분명하다. 하나는 사람들이 질서 있는 줄을 서는 것이고 다른 하나는 그들이 술집으로 몰려가는 것이다. 어떤 균형이 선택되는가는 순간에 어떤 규범이 촉발되는가에 의존하며, 어떤 규범이 촉발되는가는 프레임, 레이블 및 설명과 같은 표면적으로 사소한 요인에 의존할 수 있다.

지금쯤 여러분이 알고 있듯이, 참가자들은 죄수들의 딜레마를 전혀 하고 있지 않고 오히려 사슴 사냥 게임과 같은 것을 하고 있을지도 모른다(345쪽의 연습 10.17 참조). 사람들이 실제로 하고 있는 게임은 두 가지 균형을 가지고 있다. 〈협력, 협력〉 그리고 〈배반, 배반〉. 사람들이 사회적 선호를 가지고 있는 경우에도 마찬가지일 수 있다. 이 설정에서 게임의 레이블이 조정 장치로 사용되기 때문에 소셜 프레임 효과가 발생할 수 있으며, 이는 플레이어들이 독립적으로 행동하도록 해 균형 전략에 안착하게 한다.

이 분석은 의도, 신뢰, 상호주의에 대한 이야기가 사회적 선호에 대한 이야기처럼 전통적인 신고전학파 모델에 통합될 수 있다는 것을 암시한다. 그것이 불가능한 이유는 원칙적으로 없어 보이고, 일부 게임 이론가들이 시도해왔다. 설정이 이전 절의 설정보다 조금 더 복잡하기 때문에 이 논의에서 제외됐다. 그렇긴 하지만 의도, 상호주의, 신뢰의 분석을 전통적인 신고전학파 틀에 맞추는 것이 가능할 수도 있다(물론 아닐 수도 있다).

11.4 제약된 전략적 사고

20세기의 가장 영향력 있는 경제학자 중 한 명인 존 메이너드 케인스John Maynard Keynes는 주식시장에 투자하는 것과 특정한 종류의 신문 콘테스트에 참여하는 것 사이에 비유를 했다. 케인스는 고용, 이자, 돈의 일반 이론에서 다음과 같이 썼다.

> (전문적) 투자는 참가자가 100장의 사진 중에서 가장 예쁜 얼굴 6장을 골라야 하는 신문사의 대회에 비유할 수 있다. 상은 경쟁자 전체의 평균 선호에 가장 가까운 선택을 한 경쟁자에게 수여된다. 따라서 각 경쟁자는 그 자신이 가장 예쁘다고 생각하는 얼굴들이 아니고 그가 생각하기에 다른 경쟁자들의 마음에 드는 얼굴들을 선택해야 하는 것이다. 모든 경재자들은 같은 관점에서 문제를 보고 있는 것이다. 그것은 자신이 판단하기에 가장 예쁜 사람을 선택하는 경우가 아니며, 심지어 평균 의견이 순순하게 가장 예쁘다고 생각하는 사람을 선택하는 경우도 아니다.

이 전략적인 상호작용의 기본 구조는 미인대회 게임에 의해 포착된다. 여기서 n명의 플레이어가 동시에 0과 100 사이의 숫자를 선택한다. 평균 숫자의 7/10에 가까운 사람이 고정된 상을 탄다(비율은 10분의 7이어야 할 필요는 없지만, 플레이어들 사이에 공통으로 알려져 있어야 한다).

이 게임에는 내쉬 균형이 하나밖에 없다. 이 균형에서 모든 선수들은 숫자 0을 선택하고 모든 선수가 동률로 1위를 차지한다. 모든 사람이 가능한 가장 높은 100을 선택했다고 가정해보자. 만약 그렇다면 수상 번호는 70이 될 것이다. 따라서 어떤 합리적인 사람도 70보다 큰 숫자를 선택하지 않을 것이다. 그러나 아무도 70보다 큰 숫자를 선택하지 않으면, 당첨 번호는 49보다 클 수 없다. 그러나 49보다 큰 숫자를 고르는 사람이 없다면 당첨 번호는 34보다 클 수 없다. 계속해서 0까지 내려간다.

하지만 실제 사람들은 일회성 게임에서 내쉬 균형 전략을 펼치지 않는다. 처음 플레이할 때 정답은 20~40 범위에 속할 수 있다. 재미있는 일은 게임이 이전 라운드의 평균 숫자에 대한 피드백과 함께 반복될 때 일어난다. 이후 라운드에서 평균 숫자는 감소해 결국

0에 가까워진다. 이것은 시간이 지남에 따라 실제 사람들이 내쉬 균형 예측에 수렴한다는 것을 암시한다.

일회성 게임에서 그 결과에 대해 선호되는 설명은 사람들이 서로 다른 인지적 정교함Cognitive Sophistication의 정도를 가지고 있다는 생각에 바탕을 두고 있다. "레벨-0" 플레이어는 0에서 100 사이의 숫자를 무작위로 선택한다. "레벨-1" 플레이어들은 다른 모든 플레이어들이 레벨 0 플레이어라고 믿는다. 따라서 레벨 1 플레이어들은 평균 숫자가 50이 될 것으로 예측하고 $0.7 * 50 = 35$를 선택한다. 레벨 2 플레이어들은 다른 모든 플레이어들이 레벨 1 플레이어이고 평균은 35가 될 것으로 믿고 $0.7 * 35 \approx 25$를 선택한다. 통계 기법을 사용해 행동 게임 이론가들은 각 표본의 비율이 레벨 0, 레벨 1 등인지 추정할 수 있다. 그 결과는 대부분의 인간이 레벨 1 또는 레벨 2 플레이어임을 암시한다. 이러한 종류의 분석은 종종 레벨-*k* 사고Level-k Thinking라고 부르는데, 여기서 *k*는 인지적 정교함의 계층에서의 위치를 나타낸다.

이 게임의 한 가지 흥미로운 특성은 여러분이 독특한 내쉬 균형 전략을 알고 있다고 해도, 여러분은 그것을 하고 싶어 하지 않을 수도 있다는 것이다. 당신이 다른 플레이어들이 균형 밖의 전략을 구사하고 양의 숫자를 선택하기를 기대하는 한, 당신도 그렇게 하기를 원할 것이다. 그리고 다른 플레이어들이 여러분이 그들이 양의 숫자를 선택하기를 기대하는 한, 그들은 양의 숫자를 선택하기를 원할 것이다. 따라서 모든 사람들은 양수 즉 균형에서 벗어난 전략을 구사한다. 그러나 0보다 큰 숫자를 선택하고 싶어도 숫자가 너무 높아서는 안 된다. 즉, 목표는 다른 플레이어보다 한 단계 앞서가는 것이다.

케인스의 유추에 따라 이런 종류의 게임은 실제 시장의 역동성을 포착하고 주식과 부동산 시장의 거품을 설명할 수 있다는 의견이 제기돼왔다. 비록 모든 투자자들이 시장이 궁극적으로 폭락할 것이고 내쉬 균형 전략이 시장을 떠나는 것이라는 것을 알고 있다 하더라도, 그들은 다른 투자자들은 단지 조금 더 오랫동안 계속해서 매수할 것이라고 가정할 수 있다. 개인 투자가들이 경쟁에서 한 발 앞서서 다른 사람들이 한 발짝 앞서 시장을 빠져나갈 수 있다고 생각하는 한, 그들은 계속해서 매수하기를 원할 것이다. 물론 이 과정에서 모든 것이 붕괴되기 전에 가격을 훨씬 더 높이 올릴 것이다.

예 11.7 가위바위보(계속) 가위바위보 게임에는 내쉬 균형이 존재하는데, 두 플레이어가 각각 1/3의 확률로 랜덤화하며, 두 플레이어의 이길 확률이 동일하다(342쪽의 연습 10.13 참조). 그래서 세계 가위바위보 협회와 세계 선수권 대회가 있다는 말을 들으면 놀랄 것이다. 협회 웹사이트에 따르면 가위바위보는 우연이 아닌 기술 게임이다. "인간들은 할 수 있는 한 랜덤으로 하려고 애쓰는 데 서툴고, 랜덤성을 근사적으로 예측하고자 애쓴다."

여기 한 가지 조언이 있다. 프로들은 여러분에게 "바위는 초보들을 위한 것"이라고 말할 것이다. 경험 없는 남성들은 바위를 내는 경향이 있기 때문이다. 따라서 상대가 경험 없는 남성이면, 보를 내라. 만약 당신의 상대가 조금 더 정교하면 당신이 바위로 낼 것이라고 생각할 것이고 따라서 보를 낼 것이라면, 가위를 내라. 만약 여러분이 방금 찾은 논리로 가위를 낼 훨씬 더 정교한 에이전트들과 경기를 한다면, 바위를 내라.

다른 조언이 있다. 경험이 없는 플레이어들은 당신의 행동을 미리 가르쳐줄 것이라고 기대하지 않을 것이다. 따라서 만약 여러분이 다음에 바위를 낼 것이라고 알려준다면, 경험 없는 상대는 여러분이 그러지 않으리라 생각하고, 보가 아닌 다른 것을 선택할 것이다. 그래서 여러분은 바위를 내고 싶을 것이다. 하지만 좀 더 정교한 에이전트와 경기를 한다면, 그들은 여러분이 바위를 낼 것이라고 얘기한 후에 여러분이 바위를 낼 것이라고 예상할 것이다. 따라서 당신의 전략은 가위를 내는 것이 될 것이다.

미인대회에서처럼, 목표는 상대방보다 정확히 한 발 앞서 있는 것이다. 유사한 분석이 지네 게임에서 사람들의 성과에 적용될 수 있다(350쪽의 연습 10.26 참조). 전형적인 발견은 사람들이 Take를 취하는 마지막 단계부터 몇 단계까지 PASS를 한다는 것이다. 두 선수 모두 상대방이 유의한 부분 게임 완전 균형을 플레이하지 않을 것으로 생각하고, 두 선수 모두 다른 선수보다 한 단계를 먼저 Take하려고 시도한다면 이 결과가 예상될 것이다.

사회적 선호 모델과는 달리, 이 경우에는 전통적인 신고전학파 모델 내에서 일회성 게임에서 관찰된 행동을 포착할 희망이 거의 없다. 게임의 반복된 버전에서는 상황이 상당히 다르다. 같은 그룹이 계속해서 게임을 할 때, 그들은 균형 예측에 근접한다.

11.5 논의

오스트리아의 위대한 경제학자 프리드리히 A. 하이에크Friedrich A. Hayek에 따르면 자발적인 조정의 존재는 경제 과학의 중심적인 문제를 구성한다. 하이에크는 이렇게 썼다.

> 흄과 애덤 스미스의 시대부터, 경제적 현상을 이해하려는 모든 시도 즉 모든 이론적 분석의 효과는 대부분 사회에서 개인의 노력의 조정이 의도적인 계획의 산물이 아니라 어느 누구도 원하지도 이해하지도 않는 방법에 의해 발생했으며 많은 경우 단지 그런 식으로만 발생했었을 것이다.

이러한 관점에서 경제학자들은 조정이 발생하는 것을 심각하게 의심해본 적이 없다. 문제는 어떻게 그것이 나타나고 지속되는가다. 사회적 선호, 신뢰, 상호주의에 관한 행동 게임 이론 문헌의 많은 부분이 이 질문에 답하기 위해 개발됐다. 분명히 11장은 분석적 게임 이론이나 행동 게임 이론가들이 사람들이 실제로 서로 상호작용하는 방법을 포착하기 위해 제시한 모델에 맞지 않는 전략적 상호작용에 대한 완전한 설명을 포함하고 있지 않다.

〈행동 게임 이론〉이라는 제목 아래 제시된 연구는 전통적인 신고전학파의 틀과 어느 정도 양립할 수 있는가? 이 제목 아래에 있는 많은 것들은 사실 분석적 게임 이론과 일치한다. 사회적 선호 모델은 어떤 사람 P의 효용함수가 다른 사람 Q의 성취를 반영하도록 진행되기 때문에 분명히 일관성이 있다. 비록 게임 이론가들이 시도했지만 의도, 상호주의 그리고 신뢰에 대한 생각이 신고전학파 이론에 통합될 수 있는 정도는 불분명하다. 대조적이며 전략적으로 사고하는 사람들의 제한된 능력을 포착하려는 모델은 내쉬나 부분 게임 완전 균형 개념에 의존하는 모델과 더욱 분명하게 일치하지 않는다.

분석 게임 이론을 옹호하기 위해 신고전학파 이론은 엄격히 제한된 조건에서만 적용되도록 의도됐다는 주장이 제기돼왔다. 따라서 저명한 게임 이론가 켄 빈모어Ken Binmore는 다음과 같이 쓰고 있다.

> (신고전주의) 경제 이론은 다음의 세 가지 기준을 만족하는 경우에만 실험실에서 예측될 것으로 예상해야 한다.
>
> - 피실험자가 직면한 문제는 그 자체로 "합리적으로" 단순할 뿐만 아니라 피실험자에게 단순하게 보이도록 프레임이 짜여져 있다.

- 제공되는 인센티브는 "적절하다."
- 시행착오 조정에 허용된 시간은 "충분"하다.

빈모어는 자신이 이 분야에서 신고전학파 경제학이 가진 예측력을 부정하고 있다는 것을 인식하고, "하지만 우리는 이미 우리가 할 수 있는 것보다 훨씬 더 많은 것을 주장함으로써 충분히 곤경에 빠지지 않았는가?"라고 덧붙인다. 빈모어의 관점은 미인 대회 게임에 의해 잘 묘사된다. 여기서 실제 사람들의 행동은 1라운드 동안 내쉬 균형 예측과 극적으로 다르지만 게임이 반복되고 플레이어가 이전 라운드의 결과를 배우면서 수렴된다. 공공재나 다른 게임에서도 마찬가지일 수 있다. 어쨌든 위의 세 가지 조건 중 하나 이상이 충족되지 않을 때 행동 게임 이론이 적용되도록 의도된 것이라면, 빈모어의 분석적 게임 이론에 대한 변론이 행동 게임 이론을 반대하는 논의는 아니다.

 추가 연습

연습 11.8 최후통첩 게임에서 긍정적인 제안이 내쉬 균형 예측과 어떻게 일치하는지 설명하라(이에 대한 많은 오해들이 있기 때문에, 여러분이 확실히 이해하는 것을 확인하는 것이 좋다).

연습 11.9 **간디** 인도 독립 운동의 지도자이자 비폭력 사회 변화의 옹호자인 마하트마 간디는 이렇게 말했어야 한다. "어느 사회의 진정한 척도도 가장 취약한 구성원들을 대하는 방식에서 찾을 수 있다." 만약 우리가 이 구절을 사회적 선호의 표현으로 해석한다면, 과연 어떤 종류의 선호일까?

연습 11.10 **이기주의자, 공리주의자 및 부러워하는 자** 달러 단위로 표시된 표 11.3의 게임을 고려하라.

표 11.3 이기주의자와 다른 사람들

	L	R
U	\$3, \$2	\$0, \$1
D	\$1, 0	\$2, \$1

(a) 먼저 이 게임이 $u(x, y) = x$인 두 이기주의자에 의해 수행된다고 가정하자. 모든 내쉬 균형을 계산하라.
(b) 다음으로 이 게임을 $u(x, y) = x + y$인 두 명의 공리주의자가 한다고 가정하자. 모든 내쉬 균형을 계산하라.
(c) 마지막으로 이 게임을 $u(x, y) = x - y$인 두 명의 부러워하는 자들이 한다고 가정하자. 모든 내쉬 균형을 계산하라.

연습 11.11 **자원봉사자의 딜레마** 적어도 한 사람은 모든 사람들이 그것을 즐기기 위해 어떤 좋은 것을 제공하는 자원봉사를 해야 한다. 그 예로 여러분과 여러분의 친구들이 영화를 보는 동안 간식을 먹기 위해 누군가는 간식을 가져와야 한다. 스낵의 양과 질은 중요하지 않다고 가정할 것이다. 우리는 간식 없이 영화를 보는 것이 각 사람에게 0단위의 효용을 준다고 가정할 것이다. 자원봉사자의 딜레마는 어떤 수의 사람도 포함할 수 있지만, 여기서 우리는 두 사람이 있을 때로 제한할 것이다.

(a) 우선 참가자들이 순전히 자기 이익만을 추구하는 선호를 가지고 있다고 가정하자. 영화를 보면서 먹을 간식을 먹는 것은 누가 가져왔는지와 상관없이 2단위의 효용을 주지만, 간식을 가져오는 것은 1단위의 효용 비용이 든다. 이 게임의 보상 행렬은 무엇인가? 내쉬 균형은 무엇인가?
(b) 대신 플레이어가 사회적 선호를 가지고 있다고 가정하자. 간식을 먹는 것은 여전히 플레이어에게 2단위의 효용을 주지만, 그들은 다른 플레이어가 먹을 간식이 있을 때마다 2단위의 효용을 추가로 얻는다. 스낵을 가져오는 것은 여전히 1단위의 효옹 비용이 든다. 이 게임의 보상 행렬은 무엇인가? 내쉬 균형은 무엇인가?
(c) 이제 플레이어가 다른 사람의 소비에서가 아니라 스낵을 가져오는 행위에서 효용을 얻는다고 가정하자. 다시 먹을 스낵을 가지면 각 플레이어에게 2단위의 효용을 제공하지만 이제 스낵을 가져오면 1단위의 효용을 추가로 얻을 수 있다. 이 게임의 보상 행렬은 무엇인가? 내쉬 균형은 무엇인가?

연습 11.12 **그 냉장고** 일주일에 한 번 청소해야 하는 냉장고가 사무실에 있다. 하지만 아무도 청소를 하지 않고 당신도 청소를 싫어한다. 그러나 여러분은 매주 스스로 냉장고를 청소하는 것을 너무 싫어하지는 않는다. 동료들이 교대로 한다면 당신은 흔쾌히 청소할 것이다. 어쨌든 여러분이 한번 시도해보기로 한다. 무작위로 어떤 금요일에 냉장고를 잘 청소하고, 여러분의 노력을 인정하고 돌려받기를 바란다. 여러분은 동료들과 어떤 게임을 하고 있는 것일까?

연습 11.13 시계 수집 또 다른 취미를 얻고자 당신은 훌륭한 스위스 시계를 모으기로 결정했다. 당신은 당신이 좋아하는 시계와 그렇지 않은 시계가 있음을 발견한다. 이제 여러분은 시간이 지남에 따라 가치가 오르는 시계만 사고 싶을 것이다. 그래서 여러분이 좋아하는 것만을 살 수 없다 – 다시 말해, 좋은 투자가 될 시계를 살 필요가 있다. 시계는 여러분이 시계를 살 때 지불한 돈보다 미래에 사람들이 훨씬 더 많은 돈을 주고 사고 싶어 할 때 좋은 투자라고 할 수 있다. 하지만 사람들은 그 시계의 가치가 계속 오르리라고 생각할 때에만 미래에 그 시계를 사려고 할 것이다. 그런데 이것은 다른 사람들이 나중에 사고 싶어 할 경우에만 일어날 것이다. 이런 상황이 계속 진행되면, 이것은 어떤 종류의 게임인가?

연습 11.14 제갈공명 폴 래번Paul Raeburn과 케빈 졸먼Kevin Zollman이 쓴 『The Game Theorist's Guide to Parenting게임 이론가의 육아 가이드』은 아마도 역대 가장 유용한 육아책일 것이다. 이 책은 제갈량이라고도 알려진 유명한 중국의 군사 전략가 공명의 이야기를 들려준다. 기원전 149년 공명과 그의 군대는 양핑 마을에서 포위를 당했고 수적으로 터무니없이 열세였다. 도망칠 곳이 없었고 아무것도 하지 않는다면 마을은 적에게 순식간에 점령당할 것이다. 천제의 일격으로 공명과 그의 군대는 잠적했으며 성문을 활짝 열어 두고 포위하고 있는 군대를 맞이하기 위해 혼자 있는 류트 연주자 외에는 아무도 남겨두지 않았다. 적들은 공명이 왜 이런 짓을 하는지 이해할 수 없었고, 그것이 함정임에 틀림없다고 결론을 내리고 철수했다. 공명이 어떻게 적을 이겼는지 레벨 K 사고를 이용해 설명하라.

문제 11.15 균형 개념 우리는 10.4절에서 일부 게임 이론가들이 내쉬 균형 개념이 문제가 있다고 생각한다는 것을 알고 있으며, 부분 게임 완전 균형 개념은 합리적인 에이전트의 행동을 더 잘 포착하고 있다. 그러나 최후통첩 게임의 단일 부분 게임 완전 균형(11.2절 참조)에서 알 수 있듯이 부분 게임 완전 균형에도 비합리적인 점이 있다. 무엇보다도 부분 게임 완전 균형을 위해서는 응답자가 0달러의 제안을 수락할 것을 요구한다. 그러나 대부분의 내쉬 균형 상태에서 응답자는 이것보다 더 잘한다. 여러분의 관점에서 어떤 균형 개념이 합리적 에이전트의 행동을 가장 잘 포착하는가? 내쉬 균형인가, 아니면 부분 게임 완전 균형인가?

더 읽을거리

Holt(2019)는 행동 게임 이론에 대한 훌륭한 서론을 포함하고 있다. 가장 철저한 처리는 Camerer(2003)이며, 최후통첩 게임의 결과를 요약한 인용문을 포함한다(49쪽). Kagel and Roth(1995)는 실험 방법과 결과를 탐구한다. Durlauf and Blume(2010)은 더 간결하고 최신의 해결책을 제공한다. 실험실 실험에서의 협력에 대한 좋은 리뷰는 Dawes and Thale(1988)이며, 공공재 실험의 결과를 요약한다(189쪽). 사회적 프레임 효과는 Ellingsen et al.(2012)에서, 규범의 본질과 역학은 Bicchieri(2005)에서 탐구한다. 세계 RPS 협회는 여러분에게 가위바위보에서 누군가를 이기는 방법을 알려줄 것이다. 두 개의 역사적 인용구는 keynes(1936, 156쪽) and Hayek(1933, 129쪽)의 것이다. Hayek의 정보와 협력에 관한 연구를 더 자세히 보려면 Angner(2007)를 참조하라. Binmore 인용문은 Binmore(1999, F17쪽)에서 가져온 것이다.

PART 6

결론

12 행동경제적 정책

학습 목표

- 모수적과 전략적 의사결정의 차이점을 파악한다.
- 다양한 게임에서 내쉬 균형(및 개선점)을 발견한다.
- 분석적 게임 이론이 어떻게 기술적이고 규범적인 목적으로 사용될 수 있는지 그리고 그것의 한계가 무엇인지 이해한다.

12.1 서론

행동경제학은 21세기 첫 10년 동안 이미 경제학의 하위 분야로 확고히 자리 잡았지만, 그 무렵 닥친 경제 위기로부터 더 큰 힘을 얻은 것으로 보인다. 정치 평론가 데이비드 브룩스David Brooks가 「뉴욕 타임스」에 기고했듯이, "내 생각은 이 금융 위기가 공공정책의 영역에 정교한 심리학을 도입하고자 하는 행동경제학자들 또는 그러한 사람들이 공개적으로 재등장하는 마당이 될 것이라는 것이다." 브룩스는 종종 보수주의자로 묘사되지만 정치 영역 전반에 걸친 논평가들도 부분적으로 위기를 부적절한 경제 모델 탓으로 돌렸다. 전 연방준비제도이사회 의장 앨런 그린스펀Alan Greenspan은 합리적인 자기 이익의 가치를 찬양하는 아인 랜드Ayn Rand의 객관주의의 추종자로 알려져 있다. 하지만 2008년 의회 증언에서 그린스펀은 "나는 조직들, 특히 은행들과 다른 기관들의 이기심이 그들이 그들 자신의 주주들과 회사들에 대한 그들의 지분을 가장 잘 보호할 수 있다고 가정하는 실수를 했다"라고 고백했다. 노벨상 수상자이자 자유주의 경제평론가 폴 크루그먼Paul Krugman은 이와 유사하게 주장한다.

> '경제학자'는 모든 사람이 합리적이고 시장이 완벽하게 작동한다고 가정하는 깔끔하지만 잘못된 해결책을 포기할 필요가 있다. 경제학자들이 그 가정의 기반을 다시 생각할 때 나타나는 비전은 그렇게 명확하지 않을 수도 있고, 확실히 깔끔하지는 않을 것이다. 하지만 우리는 적어도 그것이 부분적이라도 옳다는 미덕의 존재를 바랄 수는 있을 것이다.

앞서 언급한 세 인물 즉, 브룩스, 그린스펀, 크루그먼은 모두 경제 이론이 정책과 국민 삶의 질에 상당한 영향을 미칠 수 있다는 데 동의하는 듯하다. 또한 그들은 이 영향이 그 일에 대한 이론의 적절성에 따라 더 좋을 수도, 더 나쁠 수도 있음에 동의하는 것 같다.

일련의 경제 이론과 정책에 영향을 미치고 삶을 개선하려는 열망으로 무장한 행동경제학자들은 **행동 정책**Behavioral Policy 즉 행동 이론의 정보를 기반으로 하는 경제 정책을 연구하면서 점점 더 자신감을 갖게 됐다. 행동경제학자들이 그들이 살고 있는 세상을 바꾸고 싶을 뿐만 아니라 이해하고 싶어 한다는 사실에는 특별한 것이 없다. 신고전학파와 다른 경제학자들 또한 그렇다. 1933년 하이에크는 다음과 같이 기술한다.

> 경제 분석이 사회 현상의 이유에 대한 초연한 지적 호기심의 산물이 아니라, 깊은 불만을 야기하는 세계를 재건하려는 강한 충동의 산물이었던 것은 사실일 것이다. 이것은 아마도 모든 경제학자들의 개체 발달(ontogenesis)만큼이나 경제학의 계통 진화(polygenesis)에도 해당된다.

(신고전학파처럼) 행동주의 경제학자들은 그들의 중심 규범적 관심사를 복지 그리고 아마도 그것의 분배로 여기기 때문에, 이 연구는 종종 행동 복지 경제학의 제목 아래 논의된다. 행동복지경제학은 행동경제학뿐만 아니라 행동경제학을 '법경제학Law and Economics'에 통합한 '**행동 법경제학**Behavioral Law and Economics'을 가정한다. 행동 공공경제학은 공공정책의 효과를 설명하고 평가하기 위해 행동경제학에 의존한다.

행동 정책에 대한 탐구의 일부로서 행동경제학자들은 **자유시장주의자**Libertarian(온건/타협) 또는 **비대칭적 온정주의**Asymmetric Parternalism로 다양하게 언급되는 교리와 함께 **넛지 어젠다**Nudge Agenda로 언급되는 일련의 정책 제안들을 발전시켰다. 지지자들은 넛지 어젠다는 사람들의 자유나 자율성을 방해하지 않고 최소한의 비용으로 사람들의 선택을 개선하고 그에 따라 그들이 원하는 대로 살 수 있도록 한다고 주장한다. 비판론자들은 이러한 넛지 어젠다는 결정을 내리는 데 있어서 그들이 개선하려고 하는 사람들보다 나을 것이 없는 관료들에 의한 개인적 의사결정과 다름없는 효과 없고, 위험한 것을 의미한다고 경고한다.

다른 행동경제학자들은 경험적 발견들, 특히 일반적으로 선택은 완전하고 전이적인 선호 순서를 반영하지 않는다는 결과는 전통적인 선호 기반 복지 정책들을 포기해야 한다는 것을 의미한다고 주장해왔다. 대신 이 경제학자들은 복지 정책은 '정말 중요한 것'에 기반을 둬야 한다고 주장한다. 그들은 종종 중요한 것을 관련자들의 행복으로 받아들인다. 지지자들은 행복의 경제가 '궁극적으로 중요한 것'에 대해 경제 정책이 더 잘 대응하도록 만드는 급진적인 개혁을 허용한다고 주장한다. 비평가들은 전체 프로젝트에 대한 정보가 불완전하므로, 이 정책 제안들이 일관되게 시행되더라도 의도하지 않은 불행한 결과를 초래할 것이라고 응답한다.

12장에서 우리는 첫째, 자유지상주의적 온정주의Libertarian Paternalism와 넛지 어젠다를 그리고 둘째, 행복의 경제학Economics of Happiness에 대해 자세히 살펴볼 것이다. 목표는 이러한 제안들이 무엇인지, 표준 접근법과 어떻게 다른지 (또는 그렇지 않은지) 그리고 이들의 전망과 한계는 무엇인지를 탐구하는 것이다.

12.2 행동후생경제학, 자유지상주의적 온정주의와 넛지 어젠다

정통 경제학자들이 제안한 정책은 소수의 범주로 분류될 수 있다. 자유 무역 협정이 한 대륙의 소규모 유기농 커피 재배업자들이 다른 대륙의 분별 있는 커피 소비자들에게 커피 원두를 팔 수 있도록 허용하는 것과 같이, 일부 그러한 정책들은 상호 이익이 되는 상호 작용에 대한 장벽을 제거한다. 어떤 정책들은 다른 사람의 재산을 훔치고 당신의 아이들을 최고 입찰자에게 파는 것이 불법인 것처럼 해로운 행동을 금지한다. 어떤 정책들은 오토바이를 탈 때 헬멧을 쓰거나 예방 가능한 질병에 예방 접종을 해야 할 때처럼 유익한 행동을 의무화한다. 다른 정책들은 사람들이 유익한 행동을 더 하도록 하고, 해로운 행동들을 덜 하도록 장려하는 인센티브를 부과한다. 그러므로 태양광 패널의 설치에 대한 세금 혜택은 깨끗한 에너지의 생산을 장려하고 탄소세는 화석 연료 사용을 억제하는 데 도움이 된다.

금지/명령Bans/Mandates과 동기부여/동기 억제Incentives/Disincentives의 구별이 법적으로 그리고 심리적으로 중요하다. 그러나 경제학자들은 이러한 모든 정책 제안들이 경제적으로 동등한 의미가 있다는 것을 지적하기를 좋아한다. 그것들은 모두 다른 행동 방침과 관련된 동기를 변화시킴으로써 작동한다. 그래서 금지는 단지 또 다른 종류의 동기 억제로 분석될 수 있다. 여기서 동기 억제는 벌금, 징역, 특권 상실 등의 형태를 취한다. 전통적인 경제학자들의 정책 제안들이 이런 형태를 갖는 경향이 있는 것은 우연이 아니다. 일관되고 안정적인 선호 시스템에 의해 행동이 결정되는 이론에 따르면 메뉴를 확장하는 것 외의 행동을 효과적으로 변화시키는 유일한 방법은 동기를 변화시키는 것이다.

동기를 변화시키는 것이 행동에 영향을 미치는 강력한 방법이라는 것을 부인하지 않지만, 행동경제학자들의 정책 제안은 다른 성격을 갖는 경향이 있다. 그들의 연구를 바탕으로 행동경제학자들은 완전히 다른 형태의 복지 증진 정책 개입을 제안했다. 사람들이 완전히 합리적이고, 완전한 정보를 가지고 있을 때 선택했을 것과 실제로 선택하는 것이 유의하고 체계적으로 다르다면, 그들의 실제 선택을 더 합리적인 것에 더 가깝게 만든다는 의미에서 적어도 이론상으로는 사람들의 선택을 개선하는 것이 가능하다. 만약 그들이 완전히 합리적이었다면 무엇을 선택하든 간에 사람들이 더 잘살 수 있다는 가정하에, 이런 방식으로 사람들의 선택을 개선한다는 것은 그들을 더 잘 살게 한다는 것을 의미한다. 그리고 사람들은 (그들 자신의 합리적인 그리고 정보 기반의 선호에 의해 정의되는) 자신의 기준으로 더 잘살 수 있다. 이런 방식으로 사람들을 더 잘살게 하는 것이 간단히 말해서 자유지상주의적 온정주의와 넛지 어젠다의 목표다.

프로젝트는 그림 12.1에 설명돼 있다. 그림 12.1(a)에 있는 사람은 합리적이고 정보를 가지고 있다. 그의 선호는 그가 A에서 B로 가기를 원한다는 것을 말해주고 있으며, 실제로 그렇게 한다. 그림 12.1(b)에 있는 사람도 합리적이고 정보를 가지고 있다면 A에서 B로 가고 싶어 할 것이다. 안타깝게도 그는 그렇지 않다. 그는 이 상황에서 최선을 다해서 A에서 B'로 간다. 자유지상주의적 온정주의자는 오른쪽에 있는 사람이 합리적이고 정보에 입각한 선호의 관점에서 행동할 경우보다 더 낫지 않다는 것을 알아차리고, 그가 회색 선을 따라 B' 대신 B로 가는 행동을 취하도록 그의 결정을 내리는 조건을 바꾸기를 희망한다. 행동경제학자는 전통적인 틀 안에서는 말이 안 되는 정책 대안을 탐구할 수 있다는 점에 유의하라. 이런 점에서 (기술적인) 행동경제학은 정책 입안자에게 다양한 정책 목적에 사용될 수 있는 완전히 새로운 수단을 제공한다.

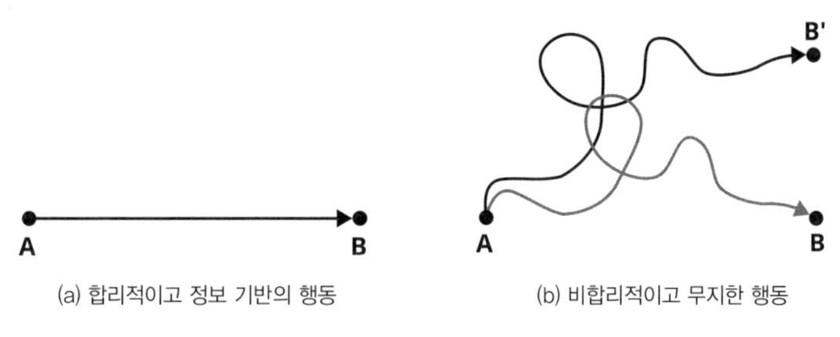

(a) 합리적이고 정보 기반의 행동

(b) 비합리적이고 무지한 행동

그림 12.1 두 종류의 행동

때때로 최적이 아닌 결정을 내린다는 사실은 사람들의 선택이 제3자 즉 아마도 사심이 없는 관료, 또는 계몽된 독재자 또는 리바이어던에 의해 이루어지면 가장 좋을 것이라는 것을 암시할 수 있다. 그러나 어떤 행동경제학자도 독재 정권을 해결책으로 옹호하지는 않는다. 많은 분명한 이유들이 있다. 관료들과 독재자들은 사람들의 선호와 그들의 삶의 상황에 대해 완전히 자비롭지는 못할 것이고, 평균적으로 그들이 개선하려고 하는 사람들의 선택들보다 더 합리적이지 못할 것이다. 게다가 스스로 결정을 내리는 바로 그 행동은 우리의 복지를 향상시킬 수 있다. 그 결과가 너무 심각하지 않다면, 실수를 하는 것조차 교화될 수 있다.

자유지상주의적 온정주의는 만약 사람들이 그들의 자유나 자율성으로 간섭하지 않고 그렇게 하는 것이 가능하다면, 사람들이 그들 혼자 힘으로 스스로 더 나은 결정을 내리도록 돕는 것은 합법적이라고 말한다. 이 접근법은 사람들을 더 잘 살게 하는 것을 목표로 하기 때문에 "온정적"으로 묘사되지만, "자유주의"는 사람들의 자유와 자율성을 존중하는 방식으로 사람들을 더 잘살게 하려고 하기 때문에 "자유주의"로 묘사된다. 다른 사람들은 그것을 더 고압적인 종류의 온정주의와 구별하기 위해 온건/타협적 온정주의라고 부른다. 비대칭적 온정주의라는 용어는 때때로 온건 온정주의 개입이 완전히 합리적이고 정보를 기반으로 하는 개인에게는 거의 또는 전혀 비용을 부과하지 않는 반면, 그렇지 않은 개인에게는 잠재적으로 큰 이익을 줄 것으로 기대된다는 것을 강조하기 위해 사용된다. 선택이 이루어지는 환경, 소위 선택 구조[Choice Architecture]를 타깃으로 하고, 이러한 효과를 갖도록 설계된 개입[Intervention]을 소위 넛지[Nudge]라고 한다. 패러다임 넛지[Paradigmatic Nudge]에는 여러 가지 속성이 있다. (i) 그것은 사람들을 위한 의사결정을 하는 것이 아니라 사람들이 스스로 더 나은 결정을 내릴 수 있도록 돕는 것을 목표로 한다. (ii) 그것은 넛지에 노출된 사람들에게 거의 또는 전혀 비용을 부과하지 않는다. (iii) 이미 합리적이고 정보를 기반으로 하는 사람들의 선택에 거의 영향을 미치지 않는다. (iv) 이미 합리적이고 정통하지 않은 사람들의 선택에 미치는 영향은 잠재적으로 그들에게 유익하다.

그림 12.2는 넛지가 다른 정책 형태와 다른 방식을 보여준다. 이 세 교통 표지판의 공통점은 직진하는 사람들의 수를 줄이려고 노력한다는 것이다. 하지만 그들은 매우 다른 방식으로 작동한다. 그림 12.2(a)의 출입 금지 표지판은 금지를 나타낸다. 그것은 똑바로 운전하는 것이 불법이고, 그렇게 하는 것은 벌금이나 징역형에 처해질 수 있다는 신호를 보낸다. 그림 12.2(b)의 혼잡료 부과 구역 표지판은 동기 억제를 나타낸다. 그것은 직진하는 것이 합법적이지만, 그렇게 하는 사람은 추가 요금을 내야 한다는 신호를 보낸다. 이와 반대로 그림 12.2(c)의 전방에서 우회전 표지판은 넛지를 나타낸다. 표지판에는 직진하는 것이 불법이라고 나와 있지 않으며, 그렇게 하는 것과 관련된 요금이 있다고 나와 있지 않다.

(a) 출입 금지 (b) 혼잡료 부과 구역 (c) 전방에서 우회전

그림 12.2 3종류의 교통 표지판 스웨덴 교통(©스웨덴 교통국. 사용 허가)

전방에서 우회전 표지판은 다른 두 표지판과는 다르게 작동한다. (i) 이 표지판은 사람들이 스스로 더 나은 운전 결정을 내릴 수 있도록 돕는 것을 목표로 한다. (ii) 이 표지판은 숙련된 운전자가 환경의 일부로 이를 스캔하는 데 걸리는 아주 작은 시간 이상으로 이 표지판에 노출된 사람들에게 비용을 부과하지 않는다. 그들이 도로상에 머물 작정이든 아니든 사실이다. (iii) 표지판이 있든 없든 합리적이고 정보를 기반으로 하는 운전자의 결정에 영향을 미치지 않는다. 표지판이 있든 없든 간에, 도로에 머물고자 하는 합리적이고 정보를 기반으로 하는 운전자는 커브길에서 우회전할 것이고, 직진을 해서 절벽에서 떨어지고자 하는 합리적이고 정보를 기반으로 하는 운전자는 그렇게 할 것이다. (iv) 그러나 표지판은 비대칭일 수 있다. 비합리적이거나 앞의 커브길에 대해 무지한 운전자에게 (스스로에 의한) 비대칭적이고 잠재적으로 큰 이로운 효과를 제공한다. 이는 표지판이 운전자의 행동을 변화시키는 정도만큼 운전자가 적절하게 속도를 조절하고 바퀴를 적절하게 돌리게끔 "넛지"하기 때문이다.

연습 12.1 **교통 표지판** 다음 표지판에 의해 어떠한 정책이 표현되는가?

(a) 정지 표지판

(b) 차선 종료 표지판

(c) 적색 신호등

(d) 황색 신호등

(e) "시간당 25센트" 딱지가 붙은 주차 미터기

(f) 주차 금지 표지판

행동복지경제학자들은 그들이 복지 증진이라고 믿고 행동경제학의 이론적 발달에 의해 동기부여된다고 믿는 많은 특정한 개입을 제안했다. 다음은 작은 예제들이다.

- 기본 옵션Default Options은 의사결정자가 적극적인 선택을 하지 못하는 경우에 선택되는 옵션이다. 사람들이 현상 유지의 경향이 있는 한, 그들은 적극적인 결정을 내리는 것이 사실상 비용이 들지 않을 때에도 기본 옵션을 고수하는 경향을 보일 것이다. 선택 설계자가 사람들의 이익을 고려해 어떤 옵션이 기본이 돼야 하는지를 신중하게 결정하도록 함으로써, 행동경제학자들은 더 많은 사람들이 결국 그들에게 가장 좋은 옵션

을 선택하게 될 것이라고 믿는다.

- SMarT(Save More Tomorrow, 내일을 위해 저축하라) 프로그램은 근로자가 향후 임금 인상분의 일부를 저축에 할당하기 위해 미리 확약하는 옵션을 제공해 은퇴를 위해 더 많이 저축하도록 장려한다. 전망 이론에 따르면 미래의 임금 인상을 확약하는 것은 포기한 이득인 반면, 주머니의 돈을 확약하는 것은 손해이기 때문에 근로자들은 주머니 속의 돈보다 미래의 임금 인상을 저축하는 것이 더 쉽다고 생각할 것이다. SMarT 프로그램은 이러한 효과를 활용해 저축률을 높이도록 설계됐다.
- 냉각기Cooling-Off Periods는 의사결정자가 선택을 뒤집을 수 있는 옵션을 갖는 의사결정 이후의 기간이다. 냉각기는 일시적인 "흥분" 감정 상태에 있는 사람들이 때때로 최적이 아닌 결정을 내린다는 생각에 기초한다. 행동경제학자들은 냉각기가 사람들에게 더 나은 결정으로 이어질 가능성이 높은 "냉정" 상태의 관점에서 그들의 결정을 재평가할 수 있는 기회를 제공한다고 주장한다.

늘 그렇듯이, 악마는 세부사항에 있다. 냉각기 등을 통해 합리적이고 정보를 가진 의사결정자에게 부과되는 부담이 크다면, 개입이 전체의 복지를 증진시키는 데 성공하든 아니든 더 이상 넛지로서 작동하지 않을 것이다.

연습 12.2 **사과 아니면 감자 튀김?** 미국 햄버거 체인점들은 "식사" 옵션으로 감자 튀김 대신 사과 조각을 제공하기 시작했다. 감자 튀김은 아직 가능하지만 고객은 사과 대신 감자 튀김을 달라고 요청해야 한다. 그 결과 고객들은 더 많은 사과를 먹고 감자 튀김을 덜 먹게 된다는 예비 보고서가 나왔다. 이게 어떤 종류의 개입인가?

넛지의 정의는 다소 애매모호하기 때문에, 우리는 합리적인 사람들이 동의하지 않을 수 있는 애매한 부분이 있을 것으로 예상한다. 그러나 넛지를 구성하지 않는 예는 쉽게 생각할 수 있다. 이를테면 날씨는 개입이 아니기 때문에 넛지가 아니다. 서브리미널 광고Subliminal Advertising[1]는 넛지가 아니다. 그것이 효과적이면 합리적인 것과 비합리적인 선택

1 서브리미널 광고(Subliminal Message, Subliminal Advertising) 즉 잠재의식 광고는 인간의 감각이 느끼지 못할 정도의 자극을 주어 잠재의식에 호소하는 광고의 하나다. 하지만 이 광고의 효과에 대해서는 의견이 분분하다. 현재 대한민국과 각국의 법에선 이런 광고를 금하고 있다. – 옮긴이

모두에 간섭할 수 있기 때문이다. 그리고 우리가 앞서 봤듯이 정지 표지판과 주차 금지는 넛지가 아니다.

연습 12.3 **블룸버그 금지령** 당시 시장이었던 마이클 블룸버그Michael Bloomberg가 주도한 2013년 공중보건 이니셔티브의 일환으로 뉴욕시는 식당, 영화관 등에서 16온스(또는 0.5리터) 이상의 탄산음료 판매를 금지했다(이 법은 나중에 주 최고 법원에 의해 폐지됐다). 왜 "블룸버그 금지령"이 넛지를 구성하지 않는지 설명하라.

어떤 개입이 복지를 증진하는지 아닌지에 대한 어떠한 주장도 복지 기준을 전제로 한다. 그것은 (적어도 원칙적으로) 누가 잘살고 있고 누가 그렇지 않은지를 결정할 수 있는 규칙이다. 신고전학파 경제학은 선호 기반 기준에 의존하며, 이에 따라 사람들은 그들의 선호가 충족되는 정도만큼 잘산다. 효용에 대한 신고전학파적인 이해를 고려할 때, 이것은 사람들이 그들의 효용이 높을 정도로 잘산다고 말하는 것과 같다. 행동경제학은 이 기준이 불충분하다는 것을 결론내고, 대신 우리는 행복에 기반을 둔 기준을 받아들여야 한다고 주장해왔다. 사람들은 그들이 행복할 만큼 잘사는 것이다. 이들 기준은 행복하지 않으면서 선호를 만족시킬 수 있고 행복하면서 선호를 만족하지 않을 수 있으므로 실질적으로 다르다는 점에 유의하라(12.4절 참조). 다른 이들은 (일부 신고전학파 경제학자들이 이미 하고 있는 것처럼) 중요한 선호가 사람들의 선택에 실제로 드러난 선호가 아니라 그들이 완벽하게 합리적이고 이상적으로 정보 기반이라면 가질 수 있는 선호라고 가정함으로써 선호 기반 기준을 유지하는 것이 가능하다고 주장한다. 내 생각에 그러한 기준을 전제로 하는 것이 행동복지경제학을 이해하는 데 가장 도움이 된다.

넛지 어젠다는 이미 엄청난 영향력이 있는 것으로 판명됐다. 무엇보다도 그것은 전 세계적으로 소위 넛지 유닛Nudge Units이라고 알려진 BIBehavioral Insight(행동 통찰력) 팀의 개발에 영감을 줬다. BI 팀은 행동 과학의 통찰력을 실제 정책 제안으로 변환하는 업무를 담당하는 정부 내부 또는 외부의 조직이다. 2010년에 정부 내부에 설치되고 2014년에 어느 정도 독립을 획득한 영국 BI 팀은 종종 첫 번째 팀으로 묘사된다. 10년도 채 지나지 않아 OECD는 전 세계 200개 이상의 기관들이 정책에 행동 통찰력을 적용하는 것을 확인했다(그림 12.3 참조). 만약 여러분 근처에 BI 팀이 있다면 편하게 확인해보라! 〈행동 통찰력과 공공정책〉이라는 제목의 2017년 OECD 보고서는 "소비자 보호, 교육, 에너지, 환경, 금융, 보건 및 안전, 노동 시장 정책, 공공 서비스 제공, 세금 및 통신" 영역에서 도출된 100가지 사례 연구를 검토한다. 보고서는 비록 도전 과제는 남아 있지만, 행동적 통찰력은 정부와 다른 조직들이 값비싼 규제나 제재에 의존하지 않고 효율성을 향상시키는 전략을 개발할 수 있게 한다고 주장한다. 중요한 것은 BI 팀은 행동 과학의 단순한 소비자가 아니라 긴급한 문제에 대한 정책 솔루션에 필요한 데이터를 확보하기 위해 현장에서 대규모 무작위 통제 실험을 실행하는 생산자이기도 하다.

그림 12.3 세계 곳곳의 BI 팀(OECD 데이터, 2017)

12.3 넛지 어젠다의 평가

자유지상주의적 온정주의와 넛지 어젠다의 매력은 명백하다. 사람들이 그들의 자유와 자율성을 방해하지 않고 그들 스스로의 힘에 의해서 더 나은 결정을 내릴 수 있도록 도울 수 있다면 멋있는 일이 아닌가? 지지자들은 정말 열광적이다. 그들은 넛지를 시행하는 것이 저렴하며, 그 결과는 즉각적일 수 있을 뿐 아니라, 그 영향은 클 수 있다고 지적한다. 그림 12.2(c)의 전방의 우회전 표지판이 그 좋은 예다. 아마도 이러한 표지판은 게시 및 유지관리 비용이 낮고 즉시 작동하기 시작하며 자동차 충돌 감소 측면에서 예상되는 편익이 높기 때문에 매우 흔하게 볼 수 있을 것이다. 『넛지Nudge』(리더스북, 2018)의 공동저자인 하버드 법대 교수 캐스 R. 선스타인Cass R. Sunstein은 다음과 같이 기술하고 있다.

> 퇴직 플랜의 맥락에서 자동 등록은 저축을 촉진하고 증가시키는 데 매우 효과적이라는 것이 입증됐다. 소비자 행동의 맥락에서, 공개 요건과 채무 불이행 규칙은 소비자를 심각한 경제적 피해로부터 보호해 수백만 달러를 절약했다. 학자금 보조신청서 양식의 단순화는 (학생당) 수천 달러의 추가 학비 보조와 동일한 효과를 가질 수 있다. …넛지는 더 비싸고 강압적인 도구보다 더 큰 영향을 미치는 경우도 종종 있다.

넛지는 정부에만 국한되지 않는다는 것을 지적할 가치가 있다. 기업, 자선단체, 종교단체, 관리자, 교사 그리고 부모들은 모두 넛지를 이용해 사람들이 그들 스스로 더 나은 결정을 내리도록 도울 수 있다. 그리고 그들 중 많은 이들이 이미 그렇게 하고 있다.

예 12.4 **구글** 구글은 직원들이 건강하게 먹도록 장려하고 싶어 한다. 패스트 컴퍼니Fast Company는 "건강성, 행복성, 혁신을 추구하면서 이 거대 소프트웨어 회사는 사람들이 더 나은 결정을 내리도록 유도하는 단순하고 미묘한 단서인 '넛지'로 눈을 돌렸다"고 보도한다. 행동경제학에서 아이디어를 차용해, 구글은 지금 다음을 실행하고 있다.

(1) 투명한 자동판매기가 아닌 불투명한 통에 사탕을 넣는다. (2) 샐러드를 카페테리아에 들어가는 사람들의 전면에 배치하고 디저트는 뒤에 나오도록 배치한다. (3) 접시가 큰 사람들은 더 많이 먹는 경향이 있다는 점을 지적함으로써 사람들이 더 작은 접시를 사용하도록 권장한다. (4) 음식이 얼마나 건강한가에 따라 색상 코드화한다. 이러한 모든 개입은 우리가 이 책에서 이해하는 바와 같이 충분히 넛지로 특징지어질 수 있다.

문제 12.5 넛지를 구성하는 자동차, 컴퓨터 또는 기타 장치의 세 가지 특성을 식별하라.

그렇다면 자유지상주의적 온정주의와 넛지 어젠다를 얘기할 때, 안 좋은 것은 무엇인가? 물론 모든 도구가 잘못 사용될 수 있다. 만약 여러분이 못을 박아야 한다면 망치는 훌륭한 것이지만, 크리스탈 유리나 사람의 머리 근처에서 망치를 휘두르면 큰 손상을 입힐 수 있다. 비슷하게 넛지는 아마도 부적절하고, 잘못 인도되고, 비열하고, 또는 완전히 해로울 수 있다. 그러나 사람들이 머리를 때리면 상처를 입는다는 사실에 근거해 망치 사용을 비판하는 것이 도움이 되지 않는 것처럼, 해로운 용도가 있다는 사실에 근거해서 넛지를 비판하는 것은 이상할 것이다. 넛지의 일반적 비평이 주목을 끌려면 제대로 사용할 때도 넛지가 인간의 복지에 해롭다는 주장을 할 필요가 있다.

비평가들은 선스타인의 용어로 "선택 설계자"라는 넛지를 하는 사람들 자체는 자비심은 말할 것도 없고 합리성과 정보력도 부족할 것이라고 지적한다. 그러나 이를 기반으로 하는 반대는 큰 포인트를 놓치고 있다. 행동경제학자들은 정책 입안자들이 우리와 같은 한계를 겪고 있다는 사실을 잘 알고 있다. 이것이 행동경제학자들이 독재 정권의 해법을 거부한 이유일 뿐만 아니라 애당초 그들이 넛지 어젠다를 개발한 이유의 일부다. 그리고 선택 설계자들이 초인적일 필요는 없다. 전방의 우회전 표지판을 다시 생각해보자. 그러한 표지판을 게시하는 것은 여러분이 사람들에게 무엇이 좋은지 아는 척하거나, 좋은 삶에 대한 여러분의 비전을 그들에게 강요하기를 원하거나, 심지어 그들에게 무엇이 좋은지 말해준다는 것을 의미하지 않는다. 여러분은 어떤 사람들이 곧장 앞으로 운전할 이유가 있다는 것을 인지할지라도 표지판을 게시할 수 있다. 그리고 그러한 표시를 게시한다고 해서 여러분이 다른 사람들보다 더 합리적이고, 더 잘 알고 있거나, 더 자비롭다고 착각하고 있다는 것은 아니다. 그것은 단지 당신이 그 표지판이 도로에 머물기를 원하는 사람들을 그렇게 하도록 도울 가능성이 있다고 생각한다는 것을 의미한다.

일부 비평가들은 모든 형태의 온정주의가 불쾌하고, 따라서 자유지상주의적 온정주의도 나쁘다고 주장한다. 그러나 이러한 비판은 "온정주의"라는 용어의 의미와 동일시한다. 만약 "온정주의"에 의해 우리가 다른 사람들을 더 잘살게 하려는 기질이나 열망을 의미한다면, 그것에 대해 전혀 반대할 것이 없다. 이런 의미에서 온정주의는 "자비심 benevolence"이라고 알려진 것이고 그것은 널리 미덕으로 여겨진다. 이 "온정주의"의 의미에서, 무역 장벽을 제거함으로써 전체 복지를 늘리는 것은 온정주의적 개입이며 사실상 모든 복지 경제학자들은 온정주의자다. 온정주의가 거부감을 갖는다는 것은 그것이 사람들의 자유나 자율성의 위반을 수반한다는 것이고, 자유지상주의적 온정주의는 정의상 그렇지 않다는 것이다. 사실 선스타인이 넛지가 더 강압적인 정책 형태보다 더 효과적일 수 있다고 언급할 때, 그는 전자로 후자를 대체함으로써 같거나 더 나은 결과를 얻을 수 있는 가능성을 제기하고 있다. 만약 그렇다면 넛징은 실제로 사람들의 선택의 자유를 증가시킬 것이다. 자유지상주의 경제학자 브라이언 캐플란Bryan Caplan은 그것이 더 강경한 형태의 온정주의를 더 약한 온건한 형태의 온정주의가 대신하는 정도만큼 넛지를 지지했다. 그는 이렇게 기술하고 있다.

> "넛징"은 좋은 생각이다. 우리는 부드러운 (심지어 잠재의식적) 설득으로 기존의 강경한 온정주의를 종식시키는 것부터 시작해야 한다. 마약을 금지하는 대신에, 우리는 현재 불법 약물을 사용하기를 원하는 사람이 정부 웹사이트에 가서 공인 마약 사용자 카드를 요청할 수 있도록 허용해야 한다… 유사한 금지 규정은 정부의 건강 관리 프로그램, 근로자 보호법, 소비자 보호법 등에 대해 고안돼야 한다.

어쨌든 우리가 반대하는 형태의 온정주의를 우려하는 만큼, 그림 12.2(a)에 의해 표현되는 금지와 명령 및 그림 12.2(b)로 표현되는 동기부여(억제)와 같은 실제로 사람들의 자유와 자율성을 간섭하는 정책을 목표로 하는 것이 더 바람직할 것이다. 그리고 이미 이러한 것들이 많이 존재한다.

다른 비평가들은 완전히 무해한 넛지에서 좀 더 강압적인 형태의 정책으로 "미끄러운 경사길slippery slope"이 있기 때문에(즉 연쇄적으로 더 부정적인 효과를 초래할 가능성이 있기 때문에) 넛지 어젠다는 위험하다고 주장한다. 만약 우리의 자유와 자율성을 침해하지 않는 방법으로 정책 입안자들이 우리를 넛지하도록 허용한다면, 정책 입안자들은 곧 더 강압적인 형태의 정책에 참여하게 될 것이라는 주장이다. 모든 정책 개입(상호 이익이 되는 상호 작용에 대한 장벽을 제거하고 선택의 자유를 강화하는 것을 목표로 하는 정책이라도)은 의도하지 않은 예상치 못한 역효과를 초래할 수 있는 것은 사실이다. 강경한 온정주의의 늑대가 온건한 온정주의의 양의 옷을 입고 나타날 수도 있다는 것 또한 사실이다. 그러나 이 미끄러운 경사 논쟁에는 이상한 점이 있다. 그것은 자유지상주의적 온정주의나 넛징 그 자체에 어떤 문제가 있다고 말하는 것이 아니라, 오히려 뒤따를 가능성이 있는 더 강경한 형태의 온정주의적 개입에 문제가 있다고 말하는 것에 주목하라. 하지만 왜 우리는 그들이 문제가 있다고 생각하는가? 세 번째 유형의 교통 표지판을 고려하라. 비평자는 세 번째 형태의 표지판의 사용을 허용하는 것은 첫 번째 두 종류의 표지판의 확산을 필연적으로 또는 잠재적으로 확산시킬 가능성이 있다고 주장한다. 하지만 이렇다고 생각할 이유는 거의 없는 것 같다. 실제로 세 번째 종류의 표지판이 작동하는 정도까지, 처음 두 종류의 표지판을 필요로 하지 않을 수 있다. 이것이 온건적 온정주의가 개인의 자유의 확대로 이어질 것이라는 카플란과 선스타인의 희망의 밑바탕에 깔려 있는 생각이다. 다시 말하지만 처음 두 종류의 표지판이 이미 널리 사용되고 있다는 것을 고려하면, 우리가 자유와 자율성의 한계에 대해 우려하는 정도까지, 우리의 시간은 대신에 그것에 반대하는 논쟁을 하는 데 쓰는 것이 더 나을 것이다. 이와 같은 고려는 철학자들이 모든 미끄러운 경사길 주장을 거부하도록 격려했다. 예를 들어 도덕 철학자 사이먼 블랙번Simon Blackburn은 다음과 같이 기술하고 있다. "미끄러운 경사길" 추론은 이곳뿐만 아니라 모든 곳에서 저항될 필요가 있다.

매우 다른 종류의 비판은 행동경제학 자체에서 나온다. 일부 행동경제학자들은 넛지는 심각한 한계를 가지고 있으며, 많은 정책 과제를 해결하기 위해서는 다른 형태의 정책이 필요할 수도 있다고 경고했다. 따라서 조지 로웬슈타인George Loewenstein과 피터 우벨Peter Ubel은 비만 대유행, 의학에 대한 이해 충돌 그리고 에너지 보존의 도전을 포함한 다양한 문제들이 좀 더 전통적인 형태의 정책을 사용해 가장 잘 해결된다고 주장해왔다. 그들은 계속해서 다음과 같이 기술하고 있다.

> 정책 입안자들이 행동경제학을 사용해 정책 프로그램을 고안하고자 함에 따라, 행동경제학이 해결하고자 의도하지 않았던 문제들을 해결하도록 요구되고 있는 것이 분명해지고 있다. 실제로 어떤 경우에는 행동경제학이 정치적 편법으로 이용되고 있어 정책 입안자들이 전통적인 경제에 뿌리를 두고 있는 고통스럽지만 더 효과적인 해결책을 피하도록 한다.

교통 표지판의 관점에서, 여기서의 요점은 그림 12.2의 처음 두 종류의 표지판이 요구되는 조건이 있으며, 세 번째 종류의 표지판(제한된 조건에서 잠재적으로 효과적임에도)이 그것들을 대체할 것으로 기대할 수 없다는 것이다. 로웬슈타인과 우벨은 더 엄격한 정책이 종종 의사결정자에게 이익이 되는 것이 아니라 의사결정자가 다른 사람들에게 해를 끼치는 것을 막는 데 도움이 된다고 지적함으로써 그들의 주장을 뒷받침할 수 있을 것이다. 절도, 폭행, 살인과 같은 문제에 대처하는 데 있어서 넛지가 아닌 완전한 금지가 특히 매력적이다. 어느 쪽이든 캐플런이나 선스타인과는 달리 로웬슈타인과 우벨은 넛지 어젠다는 전통적인 형태의 정책을 대체하기보다는 보완하는 것으로 보여야 한다고 생각한다.

12.4 행복의 경제학

행복의 경제학은 행동 정책에 대해 매우 다른 접근법을 제공한다. 이 접근법은 흔히 사람들의 선택이 일반적으로 (3장에서 알 수 있듯이) 전이적이고 완전한 선호 순서를 반영하지 않는다는 사실을 출발점으로 삼는다. 이 사실은 복지 경제에 대한 표준 접근법뿐만 아니라 적어도 다음 두 가지 관점에서 선호 만족의 관점에서 복지를 정의하는 모든 접근법들을 훼손하는 것으로 생각된다. 첫째, 개인의 선택에서 드러나는 선호가 일관성이 없는 상황에서 복지를 선호 만족적 관점에서 생각하는 것은 이치에 맞지 않는다는 주장이다. 둘째, 일관성이 없는 행동을 하는 사람들은 그들의 행복을 극대화하기 위해 반드시 선택하지 않는다. 어느 쪽이든 결론은 복지가 선호 만족의 측면에서 이해될 수 있다는 것을 전제로 하지 않는 정책에 대한 접근법이 필요하다는 것이다.

행복의 개념은 이러한 문제들에 대한 해결책을 제공한다. 행복은 궁극적으로 삶에서 중요한 것이라는 생각, 즉 우리가 우리 자신의 삶에서 추구하고 다른 사람들의 삶에서 촉진해야 할 이유를 가진 생각, 철학, 사회과학, 의학, 종교 그리고 그 이상에서 주목할 만한 지속력을 가지고 있다. 때때로 번영 그러나 종종 행복으로 번역되는 아리스토텔레스의 에우다이모니아eudaimonia 개념은 중세 시대에 교회 교부들에 의해 채택됐고 결국 서양의 지적 전통에 큰 영향을 끼쳤다. 우리가 1.2절에서 이미 접한 벤담Bentham은 모든 사적 행동과 모든 공공정책은 그들의 완전한 행복에 대한 기여도를 기준으로 평가돼야 한다는 유명한 주장을 했다. 선호 만족으로서의 복지에 대해 회의적인 행동과학자들은 종종 그들이 말하는 것처럼 "벤담으로 돌아가야 한다"고 생각한다. 예를 들어 유명한 행복경제학자인 P. 리처드 G. 레이야드P. Richard G. Layard는 "나는 벤담의 생각이 옳았고 우리가 두려워하지 않고 그것을 채택하고 우리의 삶에 적용해야 한다고 믿는다"라고 말한다.

행복의 경제학은 종종 새로운 발전으로 묘사된다. 레이야드의 책의 부제는 그것을 "새로운 과학"이라고 묘사한다. 그러나 실제로는 행복과 관련된 정신 상태에 대한 체계적인 경험적 연구는 거의 한 세기 전으로 거슬러 올라간다. 제1차 세계 대전 이후 수십 년 동안 심리학자들은 초기 성격 심리학 하위 분야의 분석 도구들을 행복과 만족에 대한 연구로 전환했고, 사실 오늘날까지 끊임없이 이어지는 연구 흐름이 있다. 행복의 연구는 1970년대에 주류 경제학자들의 관심을 끌게 됐는데, 그때 리처드 A. 이스털린Richard A. Esterlin은 〈행복의 역설paradox of happiness〉이라는 논문을 발표했다. 논문의 내용은 행복이 어느 부분에서도 소득과 함께 증가하고 있지만 시간이 지남에 따라 심지어 급속한 경제 성장 기간 동안에도 상승하지 않는 것처럼 보인다는 생각이다. 좀 더 최근에 행복의 경제학은 **긍정 심리학**Positive Psychology의 부상, 긍정적이고 바람직한 정신 상태에 대한 심리학적 연구 그리고 카네만, 레이야드 그리고 다른 저명한 경제학자들과의 연관성으로부터 큰 혜택을 받았다.

사람들의 행복 수준은 단순히 그들의 선택을 관찰하는 것만으로 측정될 수 없다. 지지자들에게도 이것은 좋은 것이다. 대신에 행복의 경제 내에서 복지 평가는 전형적으로 하나 또는 그 이상의 꽤 간단한 질문을 가진 설문지에 기초한다. 수십 년 동안 사용해온 질문은 다음과 같다. "여러분이 모든 것을 종합해보면 요즘 상황이 어떻다고 말할 수 있는가? 여러분은 요즘 매우 행복하다, 적당히 행복하다, 아니면 그다지 행복하지 않다고 말할 것인가?" 좀 더 최근의 설문지에서는 "일반적으로 나는 나를 ________ 생각한다"의 형태로 4개의 프롬프트를 제공하고 참가자들을 7점 만점으로 응답하도록 한다. 여기서 1점은 "… 매우 행복하지 않은 사람", 7점은 "…매우 행복한 사람"을 나타낸다. 때때로, 연구자들은 수평선, 사다리, 산 또는 행복하고 슬픈 얼굴과 같은 프롬프트를 사용한다. 얼굴 등급은 공항 등에서 이동 중 고객 만족도 조사에 사용되는 등급과 다르지 않다. 여기서 여러분은 빠르게 지나가면서 기쁘거나 슬픈 얼굴로 밝은 색의 버튼을 한 번 눌러 보도록 초대된다.

경제학자들은 그러한 척도를 사용해 무엇을 발견했는가? 다음은 행복 경제학자 앤드류 클라크Andrew Clark의 최근 설문조사에서 나온 몇 가지 양식화된 사실들이다.

- 행복은 횡단 면적 연구 및 패널 데이터 모두에서 소득과 긍정적으로 연관돼 있지만 소득의 한계 행복은 급격히 감소하고 있다.

- 행복은 횡단 면적 연구 및 패널 데이터 모두에서 실업과 부정적으로 관련돼 있다.
- 생애주기별 행복도는 U자형으로, 중장년층보다 젊은 층과 노년층이 더 행복하다는 것을 의미한다.
- 행복은 결혼과 긍정적으로 연관돼 있지만, 행복한 사람들이 결혼을 더 잘한다는 설명이지, 결혼이 사람들을 더 행복하게 만든다는 설명이 아니다.
- 행복 수준은 부분적으로 사회적 비교, 즉 사람들의 성취도가 다른 사람들의 성취도와 어떻게 비교되는가에 의해 결정된다.
- 사람들은 삶의 변화에 적응하는 놀라운 능력을 갖고 있다. 즉, 이러한 변화의 효과가 시간이 지남에 따라 감소한다는 것을 의미한다(9.5절 참조). 그러나 적응이 항상 일어나는 것은 아니며, 적응이 이루어질 때 항상 완전한 것은 아니다.

이러한 결과에 기초해 어떤 종류의 행동 정책이 옹호될 수 있는가? 비합리적인 행동에도 불구하고 정책 제안을 평가할 수 있는 원칙적인 방법을 제공하겠다는 약속에 의해 정책 전체가 동기부여가 되는 것이 대부분임을 상기하라. 공교롭게도 대답은 항상 명확하지 않고 논란이 되기도 하며 때로는 불쾌하기도 한다. 실업이 나쁘다는 것은 논란의 여지가 없으며 모든 조건이 동등하다면 실업률을 감소시키는 정책은 추구할 가치가 있다. 더욱 논쟁적으로 많은 행복경제학자들이 로빈 후드 스타일의 자원 재분배를 옹호해왔다. 그들은 돈의 한계 행복이 급격히 줄고 있기 때문에, 부자들로부터 빼앗아 가난한 사람들에게 줌으로써 총 행복이 증가할 수 있다고 주장한다. 일부 사람들은 눈에 띄는 고가 제품의 소비는 사회적으로 비교되는 다른 소비에 심각한 부정적인 외부 효과를 부과하기 때문에 세금을 부과해야 한다고 주장해왔다. 마지막으로 사람들이 장애나 부상에 적응한다는 사실은 정부가 교통 안전에 자원을 덜 할당해야 한다는 것을 암시할 수 있다. 그러나 부상과 장애는 비록 사람들이 새로운 상태에 적응한다 하더라도 틀림없이 사람들에게 나쁠 것이기 때문에, 이러한 정책은 여러분을 불쾌하게 할 뿐만 아니라 오해하게 할 수도 있다.

정책적 의미는 차치하고라도 행복의 경제학은 많은 회의론을 극복해야 했지만 지금은 비교적 논란의 여지가 없는 경제학의 한 하위 분야다. 경제학자들이 그들의 정교한 계량경제학과 엄청난 데이터 세트를 가지고, 누가 왜 행복한지에 대한 우리의 이해에 많은 기여를 했다는 것은 의심의 여지가 없다. 그리고 이런 종류의 정보가 우리의 사생활, 조직 그리고 공공정책에 유용한 입력이 될 수 있다는 것을 부인하기는 어렵다. 사람들은 행복해지고 싶어 하고, 다른 사람들을 행복하게 해주고 싶어 한다. 그리고 행복의 경제학은 우리에게 방법에 대한 실마리를 준다.

그렇긴 하지만 기업 전체가 잘못된 생각에 바탕을 두고 있다는 의미도 있다. 사람들의 선택이 일반적으로 전이적이고 완전한 선호 순서를 반영하지 않는다는 사실이 우리가 복지를 선호 만족의 관점에서 이해할 수 있다는 생각을 버려야 한다는 것을 의미하지는 않는다. 12.3절을 상기해보자. 만약 어떤 사람이 이상적으로 합리적이고 완벽하게 지식을 가지고 있다면 그가 무엇을 원하는가 하는 측면에서 한 개인의 복지에 대해 생각하는 것이 가능하다. 이상적인 선호 만족 기준에 따르면, 여러분은 어떤 이상적인 (반사실적) 조건 하에서 여러분이 선호하는 것을 가질 만큼 잘산다고 할 수 있다. 그들의 선택에서 드러났듯이 사람들의 실제 선호가 비전이적이거나 일관성이 없다는 사실이 이러한 복지 기준에 위협이 되지 않는다. 위에서 언급한 바와 같이, 행동복지경제학은 이러한 기준을 전제로 이해될 수 있다. 이런 관점에서 사람들은 그들 자신의 행복을 넘어서 가치를 두는 많은 이유가 있기 때문에 사람들이 항상 그들 자신의 행복을 극대화하기 위해 선택하는 것은 아니라는 사실은 잘못이 아니라 특성이다. 물론 행복에 기반을 둔 복지 기준을 채택하는 다른 이유들도 있을 수 있다. 아마도 벤담이 정말로 옳았고 궁극적으로 중요한 것은 행복뿐일 것이다. 그러나 그럼에도 서양에서만 전통적으로 2500년 동안 복지와 후생의 본질에 대해 고찰했던 철학자들이 압도적으로 이 아이디어를 거부한다는 것을 아는 것은 좋을 것이다.

12.5 논의

경제 이론이 세속적인 사건에 실질적인 영향을 미칠 수 있다는 개념은 케인스에 의해 전적으로 지지됐다. 케인스는 다음과 같이 기술했다.

> 경제학자들과 정치철학자들의 생각은 옳을 때와 틀릴 때 모두 일반적으로 이해되는 것보다 더 강력하다. 실제로 세상은 다른 것에 의해서는 거의 지배되고 있지 않다. 어떤 지적인 영향

으로부터도 꽤 영향을 안 받는다고 믿는 실용적인 남성들은 대개 현재는 존재하지 않는 경제학자들의 노예들이다. 공중에 떠도는 목소리를 듣는 미치광이 권력자는 몇 년 전의 어떤 학구적인 낙서를 통해 그들의 광기를 고조시키고 있다. 나는 기득권의 힘은 사상의 점진적인 잠식에 비해 크게 과장된 것이라고 확신한다. 선이든 악이든 이에 대해 위험한 것은 기득권이 아니라 사상이다.

행동경제학자들의 생각도 예외가 아니다. 행동경제학이 어떻게 "실용적인" 여성과 남성에게 영향을 미칠지는 두고 볼 일이다. 그러나 행동경제학자들이 이미 정책 세계와 그것에 의해 영향을 받는 사람들에게 상당한 영향을 끼쳤다는 것에는 의심의 여지가 없다. 또한 아마도 이 책의 독자인 당신이 개발한 최고의 행동과학정책의 정보를 반영한 정책들이 세상을 더 나은 곳으로 만드는 데 도움이 될 것이라는 것에는 의심의 여지가 없다.

행동 정책과 행동 복지 경제는 비교적 새로운 분야이며, 빠르게 발전하는 일련의 정책 제안들을 고무시키고 있다. 그러나 중간 결론을 내리기에 이른 것은 아니다.

우선 행동경제학자들이 그들의 정책 제안을 논의하기 위해 선택한 용어들이 아마도 더 현명하게 선택될 수 있었을 것이다. 특히 "온정주의"라는 용어를 사용한 것은 많은 잘못된 반응을 불러일으켰다. 세일러와 선스타인은 자유지상주의자들과 온정주의자들의 연합에 호소하기를 바랐지만, 결국 그들의 교차점에 호소하게 된 것으로 보인다. 이것은 정말로 작은 부분 집합이다. 만약 그들이 인간공학Ergonomics 즉 인간요소공학Human-Factors Engineering과 같은 덜 매력적인 용어를 사용했다면 논의는 덜 가열됐을 것이다. 인간공학은 "인간과 시스템의 다른 요소들 사이의 상호작용의 이해와 인간의 복지와 전체 시스템 성능을 최적화하기 위해 이론, 원리, 데이터 및 방법을 설계에 적용하는 직업에 관련된 과학적 학문"으로 정의되기 때문에 그들은 큰 손실을 입지 않고 그렇게 할 수 있었다. 경제학자 라지 체티Raj Chetty는 모델 불확실성의 측면에서 넛지 어젠다를 생각하라고 제안했다. 넛지 어젠다를 어떤 모델이 관련자들의 행동을 가장 잘 포착하는지 모를 때 발생하는 문제에 대한 해결책으로 생각하라는 것이다. 신고전학파 (최적화) 에이전트가 넛지에 민감하지 않고, 행동경제적 에이전트가 손상되지 않고 적어도 그들 하나가 더 좋아진다면, 넛지는 약하게 지배적인 전략이 될 것이다.

신고전학파 (최적화) 에이전트가 행동경제 에이전트가 손상되지 않은 상태에서 넛지에 둔감하고 그들 중 적어도 하나가 더 나은 상태라고 가정하면 누드는 약하게 지배적인 전략이 된다. 나는 넛지 어젠다를 사회 제도, 퇴직 플랜, 의료 시스템 등을 예측 가능한 합리성의 변화 속에서 강건하게 만들기 위한 노력이라고 생각한다. 따라서 넛지 어젠다는 사회 및 기타 기관들이 '떨리는 손 완전 균형(10.4절 참조)'을 달성하기 위한 노력이라고 생각할 수 있다.

일단 개념상의 혼란이 해소되면 그 논쟁은 불필요하게 축소된 것처럼 보인다. 올바르고 신중하게 사용한다면 (전방의 우회전 신호와 같은) 넛지가 위험하고 교활하거나 거슬릴 것이라고 생각할 이유가 거의 없으며, 선택 설계자가 단순히 인간일 뿐이라는 사실도 넛지의 사용을 막지 않는다. 우리는 더 강경한 종류의 온정주의로 가는 미끄러운 경사길을 두려워할 이유가 없다. 사실 넛지 어젠다는 개인의 자유의 영역을 넓힐 수도 있다(우리는 의도하지 않고 예상치 못한 역효과와 양의 옷을 입은 늑대들에게 경각심을 가질 필요가 있지만, 그것은 모든 정책 제안에 대해서 적용되는 사실이다). 그렇긴 하지만 넛지 어젠다의 가장 큰 지지자들 사이의 열정은 아마도 부당한 것일 수 있다. 동료 행동경제학자들조차 지지자들에게 자제하라고 요구할 때, 우리는 아주 조심스럽게 낙관해야 한다.

가장 중요한 것은 자유지상주의적 온정주의와 넛지 어젠다에 대한 논쟁이 도움이 되지 않는다는 것이다. 문제는 자동차, 전화, 퇴직 플랜 및 의료 시스템을 설계하는 사람들이 밀고 나가야 하는지가 아니다. 여러분의 차는 시트 벨트 착용 표시기와 같은 넛지로 가득 차 있는데, 이들이 작동하는데 자동차 제조업체나 다른 사람들에게 사용을 중단하라고 요구하는 것은 말이 안 될 것이다. 대신 진짜 문제는 넛지를 적법한 정책 목표를 달성하기 위한 다른 형태의 정책에 대해 보완적 정책으로 사용해야 하는지 아니면 대체적 정책으로 사용해야 하는지 여부다. 그러나 이 질문에 대한 답은 철학적 분석에 의해서만 확립될 수 있는 합법적 정책 목표가 무엇인가와 함께 체계적인 경험적 연구를 통해서만 확립될 수 있는 넛지 효과에 대한 경험적 사실에 달려 있다. 그리고 이 두 가지 질문에 대해, 우리는 여전히 배울 것이 많다.

더 읽을거리

도입부의 인용구는 그린스펀을 인용한 Brooks(2008)와 Krugman(2009, 43쪽)의 것이다. Hayek(1933, 122~2쪽)는 경제학자들의 계통 발생과 개체 발달에 대해 논한다. Thaler and Sunstein(2008)은 넛지 어젠다에 대한 최신 정보 소스다. Sunstein(2014, 584쪽)은 10개의 넛지 어젠다를 리스트하는 데 도움이 되며, 12.4절의 시작 부분에서 부분의 인용을 제공한다. OECD(2017)는 전 세계의 BI 팀과 그와 유사한 노력을 탐구한다. Caplan(2013)은 자유지상주의적 관점에서 넛지를 옹호하고, Balckburn(2001, 64쪽)은 미끄러운 경사길 추론을 기각하고, Loewenstein and Ubel(2010)은 넛지에 지나치게 의존하지 않도록 주의한다. 인간 요소 공학과의 연관성은 Robin Hogarth(개인 소통)에 의해 제안됐다. "에고노믹스ergonomics"라는 용어는 국제인체공학협회(2015)에 의해 정의됐다. Chetty(2015)는 모델 불확실성의 측면에서 넛지 어젠다를 생각해볼 것을 제안한다. Layard(2005)는 Bentham을 옹호하고 행복의 경제를 "새로운 과학"이라고 부른다. Clark(2018)은 40년 동안의 행복 연구를 조사한다. Angner(2015b)는 경제학의 복지 또는 복지의 개념을 논한다. 케인스로부터의 구절은 〈고용, 이자 및 화폐의 일반 이론The General Theory of Employment, Interest and Money〉으로부터 인용된다(Kaynes, 1936, 383~4쪽).

13 일반적 논의

학습 목표

- 행동경제학의 상대적인 덕목(그리고 아마도 나쁜 점)을 평가할 수 있다.

만약 12장의 결론이 정확하다면 신고전학파와 행동경제학의 규범적 기초에는 거의 차이가 없을 것이다. 정책 제안에 관한 차이는 대체로 기술적 이론의 차이를 반영한다. 이것은 신고전학파와 행동경제학의 상대적 장점을 어떻게 평가할 것인가에 대한 질문을 우리에게 가져다준다. 여기서 그 논쟁을 해결하려고 하는 것이 그 의도가 아니다. 적절한 평가를 위해서는 실험 및 기타 방법, 통계적 방법론 및 광범위한 경험적 결과의 해석에 대한 철저한 논의가 필요하다. 이 모든 것은 주로 설명적인 방법으로 연습하는 이 책의 범위를 벗어난다. 하지만 앞의 장들에서 나는 행동경제학자들과 신고전학파 경제학자들 사이의 논쟁에서 무엇이 중요한지 그리고 적절한 평가가 어떻게 보일지에 대한 약간의 암시를 제공하기를 희망했다.

한 가지 중요한 통찰은 신고전학파 경제학이 일부 비평가들이 말하는 것처럼 어리석지 않고, 기업에 대한 반대 의견 중 많은 수가 잘못된 것이라는 것이다. 예를 들어 11.2절에서 봤듯이 최후통첩 게임에서 관찰된 행동은 내쉬 균형 예측과 완벽하게 일치한다. 그리고 2.6절과 11.2절은 신고전학파 경제학이 사람들이 이기적이거나 물질주의적이거나 탐욕스럽거나 그런 종류의 것이라고 말하지 않는다는 것을 보여줬다. 그러므로 일부 비평가들이 신고전학파 경제학의 "이기주의 공리"라고 칭하는 것에 대한 공격은 이기주의가 미적분학의 공리가 아니라는 의미뿐만 아니라 이기주의가 이론에 의해 도출되지 않는다는 점에서 잘못된 방향으로 이끌고 있다. 이와 관련해서 표준 이론은 사람들이 그들 자신의 행복이나 쾌락을 끈질기게 추구한다고 말하지 않으며, 이는 행복이나 쾌락을 추구한다는 가정에 근거한 어떠한 비판도 필연적으로 결함을 가지고 있다는 것을 의미한다. 또한 4.7절과 6.6절에서 알 수 있듯이 표준 접근법은 사람들이 (의식적으로든 그렇지 않든) 어떤 종류의 계산도 머릿속에서 수행한다고 말하지 않는다. 그러므로 예를 들어 대부분의 사람들이 베이즈의 정리를 그들의 머릿속에서 적용할 수 없다는 어떤 비판도 잘못된 생각이다. 만약 비평가들이 이러한 허수아비 공격을 포기한다면 대화의 질은 크게 향상될 것이다.

실제적인 목적을 위해 경제학자들은 그들의 이론과 함께 종종 보조 가정이라고 부르는 추가적인 가정을 사용할 수밖에 없다. 실질적인 예측을 하기 위해서 이론가는 사람들이 정확히 어떤 것을 선호하며 어떻게 이러한 선호들이 사용 가능한 선택 사항들을 정렬하는지 좀 더 구체적인 가정을 할 필요가 있을 것이다. 상황에 따라 보조 가정은 사람들이 달러 단위로만 자신의 보상에 관심을 갖는다고 말할 수 있다. 보조 가정은 독립적인 근거에서 정당화될 필요가 있으며 정당화는 설득력이 있을 수도 있고 없을 수도 있다. 그러나 그러한 보조 가정은 신고전학파의 필수적인 부분을 형성하지 않으며 다른 것으로 쉽게 대체될 수 있다.

그러나 그에 못지 않게 중요한 통찰은 일화, 실험, 현장 증거들이 모두 사람들의 관찰된 행동이 예측 가능한 방식으로 신고전학파 이론에서 벗어난다는 것을 암시한다는 것이다. 사람들이 (때로는) 매몰 비용을 중요하게 생각하고, 적응적이지만 불완전한 휴리스틱에 의존하며, 확실한 원칙을 위반하고, 충동적으로 행동하며, 제한된 전략적 사고를 보이는 것과 같은 일을 한다는 것에는 의심의 여지가 거의 없다. 이러한 신고전학파와의 편차가 랜덤하고 체계적이지 않은 경우에는 이론적으로 여러 목적에서 흥미롭지 않을 수 있다. 그러나 사실 이러한 편차는 종종 실질적이고 체계적이며, 이것은 예측 가능하며 기술적이고 과학적인 이론을 사용해 포착될 수 있다는 것을 의미한다. 근본적인 수준에서 행동경제학은 이러한 통찰력의 결과다. 사람들의 행동이 비합리적이라는 사실이 그것이 예측할 수 없다는 것을 의미하지도 않고, 과학적인 방법으로 설명될 수 없다는 것을 의미하지도 않는다.

행동경제학자들이 개발한 모델들은 다양한 이유로 도전받을 수 있다. 우선 그들을 뒷받침하는 증거에 대해 의문이 제기될 수 있다. 재현성 위기에 대한 논의(1.3절)가 강조했듯이, 적어도 일부 행동 결과는 단순한 실험 결과일 가능성이 높지만 모든 (또는 대부분) 그렇게 될 가능성은 극히 낮다. 또한 도전자는 결과를 정밀 조사해보면, 에이전트가 사용할 수 있는 선택 사항을 추가로 잘 표현하거나 효용함수에 추가 인수를 허용함으로써 표준 프레임워크 내에서 이러한 결과를 수용하는 것이 때때로 가능하다고 지적할 수 있다. 그리고 사람들의 행동이 표준 이론과 일치하는 것으로 더 잘 묘사될 때 비합리성을 사람들에게 돌리지 않는 것이 중요하다. 따라서 신고전학파 경제학자들은 종종 인위적이고 임시적인 방식으로 경험적 결과를 수용하기 위해 최선을 다하는 경우가 많다. 표준 이론을 옹호하기 위해 정통 경제학자들은 때때로 (어떠한 독립적 증거에 의해서도 지지되진 않지만) 사후적으로 관찰된 행동을 신고전학파 효용-최대화 이야기와 일관되게 만드는 뒤틀린 소위 "이색적인" 효용함수를 만들어내기도 한다. 하지만 사람들이 종종 표준 이론을 위반한다고 추론하는 것이 종종 더 간단하고 더 그럴듯하다.

본 바와 같이 일부 신고전학파 경제학자들은 이것이 사실이라는 것을 기꺼이 인정한다. 분석적 게임 이론을 옹호하기 위해 11.5절에서 알고 있듯이 신고전학파 이론은 오직 엄격히 제한된 조건에서만 적용되도록 의도돼 있다고 주장돼왔다. 물론 신고전학파 경제학에 대한 이러한 변론은 행동경제학에 반대하는 주장을 구성하지는 않는다. 대신 이 반응은 신고전학파와 행동경제학을 조화시키는 방법을 제공할 수 있다. 많은 행동경제학자들은 관찰된 행동이 때때로 특정 신고전학파 예측에 접근하거나 일치한다는 것을 기꺼이 인정한다. 그러나 그러한 조건들이 지속되지 않는다면 신고전학파 경제학자들은 행동을 설명하고 예측하기 위해 비신고전학파 이론이 필요하다는 것에 동의할 수 있어야 한다. 이것이 행동경제학의 영역이다. 행동경제학자들이 신고전학파 모델을 다양한 목적으로 계속 사용하는 것을 막을 수 있는 것은 없다. 신고전학파 모델이 때때로 관찰된 선택을 포착하는 데 큰 역할을 한다는 사실은 그러한 모델이 종종 더 일반적인 행동 모델의 특별한 경우로 살아남는 이유의 일부다. 따라서 지수 할인함수(8.3절부터)는 쌍곡선함수의 특별한 경우(9.2절부터)로 남는다. 베타값을 1로 설정하면 쌍곡선함수는 지수함수가 된다.

이런 식으로 일관성을 유지 못할 것은 없다. 그러나 신고전학파와 행동경제학 사이에는 흥미로운 비대칭성이 있다. 전후 신고전학파 정설은 경제학이 스스로 심리학과의 모든 유대관계를 없애야 한다고 주장한다. 즉 쾌락적이든 그렇지 않든 간에 말이다(1.2절 참조). 이러한 견해에 전념하는 경제학자는 편리할 때마다 필요한 합리성을 참조하는 이론에 노출이 돼 일관성을 유지할 수 없다. 이런 점에서도 행동경제학은 신고전학파 경제학에 비해 뚜렷한 이점을 가지고 있다.

과학은 발작적으로 진보한다. 어둠에서 빛으로 꾸준히 발전하기보다는 어떤 이유에서든 과학자들의 흥미를 끄는 더 크거나 덜한 경험적 현상을 포착하는 점점 더 복잡한 일련의 모델을 제공하는 경향이 있다. "최종" 이론은 여전히 도달할 수 없을 것 같다. 경제학에서도 마찬가지다. 『최악을 향하여Worstward Ho』에서 새뮤얼 베케트Samuel Beckett[1]는 이렇게 썼다. "늘 시도했다. 늘 실패했다. 상관없다. 다시 시도하자. 다시 실패하자. 더 잘 실패하자." 베케트의 말을 빌리자면 과학 전반과 특히 경제에서의 진보는 더 나은 실패의 문제로 여겨질 수 있다. 덧붙이자면 베케트는 결코 끝나지 않은 과학 공부나 항상 향상될 수 있는 교과서 저술을 기술하고 있었을지도 모른다.

행동경제학자들이 신고전학파 경제학자들보다 어느 정도 더 잘 실패하는가? 나는 답을 아는 척하지 않겠다. 그러나 나는 본서에서 신고전학파와 행동경제학의 본질을 어느 정도 조명하고, 사회현상에 대한 경제분석의 힘과 가능성을 강조했기를 바란다. 게다가 나는 어떻게 행동경제학이 희소성 조건하에서 사람들의 의사결정과 그러한 의사결정의 사회에 대한 결과에 대한 우리의 이해를 증진시킬 수 있다는 것을 보여줬기를 바란다.

더 읽을거리

1983년 처음 출간된 『최악을 향하여Worstward Ho』는 '도리가 없더라도 계속Nohow On' (Beckett, 1989)에 포함돼 있다. 인용문은 101쪽에 나와 있다. 행동경제학자들의 신고전학

---

1 1969년에 노벨 문학상을 받은 아일랜드에서 태어난 프랑스 소설가이며 극작가로서, 〈고도를 기다리며〉로 잘 알려져 있다. – 옮긴이

파 이론 사용은 Angner(2015a, 2019)에서 길게 논의되고 있다. 행동경제학의 본질, 그것의 강점과 약점에 대한 더 깊은 논의를 위해 Davis(2011)와 Ross(2005)를 참조하라. 좀 더 발전된 교과서는 Wilkinson and Klaes(2017)를 참고하라.

정답과 해설

1장

연습 1.1 (a) 기술적 (b) 규범적 (c) 기술적

연습 1.3 (a) 100, (b) 400,000달러, (c) 242달러(8.2절 참조)

2장

연습 2.1 (a) fBn. (b) nBf. (c) nBn.

연습 2.2 {아프가니스탄, 알바니아, 알제리, 안도라, 앙골라, ..., 짐바브웨}. 어떤 순서라도 좋지만, 중괄호는 정답의 일부이다. 철자를 다 쓰면, 꽤 긴 목록이 될 것이다.

연습 2.3 (a) 모든 우도에서: d ≽ r. (b) 모든 우도에서: r ≽ d.

연습 2.7 (a) 비전이적, 불완전. (b) 전이적, 불완전. (c) 전이성은 우리가 반쪽 남매를 고려하느냐에 달려 있다. 어느 쪽이든 불완전하다. (d) 비전이적이고 불완전하다. (e) 전이적, 불완전. (f) 전이적, 불완전. (g) 전이적, 불완전.

연습 2.8 적의 적이 당신의 적이 아닌 경우, "의 적이다"는 비전이적이다.

연습 2.9 (a) 전이적, 완전. (b) 전이적, 불완전. (c) 전이적, 불완전. (d) 전이적, 불완전.

연습 2.10 (a) 전이성은 사과가 최소한 바나나만큼 좋고, 바나나가 적어도 배고픔만큼 좋다면 사과는 최소한 배고픔만큼 좋고, 만약 배고픔도 최소한 바나나만큼 좋고, 바나나가 최소한 사과만큼 좋다면, 배고픔도 최소한 사과만큼 좋다는 것을 의미한다. 이런식으로 진행한다. (b) 완전성은 사과가 적어도 바나나만큼 좋거나, 바나나가 적어도 사과만큼 좋다는 것을 암시하며, 바나나는 적어도 바나나만큼 좋다는 것을 암시한다.

연습 2.13 $x \succcurlyeq y$ & $y \sim z$를 가정하자. $y \sim z$라는 사실은 $y \succcurlyeq z$를 의미한다. $x \succcurlyeq y$ & $y \succcurlyeq z$ 일 때, $x \succcurlyeq z$이 성립한다.

연습 2.14 이것이 완전한 증명이다.

(a)	1.	$x \sim y \,\&\, y \sim z \,\&\, z \sim p$	가정에 의해
	2.	$x \sim z$	~의 전이성에 의해 (1)로부터
	3.	$x \sim p$	~의 전이성에 의해 (1)과 (2)로부터
	∴	$x \sim y \,\&\, y \sim z \,\&\, z \sim p \rightarrow x \sim p$	QED ■
(b)	1.	$x \sim y \,\&\, y \sim z \,\&\, z \sim p$	가정에 의해
	2.	$x \succcurlyeq y \,\&\, y \succcurlyeq x$	~의 정의에 의해 (1)로부터
	3.	$y \succcurlyeq z \,\&\, z \succcurlyeq y$	~의 정의에 의해 (1)로부터
	4.	$z \succcurlyeq p \,\&\, p \succcurlyeq z$	~의 정의에 의해 (1)로부터
	5.	$x \succcurlyeq z$	≽의 전이성에 의해 (2)와 (3)으로부터
	6.	$x \succcurlyeq p$	≽의 전이성에 의해 (4)와 (5)로부터
	7.	$z \succcurlyeq x$	≽의 전이성에 의해 (2)와 (3)으로부터
	8.	$p \succcurlyeq x$	≽의 전이성에 의해 (3)과 (7)로부터
	9.	$x \sim p$	≽의 전이성에 의해 (6)과 (8)로부터
	∴	$x \sim y \,\&\, y \sim z \,\&\, z \sim p \rightarrow x$	QED ■

연습 2.17 이것이 명제 2.16(i)에 대한 완전한 증명이다. 이 연습이 처음 부분이라고 하는 것은 (2)~(4)행이다.

1.	$x \succ y \,\&\, y \succ z$	가정에 의해
2.	$x \succcurlyeq y \,\&\, \neg y \succcurlyeq x$	≻의 가정에 의해 (1)로부터
3.	$y \succcurlyeq z \,\&\, \neg z \succcurlyeq y$	≻의 가정에 의해 (1)로부터
4.	$x \succcurlyeq z$	≽의 전이성에 의해 (1)과 (2)로부터
5.	$z \succcurlyeq x$	가정에 의해 모순에 의한 증명
6.	$y \succcurlyeq x$	≽의 전이성에 의해 (3)과 (5)로부터
7.	$\perp$	(2)와 (6)으로부터

8.	$\neg z \succcurlyeq x$	모순에 의해 (5)~(7)로부터
9.	$x \succ z$	≻의 정의에 의해 (4)와 (8)로부터
∴	$x \succ y \;\&\; y \succ z \rightarrow x \succ z$	QED ■

연습 2.18 모순에 의한 증명을 위해, "의 적이다"가 사실상 전이적이라고 가정한다. 즉, A가 B의 적이고 B가 C의 적일 때는 언제나 A는 C의 적일 수밖에 없다. 하지만 한 사람의 적의 적이 그 또는 그녀의 친구라고 가정하면, 이것은 불가능하다. 그러므로 "의 적이다"는 전이적이지 않다.

연습 2.19 여기에 증명이 있다.

1.	$x \succ x$	가정에 의해
2.	$x \succcurlyeq x \;\&\; \neg x \succcurlyeq x$	≻의 가정에 의해 (1)로부터
3.	$\bot$	(2)로부터
∴	$\neg x \succ x$	QED ■

연습 2.20 이것이 완전한 증명이다.

1.	$x \succcurlyeq y \;\&\; y \succcurlyeq z$	가정에 의해
2.	$x \succcurlyeq y \;\&\; \neg y \succcurlyeq x$	≻의 정의에 의해 (1)로부터
3.	$x \succcurlyeq z$	≽의 전이성에 의해 (1)과 (2)로부터
4.	$z \succcurlyeq x$	가정에 의해 모순에 의한 증명
5.	$y \succcurlyeq x$	≽의 전이성에 의해 (1)과 (4)로부터
6.	$\bot$	(2)와 (5)로부터
7.	$\neg z \succcurlyeq x$	모순에 의해 (4)~(6)으로부터
8.	$x \succ z$	≻의 정의에 의해 (3)과 (6)으로부터
∴	$x \succ y \;\&\; y \succcurlyeq z \rightarrow x \succ \mathrm{z}$	QED ■

연습 2.21

(a)	1. $x \succ y$	가정에 의해	
	2. $x \succsim y \,\&\, \neg y \succsim x$	$\succ$의 정의에 의해 (1)로부터	
	3. $x \succsim y$	논리에 의해 (2)로부터	
	$\therefore$ $x \succ y \rightarrow x \succ y$	QED	■
(b)	1. $x \succ y$	가정에 의해	
	2. $x \succsim y \,\&\, \neg y \succsim x$	$\succ$의 정의에 의해 (1)로부터	
	3. $\neg y \succsim x$	논리에 의해 (2)로부터	
	$\therefore$ $x \succ y \rightarrow \neg y \succsim x$	QED	■
(c)	1. $x \succsim y$	가정에 의해	
	2. $y \succ x$	가정에 의해 모순에 의한 증명	
	3. $y \succsim x \,\&\, \neg x \succsim y$	$\succ$의 정의에 의해 (2)로부터	
	4. $\bot$	(1)과 (3)으로부터	
	5. $\neg y \succ x$	모순에 의해 (2)~(4)로부터	
	$\therefore$ $x \succsim y \rightarrow \neg y \succ x$	QED	■
(d)	1. $x \succ y$	가정에 의해	
	2. $x \sim y$	가정에 의해 모순에 의한 증명	
	3. $x \succsim y \,\&\, \neg y \succsim x$	$\succ$의 정의에 의해 (1)로부터	
	4. $x \succsim y \,\&\, y \succsim x$	$\sim$의 정의에 의해 (2)로부터	
	5. $\bot$	(3)과 (4)로부터	
	6. $\neg x \sim y$	모순에 의해 (2)~(5)로부터	
	$\therefore$ $x \succ y \rightarrow \neg x \sim y$	QED	■
(e)	1. $x \sim y$	가정에 의해	
	2. $x \succ y$	가정에 의해 모순에 의한 증명	
	3. $x \succsim y \,\&\, y \succsim x$	$\sim$의 정의에 의해 (1)로부터	
	4. $x \succsim y \,\&\, \neg y \succsim x$	$\succ$의 정의에 의해 (2)로부터	

5. $\bot$ (3)과 (4)로부터

6. $\neg x \succ y$ 모순에 의해 (2)~(5)로부터

∴ $x \sim y \rightarrow \neg x \succ y$ QED ■

(f) 1. $\neg x \succsim y$ 가정에 의해

2. $x \succsim y \vee y \succsim x$ 완전성에 의해

3. $y \succsim x$ 논리에 의해 (1)과 (2)로부터

∴ $\neg x \succsim y \rightarrow y \succsim x$ QED ■

(g) 1. $\neg x \succsim y$ 가정에 의해

2. $x \succsim y \vee y \succsim x$ 완전성에 의해

3. $y \succsim x$ 논리에 의해 (1)과 (2)로부터

4. $y \succ x$ ~의 정의에 의해 (1)과 (3)으로부터

∴ $\neg x \succsim y \rightarrow y \succ x$ QED ■

(h) 1. $\neg x \succ y$ 가정에 의해

2. $\neg(x \succsim y \,\&\, \neg y \succsim x)$ ~의 정의에 의해 (1)로부터

3. $\neg x \succsim y \vee y \succsim x$ 논리에 의해 (2)로부터

4. $y \succsim x$ 위의 (f) 부분에 의해 (3)으로부터

∴ $\neg x \succ y \rightarrow y \succsim x$ QED ■

연습 2.22 화살표의 왼쪽에 있는 것, 이 경우 $x \sim y \,\&\, y \sim z$를 가정하는 것으로 시작한다. 그런 다음 별도의 선에서 여러분이 증명하려고 하는 것과 반대라고 가정하라. 즉, $x > z$라고 가정하라. 마지막으로 모순을 도출한다.

연습 2.23 (a) $\neg x \succsim y$와 $\neg y \succsim z$라고 가정하는 것으로 시작한다. 명제 2.21(g)을 두 번 적용해 $y \succ x$와 $z \succ y$를 얻는다. 전이성은 $z \succ x$를 산출한다. 이는 명제 2.21(b)에 의해 결과 $\neg x \succsim z$를 제공한다. (b) $\neg x \succ y$와 $\neg y \succ z$라고 가정하면서 시작한다. 명제 2.21(h)이 두 번 적용되며, 전이성 및 2.21(c)이 결과를 제공한다.

연습 2.24 정답은 물론 $f^+ \succ c$이다. $f \sim c$ & $f^+ \succ f$라고 가정하자. $f^+ \succcurlyeq c$와 $f \sim c$ & $f^+ \succ f$의 두 가지를 증명해야 한다. 무차별과 강한 선호의 정의를 사용한 후, 첫 번째 부분은 약한 선호의 전이성에 의해 성립한다. 두 번째 부분에서는 $c \succcurlyeq f^+$라고 가정한다(모순에 의한 증명을 위해서).

연습 2.25 합리적인 사람은 무차별하다. $c_1 \sim c_2$ & $c_2 \sim c_3$이므로, 명제 2.14는 $c_1 \sim c_3$을 의미한다. 추가로 $c_3 \sim c_4$이므로 동일한 명제가 $c_1 \sim c_4$ 등을 의미한다. 결국 $c_1 \sim c_{1000}$임이다. QED

연습 2.26 $x \succ y$ & $y \succ z$ & $z \succ x$라고 가정하자. 강한 선호의 정의를 몇 번 적용하면 모순이 즉시 나타난다.

연습 2.27 $x \succcurlyeq y$ & $y \succcurlyeq z$ & $z \succcurlyeq x$라고 가정하자. 약한 선호의 전이성과와 무차별성의 정의를 사용해 $x \sim y$ & $y \sim z$ & $z \sim x$임을 증명한다.

연습 2.28 그림 A.1을 참조하라.

연습 2.30 새로운 메뉴는 {아무것도 없는 것, 수프, 샐러드, 치킨, 쇠고기, 수프와 치킨, 수프와 쇠고기, 샐러드와 치킨, 샐러드와 쇠고기}일 것이다.

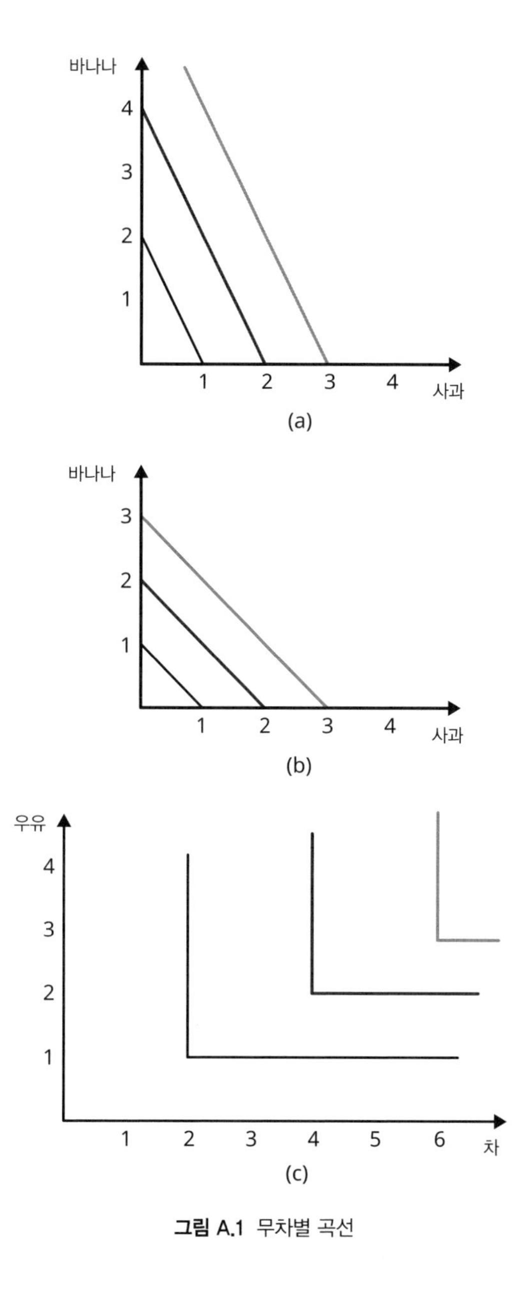

그림 A.1 무차별 곡선

연습 2.31 그림 A.2를 보라.

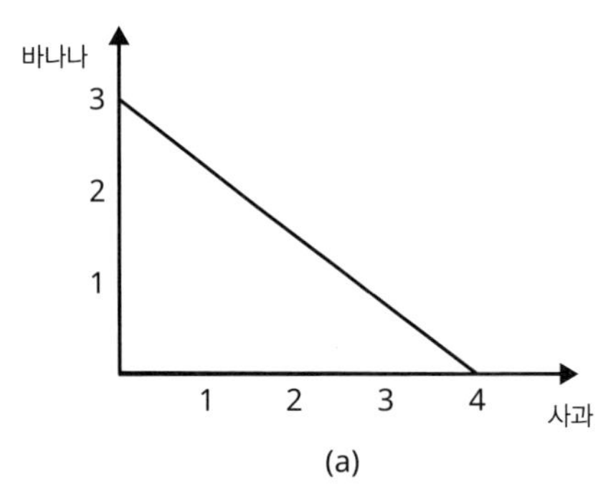

(a)

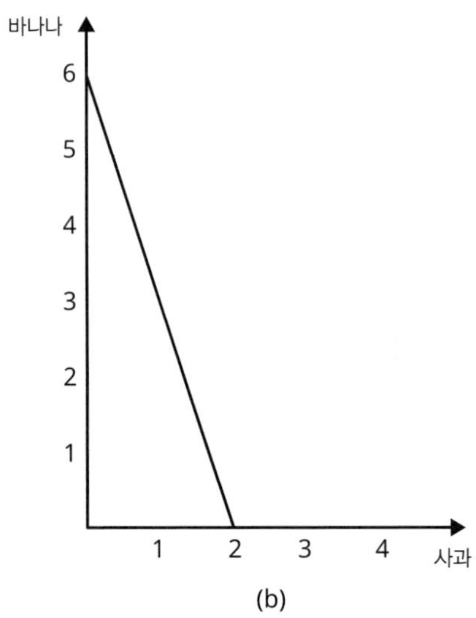

(b)

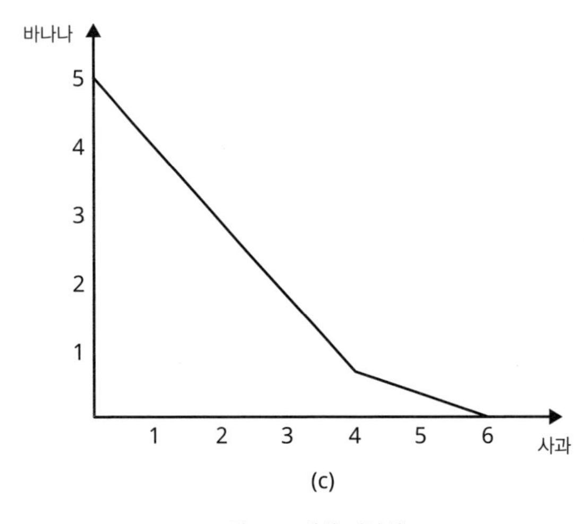

(c)

그림 A.2 예산 제약선

연습 2.35 이 제안을 증명하기 위해서 여러분은 두 가지를 해야 한다. 먼저 $x \sim y$라고 가정하고 $u(x) = u(y)$임을 증명한다. 둘째, $u(x) = u(y)$라고 가정하고 $x \sim y$임을 증명한다. 다음은 완전한 증명이다.

1.	$x \sim y$	가정에 의해
2.	$x \succcurlyeq y \;\&\; y \succcurlyeq x$	~의 정의에 의해 (1)로부터
3.	$u(x) \geq u(y) \;\&\; u(y) \geq u(x)$	$u(\cdot)$의 정의에 의해 (2)로부터 (두 번)
4.	$u(x) = u(y)$	수학에 의해 (3)으로부터
5.	$u(x) = u(y)$	가정에 의해
6.	$u(x) \geq u(y) \;\&\; u(y) \geq u(x)$	수학에 의해 (5)로부터
7.	$x \succcurlyeq y \;\&\; y \succcurlyeq x$	$u(\cdot)$의 정의에 의해 (6)으로부터 (두 번)
8.	$x \sim y$	~의 정의에 의해 (4)와 (8)로부터
∴	$x \sim y \Leftrightarrow u(x) = u(y)$	QED ■

연습 2.36 (a) 신고전학파 경제 에이전트는 "합리적"이라고 가정되며, 이는 일상 이야기의 "지적"이라든지 "분석적"이라든지 하는 것과는 상당히 다른 기술적 의미에서 사용되며, 그들이 이기적이라는 가정은 없다. 애덤 스미스의 책(1.2절 참조)에 등장하는 것과 같은 고전적인 경제 에이전트들은 비록 그들이 때때로 그럴 수 있지만 합리적이고, 지적이며, 분석적이거나 이기적이라고 가정되지 않는다. (b) 돈이 사람들을 행복하게 만든다는 개념은 근본적인 경제 이론의 일부가 아니다. 사람들이 적은 돈보다 더 많은 돈을 선호할 정도로, 우리는 돈이 그들에게 효용을 준다고는 말할 수 있다. 하지만 효용이라는 개념은 행복과 본질적인 연관이 없다.

연습 2.37 표 A.1을 참조한다.

표 A.1 약한 선호, 무차별과 강한 선호의 속성

	속성	정의	$\succsim$	$\sim$	$\succ$
(a)	전이성	xRy & $yRz \rightarrow xRz$ (for all x, y, z)	✓	✓	✓
(b)	완전성	$xRy \vee yRx$ (for all x, y)	✓		
(c)	반사성	xRx (for all x)	✓	✓	
(d)	비반사성	$\neg xRx$ (for all x)			✓
(e)	대칭성	$xRy \rightarrow yRx$ (for all x, y)		✓	
(f)	비대칭성	$xRy \rightarrow \neg yRx$ (for all x, y)			✓

연습 2.38 (a) "결혼하지 않았다" (b) "결혼했다" (c) 둘 다 (d) 둘 다 아니다. (e) 둘 다 아니다.

연습 2.39 생략

연습 2.40 (a) 완전성을 위반한다. (b) 전이성을 위반한다. (c) 완전성을 위반한다.

연습 2.41 (a) 볼록성에 일치한다. (b) 비포화성에 일치한다. (c) 연속성에 일치하지 않는다. (d) 비포화성에 일치한다.

연습 2.42

(a) 꼬불꼬불한 (또는 뱀과 같은) 무차별 곡선은 볼록성에 의해 배제된다. 두 X 사이의 선분은 무차별 곡선 아래에 있으며, 이는 볼록성을 위반한다. 이 예는 무차별 곡선이 볼록성을 위반하면, 예산 집합과 무차별 곡선이 주어질 때 어떻게 유일한 최선의 선택이 존재하지 않는 상황이 될 수 있는지를 보여준다.

(b) 중심을 가지는 무관심 곡선은 비포화성에 의해 배제된다. 이미지에서 X로 표시된 점은 에이전트가 완벽하게 만족하는 최고의 행복 포인트다. 비포화성은 그런 것이 없다고 말한다.

(c) 교차하는 무차별 곡선은 전이성에 의해 배제된다. 이미지에서 에이전트는 A와 B 사이에 그리고 A와 C 사이에 무차별하다. 무차별의 전이성(명제 2.12(iii))에 의해 에이전트는 B와 C 사이에 무차별해야 하지만 여기서는 그렇지 않다.

(d) 두꺼운 무차별 곡선은 비포화성에 의해 배제된다. 무차별 곡선의 아무 점이나 선택하라. 곡선이 두꺼운 경우 점 주위에 작은 원을 그려 전체 원이 무차별 곡선 내에 들

어가도록 할 수 있다. 그러나 비포화성은 원 안에 원래 점보다 선호되는 또 다른 점이 있다는 것을 말해준다. 이것은 둘 다 같은 무차별 곡선에 있다는 가정을 위반한다.

3장

연습 3.1 (a) 그림 A.3을 참조하라. (b) 1000달러 (c) 1000달러

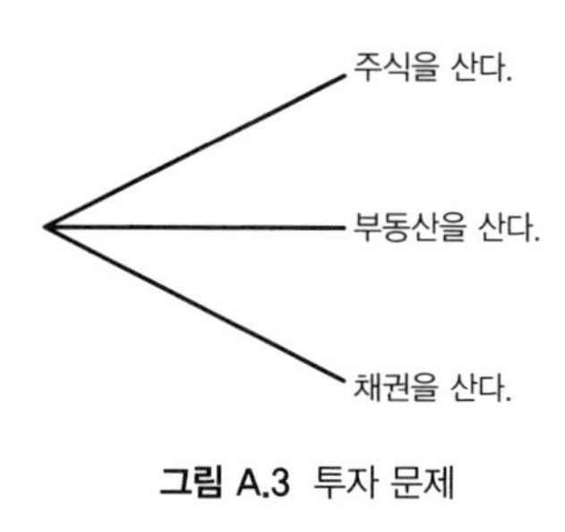

그림 A.3 투자 문제

연습 3.3 (a) 그림 A.4를 참조한다.

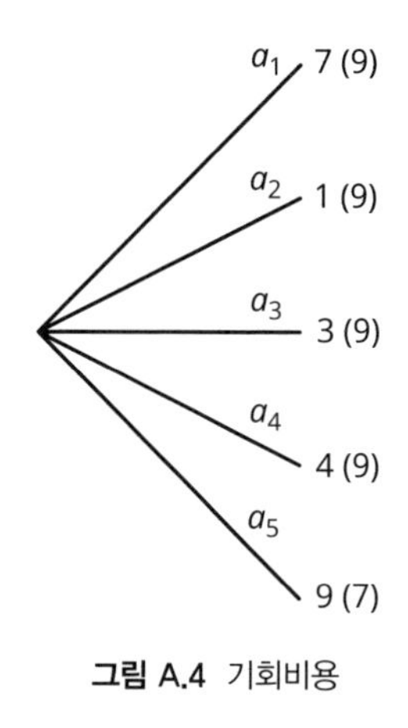

그림 A.4 기회비용

연습 3.6 대답은 여러분의 선호에 따라 달라질 수 있지만, 그들은 (a) 여러분이 가질 수 있는 가장 만족스러운 관계가 될 수 있고, (b) 여러분을 가장 흥분시키는 수업 그리고 (c) 아침에 잠을 자는 대신에 여러분이 할 수 있는 가장 만족스러운 활동이 될 수 있다.

연습 3.7 고액 연봉자의 경우 잔디 깎기 등의 기회비용이 더 크다.

연습 3.10 여러분은 10달러짜리 식사 한 끼와 50달러 상당의 다른 재미나 유용한 것들을 포함해 60달러를 쓸 수 있는 더 좋은 것들이 있다는 사실을 무시하고 있을지도 모른다.

연습 3.11 목표를 달성하기 위해 "필요한 것은 무엇이든지" 할 의향이 있다면, 이는 비합리적인 모든 기회비용을 무시할 의향이 있음을 의미한다.

연습 3.13 꼭 그런 것은 아니다. 만약 그 당시에 매출을 증대하기 위한 더 성공적인 캠페인이 여러분에게 있었다면, 광고 캠페인에 투자하는 것은 비합리적인 것이었을 것이다.

연습 3.14 아니다. 군사 행동은 지지자들에 의해 종종 과소평가되는 막대한 명시적 및 암묵적 비용과 관련이 있다.

연습 3.17 그림 A.5를 참조한다.

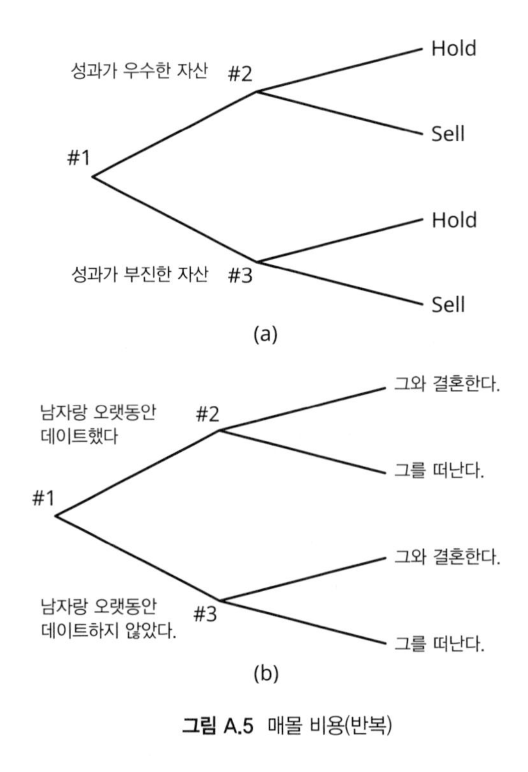

그림 A.5 매몰 비용(반복)

연습 3.19 여러분이 버리기만 하는 치즈와 그렇지 않은 치즈 사이의 차이점은 전자는 매몰 비용과 관련이 없는 반면 후자는 매몰 비용과 관련이 있다는 것이다.

연습 3.20 공립대학 강좌에 등록하라. 문과대학에 이미 납부한 등록금은 엄청난 비용이다.

연습 3.27 (a) 영역 B에 놓고 싶어 할 것이다. (b) 이전.

연습 3.28 (a) 첫 번째 부동산보다 좋은 상태는 아니지만, 심지어 사무실에서 더 멀지만, 여전히 두 번째 부동산보다 더 좋은 상태를 나타내는 부동산을 보여라. (b) 두 번째 부동산보다 훨씬 더 상태가 나쁘고 사무실에서 약간 더 멀지만, 첫 번째 부동산보다 사무실에서 더 가까운 상태를 나타내는 부동산을 보여라.

연습 3.29 제3의 정치인 C씨가 세금을 올리지도 내리지도 않고 공공서비스를 대폭 삭감하겠다고 약속한다면 의도한 대로 C씨는 A씨에 의해 비대칭적으로 지배될 것이다.

연습 3.30 (a) 모든 관련 차원에서 여러분보다 덜 바람직하지만 적어도 한 차원에서는 모든 경쟁자보다 월등한 바람잡이 남자나 여자를 선택하라. (b) 바람잡이 남자나 여자가 매력이나 지능에 관해서 모두 8~9 범위(8과 9는 포함하지 않는다) 내에 떨어지기를 원한다. (c) 그나 그녀는 여러분이 모든 관련 차원에서 그나 그녀보다 덜 바람직하다고 생각한다.

연습 3.31 여러분은 매우 빠르고 안전하지 않은 자동차를 팔 필요가 있을 것이다. 로켓 추진 자전거와 같은 것이다.

연습 3.32 제3자 정치인은 정치인 A보다 훨씬 더 낮은 세금과 공공 서비스에 대한 더 큰 삭감을 약속해야 한다.

연습 3.36 차가 없는 식당 종업원의 관점에서, 차를 얻는 가치는 0에서 +1까지 가는 가치이다. 가치 단위로 이 값은 $v(0) = 0$에서 $v(+1) = 0.5$로 가는 것과 같다. 따라서 변화량은 $v(+1) - v(0) = 0.5$이다. 차를 가진 식당 종업원의 관점에서, 하나를 잃는 것의 가치는 0에서 −1로 가는 것의 가치이다. 가치 단위로 이 값은 $v(0) = 0$에서 $v(-1) = -2$로 가는 것과 같다. 따라서 변화량은 $v(-1) - v(0) = -2 - 0 = -2$이다. 이득 그리고 손실을 경험한 사람의 총 변화량은 $0.5 + (-2) = 0.5 - 2 = -1.5$이다. 이것은 가치의 1.5단위의 손실에 해당하고, 그녀를 일련의 사건이 일어나기 이전보다 더 나쁘게 만든다.

연습 3.37 가치 측면에서, 6달러를 얻고 4달러를 잃는 것은 가치 단위로 $v(6) + v(-4) = 3 - 8 = -5$의 변화와 같다. 가치의 측면에서 이는 $v(-2.50) = -5$이므로 이는 2.50달러의 손실만큼 좋지 않다. 비록 처음에 받았던 것보다 2달러가 더 남았음에 불구하고 말이다.

연습 3.38 (a) 기준점 0달러에서의 편차의 관점에서, 가격 하락은 +1에서 0까지의 하락에 해당한다. 가치의 관점에서 이는 $v(+1) = 0.5$에서 $v(0) = 0$까지의 하락함에 해당한다. 따라서 가치의 변화는 $v(0) - v(+1) = 0 - 0.5 = -0.5$이다. (b) 기준점 1달러에서 편차의 관점에서, 가격 하락은 0에서 −1까지의 하락에 해당한다. 가치 단위로 이 가치는 $v(0) = 0$에서 $v(-1) = -2$까지의 하락에 해당한다. 따라서 가치의 변화는 $v(-1) - v(0) = -2 - 0 = -2$이다. (c) 기준점이 0이면 0.5 단위의 가치가 손실되고 기준점이 1이면 2단위의 가치가 손실된다. 2의 손실이 0.5의 손실보다 더 나쁘기 때문에 기준점 1을 사용하면 기준점 0보다 더 나빠진다.

연습 3.39 (a) 기준점 12달러를 감안할 때, 앨리샤는 17달러에서 12달러로의 가격 하락을 +5에서 0로의 변화로 생각한다. 가치 단위의 변화는 $v(0) - v(+5) = 0 - 2.5 = -2.5$이며, 이는 2.5의 손실을 의미한다. (b) 기준점이 17달러인 것을 감안할 때, 베니스는 가격 하락을 0에서 −5까지의 하락으로 간주한다. 가치 단위의 변화는 $v(-5) - v(0) = -10 - 0 = -10$으로, 10의 손실을 의미한다. (c) 기준점이 10인 찰리는 가격 하락을 +7에서 +2로의 변화로 생각한다. 가치 단위의 변화는 $v(2) - v(7) = 1 - 3.5 = -2.5$이며, 이는 손실이 2.5임을 의미한다. (d) 베니스가 가장 실망스럽다는 것을 의미한다.

연습 3.40 (a) 50. (b) 200. (c) 순효과는 −150. (d) 나쁘다.

연습 3.41 (a) 알렉스는 2달러를 포기한 이득으로 생각했고, 그래서 그녀에게 2달러의 절대 가치는 1이었다. 수학적으로, 가치의 변화는 $v(0) - v(+2) = 0 - 2/2 = -1$로 계산될 수 있다. (b) 밥은 2달러를 손실로 생각했기 때문에 그에게 2달러의 절댓값은 4였다. 수학적으로, 가치의 변화는 $v(-2) - v(0) = -4 - 0 = -4$로 계산될 수 있다. (c) 밥

연습 3.42 자신의 머그잔을 가져오지 않는 사람들에게 할인 혜택은 포기한 이득처럼 보이는 반면, 위약금은 실제 손실처럼 느껴질 것이다. 포기한 이득은 더 쉽게 견딜 수 있기 때문에, 고객들은 이 방법에서 소외될 가능성이 적다.

연습 3.43 임금 인상을 예상하지 않는 사람은 $v(+5)$를 경험할 것이다. 임금이 인상될 것으로 예상하는 사람은 $v(-5)$를 경험할 것이다. 차이의 그래프 표현은 그림 A.6을 참조하라.

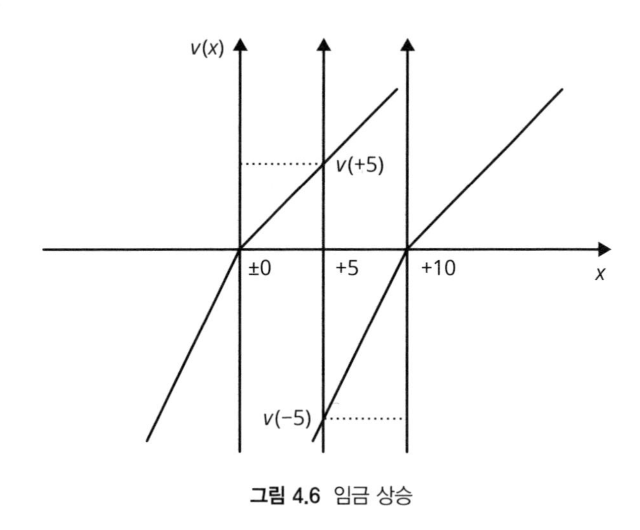

그림 4.6 임금 상승

연습 3.44 (a) $v(+93-75)=v(+18)=9$. (b) $v(+67-75)=v(-8)=-16$. (c) 이 이론은 여러분이 낮은 기대치를 설정하고 잘 수행해야 한다고 제안할 것이다.

연습 3.45 그 이론은 당신이 저임금의 사람들을 주변에 두고, 많은 돈을 번 것처럼 느껴야 한다고 제안할 것이다.

연습 3.47 그림 A.7을 참조하라.

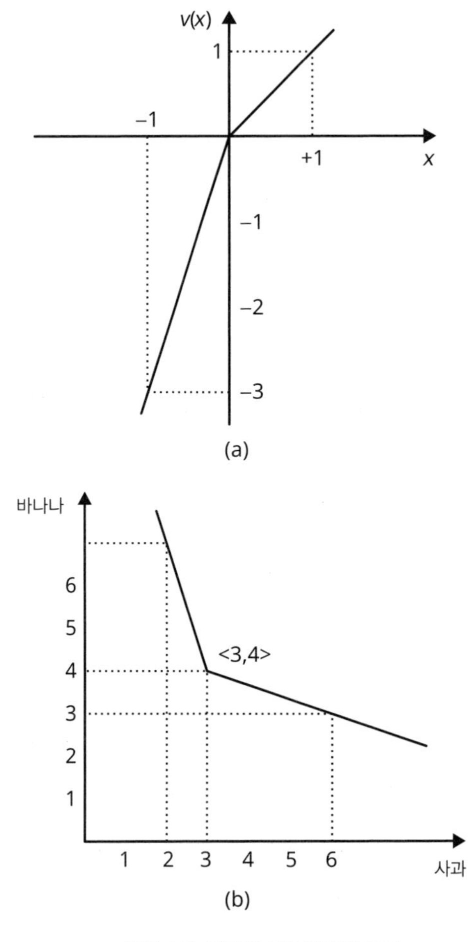

그림 A.7 가치함수와 무차별 고선

연습 3.48 (a) 현상 유지 편향은 유럽인들은 유럽 시스템을 선호하는 경향이 있는 반면 미국인들은 미국 시스템을 선호하는 경향이 있다는 것을 수반한다. 그 편견은 손실 회피에 기인한다. 유럽인들에게 있어 정부가 제공하는 헬스케어의 손실은 가처분 소득의 이익보다 크지 않을 것이다. 미국인들에게 있어 가처분 소득의 손실은 정부가 제공하는 헬스케어의 이익보다 더 크지 않을 것이다. (b) 그림 A.8를 보라. (c) 손실 회피에 따르면 적응이 일어난 후 미국인들이 새로운 시스템을 포기하지 않을 것이며, 야당은 옛 체제로의 회귀를 꾀하기가 어려울 것이다.

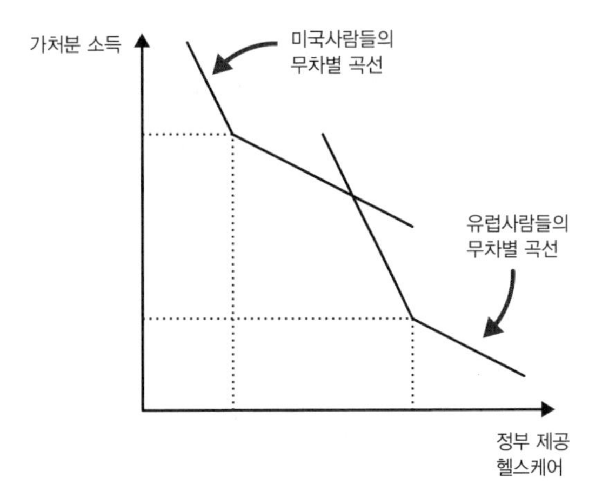

그림 A.8 헬스케어 시스템

연습 3.49 손실 회피/현상 유지 편향은 사람들에게서 돈이나 다른 이익을 빼앗는 것을 매우 어렵게 만든다.

연습 3.50 (a) 프로그램이 제정되면 손실 회피로 인해 해당 프로그램의 수혜자들은 프로그램을 취소하는 것을 극도로 싫어하게 된다. 이 예는 또한 현상 유지 편향의 개념을 보여준다. (b) 일몰 조항은 단순히 입법이 만료되도록 하는 것이 그것을 취소하기 위한 긍정적인 조치를 취하는 것보다 쉽기 때문에 임시 프로그램의 수명을 단축시키게 돼 있다.

연습 3.54 황제가 발명가에게 처음 n일 동안 빚진 쌀알의 수를 계산했다고 가정하자. 여기서 *n*은 64보다 상당히 적은 숫자이고, 그 수를 앵커로 사용했으며, 그 수를 충분히 위로 조정하지 않았다.

연습 3.55 원래 가격보다 훨씬 더 높은 가격보다 대폭 인하된 것으로 광고한다.

연습 3.56 양육권을 누구에게 주어야 하느냐는 질문을 받으면 사람들은 당연히 양육권을 어떤 사람에게 주어야 할 이유를 찾으며, 이 경우는 가장 큰 장점을 가진 부모(이 경우 B)를 선호한다. 누구에게 양육권을 거부해야 하느냐고 물으면, 양육권을 어떤 사람에 대해 거부할 이유를 찾으며, 사람들은 당연히 가장 큰 약점을 가진 부모(B)를 선호하지 않을 것이다. 따라서 그 결과는 선택을 하는 사람이 받아들일 이유를 찾고 있는지 거부할 이유를 찾고 있는지에 의존한다.

연습 3.57 정답은 (b) 10달러이다. 정답은 딜런 콘서트에 가는 값(50달러)에서 가기 위해 지불해야 할 돈(40달러)을 뺀 값이다. 연구에 참여한 전문 경제학자들 중 21.6%만이 정답을 맞혔는데, 만약 여러분이 그들이 무작위로 답을 골랐더라면 더 잘 할 수 있었을 것이라는 사실을 되돌아본다면 특히 당황스럽다.

연습 3.58 결론은 돈벌이 기회비용을 간과한다. 현실에서, 모든 것이 평등하지 않다. 수입을 늘리기 위해 일과 같은 것을 더 하기로 결정한다면 여가, 가족, 친구들과 보내는 시간 등의 측면에서 기회비용이 든다. 여러분이 일하고 점점 더 많이 벌면서, 돈의 한계 이익은 줄어들 것이고, 결국 여러분은 레저로 전환하는 것이 더 나은 시점에 이르게 될 것이다. 그것보다 더 많이 일하는 것은 너무 많이 일을 하는 것이다.

연습 3.59 리셉셔니스트는 매몰 비용 오류에 익숙하지 않을 수 있다. 이것이 바로 일주일짜리 정기권을 구입한 사람들이 더 많이 돌아오는 또 다른 이유이다.

연습 3.60 다시 매몰 비용 오류이다.

연습 3.61 그림 A.9를 참조하라.

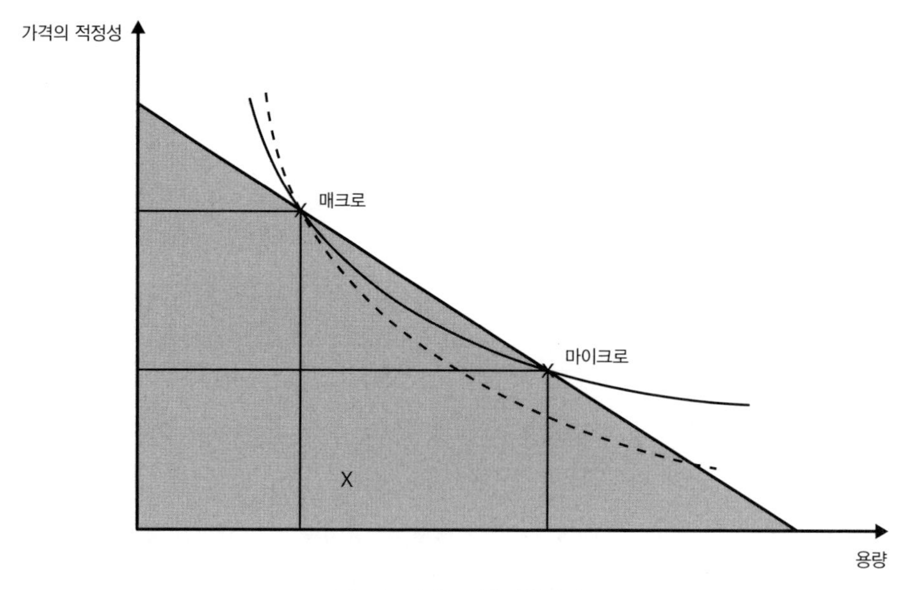

그림 A.9 피어 코퍼레이션 히딩크

연습 3.62 (a) 팀이 전화기를 반환한다면, 그는 $v(0) = 0$에서 $v(-1) = -3$으로 갈 것이다. 이는 가치 3단위의 손실을 경험한다는 것을 의미한다. (b) 만약 빌이 전화기를 가져간다면, 그는 $v(0) = 0$에서 $v(+1) = 1$로 갈 것이다. 이는 가치 1단위의 이득을 경험한다는 것을 의미한다. 이때 빌이 전화를 가져가지 않을 때 포기한 이익은 1이다. (c) 팀의 가치 손실이 빌의 포기한 이득보다 더 클 것이기 때문에 팀은 새 아이폰의 소유주(자랑스럽든 아니든)가 될 가능성이 더 높다.

연습 3.63 (a) 가격이 7달러에서 4달러로 됐을 때, 기준점으로부터의 편차의 관점에서 래리는 ±0에서 −3으로 간다. 따라서 가치 단위로 그는 $v(0) = 0$에서 $v(-3) = -9$로 이동하는데, 이는 그가 9단위의 가치를 잃었음을 의미한다. (b) 가격이 7달러에서 4달러로 됐을 때, 기준점과의 편차 측면에서 자넷은 +3에서 ±0으로 간다. 가치 단위로 그녀는 $v(+3) = 3/3 = 1$에서 $v(0) = 0$으로 이동했는데, 이것은 그녀가 1단위의 가치 손실을 경험했다는 것을 의미한다. (c) 래리는 더 실망했다. 차이점은 래리는 주가 하락을 손실로 보는 반면, 자넷은 그것을 포기한 이익으로 본다는 것이다.

연습 3.64 손실 회피는 여러분이 현재 있는 것의 손실과 비교해볼 때 여러분이 얻을 수 있는 것을 작게 보이게 하는데, 이것은 사람들이 후자를 피하기 위해 전자를 포기하도록 부추기는데, 심지어 그들이 다르게 행동하는 것이 더 낫다고 인정했을 때조차 그러하다.

연습 3.65 희망 러닝머신

연습 3.66 (a) 매몰 비용 오류 (b) 앵커링과 조정 (c) 손실 회피 (d) 매몰 비용 오류 (e) 기회비용을 고려하지 않음 (f) 절충 효과

4장

연습 4.8 1/52. 처음에 어떤 카드를 선택하든, 두 번째 카드를 다시 선택할 수 있는 1/52의 확률이 있다.

연습 4.9 문제의 결과가 일어날 확률이 동일할 때에만 규칙을 적용할 수 있고, 여기서 그것이 사실이라고 생각할 이유가 없다.

연습 4.10 결과 공간이 {GB, GG}로 줄어들고 확률은 1/2이다.

연습 4.11 (a) {BBB, GGG, BBG, GGB, BGB, GBG, BGG, GBB}. (b) {GGG, BBG, GGB, BGB, GBG, BGG, GBB}. (c) 1/7. (d) {GGG, GGB, GBG, BGG}. (e) 1/4.

연습 4.12 (a) {W/W, W/W, R/R, R/R, W/R, R/W}. (b) {W/W, W/W, W/R}. (c) 1/3.

연습 4.13 (a) {W/W, W/W, B/B, B/B, R/R, R/R, R/W, W/R}. (b) {B/B, B/B}. (c) 1. (d) {R/R, R/R, R/W}. (e) 1/3.

연습 4.14 이 문제의 분석이 완전히 논란의 여지가 없는 것은 아니지만, 확률은 1/3이라는 것은 상당히 널리 합의돼 있다.

연습 4.16 (c)와 (d)

연습 4.17 $4/52 = 1/13$.

연습 4.21 확률은 어느 쪽이든 1/36이다.

연습 4.22 (d).

연습 4.23 독립적이지 않다.

연습 4.24 점을 11까지 더하는 두 가지 (배타적) 방법이 있기 때문에 답은 $1/36 + 1/36 = 1/18$이다.

연습 4.25 (a) $1/52 * 1/52 = 1/2704$. (b) $1/13 * 1/13 = 1/169$.

연습 4.26 (a) $1/6 * 1/6 = 1/36$. (b) $(1 - 1/6) * (1 - 1/6) = 25/36$. (c) $1/6 * (1 - 1/6) + (1 - 1/6) * 1/6 = 10/36$. (d) $1 - (1 - 1/6) * (1 - 1/6) = 11/36$.

연습 4.27 상호배타적이지 않은 두 가지 결과에 또는 규칙을 적용하기 때문에 실수가 될 수 있다.

연습 4.28 정답은 다음과 같다.

$$\frac{6}{49} * \frac{5}{48} * \frac{4}{47} * \frac{3}{46} * \frac{2}{45} * \frac{1}{44} = \frac{1}{13{,}983{,}816}$$

이 금액은 약 0.000,000,07에 달한다. 그래서 만약 여러분이 1년에 한 번 경기를 한다면, 평균적으로 여러분은 13,983,816년에 한 번 우승할 것이다. 1년에 364.25일이 있는 것을 감안하면 하루에 한 번 경기를 한다면 평균 268,920년에 한 번 우승할 것이다.

연습 4.30 만일 사람들이 앵커로 당첨될 수 있는 금액을 사용하고 아래로 조정함으로써 티켓의 가치를 평가한다면, 불충분한 조정은 티켓의 가치를 과대평가한다는 것을 의미할 것이다. 또한, 사람들이 첫 번째 숫자를 뽑을 확률을 정확히 앵커로 선택하고 아래쪽으로 조정함으로서 당첨 확률을 평가한다면, 불충분한 조정은 그들이 당첨 확률을 과대 추정한다는 것을 의미할 것이다.

연습 4.31 (a) $\Pr(H|T)$는 "환자가 종양에 걸렸을 때 두통이 있을 확률"을 의미하고, $\Pr(T|H)$는 "환자가 두통이 있을 때, 종양에 걸렸을 확률"을 의미한다. (b) 확률은 확연히 다르다. 일반적으로 우리는 $\Pr(H|T) > \Pr(T|H)$를 예상한다.

연습 4.33 카드 한 벌에 에이스가 4개 있고 스페이드 에이스가 그중 하나이기 때문에 정답은 4개 중 1개라는 것을 이미 알고 있다. 그러나 다음과 같이 정의 4.31을 사용해 답을 계산할 수 있다.

$$\Pr(\mathbf{A}\spadesuit|\mathbf{A}) = \frac{\Pr(\mathbf{A}\spadesuit \& \mathbf{A})}{\Pr(\mathbf{A})} = \frac{\Pr(\mathbf{A}\spadesuit)}{\Pr(\mathbf{A})} = \frac{1/52}{4/52} = 1/4$$

연습 4.35

$$\Pr(\mathbf{A}\spadesuit_1 \& \mathbf{A}\spadesuit_2) = \Pr(\mathbf{A}\spadesuit_1) * \Pr(\mathbf{A}\spadesuit_2 | \mathbf{A}\spadesuit_1) = 1/52 * 0 = 0$$

연습 4.38 (a) $\Pr(A|B) = \Pr(A)$라고 가정하고, 명제 4.34를 사용해 $\Pr(B|A) = \Pr(B)$를 도출한다. (b) $\Pr(B|A)\Pr(A) = \Pr(B)$를 가정한다. 그러고 나서 명제 4.32를 사용해 $\Pr(A \& B) = \Pr(A) * \Pr(B)$를 도출한다. (c) $\Pr(A \& B) = \Pr(A) * \Pr(B)$가정하고, 명제 4.34를 사용해 $\Pr(A|B) = \Pr(A)$를 도출한다.

연습 4.40 (a) 그림 A.10 참조 (b) 연간 내에 환자가 사망할 확률은 다음과 같다.

$$\Pr(D) = \Pr(D|A) * \Pr(A) + \Pr(D|B) * \Pr(B) = 4/5 * 1/3 + 1/5 * 2/3 = 2/5$$

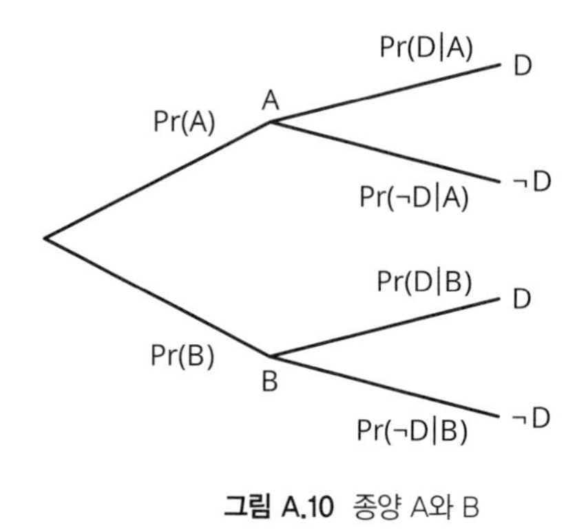

그림 A.10 종양 A와 B

연습 4.41 확률은

$$\begin{aligned}\Pr(P) &= \Pr(P \mid E) * \Pr(E) + \Pr(P \mid \neg E) * \Pr(\neg E) \\ &= .90 * .60 + .50 * .40 = .54 + .20 = .74\end{aligned}$$

연습 4.43 정답은

$$\Pr(A|D) = \frac{\Pr(D|A) * \Pr(A)}{\Pr(D|A) * \Pr(A) + \Pr(D|B) * \Pr(B)} = \frac{4/5 * 1/3}{4/5 * 1/3 + 1/5 * 2/3} = 2/3$$

연습 4.44 당신이 합격했다고 가정했을 때 당신의 테스트가 쉬웠을 확률은

$$\Pr(E|P) = \frac{\Pr(P|E) * \Pr(E)}{\Pr(D|E) * \Pr(E) + \Pr(P \mid \neg E) * \Pr(\neg E)} = \frac{.54}{.74} \approx .73$$

당신 친구가 아마 맞았을 것이다.

연습 4.45 (a) $1/4 * 1/6 = 1/24$. (b) $3/4 * 2/3 = 6/12 = 12/24$. (c) $1/24 + 12/24 = 13/24$. (d) $(1/24)/(13/24) = 1/13$. 좋은 소식이다!

연습 4.46 (a) 가설에 할당된 확률은 첫 번째 시행 후 1/2에서 2/3로 올라가고, 두 번째 시행 후 2/3에서 4/5로 올라간다.

연습 4.47 우리가 이 연습의 목적을 위해 *H*와 *E*를 정의한 방법을 고려할 때, 앞면이 두 개인 동전은 뒷면이 나올 수 없기 때문에 $\Pr(E|H)$는 이제 0이다. 따라서 사전확률과 관계없이 사후확률은 0과 같다.

$$\Pr(H|E) = \frac{0 * \Pr(H)}{0 * \Pr(H) + 0.5 * \Pr(\neg H)} = 0$$

연습 4.48 결과는 종속적이지만 상호배타적이지 않다.

연습 4.49 정답은 $(1/25,000)^3 = 1/15,625,000,000,000$이다. 그래서 랭포드가 1년에 세 번 조작되지 않은 기계로 도박을 한다면, 그는 15,625,000,000,000년에 한 번 연속 세 번 우승할 것으로 예상할 수 있다. 그러나 랭포드가 이겼을 때 기계가 조작됐을 확률은 기계가 조작되지 않았을 때 그가 이길 확률과 반드시 같지는 않다는 점에 유의하라.

연습 4.50 추정된 이유는 경제학자들이 도박을 하지 않는 경향이 있기 때문인데, 이것은 도박 수익에 크게 의존하는 접대업계에서 큰 문제다.

연습 4.51 (a) $(1/2)^{20} \approx 0.000,001$. (b) $(2/3)^{20} \approx 0.0003$. (c) $(4/5)^{20} \approx 0.01$. 그 규모의 모두 남성인 편집위원회는 순전히 무작위적인 절차에서 비롯될 것 같지는 않다.

연습 4.52 (a) $0.250^3 \approx 0.016$. (b) $(1 - 0.250)^3 \approx 0.42$. (c) $3 * 0.250 * (1 - 0.250)^2 \approx 0.42$. (d) $1 - (1 - 0.250)^3 \approx 0.58$.

연습 4.53 (a) 알파벳에 26개의 문자가 있기 때문에 확률은 $(1/26)^8 = 1/208,827,064,576 \approx 0.000,000,000,005$이다. (b) 한 글자가 저속함을 나타내지 않을 확률은 $1 - 1/208,827,064,576 = 208,827,064,575/2\ 08,827,064,576$이다. 따라서 글자 중 적어도 하나가 저속함을 나타낼 확률은 $1 - (208,827,064,575/208,827,064,576)^{100} \approx 0.000,000,000,5$이다. 그것은 조금 높지만 많지는 않다.

연습 4.54 10개의 참/거짓 질문에 대답하는 방법에는 $2^{10} = 1024$가지가 있다는 것을 주목하라. 따라서 (a) 1/1024 (b) 1/1024 (c) 1/1024 (d) 10/1024 (e) 11/1024

연습 4.55 (a) 1/2 (b) 1/2 (c) $(1/2)^{10} = 1/1024$ (d) $1 - (1/1024) = 1023/1024$

5장

연습 5.1 만약 여러분이 모든 계란을 한 바구니에 담는다면 "계란 1개 깨짐", "계란 2개 깨짐"과 같은 사건들은 독립적이지 않을 것이다. ─ 만약 여러분이 몇 개 계란을 완전히 유지하고 싶다면 이는 좋지 않다.

연습 5.2 (a) 그들이 독립적이기를 원한다. (b) 그들은 종속적일 것이다.

연습 5.3 판매자들은 당신이 이 특정한 장소에서 티켓을 산다면 당신이 당첨될 가능성이 더 높다고 생각하기를 원한다. 따라서 그들은 당신이 "여기서 판매된 이전 티켓이 담청됐다"와 "여기서 판매된 미래 티켓이 당첨이 될 것이다"라는 결과가 독립이 아니라고 (실제로는 독립인데) 생각하기를 희망하고 (아마도 기대하고) 있다.

연습 5.4 사람들은 세 가지 죽음과 같은 세 가지 나쁜 일들이 (사실은 그렇지 않은데) 독립이 아니라고 가정한다.

연습 5.5 (a) $(1/2)^8 = 1/256$ (b) 1/2

연습 5.6 결과 4-3-6-2-1은 더 대표적으로 보일 것이며, 따라서 더 그럴 가능성이 높다.

연습 5.7 (a) 1/10,000 (b) 1/100

연습 5.8 1/25,000

연습 5.13 이 모든 질문에 대한 답은 식 $1 - (7/10)^t$로 주어지며, 여기서 t는 시간이다. 따라서, (a) 0.51 (b) 약 0.66 (c) 약 0.97. 이러한 상황에서, 여러분은 10시간 동안 하이킹하는 동안 적어도 한 번의 토네이도와 마주칠 가능성이 높다는 것을 주목하라.

연습 5.14 주어진 연도에 홍수가 날 확률은 1/10이다. 따라서 (a) 0.81 (b) 0.18 (c) 0.19 (d) 약 0.65

연습 5.15 주어진 날에 공격이 없을 확률은 $1 - 0.0001 = 0.9999$이다. 10년에 $365.25 * 10 = 3652.5$일이 있다. 따라서 10년 동안 적어도 한 번의 공격이 발생할 확률은 $1 - (0.999,9)^{3652.5} \approx 0.306 = 30.6\%$이다.

연습 5.16 (a) 약 0.08 (b) 약 0.15 (c) 약 0.55 (d) 약 0.98

연습 5.17 30명의 학생들을 일렬로 정렬시킨다고 상상해보라. 첫 번째 학생은 1년 중 어느 날에나 태어날 수 있고, 이런 일이 일어날 확률은 365/365이다. 두 번째 학생이 첫 번째 학생과 생일을 공유하지 않을 확률은 364/365이다. 세 번째 학생이 첫 번째 학생 중 한 명과 생일을 공유하지 않을 확률은 363/365이다. 그리고 여러분이 30번째 학생이 될 때까지, 이 학생이 다른 29명의 학생들과 생일을 공유하지 않을 확률은 336/365이다. 따라서 원하는 확률은 365/365 * 364/365 * ... 336/365 ≈ 29.4%이다. 따라서 이 정도 크기의 수업에서 적어도 두 명의 학생이 생일을 공유할 확률은 꽤 높다. 약 70.6%이다.

연습 5.18 (a) 약 0.634 (b) 약 0.99996

연습 5.19 (a) 치명적인 엔진 고장 확률은 p. (b) 치명적인 엔진 고장 확률은 $1 - (1 - p)^2 = 2p - p^2$이다. 이러한 이유를 보려면 그림 A.11를 참조하라. (c) 단발 엔진 비행기. p가 작을 때 p^2는 무시할 수 있을 정도로 작다는 점에 유의한다. 만약 그렇다면 쌍발 엔진 비행기는 단발 엔진 비행기보다 사실상 두 배나 치명적인 엔진 고장을 경험할 가능성이 있다! (d) 이제 치명적인 엔진 고장 확률은 p^2이다.

	고장 안남	고장남
고장 안남	(1–p)²	(1–p)*p
고장남	p*(1–p)	p²

그림 A.11 자가용 제트기(private jets)

연습 5.21 남성의 기준률이 매우 낮기 때문에, 테스트는 진단적이지 않을 것이다.

연습 5.22 B가 "택시는 파란색"을 의미하고 P가 "증인이 택시가 파란색이라고 말한다"를 의미하도록 하자. 다음은 정답을 산출하는 방정식이다.

$$\Pr(B|P) = \frac{8/10 * 15/100}{8/10 * 15/100 + 2/10 * 85/100} \approx 41\%$$

목격자가 비교적 신뢰할 수 있음에도, 사고에 연루된 택시는 파란색보다 녹색일 가능성이 높다는 점에 유의하라.

연습 5.23 답은 다음 방정식으로 주어진다.

$$\frac{75/100 * 20/100}{75/100 * 20/10 + 25/100 * 80/100} \approx 43\%$$

연습 5.24 답은 다음 방정식으로 주어진다.

$$\frac{1/1000 * 90/100}{1/1000 * 90/100 + 10/1000 * 10/100} \approx 47\%$$

연습 5.25 확률은 다음과 같다.

$$\frac{\frac{10}{10,000,000} * \frac{999}{1000}}{\frac{10}{10,000,000} * \frac{999}{1000} + \frac{9,999,990}{10,000,000} * \frac{1}{1000}} \approx 0.001 = 0.1\%$$

연습 5.26 (a) 98/1,000,000,000 (b) 19,999,998/1,000,000,000 (c) 98/20,000,096 ≈ 0.000005 = 0.0005% (d) 아니다.

연습 5.27 카불에서 기준률이 더 높을 가능성이 높으며, 이는 테스트를 진단으로 만들 수 있다.

연습 5.28 정답은 C이다.

연습 5.30 만약 어떤 이유에서든 여러분이 똑똑하고, 정직하고, 부지런하고, 쿨하다는 평판을 얻는 데 성공한다면 여러분은 오랫동안 그 파도를 탈 수 있다. 확증 편향은 여러분이 항상 그 역할을 하지 않더라도 사람들이 계속해서 여러분을 그런 식으로 생각할 것이라는 것을 의미한다. 반대로 만약 사람들이 여러분을 어리석고, 부정직하고, 게으르고, 또는 멋없다고 생각하기 시작한다면, 그 평판은 없애기 매우 어려울 것이다. 확증 편향은 여러분이 하는 모든 것이 그 관점을 지지하는 것으로 해석되기 쉽다는 것을 의미한다.

연습 5.32 그러한 종류의 제목을 가진 책들은 자유주의 폭도/기독교 우파가 미국을 파괴하고 있다고 믿고 있는 사람들에 의해 대부분 읽힐 것이다. 그러면 확증 편향이 형성돼 독자들의 기존 신념을 더욱 뒷받침할 것이다.

연습 5.34

(a) $$\Pr(T|H) = \frac{\Pr(H|T) * \Pr(T)}{\Pr(H|T) * \Pr(T) + \Pr(H|\neg T) * \Pr(\neg T)}$$

$$= \frac{99/100 * 1/10,000}{99/100 * 1/10,000 + 1/10 * 9999/10,000} \approx 0.001$$

(b) $$\Pr(F|G) = \frac{\Pr(G|F) * \Pr(F)}{\Pr(G|F) * \Pr(F) + \Pr(G \mid \neg F) * \Pr(\neg F)}$$

$$= \frac{95/100 * 999/1000}{95/100 * 999/1000 + 5/100 * 1/1000} \approx 0.99996$$

연습 5.35 검안사가 주로 문제없는 콘택트 렌즈 사용자들을 본다는 점을 감안할 때, 건강한 사용자의 이미지가 가장 많이 가용된다. 안과 의사가 주로 문제를 가진 사용자들을 보기 때문에, 건강하지 않은 사용자의 이미지가 가장 많이 가용된다. 이 두 가지가 가용성 편향을 일으키기 쉬운 한 검안사는 콘택트 렌즈의 결과로 심각한 문제가 발생할 가능성을 과소평가할 가능성이 높고 안과의사는 과대평가할 가능성이 있다.

연습 5.37 사람들이 기상학자들의 예측이 빗나갔던 경우를 더 잘 기억할 가능성이 높은 경우, 가용성 휴리스틱으로 인해 사람들은 기상학자들이 실제보다 더 제대로 보정되지 않았다고 생각하게 될 것이다.

연습 5.39 사후인식 편향

연습 5.40 더닝-크루저 효과

연습 5.41 휴리스틱과 편향 프로그램은 휴리스틱이 대부분 기능적이며 편향으로 이어지는 경우가 있는데, 이는 사람들이 돌이킬 수 없을 정도로 멍청하거나 절망적으로 길을 잃었다고 말하는 것과는 거리가 멀다.

연습 5.42 $\Pr(HHH) = (2/3)^3 = 8/27$인 반면, $\Pr(HHT) = (2/3)^2(1/3) = 4/27$이다. HHH에 거는 것이 최선이다.

연습 5.43 첫 번째 구성원은 남성이고 두 번째 구성원은 남성이며 이런 식으로 나간다는 사실로 결합 가능성을 과대평가하는 것에 대해 이야기하고 있으므로, 결합 오류를 범했을 수 있다.

연습 5.44 (a) 0.04 (b) 0.64 (c) 0.36 (d) 약 0.67

연습 5.45 (a) 0.072 (b) 0.092 (c) 0.164 (d) 약 0.439 (e) 기준률 오류

연습 5.46 이 문제는 연습 5.22와 사실상 같으므로 답은 같다. 약 41%

연습 5.47 (a) T는 한 사람이 테러리스트이고 M은 한 사람이 이슬람교도라는 것을 의미한다고 하자. 제공된 수치를 바탕으로, $\Pr(T) = 10/300{,}000{,}000$, $\Pr(M|T) = 9/10$ 그리고 $\Pr(M|\neg T) = 2/300$이라고 가정한다. 만약 그렇다면,

$$\Pr(T|M) \frac{\frac{10}{300{,}000{,}000} * \frac{9}{10}}{\frac{10}{300{,}000{,}000} * \frac{9}{10} + \frac{299{,}999{,}990}{300{,}000{,}000} * \frac{2}{300}} \approx 0.000{,}005 = 0.0005\%$$

(b) 분명 후안 윌리엄스가 걱정해야 할 더 많은 위험한 것들이 있다. 그러나 만약 이슬람 테러리스트의 이미지가 그에게 특히 가용하다면, 그는 무작위의 이슬람교도들이 그 범주에 속할 가능성을 과장하는 경향이 있을 것이다.

연습 5.48 … 확증 편향

연습 5.49 대표성

연습 5.50 영향 휴리스틱^Affect Heuristic^

연습 5.51 (a) 확증 편향은 슘페터가 기억하지 못하는 경우보다 그의 가설을 뒷받침하는 사례를 더 잘 기억하고 가중치를 부여하도록 할 것이다. (b) 슘페터가 세 영역에서 잘 수행했던 에피소드가 그에게 특히 두드러진다고 가정할 때, 가용성 편향은 그가 좋은 성능의 가능성을 과장하게 할 것이다. (c) 과신하는 슘페터는 다양한 영역에서 자신의 능력에 관해서 그가 생각하는 것보다 더 자주 틀릴 것이다. (d) 결합 오류는 그가 "나는 세계 최고의 경제학자다"와 "나는 오스트리아 전체에서 최고의 기수다" 그리고 "나는 비엔나 전체에서 가장 위대한 연인이다"라는 결합의 확률을 과대평가하게 만든다.

연습 5.52 (a) 확증 편향 (b) 분리 오류 (c) 가용성 편향 (d) 기준률 무시 (e) 가용성 편향 (f) 결합 오류 (g) 사후 인식 편향 (h) 가용성 편향

6장

연습 6.1 (a) 최소최대화^maximin^ 논리자는 보증서를 구매할 것이다. (b) 최대최소화^minimax^ 논리자는 사지 않을 것이다.

연습 6.2 (a) C (b) A (c) B. 위험-보상 행렬은 표 A.2와 같다.

표 A.2 위험-보상 행렬

	S_1	S_2
A	2	0
B	1	1
C	0	4

연습 6.5 그림 A.12를 참조하라.

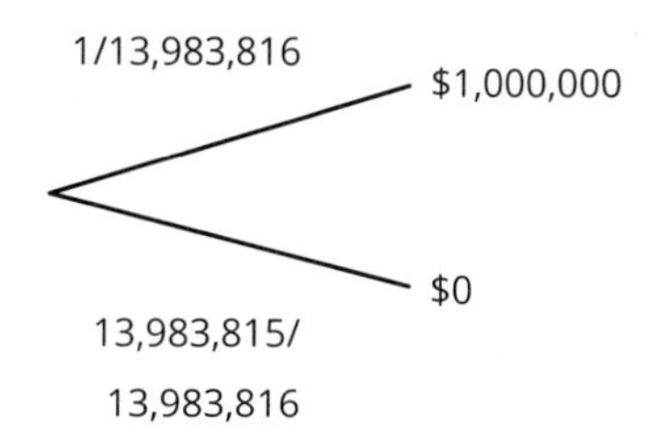

그림 A.12 로또 6/49 트리

연습 6.13 3.50달러

표 A.3 룰렛 보상

베팅	묘사	보상(달러)	확률(승리)	기댓값(달러)
스트레이트업	하나의 수	36	1/38	36/38
스플릿	두개의 수	18	2/38	36/38
스트릿	세개의 수	12	3/38	36/38
코너	네개의 수	9	4/38	36/38
처음 5	0, 00, 1, 2, 3	7	5/38	36/38
식스라인	여섯개의 수	6	6/38	36/38
처음 12	1–12	3	12/38	36/38
둘째 12	13–24	3	12/38	36/38
셋째 12	25–36	3	12/38	36/38
레드		2	18/38	36/38
블랙		2	18/38	36/38
짝수		2	18/38	36/38
홀수		2	18/38	36/38

하이	1–18	2	18/38	36/38
로우	19–36	2	18/38	36/38

연습 6.14 (a) 400,020달러 (b) 상자를 연다 (c) 150,030달러 (d) 확실한 금액을 취한다

연습 6.16 (a) $-5/-100 = 1/20$ (b) $-5/-10 = 1/2$

연습 6.18 정답은 100만 분의 1이다

연습 6.19 $p = -79/-325 \approx 0.24$

연습 6.23 (a) $EU(\mathrm{R}) = u(4) = 42 = 16$. (b) $EU(\mathrm{A}) = 1/2 * u(10) + 1/2 * u(0) = 1/2 * 10^2 + 1/2 * 02 = 50$ (c) 도박을 수락한다.

연습 6.24 (a) 약 0.00007 (b) 1 (c) 달러

연습 6.25 (a) $EU(\mathrm{A}) = 1/3 * \sqrt{9} = 1$. $EU(\mathrm{B}) = 1/4 * \sqrt{16} = 1$. $EU(\mathrm{C}) = 1/5 * \sqrt{25} = 1$. 어느쪽이나 선택한다. (b) $EU(\mathrm{A}) = 1/3 * 9^2 = 27$. $EU(\mathrm{B}) = 1/4 * 16^2 = 64$. $EU(\mathrm{C}) = 1/5 * 25^2 = 125$. C를 선택한다.

연습 6.26 (a) (i) $EV(\mathrm{G}) = 1/4 * 25 + 3/4 * 1 = 7$ (ii) $EU(\mathrm{G}) = 1/4 * \sqrt{25} + 3/4 * \sqrt{1} = 2$ (b) (i) $EV(\mathrm{G}^*) = 2/3 * 7 + 1/3 * 4 = 6$ (ii) $EU(\mathrm{G}^*) = 2/3 * \sqrt{7} + 1/3 * \sqrt{4} \approx 2.43$

연습 6.27 (a) 그림 A.13(a) 참조 (b) 그림 A.13(b) 참조 (c) $EU(\neg \mathrm{S}) = 0$ (d) $EU(\mathrm{S}) = 0.85 * 10 + 0.10 * (-2) + 0.05 * (-10) = 7.8$ (e) 수술을 수행한다.

연습 6.28 (a) 그림 A.14를 참조하라. (b) 귀가의 기대 효용은 $3/4 * 12 + 1/4 * (-2) = 8.5$이다. 그대로 도시에 머무는 기대 효용은 $2/3 * 9 + 1/3 * 3 = 7$이다. 그러므로 고모가 나타날 수도 있지만, 여러분은 집에 가야 한다.

연습 6.29 이 연습을 완료하기 위한 많은 방법이 있지만, 중요한 결과는 B가 어떤 일이 있어도 합리적인 선택이라는 것이다.

연습 6.31 (a) $p = 1/2$. (b) $p = 3/4$. (c) $p = 2/3$.

연습 6.33 이 경우, $EU(\mathrm{A}) = 1/2 * 3^2 + 1/2 * 1^2 = 5$인 반면, $EU(\mathrm{R}) = 2^2 = 4$이다. 그러니 당신은 그 도박을 확실히 받아들여야 한다.

연습 6.34 (a) 위험 애호 (b) 위험 회피 (c) 위험 애호 (d) 위험 회피 (e) 위험 애호 (f) 위험 중립 (g) 위험 애호

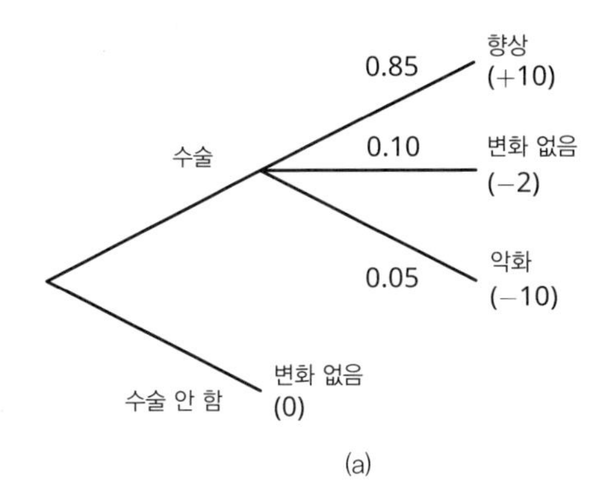

(a)

	향상	변화 없음	악화
S	10	−2	−10
¬S	0	0	0

(b)

그림 A.13 청력 손실(Hearing loss)

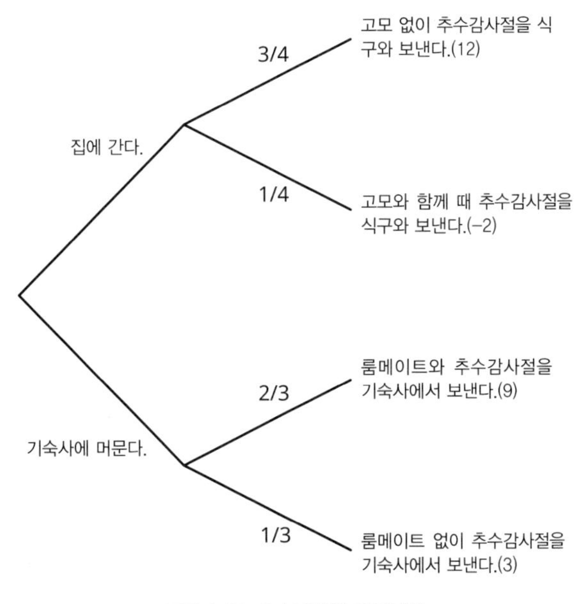

그림 A.14 추수감사절 우유부단

연습 6.36 그림 A.15 참조

연습 6.38 $\sqrt{5}$

연습 6.39 (a) 4달러의 효용은 2이다. G의 기대 효용은 3/2이다. 확실성 등가는 9/4이다. 4달러를 선택한다. (b) 4달러의 효용은 16이다. G의 기대 효용은 21이다. 확실성 등가는 $\sqrt{21}$이다. G를 선택한다.

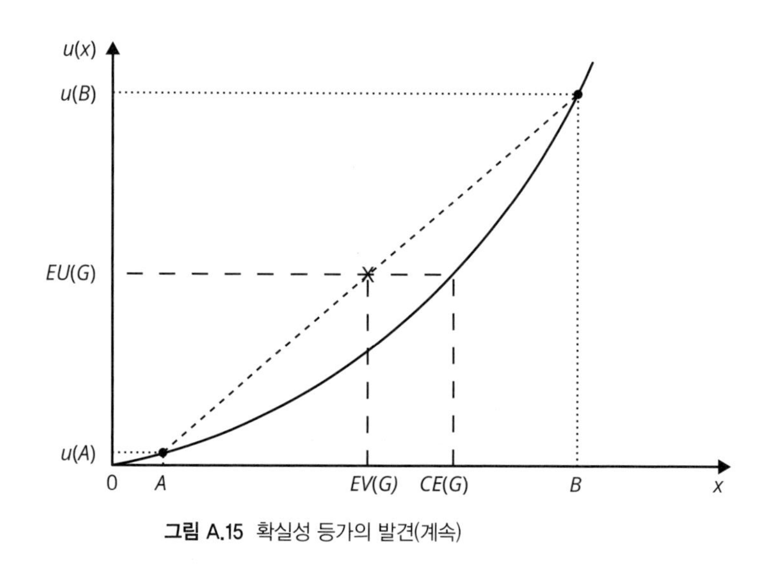

그림 A.15 확실성 등가의 발견(계속)

연습 6.40 (a) 도박의 기댓값은 7/8이다. (b) 기대 효용은 5/4이다. (c) 확실성 등가는 25/16. (d) $p = 1/2$이다.

연습 6.41 (a) 기대 효용은 5/2이다. (b) 확실성 등가는 25/4이다. (c) 확률은 1/8이다. (d) 당신은 위험 회피이다.

연습 6.42 약 0.00000049센트다.

연습 6.44 최소최대maximin 기준

연습 6.45 (a) 상자 (b) 고정 금액 (c) 118,976달러

연습 6.46 (a) $EU(\mathrm{B}) = 3$ (b) $EU(\mathrm{R}) = 4$ (c) 빨간색 버튼을 누른다.

연습 6.47 어느 곳에서도 사람들이 머릿속에서 이러한 계산을 수행한다고 말하지 않는

데, 이는 그렇게 하는 것이 불가능하거나 엄청나게 느릴 것이라는 명백한 이유 때문이다.

7장

연습 7.4 ± 0의 가치는 여전히 $v(\pm 0) = 0$이다. 그러나 -10의 가치는 $v(-10) = -2\sqrt{|-10|} = -2\sqrt{10} \approx -6.32$이다. 따라서 절댓값 차이는 $|v(-10) - v(\pm 0)| \approx |-6.32 - 0| = 6.32$이다. -1000의 가치는 $v(-1000) = -2\sqrt{|-1000|} = -2\sqrt{1000} \approx -63.25$이고, -10101의 가치는 $v(-1010) = -2\sqrt{|-1010|} = -2\sqrt{1010} \approx -63.56$이다. $v(\pm 0)$와 $v(-10)$의 절댓값 차이는 $v(-1000)$와 $v(-1010)$의 절댓값 차이보다 훨씬 더 크다.

연습 7.5 -10의 가치는 $v(-10) = -2\sqrt{10} \approx -6.32$이다. -15의 가치는 $v(-15) = -2\sqrt{15} \approx 7.75$이다. 따라서 절댓값 차이는 1.43이다. -120의 가치는 $v(-120) = -2\sqrt{120} \approx 21.91$이다. -125의 가치는 $v(-125) = -2\sqrt{125} \approx 22.36$이다. 절댓값 차이는 0.45이다. $v(-10)$과 $v(-15)$의 차이가 $v(-120)$과 $v(-125)$의 차이보다 훨씬 더 크다. 따라서 S형 가치함수는 실제로 관찰된 행동을 설명할 수 있다.

연습 7.6 이 문제는 231쪽의 그림 7.3을 사용해 분석할 수 있다. 젠은 '어떤 동물도 구하지 못하는 것'을 기준점으로 삼기 때문에 위험 회피자이다 조는 '어떤 동물도 잃지 않는 것'을 기준점으로 취하므로 위험 애호자이다.

연습 7.8 (a) 생략 (b) $v(A) = 1/2 * \sqrt{1000/2} \approx 11.18$ (c) $v(B) = 1/2 * \sqrt{500/2} \approx 15.81$ (d) $v(C) = 1/2 * (-2)\sqrt{1000} \approx -31.62$ (e) $v(D) = 2\sqrt{500} \approx -44.72$

연습 7.9 (a) 이득의 가치는 $v(+4) = \sqrt{+4/2} = \sqrt{2} \approx 1.41$이고, 손실의 가치는 $v(-4) = -2\sqrt{|-4|} = -2 * 2 = -4$이다. 절댓값 관점에서 손실이 이득보다 크다. (b) 0달러 기준점에 상대적으로 0달러는 ± 0로 코드화되고, 4달러는 $+4$로 코드화된다. 확실한 것의 가치는 $v(+2) = \sqrt{+2/2} = 1$이다. 도박의 가치는 $1/2 * v(\pm 0) + 1/2 * v(+4) = 1/2 * \sqrt{\pm 0/2} + 1/2 * \sqrt{+4/2} = 0.71$이다. 이 사람은 확실한 금액을 선호한다. (c) 4달러 기준점에 상대적으로, 0달러는 -4로 코드화되고, 2달러는 -2로 코드화되고, 4달러는 ± 0로 코드화된다. 확실한 것의 가치는 $v(-2) = -2\sqrt{|-2|} = -2\sqrt{2} \approx -2.83$이다. 도박의 가치는 $1/2 * v(-4) + 1/2 * v(\pm 0) = 1/2 * (-2)\sqrt{|-4|} + 1/2 * (-2)\sqrt{|\pm 0|} = -2$이다.

이 사람은 도박을 선호한다.

연습 7.10 (a) 1달러 기준점에 상대적으로 1달러는 ±0로 코드화되고, 2달러는 +1, 5달러는 +4로 코드화된다. 확실한 것의 가치는 $v(+1) = \sqrt{+1/2} \approx 0.71$이고, 도박의 가치는 $1/2 * v(\pm 0) + 1/2 * v(+4) = 1/2 * \sqrt{+0/2} + 1/2 * \sqrt{+4/2} = 1/2 * \sqrt{2} \approx 0.71$이다. 이 사람은 무차별하다. (b) 5달러 기준점에 상대적으로 1달러는 −4로 코드화되고, 2달러는 −3, 5달러는 ±0로 코드화된다. 확실한 것의 가치는 $v(-3) = -2\sqrt{|-3|} = -2\sqrt{3}$ ≈ -0.71이다. 도박의 가치는 $1/2 * v(-4) + 1/2 * v(\pm 0) = 1/2 * (-2)\sqrt{|-4|} + 1/2$ $* (-2)\sqrt{|\pm 0|} = 1/2 * (-2)4 = -2$이다. 이 사람은 도박을 선호한다.

연습 7.11 이 절의 분석에 따르면 사람들은 손실의 영역에 있을 때 더 위험 애호적이라고 한다. 가난하다고 느끼게 된 사람들이 결국 자신이 손해의 영역에 있는 것처럼 느낀다고 가정한다면, 이 분석은 그들이 복권을 선택할 가능성이 더 높아져야 한다는 것을 암시하는데, 이것은 연구자들이 발견한 바로 그것이다.

연습 7.12 (a) $v(+48 + 27) = v(+75) = \sqrt{75/3} = 5$ (b) $v(+48) + v(+27) = \sqrt{48/3}$ $+ \sqrt{27/3} = 7$ (c) 분리하는 것이 더 좋다.

연습 7.14 (a) 구매를 줄일 가능성이 있다. (b) 이러한 방식은 손실을 분리하되 이익을 통합하도록 장려할 것이고, 이는 동시에 물건에 대한 지불의 고통을 증가시키고 물건에서 얻을 수 있는 즐거움을 감소시킬 것이다.

연습 7.15 이 절차는 여행자들이 비용을 분리하도록 권장하며, 이는 그들이 통합됐을 때 지출에 대해 더 나쁘게 느낄 수 있다.

연습 7.16 (a) $v(-144 - 25) = v(-169) = -3\sqrt{169} = -39$ (b) $v(-144) + v(-25) =$ $-3\sqrt{144} + (-3)\sqrt{25} = -51$ (c) 통합하는 것이 더 좋다.

연습 7.17 그 광고는 당신이 비용을 통합하도록 격려함으로써 더 많은 책을 사도록 만들기로 돼 있다. 책이 다르기 때문에 통합 가능성이 낮아진다.

연습 7.18 (a) 유권자들이 통합되도록 장려해야 한다. "당신은 여전히 90만 달러를 집으로 가져간다!" (b) 유권자들이 분리하도록 장려해야 한다. "당신은 100만 달러를 벌었다! 그 돈은 네 것이다! 정부는 당신의 돈 중 10만 달러를 빼앗고 있다!"

연습 7.19 (a) $v(-9+2) = v(-7) \approx -5.29$ (b) $v(-9) + v(+2) = -5$ (c) 분리하는 것이 더 좋다.

연습 7.21 (a) B로 표시된 열을 무시해야 한다. (b) P와 R로 표시된 열들을 무시해야 한다.

연습 7.22 선택 패턴 (1b)와 (2b)가 배제되는 것과 마찬가지로 선택 패턴 (1a)와 (2a)는 배제된다.

연습 7.24 B에 대한 A의 강한 선호는 $EU(\text{A}) > EU(\text{B})$로 표시된다. 이는 $1 * u(30) > 0.8 * u(45)$을 의미한다. 양변을 4로 나누면 $0.25 * u(30) > 0.2 * u(45)$를 얻는다. C에 대한 D의 강한 선호는 $EU(\text{D}) > EU(\text{C})$로 표시된다. 이는 $0.2 * u(45) > 0.25 * u(30)$를 의미한다. 이것은 일치하지 않는다.

연습 7.26 모호성 회피이므로 오히려 공정한 동정에 베팅할 것이다.

연습 7.27 게임 3에서 확률이 가장 모호하므로, 그 게임에 베팅할 확률이 가장 작을 것이다.

연습 7.28 (a) 도너는 모호성 애호자이다. (b) 그가 그 자신을 부동산 투자의 전문가로 생각한다면, 그의 태도는 역량 가설Competence Hypothesis에 일치한다.

연습 7.33 확실한 1달러의 가치는 $\pi(1) = 1$이므로 $\pi(1)v(1) = v(1)$이다. 복권의 가치는 $\pi(1/1000)v(1000)$이다. 만약 $v(\cdot)$이 S형이면, $v(1000) < 1000 * v(1)$이다. 그러나 낮은 확률에 대해 $\pi(x) = x$이 주어질 때, $\pi(1/1000) < 1/1000$이다. 만약 $\pi(1/1000)$이 1/1000보다 충분히sufficiently 크다면 복권의 가치는 달러의 가치를 초과할 것이다.

연습 7.34 그림 A.16을 참조하라.

연습 7.35 (a) $\sqrt{1{,}000{,}000} = 1000$ (b) $0.90 * \sqrt{(1.04 * 1{,}000{,}000)} + 0.10 * \sqrt{1{,}000{,}000} \approx 1018$ (c) $0.40 * \sqrt{(1.21 * 1{,}000{,}000)} + 0.40 * \sqrt{1{,}000{,}000} + 0.20 * \sqrt{(0.90 * 1{,}000{,}000)} = 1030$ (d) 주식에 투자한다. (e) 채권에 투자한다.

연습 7.36 현상 유지의 가치는 $v(0) = 0$이다. 도박의 가치는 $v(\text{G}) = 1/2 * \sqrt{10/2} + 1/2 * (-2)\sqrt{|-10|} = 1/2\sqrt{5} - \sqrt{10} \approx -2.04$이다. 현상 유지를 선호하며 도박을 거절한다.

연습 7.37 (a) 지출을 분리함으로써, 당신은 지출 감소를 초래할 수 있는 돈의 손실을 더 심하게 느낄 것이다. (b) 용어는 심리적 계좌mental accounting이다. (c) 한 범주에서 과다소비를 할 수 있고, 다른 범주에서 과소소비를 할 수 있으며, 이는 대체 가능성fungibility을 침해한다.

연습 7.38 (a) 실버 라이닝silver lining(희망의 조짐) (b) 심리적 계좌 (c) 역량 가설 (d) 확실성 효과 또는 모호성 회피 (e) 모호성 회피

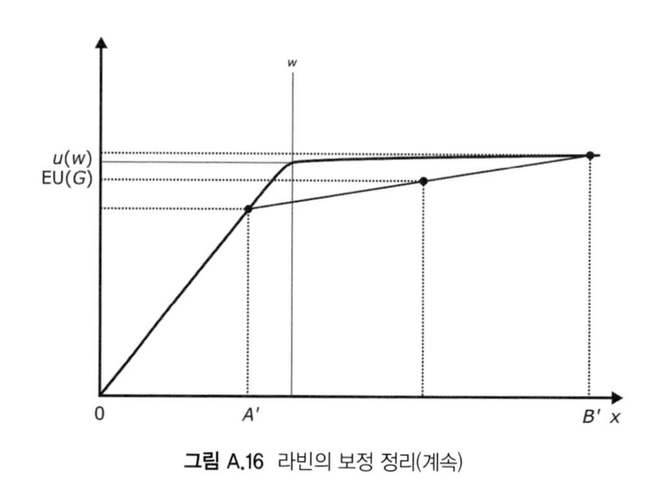

그림 A.16 라빈의 보정 정리(계속)

8장

연습 8.3 표 A.4를 참조하라.

표 A.4 신용카드의 비용

신용카드 제안	1,000달러	100달러	10,000달러
실버 액세스 비자카드	247.20	67.92	2040.00
파이낸스 골드 마스터 카드	387.50	263.75	1625.00
콘티넨탈 플래티넘 마스터 카드	248.20	68.92	2041.00
골드 이미지 비자 카드	213.50	53.75	1811.00
아처 골드 아메리칸 익스프레스	296.50	118.75	2074.00
토탈 트리뷰트 아메리칸 익스프레스	332.50	168.25	1975.00
스플랜디드 크레딧 유로카드	294.50	94.25	2297.00

연습 8.5 $r = 0.20 = 20\%$이다.

연습 8.8 (a) 105달러. (b) 162.89달러. (c) 1146.74달러.

연습 8.9 (a) 8664.62달러 (b) 8603.62 (c) 14,104% (d) 그냥 하지 마라.

연습 8.12 (a) 1.00, 0.30, 0.04 및 1.34 (b) d를 선택한다. (c) a를 선택한다.

연습 8.13 베짱이의 델타가 개미의 델타보다 낮다.

연습 8.14 (a) 낮음 (b) 높음 (d) 낮음 (e) 높음

연습 8.15 (a) 공평한 관객의 델타는 1이다. (b) 우리의 델타는 훨씬 낮다.

연습 8.17 여러분이 무차별할 때를 알아내기 위해, 이 방정식 $-1 = \delta * (-9)$을 설정하고 풀면 $\delta = 1/9$를 얻는다. $\delta \geq 1/9$인 경우에는 0시점의 한 바늘을 (약하게) 선호할 것이다.

연습 8.18 (a) 곡선이 더 가파를 것이다. (b) 곡선은 더 평평할 것이다.

연습 8.19 (a) $\delta = 1/3$. (b) $\delta = 3/4$. (c) $\delta = 1/2$. (d) $\delta = 3/4$.

연습 8.20 (a) 2/3. (b) 1. (c) 1/2.

연습 8.21 (a) $\delta = 1$. (b) $\delta = 0$. (c) $\delta = 0.5$.

연습 8.23 표는 표 A.5와 같이 보일 것이며, $\delta = 80/609$이다.

표 A.5 시간 할인

	$t=0$	$t=1$
a	81	16
b	1	625

연습 8.24 젊은이들은 미래를 너무 많이 할인해서 즉, 그들의 델타가 너무 낮기 때문에 30~40년 후에 일어날 일에 많은 비중을 두지 않는다.

연습 8.25 (a) 할인계수가 높은 사람들은 신용 점수가 높은 경향이 있다. (b) 할인계수가 높은 사람들은 미래를 위해 저축할 가능성이 더 높고 부채를 더 잘 관리하는데 이는 그들이 더 신용도가 높다는 것을 의미한다.

연습 8.26 연구원들은 칼뱅주의자들이 미래를 가장 적게, 가톨릭 신자들이 가장 적게 평

가하게 될 것이며 무신론자들이 중간 어딘가에 있을 것이라고 예측했다.

연습 8.27 우리는 그들이 미래를 매우 많이 할인하지 않을 것으로 예상해야 한다.

연습 8.28 (a) $\delta = 1/(1+i)$는 $r = i$를 의미한다. (b) $\delta = 1/\sqrt{(1+i)}$

9장

연습 9.2 (a) $1 + 1/3 * 1 * 3 + 1/3 * 12 * 9 = 5$ (b) $1 + 1 * 2/3 * 3 + 1 * (2/3)^2 * 9 = 7$ (c) $1 + 1/3 * 2/3 * 3 + 1/3 * (2/3)^2 * 9 = 3$

연습 9.4 (a) $U^{목}(a) = 8$ 및 $U^{목}(b) = 10$; 목요일에는 b를 선택한다. $U^{수}(a) = 6.67$ 및 $U^{수}(b) = 8.33$; 수요일에는 b를 선택한다.

(b) $U^{목}(a) = 8$ 및 $U^{목}(b) = 2$; 목요일에는 a를 선택한다. $U^{수}(a) = 1.33$ 및 $U^{수}(b) = 0.33$; 수요일에는 a를 선택한다.

(c) $U^{목}(a) = 8$ 및 $U^{목}(b) = 6$; 목요일에는 a를 선택한다. $U^{수}(a) = 4$ 및 $U^{수}(b) = 6$; 수요일에는 b를 선택한다.

(d) $U^{목}(a) = 8$ 및 $U^{목}(b) = 4$; 목요일에는 a를 선택한다. $U^{수}(a) = 2.67$ 및 $U^{수}(b) = 2.67$; 수요일에는 a와 b에 무차별하다.

연습 9.5 (a) 8과 4 (b) 12와 6 (c) 3과 1 (d) 3과 6 (e) 베니 (f) 베니

연습 9.6 (a) 2/3 (b) 3/4

연습 9.7 (a) $\beta = 3/4$ 및 $\beta = 2/3$ (b) $x = 4.5$

운동 9.8 $\beta = 4/5$ 및 $\delta = 1/2$

연습 9.9 윅스티드는 $\beta = 1/8$에서 무차별하다. 그가 이불에 도달하지 못하면 β는 그보다 클 수 없으므로 $\beta \leq 1/8$이다.

연습 9.11 (a) $t = 0$의 관점에서 지수 할인자인 경우 $U^0(a) = 3$, $U^0(b) = 5$, $U^0(c) = 8$ 및 $U^0(d) = 13$ 중에서 선택한다. 분명히 당신은 d를 선호하고, 당신이 시간 일관적이기 때문에, 그것이 당신이 보게 될 영화이다.

(b) 만약 당신이 단순한 쌍곡선 할인자라면, $t = 0$의 관점에서, $U^0(a) = 3$, $U^0(b) = 1/2$

$* 5 = 2.5$, $U^0(c) = 1/2 * 8 = 4$, $U^0(d) = 1/2 = 6 = 13$ 중 하나를 선택한다. 따라서 여러분은 평범한 영화는 건너뛰고 환상적인 영화를 볼 것이다. $t = 1$의 관점에서 $U^1(b) = 5$, $U^1(c) = 1/2 * 8 = 4$ 및 $U^1(d) = 1/2 * 13 = 6.5$ 중에서 선택한다. 여러분은 여전히 환상적인 영화를 볼 것이며, 좋은 영화는 건너뛰게 될 것이다. $t = 2$의 관점에서 $U^2(c) = 8$ 및 $U^2(d) = 1/2 * 13 = 6.5$ 중에서 선택한다. 당신은 환상적인 영화를 볼 수 있는 기회를 포기하고, 훌륭한 영화를 본다.

(c) 만약 당신이 정교한 쌍곡선 할인자라면, 당신은 $t = 2$의 훌륭한 영화를 놓칠 수 없을 것이고, 결과적으로 당신은 환상적인 영화를 볼 수 없을 것이라는 것을 안다. 또한 $t = 1$의 관점에서 볼 때 현실적인 옵션은 $U^1(b) = 5$ 및 $U^1(c) = 1/2 * 8 = 4$뿐이라는 것을 알고 있다. 따라서 좋은 영화를 볼 것이다. $t = 0$의 관점에서 볼 때, 현실적인 옵션은 $U^0(a) = 3$ 및 $U^0(b) = 1/2 * 5 = 2.5$이며, 이는 여러분이 평범한 영화를 보게 된다는 것을 의미한다.

연습 9.12 (a) 8 (b) 13 (c) 4 (d) 12.33

연습 9.15 덜 즐겁다.

연습 9.16 실선으로 대표되는 에피소드가 점선으로 대표되는 에피소드보다 더 높은 피크(정점) 효용성을 가지며 두 개의 엔드(끝) 효용이 동일하다는 점을 감안할 때, 사용자는 후자보다 전자를 선호할 것이다.

연습 9.17 대학 시절이 최고의 경험을 담고 있다고 가정하고, 예를 들어 멋진 졸업식으로 끝난다고 가정하면, 피크 엔드 법칙은 사람들로 하여금 그 시절을 매우 애틋하게 기억할 수 있게 할 것이다. 비록 지루하거나 그 이상의 오랜 시간이 있더라도 이것은 사실이다. 물론 행동경제학 과정은 아니지만, 그것은 내내 순수한 즐거움이다.

연습 9.19 투영 편향

연습 9.20 (a) 사람들은 음식을 먹을 때 그들이 원하는 다양성의 정도를 과대평가하고, 결과적으로 음식을 너무 다양화한다. (b) 사람들은 음식을 선택할 때 배고픈 경향이 있고, 비록 미래의 자신들이 현재 먹고 있으므로 점점 덜 배고플 것일지라도, 현재의 배고픔을 미래의 자신에 투영한다. (c) 덥고 배고픈 사람들 상태는 그들의 미래의 덜 덥고 배고픈 상태에 완전히 공감할 수 없다.

연습 9.21 길버트는 숫자의 타당성에 의문을 제기할 수 있었다. 그러나 그는 그들이 옳다고 가정하면 (1) 교장, (2) 수석 셰프, (3) 대출 담당자라고 말할 것이다. 당신이 길버트가 아닌 한, 당신은 길버트보다 당신에 대해 더 많이 알고 있다. 하지만 그는 여러분이 미래의 경험을 "모의로 상상simulate"하는 데 너무 서툴러서 여러분의 지식은 어떤 종류의 이점으로도 바뀌지 않는다고 생각한다.

연습 9.22 (a) 16/3과 4 (b) 8과 6 (c) 4와 2 (d) 4와 6 (e) 시메나

연습 9.23 (a) 젊었을 때와 중년일 때는 절제하지만 노년일 때는 약을 한다. (b) 젊었을 때는 절제하되 중년일 때는 약을 한다. (c) 내내 약을 한다.

연습 9.24 십중팔구 오르페우스는 단순한 쌍곡선 할인자였다. 에우리디케를 구출하기 위해 떠나는 지수할인자는 시간 일관적이기 때문에 뒤를 돌아보지 않는 계획을 끝까지 실행할 것이다. 뒤돌아보지 않을 수 없는 정교한 쌍곡선 할인자는 이것을 정확하게 예상하고 (아마도) 구조를 취소했을 것이다.

연습 9.25 (a) 아니다. 이 사람의 문제는 현재와 미래의 소비를 어떻게 가중시킬 것인가에 대한 생각을 바꾼다는 것이 아니다. 피크 엔드 법칙을 따르는 사람은 결코 "행복의 바다"에서 자발적으로 나올 수 없다. (c) 그렇다. 세상의 모든 축복을 받은 사람은 틀림없이 아주 재미있는 이야기의 인생을 살고 있지 않다.

연습 9.26 몇 가지 답이 맞을 수도 있지만, 적응에 대한 과소 예측은 확실히 한 가지이다. 즉 우리는 수감자가 되는 것 등이 죄수들이 그들의 조건에 적응하는 정도를 예상하지 못하기 때문에 그것보다 훨씬 더 나쁘다고 생각한다. 지나가는 말인데, 스토아 학파가 애덤 스미스에 의해 인정받아 읽히고 인용됐다는 것을 아는 것은 흥미로울 수 있다.

연습 9.27 (a) 흥분과 냉정 공감의 간극은 더 이상 젊지 않거나, 사랑에 빠지거나, 성적으로 흥분하지 않는 것이 어떨지 상상하기 어렵게 만들 것이다. 영향 편견은 결혼이 행복에 미치는 영향을 과장할 것이다. 투영 편향은 장기적으로 선호가 바뀔 정도를 숨길 것이다. (b) 사람들은 부모나 예비 배우자의 부모에게 조언을 구할 수 있다.

연습 9.28 (a) 쌍곡선 할인 (b) 비선택의 선택 (c) 프로파일에 대한 선호 (d) 쌍곡선 할인 (e) 쌍곡선 할인 (f) 프로파일에 대한 선호 (g) 비선택의 선택 (h) 예측 오류/희망 오류

10장

연습 10.5 (a) ⟨U, L⟩와 ⟨D, R⟩ (b) ⟨U, L⟩ (c) ⟨U, R⟩

연습 10.10 플레이어 I은 확률 p로 U를 플레이하고 플레이어 II는 확률 q로 L을 플레이한다고 가정하자. (a) $p = q = 1/3$인 균형이 있다. (b) $p = 1/2$, $q = 1$인 균형이 있다.

연습 10.11 플레이어 I은 확률 p로 U를 플레이하고 플레이어 II는 확률 q로 L을 플레이한다고 가정하자. (a) 두 개의 순수 전략 균형 ⟨U, L⟩과 ⟨D, R⟩과 $p = 4/5$, $q = 1/5$의 혼합 전략 균형이 있다. (b) 순수 전략에서의 균형이 없고 $p = q = 1/2$의 혼합 전략의 균형만 있다. (c) 두 개의 순수 전략 균형 ⟨U, L⟩과 ⟨D, R⟩이 있지만, 혼합 전략에는 균형이 없다.

연습 10.13 (a) 보상 행렬은 표 A.6.에 주어진다. (b) 유일한 내쉬 균형에서 두 플레이어는 확률 1/3, 1/3 및 1/3로 랜덤화한다(예 11.7 참조).

표 A.6 가위-바위-보 보상행렬

	R	P	S
R	0, 0	−1, 1	1, −1
P	1, −1	0, 0	−1, 1
S	−1, 1	1, −1	0, 0

연습 10.16 이 게임은 순수 전략에서 ⟨S, ¬S⟩과 ⟨¬S, S⟩의 두 가지 내쉬 균형과 각 플레이어가 확률 1/3로 S를 플레이하는 혼합 균형을 가지고 있다.

연습 10.17 이 게임은 순수 전략으로⟨D, D⟩와 ⟨H, H⟩의 두 내쉬 균형과 각각의 플레이어가 확률 1/3로 D를 플레이하는 혼합 균형을 가지고 있다.

연습 10.20 예

연습 10.21 (a) 이 게임은 순수 전략으로 세 개의 내쉬 균형을 가지고 있다. ⟨U, L⟩, ⟨M, M⟩그리고 ⟨D, R⟩ (b) ⟨U, L⟩과 ⟨M, M⟩는 떨리는 손 완전 균형이고, ⟨D, R⟩는 아니다.

연습 10.25 유일한 부분 게임 완전 균형은 ⟨D, RL⟩이다. 즉, 플레이어 II는 왼쪽 노드에서 R을 플레이하고 오른쪽 노드에서 R을 플레이하며, (이것을 예상하고) 플레이어 I은 D를 플레이한다.

연습 10.26 (a) 유일한 부분 게임 완전 균형에서 플레이어는 항상 Take한다. (b) 아니다.

연습 10.28 (a) ⟨U, L⟩와 ⟨D, R⟩ (b) ⟨D, L⟩와 ⟨U, R⟩ (c) ⟨U, R⟩. (d) ⟨U, L⟩ ⟨U, R⟩와 ⟨D, R⟩ (e) ⟨U, L⟩와 ⟨D, R⟩

연습 10.29 게임 (e)에서 ⟨D, R⟩를 제외하고 모두 떨리는 손 완전 균형이다.

연습 10.30 (a) 단지 ⟨D, R⟩ (b) ⟨D, L⟩와 ⟨U, R⟩ 둘 다 (c) 없다 (d) 세 개 모두 (e) 단지 ⟨D, R⟩

연습 10.31 (a) $p = q = 3/5$ (b) $p = q = 5/9$ (c) 없다 (d) 없다 (e) 없다

연습 10.32 세 번째와 마지막 단계에서 플레이어 I은 L을 플레이할 것이다. 두 번째 단계에서는 플레이어 II가 R을 플레이한다. 이는 플레이어 I이 첫 번째 노드에서 L과 R 사이에 무차별하다는 것을 의미한다. 따라서 두 개의 부분 게임 완전 균형이 존재한다. 하나는 경로 L-R을 따르는 것이고 이는 (2,1)을 산출하고, 다른 하나는 경로 R-R을 따르는 것이며, 이는 (2,3)을 산출한다.

연습 10.33 당신은 경제학 전공자들이 비전공자들보다 더 자주 배신할 것이고, 따라서 경제학 전공자들이 서로에 대해서 플레이할 때 비전공자들보다 더 나쁠 것이라고 예측할 것이다. 경험적 증거가 그 예측을 뒷받침한다.

11장

연습 11.3 부분 게임-완전 균형 상태에서, 공리주의 플레이어 II는 어떤 분배든 (0달러, 0달러)보다 낫기 때문에 어떤 제안도 받아들인다. 공리주의적인 플레이어는 실제로 다른 어떤 결과보다 (5달러, 5달러)를 선호하기 때문에, 그것이 그가 제안할 분배다.

연습 11.4 (a) 이기주의자 (b) 공리주의자 (c) 부러워하는 자 (d) 롤스주의자가 하는 실제 게임에 대해서는 표 A.7을 참조한다. 정답은 (a) ⟨D, D⟩ (b) ⟨C, C⟩와 ⟨D, D⟩ (c) ⟨D, D⟩ (d) ⟨C, C⟩와 ⟨D, D⟩이다.

표 A.7 사회적 선호

	C	D
C	4,4	0,5
D	5,0	3,3

(a) 이기주의자

	C	D
C	8,8	5,5
D	5,5	6,6

(b) 공리주의자

	C	D
C	0,0	−5,5
D	5,−5	0,0

(c) 부러워하는 자

	C	D
C	4,4	0,0
D	0,0	3,3

(d) 롤스주의자

연습 11.5 이러한 종류의 행동이 표준 합리성과 일치하는지 여부는 회원들의 선호의 형태에 달려 있다. 만약 회원들이 신경 쓰는 모든 것이 구운 식품을 구입하는 것이었다면, 그들은 다른 곳에서 그것들을 더 싸게 찾을 수 있었을 것이다. 그러나 사람들이 물에 빠지지 않고 수영을 배우는 아이들, 공동체의 너그러운 구성원으로서의 평판, 혹은 다른 것들에 관심을 갖는다고 가정한다면, 관찰된 행동은 명백히 표준 합리성과 일치한다.

연습 11.8 11.2절을 참조하라.

연습 11.9 롤스주의 선호

연습 11.10 이 세 가지 시나리오에서 각각 플레이된 게임에 대해서는 표 A.8을 참조하라. (a) 순수 전략에는 두 가지 균형이 있다. ⟨U, L⟩과 ⟨D, R⟩. 혼합 전략에는 플레이어 I이 확률 1/2로 U를 플레이하고 플레이어 II가 확률 1/2로 L을 플레이하는 균형이 있다. (b) 순수 전략에는 두 가지 균형이 있다. ⟨U, L⟩과 ⟨D, R⟩. 혼합 전략에는 플레이어 I이 확률 1/3로 U를 플레이하고 플레이어 II가 확률 1/3로 L을 플레이하는 균형이 있다. (c) 순수 전략에는 ⟨D, L⟩와 ⟨D, R⟩의 두 균형이 있다.

표 A.8 이기주의자, 공리주의자와 부러워하는 자

	L	R
U	3,2	0,1
D	1,0	2,1

(a)

	L	R
U	5,5	1,1
D	1,1	3,3

(b)

	L	R
U	1,−1	−1,1
D	1,−1	1,−1

(c)

연습 11.11 보상 행렬은 표 A.9를 참조하라. (a) 순수 전략에는 두 개의 내쉬 균형 ⟨V, ¬V⟩와 ⟨¬V, V⟩이 있다. 혼합 전략에는 두 플레이어가 확률 1/2로 V를 플레이하고 확률 1/2로 ¬V를 플레이하는 내쉬 균형이 있다. (b) 순순 전략에는 2개의 내쉬 균형 ⟨V, ¬V⟩와 ⟨¬V, V⟩이 있으며, 혼합 전략에는 확률 3/4로 V를 플레이하고, 확률 1/4로 ¬V를 플레이하는 하나의 내쉬 균형이 있다. (c) 내쉬 균형은 오직 하나뿐이다. ⟨V, V⟩. 참고: 혼합 균형에서 사회적 선호는 플레이어가 자원봉사를 더 쉽게 하고, 자원봉사가 유익할 때 모든 사람들이 항상 자원봉사를 한다.

표 A.9 자원봉사자의 딜레마

	V	¬V
V	1,1	1,2
¬V	2,1	0,0

(a)

	V	¬V
V	3,3	3,4
¬V	4,3	0,0

(b)

	V	¬V
V	3,3	3,2
¬V	2,3	0,0

(c)

연습 11.13 이것은 전형적인 미인대회이다.

연습 11.14 포위된 군대의 관점에서, 레벨 0의 전략가는 다음과 같이 말할 것이다. "문이 열렸다! 쳐들어가라!" 반면, 레벨 1의 사상가는 이렇게 말할지도 모른다. "공명이 왜

문을 열어두었을까? 그들은 우리가 수준 0의 전략가라서 가능한 한 빨리 침략할 것이라고 생각할 것이다. 그렇다면 그들이 문을 여는 유일한 이유는 이것이 함정이고 우리가 침략하기를 원하기 때문이다. 침략하지 말자." 레벨 2의 전략가는 이렇게 말할 수 있다. "그들은 우리가 문이 활짝 열려 있을 때 감히 침략하지 못할 레벨 1의 전략가라고 믿는다. 그들은 우리를 속여 철수하게 하려고 문을 열었다. 그러나 침략하지 않을 이유가 없으니, 우리는 침략하도록 하자." 이런 상황에서, 레벨 0와 레벨 2의 전략가들이 그 도시를 성공적으로 침략했을 것이라는 점에 주목하라. 레벨 1의 전략가들은 그렇지 않을 것이고, 공명이 포위한 군대의 인지 레벨을 정확하게 예측했기 때문에, 그의 움직임은 성공적이었다. 흔히 그렇듯이, 핵심은 상대보다 정확히 한 발 앞서가는 것이다.

12장

연습 12.1 (a) 금지 (b) 넛지 (c) 금지 (d) 넛지 (e) 유인 (f) 금지

연습 12.2 이 개입은 단순히 감자 튀김에서 사과 조각으로 기본 옵션을 바꾸는 것이다.

연습 12.3 "블룸버그 금지"는 큰 탄산음료를 구입하려는 합리적이고 정보에 밝은 고객들의 선택의 자유를 방해하기 때문에 넛지가 아니다.

참고문헌

Adams, Susan (2015), "The happiest and unhappiest jobs in 2015," *Forbes*, February 26, http://www.forbes.com/sites/susanadams/2015/02/26/the-happiest-and-unhappiest-jobs-in-2015/. Accessed April 7, 2015.

Ainslie, George (1975), "Specious reward: A behavioral theory of impulsiveness and impulse control," *Psychological Bulletin*, 82 (4), 463–96.

Allais, Maurice (1953), "Le comportement de l'homme rationnel devant le risque: Critique des postulats et axiomes de l'ecole americaine," *Econometrica*, 21 (4), 503–6.

Allingham, Michael (2002), *Choice Theory: A Very Short Introduction*, Oxford: Oxford University Press.

Anand, Easha (2008), "Payday lenders back measures to unwind state restrictions," *Wall Street Journal*, October 28, p. A6.

Angner, Erik (2006), "Economists as experts: Overconfidence in theory and practice," *Journal of Economic Methodology*, 13 (1), 1–24.

——— (2007), *Hayek and Natural Law*, London: Routledge.

——— (2015a), "'To navigate safely in the vast sea of empirical facts': Ontology and methodology in behavioral economics," *Synthese*, 192 (11), 3557–75.

——— (2015b), "Well-being and economics," in Guy Fletcher, ed., The *Routledge Handbook of the Philosophy of Well-Being*, London: Routledge, pp. 492–503.

——— (2019), "We're all behavioral economists now," *Journal of Economic Methodology*, 26 (3), 195–207.

Angner, Erik and George Loewenstein (2012), "Behavioral economics," in Uskali Maki, ed., *Handbook of the Philosophy of Science: Philosophy of Economics*, Amsterdam: Elsevier, pp. 641–90.

Ariely, Dan (2008), *Predictably Irrational: The Hidden Forces That Shape our Decisions*, New York, NY: Harper.

Ariely, Dan and George Loewenstein (2006), "The heat of the moment: The effect of sexual arousal on sexual decision making," *Journal of Behavioral Decision Making*, 19 (2), 87–98.

Ariely, Dan, George Loewenstein, and Drazen Prelec (2003), "'Coherent arbitrariness': Stable demand curves without stable preferences," *The Quarterly Journal of Economics, 118* (1), 73–105.

Ariely, Dan and Klaus Wertenbroch (2002), "Procrastination, deadlines, and performance: Selfcontrol by precommitment," *Psychological Science, 13* (3), 219–24.

Aristotle (1999 [c 350 BCE]), Nicomachean Ethics, Terence Irwin, trans., Indianapolis, IN: Hackett Publishing Co.

Arkes, Hal R. and Catherine Blumer (1985), "The psychology of sunk cost," *Organizational Behavior and Human Decision Processes, 35* (1), 124–40.

Associated Press (2007), "Ireland: Another metric system fault," *New York Times*, November 1.

Bar-Hillel, Maya (1980), "The base-rate fallacy in probability judgments," *Acta Psychologica, 44* (3), 211–33.

Baron, Jonathan and John C. Hershey (1988), "Outcome bias in decision evaluation," *Journal of Personality and Social Psychology, 54* (4), 569–79.

Becker, Gary S. (1976), *The Economic Approach to Human Behavior*, Chicago, IL: University of Chicago Press.

Beckett, Samuel (1989), *Nohow On*, London: Calder.

Bentham, Jeremy (1996 [1789]), *An Introduction to the Principles of Morals and Legislation*, Oxford: Clarendon Press.

Bicchieri, Cristina (2005), *The Grammar of Society: The Nature and Dynamics of Social Norms*, Cambridge: Cambridge University Press.

Binmore, Ken (1999), "Why experiment in economics?," *The Economic Journal, 109* (453), F16–24.

——— (2007), *Game Theory: A Very Short Introduction*, New York, NY: Oxford University Press.

Blackburn, Simon (2001), *Being Good: A Short Introduction to Ethics*, Oxford: Oxford University Press.

Boethius, (1999 [c 524]), *The Consolations of Philosophy*, Rev. ed., Victor Watts, trans., London: Penguin Books.

Brooks, David (2008), "The behavioral revolution," *New York Times*, October 28, p. A31.

Bruine de Bruin, Wandi, Andrew M. Parker, and Baruch Fischhoff (2007), "Individual differences in adult decision-making competence," *Journal of Personality and Social Psychology, 92* (5), 938–56.

Buehler, Roger, Dale Griffin, and Michael Ross (1994), "Exploring the 'planning fallacy': Why people underestimate their task completion times," *Journal of Personality and Social Psychology, 67* (3), 366–81.

Burroughs, William S. (1977 [1953]), Junky, Harmondsworth, Middlesex: Penguin Books.

Camerer, Colin F. (2003), *Behavioral Game Theory: Experiments in Strategic Interaction*, New York, NY: Russell Sage Foundation.

Camerer, Colin F., Anna Dreber, Eskil Forsell, Teck-Hua Ho, Jurgen Huber, et al. (2016), "Evaluating replicability of laboratory experiments in economics," *Science, 351* (6280), 1433–36.

Camerer, Colin F., George Loewenstein, and Drazen Prelec (2005), "Neuroeconomics: How neuroscience can inform economics," *Journal of Economic Literature, 43* (1), 9–64.

Camerer, Colin F., Linda Babcock, George Loewenstein, and Richard H. Thaler (1997), "Labor supply of New York City cabdrivers: One day at a time," *The Quarterly Journal of*

Economics, 112 (2), 407–41.

Caplan, Bryan (2013), "Nudge, policy, and the endowment effect," http://econlog.econlib.org/archives/2013/07/nudge_policy_an.html. Accessed February 9, 2015.

Chetty, Raj (2015), "Behavioral economics and public policy: A pragmatic perspective," *American Economic Review, 105* (5), 1–33.

Clark, Andrew E. (2018), "Four decades of the economics of happiness: Where next?," *Review of Income and Wealth 64* (2), 245–69.

Consumer Federation of America (2006), "Press Release: How Americans view personal wealth vs. how financial planners view this wealth," January 9.

Coupland, Douglas (2008), *JPod,* New York, NY: Bloomsbury USA.

Cowper, William (1785), *The Task: A Poem, in Six Books*, London: J. Johnson.

Davis, John B. (2011), *Individuals and Identity in Economics*, Cambridge: Cambridge University Press.

Dawes, Robyn M. and Richard H. Thaler (1988), "Anomalies: Cooperation," *The Journal of Economic Perspectives, 2* (3), 187–97.

de Sade, Donatien Alphonse Francois, Marquis (1889 [1791]), *Opus Sadicum: A Philosophical Romance* (Paris: Isidore Liseux). Originally published as *Justine*.

Dixit, Avinash K., Susan Skeath, and David Reiley (2009), *Games of Strategy,* 3rd ed., New York, NY: W. W. Norton & Co.

Dostoyevsky, Fyodor (2009 [1864]), *Notes from the Underground*, Constance Garnett, trans., Indianapolis, IN: Hackett.

Durlauf, Steven N. and Lawrence Blume (2010), *Behavioural and Experimental Economics*, New York, NY: Palgrave Macmillan.

Earman, John and Wesley C. Salmon (1992), "The confirmation of scientific hypotheses," in Merrilee H. Salmon, John Earman, Clark Glymour, James G. Lennox, Peter Machamer, J. E. McGuire, John D. Norton, Wesley C. Salmon, and Kenneth F. Schaffner, eds., *Introduction to the Philosophy of Science*, Englewood Cliffs, NJ: Prentice Hall, pp. 7–41.

Ellingsen, Tore, Magnus Johannesson, Johanna Mollerstrom, and Sara Munkhammar (2012), "Social framing effects: Preferences or beliefs?," *Games and Economic Behavior, 76* (1), 117–30.

Ellsberg, Daniel (1961), "Risk, ambiguity, and the Savage axioms," *The Quarterly Journal of Economics, 75* (4), 643–69.

Englich, Birthe, Thomas Mussweiler, and Fritz Strack (2006), "Playing dice with criminal sentences: The influence of irrelevant anchors on experts' judicial decision making," *Personality and Social Psychology Bulletin, 32* (2), 188–200.

Epicurus (2012 [c 300 BCE]), *The Art of Happiness*, George K. Strodach, trans., London: Penguin Books.

Farhi, Paul (2010), "Juan Williams at odds with NPR over dismissal," *The Washington Post,* October 22, p. C1.

Finucane, Melissa L., Ali Alhakami, Paul Slovic, and Stephen M. Johnson (2000), "The affect heuristic in judgments of risks and benefits," *Journal of Behavioral Decision Making*, 13 (1), 1–17.

Fischhoff, Baruch (1975), "Hindsight is not equal to foresight: The effect of outcome knowledge on judgment under uncertainty," *Journal of Experimental Psychology: Human Perception and Performance, 1* (3), 288–99.

Fischhoff, Baruch, Paul Slovic, and Sarah Lichtenstein (1977), "Knowing with certainty: The appropriateness of extreme confidence," *Journal of Experimental Psychology: Human Perception and Performance, 3* (4), 552–64.

FOX6 WBRC (2009), "Tension builds around courthouses' reopening," October 8.

Francis, David (2014), "DOD is stuck with a flawed $1.5 trillion fighter jet," *Fiscal Times*, February 18, http://www.thefiscaltimes.com/Articles/2014/02/18/DOD-Stuck-Flawed-15-Trillion-Fighter-Jet. Accessed February 20, 2015.

Frank, Robert H. (2005), "The opportunity cost of economics education," *New York Times*, September 1, p. C2.

Frank, Robert H., Thomas Gilovich, and Dennis T. Regan (1993), "Does studying economics inhibit cooperation?," *The Journal of Economic Perspectives, 7* (2), 159–71.

Frank, Thomas (2007), "Security arsenal adds behavior detection," *USA Today*, September 25, p. B1.

Frederick, Shane, George Loewenstein, and Ted O'Donoghue (2002), "Time discounting and time preference: A critical review," *Journal of Economic Literature, 40* (2), 351–401.

Friedman, Milton and Rose D. Friedman (1984), *Tyranny of the Status Quo*, San Diego, CA: Harcourt Brace Jovanovich.

Gardner, Sarah (2012) "Nevada's boom and bust economy," January 31, http://www.marketplace.org/topics/elections/real-economy/nevada%E2%80%99s-boom-and-bust-economy. Accessed March 23, 2015.

Gigerenzer, Gerd and Daniel G. Goldstein (1996), "Reasoning the fast and frugal way: Models of bounded rationality," *Psychological Review, 103* (4), 650–69.

Gilbert, Daniel (2006), *Stumbling on Happiness*, New York, NY: Alfred A. Knopf.

Goncharov, Ivan Aleksandrovich (1915 [1859]) *Oblomov*, C. J. Hogarth, trans., New York, NY: The Macmillan Co.

Goodreads.com (2013), "What makes you put down a book?," July 9, http://www.goodreads.com/blog/show/424-what-makes-you-put-down-a-book. Accessed February 20, 2015.

Hafner, Katie (2006), "In Web world, rich now envy the superrich," *New York Times*, November 21, p. A5.

Haisley, Emily, Romel Mostafa, and George Loewenstein (2008), "Subjective relative income and lottery ticket purchases," *Journal of Behavioral Decision Making, 21* (3), 283–95.

Hampton, Isaac (2012), *The Black Officer Corps: A History of Black Military Advancement from Integration Through Vietnam*, New York, NY: Routledge.

Harsanyi, John C. (1975), "Can the maximin principle serve as a basis for morality? A critique of John Rawls's theory," *The American Political Science Review, 69* (2), 594–606.

Hastie, Reid and Robyn M. Dawes (2010), *Rational Choice in an Uncertain World: The Psychology of Judgment and Decision Making*, 2nd ed., Los Angeles, CA: Sage Publications.

Hayek, Friedrich A. (1933), "The trend of economic thinking," *Economica*, (40), 121–37.

Heath, Chip and Amos Tversky (1991), "Preference and belief: Ambiguity and competence in choice under uncertainty," *Journal of Risk and Uncertainty, 4*(1), 5–28.

Heuer, Richards J. (1999), *Psychology of Intelligence Analysis*, Washington, DC: Central Intelligence Agency Center for the Study of Intelligence.

Heukelom, Floris (2014), *Behavioral Economics: A History*, New York, NY: Cambridge University Press.

Hobbes, Thomas (1994 [1651]), *Leviathan: With Selected Variants from the Latin Edition of 1668*, Indianapolis, IN: Hackett Pub. Co.

Holt, Charles A. (2019), *Markets, Games, and Strategic Behavior: An Introduction to Experimental Economics*, 2nd ed., Princeton, NJ: Princeton University Press.

Huber, Joel, John W. Payne, and Christopher Puto (1982), "Adding asymmetrically dominated alternatives: Violations of regularity and the similarity hypothesis," *The Journal of Consumer Research, 9* (1), 90–8.

Hume, David (2000 [1739–40]), *A Treatise of Human Nature*. Oxford: Oxford University Press.

International Ergonomics Association (2015), "What is ergonomics," http://www.iea.cc/whats/index.html. Accessed February 9, 2015.

Jevons, W. Stanley (1965 [1871]), *The Theory of Political Economy*, 5th ed., New York, NY: A. M. Kelley.

Jobs, Steve (2005), "Commencement address," Stanford University, June 14, http://news.stanford. edu/news/2005/june15/jobs-061505.html. Accessed March 30, 2015.

Kagel, John H. and Alvin E. Roth, eds. (1995), *The Handbook of Experimental Economics*, Princeton, NJ: Princeton University Press.

Kahneman, Daniel (2011), *Thinking, Fast and Slow*, New York, NY: Farrar, Straus and Giroux.

Kahneman, Daniel and Amos Tversky (1979), "Prospect theory: An analysis of decision under risk," *Econometrica, 47* (2), 263–91.

Kahneman, Daniel, Jack L. Knetsch, and Richard H. Thaler (1991), "Anomalies: The endowment effect, loss aversion, and status quo bias," *The Journal of Economic Perspectives, 5* (1), 193–206.

Kahneman, Daniel, Peter P. Wakker, and Rakesh Sarin (1997), "Back to Bentham? Explorations of experienced utility," *The Quarterly Journal of Economics, 112* (2), 375–405.

Keynes, John Maynard (1936), *The General Theory of Employment, Interest and Money*, New York, NY: Harcourt, Brace.

Kierkegaard, Søren (2000 [1843]), "Either/or, a fragment of life", in Howard V. Hong and Edna H. Hong, eds., *The Essential Kierkegaard*, Princeton, NJ: Princeton University Press, pp. 37–83.

Kruger, Justin and David Dunning (1999), "Unskilled and unaware of it: How difficulties in recognizing one's own incompetence lead to inflated self-assessments," *Journal of*

Personality and Social Psychology, 77 (6), 1121–34.

Krugman, Paul (2009), "How did economists get it so wrong?," *New York Times Magazine*, September 6, pp. 36–43.

Kuang, Cliff (2012), "The Google diet," *Fast Company, 164* (April), p. 48.

Lambert, Craig (2006), "The marketplace of perceptions," *Harvard Magazine*, March–April, 50–57, 93–95

Layard, P. Richard G. (2005), *Happiness: Lessons from a New Science*, New York, NY: Penguin Press.

Levitt, Steven D. and Stephen J. Dubner (2005), *Freakonomics: A Rogue Economist Explores the Hidden Side of Everything*, New York, NY: William Morrow.

Lichtenstein, Sarah and Paul Slovic (1973), "Response-induced reversals of preference in gambling: An extended replication in Las Vegas," *Journal of Experimental Psychology, 101* (1), 16–20.

Loewenstein, George and Daniel Adler (1995), "A bias in the prediction of tastes," *The Economic Journal 105* (431), 929–37.

Loewenstein, George and Erik Angner (2003), "Predicting and indulging changing preferences," in George Loewenstein, Daniel Read, and Roy F. Baumeister, eds., *Time and Decision: Economic and Psychological Perspectives on Intertemporal Choice*, New York, NY: Russell Sage Foundation, pp. 351–91.

Loewenstein, George and Nachum Sicherman (1991), "Do workers prefer increasing wage profiles?," *Journal of Labor Economics, 9* (1), 67–84.

Loewenstein, George and Peter Ubel (2010), "Economists behaving badly," *New York Times*, July 15, p. A31.

Loewenstein, George, Daniel Read, and Roy F. Baumeister, eds. (2003), *Time and Decision: Economic and Psychological Perspectives on Intertemporal Choice*, New York, NY: Russell Sage Foundation.

Lord, Charles G., Lee Ross, and Mark R. Lepper (1979), "Biased assimilation and attitude polarization: The effects of prior theories on subsequently considered evidence," *Journal of Personality and Social Psychology, 37* (11), 2098–109.

Luce, R. Duncan and Howard Raiffa (1957), *Games and Decisions: Introduction and Critical Survey*, New York, NY: Wiley.

Lyubomirsky, Sonja (2013), *The Myths of Happiness*, New York, NY: Penguin Books.

Mas-Colell, Andreu, Michael D. Whinston, and Jerry R. Green (1995), *Microeconomic Theory*, New York, NY: Oxford University Press.

McKinley, Jesse (2009), "Schwarzenegger statement contains not-so-secret message," *New York Times*, October 29, p. A16.

Meier, Stephan and Charles D. Sprenger (2012), "Time discounting predicts creditworthiness," *Psychological Science*, 23 (1), 56–8.

Mischel, Walter (2014), *The Marshmallow Test: Mastering Self-Control*, New York, NY: Little, Brown, and Co.

Myers, David G. (1992), *The Pursuit of Happiness: Who Is Happy—and Why*, New York, NY: W. Morrow.

Nagourney, Adam (2011), “California bullet train project advances amid cries of boondoggle,” *New York Times*, November 27, p. A18.

Nickerson, Raymond S. (1998), “Confirmation bias: A ubiquitous phenomenon in many guises,” *Review of General Psychology, 2* (2), 175–220.

O’Brien, Miles (2004), “Apollo 11 crew recalls giant leap 35 years later,” *CNN*, July 21, http://www.cnn.com/2004/TECH/space/07/21/apollo.crew/. Accessed March 17, 2015

O’Donoghue, Ted and Matthew Rabin (2000), “The economics of immediate gratification,” *Journal of Behavioral Decision Making, 13* (2), 233–50.

OECD (2017), *Behavioural Insights and Public Policy: Lessons from Around the World*, Paris: OECD Publishing.

Osborne, Martin J. and Ariel Rubinstein (1994), *A Course in Game Theory*, Cambridge, MA: MIT Press.

Oskamp, Stuart (1982), “Overconfidence in case-study judgments,” in Daniel Kahneman, Paul Slovic, and A. Tversky, eds., *Judgment Under Uncertainty: Heuristics and Biases*, Cambridge: Cambridge University Press, pp. 287–93.

Paglieri, Fabio, Anna M. Borghi, Lorenza S. Colzato, Bernhard Hommel, and Claudia Scorolli (2013), “Heaven can wait: How religion modulates temporal discounting,” *Psychological Research*, 77 (6), 738–47.

Paul, L. A. (2014), *Transformative Experience*, Oxford: Oxford University Press.

Perry, John (1996), “How to procrastinate and still get things done,” *The Chronicle of Higher Education*, February 23.

Peterson, Martin (2009), *An Introduction to Decision Theory*, New York, NY: Cambridge University Press.

Pigou, Arthur C. (1952 [1920]), *The Economics of Welfare*, 4th ed., London: Macmillan.

Popper, Karl (2002 [1963]), *Conjectures and Refutations: The Growth of Scientific Knowledge*, London: Routledge.

Proust, Marcel (2002 [1925]), *The Fugitive*, Vol. 5 of In Search of Lost Time, New York, NY: Allen Lane.

Rabin, Matthew and Richard H. Thaler (2001), “Anomalies: Risk aversion,” *Journal of Economic Perspectives, 15* (1), 219–32.

Ramsey, Frank P. (1928), “A mathematical theory of saving,” *The Economic Journal, 38* (152), 543–59.

Rawls, John (1971), *A Theory of Justice*, Cambridge, MA: Belknap Press.

Read, Daniel and Barbara van Leeuwen (1998), “Predicting hunger: The effects of appetite and delay on choice,” *Organizational Behavior and Human Decision Processes, 76* (2), 189–205.

Redelmeier, Donald A. and Daniel Kahneman (1996), “Patients’ memories of painful medical treatments: Real-time and retrospective evaluations of two minimally invasive procedures,” *Pain, 66* (1), 3–8.

Ross, Don (2005), *Economic Theory and Cognitive Science: Microexplanation*, Cambridge, MA: MIT Press.

Russell, Bertrand (1959), *Common Sense and Nuclear Warfare*, New York, NY: Simon and Schuster.

Schelling, Thomas C. (1960), *The Strategy of Conflict*, Cambridge, MA: Harvard University Press.

Schwartz, Barry (2004), *The Paradox of Choice: Why More Is Less*, New York, NY: Ecco.

Seneca (2007 [c 49]), *Seneca: Dialogues and Essays*, John Davie, trans., Oxford: Oxford University Press.

Shafir, Eldar, Itamar Simonson, and Amos Tversky (1993), "Reason-based choice," *Cognition, 49* (1–2), 11–36.

Shang, Jen and Rachel Croson (2009), "A field experiment in charitable contribution: The impact of social information on the voluntary provision of public goods," *The Economic Journal*, 119 (540), 1422–39.

Shelburne, Ramona (2014), "Kobe, Bill Clinton talk youth sports," *ESPN*, January 14, http://espn.go.com/los-angeles/nba/story/_/id/10291171/kobe-bryant-says-healthy-competition-keyyouthsports. Accessed March 30, 2015.

Shiller, Robert J. (2019), *Narrative economics: How stories go viral and drive major economic events*, Princeton, NJ: Princeton University Press.

Sidgwick, Henry (2012 [1874]), *The Methods of Ethics*, Cambridge: Cambridge University Press.

Simon, Herbert A. (1996), *The Sciences of the Artificial*, 3rd ed., Cambridge, MA: MIT Press.

Simonson, Itamar (1990), "The effect of purchase quantity and timing on variety-seeking behavior," *Journal of Marketing Research, 27* (2), 150–62.

Skyrms, Brian (1996), *Evolution of the Social Contract*, Cambridge: Cambridge University Press.

Smith, Adam (1976 [1776]), *An Inquiry into the Nature and Causes of the Wealth of Nations*, 5th ed., Chicago, IL: University of Chicago Press.

——— (2002 [1759]), *The Theory of Moral Sentiments*, 6th ed., Cambridge: Cambridge University Press.

Smith, James P., John J. McArdle, and Robert Willis (2010), "Financial decision making and cognition in a family context," *The Economic Journal, 120* (548), F363–80.

Staw, Barry M. and Jerry Ross (1989), "Understanding behavior in escalation situations," *Science, 246* (4927), 216–20.

St. Petersburg Times (2001), "Dream car is a 'Toy Yoda,'" July 28, http://www.sptimes.com/News/072801/State/Dream_car_is_a__toy_Y.shtml. Accessed March 23, 2015.

Sunstein, Cass R. (2014), "Nudging: A very short guide," *Journal of Consumer Policy, 37* (4), 583–588.

Szuchman, Paula and Jenny Anderson (2011), *Spousonomics: Using Economics to Master Love, Marriage and Dirty Dishes*, New York, NY: Random House.

Tabarrok, Alex (2013), "Stayaway from layaway," October 24, http://marginal-revolution.com/marginalrevolution/2013/10/stayaway-from-layaway.html. Accessed April 1, 2015.

Thaler, Richard H. (1980), "Toward a positive theory of consumer choice," *Journal of Economic Behavior & Organization, 1* (1), 39–60.

——— (1985), "Mental accounting and consumer choice," *Marketing Science, 4* (3), 199–214.

——— (2015), *Misbehaving: The Making of Behavioral Economics*, New York, NY: W. W. Norton & Co.

Thaler, Richard H. and Eric J. Johnson (1990), "Gambling with the house money and trying to break even: The effects of prior outcomes on risky choice," *Management Science, 36* (6), 643–60.

Thaler, Richard H. and Cass R. Sunstein (2008), *Nudge: Improving Decisions About Health, Wealth, and Happiness*, New Haven, CT: Yale University Press.

Thompson, Derek (2013), "Money buys happiness and you can never have too much, new research says," *The Atlantic*, April 29, http://www.theatlantic.com/business/archive/2013/04/moneybuys-happiness-and-you-can-never-havetoo-much-new-research-says/275380. Accessed March 17, 2015.

Todd, Peter M. and Gerd Gigerenzer (2000), "Précis of *Simple heuristics that make us smart,*" *Behavioral and Brain Sciences, 23* (5), 727–41.

Tomberlin, Michael (2009), "3rd lawsuit claims rigged jackpot," *The Birmingham News*, October 8, p. B1.

Tversky, Amos and Daniel Kahneman (1971), "Belief in the law of small numbers," *Psychological Bulletin, 76* (2), 105–10.

——— (1974), "Judgment under uncertainty: Heuristics and biases," *Science, 185* (4157), 1124–31.

——— (1981), "The framing of decisions and the psychology of choice," *Science, 211* (4481), 453–58.

——— (1983), "Extensional versus intuitive reasoning: The conjunction fallacy in probability judgment," *Psychological Review, 90* (4), 293–315.

——— (1986), "Rational choice and the framing of decisions," *The Journal of Business, 59* (4), S251–78.

Tversky, Amos and Eldar Shafir (1992), "The disjunction effect in choice under uncertainty," *Psychological Science, 3* (5), 305–9.

US Department of Defense (2002), "DoD news briefing: Secretary Rumsfeld and Gen. Myers," February 21, http://www.defense.gov/transcripts/transcript.aspx?transcriptid=2636. Accessed March 23, 2015

Velleman, J. David (1991), "Well-Being and Time." *Pacific Philosophical Quarterly, 72* (1), 48–77.

Vonnegut, Kurt. (2006), *A Man Without a Country*, Daniel Simon, ed., London: Bloomsbury.

Ware, Bronnie (2012), *The Top Five Regrets of the Dying: A Life Transformed by the Dearly Departing*, Carlsbad, CA: Hay House.

Watts, Tyler W., Greg J. Duncan, and Haonan Quan (2018), "Revisiting the marshmallow test: A conceptual replication investigating links between early delay of gratification and

later outcomes," *Psychological Science, 29* (7), 1159–77.
Wicksteed, Philip H. (2003 [1933]), *The Common Sense of Political Economy*, London: Routledge.
Wilde, Oscar (1998 [1890]), *The Picture of Dorian Gray*, Oxford: Oxford University Press.
Wilkinson, Nick and Matthias Klaes (2017), *An Introduction to Behavioral Economics*, 3rd ed., London: Red Globe Press.
World RPS Society (2011), "How to beat anyone at Rock Paper Scissors," http://www.worldrps.com/how-to-beat-anyone-at-rock-paper-scissors/. Accessed April 13, 2015.

찾아보기

ㅅ

N

O

P

Q

R

행동경제학 강의 노트 3/e

인문학과 실생활에서 배우는 행동경제학

발　행 | 2022년 6월 30일

지은이 | 에릭 앵그너
옮긴이 | 이 기 홍

펴낸이 | 권 성 준
편집장 | 황 영 주
편　집 | 조 유 나
김 진 아
디자인 | 윤 서 빈

에이콘출판주식회사
서울특별시 양천구 국회대로 287 (목동)
전화 02-2653-7600, 팩스 02-2653-0433
www.acornpub.co.kr / editor@acornpub.co.kr

ISBN 979-11-6175-655-4
http://www.acornpub.co.kr/book/behavioral-economics-course

책값은 뒤표지에 있습니다.